Os Pais da Igreja

Hans von Campenhausen

Os Pais da Igreja

A vida e a doutrina dos primeiros teólogos cristãos

Traduzido por Degmar Ribas Júnior

CPAD

Título do original em inglês: *The Fathers of the Church*
Hendrickson Publishers, Peabody, Massachusetts, USA
Primeira edição em inglês: 1998

Tradução: Degmar Ribas Júnior
Preparação dos originais: Reginaldo de Souza
Revisão: Alexandre Coelho e Kleber Cruz
Projeto gráfico e capa: Eduardo Souza
Editoração: Leonardo Marinho

CDD: 270 – História da Igreja
ISBN: 85-263-0679-0

As citações bíblicas foram extraídas da versão Almeida Revista e Corrigida, edição de 1995, da Sociedade Bíblica do Brasil, salvo indicação em contrário.

Para maiores informações sobre livros, revistas, periódicos e os últimos lançamentos da CPAD, visite nosso site: .http://www.cpad.com.br

SAC — Serviço de Atendimento ao Cliente: 0800 701-7373

Casa Publicadora das Assembléias de Deus
Caixa Postal 331
20001-970, Rio de Janeiro, RJ, Brasil

1ª edição: 2005

À Guisa de Prefácio

"Com toda a franqueza, não considero como uma tarefa muito difícil, especialmente em nossos dias, escrever um livro erudito ou uma obra considerada como tal, isto é, um livro com citações eruditas, notas, explicações e apêndices deste tipo. Em minha opinião, é muito mais difícil escrever um livro que dispense todos os métodos de aprendizagem, mas que pressuponha um estudo sólido e bem fundamentado. Considero uma tarefa como esta não somente muito mais difícil, mas incomum; porque envolve um certo poder de renúncia, uma disposição a privar-se do aplauso de muitos, que julgam o aprendizado por aquilo que é exterior.

"Mas em minha opinião, quanto mais rara for a tarefa, será mais frutífera e recompensadora; na verdade, considero-a como o tipo mais nobre de autoria literária... Já temos o bastante, e de sobra, em termos de literatura de pouco peso; além de literatura para entretenimento, por um lado, e obras de estilo cansativo, úteis a um número relativamente menor de leitores, por outro; como conseqüência, o público cristão educado é despedido vazio.

"Já indiquei o ideal que mantive diante de mim enquanto escrevia este livro. Ninguém seria capaz de estar mais consciente do que eu, quanto àquilo que me faltou. Porém esforcei-me; e espero que este fato seja reconhecido pelos críticos perspicazes e justos".

Friedrich Böhringer
Die Kirche Christi und ihre Zeugen,
oder die Kirchengeschichte in Biographien,
I, 2 (1842), p. viii f.

Sumário

Os Pais Gregos

Os Pais Gregos

INTRODUÇÃO

Os Patrísticos e os Pais da Igreja

"Os Pais da Igreja" é o título utilizado para descrever os escritores ortodoxos da Igreja Primitiva. Qualquer um que se proponha a escrever a respeito deles não se encontrará em um campo novo, mas muito antigo, constantemente trabalhado, e que tem sido objeto de acirradas controvérsias. Portanto, poucas formulações do conceito e das origens do que é conhecido como "patrística" ou "patrologia" devem ser apropriadas.

A tarefa normal da patrologia é a investigação, a avaliação e a exposição dos acontecimentos literários e teológicos da Igreja dos Pais. É um tipo de história literária da Igreja, que caminha lado a lado complementando a história das doutrinas e dos dogmas, formando ao mesmo tempo um apêndice para a história literária da antiguidade clássica. Os estudos patrísticos não se originaram, contudo, na filologia ou na história geral da Igreja. Se assim fosse, seria impossível penetrar nas curiosas limitações deste campo que são impostas pelos pontos de vista denominacionais e teológicos dos autores.

Na verdade, o próprio termo "Pais da Igreja" tem o seu suporte na esfera dos dogmas e origina-se nas necessidades dos apologistas católicos. A patrística teve sua origem na necessidade premente de reunir testemunhas a favor da "autêntica" tradição ortodoxa, para que fosse acrescentado o seu peso de autoridade com a finalidade de validar ou opor-se a doutrinas. Tendo em vista esta finalidade, foram empregados grandes esforços desde o quarto século para que fosse estabelecida a visão autorizada dos teólogos que foram expressamente descritos como os "Pais da Igreja". A autoridade deles foi aceita como válida na época, e adicionada à autoridade mais antiga e evidente, que é a da Bíblia Sagrada.

Este interesse dogmático pela "tradição" ainda é algo considerável na igreja católica da atualidade. Esta é a razão pela qual o título "Pais da Igreja" é mantido para alguns ensinadores como Orígenes, que foram amplamente reconhecidos em sua própria época. A autoridade de outros, como Clemente de Alexandria, é considerada incerta; e outros, como o patriarca alexandrino Cirilo, são distinguidos por uma posição especial intitulada *doctores ecclesiae*. Estas classificações posteriores constituem um paralelo à correspondente consideração do cânone das Escrituras e da literatura cristã primitiva. Em casos mais recentes, uma série de documentos foi considerada como "apostólica" e combinada ao Novo Testamento como uma coleção "canônica" dogmática e oficial, enquanto outros escritos, possivelmente tão antigos quanto originais, e também considerados da mais alta importância, foram definidos como "apócrifos", ou até mesmo completamente rejeitados.

Neste trabalho não se dará nenhuma atenção a tais distinções, por se tratar de intenções puramente históricas. Mesmo assim estas devem ser eclesiasticamente significativas e, no caso do Novo Testamento, completamente justificadas. Contudo, está claro que são irrelevantes aos propósitos de uma exposição puramente histórica dos Pais.

Por outro lado, uma abordagem limitada aos aspectos da história literária não é certamente o único método aceitável, sendo por si mesmo bastante inadequado. Deve ser lembrado que os homens com quem esta obra se preocupa não desejavam de modo algum serem vistos meramente como escritores. Consideravam-se como os expoentes da verdade divina, e sentiam o dever de preservá-la em cada igreja local, e de pregá-la ao mundo da época. Rejeitaram expressamente as ambições literárias e acadêmicas – estes não eram de modo algum os seus principais interesses na vida. Consideravam-se como os ensinadores autorizados da Igreja, como cristãos filósofos, como intérpretes treinados e iluminados da Bíblia, que contém a verdade salvadora de Deus. É sob esta luz que devemos estudá-los e compreendê-los. De outra maneira, o principal propósito do trabalho e da atividade deles será interpretado de modo errôneo. Isto também se aplica ao julgamento histórico das suas realizações.

Não pode haver nenhuma dúvida de que a combinação das heranças cristãs e clássicas, que constitui o alicerce da civilização ocidental, foi primeiramente criada e estabelecida pelos Pais da Igreja. Os Pais empreenderam o seu tempo pensando no problema contido neste duplo legado, e procuraram encontrar uma solução fundamentalmente teológica. Não estavam, contudo, preocupados com o problema da adaptação e da preservação da tradição clássica, que era um assunto muito discutido: estavam preocupados com a absoluta verdade que encontraram na Bíblia Sagrada e na tradição da Igreja.

Os estudos seguintes têm o objetivo de descrever os Pais da Igreja sob a mesma luz pela qual eles mesmos se consideravam. Não se deve ler esta obra como um resumo da história literária da Igreja Primitiva ou como uma breve história do dogma cristão. Antes, devemos nos preocupar com as personalidades e com os seus propósitos intelectuais, dentro do contexto do próprio mundo e da época em que viveram, bem como com a função eclesiástica que cumpriram por meio de seu ensino e instrução.

A primeira parte deste livro limita-se aos Pais da Igreja que escreveram em grego. A literatura cristã que nos está disponível tem o seu princípio no mundo grego, e a teologia grega ocupou a posição de liderança nos quatro primeiros séculos da história da Igreja. Ela se desenvolveu de forma bastante independente, e o quadro que emerge dela não deve ser confundido pela introdução de outro fenômeno, seja ocidental ou oriental, simplesmente pelo fato de terem sido contemporâneos.

Não é um fato acidental que a primeira personalidade de envergadura que deve ser apresentada no início da série tenha se revelado em um período em que a idéia do cânon do Novo Testamento estava adquirindo uma gradual e decisiva importância. Os Pais já não se consideravam como testemunhas diretas da revelação cristã como aconteceu com as gerações da época apostólica e sub-apostólica. Em todo o seu trabalho tinham como pressuposição o testemunho daquelas gerações anteriores. Não escreveram evangelhos, nem apocalipses, nem cartas apostólicas mas interpretações e tratados, breves literaturas polêmicas e apologéticas, de natureza devocional, sistemática e, ocasionalmente, histórica, mantendo-se em seus próprios limites de experiência, conhecimento e método. Desejavam servir à Igreja com os seus dons e habilidades especiais, porém como homens completamente livres.

É mais difícil determinar o período em que a era patrística teve fim do que decidir a respeito de seu início. Decidi considerar o final deste período no ponto em que o trabalho dos próprios Pais já havia estabelecido uma tradição válida por si mesma, que já estivesse restringindo a liberdade da pesquisa bíblica e sistemática. Esta influência restritiva levou a uma mudança nos métodos e no posicionamento da teologia. A partir do quinto século, a teologia tornou-se "escolástica" no sentido de que a autoridade dos antigos Pais da Igreja tornou cada vez mais obscuras a influência e a responsabilidade dos ensinadores contemporâneos.

Deve-se mencionar que os doze homens a respeito dos quais estamos discutindo constituem apenas uma pequena seleção dentre a inumerável hoste de Pais gregos; o seu número poderia ser facilmente multiplicado. Porém espero que não esteja faltando nenhuma de suas mais significativas personalidades, e que os pontos mais essenciais no desenvolvimento de suas idéias estejam representados.

Capítulo 1

Justino

A Igreja Primitiva não se envolvia em discussões teológicas. Vivia em suas tradições e nas revelações de seus líderes e profetas. Suas profecias, instruções e epístolas eram transmitidas muitas vezes de forma anônima, com a autoridade do Espírito Santo, mas posteriormente também através de pseudônimos, no nome das testemunhas apostólicas originais. Mestres teológicos, confiantes em seus próprios trabalhos intelectuais, o que pressupõe uma formação e treinamento acadêmico e empenho em defender, estabelecer e desenvolver a verdade cristã, apareceram somente durante o segundo século.

Este desenvolvimento é inseparável da influência do pensamento grego, da concepção grega da razão, e de toda a tradição da cultura helenística. A influência grega não era meramente externa, embora certos contatos fossem inevitáveis desde que a Igreja foi separada de sua terra natal e se espalhou pelo Império Romano, tornando-se parte da civilização mundial. Como as comparações oferecidas pelo judaísmo e pelo islamismo indicam, a aceitação do legado grego era espiritualmente inevitável e um fator vital na criação do que chamamos agora de teologia. O primeiro teólogo neste sentido foi Justino æ 'o filósofo', como ele era chamado em sua própria época, ou 'Justino, o Mártir', porque ele selou sua vida como um filósofo cristão morrendo como mártir.

Pode-se também questionar se Justino foi realmente o primeiro a se esforçar em interpretar o cristianismo do ponto de vista grego. A história das idéias está em constante fluxo, e cada ponto crítico, cada fim e começo postulado pelos historiadores, é uma pura simplificação simbólica. Na verdade, tentativas foram ocasionalmente feitas antes de Justino apresentar o Evangelho nos moldes da cultura 'filosófico-racionalista, a fim de torná-lo disponível para um público maior.

No entanto, à parte das mais antigas tentativas registradas nos Atos dos Apóstolos, estes esforços foram tão mal feitos, secundários e primitivos que eles podem com certeza ser desconsiderados. Tais esforços não obtiveram nenhum peso teológico e prestígio até o aparecimento de Justino, e neste ponto ele foi um pioneiro e um inovador, embora nunca tenha reivindicado nada para si mesmo. É errado colocá-lo lado a lado com os outros apologistas da última metade do segundo século, como se ele fosse meramente parte de um grupo maior e típico de uma corrente intelectual comum. Quase todos os defensores posteriores do cristianismo, tais como Tatiano e Atenágoras, aprenderam com ele, e ele está posicionado acima dos mais antigos como Aristides e o pouco conhecido Quadratus.

Isto não foi meramente resultado de sua educação mais rica e mais profunda; acima de tudo, foi proveniente de uma nova e diferente atitude para com a educação e a cultura. Justino não só desejava mostrar-se aos gentios com a aparência de filósofo; ele queria realmente *ser* um filósofo, e o que ele tinha a lhes dizer não o interessava simplesmente como um apologista cristão, mas porque ele primeiro se convenceu dessa verdade. Sua filosofia cristã foi além de copiar os ataques judeus e céticos contra a idolatria para propósitos apologéticos; resultou de seu próprio desenvolvimento intelectual e compromisso independente. Isto é o que torna sua obra tão interessante, embora muitos dos detalhes sejam secundários, a obra seja modesta, e sua teologia como um todo não seja uma obra completa.

De acordo com sua própria declaração, 'Justino, o filho de Priscus e neto de Bakcheius', nasceu em Flávia Neápolis (perto de Siquém, na Palestina) (*Apol.* I, 1). Uma vez ele descreveu os samaritanos como seus compatriotas, mas isto não significa que devemos pensar nele como um 'oriental'. A antiga cidade foi totalmente destruída por Vespasiano na guerra contra os judeus e na época foi reconstruída como uma colônia greco-romana. De qualquer forma, Justino era originariamente um pagão. Ele parece ter sido um típico representante da classe média alta urbana da época. Leal, separado das tradições antigas, de aparência cosmopolita, intelectualmente ativo e curioso, honesto de pensamento e economicamente independente. Justino não precisou ganhar o próprio sustento; ele se devotou aos seus interesses intelectuais e se tornou um 'filósofo'. Foi assim que ele conheceu os cristãos e tornou-se um deles. 'Esta é a única filosofia realmente confiável e útil que eu encontrei.' Sua conversão provavelmente ocorreu em Éfeso, onde ele preparou o seu *Diálogo com o Judeu Trifo*. Em seguida, vamos encontrá-lo em Roma. Lá, com cerca de cinqüenta anos de idade, publicou, entre outras obras, uma *Apologia* endereçada aos gentios, e foi executado como um mártir cerca de dez anos depois.

No início do *Diálogo*, Justino fez uma explanação minuciosa do curso de seu desenvolvimento. Ele descobriu que a superioridade do cristianismo residia preeminentemente no claro conhecimento do Ser verdadeiro e Divino, o qual só é possível se a virtude e a justiça forem praticadas simultaneamente. Na *Apologia,* Justino dá uma ênfase particular ao amor cristão pelos seus inimigos, à paciência cristã, à castidade e à honestidade, e, acima de tudo, à coragem diante da morte. Estas qualidades deveriam, cria ele, ser suficientes para dissiparem as calúnias habituais sobre o modo de vida cristão, nas quais ele mesmo havia uma vez acreditado.

O cristianismo de Justino é marcado pelo ímpeto de dar uma expressão prática à sua fé e pela plena certeza de suas convicções absolutas. Os cristãos possuem a verdade na qual baseiam suas vidas; isto é provado pelo alto padrão moral de sua conduta. Além disso, a fonte de onde obtêm os seus conhecimentos a respeito de Deus é, sem dúvida alguma, confiável. Neste ponto, seus ensinamentos cumprem a verdadeira missão da filosofia, a qual, de acordo com Justino, é acima de tudo explorar aquilo que é Divino.

Ainda mais reveladora é a crítica que ele dirige contra as escolas de filosofia pagãs. Em sua busca pela verdade, Justino deseja explorar em todas as direções, para se tornar familiarizado com todo o monstro 'de muitas cabeças' (*Dial.* 2, 2) da filosofia. Ele considera os ensinamentos dos estóicos um campo estéril porque eles não exploram os assuntos relacionados a Deus de modo real. O filósofo peripatético o decepcionou ainda mais porque depois de alguns dias ele levantou a questão do pagamento, que é tão indigno de um filósofo. Os pitagóricos dissuadiam o pesquisador a buscar menos que o conhecimento, que para eles pressupunha um conjunto de informações musicais, astronômicas e geométricas, o qual Justino não possuía nem tinha tempo para adquirir.

Em sua opinião, a filosofia não deveria ser um ramo especializado do aprendizado; por fim, ele seguiu a Platão e se autodenominou platonista. Contudo, ele simplificou a filosofia platônica para atender aos requisitos da nova teologia: as principais idéias do Platonismo – que possuíam um toque dualista – referiam-se à pura verdade do Ser, a qual era acessível ao puro pensamento da Razão. Deus é Único, além do mundo criado, e um com o Bom e o Belo. O filósofo pagão médio daquela época provavelmente não possuía uma compreensão mais profunda do que Platão realmente ensinou. Está claro que Justino não somente leu Platão, mas teve, à sua própria maneira, uma compreensão vívida a respeito dele. Em seus escritos se referiu ao filósofo grego e o imitou repetidamente. Para Justino, e para tantos quantos vieram depois dele, Platão se tornou a ponte intelectual que conduzia aos 'filósofos mais antigos' (*Dial.* 7, 1), que o próprio Platão deve ter conhecido e usado, isto é, os profetas do Antigo Testamento e, conseqüentemente, o próprio Cristo. Justino assumiu dali por diante sua posição intelectual ao lado deles, e Platão se tornou um precursor e um aliado mais que um líder.

A intenção de Justino, portanto, não era realizar um tipo de investigação filosófica da mensagem cristã e misturar Platão com o cristianismo. Para ele, o cristianismo era a própria verdade filosófica; achava que Platão estivesse inteiramente de acordo com a verdade do cristianismo. Deus havia agido em todas as épocas e entre todos os povos. Ele havia, em todas as épocas, revelado aos povos, fora dos limites do povo judeu, fragmentos e partes de sua verdade. Mas em Jesus Cristo a sua razão eterna havia se manifestado de forma definitiva. Portanto, era possível dizer que 'todos os homens que viveram de acordo com a razão' eram cristãos, incluindo, por exemplo, Sócrates e Heráclito entre os gregos, e Abraão, Elias e muitos outros, entre os 'bárbaros' (*Apol.* I, 46).

Para Justino, toda a história do espírito humano se resumiu e foi consumada em Cristo. Jesus Cristo é o Filho de Deus. Por este dogma cristão básico, Justino deu aos pagãos algo como uma justificativa filosófica racional, com a qual tinha a intenção de dissipar as suspeitas de politeísmo. Cristo era o Logos, isto é, a própria razão divina, a qual Deus Pai admitiu sair de si mesmo sem a diminuição do seu próprio ser. Através dEle foi também realizada a criação do mundo. E sendo a 'Palavra' de Deus, o Logos foi capaz de no final até mesmo assumir a forma de carne humana, a fim de ensinar aos homens a verdade e a sabedoria perfeitas. A prova mais segura da verdade destas afirmações reside no cumprimento miraculoso de todas as profecias que ocorreram quando Jesus Cristo se manifestou. Em conjunto com os milagres que Ele operou e ainda opera hoje, e com a grandiosidade do próprio Evangelho, não é possível que haja mais qualquer dúvida sobre a sua origem divina. Cristo é o novo legislador que sobrepuja toda resistência demoníaca e traz salvação ilimitada para o mundo diante do fim que se aproxima. Não devemos permitir que seu sofrimento e morte venham confundir nossas mentes, da mesma forma que a perseguição atual pela qual os cristãos estão sujeitos, que é o destino dos verdadeiros filósofos em todas as épocas.

É surpreendente como Justino tinha certeza de que a fé defendida por ele era um conhecimento razoável e totalmente esclarecedor, e como ele é pouco afetado pelas doutrinas que se apresentam diante da filosofia clássica, as quais haviam provocado desprezo e crítica em todas as épocas. A crucificação do Filho de Deus, os efeitos miraculosos de sua Última Ceia, a ressurreição da carne, e até mesmo a antiga esperança do milênio com a Nova Jerusalém como seu centro – a qual já estava sendo questionada na própria Igreja – tudo isto é aceito por Justino como certezas irrefutáveis baseadas no testemunho da Bíblia, e elas claramente não lhe oferecem quaisquer problemas sérios. Fica óbvio como ele firme e naturalmente está enraizado na Fé e nas idéias da Igreja, a despeito de todo o seu treinamento filosófico. Ele considera a validade da Bíblia como absoluta. Provavelmente isto seria ainda mais evidente se todas as suas obras estritamente eclesiásticas, isto é, aquelas expressamente escritas para os leitores cristãos, não tivessem se perdido. Elas não eram adequadas para uma época posterior e estavam fadadas a parecer talvez até mesmo perigosas.

Contudo, Justino se considera um filósofo, e, expressamente como um cristão, ele começou a ensinar e a agir. Mudou-se para um local apropriado em Roma, 'acima do Tanque de Timóteo', e reuniu discípulos, incluindo alguns que mais tarde se tornaram bem conhecidos como professores e escritores cristãos. Como um autêntico professor de filosofia, ele naturalmente recusou pagamento por suas aulas. Ele partilhava incondicionalmente os 'preceitos da sabedoria' com qualquer um que desejasse vir a ele (*Act. Just.* 3) e continuava a vestir a capa de filósofo com orgulho. À luz dos efeitos de seu ensino ele poderia também ser descrito como um missionário da Igreja. Mas ele apareceu em público em seu próprio nome e não trabalhou mais, como os professores cristãos primitivos, dentro da comunidade religiosa, mas dentro da nova estrutura sociológica de uma 'escola' filosófica privada. Ele e seus alunos foram atraídos para a luta competitiva habitual das escolas e facções filosóficas, sendo que a única diferença era que estas disputas adquiriram uma intensidade e perigo adicionais por causa dos conflitos religiosos que reinavam de modo furioso por trás delas.

O próprio Justino relata (*Apol.* II, 8 [3]) como ele pessoalmente desafiou o cínico filósofo Crescêncio, que havia atacado os cristãos, e registra que ele provou a completa ignorância do cínico, embora naturalmente sem proveito. O maligno fanfarrão continuou a caluniar os cristãos e a falar sobre coisas que ele não entendia ou não queria entender; de acordo com Justino, ele não merecia de maneira alguma o nome de filósofo. Em seu *Diálogo,* ele apresenta sua própria concepção de uma séria discussão filosófica sobre questões de Fé. O cristão e o judeu que aqui se colocam em lados opostos, ambos fazem um esforço para conduzir o debate em tons dignificados e atingir uma objetividade e imparcialidade que tendessem a um argumento racional. Um permite ao outro ter sua oportunidade de expressão, e ambos abrem mão de vitórias polêmicas insignificantes. Sua única preocupação é chegar à verdade, e esta verdade deve ser trazida à luz de uma forma desapaixonada, objetiva e prática. Esta é a nova atitude 'filosófica', também refletida na agradável civilidade da discussão – uma qualidade derivada de Platão. Este tipo de discussão estava além do alcance do porta-voz mais antigo da Igreja.

Mas quando estudamos o conteúdo da discussão, a relação com a antiga tradição cristã fica evidente em toda parte, e a elaboração filosófica da introdução parece um disfarce quase acidental e desnecessário. O próprio Justino diz em determinado ponto que ele é obrigado a abrir mão das regras elaboradas da exposição metódica e retórica. No lugar de um tratamento sistemático da ética cristã, ele simplesmente apresenta, na forma de catecismo, os mandamentos do Senhor; ao invés de uma exposição do que é a Igreja, ele descreve o que acontece dentro dela, e como são os seus cultos. Mesmo nos contextos puramente teológicos, ele às vezes se satisfaz com as formulações tradicionais – por exemplo, o Credo Trinitariano.

Justino considera como sua principal tarefa, acima de tudo, a interpretação das Escrituras do Antigo Testamento. Como os primeiros mestres cristãos, ele proclama que recebeu do próprio Deus o 'dom da graça' para desempenhar esta tarefa. Mas ele enfatiza especificamente a importância de seu método claro e racional. A repetição meramente mecânica dos dizeres aprendidos de cor está sujeito a provocar contradição e desprezo. E ainda em outro aspecto avança além de seus predecessores: ele deseja desenvolver provas escriturísticas ao limite extremo. O *Diálogo* torna-se assim um compêndio completo de todas as provas textuais confirmando a fé em Cristo, contidas no Antigo Testamento. Neste aspecto, raramente foi superado.

Não é necessário dizer que, nesta obra, Justino confia em primeiro lugar nos métodos alegóricos e tipológicos já utilizados no judaísmo, combinados com uma verdadeira minuciosidade rabínica na reunião de indícios aparentemente relacionados e afinidades ocultas. A 'árvore da vida' no Paraíso, as varas de álamo verdes com as quais Jacó colore os cordeiros, a 'coluna' de pedra ungida de Betel e todos os 'ungidos' em geral, os cajados de Arão e Moisés e todos os outros cajados e árvores do Antigo Testamento, incluindo a 'árvore plantada nos rios de água' e a 'vara e cajado' dos quais o salmista canta – para Justino são claros sinais e prefigurações, 'tipos' da cruz de Cristo e das profecias do próprio Cristo. Por mais fatigante e complicado que tais exposições possam nos parecer hoje, escrito num estilo laborioso e de forma alguma agradável, não se pode dizer que Justino perdeu de vista as considerações mais amplas: ele se elevou acima de seus escritos. E a sua exposição final da cristandade como o novo povo de Deus, de sua santidade e espiritualidade e a maravilhosa universalidade de sua fraternidade, que abraça o mundo todo, é particularmente impressionante. Esta interpretação da Igreja é um outro sinal da abordagem erudita e cosmopolita na base da qual Justino, o filósofo, recebe o cristianismo como a religião do novo mundo e a única verdade que deve ser proclamada em sua própria era.

Está muito evidente por toda parte: Justino se dirige a todos os homens, não importa se ele está falando particularmente aos judeus, hereges, ou pagãos, e a razão para isso não é meramente um deleite na discussão nem um interesse em um avanço intelectual e edificação gerais, mas isto é feito para forçar os homens a uma decisão bem definida. A verdade não se apoia mais em uma fria neutralidade acima das partes em discussão: tornou-se concreta em Cristo e vive dentro de uma comunhão específica, em uma doutrina específica, em uma Palavra específica. O fato de que nesta forma isto se tornou acessível não somente para os letrados, para os filósofos, mas a todo homem, parece ser uma nova prova de sua perfeição. Por esta razão é de suma importância que se apoie publicamente contra todos os preconceitos e calúnias, como convém a um filósofo, e se necessário arrisque a própria vida. Ser um filósofo significa ter uma missão e dedicar a sua vida a isso.

A *Apologia* de Justino, escrita em Roma antes do *Diálogo*, é a mais impressionante evidência desta intenção. Ela toma a forma de uma reclamação formal dirigida ao imperador, Antonino Pio, e seus companheiros regentes, ao Senado e a todos os romanos. 'É uma injustiça', ele declara, 'que os cristãos sejam considerados como uma seita criminosa e sejam constantemente perseguidos. Seus pretensos crimes deveriam primeiro ser provados; eles mesmos, então, seriam os últimos a defender o culpado. Na verdade, eles são as pessoas mais justas, mais leais e devotas que o Império possui; são os verdadeiros e naturais aliados do governo em sua luta pela paz do mundo. Um governo esclarecido não quereria censurá-los por se recusarem a compartilhar os preceitos corruptos da superstição. Por trás das perseguições perpetradas pelos gentios se escondem, na realidade, somente demônios hostis que têm medo de perder seu domínio sobre o homem'. Justino estava aqui adotando uma noção popular em círculos filosóficos, e lhe dá meramente uma nova roupagem polêmica. 'A razão dirige aqueles que são verdadeiramente devotos e filosóficos a honrarem e amarem o que é verdadeiro, recusando-se a seguir opiniões tradicionais, se estas forem inúteis' (*Apol.* I, 2, 1).

Justino procura deste modo apelar aos imperadores como filósofo, e lembrá-los de seus repetitivos e freqüentes pedidos para que expusesse métodos de governo esclarecidos e atualizados. Mas este elogio nada tem de mera lisonja. 'Vocês, então, desde que sejam chamados de pios e filósofos, guardiões da justiça e amantes do aprendizado, prestem bem atenção... se vocês são de fato assim, isto será manifesto. Porque não viemos lhes fazer lisonja por esta escrita nem lhes agradar pela nossa palestra, mas para pedir que vocês julguem após uma apurada e rigorosa investigação, não adulada por preconceito ou pelo desejo de agradar a homens supersticiosos, nem induzidos por impulso irracional ou rumores malignos que há muito têm prevalecido, para dar uma decisão que provará ser contra vocês mesmos. Quanto a nós, vocês podem nos matar mas não nos atingir' (*Apol.* I, 2, 2).

A importância da *Apologia* de Justino reside na inusitada combinação dos elementos morais e teológicos com os elementos legalistas e políticos. É verdade que Justino não examinou a fundo nem recusou-se a ver a pressuposição final das perseguições dos cristãos: a relação fundamental entre o Estado e a religião que o Império Romano foi fadado a dar como certa, como qualquer outra organização política da antigüidade. A retórica de seus argumentos quase legais, no entanto, às vezes parece um pouco artificial e afetada. Mas de modo geral seus argumentos e também suas referências práticas aos cristãos como pagadores de impostos, a futilidade das perseguições e o sofrimento moral de tais condutas, são bastante contundentes. É bem tocante notar como ele ansiosamente presume que todos estão interessados em suas preocupações e, por exemplo, que os imperadores já ouviram falar dele e de seus debates com Crescêncio. Mas, ao invés de sorrir para tal ingenuidade e contar os erros crassos que ocasionalmente introduziam-se em suas longas discussões polêmicas de filosofia e mitologia pagãs, deve-se antes admirar sua honestidade, a franqueza e audácia incomparável de um homem que aqui defende a causa de uma comunidade sem esperança, cuja situação deve ter sido perfeitamente óbvia a ele. Não é de se surpreender que ele finalmente tivesse que pagar com sua vida.

O relato do martírio de Justino nos foi declarado. Durante o governo do prefeito Rusticus (163-67 d.C.), ele foi preso, juntamente com outros seis cristãos. Ele foi descrito como 'razoável e bem informado', e no tribunal ele era o porta-voz dos cristãos. Como seus companheiros, ele categoricamente recusou-se a obedecer às ordens do juiz e negar seu Salvador, Jesus Cristo; após cuidadoso exame ele tinha reconhecido a verdade dos ensinamentos de Cristo e pretendia ser leal a isto, 'mesmo se isto não estivesse de acordo com as pessoas que eram escravas do engano' (*Act. Just.* 2, 3). Ele professou sua firme crença na Ressurreição e no Julgamento do Último Dia, e com os outros, recebeu sua sentença sem medo: 'Porque eles não sacrificam aos deuses e se recusam a obedecer às ordens do imperador, serão flagelados de acordo com a lei e levados para ser decapitados' (*Act. Just.* 5, 8).

Justino se coloca diante de nós como um personagem simples, direto e descomplicado. Abertamente declara aquilo em que acredita e o que pretende, e não duvida que esta seja a verdade, que os ensinamentos de Cristo que ele traz signifiquem salvação para o mundo todo. Nem o seu relacionamento com a filosofia nem a sua posição na Igreja representaram um problema para ele. Foi somente mais tarde que os homens lentamente vieram a perceber as dificuldades que a sua posição necessariamente acarretava. Mas a vida deste 'filósofo e mártir' (Tertuliano, *Adv. Val.* 5) foi um modelo. Quase todos os patriarcas gregos da Igreja foram, consciente ou inconscientemente, seus imitadores.

Capítulo 2

Ireneu

Ireneu era de uma geração mais jovem que a de Justino e foi teologicamente influenciado por ele. Apesar disso, ele representa de certa maneira um tipo mais antigo de ensinador cristão e de mestres eclesiásticos. Ireneu não veio de fora para a Igreja com problemas e expectativas específicas: ele cresceu na Igreja Primitiva, conhecia suas tradições e vivia a seu serviço. Não tinha desejo algum de ser filósofo, mas sim um discípulo dos antigos Pais, um inspirado guardião da autêntica tradição apostólica. A verdade é que seus únicos escritos que chegaram até nós tinham como alvo os leitores dentro da Igreja. A situação aqui é inversa à de Justino, conhecido apenas como um apologista. Provavelmente Ireneu teria produzido um estudo detalhado sobre os problemas e gostos dos pagãos quando saiu a falar-lhes. Mas é evidente que esta tarefa foi algo secundário à sua atividade e escritos para a Igreja.

O único tratado apologético que Ireneu dirigiu aos gregos foi, de acordo com Eusébio, 'admirável' mas também 'muito curto' (*Hist. Ecl.* V, 26). As apologias não eram o principal centro de seu interesse. Isto fica claro a partir do seu estilo de apresentação, e por todo o teor de seu pensamento nos escritos que sobreviveram. Ireneu tem a maneira de um pregador experiente, não de um filósofo ou um missionário convencendo seus ouvintes. Seu estilo é pausado, paternal, edificante, às vezes rústico e dissonante. Como escritor ele é um fracasso quando tenta ser erudito ou espirituoso, mas é bem-sucedido pelo fervor, urgência, e seriedade de suas crenças religiosas básicas, as quais ele desenvolve com entusiasmo convicto e convincente. Ireneu se tornou desta forma o protótipo do pastor consciencioso e o defensor incansável do ensino da Igreja. Os séculos que se seguiram voltaram seus olhos para ele com grata admiração, como a grande testemunha da verdade apostólica num período difícil e perigoso.

Ireneu nasceu na costa grega da Ásia Menor. Quando menino em Esmirna, ele tinha, como gostava muito de salientar, ouvido os sermões do grande bispo e mártir Policarpo, que era considerado um discípulo dos próprios apóstolos. Neste lugar ele veio a conhecer o genuíno e autêntico Evangelho, ao qual ele permaneceu fiel por toda a sua vida. Quando cresceu foi ordenado presbítero na Igreja em Lião. No ano 177 d.C., o bispo da Igreja foi vítima de perseguição e caiu nas mãos da multidão, e Ireneu, ainda relativamente jovem, foi indicado para ser seu sucessor. Desta forma ele se tornou ao mesmo tempo bispo de Viena e de outras congregações menores ou grupos de congregações por todo o sul da Gália, as quais estavam conectadas ao centro principal.

O grego, a língua-mãe de Ireneu, era falado por uma considerável parte da população desse local e era entendido sem nenhuma dificuldade em todas as vilas e cidades. No segundo século, o grego ainda era um tipo de língua eclesiástica para os cristãos ocidentais em geral. Ninguém se sentia ofendido pelo fato de um cidadão da longínqua Ásia ser designado como bispo na Gália. O caráter cosmopolita do Império Romano e sua civilização helenística também ajudaram a levar a Igreja adiante. Mas ela não estava ligada à uma língua e cultura. Na África, os primeiros sermões em latim foram proferidos neste período, e o próprio Ireneu, por causa dos seus ouvintes celtas, algumas vezes usava a sua própria língua. Em seu zelo missionário, a Igreja Cristã era ainda mais ecumênica e menos preconceituosa do que o restante da sociedade greco-romana, que ignorou os 'bárbaros'.

A influência que Ireneu exerceu não estava limitada à Gália. No momento em que ele se juntou à unidade de uma só Igreja e proclamou-a e exaltou-a como um milagre divino, sua voz foi logo ouvida e observada por quase toda a cristandade. Enquanto ainda era presbítero, foi enviado a Roma pelos líderes cativos da Igreja em Lião para entregar uma carta na qual solicitava uma compreensão da 'nova profecia' do montanismo. Este foi um movimento de reavivamento que teve origem na Ásia Menor e que estava preocupando toda a Igreja. Mas Ireneu foi solidário a ele. Sua crença antiga no poder miraculoso do 'Espírito' e sua severidade moral um pouco reacionária tocou uma nota simples e familiar em seu coração, e ele não queria ver estes pios movimentos da Igreja e seus 'profetas' liquidados sem qualquer compreensão pela ação de oficiais eclesiásticos. Posteriormente Ireneu escreveu cartas em seu próprio nome que foram enviadas para Roma e Alexandria. Sua preocupação era apaziguar e mediar entre as partes em disputa. Quando Vitor de Roma aceitou ser persuadido a romper relações eclesiásticas com as igrejas na Ásia Menor, por causa das diferenças duradouras sobre a festa da Páscoa, Ireneu lhe escreveu uma vigorosa carta na qual condenava esta ação ditatorial 'de uma maneira conveniente' (Eus., *H.E.* V, 24, 11).

Diferenças nas questões práticas na Igreja podem ser toleradas sem causar prejuízo; na verdade, até certo ponto elas meramente realçam a contínua unidade que é criada pela Fé. O que tem grande importância é esta própria fé antiga, a verdade do Evangelho transmitida pelos apóstolos; no entanto, é importante estarmos atentos quando aparecem novas doutrinas que tentam roubar ou falsificar o tesouro original. Ireneu pessoalmente chamou a prestar contas homens cuja teologia lhe parecia questionável; ele advertiu que estes não poderiam mais ser tolerados como membros do clero, e ao diácono que o representava em Viena ele comunicou instruções dogmáticas de como os hereges deveriam ser instruídos. Lutar contra falsas doutrinas era parte da pregação verdadeira e um problema urgente no qual Ireneu empenhou-se e dedicou-se por toda a sua vida. Seus escritos também foram dedicados primordialmente a este fim.

Sua obra principal, os cinco volumes da *Refutação e Derrocada do Gnosticismo*, foi dedicada exclusivamente à luta contra as heresias, e ainda permanece sendo a mais importante fonte de informação sobre a história teológica e sectária do segundo século. No entanto, Ireneu não deve ser considerado como uma pessoa intolerante e briguenta, para quem as discussões dogmáticas eram uma necessidade para seu próprio bem. Devido à rápida expansão em um mundo estrangeiro e pagão, a Igreja neste período tinha de fato atingido uma séria crise que ameaçava mudar a essência religiosa da fé e destruir seus fundamentos históricos. Apenas um vigoroso contra-ataque poderia ser bem-sucedido para afastar este perigo. Ireneu sustenta, com Justino e vários outros teólogos de sua geração, uma única e igual frente neste aspecto. Os inimigos com quem deviam lutar estavam ainda em parte dentro da Igreja, mas a maioria deles já estava fora, divididos em inúmeros grupos e escolas, e ocasionalmente se reuniam em sociedades distintas e independentes, das quais os seguidores de Marcião representavam os mais fortes e mais importantes. A única coisa que pareciam ter em comum era que eles estavam alterando e atacando o que Ireneu considerava o ensino apostólico original. Mas de fato, apesar de todas as diferenças individuais, eles formaram um único movimento religioso coerente em seus impulsos e intenções finais, que permeou o mundo todo nos últimos tempos da antigüidade. Hoje o descrevemos como 'gnosticismo' porque seus representantes freqüentemente afirmavam ter uma mais elevada – porém na visão de Ireneu, 'falsamente suposta' –, *gnose* religiosa, ou conhecimento de mistérios espirituais.

Os gnósticos transformaram o cristianismo em uma religião escapista e dualista no que tange à redenção e abandonaram não somente o Antigo Testamento, mas também a antiga compreensão cristã da fé, e o plano da salvação como um estágio inferior no caminho para a perfeição. Cristo não era mais considerado como um homem histórico real de carne e sangue, que cumpre as promessas a Israel, mas como um Ser celestial parcialmente místico, de dimensões cósmicas. Pensavam que sua conquista decisiva foi a transmissão do conhecimento revelador pelo qual a alma humana é arrancada do mundo dos sentidos e chamada de volta ao seu verdadeiro e eterno lar, ao qual deve voltar novamente através do novo conhecimento do espírito, diretamente, ou com a ajuda de práticas sacramentais e ascéticas específicas. Ela assim retornará ao Ser espiritualmente divino do qual Cristo deu testemunho. Dessa forma, entendiam que ela não teria mais nada a fazer neste mundo; e que o Deus Criador, com seus anjos e leis, era o poder realmente hostil do qual deviam fugir.

Ireneu não foi bem-sucedido em esquadrinhar e lutar contra a massa desnorteante das idéias gnósticas, mitos e especulações na forma simplificada em que as esboçamos aqui. Ele se deu ao trabalho de explorar o ensino e as origens de cada seita em particular, o que apenas aumentou a impressão de confusão e complicada fantasia. Ireneu tentou publicar sua *Refutação* tão sistemática e bem detalhada quanto possível. Mas ele mesmo faltou com a clareza, objetividade sem preconceitos, e poder de exposição organizado, o que era necessário para a tarefa. Dessa forma, a obra se tornou um exemplo típico de ataque desorganizado e cansativo contra os hereges, os quais, não tendo superioridade intelectual, se aproveitaram de cada argumento para desacreditar, lançar suspeitas e caricaturar o inimigo. As pretensões ridículas, as contradições e os absurdos de suas teorias arbitrárias, os constantes desentendimentos entre seus vários grupos e partidos e, não menos, as vidas imorais e as atitudes sem princípios de seus líderes, são expostas repetidamente. Logo, no entanto, quando Ireneu recorre a uma exposição positiva da fé da Igreja, o nível de seus escritos se eleva e fica claro que ele tem um sentimento verdadeiro para com as questões fundamentais no conflito. Ele está preocupado em repelir a atitude gnóstica blasfema relativa à criação e refutar a afirmação de que existe um Deus Criador judeu que se coloca em contraste com Cristo. Em oposição a isto, o importante é compreender a relação entre Criação e Redenção, a unidade interna da tríplice obra do Pai, do Filho e do Espírito Santo, em seu verdadeiro significado.

No princípio Deus criou e adornou o mundo com suas duas mãos, o Filho e o Espírito, e fez o homem conforme a sua própria imagem para viver neste mundo. Na verdade, o homem e toda a criação caíram, mas Deus não os deixou caídos. Em três etapas, Ele levantou o homem novamente: Na antiga aliança os profetas deram testemunho dEle como o Senhor, e Ele agora nos concedeu o poder de nos tornarmos filhos de Deus através de seu Filho. E, em algum dia por vir, Ele se revelará como Pai em seu Reino. Ele permanece para sempre essencialmente incomensurável, mas em amor Ele se aproximou de nós e nos deu do seu Espírito. 'É a glória de Deus que o homem viva; mas é fundamental para a vida do homem que ele veja a Deus' (*Haer.* IV, 20, 7). Esta é a chave do significado da história do mundo, e a Redenção não anula, mas conduz transcendentalmente, à criação. Ireneu não está ensinando uma crença de pouco valor. Tudo em seu pensamento diz respeito ao novo relacionamento de filiação que Cristo estabeleceu. Mas é o único e o mesmo Deus que em seu poder triuno opera todas as coisas e conduz o mundo e a humanidade à perfeição eterna, de acordo com o seu decreto misterioso.

Não é fácil ter certeza de como tais afirmações estão longe de ser o produto do próprio pensamento de Ireneu. Ele mesmo, como já vimos, não dá grande importância em se mostrar original; pelo contrário, ele se refere por toda a sua obra ao testemunho dos 'antigos', o qual ele apenas busca preservar e transmitir. O melhor que ele tinha a oferecer não brotou em sua própria mente. Desde que isso se tornou evidente, Ireneu perdeu muito de sua reputação anterior como um grande teólogo.

Da mesma forma, ele tornou os frutos de sua leitura como seus e era bastante capaz de expressá-los à sua própria maneira. Ireneu parece mais independente quando não está lutando contra os hereges em bases puramente dogmáticas, mas atacando-os com argumentos históricos. Ele os trata como 'inovadores' e não se preocupa em enfatizar o absurdo e a falta de fundamento do cristianismo deles, contrastando-o com o testemunho original e autêntico da fé apostólica. A verdadeira Igreja não pode tolerar alterações arbitrárias daquilo que recebeu desde o princípio.

Não é necessário dizer que Ireneu não pergunta se a sua própria Igreja, apesar dos seus valores históricos e talvez por causa do seu absoluto compromisso com as Escrituras e os testemunhos do passado, não poderia estar passando também por transformações. Ele se satisfaz com uma referência aos antigos documentos como evidência das mensagens autênticas da Igreja. Se estudarmos os escritos apocalípticos dos gnósticos, com seus mitos e suas várias tradições apócrifas, seremos bastante justificados em concluir que Ireneu estava perfeitamente certo ao rejeitá-los.

Ele foi o primeiro teólogo literário consciente da Igreja cristã. Ele foi o primeiro a colocar os quatro Evangelhos, com uma série de escritos apostólicos posteriores, embora não exatamente a seleção atual, lado a lado com o Antigo Testamento. Da mesma forma, eles são citados como 'escritura'. A Bíblia cristã de dois volumes estava nascendo. Mas o importante é a atitude básica que Ireneu adota em relação à Bíblia cristã, sua intenção declarada em recusar ir além daquilo que foi revelado no princípio, e a convicção de que o *depósito* final e irrevogável dos ensinamentos apostólicos era de uma vez por todas suficiente para a salvação. Os textos são inabaláveis, e Ireneu quer defender até mesmo seus próprios escritos contra todas as tentativas de aperfeiçoá-los. A tradição da Igreja não é mais um fator independente ao lado das Escrituras: ela simplesmente confirma o testemunho da Bíblia. Quando os gnósticos se referem a suas alegadas tradições especiais secretas, deve ser afirmado que eles são presunçosos e que somente os anciãos da Igreja, seus bispos e mestres, mantiveram continuidade direta com os apóstolos. Eles devem, portanto, estar de posse da tradição autêntica e original. O exemplo da lista romana de bispos que haviam sido recentemente oficializados e que Ireneu registra (*Haer.* III, 3, 3), mostra esta continuidade com as origens apostólicas de uma forma exemplar, e a unanimidade esplêndida de todas as congregações ortodoxas confirma mais uma vez onde a verdade realmente pode ser encontrada.

Com esta ênfase na universalidade e na sucessão de bispos, que o exemplo romano ilustra tão clara e instrutivamente ('acima de todos os outros'), Ireneu apresenta idéias que provaram ser especialmente valiosas para o pensamento eclesiástico posterior. Ele mesmo somente as usou como armas na luta contra as reivindicações dos gnósticos, e fora dessa intenção polêmica ele não teve mais nenhum interesse nelas. Para ele a Igreja como um todo está fundada diretamente na antiga palavra apostólica da verdade, e através do Espírito Santo, que dá a ela seus maravilhosos dons, ela está unida em todo lugar, em espírito.

Isto fica particularmente evidente por um panfleto posterior, que sobreviveu apenas em uma tradução armênia, que reúne os principais dogmas do ensino cristão de um modo edificante 'como evidência da mensagem apostólica'. Não há mais aqui nenhuma menção de considerações 'canônicas' ou oficiais. A mensagem cristã é apresentada em uma forma simples, de acordo com a história bíblica, começando com a criação e a queda e conduzindo através da história sagrada de Israel a Jesus Cristo, que redimiu o homem pelo seu sofrimento, morte e ressurreição. Este evento decisivo não precisa de nenhum outro apoio, senão a prova escriturística do Antigo Testamento, o qual Ireneu, como Justino, expõe novamente de forma integral. Então, os apóstolos espalharam o Evangelho por todo o mundo e estabeleceram a Igreja; ela é um novo paraíso plantado neste mundo. Ela está impregnada pelo Espírito Santo em todas as suas ramificações, e Ele torna plano o caminho da adoração e da justiça. O poder dos ídolos e da idolatria foi quebrado e uma nova vida de perfeita santidade teve início. O judaísmo agora também pertence definitivamente ao passado. 'Porque temos o Senhor da lei, o Filho de Deus, e pela fé nele aprendemos a amar a Deus de todo o nosso coração e ao próximo como a nós mesmos. Mas o amor a Deus não tem parte com o pecado e o amor ao próximo não opera maldade contra os nossos companheiros' (*Epid.* 95). A Igreja está protegida em sua simplicidade de todas as tentações humanas. Seus membros sabem que um homem de Deus, mesmo ignorante, é sempre melhor que um filósofo imprudente.

Justino tinha apresentado a reivindicação 'filosófica' pela qual o cristianismo poderia ser mostrado como a verdade em um sentido absoluto, até mesmo para o julgamento crítico racionalista. Contudo, Ireneu nos lembra que o cristianismo jamais pode ser uma mera filosofia, e que ele certamente se baseia na revelação e nas tradições sagradas, que ele age no Espírito Santo e é transmitido somente pela Igreja universal e sua palavra apostólica. Com este testemunho, ele se tornou uma figura fundamentalmente significativa, e continua a influenciar a cristandade, especialmente o mundo ocidental. Seus escritos foram traduzidos para o latim em um período anterior, e depois para o siríaco e o armênio.

Seu testemunho ortodoxo foi integralmente aprovado também pelos patriarcas gregos da Igreja, mas, embora ele próprio fosse grego, seus escritos caíram rapidamente para um segundo plano e foi quase esquecido pelos seus compatriotas. Seu estilo simples, deselegante e ingênuo parecia muito antiquado e muito primitivo. Os teólogos gregos, buscando uma compreensão mais completa do cristianismo e da Igreja, imediatamente encontraram-se confrontados por novas e difíceis perguntas, que eram impossíveis de ser respondidas pelas linhas tradicionais da devoção comum. Eles eram mais 'filosóficos' que Ireneu, e buscavam novos caminhos para compreender a antiga verdade e torná-la inteligível para seus contemporâneos, num espírito de espantosa independência.

CAPÍTULO 3

CLEMENTE DE ALEXANDRIA

Como Justino, Clemente de Alexandria chegou ao cristianismo por meio da filosofia. Mas a Palavra tem um conteúdo muito mais profundo e rico para ele do que tinha para Justino. Este, em sua zelosa tentativa de educar e converter, sempre tentou tomar o caminho mais curto, com um aparato filosófico que nada continha fora do comum. Nenhum patriarca da Igreja foi julgado de tantas maneiras diferentes como Clemente.

Com a força e flexibilidade de sua personalidade, ele tinha no fundo uma multifacetada natureza contendo uma grande essência; nunca se manteve na trajetória corriqueira, deliberadamente evitou *slogans* e fórmulas estabelecidas, e nunca deixou de perguntar, pesquisar e raciocinar. Era um mestre da discussão, poder-se-ia quase dizer um típico homem de letras e um boêmio. Mas ele também, ao tornar-se cristão, deu um claro e decisivo passo para alcançar um propósito final e inabalável a todos os seus interesses e esforços intelectuais.

Clemente também é um servo, e considera como o propósito de sua vida conduzir os homens a Cristo – uma missão que ele manteve de uma maneira pessoal estranhamente flexível e não dogmática. Clemente não era um mestre público da Igreja e, apesar do seu grande conhecimento, não era realmente um erudito. Ele era um homem de conversação, de experiência espiritual, e um culto pastor de almas. Como tal ele demonstrou inspiração, perguntas bem colocadas, possibilidades e problemas ponderados, os quais não encontramos em quase nenhum outro lugar. Alguns mestres nas reuniões secretas gnósticas podem ter se assemelhado a ele, e mais tarde foi interpretado e estimado de modo particular por um grande número de eminentes monges. Mas eles mesmos estavam geralmente tocando as raias da heresia ou já tinham cruzado as suas fronteiras involuntariamente. Em seu próprio século, Clemente era aparentemente tolerado sem dificuldade.

Pouco sabemos sobre a trajetória secular de sua vida. Dizem que ele nasceu em Atenas, mas talvez esta informação seja apenas simbolicamente correta. Como Justino, ele era um viajante; e mesmo depois de tornar-se cristão, viajou por todas as províncias de língua grega do império, da Ásia Menor e Síria para locais como Itália e Egito, esforçando-se em toda parte para incrementar sua educação. É característico que posteriormente ele tenha pensado nestas viagens como uma busca por um verdadeiro 'mestre'. Apenas o sexto mestre que ele encontrou o satisfez realmente: Panteno, que, em seu julgamento, superou todos os outros em sua interpretação da Bíblia, mas que desprezou deixar por escrito quaisquer de suas palestras. Como os 'antigos', os mestres do período cristão inicial, Panteno ensinou somente pela palavra falada; portanto, é impossível julgarmos sua qualidade.

Aproximadamente em 180 d.C., Clemente o conheceu em Alexandria e lá se estabeleceu, trabalhando como professor, da mesma forma que Justino em Roma. Naturalmente, estava em contato com a congregação cristã, mas não há razão para supor que ele deu aulas a favor da Igreja, como o líder responsável por sua instrução bíblica, como a tradição relata. Sua 'escola' era independente, com alunos livremente inscritos de todos os lugares. Pagãos, judeus e 'filósofos' de todos os tipos provavelmente vieram juntos com cristãos letrados e cristãos sedentos por educação, alguns deles originariamente hereges, e todos foram ensinados, ajudados e, sem dúvida, muitos deles foram convertidos no fim pela Igreja.

Clemente se considerava um ortodoxo, um cristão universal, a tal ponto de alcançar o resultado mais importante na luta contra os gnósticos: a Bíblia da Igreja. Ele aceitou o Antigo Testamento e sua crença na criação, e se esforçou para basear seu ensino nas Escrituras. Portanto, como teólogo, Clemente também era, acima de tudo, um exegeta: considerava a interpretação da Bíblia como sua real tarefa e vocação. Ao mesmo tempo, contudo, levou em consideração todas as outras teorias e 'filosofias' que estavam ao seu redor e tentou encaminhá-las para uma conversação frutífera. Ele lutou contra as falsas doutrinas dos gnósticos e outros hereges, mas também os estudou e tentou aprender deles. Seus argumentos eram voltados à instrução e à compreensão ao invés de um direto 'anátema'. Ele também conviveu em um mundo intelectual comum com os filósofos pagãos até aquele momento, enquanto eles não se tornaram epicureus que negavam a existência da providência divina. Mais uma vez, Platão ficou em primeiro plano e foi considerado como o que mais se aproximou da verdade do cristianismo.

A metrópole de Alexandria, com sua vida variada e ricamente animada, era um local ideal para as atividades de um homem como Clemente. Não estou pensando meramente na cultura acadêmica e, num sentido estrito, filosófico do lugar. A mistura e o intercâmbio de culturas, escolas e tradições tinham acontecido aqui durante muito tempo e abraçado todo tipo de religião e pontos de vista. Acima de tudo era um lugar onde as tendências teosóficas da antigüidade foram capazes de se espalhar rapidamente, aqui nos arredores do antigo mundo mágico do Egito.

Tudo isto tinha no passado facilitado a penetração do judaísmo, como estava agora acontecendo com o cristianismo, nos círculos intelectuais. É impossível entender Clemente, a menos que ele seja visto em um plano mais amplo. Ele estava ardentemente interessado em todas as antigas revelações, tradições secretas e mistérios, mesmo quando condenava seus conteúdos, e pensava no cristianismo não apenas como uma 'filosofia', mas também como uma realidade e poder misteriosos que mudam e exaltam o homem integralmente.

Contudo, diferentemente de alguns mestres gnósticos, Clemente não se perdeu neste mundo mágico dos sonhos, pois buscou o tremor do misterioso não simplesmente por causa do enlevo e das paixões. Ele buscou em todos os lugares preferentemente a verdade, a séria e completa verdade que pode estabelecer e unir a vida humana, a verdade que significa para ele o conhecimento de Deus, a decisão moral e a razão, ou seja, todas estas qualidades juntamente. Era isto que ele perseguia em Platão e compreendeu da maneira mais perfeita a 'aparência' terrena do Logos divino, Cristo. Desde a vinda de Cristo, toda a verdadeira vida e experiência espiritual não poderia ser nada além de um desenvolvimento desta clara, inesgotável, misteriosa e, contudo, revelada e reconhecida verdade viva de Deus.

O legado literário de Clemente teve o mesmo destino de todos os pais deste período inicial: a maioria desapareceu. No entanto, uma boa quantidade sobreviveu, suficiente para nos permitir seguir a mente curiosamente versátil deste homem nos campos mais variados. O *Protréptico* é um tratado missionário cristão composto inteiramente no estilo das antigas 'admoestações' filosóficas. Sua intenção é a mesma daquelas usuais 'apologias' cristãs do segundo século, mas ele atingiu um nível diferente e não tem nada da habitual banalidade arrogante destes tratados.

De acordo com Eduard Norden (*Die antike Kunstprosa*, 1898, 549), mesmo o prefácio, com suas sentenças curtas, rítmicas e ornamentais, é um dos produtos mais aprimorados da prosa sofisticada. Com grande vigor de espírito ele desafia o leitor a ouvir doravante a nova canção cujo cantor e assunto é o novo Orfeu, o Logos vindo de Sião, ao invés das canções mitológicas em louvor aos deuses da antigüidade. Aí segue-se o ataque tradicional à insensatez e à imoralidade dos mitos, mistérios, sacrifícios e imagens pagãos. A verdade relativa contida na mensagem dos filósofos é reconhecida. Mas o conhecimento completo e límpido será encontrado somente nos profetas e, acima de tudo, no Logos, que conduz a toda a verdade.

A seqüência desta admoestação será encontrada no amplo *Paedogogus*, ou 'Educador'. O propósito deste tratado é lidar com as questões de interesse moral e social para cristãos iniciantes de uma maneira fácil e despretensiosa. A discussão passa a ser acima de tudo sobre as questões práticas da vida e do comportamento, de grande interesse para os estudantes da história do comportamento: hábitos de comida e bebida; a vida e a organização do lar; festivais e divertimentos; sono e recreação; maquiagem e adorno; relacionamento na sociedade e entre os sexos: todos estes tópicos são discutidos. Um capítulo inteiro é dedicado a calçados, um outro, de considerável tamanho, exclusivamente a perfumes, ungüentos e grinaldas.

Claro que Clemente baseou grande parte de sua obra na literatura sobre etiqueta então disponível; os seus comentários sobre o virtuoso e o natural nem sempre são originais. Contudo, é evidente que Clemente está perseguindo uma linha definida por todo o palavreado e exame de cada consideração possível, e que tem um objetivo em vista, que fica além de todas estas discussões aparentemente triviais.

O cristianismo não pode ser pensado como um mero mandamento ou exigência exterior, que deva ser cumprida de acordo com a letra da lei. É, ao invés disso, uma questão do coração, do homem por inteiro; e a ética cristã é uma ética de intenção, tanto em seu compromisso quanto em sua liberdade. Clemente, portanto, não é solidário com ideais ascéticos radicais. O próprio Paulo nos lembra que o Reino de Deus não consiste em comer e beber (Rm 14.17) nem, portanto, na abstenção de carne e bebida, mas em retidão e paz e alegria no Espírito Santo. Alguém pode ser rico e pobre ao mesmo tempo, ter posses e não tê-las, usar o mundo e não desfrutá-lo (1 Co 7.31). 'Igualmente, a humildade não consiste na mortificação do corpo, mas em mansidão, assim a abstinência também é uma virtude da alma, que tem seu ser não no visível, mas nos lugares ocultos' (*Strom.* III, 48, 3).

Todas as coisas externas são neutras, *adiaphora,* no sentido estóico, e o cristão está totalmente 'livre' em relação a elas. Mas esta liberdade não é sinônimo de capricho e licenciosidade. Todos os excessos são indignos do homem e, portanto, do cristão. Clemente pode explicar o fato de que os pés de Jesus foram ungidos com um precioso ungüento (Lc 7.37), apenas mencionando que a mulher que os ungiu não era convertida. Ele usa uma alegoria para interpretar o incidente: o ungüento precioso tipifica o ensino divino que deveria ser praticado no mundo pelos pés de Jesus, isto é, pelos seus apóstolos.

Em geral, moderação, domínio próprio, discrição, utilidade e bom senso serão recomendados como virtudes cristãs, a prática das quais é sempre decorosa e, portanto, de acordo com as exigências da filosofia. Contudo, o poder supremo que governa a liberdade cristã não é a mera razão, mas o amor que ama a Deus e também o próximo e lhe dá voluntariamente tudo o que necessita. Este amor, que já havia sido ordenado ao homem no Antigo Testamento, está de acordo com a justiça e o bom senso, os conceitos básicos da filosofia social dos antigos.

É compreensível que Clemente tenha sempre sido o favorito de todos os humanistas. Ele deseja manter a fé com os ideais helênicos clássicos, e o fato de que ele sempre tenta dar um tom filosófico e racional tanto quanto razões escriturísticas para o que tem a dizer não deveria ser rejeitado como mero conformismo. Para ele não há antítese incompatível entre os dois. Os filósofos clássicos e os profetas 'bárbaros' do Antigo Testamento parecem se colocar quase que inteiramente na mesma linha de pensamento como pioneiros da verdade que foi revelada em Cristo.

Nenhum povo foi totalmente abandonado pela providência, e, afinal, 'o único Deus verdadeiro é o Autor de toda a beleza, seja helênica ou seja nossa' (*Strom.* I, 28). O fato de muitas 'ervas daninhas' serem encontradas nos filósofos, o que não acontece com a Bíblia, e que 'nem todas as nozes são comestíveis' (*Strom.* I, 7, 3) não afeta este discernimento fundamental. Clemente se recusa a ser intimidado por espíritos ansiosos que desconfiam da ciência e da cultura e têm medo da filosofia grega 'como crianças que são assustadas pelo homem negro' (*Strom.* VI, 80, 5). Se acrescentarmos que ele rejeita as exigências de ascetismo com absoluta determinação e afirma o nobre prazer das coisas terrenas como naturais e concordantes com a vontade de Deus ('Por que eu não deveria apreciá-las? Pois para quem elas foram criadas senão para nós?' [*Paed.* II, 119, 2]), ele parece ser quase o protótipo de um teólogo liberal, com sua piedade mundana. Mas, na verdade, Clemente não era mais um liberal do que um piedoso. Ele se esforçou deliberadamente para ir além destas duas atitudes básicas, exaltando o cristianismo como uma religião em si mesma, que elevava-se acima do paganismo e semelhantemente do judaísmo. O cristianismo é a novidade de vida de um novo ser, que é aperfeiçoado acima de toda a maneira prévia de vida, além de todo o mero racionalismo e moralidade legalista. É um novo entusiasmo de comunhão com Deus em fé, esperança e amor, e é, portanto, a coroação de toda a cultura e religião humana: é a perfeição da vida em Deus.

Para conhecer bem Clemente é necessário atentar para a sua obra *Stromateis* ('Colcha de retalhos', 'Mala de tapeçaria'), que é uma obra de grande amplitude, que não conduz realmente a lugar algum em particular, ou seja, a estranheza que aumenta quanto mais a conhecemos melhor. Mesmo a forma exterior da obra, na qual nenhum plano claro pode ser detectado, parece bastante confusa. O título a coloca entre produções variadas similares como os escritores clássicos conhecidos como 'tapeceiros', 'bordadeiros', 'prados', ou 'hélicons'. São miscelâneas, estudos e esboços preliminares, que foram desenvolvidos em uma espécie de forma artística na Grécia. Por último, na oitava miscelânea (Mala de tapeçaria), o material não é de forma alguma arranjado: ele consiste inteiramente em esboços e trechos preliminares dos quais Clemente pretendia fazer uso posteriormente. Pode-se perguntar, no entanto, qual era o alcance da *Stromateis* para um público absolutamente maior. Talvez ele represente o material de ensino da escola Clementina, e como tal pode ser capaz de nos dar uma idéia dos seus métodos de instrução, preferencialmente da maneira como se fazia anotações de palestras.

Da mesma forma, as intenções literárias da obra parecem ir além disso. O conteúdo destas 'Malas de tapeçaria' é extremamente variado, mas sempre relacionado a certas questões fundamentais e centrais. Clemente lida, por exemplo, com o significado da filosofia clássica, e discute fé e conhecimento, o amor de Deus e problemas do casamento e da virgindade. Seções mais longas tratam do propósito e significado do verdadeiro martírio, o testemunho cristão da palavra e do sangue. Clemente discute doutrinas específicas dos hereges; ele se refere à tradição de seus próprios mestres e dos 'anciãos' e patriarcas da Igreja. Finalmente, ele se volta com amor especial e simpatia para as figuras do perfeito 'gnóstico', o cristão que é integralmente um com Deus em conhecimento e amor. A palavra 'gnóstico' não é, portanto, de forma alguma limitada neste contexto aos hereges, como é freqüente no uso moderno. Pelo contrário, o conceito real de Clemente sobre o cristianismo é consumado no ideal do cristão 'conhecedor'.

É quase impossível discernir a linha de pensamento operando na 'Mala de tapeçaria'. Mas a maior dificuldade surge da constante mudança não somente de assunto, mas também dos pontos de vista, estilo e nível intelectual. O ponto de referência é repetidamente a Bíblia, cujos ecos, mesmo involuntariamente, permeiam todo o discurso.

Mas poetas e filósofos são também citados em grande abundância, e Clemente os segue bem de perto por longos períodos. Ele lida com objeções e diferenças de opinião; ele parece oscilar para trás e para frente, numa conversação perpétua, para fazer perguntas, ouvir, discutir, e então continuar sozinho, depois de fazer algumas ressalvas. Ele não tem medo de formar julgamentos e dedicar-se à sua própria posição; mas eles são com freqüência meramente provisórios; parece nunca tratar exaustivamente dos assuntos e, com freqüência, remete o leitor a exposições que estão por vir. Tem-se a impressão de que o que ele tem em mente é um todo definitivo na direção em que está apontando, mas que o evita repetidamente, o que ele acha impossível de compreender.

A ambigüidade e a confusão da exposição, que impele o leitor a um pensamento e questionamento adicionais, são, contudo, bem intencionais. Com certeza, Clemente não é um pensador estritamente sistemático, mas seria uma injustiça a ele interpretar seu compromisso com este estilo estranho como uma confissão modesta de sua própria incapacidade ou mesmo como uma fuga cuidadosa da crítica que poderia ser provocada por esta discussão livre e literária das questões sagradas.

Clemente afirma no princípio da obra, e muitas vezes bem claramente em outros lugares, por que elaborou um princípio irregular e freqüentemente mudou seus padrões e pontos de vista. O método segue a natureza da causa a que se pretende servir. Pensava-se que o cristianismo não poderia simplesmente ser ensinado, a qualquer custo, que não poderia ser comunicado por escrito e posto à disposição de todos, de uma vez por todas. Sua realidade é misteriosa e inteiramente revelada somente para aqueles que estão maduros para recebê-la e são suficientemente abençoados por Deus.

A fé precisa ser apropriada por cada nova pessoa; e espalhá-la é profaná-la por divulgação precipitada. As 'Malas de tapeçaria', portanto, constituem um bosque deliberado, um 'parque espiritual' onde árvores frutíferas e não frutíferas são plantadas desordenadamente, para que o mero curioso ou hipócrita não possa roubar a fruta, mas aqueles que estão interiormente preparados irão encontrá-las imediatamente e desfrutá-las.

Clemente ficaria satisfeito se escrevesse para um único leitor que realmente o entendesse; mas este leitor irá entendê-lo não simplesmente por lê-lo, mas baseado em sua própria experiência de vida e em uma afinidade interior pela qual descobre o que se relaciona consigo.

Como podemos ver, há mais em Clemente do que no habitual mercado do mistério dos monges, ou nas misteriosas disciplinas e fingimentos ridículos. Ele está preocupado, embora na elegante roupagem exterior de tais idéias, com a 'verdade como um encontro' e uma experiência, com as dificuldades e possibilidades de uma comunicação individual-existencial e apropriação da verdade. Este foi um problema com o qual Platão já havia lutado, quando deliberadamente renunciou à comunicação direta e dogmática do ensino pela escrita. Clemente está, portanto, bastante justificado quando refere-se a ele.

O verdadeiro conhecimento do estabelecimento da vida deve ser adquirido pessoalmente; pode ser ensinado, mostrado e testemunhado apenas pessoalmente, pela palavra falada, por meio de um encontro responsável e direto. O conhecimento supremo não pode ser adquirido a partir dos livros, e não deveria ser revelado em livros. Não se coloca uma faca nas mãos de uma criança. É por isto que a personalidade do mestre é tão extraordinariamente importante e tão absolutamente indispensável para um cristianismo vivo.

Clemente exorta a todos a escolher tal guia espiritual e amigo que lhe dirá a verdade abertamente, e que não tenha medo, se a necessidade surgir, de se empenhar de modo convicto, como um meio de ajudar e curar. Na esfera de um conhecimento religioso mais elevado, a figura do mestre atinge uma importância ainda mais extensa. Ele não é simplesmente o mestre vigilante, o ajudador e parceiro socrático no caminho para uma independente apropriação e apreciação da verdade; como o homem que foi alcançado e consagrado por Deus, ele é o correto mediador da verdade, o primeiro a fazê-lo realmente vivo e visível para o iniciante.

Apresentando-o gradualmente ao novo mundo da oração, visão e amor cristãos, ele transforma aquele que o busca e o crente simples, e isto pela primeira vez, em um compreensivo, ardente e radiante 'conhecedor' do seu Senhor. Julgado contra estas realidades e experiências definitivas, todo conhecimento meramente teórico pode ser nada mais que uma preparação, um tipo de pré-conhecimento e pré-compreensão, como servem de auxílio para a filosofia matérias como geometria ou outra matéria propedêutica. Mesmo um livro cristão, até mesmo a própria Bíblia, na qual toda a sabedoria está contida, não pode simplesmente como um livro substituir o mestre. O fogo do espírito somente pode ser aceso por um fogo vivo.

A perfeição é alcançada no nível mais elevado do conhecimento. O perfeito gnóstico não necessita mais do mestre humano, desde que ele se tornou diretamente ligado a Deus através do Logos e desse modo se tornou amigo e íntimo de Deus. Ele foi levantado bem acima dos cuidados e paixões deste mundo; eles não mais o alcançam, embora exteriormente continue a viver livremente e sem constrangimento no mundo. Ele não é mais seduzido ou assustado pelas coisas visíveis. Pela ligação interna de sua vontade a Deus ele entrou para o coral dos eternos anjos adoradores. Ele pode viajar e se associar com outras pessoas, descansar, ler, se envolver em negócios – mas basicamente sua vida toda é uma oração ininterrupta, um relacionamento contínuo com Deus, um deleite constante. Deus sempre atenta para este esforço em sua direção, embora não possa ser expresso em palavras. O verdadeiro gnóstico, contudo, não vive mais para si mesmo neste estado de abençoada perfeição. Em seu amor a Deus, o amor de Deus vive nele; ele se torna a imagem viva e ativa de Cristo e desce com alegria até seu companheiro, pois todos são – como ele – chamados para o Altíssimo e entrarão no reino do conhecimento divino através dele.

Neste louvor do perfeito gnóstico, Clemente está descrevendo a si próprio o ideal que ele tentou desenvolver com seus alunos que viram nele o seu mestre, pastor e padrão. Clemente quase nunca menciona o companheirismo mais amplo da Igreja e sua organização. Quando fala dos clérigos e suas tarefas, como os textos do Antigo Testamento necessariamente o convidaram a fazer, eles automaticamente se tornam tipos e alegorias dos decretos de perfeição espiritual, com os quais ele está exclusivamente preocupado.

No fundo, os oficiais da Igreja não o interessam. O gnóstico e o mestre gnóstico são os personagens sacerdotais reais, e o legado espiritual no qual eles se alimentam não pode ser transmitido por canais oficiais. Contudo, esta relativa desconsideração pelo clerical e eclesiástico não pode ser interpretada no sentido de uma rejeição ou uma expressão de hostilidade secreta. Em certa ocasião, o próprio Clemente disse que o gnóstico genuíno não deveria evitar o louvor público da Igreja, mesmo que ele mesmo não necessite mais disso. Temos até um longo sermão que o próprio Clemente pregou. Na verdade, não está claro se este foi um sermão realmente proferido na Igreja ou um tipo de 'lição bíblica' ou palestra religiosa destinada apenas a um círculo limitado de seus próprios alunos.

De qualquer maneira, podemos ver como Clemente entendeu como desenvolver uma linha de pensamento com perfeita simplicidade e clareza e levá-la até o fim sem qualquer enfeite ostentoso e com sentimento verdadeiro. Mas o nível acadêmico do sermão e o problema com o qual ele trata parece direcionado particularmente aos altos níveis da sociedade cristã. Clemente mostra em relação à parábola do 'jovem rico' que não poderia ter sido a intenção de Jesus excluir completamente os ricos do Reino de Deus. Neste ponto, a questão é fundamentalmente interior e espiritual – a saber, a libertação do coração dos laços da cobiça terrena. Uma vez que isto tenha sido alcançado, as riquezas, corretamente utilizadas, são uma coisa boa e podem até se tornar um meio de salvação eterna. Ninguém deveria se desesperar ao atingir este fim. O sermão é concluído com uma nota viva e comovente, com a história do 'jovem que foi salvo'. A antiga história do apóstolo João, que ganhou de volta para a Igreja um discípulo infiel que tornou-se o líder de um bando de ladrões, ilustra a imensidão do perdão divino, o resgate do aparentemente perdido pela força do arrependimento e o maravilhoso poder transformador do Evangelho cristão.

Com respeito ao final de sua vida, pouco ou nada sabemos. Ele não permaneceu até o fim de seus dias em Alexandria, onde viveu por tanto tempo. No ano 202 ou 203 ele a deixou para sempre, aparentemente para escapar da opressão imposta por medidas instituídas contra os cristãos e sua propaganda missionária, o que foi intensificado no governo de Sétimo Severo. Por volta do ano 211, vemos um relato vindo da Capadócia de que naquele lugar Clemente tinha 'fortalecido a igreja local e expandido o seu conhecimento' e tinha viajado de lá para Antioquia da Síria levando uma mensagem da Igreja (Eus. *H.E.* VI, 2, 5 f.). Ele deve ter morrido logo depois disso, uma vez que por volta do ano 215-16 o antigo bispo Alexandre de Capadócia incluiu 'Clemente', seu excelente 'mestre e irmão', com Panteno, entre os 'pais que se foram antes de nós' (Eus. *H.E.* VI, 14, 8 f.).

A Igreja posterior não incluiu Clemente entre os seus reconhecidos santos. Pouco se conheceu a respeito dele, e alguns dos seus ensinamentos pareciam suspeitos. Ele foi julgado sobretudo pelo ponto de vista de uma época diferente. Ele merecia ser lembrado mais favoravelmente pela posteridade. Mas a falta de entusiasmo é compreensível quando se lembra que de todos os patriarcas da

Igreja, Clemente foi, sem dúvida alguma, o 'menos eclesiástico' de todos; em outras palavras, aquele que foi o mais indiferente à Igreja organizada.

Além do mais, mesmo tão antiga quanto sua época, a questão da Igreja – suas leis, suas funções e a ortodoxia de sua pregação – estava se tornando cada vez mais importante em toda parte. Doravante, não era mais possível tratar dessas questões como ele havia feito, como sendo de importância mais ou menos secundária, ou simplesmente abandoná-las. O cristianismo vivo agora passou a ser entendido em termos de Igreja e não como uma questão de conhecimento e treinamento puramente pessoal, como o ensino de uma extravagante e individual perfeição espiritual.

Capítulo 4

Orígenes

Comparada à de Orígenes, a obra dos antigos patriarcas da Igreja parece um mero prelúdio. De acordo com a experiência e o caráter pessoais eles escolhem em meio à profusão das antigas tradições cristãs aquilo que mais lhes atrai, e isto recomendam ao mundo pagão com zelo missionário, orientando-se pelas exigências e expectativas do cristianismo educado e elevado, como o cumprimento de toda a sabedoria e religião. Eles se consideram pregadores da verdade que foi revelada, e a Bíblia, livremente interpretada, é seu único firme apoio. Mas eles não estabelecem em nenhum lugar um corpo sistemático do pensamento teológico e, com a exceção de Clemente, o uso da filosofia e o aprendizado é um pouco amador e determinado por seus próprios interesses apologéticos e polêmicos. Eles não perceberam a natureza problemática de suas posições na Igreja.

O mais importante desses homens foi Hipólito de Roma, que trabalhou em parte no mesmo período que Orígenes (até o ano 235). Hipólito foi aluno de Ireneu e, provavelmente como ele, era natural do Oriente. Ele se tornou presbítero e bispo em Roma, e, como tal, sentiu um orgulhoso senso de responsabilidade pela representação e defesa das antigas tradições cristãs que supostamente derivavam-se dos apóstolos.

Hipólito era também um 'filósofo' e um profundo estudioso, que escreveu, além dos seus sermões, os primeiros comentários contínuos sobre a Bíblia e também uma crônica e tabelas cronológicas. Seus seguidores erigiram uma estátua em sua memória, que o mostra ensinando em seu trono como bispo, com um catálogo de suas obras ao lado. Mas por mais respeitável que os estudos filosóficos e o zelo dogmático de Hipólito possam ter sido, no todo ele era rudimentar e superficial demais para ser capaz de criar uma compreensão intelectual e eclesiástica confiável que os cristãos necessitavam no novo século. Orígenes foi o primeiro a realizar isto.

Sem contar o pagão Plotino, ele era a mente mais completa de seu tempo e apareceu em um momento histórico decisivo, quando a Igreja estava abandonando para sempre a mesquinhez de uma existência de reuniões secretas e as bases foram plantadas para o futuro. Moldando pontos de vista, ideais e o sacerdócio de seus contemporâneos, determinou a direção da teologia grega por mais de um século, influenciando seu destino e contribuindo em parte para a sua queda final.

Estamos muito melhor informados sobre a vida e obra de Orígenes do que de seus predecessores. Eusébio dedicou a ele praticamente todo o sexto livro da sua obra *História da Igreja* e era capaz de recorrer à própria biblioteca de Orígenes em Cesaréia, que continha todos os seus bens literários e também as cartas que agora estão faltando. De seus escritos, dos quais dizem ter havido milhares, uma quantidade considerável sobreviveu, embora muitos deles existam apenas em traduções e antologias nas quais a mais audaciosa e, portanto, a mais ofensiva de suas idéias, foi omitida ou 'melhorada'. Devemos nos restringir aqui ao mais importante de suas idéias.

Orígenes foi provavelmente o primeiro escritor cristão que sabemos com certeza ter vindo de um lar cristão, e que recebeu educação cristã. Como Ireneu, Orígenes não veio de fora para a Igreja, ele não buscou pontes e acessos para abri-la e fazê-la inteligível para o mundo: a fé cristã era para ele um fato consumado, o centro da verdade de onde ele olhava para todas as coisas. Seu desenvolvimento intelectual avançava sem fanatismo e sem transigência, sem intervalo, tranqüilamente e sem pausa. Tem-se a impressão de que este homem – cuja vida, como diz Eusébio, é 'notável pela sua restrição à liberdade progressista' (*H.E.* VI, 2, 2) – nunca perdeu um momento e nunca sofreu qualquer interrupção espiritual. O pendor intelectual também veio de seus pais.

Seu pai, Leônidas, tinha sido um mestre em Alexandria e certamente teria ensinado seu próprio filho não somente as matérias 'encíclicas' – matemática, gramática, retórica –, mas também o início do conhecimento cristão. No ano 202 ele foi vítima da perseguição aos cristãos. Orígenes, que tinha por volta de dezessete ou dezoito anos de idade na época, tinha encorajado seu pai em uma carta a não enfraquecer nem desistir, por amor à sua esposa e filhos. Conta-se que ele próprio só escapou do martírio porque sua mãe escondeu suas roupas e, dessa forma, impediu-o de sair. Estas foram as proteções sob as quais ele adentrou à vida adulta. Ele não possuía nada do prazer despreocupado, às vezes quase divertido, da cultura, tão típico de Clemente, que estava fugindo da perseguição nesta mesma época.

Por detrás da gigantesca obra de erudição que iria realizar, havia desde o início uma austera e ascética seriedade e a ferrenha resolução de um homem que nunca perdeu de vista a possibilidade do martírio. Pode ser que em sua juventude, seu radicalismo entusiástico tenha tocado as raias da heresia. Baseando sua ação em uma palavra de Jesus (Mt 19.12), Orígenes tomou a decisão, que ele mesmo mais tarde desaprovaria, de se castrar a si mesmo 'por amor ao Reino de Deus'. Contudo, no início ele era membro da Igreja ortodoxa. Juntou-se a ela em Alexandria e continuou sendo leal posteriormente, mesmo nas longas viagens que, como Justino e Clemente, fez à Ásia Menor, Grécia e Roma.

Para começar, Orígenes também se tornou um mestre, concentrando-se ainda mais que seu pai na instrução cristã. Havia uma falta de mestres cristãos e mestres de cristianismo, desde que a perseguição havia lhes afetado mais que a qualquer outro grupo. Orígenes não foi dissuadido, e Demétrio, o vigoroso bispo de Alexandria, reconheceu sua qualidade e o pôs em segurança, apesar de sua juventude, para a instrução regular dos novatos. Sob sua direção esta escola semioficial adquiriu uma rápida e crescente importância e, por assim dizer, *status* acadêmico. Ela também era freqüentada por hereges e pagãos, obviamente, sem cobrança de qualquer pagamento. Orígenes viveu do produto da venda de livros da biblioteca de autores pagãos de seu pai, recebendo uma modesta anuidade suficiente apenas para a manutenção da vida de um ascético, o qual estava constantemente trabalhando e que abnegou-se de todos os prazeres desnecessários.

Contudo, Orígenes não se manteve neste caminho para sempre. Embora tenha conquistado a admiração de seus amigos, não estava satisfeito com o treinamento que havia recebido e decidiu tornar-se um estudante novamente e estudar as ciências encíclicas e, acima de tudo, filosofia.

Isto somente poderia ser feito aos pés de mestres pagãos, e o mestre de Plotino, Ammonio Saccas, parece ter sido também o mestre de Orígenes por cerca de cinco anos. Em sua escola, Orígenes conheceu o futuro bispo alexandrino Heraclas, a quem defendeu como um colega em sua própria escola. Mais tarde, confiou-lhe o ensino mais básico da escola e dedicou-se ao ensino filosófico, teológico e bíblico avançado, ensinando seus alunos de nível mais elevado. Depois do rompimento com Demétrio, Heraclas sucedeu Orígenes como diretor da escola.

A importância destes anos de estudo filosófico por Orígenes, dificilmente pode ser superestimada. Orígenes foi o primeiro cristão a ingressar na elite intelectual de sua época, chamando a atenção para o ensino do cristianismo de uma maneira que forçou até mesmo os seus inimigos a dar-lhe atenção. Nada menos que Porfírio, o biógrafo de Plotino, testifica isto com um misto de admiração e exasperação. Orígenes, ele pensa (Eus. *H.E.* VI, 19, 7 f.), professou o ensino dos bárbaros e viveu como um cristão em oposição às leis; mas, no entanto, em sua visão sobre Deus e o mundo, tinha um pensamento helênico. 'Estava bastante familiarizado com os escritos de Numênio, Crônio, Apolofânio, Longino,

Moderato, Nicomacho, e os célebres pitagóricos'. Apenas, 'infelizmente' na opinião dos pagãos helênicos, ele 'apresentou idéias platônicas como mitos estrangeiros'; em outras palavras, ele as interpretou como afirmações da Bíblia Judaico-cristã.

Naturalmente, o próprio Orígenes jamais teria concordado com esta descrição. Ele estudou os filósofos pagãos para ser capaz de refutá-los, e estava firmemente convencido de que ele mesmo havia anterior e completamente retirado da revelação cristã quaisquer elementos que o ligassem a eles. Ele não pode, contudo, ter considerado inútil o estudo metódico da filosofia, visto que ele também o tornou uma matéria obrigatória para seus alunos. Portanto, pode-se perguntar se o julgamento pungente de seus oponentes sobre ele não seria de fato justificado.

Orígenes oferece o primeiro grande exemplo de uma teologia que, enquanto tem intenções exclusivamente cristãs, todavia, inconscientemente, corre o risco de concordar em agir de acordo com os inimigos que levam isso tão a sério – na época, com o Neoplatonismo que estava surgindo, e, depois, com muitos pensadores como Kant, Hegel ou Heidegger. É impossível responder diretamente sim ou não à pergunta se uma teologia desse tipo é cristã ou não. Mesmo em Orígenes, a mistura de elementos é extremamente orgânica e complicada para se dar uma simples resposta aceitável.

Em contraste com os desenvolvimentos filosóficos modernos, a filosofia platônica daquele período ainda não havia sido influenciada e condicionada pelo cristianismo; mas foi sustentada a um grau crescente pela mesma atmosfera gnóstica que permeou e dirigiu o pensamento cristão nos últimos tempos da antigüidade. Os problemas teológicos e antropológicos como a teodicéia, o desenvolvimento moral, a doutrina da imortalidade, a exigência de se retirar do mundo material, o problema do significado da decadência do mundo material e seu possível retorno à unidade divina original, a investigação do conceito do Ser em si mesmo – todas estas coisas eram tópicos e problemas que os impeliram para frente e foram interpretadas como os problemas básicos da filosofia platônica, assim como elas eram, na visão de Orígenes, os problemas básicos do próprio cristianismo.

De modo geral, considerado historicamente, Orígenes estava adiantado em relação aos desenvolvimentos filosóficos de sua época, nas perguntas que faz e nas respostas que dá. Seu ponto de partida foi diferente, à medida em que ele já era capaz de sair da realidade de uma revelação divina completamente suficiente, baseada no testemunho da Bíblia. Teosofistas e 'filósofos' judeus, como Fílon de Alexandria, gnósticos e teólogos cristãos como Clemente, o haviam precedido, e mesmo os filósofos pagãos há muito tempo estavam interessados na sabedoria sagrada e nos mitos e mistérios antigos, e tinham iniciado uma interpretação alegórico-filosófica, particularmente dos épicos homéricos.

Se alguém olhar, por exemplo, para a doutrina dos anjos e demônios em que Orígenes estava vitalmente interessado, e a qual os neoplatonistas tinham o hábito de tratar como uma parte importante de sua teologia e interpretação do mundo, é com toda a certeza impossível separar suas origens e trajetórias de desenvolvimento e influência. O novo elemento que Orígenes deu à Igreja foi primeiramente o grande resumo sistemático. Ele foi responsável pela mudança de um interesse ocasional e superficial em filosofia, para um estudo metódico de problemas intelectuais; do aforismo da discussão educada para a construção responsável de um sistema teológico bem estabelecido. Não há sequer uma sentença em Orígenes que tenha sido escrita negligentemente, nenhuma idéia que não possa ser levada a sério e seguida. Assim como ele conduziu seus próprios alunos em um cuidadoso plano educacional através do estudo da 'física' lógica e ontológica, da geometria e astronomia para a ética, e daí para a própria teologia e o estudo da Bíblia, a santa essência do universo espiritual, então, em seu sistema de pensamento, cada idéia é apresentada e examinada dentro de um abrangente contexto de conhecimento.

Nenhum dos posteriores Pais gregos atingiu esta integração no mesmo grau. Orígenes foi o único a apresentar o cristianismo como um todo na forma de um sistema filosófico viável. No primeiro período alexandrino de sua vida, quando tinha aproximadamente quarenta anos de idade, escreveu sua obra mais característica: *Peri archon* (Latim: *De principiis*), uma obra cristã referente ao dogma 'sobre as coisas originais' (ou 'sobre as principais doutrinas'). Admite-se a ousadia deste ensaio que inevitavelmente traz à luz a problemática natureza da teologia de Orígenes como um todo.

O Evangelho cristão somente pode ser trazido a um padrão objetivo como sendo a doutrina de Deus e o mundo, com a ajuda de uma reinterpretação radical de seu conteúdo. A tradição da Igreja, com a sua mitologia e esquema de redenção, está misturada com as categorias abstratas e conceitos dos valores da filosofia, resultando numa estranha mistura – um tipo de história teosófica cósmica do espírito e da revelação que é desenvolvida por linhas especulativas baseada em certos postulados bíblicos.

A obra não chegou até nós integralmente, em sua forma original. Na introdução, Orígenes declara que não pretende se desviar sequer por um fio de cabelo dos ensinamentos da Igreja; o que de fato ele oferece, porém, se parece mais com um mito gnóstico da queda, ascensão e passagem do mundo, sendo a única diferença que o mito é grandemente transposto em conceitos filosóficos e interpretados mais ou menos 'simbolicamente' – uma espécie de desmitificação que traz as idéias muito próximas ao posterior sistema neoplatônico de Plotino.

Para começar, trata sobre a doutrina de Deus – Deus, que é a essência espiritual absoluta e imutável, a unidade original, de quem também deve se pensar como o Ser vivo original e eterno Criador. DEle surge o Logos eternamente como sua imagem. Pelo Espírito, a natureza divina é estendida à Trindade, e finalmente, pelo Logos, Deus cria o ilimitado mundo dos espíritos, que o rodeia, amoroso e amado.

Como seres pessoais eles são livres; podem, portanto, abusar de sua liberdade e cometer o pecado de abandonar a Deus. Sendo assim, o mundo tende, avançando em círculos maiores como em um processo de 'mortificação', a se tornar desviado de Deus em meio às trevas sempre crescentes, até que um estágio corpóreo é alcançado, no qual os espíritos caídos – e as almas humanas que também são pre existentes – são aprisionados com a finalidade de uma punição e purificação.

Mas a Criação caída é sempre sustentada e guiada pela providência de Deus que incessantemente se esforça pela recuperação do aparentemente perdido. Pensam que o envio do Logos, Cristo, que está unido à pura alma humana, é um evento decisivo neste processo. Ao final dele, porque o mal não é um poder positivo e não pode ter uma realidade duradoura, pensam que mesmo os piores demônios do inferno são completamente restaurados a Deus. Como todo o pecado, castigo e dor, o mal é apenas uma negra transição conduzindo, pelo cuidado orientador de Deus, para o melhor no final. A liberdade, e com ela a possibilidade de recuperação, jamais pode ser perdida.

Orígenes não reconhece a existência do 'mal absoluto' ou a possibilidade da eterna separação e maldição. A natureza herética deste conceito idealizado é aumentada pelo fato de que, para ele, a restauração final do Reino de Deus dificilmente pode formar um fim absoluto de maneira consistente. Conclui-se da natureza da liberdade espiritual e do caráter da educação divina (que conduz, mas nunca força) que novas trevas e novas eras de redenção podem ser desencadeadas nas distâncias infinitas do tempo.

Mas Orígenes não enfatiza esta idéia. Para ele o tempo em si não é definitivo, visto do ponto de vista de Deus. A verdadeira vida reside além do tempo, na eternidade. Em nosso mundo terreno, porém, não estamos numa posição adequada para compreender este estado eterno. Quando Orígenes ultrapassa os limites da revelação cristã, ele está bem ciente que todas as suas especulações estão indubitavelmente marcadas por um elemento de metáfora, imaginação e poesia. Mas ele não tem dúvida de que desta forma se aproxima mais da verdade contida na Bíblia, do que se aproximaria se ele simplesmente seguisse as afirmações literais 'deturpadas' de seu antropomorfismo, como a simples massa de fiéis costuma fazer.

A antropologia e a ética adequada a esta metafísica apresentam as mesmas características idealistas e ascéticas. Pelo conhecimento de sua origem e pela vocação que Cristo trouxe, cada alma é convidada a se libertar dos grilhões deste mundo visível e começar a viagem de retorno e ascensão a Deus em nova santidade. Orígenes não segue uma fria descrição e contemplação. Ele se considera um missionário e pastor de seus alunos e tenta treiná-los para se tornarem homens de oração, mártires e santos. Todos devem, como guerreiros espirituais, se juntar ao exército de cristãos, aos espíritos e anjos que estão ao lado de Deus, e tomar as armas contra as imoralidades e demônios do mundo.

Há várias formas de serviço e de ajuda; mas a força decisiva que conduz à salvação e à vitória permanece misteriosa, o inteiro conhecimento da verdade divina. Ela só é verdadeiramente encontrada em Cristo, o mestre e padrão de todos os cristãos. Ele encontra a alma, como a alma exige; ele torna integralmente disponíveis na Igreja auxílios espirituais e instrumentos da graça. Mas a alma precisa tomar a sua própria decisão e, em último recurso, é pela capacidade inata e pela liberdade espiritual que a verdade é conhecida e a redenção obtida.

Este conceito de liberdade e direção não somente confirma a dignidade espiritual e imortal do homem; também serve para justificar os caminhos de Deus e o aparentemente imperfeito governo divino do mundo. A teodicéia ocupa grande espaço na obra de Orígenes e estabelece um claro relacionamento entre sua teologia e os sistemas contemporâneos do platonismo. Não há lugar para o conceito cristão genuíno do julgamento, pecado e perdão, ou até mesmo da redenção, no exato sentido da palavra. Orígenes não percebe como os conceitos bíblicos são transformados sob suas mãos, crendo que ele está somente tentando compreendê-los mais profundamente. Parece quase como se o caráter cristão do seu ponto de vista fosse mostrado somente no maior fervor com o qual ele professa sua crença, e na devoção pessoal e cordialidade com as quais se empenha em ganhar novos crentes.

Orígenes descreve o processo da redenção menos antropologicamente que os filósofos, ou seja, não somente como um mito da queda e o possível retorno da alma a seu lar, mas teologicamente, como a expressão do propósito divino de amor e direção. No final, contudo, estas são meras nuanças e leves diferenças de ênfase da mesma visão básica da vida. O único fator decisivamente cristão é que Orígenes – ao contrário da lógica formal do seu sistema – nunca falha em relacionar todo o conhecimento e santificação à pessoa e padrão de Cristo, e que a Bíblia permanece sendo o mais importante documento, garantia e suporte de sua fé. Dessa forma, ele segue a linha dos antigos 'mestres' cristãos, e nenhum desprezo filosófico pelo barbarismo de seus 'mitos' o perturba.

A última seção de sua principal obra apresenta uma justificativa explícita para este procedimento: uma teoria detalhada das Escrituras e os princípios pelos quais deveriam ser 'espiritualmente' interpretadas.

Como todos os antigos patriarcas, Orígenes deve ser primeiramente julgado como um teólogo bíblico, visto que grande parte de sua obra literária, que reflete seu método de instrução, consiste em exegese bíblica. É verdade que, além do

Peri archon, é possível mencionar mais alguns monólogos teológicos de menor alcance: sobre a ressurreição, sobre a oração, sobre o martírio, e também uma obra, que infelizmente desapareceu, com um título que já conhecemos – Mala de tapeçaria –, que dizem ter contido uma espécie de doutrina de harmonia bíblica e filosófica.

Mas, fora o fato de que estes escritos também consistem largamente em exegese, eles quase desaparecem ao lado da massa de extensos comentários bíblicos, um estudo mais curto, na maior parte explicando pontos individuais, e as homilias, os sermões, que lidam às vezes com livros inteiros da Bíblia, de forma consecutiva. Cerca de um terço destas obras sobreviveram, mas absolutamente nada dos comentários feitos nos estudos em relação a eles. Contudo, como um estudioso da Bíblia, Orígenes não se limitou à exegese.

Com seu habitual cuidado, procurou colocar todas as coisas sobre um amplo e firme fundamento. E, assim, como primeiro passo, fez para seu próprio uso uma completa edição dos textos do Antigo Testamento, o assim denominado *Hexapla*, ou edição sêxtupla. Ao lado dos textos hebraicos impronunciáveis, foi dada primeiramente uma transliteração grega, para preservar os sons originais, depois seguiram-se em colunas adicionais as várias traduções gregas – acima de tudo, a venerável tradução judaico-alexandrina da Septuaginta (LXX), as deficiências e adições que foram especialmente indicadas pelos sinais habituais.

Como regra, a edição oferecia quatro traduções, perfazendo no total seis colunas estreitas, as quais podiam deste modo ser visivelmente comparadas. Mas, em certos casos, Orígenes adicionou uma quinta, sexta ou sétima tradução. A respeito de certo texto, ele comenta que foi encontrado incidentalmente dentro de um jarro em Jericó. Portanto, as modernas e sensacionais descobertas que ocorreram nas cavernas próximas ao mar Morto, tiveram seu predecessor no terceiro século.

O assim denominado *Tetrapla* (um trecho da *Hexapla*) foi produzido para um círculo mais amplo de leitores. Este continha somente as quatro traduções gregas, sem o texto hebraico. O próprio original da *Hexapla* provavelmente nunca tenha sido reproduzido. Mas cento e cinqüenta anos depois, Jerônimo ainda foi capaz de usá-lo na biblioteca cristã de Cesaréia, e ele se deparou especialmente com as correções que Orígenes havia feito de próprio punho.

Em sua obra exegética Orígenes referiu-se, portanto, de tempos em tempos, a este manuscrito que servia como firme alicerce. Sua exegese tinha a intenção de ser uma conquista estritamente científica, especialmente na grande obra intitulada *Comentários*. Em termos de detalhes, não são inferiores a nenhum contemporâneo moderno. A interpretação do Evangelho de João (até o capítulo 13, verso 33) cobre não menos que trinta e dois 'volumes'. A explicação para as primeiras cinco palavras, 'No princípio era o Verbo', exigiu um volume inteiro.

Orígenes não deu a mínima importância à decoração literária ou efeitos retóricos. Ele não era artístico por natureza, e desprezava 'os mestres que nunca querem fazer nada exceto compilar declarações de bom som e frases ressonantes' (*Hom. Ezech.* 3,3). Ele está preocupado exclusivamente com a questão apresentada, por isso coloca as perguntas e dá as respostas tranqüilamente e de uma maneira clara e organizada. Ele trata em detalhes as visões divergentes e não evita obstáculos ou desvios onde eles pareçam necessários para uma compreensão adequada. De vez em quando ele discute problemas de crítica textual e conhecimento histórico. Falando de modo geral, contudo, isto raramente ocorre e é bastante secundário. O interesse real é de natureza puramente teológico-sistemática.

A Bíblia é o documento oficial por trás de todo o ensino e pesquisa de Orígenes: a fonte inesgotável de toda a metafísica e ética, todo o conhecimento teológico, filosófico e científico. Orígenes está convencido de que a Bíblia em sua forma atual, como o livro da Igreja, representa um maravilhoso e multifacetado conjunto que Deus criou por inspiração direta. Ele interpreta a inspiração da Bíblia não como 'testemunho', ou seja, o depósito da história sagrada ou a profissão de fé na função de seus autores humanos, mas na essência eterna da própria revelação divina, 'um mar de mistérios'. As narrativas e palavras individuais são explicadas até o último detalhe e feitas para expressar novos e, às vezes, surpreendentes mistérios.

Nós já conhecemos este método de interpretação nas obras de Justino e Clemente; o método como tal não era novidade na Igreja. Mas por causa da profundidade com que Orígenes a trata, ela agora assume um significado teológico universal. No nosso modo de pensar, torna-se desse modo fantástica, mas é da essência da alegoria que quanto mais inflexível e consistentemente ela for aplicada, mais parecerá ser justificada e confirmada. Seus resultados não podem ser mais contraditórios do que as pressuposições nas quais ela está baseada, podendo ser verificadas pelo texto atual.

Orígenes, portanto, não tinha dúvida de que seus procedimentos eram metódicos, cientificamente perfeitos e apropriados. Como dissemos, ele era capaz de referir-se às teorias da filologia helênica, e para ele o método alegórico é justificado, acima de tudo, porque é às vezes utilizado até mesmo na Bíblia. Com sua relatividade espiritual e gradações, ela se encaixa maravilhosamente e por completo com o seu ponto de vista. Portanto, não deveríamos nos surpreender de que ele estivesse bastante convencido da validade de seu discernimento.

Para cada texto na Bíblia, Orígenes distingue entre um significado físico (ou material), psíquico e espiritual. Isto corresponde, a grosso modo, embora não inteiramente, à posterior distinção do significado histórico, moral e teológico. Normalmente, porém, os dois níveis mais elevados coincidem, e o primeiro, a interpretação literal ou histórica, é, às vezes, totalmente ignorado.

Na visão de Orígenes, há textos que seria absurdo e imoral interpretar literalmente. Eles têm a intenção de, pela afronta que oferecem, apontar para o significado real e profundo que reside sob a superfície do texto. 'Que pessoa razoável irá crer, por exemplo, que no primeiro, segundo e terceiro dia, a noite e o dia vieram a existir sem o sol, a lua e as estrelas, e mesmo o primeiro dia sem o céu?' Ou 'Quem não seria levado a considerar a lascívia como nada, quando se lê que Judá se deitou com uma meretriz ou que os patriarcas tinham várias mulheres simultaneamente?' (*De Princ.* IV, 16) – a menos que estas coisas sejam tomadas de modo figurado, como devem ser, e afirmadas em seu verdadeiro sentido espiritual.

De outra maneira, o cristão teria que se ruborizar pela lei divina do Antigo Testamento, em vista das 'leis muito melhores e sensatas dos romanos ou atenienses', por exemplo (*Hom. Lev.* 5, 1). Tais considerações esclarecem que a concepção moralizadora, racionalista, e não-histórica da Bíblia leva Orígenes a aceitar a alegoria como uma saída. Era impossível defender o Antigo Testamento contra os pagãos e, acima de tudo, contra as críticas dos gnósticos e hereges marcionitas. Deve-se também admitir que, apesar do erro essencial do método, a interpretação alegórica nem sempre e necessariamente traz uma má compreensão à questão que está sendo estudada na Bíblia.

No curso da história da Igreja ele foi com freqüência o meio de se chegar ao verdadeiro significado do texto, embora de uma maneira indireta. Este, no entanto, raramente é o caso de Orígenes. É profundamente comovente notar com que energia e seriedade este grande e devoto erudito dedica o trabalho de uma vida a esquadrinhar a verdade deste livro único e ardentemente amado, firmemente convencido que está no caminho de penetrar ainda mais profundamente em seu conteúdo, enquanto na verdade permanece prisioneiro das pressuposições do seu ponto de vista platônico e gnóstico, incapaz até mesmo de ver o que o separa do Antigo e do Novo Testamento.

Nenhum daqueles que sucumbiram sob seu encantamento agiram de maneira diferente, e seu número cresceu rapidamente. Orígenes não era por natureza um estudioso solitário, mas primariamente um mestre que se dedicou, com uma meticulosidade muito maior que a de Clemente, à instrução oral e ao ensino de seus alunos. Ainda temos o discurso de despedida de um deles, Gregório Taumaturgo ('trabalhador-maravilhoso'), que mais tarde tornou-se bispo e missionário igualmente famoso na Ásia Menor.

Neste pronunciamento ele expressou seu agradecimento entusiasmado ao seu amado mestre. Para ele, Orígenes foi o único homem que conheceu que 'compreendia o divino dom da palavra pura e claramente e que sabia como interpretá-la aos outros' (*Greg. Thaumat.* XV, 175). Sob a direção deste mestre, ele diz, nada permaneceu 'oculto ou inacessível'. Orígenes sabia a resposta de cada pergunta e pôs cada fato em seu lugar correto.

Por intermédio de um próspero patrono chamado Ambrósio, a quem ele havia convertido anteriormente de uma antiga heresia para a doutrina cristã, abundantes recursos para o trabalho e publicação acadêmicos foram colocados à sua disposição. 'Sete estenógrafos que se revezavam em intervalos definidos, e outros tantos escreventes de livros e mulheres calígrafas' (Eus. *H.E.* VI, 23, 2), estavam sempre disponíveis e encarregavam-se disso tanto quanto possível para que nenhuma de suas palavras fosse perdida.

A produtividade quase incrível deste homem, que, de acordo com seu próprio testemunho, nunca conheceu um momento de descanso por toda sua vida e adquiriu o apelido ambíguo de 'trabalhador com vísceras de bronze' (Chalkenteros), somente pode ser explicada se tivermos em mente toda esta assessoria. Quase todos os seus escritos carregam as marcas de um modo rude de pronunciar seus discursos. Mas eles eram lidos por todas as igrejas de língua grega, muito além dos confins de Alexandria e de sua própria escola.

Enquanto isso, Orígenes havia se tornado uma celebridade mundial. O governador da Arábia solicitou ao seu colega egípcio e também escreveu ao bispo Demétrio uma carta amável pedindo que fosse permitido que Orígenes desse algumas palestras em sua presença. Sob as ordens da imperatriz Júlia ele foi escoltado para a corte em Antioquia porque ela desejava receber 'uma amostra de sua universalmente admirada inspiração em relação às coisas divinas' (Eus. *H.E.* VI, 21, 3).

Havia também cartas de um período posterior que Orígenes havia enviado ao imperador Filipe, o Árabe, e à sua esposa, que estavam favoravelmente dispostos aos cristãos. Dentro da própria Igreja, Orígenes era considerado mais ainda como uma autoridade. Ele recebia convites de todas as localidades, e era chamado a ajudar especialmente quando era um caso de refutar uma heresia aprendida ou elucidar problemas teológicos difíceis.

Orígenes não somente sabia como impressionar seus oponentes por seu conhecimento e sagacidade, mas também como convencê-los interiormente e ganhá-los para a Igreja Cristã. Os fatos recentemente descobertos de uma destas disputas na qual toda a congregação compareceu oferecem um quadro vivo de seu testemunho, tão modesto quanto diferenciado, e seu minucioso e objetivo método de ataque.

À primeira vista parece espantoso que este homem tenha se envolvido cada vez mais em diferenças e dificuldades eclesiásticas, próximo à sua terra natal, as quais finalmente levaram-no a um conflito aberto. A 'defesa de Orígenes' é o primeiro exemplo célebre de rivalidade e conflito entre o poder livre, não oficial, de um 'mestre' independente e a autoridade de seus superiores eclesiásticos. Não é mais possível desembaraçar todos os detalhes desta disputa. Além de divergências pessoais, dúvidas com relação à sua ortodoxia podem ter desempenhado um papel desde o início. O fator decisivo, no entanto, foi provavelmente a questão da posição legal da escola de Orígenes em relação à autoridade doutrinária do bispo 'apostólico'.

Demétrio era um bispo determinado e que fazia um esforço bem-sucedido para ganhar reconhecimento por sua autoridade em todo o Egito. Ele queria a 'escola catequética' também sob sua imediata supervisão; mas neste ponto ele encontrou oposição. Deve ser lembrado o desinteresse descuidado com o qual, na geração anterior, Clemente de Alexandria tinha dado forma ao seu ensino teológico. Não lhe havia ocorrido referir-se à autoridade clerical, nem havia necessidade de fazer dessa forma, tendo em vista a sua posição totalmente independente.

Orígenes tinha uma mentalidade mais eclesiástica desde o início. Ele queria servir a toda a Igreja como mestre, e, ao mesmo tempo, ser um membro leal à sua própria Igreja alexandrina. Porém, ele também se considerava livre para ensinar o que pensava ser adequado, e não se sujeitar a nenhum julgamento humano, embora estivesse disposto a enfrentar quaisquer críticas e perguntas. O próprio Deus o abençoou, como um profeta cristão antigo, com o dom de sabedoria e o conhecimento das Escrituras que, por sua própria natureza, estavam reservados para poucos.

Sem dúvida que Orígenes não tinha o desejo de perturbar a fé cristã dos membros simples da Igreja e fervorosamente reconheceu o valor da fé simples. Mas o conhecimento mais elevado ainda tinha seus próprios direitos e não deveria ser medido pelos padrões normais do cristão mediano. Orígenes estava se esforçando para combinar e manter em equilíbrio os diferentes graus da maturidade e iluminação espiritual, mas isto apenas chama a atenção para as reservas mentais e superioridade dos 'gnósticos'. A diferença não pôde ser tolerada e as suspeitas dos 'símplices' foram despertadas. Esta foi a situação que o bispo enfrentou. Orígenes tentou superar a ruptura ameaçadora por meios puramente espirituais, apontando a ortodoxia substancial de sua teologia 'mais elevada' e sua disposição em compartilhar a vida e o louvor da Igreja. Mas Demétrio exigiu uma integração e submissão formal e na prática: a ordenação divina e o episcopado monárquico deveriam ser a garantia viva da verdade ortodoxa e a clara e única expressão da unidade da Igreja.

Na visão de Orígenes, a solução mais simples para a situação tensa teria sido ordená-lo para o sacerdócio e combinar sua autoridade oficial e extra-oficial em uma espécie de unidade pessoal. Parece que ele fez esforços para esse fim, mas em vão. Demétrio queria submissão a si mesmo, e, na posição quase episcopal dos presbíteros alexandrinos, a independência do líder da escola teria apenas sido aumentada se ele fosse também ordenado.

Fora do Egito ninguém compreendia a maneira como a política eclesiástica era dirigida no Egito. Em Jerusalém, cujo bispo havia sido amigável com Clemente de Alexandria, e em Cesaréia, onde um dos alunos de Orígenes estava à frente da Igreja, ele recebeu permissão para pregar na Igreja sem qualquer pergunta. Os violentos protestos que Demétrio fez contra esta 'desconhecida' inovação foram rejeitados.

Alguns anos mais tarde, quando Orígenes estava hospedado novamente na Palestina, em seu caminho para a Grécia, a serviço da Igreja, de repente foi decidido ordená-lo para o sacerdócio. Orígenes não fez qualquer objeção, claramente esperando que seria livre de restrições adicionais às suas atividades. Mas o oposto ocorreu. A mudança tornou sua posição em Alexandria bastante insustentável. Em seu retorno para casa lhe deram uma recepção não muito amistosa, o que o forçou a decidir por abandonar de vez seu campo de atividade em sua terra natal e mudar-se para Cesaréia, onde ele foi recebido de braços abertos. Em um sínodo de sacerdotes ocorrido em Alexandria, Demétrio baniu-o formalmente, e no ano 231-32 um segundo sínodo o depôs do sacerdócio porque o haviam ordenado sem a anuência da autoridade correta, o que era, de qualquer modo, ilegal, por ser ele um eunuco.

Estes pontos conflitantes, aparentemente fortuitos, provocaram uma antítese mais profunda com os participantes imediatos, que não estavam inteiramente cientes naquela época. Por todo seu amor pela paz e sua humildade pessoal, Orígenes não poderia conceder para o ofício de bispo a importância que era exigida para isso, e isto por razões de princípios teológicos e religiosos. Em sua opinião, o que importa a longo prazo, o conhecimento vivo da verdade, não pode ser transmitido e controlado por oficiais. Todos os direitos que são outorgados e possuídos pelo bispo, os sacramentos que ele administra, o poder de excomunhão e absolvição que ele exerce, permanecem exclusivamente exteriores se estes não estiverem revestidos com um poder espiritual verdadeiro. Isto não pode ser executado pelo ofício como tal mas somente pelo Espírito Santo, pela atitude correta do amor e pelo conhecimento que Deus concede e que o mestre espiritual comunica acima de tudo.

Os pontos de vista de Orígenes não são de forma alguma revolucionários. Ele sabe e enfatiza que a cristandade deve, como todas as 'pessoas', ter seus legisladores e esta ordem na Igreja é absolutamente necessária. Exclusivamente por este motivo, os portadores do ofício merecem obediência e respeito, e Orígenes deseja de todo o seu coração que todos eles sejam iluminados, tanto quanto possível, com dons espirituais e que sejam verdadeiros mestres e modelos para os seus rebanhos. Mas ele também sabe e vê claramente que, com muita freqüência, eles não conseguem ser exatamente o que deveriam, e que o homem espiritual é, em princípio, livre e independente da autoridade. Com a metade de sua natureza Orígenes é um pietista conservador e eclesiástico; mas com a outra metade ele permanece um idealista liberal, que de coração vive mais na Igreja invisível do que na visível. Ele foi o primeiro para quem esta distinção veio a assumir uma importância teológica fundamental.

Ele suportou com uma calma dignidade 'todos os ventos da malícia' (*Comm. Jo.* VI, prol. 9) que Demétrio lançou contra seu outrora protegido. Concentrando-se em sua obra teológica, ele tentou superar sua amargura, e se consolou com a lembrança do que a Bíblia diz, que ninguém deve confiar no homem. Seus inimigos eram, ele pensava, mais dignos de compaixão que de ódio. Deveria orar por eles, não amaldiçoá-los, visto que nós fomos criados para abençoar.

Exteriormente, Demétrio era incapaz de prejudicá-lo ainda mais. Tentou em vão incitar seus colegas bispos de fora do Egito contra Orígenes. A escola foi restabelecida em Cesaréia. Orígenes também trabalhou ardentemente como pregador para a congregação. Seus alunos e amigos bispos o amavam e o reverenciavam como santo. Foi em Cesaréia que Orígenes finalmente assegurou a suprema glória conhecida pela Igreja: sofrer até a morte pela verdade de sua fé e de seu Senhor.

A maior parte da vida de Orígenes se passou em um período de 'paz', um período de calma, às vezes até mesmo um entendimento amistoso entre o Estado e a Igreja. Como um bom discípulo de Platão, Orígenes mostrou muito apreço pelos direitos dos legisladores e a responsabilidade que cada cidadão deve ter pelo bem-estar do Estado. Mas um sincretismo de pouco valor e uma conciliação política eram igualmente estranhos à sua mente. Os cristãos eram diferentes de todos os outros povos que viviam dentro dos limites do Império Romano, visto que eram o povo santo de Deus, que não interferem nos assuntos do mundo e que nunca podem se tornar subservientes às suas metas. Os cristãos cumprem seus deveres externos e também oram pelo imperador e seu exército, mas devem se recusar a carregar armas, visto que são uma raça sacerdotal, reconhecendo apenas a batalha do espírito.

Em avançada idade, Orígenes escreveu uma elaborada *Apologia,* na qual refutou as críticas que o filósofo pagão Celso havia feito aos cristãos duas gerações passadas. Mais uma vez seus dois lados se mostraram: a afinidade ao ponto de vista de seu oponente filosófico e seu orgulhoso senso de superioridade como um cristão. Logo depois disso, com a anuência do novo imperador Décio, no ano 249, uma mudança política ocorreu e a primeira perseguição sistemática aos cristãos abrangendo todo o império foi desencadeada.

Não era mais viável destruir a Igreja pelo extermínio físico direto de seus membros individuais. Era uma questão de forçá-los a se render através do terrorismo e de medidas bem concebidas de coação, e o primeiro e mais importante passo era subjugar ou eliminar os seus líderes. Orígenes, um homem idoso com quase setenta anos, foi preso, lançado na prisão, e cruelmente torturado. Estava claro que a intenção não era matá-lo, mas ele foi colocado em um cavalete e seus pés foram esticados por dias a fio 'até o quarto furo'. Ele foi ameaçado de morte por fogo, mas apesar disso nada conseguiram. Orígenes tinha que ser libertado, mas ele estava fisicamente debilitado. No entanto, ele escreveu mais alguns curtos tratados 'que foram muito úteis para aqueles que precisavam de consolação' (Eus. *H.E.* VI, 39, 5). Ele morreu no final do ano 254.

Até o fim, o quadro apresentado pela vida e caráter deste homem estranho foi notavelmente claro e consistente. Austero, ainda que bondoso, totalmente puro e honesto, inteiramente dedicado à obra intelectual e à piedade ascética, foi um estudioso e, acima de tudo, um pensador sistemático, capaz de enfrentar qualquer oponente. Ele não foi, em qualquer sentido, um personagem problemático, nem, em última análise, original. Combinou a tradição não-filosófica da Igreja com as tendências gnóstico-neoplatônicas do século em um plano intelectual mais elevado, e assim criou uma estrutura teológica de uma grandeza e perfeição admirável.

Porém nada sentiu em relação aos problemas profundos e essenciais da verdadeira teologia cristã. Por isso suas soluções tinham um sucesso fácil e aparentemente sem controvérsias. Eram as soluções de um teórico genial, que construiu a realidade a partir da idéia, sem ser movido para um nível mais profundo através da dúvida e do sofrimento. Tais pessoas não encontram dificuldade para obter alunos e sucessores.

Somente nas gerações seguintes de seus seguidores o progresso do desenvolvimento histórico revelou lentamente, mas com certeza, os aspectos espirituais inadequados da teologia de Orígenes. A nova geração confrontou este desenvolvimento desamparada, porque era incapaz de recorrer ao seu venerado mestre para obter sua direção para a solução de seus apuros e problemas, enquanto reconhecia-se, ao mesmo tempo, como inferior a ele em poder sistemático e disciplina do pensamento, na universalidade e profundidade da cultura filosófica, e na pureza de intenção e convicção.

Capítulo 5

Eusébio de Cesaréia

Meio século após a morte de Orígenes, sua teologia havia se espalhado por toda a Igreja ocidental. Ela foi considerada como a única teologia científica realmente em harmonia com a cultura mais elevada e, particularmente, a filosófica. Os precursores literários do cristianismo, os trabalhadores cristãos intelectualmente ativos nas escolas e centros de treinamento, os bispos de visão mais ampla, juntaram-se a ela e se empenharam em ensinar e agir no seu espírito. Imperceptivelmente a tradição começou a mudar, a se misturar com outras tradições, e a adaptar-se às novas situações na igreja e no mundo das idéias.

Enquanto essas mudanças ocorriam, divisões intelectuais surgiram e fraquezas internas se tornaram evidentes, as quais foram menos facilmente superadas, porque não era mais possível manter de forma consistente as suposições filosóficas de Orígenes. Os conceitos e idéias de Aristóteles estavam alterando os fundamentos platônicos e os interesses eclesiásticos. A consideração pela verdade literal da Bíblia estava exigindo seu direito, e novos problemas estavam surgindo.

Orígenes tinha sido um pensador sistemático, e como tal havia moldado sua exegese e sua teologia e ontologia em um simples padrão unificado. A nova geração de teólogos tentou usar novos métodos. A reviravolta da filosofia em filologia, para o exame criticamente exato dos fundamentos bíblicos, é perceptível na personalidade e obra de Panfilo.

Panfilo era um rico advogado de Berito, na Fenícia, que decidiu, sob a influência de Pierio, diretor da escola cristã em Alexandria, abandonar sua carreira pública e dedicar toda sua vida a serviço da Igreja. Como presbítero da Igreja em Cesaréia ele se tornou o bibliotecário encarregado do espólio literário de Orígenes, o qual ele começou a classificar e separar. Acima de tudo, esforçou-se para produzir um texto confiável da Bíblia com base na *Hexapla* e nos comentários de Orígenes sobre o Antigo e Novo Testamentos.

Nesta tarefa ele requisitou assistentes e colaboradores, e o jovem Eusébio se tornou o mais útil e esforçado membro de sua equipe. Ele ajudou Eusébio a alcançar a independência econômica e intelectual, e o jovem assistente, que deveu todo o seu início a Panfilo, expressou sua lealdade combinando, como um escravo liberto, o nome de seu mestre com o seu. Dessa forma, ele entrou para a literatura e para a história da Igreja como 'Eusébio Panfili'. Ainda existe um manuscrito da Bíblia com uma anotação registrando seu trabalho conjunto de revisão.

Eusébio recebeu como influência de seu mestre uma profunda veneração por Orígenes e se ocupou com suas obras póstumas, a fim de aumentar a reputação de seu incomparável mestre. Ele tentou produzir um corpo completo das correspondências de Orígenes, tarefa que tinha como objetivo impedir a sua dispersão e a desintegração da tradição.

Durante a última grande perseguição aos cristãos, Panfilo foi lançado na prisão e, na iminência da morte, decidiu escrever uma outra *Apologia*, com a intenção de protegê-lo das críticas dirigidas a Orígenes por seus companheiros de prisão e de vários teólogos recentes. Esta foi a única parte independente dos escritos de Panfilo e, ao mesmo tempo, a única produção de seu aluno Eusébio, que o auxiliou e teve que concluí-la de modo independente. Panfilo morreu como um mártir; Eusébio, que ainda era desconhecido na época, se salvou. Sua fama como estudioso logo iria ultrapassar a de seu mestre.

Antes de mais nada, Eusébio continuou seus estudos acadêmicos, apesar das perturbações produzidas pela contínua perseguição. Como um arquivista, coletou todas as informações sobre martírios e outros eventos na Igreja que foi possível. Ele então apresentou seus próprios escritos. Separadamente das pesquisas puramente filosóficas, históricas e exegéticas, eles consistem em tratados completos dirigidos contra os oponentes do cristianismo, pagãos e judeus.

Eusébio era um cristão fiel e sentiu uma profunda obrigação em ajudar a causa da fé e a Igreja com seus conhecimentos e dons. A partir do ano 313, a Igreja havia novamente adquirido a liberdade de se desenvolver sem impedimento e parecia estar se movendo em direção a um futuro novo e mais excelente.

Se compararmos as obras teológicas deste período com as obras dos apologistas mais antigos como Justino, a diferença na situação e na qualidade pessoal de Eusébio torna-se imediatamente evidente. A cristandade não era mais o pequeno e pobre bando de dissidentes 'bárbaros', que lutava penosamente por seu direito de existir e usufruir de um módico respeito intelectual em um mundo rico e presunçoso.

Há muito tempo ela havia se espalhado por todo o mundo civilizado; as cidades e as zonas rurais foram influenciadas por suas igrejas, e em todas as profissões, e não menos nas intelectuais, as atividades dos cristãos tinham crescido em grandes proporções. Enquanto a sociedade pagã havia se tornado empobrecida e moralmente degenerada na época das guerras civis e do declínio universal, a Igreja se manteve e continuou a crescer ininterruptamente, graças à sua firme coerência e disciplina, e à coragem tenaz de sua fé.

Dessa forma, ela surgia com um aspecto diferente. Para Eusébio, a evidência apologética para a verdade do cristianismo não dependia mais de certas correspondências e detalhes miraculosos que relacionam as profecias do Antigo Testamento com a pessoa de Jesus. A vitória do verdadeiro conhecimento monoteísta de Deus, a nova virtude que havia trazido renovação à Igreja, a expansão e o visível triunfo da Igreja 'entre todos os povos' – todas essas coisas falam por si só.

Trata-se apenas de demonstrar que todo este espantoso desenvolvimento deve-se ao plano divino desde o princípio e só poderia ter se realizado pela maravilhosa ajuda do próprio Deus. O paganismo, com seu politeísmo e seus sacrifícios de sangue, suas superstições demoníacas e o eterno conflito infrutífero de suas filosofias, parecia uma forma antiquada de religião fadada a desaparecer. Ele não podia mais se manter no foro da razão culta e da moralidade mais elevada.

Esta transformação mundial trouxe também uma mudança da ênfase no significado da esperança cristã. Não estava mais centralizada exclusivamente no mundo vindouro: ela começou a ser percebida no mundo atual. O cristianismo era o poder decisivo por trás do progresso moral do mundo, a consumação da história do pensamento e da religião, e suas profecias e mandamentos haviam se tornado a base de um programa de renovação humana.

O monoteísmo e a nova moralidade idealista, que para Eusébio era o centro do evangelho de Jesus, foram incapazes de governar o mundo desde o início. Antes de mais nada, o estágio nômade da civilização tinha de ser superado; cidades precisavam ser construídas, leis deveriam ser feitas, artes e habilidades desenvolvidas, e 'a vida, que ainda era, até certo ponto, animal e indigna', tinha de ser domada e moldada pelas origens da filosofia e civilização (*H.E.* I, 2, 17-19).

Quando o Império Romano trouxe paz ao mundo, sobrepujando a multiplicidade de governos, o momento certo para a mensagem cristã havia chegado, de acordo com a vontade de Deus (*Praep. Ev.* I, 4). No início, eles permaneceram com suas reivindicações em segundo plano, a fim de não provocar os legisladores romanos e não perturbar a paz do império; porém, nessa nova fase, os cristãos haviam se tornado os aliados declarados e naturais do poder secular. Esta era uma idéia que há muito tempo estava latente na concepção do cristianismo como a consumação da filosofia e cultura antigas. As origens do pensamento de Eusébio são encontradas em Orígenes, especialmente quando ele disputa com os inimigos pagãos da Igreja. Mas a estrutura de seu pensamento era excessivamente espiritual e seriamente dualista para perseguir tais idéias.

Orígenes não estava interessado em história mundial e política. A vitória da Igreja era para ele talvez uma idéia que poderia ser considerada teoricamente, mas não um objetivo para o qual sua energia poderia ou deveria ser direcionada. A postura de Eusébio era bem diferente. Também é verdade que para ele o próprio Deus era uma realidade inteiramente transcendental, e ele considerava a separação ascética do mundo e a adoração do Ser Divino como o objetivo supremo da piedade cristã. Os sacerdotes celibatários da Igreja, sua camada mais alta de líderes santos e espirituais, devem satisfazer esta exigência com uma devoção representativa.

Mas com esta devoção representativa, as reivindicações do ideal de renúncia mundana foram alcançadas. Isto está além do alcance de um 'modo de vida universal e humano' e deve, portanto, permanecer como exceção à regra. A maioria dos cristãos tem suas tarefas neste mundo, mesmo tendo sua porção completa da salvação e do ensino redentor da Igreja (*Demonstr. Ev.* I, 8, 29 f.). Deus tem protegido sua Igreja no mundo contra todos os ataques furiosos de seus inimigos, e a tem conduzido à vitória e ao sucesso como uma luz para iluminar as nações.

Estas são algumas das idéias que fizeram de Eusébio um historiador da Igreja. A história da Igreja Primitiva originou-se com os apologistas assim como a história moderna originou-se do Iluminismo. Esta é a razão da fraqueza interna da posição de Eusébio. Suas obras de história da Igreja e de história contemporânea favorecem uma visão moralizadora clara, porque suas intenções são apologéticas; ele tem predileção pela retórica e pela edificação e se esforça o tempo todo para impressionar e convencer o leitor. Ele deixa a desejar no rígido critério teológico.

Claro que é Deus quem está por trás dos sucessos da Igreja, e eles são todos miraculosos; suas derrotas são causadas pela ação dos poderes demoníacos e dos vilões humanos que são seus cúmplices. Mas elas também podem ser impostas por Deus para testar ou punir a Igreja. Elas não são de modo algum a palavra final; mesmo dentro da Igreja a verdade apostólica irá sempre vencer a longo prazo contra todas as inovações heréticas.

A antiga estrutura mitológica, que calculava a história do mundo de acordo com as 'semanas de anos de Daniel' e que culminava com a volta de Cristo em uma data que poderia ser supostamente calculada, foi abandonada por Eusébio de uma vez por todas. O projeto otimista de uma educação progressiva da raça humana, dirigida por Deus, é a base de toda sua visão de mundo e do plano da salvação. Além disso ele não estava interessado nos problemas fundamentais de uma teologia da história, e, por esta razão, seu senso crítico e seu interesse nos recursos da história foram capazes de se desenvolver sem restrição.

Nesse aspecto, sua obra foi exemplar para seu período e merece todo o louvor. Eusébio era realmente um estudioso, e a consciência e precisão de suas pesquisas filológicas, arqueológicas e históricas são evidentes e capazes de resistir a toda prova. Mas para ele deveríamos conhecer tanto a história da Igreja dos primeiros séculos, quanto deveríamos conhecer o cristianismo primitivo, se Lucas não houvesse escrito os Atos dos Apóstolos. Admite-se que em comparação com esta última obra, a *História da Igreja* de Eusébio não é de modo algum uma obra de arte. O material variado foi preferivelmente disposto em ordem de colunas ao invés de ser elaborado de uma forma limitada. Para as páginas finais, são permitidas que citações interrompam a exposição e o estilo vigoroso jorra sobre nós como uma torrente de palavras e frases de som solene e dificilmente inteligíveis. Mesmo assim, em sua própria época, Eusébio foi considerado um orador. Sua reputação como erudito pode ter influenciado este julgamento sobre ele.

Mesmo antes de ter começado sua *História da Igreja,* Eusébio tinha desenvolvido suas 'tabelas cronológicas' no modelo dos antigos cronistas cristãos, embora de modo mais minucioso e detalhado. Após uma longa e apurada introdução sobre os diferentes sistemas cronológicos, ele apresenta tabelas sincronizadas da história do mundo. A justaposição das datas bíblicas e seculares tinha como objetivo provar que o cristianismo, longe de ser uma religião recente, era, com suas testemunhas do Antigo Testamento, a mais antiga e a mais venerada religião do mundo. Cristo apresentou seu período final, o qual estava tendo agora o seu desdobramento na história da Igreja. A partir deste ponto, o material na coluna dedicada ao plano da salvação torna-se cada vez maior, quase excluindo os registros seculares.

A *História da Igreja* é, até certo ponto, uma versão independente desta parte da crônica, publicada como um novo livro. A maneira um tanto superficial na qual as informações sobre bispos famosos, teólogos, hereges, perseguições, os destinos do povo judeu e outras questões são colocadas lado a lado mostra a influência do método antigo. No entanto, Eusébio corretamente enfatizou a novidade de seu empreendimento e as dificuldades especiais apresentadas por uma primeira tentativa desta natureza. Ele se considerava como que trilhando um caminho completamente novo, 'sem encontrar o mais leve traço de homens que o tenham trilhado antes dele; somente registros e anotações ocasionais, nos quais um homem, de uma maneira, ou um outro, de outra, deixou para trás um relato fragmentado de sua própria época' (*H.E.* I, 1, 3).

Estes registros antigos devem ter-lhe dado direção, como faróis ou sinais distantes na escuridão. Como dissemos, Eusébio era aficionado em citar tais registros de forma textual, especialmente quando eles pareciam ter valor cronológico, e, dessa maneira, numerosos fragmentos da literatura foram preservados, os quais teriam sido inteiramente perdidos. Olhando como um todo, Eusébio construiu sua obra tão minuciosamente que ela permaneceu oficial por muito tempo. Os historiadores da Igreja que lhe sucederam meramente continuaram ou simplesmente traduziram esta obra básica.

A exposição de Eusébio começa com Jesus Cristo, cuja natureza e atividades 'apresentam-se para um investigador consciencioso de modo tão sublime e poderoso, que não podem mais ser humanas' (*H.E.* I, 1, 7). Depois, no decorrer de sete livros, ele conduz o assunto para sua própria época, e a aborda nas três últimas obras. Até hoje é possível constatar que Eusébio não escrevia estes trechos de uma só vez, mas trabalhava continuamente neles e os aprimorava, enquanto desenvolvimentos adicionais ocorriam e novas informações lhe chegavam.

Seu julgamento dos legisladores varia de acordo com a medida do sucesso de cada um deles e de suas mudanças de atitude em relação ao cristianismo. As tendências pessoais do autor e as intenções propagandistas tornam-se muito acentuadas e lançam uma luz duvidosa em seus freqüentes relatos contraditórios. Em sua edição final, a obra alcançou um resultado patente; a própria história supriu o triunfante historiador da Igreja com a devida conclusão.

A vitória do imperador Constantino, amigo dos cristãos e amado por Deus, e o princípio do seu reinado singular, tanto no Ocidente como no Oriente (324), trouxeram o desenvolvimento prévio para alcançar seu objetivo e teve início uma nova época. Também para Eusébio, uma nova era começava em sua própria vida. Até então, Eusébio não havia sido um homem público ou um político da Igreja. Ele era um erudito de coração e alma, e, como teólogo, um defensor da verdade e dos direitos da Igreja Cristã.

Como Orígenes, assumiu o cargo de presbítero em Cesaréia, e em 313-14, foi ordenado bispo daquela cidade. Como sacerdote, ele cumpriu, sem dúvida, seus deveres de acordo com as regras; mas permaneceu fundamentalmente o homem que realmente era, dedicado, acima de tudo, a seus trabalhos eruditos. Não era um mestre como Orígenes; era primeiramente um pesquisador, um historiador, um filólogo e um apologista. Também pregou com uma freqüência muito menor que Orígenes, apesar da posição reconhecida e representativa que havia alcançado na Igreja.

Isto não era devido à indiferença com respeito aos deveres de seu ofício e chamado espiritual. Nós vimos que ele pôs toda a sua obra, incluindo seus estudos estritamente acadêmicos, a serviço da Igreja, e pensava que reconhecia inteiramente novas oportunidades para o serviço cristão. Com a vitória de Constantino, a Igreja emergiu do período de preparação para a era do cumprimento. 'Estas coisas foram preditas por Isaías e colocadas na Sagrada Escritura desde uma época imemorável; a infalibilidade destes oráculos agora tinha que ser provada por meio de fatos' (*H.E.* X, 4, 53). O vencedor político levou também a salvação ao mundo.

Eusébio havia enfatizado a relação providencialmente íntima entre o império e a Igreja em uma ocasião anterior; ele agora incluiu a instituição do imperialismo e a pessoa do imperador nesta relação. O imperador enviado por Deus, o Redentor que aparece após o longo tormento de dissensão e perseguição, é o mensageiro escolhido de Deus para o mundo inteiro. Seu domínio terreno é a imagem do governo de Deus e do governo de Cristo que a Bíblia predisse. A ordem final das coisas havia sido alcançada. 'O próprio Deus, o Grande Rei, estendeu do alto sua mão direita e tornou-o neste dia vitorioso sobre todos os seus inimigos' (*Laus Const.* 8). Este imperador, amado por Deus, é um filósofo e um modelo de piedade, a essência de todas as virtudes reais, dignidade, beleza, força, cultura, razão inata e sabedoria divina. Eusébio afirma que havia percebido este fato muitos anos antes, quando viu pela primeira vez o então desconhecido príncipe.

Eusébio foi freqüentemente criticado pela extravagância de tais elocuções e pela falta de sinceridade de seu 'bizantinismo'. Mas é fácil esquecer o decreto perante o qual tais expressões vieram a ser aceitas como verdadeiras no tipo de corte orientalizada da época. Além disso, Constantino sabia como lidar com as pessoas. Ele obviamente deu importância ao apoio do distinto erudito e sua propaganda para a Igreja, e o recebeu com a esperada deferência e as considerações mais lisonjeiras.

Eusébio era um homem de origem humilde, não sendo de modo algum do grande mundo da política; por isso não surpreende que tenha sido ludibriado. O importante, porém, foi a realização de seu acordo básico que o uniu ao imperador com uma espécie de inevitabilidade teológica. Este filósofo realista e apóstolo da nova ordem cristã foi inevitavelmente um 'cristão bizantino'. Toda a sua teologia foi direcionada para a realização de uma civilização moral unida a uma igreja mundial. Mesmo sem saber, tornou-se a versão cristã atualizada da antiga teologia pagã do império e do imperador. Eusébio teria que ter aberto mão de seu próprio ego se não tivesse nesse momento seguido o imperador como o 'instrumento escolhido' de Deus, por quem havia esperado e em cuja missão e destino ele acreditava. Para ele, uma 'vitória' final para a Igreja somente poderia ser concebida em aliança com o império e somente sob o patrocínio da unidade permanente de uma ordem cristã, e de uma paz mundial sagrada, cuja criação e preservação eram tarefa do imperador.

Este era o cristianismo de Eusébio, e isto o levou ao fracasso como político eclesiástico. A controvérsia ariana estava dividindo a Igreja grega no exato momento da vitória de Constantino. Ela nada tinha que ver com a política, mas não poderia ter vindo em um momento mais inoportuno. Era essencialmente a luta pelo fundamento da fé cristã na salvação, que tinha sua origem na pessoa divina e humana de Cristo. Eusébio não era de modo algum um 'ariano' convicto, como foi acusado pelos historiadores da heresia. Cristo era para ele mais que uma mera criatura e mais que um semideus superior. Ário, a quem Eusébio havia recolhido como um refugiado, tinha hábil mas enganosamente iludido-o a dar início ao radicalismo de sua cristologia.

Eusébio foi persuadido a ver no exilado uma vítima inocente da perseguição, que tinha, como Orígenes, vindo a Cesaréia porque o muito amado patriarca alexandrino recusou-se a permitir o desenvolvimento da teologia científica. Erros antigos sobre a completa identidade do Pai com o Filho, que haviam há muito tempo sido refutados por Orígenes, pareceram estar ressurgindo no campo dos inimigos de Ário. Para Eusébio, estas grandes confissões de fé significaram o fim de uma teologia atualizada, filosoficamente fundamentada e cientificamente defensável. Portanto, passou a apoiar Ário de modo convicto. Mas fundamentalmente não estava interessado no 'mistério da redenção humana' como tal; estava, sim, lutando pelas aspirações intelectuais e morais que a pregação monoteísta da Igreja tinha que sustentar na nova ordem mundial.

Contra este cenário, as disputas cristológicas pareciam como meros sofismas, ou, de qualquer maneira, elas não estavam destinadas a um lugar no primeiro plano da política eclesiástica como seus oponentes desejavam. Com genuíno terror, Eusébio notou como, no momento histórico de libertação e vitória dada por Deus, as rixas teológicas e a intolerância ameaçavam romper o relacionamento entre o império e a Igreja, e a frente cristã unida estava se desfazendo 'para que os mistérios sagrados dos ensinamentos divinos sofressem vergonhoso escárnio em meio aos teatros dos infiéis' (*Vit. Const.* II, 61).

Neste ponto havia uma genuína unanimidade entre ele e Constantino. Ambos tinham o mesmo objetivo em vista: superar esta situação desagradável o mais rápido possível, a qualquer custo. Somente Eusébio era teólogo e bispo de sua Igreja. Por tornar o critério de suas decisões, de modo inconsciente, em fins estratégicos e políticos, envolveu-se em contradições que o levaram à humilhação pessoal e que o forçaram, apesar das suas intenções honestas, a dar passos que comprometeram a sua reputação de modo irreparável.

No Conselho de Nicéia (325), Constantino foi compelido a se submeter aos oponentes de Ário. Até mesmo Eusébio deve ter percebido como o ensino ariano era duvidoso. Não obstante, empenhou-se em manter-se leal ao seu protegido. No final, porém, precisou deixá-lo, a fim de salvar-se da excomunhão e da deposição. A confissão de fé que ele submeteu ao Conselho foi publicamente louvada por Constantino, mas foi modificada tão extensamente por todo tipo de acréscimo anti-ariano que o próprio Eusébio já não poderia mais aceitá-la honestamente. Ele foi, no entanto, forçado a assiná-la, e a carta tortuosa na qual justificou sua ação para sua própria igreja prova, com suas reinterpretações e evasivas insustentáveis, que sabia perfeitamente o que havia feito.

Este não era o fim de sua desonestidade. Mais uma vez, por intermédio do favor do imperador e considerando-se digno desse íntimo relacionamento com ele, utilizou sua influência para conseguir a decisão que, por maneiras indiretas, causaria um golpe pessoal àqueles que apoiavam o Credo de Nicéia e dando seu consentimento entusiasmado para que fossem repudiados e banidos por meios políticos.

Não precisamos estudar os acontecimentos em detalhes. Não é necessário dizer que os tratados teológicos que Eusébio escreveu ainda atingiram um alto nível intelectual, muito embora tenham sido inspirados pelo aborrecimento pessoal. Também continuou suas pesquisas eruditas, e foi considerado como o principal porta-voz da Igreja, um notável defensor da política imperial para a Igreja e o Estado nos novos tempos. Seu supremo triunfo foi quando Constantino o indicou para o contestado bispado de Antioquia. Eusébio modestamente recusou a indicação, alegando que sua aceitação infringiria certos estatutos eclesiásticos. Talvez percebesse suas próprias limitações. De qualquer forma, preferiu ficar com a sua incomparável biblioteca em Cesaréia, em meio ao seu ambiente familiar. Lá morreu em paz alguns anos após Constantino (339-40).

No final de seus dias, Eusébio acreditou que havia atingido o objetivo da obra de sua vida. O Estado e a Igreja haviam se juntado; a 'paz' de uma unidade baseada em fundamentos políticos parecia estar firmemente estabelecida; uma teologia moderada, tal como apreciava, prevalecia. E, ainda assim, esta impressão estava baseada em uma ilusão.

Na geração seguinte, a oposição ao regime que estava no poder, que havia sido oficialmente reduzida ao silêncio, iria novamente emergir com paixão renovada e compelir a uma revisão básica de todas as decisões que Eusébio e seus amigos tinham defendido em bases estratégicas e políticas, ao invés de dogmáticas e eclesiásticas.

Mais tarde, a Igreja decidiu com certa firmeza que Eusébio poderia não ser considerado como ortodoxo e que viam nele um homem 'hipócrita' (Socr. *H.E.* I, 23), muito embora não se pudesse dispensar suas obras históricas e filológicas 'por amor às informações concretas que são úteis à instrução' (*Decr. Gelas.* 5, 22). Nisto foram injustos, por causa das qualidades que possuía como homem.

Seu destino revela mais do que o fracasso pessoal de um homem que era também conhecido como estudioso respeitável, e que não estava preparado para enfrentar as dificuldades da política imperial e eclesiástica que o confrontaram. Isto revela ainda mais a falência da tendência teológica que foi incapaz, por razões políticas, de se libertar do poder e das oportunidades momentâneas, e que não pôde levar realmente a sério a si ou a sua fé em Cristo. A crise da teologia de Orígenes tornou-se assim evidente, e fez com que uma nova compreensão do ensino da Igreja se tornasse urgentemente necessária. Isto estava fadado a ter um efeito na posição de teólogos e mestres responsáveis.

Capítulo 6

Atanásio

Atanásio pertence a uma geração mais jovem que a de Eusébio. Ele nasceu por volta do ano 295, e suas memórias não remontam a uma época anterior às últimas perseguições. Contudo, ele as experimentou, e a dureza de seu caráter e o seu gosto por decisões absolutas, resumidas e objetivas podem ter sido aumentados por estas experiências anteriores. Atanásio cresceu dentro da ordem da igreja imperial: esta foi uma instituição aceita, à qual ele aderiu rapidamente, e por toda a sua vida. Mas com ele também uma nova era na teologia se inicia.

Atanásio foi o primeiro patriarca grego da Igreja que não se sentia à vontade na atmosfera acadêmica da filosofia cristã. Era um 'membro da igreja' bem versado nos assuntos teológicos, mas foi treinado na administração da hierarquia alexandrina. Seu lar espiritual era o serviço divino e a administração no escritório eclesiástico, e não a plataforma escolar. No início do terceiro século nenhum bispo possuía uma máquina administrativa tão grande, tão bem organizada e tão eficiente quanto o patriarca de Alexandria.

A partir do bispado de Demétrio, que morreu no ano 232, Alexandria dominava eclesiasticamente todo o Egito, como também as áreas circunvizinhas da Líbia e de Pentápolis. Ele havia designado os primeiros bispos em sua província, que permaneceram dependentes dele, e havia se posicionado em defesa de hereges e de outros elementos recalcitrantes. Encontramos Demétrio como adversário de Orígenes. Mas a teologia não havia se extinguido em Alexandria por causa de sua expulsão. O bispo Dionísio, 'o Grande' (que morreu no ano 265), tinha sido aluno de Orígenes e também era bem conhecido como teólogo.

Mas no momento em que a escola teológica havia perdido sua antiga independência, a teologia passou a levar em conta as exigências práticas da vida da

Igreja e da política da Igreja. Percebe-se isto nas próprias origens da polêmica ariana. Para o novo bispo, Alexandre, era primordial forçar o obstinado presbítero Ário a submeter-se às disciplinas oficiais dos seus superiores espirituais. Além do mais, o antigo cisma egípcio causado pela libertação dos colaboradores de Melito, a quem Ário havia se juntado por um tempo, misturou-se à polêmica teológica. Desde o início o problema dogmático tornou-se no Egito um problema de autoridade episcopal e de 'lei da Igreja'.

Atanásio familiarizou-se com todo este mundo de política eclesiástica e problemas administrativos, talvez enquanto ainda jovem. Foi declamador, depois diácono, e como tal, confidente especial e conselheiro teológico do bispo, por intermédio de quem lhe era permitido acompanhar o Conselho de Nicéia. Quando Alexandre morreu no ano 328, dizem que ele queria Atanásio como seu sucessor. Sua rápida eleição não foi levada a cabo sem oposição. Talvez as pessoas temessem a energia implacável deste incomum, mas não mais desconhecido, jovem candidato. Sua oposição aos arianos era certa. Também procurou tomar ações imediatas e brutalmente decisivas contra os melitianos, com quem as negociações ainda estavam em andamento, resultando novamente na deflagração da resistência deles.

Mas Atanásio teria, sem dúvida, enfrentado e vencido estes problemas domésticos. No entanto, a polêmica ariana desde muito tempo havia se estendido além do Egito e havia chegado a todo o Oriente. Ao recomeçar o ataque com um vigor renovado, Atanásio mais uma vez levantou uma questão sobre a quase completa vitória do partido de oposição. A partir de então, jamais deixaria de lutar. Durante quarenta e cinco anos continuou a travá-la com uma tenacidade, agilidade e energia constantes, mostrando versatilidade em seus métodos e formulações, inabaláveis e inflexíveis nas questões essenciais, não reafirmadas por algum sucesso parcial, nem desencorajadas por qualquer fracasso. Quando Atanásio morreu, estava prestes a vencer. Todo o desenvolvimento subseqüente da Igreja Imperial Bizantina foi baseado unicamente na luta e no sucesso deste homem.

A decisão de Nicéia não foi acidental; mas a maneira como aconteceu foi essencialmente o resultado de medidas e pressões táticas por parte do imperador. O que preocupava Constantino era, acima de tudo, a pacificação e a firme unificação da Igreja Imperial que ele havia fundado. As condenações de Ário e do credo de Nicéia tinham o objetivo de servir a este propósito. Quando o acordo completo não foi alcançado, o imperador, como já vimos, foi persuadido pelos seus conselheiros a expandir os limites do entendimento na igreja universal um pouco além, e subseqüentemente revogou a decisão que havia sido tomada. Por fim, Ário foi favorecido. A ordem formal para reconhecer esta decisão em Alexandria e admitir o herege condenado em sua antiga esfera de atividade por amor à 'harmonia' chegou exatamente quando Alexandre estava morrendo. Morreu antes de poder responder ao comunicado do imperador. Recaiu sobre seu sucessor a tarefa de tomar a decisão.

Atanásio não ficou em dúvida, sequer por um momento, sobre o que deveria ser feito. Restaurar Ário estaria fora de questão. Qualquer que fosse a explicação que ele poderia ter dado, tal passo seria entendido pelo público unicamente como uma retirada e uma derrota teológica e política do bispo alexandrino, o que somente teria beneficiado os seus adversários. Atanásio tomou o posicionamento de que a admissão de pessoas 'que inventaram uma heresia em oposição à verdade e que foram consideradas anátemas por um sínodo geral' era fundamentalmente impossível (*Apol.* II, 59, 5). Esperar seriamente que Ário mudasse de idéia também estava fora de questão, e Atanásio foi, portanto, capaz de achar-se em seu direito e não apenas como pretexto tático.

De modo diferente de Alexandre, ele havia percebido o alcance e a importância do conflito teológico desde o princípio. A doutrina ariana da 'criatura', isto é, a negação da natureza essencialmente Divina do Redentor, não foi para ele a solução questionável ou perversa de um problema teológico, mas o fim da própria fé cristã, a traição de tudo quanto a Igreja havia se preocupado desde o princípio.

Atanásio não deu atenção ou qualquer importância aos ideais teológicos e políticos mais amplos, aos quais Eusébio havia tão habilmente se dedicado na luta a favor de sua cristologia racionalista e relativista. A igreja não estava interessada em nenhum programa secular, mas na salvação eterna do homem. O mundo criado e a razão do homem não foram obviamente capazes de salvá-lo da corrupção. Era necessária a vinda de Cristo, que era a Palavra em si mesmo' (*Contra os Gentios,* 40); ele teve que tomar a nossa carne e assim unir nossa natureza a Deus e à vida eterna de Deus. A encarnação foi o evento decisivo no processo da salvação. O próprio Deus agiu derrubando a barreira para a criatura caída e trazendo à luz a vida e a imortalidade, com o conhecimento de sua verdadeira natureza. Um semideus teria sido inútil ao homem. O aspecto moral do processo da redenção, a idéia do conhecimento do pecado, a expiação e o perdão dos pecados, são de interesse apenas secundário para Atanásio. A salvação da morte e a fraternidade doadora da vida com Deus são seus temas centrais.

Com um fervor genuinamente religioso, ele saúda o milagre da vinda de Cristo. Esta é uma teologia que tem pouco em comum com Orígenes, sob qualquer ponto de vista. Atanásio naturalmente conhecia 'o Orígenes supremamente culto e diligente', e de vez em quando tentava defendê-lo de uma interpretação ariana imprópria que lhe era atribuída (*De Decr.* 27, 1; *Ad Serap.* 4, 9); mas no geral raramente o menciona. Ele nos relembra principalmente a fé emocional que o velho Ireneu possuía.

De acordo com Atanásio, a igreja pode viver somente na única verdade do verdadeiro Deus e Salvador Jesus Cristo, que é proclamada através da pregação feita pela Igreja e representada miraculosa e efetivamente em seus sacramentos. Qualquer pessoa que não crer nem sentir esta verdade, qualquer um que esteja satisfeito com teorias gerais de virtude e fracas especulações sobre o espírito, o mundo, e um Cristo-Logos criado, é um ariano, embora o negue por milhares de vezes. Há um quê de paranóia sobre a regularidade monótona com que Atanásio finca posição nas mesmas idéias básicas, e incessantemente volta atrás para as mesmas reclamações e acusações. Mas seria errado suspeitar de estupidez ou incompetência teológica por trás deste método altamente eficiente.

Atanásio sabia como organizar seu material clara e sensatamente; no desenvolvimento de suas idéias, mostra uma admirável habilidade e destreza dialética, e sua exegese bíblica, que conduz à imposição de uma prova dogmática, é freqüentemente penetrante e profunda, por sua força. Fica claro que ele foi um bom estudante em sua juventude, e um teólogo bem treinado. Mas é difícil perceber se a obra teológica como tal lhe tenha dado algum prazer, sem mencionar que ele não tinha desejo algum de usá-la com o propósito de educar a outros ou se estabelecer como 'mestre'. Para ele, a teologia era simplesmente uma arma.

Os escritos de Atanásio foram quase inteiramente dedicados à polêmica. Há uma rara nota de desconfiança na cultura helênica; de qualquer maneira, ele ignora completamente as suas preciosidades. Como pessoa, considerava-se naturalmente um grego. Mas dificilmente se pode entender como um acaso que ele tenha sido, como sabemos, o primeiro teólogo de qualquer posição a pregar no idioma copta. Havia algo não grego em sua natureza, que é dura e rígida, sem um toque de graça ou charme intelectual. Seu retrato, se possuíssemos um, provavelmente lembraria mais os antigos faraós e seus oficiais, do que um filósofo grego.

Mesmo antes de Constantino poder retornar ao caso de Ário, os melitianos apresentaram reclamações adicionais contra Atanásio. Alegaram que ele teria subornado um mensageiro imperial, derrubado um altar, destruído um cálice sagrado, e até mesmo assassinado um bispo melitiano no curso de suas ações violentas contra os sectários. No que diz respeito a estas últimas acusações, Atanásio pôde se defender. Seu serviço secreto foi bem-sucedido em seguir a pretensa vítima, que estava se escondendo em um mosteiro no Alto Egito; e quando o homem procurado fugiu, foi posteriormente descoberto em Tiro e identificado a tempo pelo bispo daquele lugar.

Reclamações sobre atos de violência e transgressões aos direitos de outras pessoas acompanharam o patriarca por toda sua vida. Não é mais possível avaliar sua credibilidade em cada caso. Atanásio rejeitou toda reclamação nos termos mais violentos. Ele sabia como não ceder em meio à pressão das intrigas e polêmicas desonestas; era um mestre em impressionar as massas. Seus panfletos revelam a inteligência e a clareza de uma personalidade notável, mas ao mesmo tempo empregam todo meio possível de difamação e constantemente caricaturam seus adversários com as cores mais sombrias. Sangue foi derramado repetidamente nas lutas alexandrinas, e, em seus anos posteriores, Atanásio mais de uma vez se aproximou de cometer uma alta traição. Mas era impossível humilhá-lo, e ele continuou a acreditar e afirmar os seus direitos.

Por certo tempo parecia que Atanásio poderia vencer o imperador em seu ponto de vista. É verdade que seus inimigos na corte estavam na direção dos acontecimentos e eles já haviam estado em contato com os melitianos no Egito. No entanto, Atanásio recusou-se a comparecer perante o tribunal deles. Por fim, foi obrigado a apresentar-se perante um Conselho em Tiro, onde protestou abertamente, de forma ininterrupta, e, antes que a sentença pudesse ser pronunciada, fugiu secretamente por mar. Apresentou-se mais uma vez, em Constantinopla, impondo-se perante o imperador e exigindo uma audiência. Em uma carta, o próprio imperador descreveu como Atanásio lhe havia pego de surpresa. Ele até mesmo achou difícil ficar cara a cara contra a fúria leonina do bispo.

Novas discussões com seus adversários começaram, mas quando explicaram ao imperador que Atanásio, cujos predecessores já haviam desempenhado um importante papel no comércio egípcio de grãos, estava agora prestes a interromper todo o suprimento para a capital, a paciência do imperador esgotou-se. De acordo com o próprio relato de Atanásio, Constantino ficou extremamente encolerizado e o expulsou para Trier sem qualquer apelação. Foi o primeiro de cinco exílios pelos quais Atanásio passou, que o mantiveram afastado de seu bispado por um período de dezessete anos.

Não podemos deixar de seguir qualquer detalhe sobre sua vida, nem sobre os altos e baixos de seu desenvolvimento político e eclesiástico. Acima de tudo, duas circunstâncias lhe possibilitaram fazer valer seus direitos no final. A primeira foi o apoio que encontrou no mundo latino. O tradicional bom relacionamento entre os bispados de Alexandria e Roma foi renovado por sua permanência temporária no Ocidente. Todo o Ocidente tornou-se conscientemente atanasiano. A difícil especulação filosófica que formou a base da controvérsia ariana não encontrou nenhuma sustentação no Ocidente; o que foi dado como verdadeiro é que deve haver uma íntima ligação entre o Pai e o Filho. Houve de fato uma tendência muito difundida para identificar na prática as duas pessoas da Divindade – o maior crime teológico imaginável para um teólogo grego treinado na escola de Orígenes!

Para que esta solidariedade ocidental pudesse tornar-se eficaz, um outro fator puramente político teria que entrar em ação. Constantino havia dividido o Império entre seus filhos, e isto levou a uma perda de unidade na política eclesiástica do Estado. Cada legislador em separado favorecia a tendência predominante em sua parte do Império e esforçava-se para promovê-la da melhor maneira possível também nas regiões vizinhas. Dessa forma, o filho mais fraco, Constâncio, que governava no Oriente, foi por duas vezes forçado por seu irmão a readmitir Atanásio.

A primeira vez que isto aconteceu foi logo após a morte de Constantino, no ano 337. Em vez de ir diretamente a Alexandria, Atanásio viajou por meses a fio pelas províncias da Síria e da Ásia Menor, a fim de restaurar seu partido no Oriente e fortalecer sua unidade. Quando foi chamado de volta, após um período adicional de vários anos no exílio, nas mesmas circunstâncias, conseguiu explorar sua vitória ainda mais intensamente. O imperador que o havia expulsado foi forçado a convidar Atanásio, não menos que três vezes, antes que ele se apresentasse diante dele novamente, em Antioquia. Voltando para casa passou por Jerusalém, onde um sínodo estava em andamento, entrando em sua cidade episcopal de modo triunfante.

Quando Constâncio tornou-se o único legislador no ano 353 e pôde tomar medidas contra Atanásio, a situação parecia novamente desesperadora. A questão foi decidida por uma carta que Atanásio manteve e que foi usada para afirmar que ele estava conspirando no período intervencionista com um usurpador ocidental. Desta vez até mesmo os sínodos ocidentais foram impelidos a abandonar Atanásio, e, apesar da furiosa oposição do povo de Alexandria, foi feita uma tentativa de removê-lo por força militar. Atanásio havia, porém, fugido em boa hora; permaneceu na cidade em um esconderijo bem arranjado e organizou uma contínua resistência de seus seguidores. Mesmo quando um sucessor foi indicado, os tumultos continuaram e a luta prosseguiu.

Olhando para a aparência tempestuosa do curso destes acontecimentos, podemos ser tentados a interpretá-los como lutas pelo poder político na Igreja. Foi precisamente isto que os oponentes de Atanásio sempre afirmaram. Eles cuidadosamente evitaram enfatizar a base teológica de suas oposições, e trataram Atanásio simplesmente como um obstinado causador de problemas, um hierarca intolerante e que procurava conseguir poder, sem cuja teimosia e violência a Igreja estaria vivendo em paz, livre de qualquer perturbação.

Este método de fazer acusações puramente políticas e criminosas era a maneira mais segura de reduzir a oposição teológica ao silêncio, quando tinha-se o poder do Estado ao seu lado. Em contraste a estas táticas não inteiramente honestas, Atanásio apresentava imediatamente cada polêmica levando em consideração o plano teológico. Em um tom de suprema indignação, ele impiedosamente declarou que qualquer um que se opusesse a ele era um notório herege, um 'ariano louco', um blasfemador de Cristo estimulado pelos mais malévolos motivos, e um inimigo da Igreja verdadeira. Não aceitava qualquer dúvida sobre a validade de sua própria posição. A absoluta autoconfiança de seu ataque e defesa deu aos seus panfletos a turbulenta atmosfera e o eco retumbante que ele precisava para o seu sucesso.

Atanásio era um propagantista vigoroso e determinado a favor de sua causa. Não se deve, contudo, deduzir que os princípios teológicos que ele afirmava estar defendendo eram meros pretextos e sem qualquer importância verdadeira para ele. Atanásio cria no que declarava. Porém faltava-lhe o distanciamento necessário entre os interesses religiosos que ele representava, e a posição eclesiástica que queria manter. Não pensava realmente na Igreja como uma instituição sacramental, mas em termos do dogma sagrado que a sustentava.

No entanto, para todas as intenções e propósitos, crença, credo, e a Igreja – ou melhor, o partido eclesiástico que o apoiava – eram todos um para ele. Não existia algo como um credo sem seguidores, e suas exigências políticas eram santificadas pela causa que era o objeto de toda a contenda. Foi isto que provocou a falta de escrúpulos e o farisaísmo, como também a paixão e a coragem imprudente com a qual Atanásio combateu as lutas de sua vida, sacrificou sua segurança e paz, sua reputação e, quando a necessidade surgiu, até mesmo os seus amigos. Dessa forma, tornou-se um símbolo vivo da ortodoxia e da igreja invencível. Ele foi o centro do qual amigos e inimigos, de igual modo, tinham que tomar seus rumos – um melhor e mais claro do que as fórmulas e decisões emaranhadas dos Conselhos que acompanharam a luta no âmbito de sua personalidade.

Nos princípios essenciais de sua teologia, Atanásio permaneceu constante. Mas os métodos com os quais conduziu sua luta e a maneira pela qual estabeleceu e confirmou sua posição política, estavam sujeitos ao aperfeiçoamento. Em seu período inicial, havia ingenuamente rogado ao imperador e lutado para alcançar o seu consentimento. A personalidade do imperador-libertador impeliu-o a certas considerações indispensáveis, embora, como já vimos, sua submissão ao imperador teve suas limitações em uma situação de emergência. Sua atitude em relação a Contâncio, o qual não possuía nenhuma das qualidades superiores de seu pai, era bastante diferente desde o início. Atanásio estava em um conflito quase contínuo com ele, e cada vez mais abandonou todas as considerações por este 'patrono da impiedade e imperador da heresia' (*Hist. Ar.* 45, 4). O fato de os arianos terem ousado perturbar o imperador com assuntos absolutamente eclesiásticos, de submeterem suas decisões sinodais a ele para sua confirmação e de mobilizaram soldados para executá-las foi agora declarado ser um 'crime escandaloso', contrário a toda tradição canônica: 'O que o imperador tem a ver com a Igreja?' (*Hist. Ar.* 52, 3). Pela primeira vez, a idéia de 'liberdade da Igreja' foi defendida, por Atanásio e seus amigos, contra um legislador cristão. Mesmo quando se vê pelos motivos estratégicos que residem por trás disso, este é ainda um fato significativo. A partir do ponto de vista de uma teologia eusebiana, tal procedimento jamais teria sido possível.

Atanásio também desenvolveu seu método de polêmica dogmática. Nos anos iniciais ele dificilmente fez qualquer uso do Credo de Nicéia. As provas da absoluta divindade de Cristo eram puramente objetivas e bíblicas, e qualquer um que as deturpasse seria, como já vimos, imediatamente denunciado como um 'ariano', mesmo após Ário ter desaparecido de cena e morrido há muito tempo, ou, como Atanásio afirma, 'partido em pedaços no banheiro público' (*De Morte Ar.* 3, 3).

Ele apenas passou a ver gradualmente as possibilidades que o conceito de Homoousios ('de uma substância'), usado no Credo de Nicéia, continha para sua própria posição teológica, ao passo que este jamais poderia ser aceito por seus adversários arianos e eusebianos. Passou a referir-se regularmente a este conselho considerado sagrado e a seu credo como o único escudo seguro da ortodoxia. Fez do reconhecimento da sua autoridade a condição indispensável para uma genuína pacificação. Desta forma, Atanásio criou o conceito do primeiro sínodo 'ecumênico'. O niceno, ou o posteriormente expandido, credo niceno-constantinopolitano, foi considerado desde então como o exclusivo, ou no mínimo, o único credo permanentemente oficial e válido da fé cristã. Sua exclusividade e rigidez proporcionou uma bem-vinda oportunidade de escarnecer de toda manobra ateísta em relação às novas fórmulas que estavam constantemente sendo utilizadas pelos adversários de Atanásio no esforço de se ajustarem às circunstancias mutáveis da política eclesiástica. De acordo com Atanásio, a verdade desde há muito tempo foi descoberta e uma teologia genuinamente séria deve consistir apenas na interpretação do que a Igreja já estabeleceu de uma vez por todas.

Porém, Atanásio permaneceu completamente flexível em seu próprio raciocínio. Sua obstinação não pretendia promover fórmulas como tais, mas a causa de seu partido e da única verdade imutável, oculta no símbolo niceno. Ao final de sua vida, ele deu uma prova impressionante disso. No fundo, estava interessado em apenas uma coisa: a completa e absoluta divindade e unidade com Deus do Cristo Logos que tornou-se homem. Por causa disto ele havia há muito tempo deixado em paz aqueles amigos que não fizeram uma clara distinção entre as duas pessoas divinas. A princípio ignorou, como uma especulação duvidosa e desnecessária, a idéia de três pessoas interrelacionadas em um único Ser Divino. Mas a teologia não poderia permanecer estática, e mais uma vez foram os desenvolvimentos no mundo da política eclesiástica que abriram os olhos de Atanásio e o levaram a mais um passo à frente.

Nos últimos anos de seu governo, Constâncio se aproximou cada vez mais de uma posição radicalmente ariana, e a 'política de unificação' que estava seguindo não afetou mais unicamente a Atanásio e aos rígidos defensores do Credo de Nicéia. Muitos membros do antigo partido do centro e a geração mais jovem de teólogos não se sentiram menos afrontados e tentaram entrar em contato com os teólogos da mesma opinião sustentada pela ala 'direita', a fim de obter seu apoio na luta contra a política oportunista e inescrupulosa dos dirigentes da Igreja. Eles poderiam ter sido capazes de aceitar o Credo de Nicéia, mas tinham medo da idéia da completa identidade das pessoas divinas que ela parecia encorajar. Assim, Atanásio decidiu tomar uma posição firme contra esta interpretação e reconhecer a praticabilidade das três hipóstases, contanto que a unidade inseparável do único Ser Divino fosse claramente preservada.

A oferta de paz decisiva foi feita no ano 362, em um sínodo em Alexandria, cenário no qual ocorreu a mudança de situação da igreja, sob o governo do novo imperador pagão chamado Júlio. Ele havia permitido que todos os exilados retornassem, e pareceu determinado a deixar a Igreja cuidar inteiramente de si mesma, e entregue às suas próprias disputas. A política de coação seguida até aqui havia ruído, e o caminho foi aberto para um novo acordo de reagrupamento entre as partes. A reconciliação não foi alcançada de forma tão rápida quanto Atanásio provavelmente gostaria; mas foi um começo, e a reunião final do grupo da ala direitista, ocorrida anos depois, originou-se na política iniciada no ano 362.

Para começar, era uma questão de sobreviver a uma nova onda de repressão por parte do Estado. Em sua tentativa de retomar a velha adoração pagã, Júlio havia encontrado a resistência universal da Igreja, e Atanásio seria o último homem a fazer qualquer tipo de concessão para o ocupante do trono imperial. Logo foi impelido a deixar vago o seu bispado. Mas este tipo de situação havia aparentemente deixado de impressioná-lo. Dizem que ele confortou a multidão abatida que o cercou em sua despedida com as palavras que se tornaram famosas: 'Não sejam levados para o mau caminho, irmãos; isto não é senão uma pequena nuvem que rapidamente passará' (Ruf. *H.E.* I, 34: *Nolite, o filii, conturbari, quia nubicula est et cito pertransibit*). Ele provou estar certo.

Mais uma vez Atanásio foi forçado ao exílio sob o governo 'ariano' do sucessor de Júlio. Depois disso a paz gradualmente chegou à sua vida. O governo provavelmente havia chegado à conclusão de que a atitude mais sensata seria deixar Atanásio em paz no Egito, apesar de sua rebeldia, do que enfurecer as pessoas que eram devotadas a ele, por repetidas intervenções. Quando ele morreu, no ano 373, a vitória ainda não havia sido alcançada por todo o império, mas alguns anos mais tarde, o novo imperador, Teodósio, do Ocidente, declarou que todos os seus súditos deviam considerar o Credo de Nicéia como tendo autoridade e a ele obedecerem. Aquilo pelo que a personalidade política e teológica mais forte da Igreja do quarto século havia se empenhado foi finalmente estabelecido.

Mesmo para os seus contemporâneos, Atanásio parecia uma figura quase mítica; mesmo os pagãos reconheciam o mérito de seu conhecimento sobrenatural. Em épocas posteriores foi considerado como o incomparável 'pilar da igreja', através de quem Deus havia protegido e preservado a verdadeira fé no período mais difícil (Greg. Naz. Or. 21, 26). 'Se você encontrar algo dos escritos de Atanásio', escreveu um abade do sexto século, 'e não tiver nenhum papel à mão, escreva em suas roupas' (Joh. Mosch. *Prat. Spir.* 40). Suas obras – as autênticas e as inúmeras não autênticas que foram publicadas sob a proteção de seu nome – desfrutaram de uma grande circulação por causa de sua alta reputação. A partir de um ponto de vista histórico, porém, sua importância reside nem tanto em seus escritos em si, quanto nas coisas que ele defendeu e sustentou com suas ações, em uma vida cheia de tensão e perturbação. Em um momento crítico incomum na história da Igreja, quando todas as antigas idéias e organizações estavam sendo transformadas e reconstruídas na nova Igreja de Constantino, Atanásio manteve o caráter essencial e a independência espiritual do cristianismo em suas lutas contra os imperadores e todos os representantes oficiais do mundo teológico.

Como resultado de seus esforços, a crença em Cristo permaneceu, no sentido mais estrito, como a genuína crença em Deus, e manteve-se distinta de todas as teorias pagãs, filosóficas e idealistas. Mas para ele, como Harnack disse (*Lehrbuch d. Dogmengeschichte* II [1909 (4)], 224), a Igreja provavelmente teria caído nas mãos dos filósofos (do tipo eusebiano); seu credo ficaria sem controle ou se tornaria um regulamento imperial governando a adoração da 'divindade radiante'. Atanásio salvou a Igreja de tornar-se uma organização embaraçada com a idéia do progresso cultural e das armadilhas do poder político. Através dele, novamente tornou-se uma instituição de salvação, isto é, uma igreja no sentido estrito da palavra, com a pregação de Cristo como o seu propósito essencial. Não foi por acaso que a Igreja veio a ser considerada como um corpo autônomo, no sentido legal, independência que deve ser preservada em todas as circunstâncias.

Já indicamos que isto também envolveu um novo afastamento da própria igreja. Atanásio foi o primeiro patriarca grego que não se considerava um 'filósofo cristão', mas que, mesmo como um teólogo, permaneceu como bispo. Como tal, ele buscou preencher uma lacuna entre a teologia e a multidão de membros da igreja e sua devoção. De modo diferente de Clemente e Orígenes, não considerava a 'perfeição' espiritual como o assunto de um seleto círculo de gnósticos altamente educados e intelectuais. Dirigiu-se aos celibatários organizados dentro da Igreja, aventurou-se a pregar no idioma copta, e, se por um lado fosse forçado a carregar os lemas do conflito teológico para as multidões, tomaria como seu ponto de partida as suas idéias cruas de santidade e suas crenças em milagres.

Foi bem-sucedido em travar contato com o movimento de renovação religiosa que emergiu no meio do povo egípcio, e assim conseguiu dirigi-lo nos caminhos do aperfeiçoamento e da devoção da igreja cristã. Certamente este não foi o menor de seus serviços históricos. Atanásio descobriu o monasticismo e deu-lhe a forma na qual, daí por diante, permeou a Igreja grega em seus múltiplos desenvolvimentos e ramificações, e também determinou a maneira clerical de vida e os conceitos religiosos fundamentais dos teólogos.

As origens do monasticismo egípcio são mais antigas que Atanásio; elas remontam à segunda metade do terceiro século. O movimento monástico foi o resultado da conversão em grande escala dos moradores das terras planas, que quase não foram tocadas pela civilização grega, e de sua antiga população composta por lenhadores. Estas pessoas se apegaram aos antigos mandamentos ascéticos da Igreja com um novo entusiasmo e tentaram executá-las, incondicionalmente, na profunda solidão do deserto, em vez de fazê-lo dentro das igrejas locais.

A este respeito, o 'Patriarca' Antônio foi apenas uma das muitas figuras representativas da época. Foi Atanásio, que o conheceu pessoalmente, que o fez o 'inventor' e o protótipo do monasticismo eremítico. O livro no qual descreveu sua vida, apresentou a Igreja a um novo fenômeno, e estimulou uma imitação universal. Mesmo na história da conversão de Agostinho, a *Vita Antonii* representa um importante papel, e inúmeras vidas de santos gregos foram moldadas pelo padrão que ela havia estabelecido.

Em seu relato sobre a vida de Antônio, Atanásio ateve-se aos fatos, porém descreveu o monasticismo da maneira como queria vê-lo e promovê-lo. O pequeno livro não foi escrito sem intenções apologéticas e propagandistas. Sem detrimento da sua natureza simples e original, Antônio foi apresentado como a encarnação das virtudes filosóficas que somente são verdadeiramente encontradas nos cristãos, e que somente podem ser adquiridas pelo poder e graça de Cristo. Ao mesmo tempo, ataca os sábios pagãos e hereges arianos e mostra uma profunda e sincera consideração por todos os representantes da herança espiritual.

Os santos estabeleceram o padrão para a igreja ao experimentar e colocar em prática as mais elevadas atitudes em seu zelo ascético: eles são inspirados e tornam-se instrumentos de poderes sobrenaturais. O ideal ascético foi igualmente apresentado às pessoas cultas e incultas como um novo e encantador modo de vida, e ainda permaneceu claramente estabelecido em Cristo e no ensinamento ortodoxo da Igreja. Neste sentido, Atanásio esforçou-se para combinar o monasticismo com a ortodoxia nicena e mesclou-os no profundo sentimento popular e na consciência da Igreja.

Os teólogos que sucederam Atanásio continuaram a ser discípulos de Orígenes, filósofos e gregos. Mas não dissolveram a sólida unidade na qual ele havia unido as reivindicações do dogma, do ascetismo e da Igreja. No quarto século essa unidade tornou-se mundialmente predominante. O próprio Atanásio havia sido, acima de tudo, um dogmático e um hierárquico e, como tal, um político eclesiástico. Mas com ele, e com a sua geração, uma nova era teve início na vida da Igreja grega, na situação interior da teologia e da vida espiritual.

Capítulo 7

Basílio de Cesaréia

Basílio nasceu por volta da época em que Atanásio foi nomeado bispo, possivelmente dez anos antes da morte de Eusébio de Cesaréia. A Igreja na qual Basílio cresceu foi reconhecida e assistida pelo Estado, e todas as correntes políticas, sociais e intelectuais do 'mundo' viriam a ser aceitas nela. A Igreja havia se tornado um fator notável na vida pública. Seus bispos sempre se encontravam em posições destacadas e gozavam de estima pública, riquezas e extensivas esferas de influência. Havia uma forte tendência a um tipo de cristianismo mais cultural e oportunista, embora isto fosse tristemente zombado e criticado por observadores de visão aguçada de dentro e de fora da Igreja. A questão sobre os fundamentos religiosos da Igreja, levantada pela polêmica ariana ainda não havia sido decidida. Muitos membros da Igreja estavam tentando evitar tomar uma decisão, entregando-se a atividades gerais com adornos devocionais.

Por outro lado, a mensagem de Cristo estava ameaçando tornar-se tema de todo tipo de conflito teológico. O governo imperial estava tentando limitar a tensão e polêmica ilimitadas e manter a Igreja unida, por meio de decretos ocasionais, resoluções sinodais e medidas coercivas. Nenhuma consciência estava bastante conciliada a tudo isto, mas a maioria dos bispos buscava de alguma maneira chegar a um acordo com as fórmulas flexíveis que estavam sendo oferecidas, ou silenciosamente fugir da situação difícil. Criaram o hábito de ignorar protestos e mais ou menos abertamente deixaram que a teologia se degenerasse. Em um período de progresso material e cultural visivelmente constatado, a Igreja foi ameaçada com o declínio e a perda de sua consciência. No processo de tentar dominar a situação, a possibilidade de uma ação responsável no futuro estava sendo lenta, mas seguramente bloqueada.

Este é o cenário em que a personalidade e obra de Basílio devem ser vistas. Basílio era essencialmente um ascético e um teólogo. Como tal, abriu caminho para os seus ameaçados contemporâneos. Ele fazia uma forte e consciente oposição à grande maioria de seus colegas episcopais. Como 'jovem niceno', Basílio era seguidor do velho Atanásio; continuou a luta de sua vida em uma outra esfera geográfica e em um outro espírito teológico. Mas embora tenha sido pessoalmente poupado do exílio e de sérios danos, achou muito mais difícil fazer valer seus direitos, visto que Capadócia tinha pouca importância como uma província eclesiástica independente no Egito. Basílio teve também que lutar contra problemas espirituais maiores, porque tinha uma natureza muito mais sensível e era dotado de um caráter muito mais rico, que sentiu mais profundamente as ambigüidades da luta que era tensa, e sofreu mais intensamente que o antigo e inflexível patriarca de Alexandria.

Como homem e teólogo, Basílio não estava enraizado no mundo clerical, e seu caráter não foi moldado pelas lutas da política eclesiástica. O orgulho e a independência eram-lhe inatos desde o princípio. Como cristão, reprimiu deliberadamente estas qualidades, mas a sua autoconfiança era baseada nas lembranças de uma grande família de uma antiga área rural, que estava se expondo naquele momento, e de modo amplo, à vida cristã.

De acordo com uma freqüente e notável citação de Mommsen, a antiga província hitita e depois província persa da Capadócia era "menos grega no princípio da era imperial do que Brandenburgo e Pomerania eram francesas no governo de Frederico, o Grande" (*Röm. Gesch.* V, ch. 8). O cristianismo foi disseminado aqui por Gregório Taumaturgo, o discípulo de Orígenes, e pode, em troca, ter espalhado a influência do helenismo. Ambas as forças, helenismo e cristianismo, foram uma tradição conjunta aceita pela família de Basílio. Seus avós eram cristãos e tiveram que fugir por um tempo durante a última perseguição sob o governo de Maximino. Um tio, e posteriormente dois irmãos, como o próprio Basílio, foram nomeados bispos, e sua irmã Macrina dedicou-se inteiramente à vida ascética. Uma educação mais elevada no espírito helenista era considerada tão verdadeira quanto a cristã, isto é, uma educação niceno-cristã. O pai de Basílio não queria que ele recebesse uma educação 'caolha' (Greg. Naz. *Or.* 43, 12), mas que usufruísse de um treinamento clássico e filosófico completo. Em vista da riqueza da família, derivada de propriedades que estavam espalhadas por três províncias, não havia nenhum obstáculo financeiro.

Basílio iniciou seus estudos em Cesaréia da Capadócia quando tinha por volta de quinze anos de idade, e os continuou em Constantinopla. Passou os períodos decisivos em Atenas, a partir do ano 351 em diante. Gregório Nazianzeno, com quem deu início a uma amizade vitalícia neste período, mais tarde registrou como havia salvado seu companheiro da exploração da qual os calouros eram geralmente sujeitos, e afirmou que, em sua ardente paixão pelo estudo, haviam passado todo seu tempo na sala de aula ou na Igreja.

Devemos levar em consideração, além do desejo de santificação que Gregório enfatiza, sua posição social e um antigo senso de superioridade intelectual. De qualquer maneira, Basílio adquiriu nestes anos uma educação completa. Seus escritos mostram que conservou uma intimidade permanente com Platão, Homero, e com os historiadores e oradores, que certamente influenciaram o seu estilo. Não se sentiu constrangido em seu contato com os pagãos. Ele conheceu o famoso orador Libânio pessoalmente, e correspondeu-se com ele. Basílio nunca se tornou um entusiasta por cultura como Gregório, contudo, como um frade e bispo, mais tarde voltou os olhos de maneira um tanto crítica sobre o 'êxtase inútil' que havia naquele período em Atenas (Greg. Naz. *Or.* 43, 11). Basílio não ignorou os perigos morais da literatura clássica, mas o conselho que deu a seu sobrinho sobre os livros que deveria estudar mostra que ele não estava preparado para renunciar às preciosidades do aprendizado clássico. O importante era selecionar cuidadosamente a leitura. Negou que os escritores pagãos não tivessem nada mais que uma importância puramente propedêutica (isto é, servindo como uma introdução a um estudo mais elevado), mas a sua utilidade não era limitada aos aspectos meramente formais e estéticos; eram também auxílios bem-vindos na educação moral dos cristãos.

Parece que o próprio Basílio hesitou entre a possibilidade de seguir carreira de orador e seus ideais cristãos. Voltou para casa como 'um navio pesadamente carregado de cultura' (Greg. Naz. *Or.* 43, 21). Era procurado em toda parte, e a carreira pública abriu-se para ele. Mas resolutamente fugia. Não queria servir ao 'mundo', e foi batizado a fim de dar início a uma vida puramente ascética, de acordo com o mandamento do Senhor. Não está bem claro como veio a tomar esta decisão. A tradição familiar, a fé zelosa de sua irmã, uma impressão deixada por uma viagem pelos refúgios do Egito, todas estas coisas provavelmente tiveram um papel importante em sua decisão. Basílio provavelmente também havia recebido um estímulo decisivo de um antigo movimento ascético em sua terra natal, e especialmente de um homem a quem admirava grandemente na época e que veio a desprezar mais tarde: Eustátio de Sebaste, na Armênia.

Este pioneiro do ideal monástico também havia atraído muitos seguidores na Capadócia, sendo assim considerado suspeito por alguns dos bispos que estavam pouco inclinados ao ascetismo profundo. Basílio, porém, tornou-se seu discípulo. Muito do que ele ensinou sobre a vida monástica e o ofício da liderança espiritual provavelmente se originou nos ensinos de Eustátio. Os dois homens separaram-se posteriormente por razões dogmáticas. Eustátio se opôs ao Credo de Nicéia e foi, em conseqüência disso, vilipendiado como um 'ariano'; nesta conjuntura, o Credo era mais importante para Basílio do que a antiga amizade e comunhão no serviço dos ideais ascéticos. Ele não queria um cristianismo que ignorasse o dogma.

Para ser entendido, Basílio deve ser estudado primeiramente como um monge. Ele era um ascético, de corpo e alma; o ascetismo severo era o elemento no qual ele viveu e se moveu, e manteve o seu ser espiritual. Era um ascético na medida em que é possível ser, sem entrar em conflito com a Igreja e sua doutrina cristã. Respeitou esses limites por toda a sua vida, porém, na Capadócia isto não era algo sem importância. Basílio nunca voltou sua vida monástica contra a Igreja, nunca acreditou que era impossível que os cristãos casados fossem salvos, como os seguidores de Eustátio vieram a defender. Para ele, mesmo o mais severo ascetismo não era dualisticamente motivado em um sentido marcionista ou maniqueísta.

Neste ponto, Basílio permaneceu como um 'grego'. Sem dúvida, seu raciocínio estava baseado na antítese entre carne e espírito, terra e céu, tempo e eternidade, e o ponto de vista escatológico sempre teve um papel muito vital em seu pensamento teológico. O mundo físico e temporal era, em sua visão, não o mal em si, mas meramente um constante incitamento ao mal. Defendia que a vida é completamente significativa quando baseada no Espírito, em Deus e na sua bendita eternidade. Mas esforçando-se neste objetivo e submetendo-se a um duro treinamento e autodisciplina, o monge não destrói o seu verdadeiro ego humano. Pelo contrário, seu verdadeiro ego é libertado, adornado com asas e elevado além das barreiras limitadoras, podendo entregar-se inteiramente a Deus, ver a Deus, e tornar-se um com Deus.

Este conceito se origina da metafísica neoplatônica e das idéias de Orígenes, o amado mestre de Basílio. Mas Basílio dá uma ênfase maior que a de seus predecessores, com a possível exceção de Clemente, no ponto em que o poder real desta vida liberta não é meramente conhecimento, mas amor, amor não somente no sentido teológico do amor a Deus, mas também amor ao próximo. Para Basílio, a vida monástica é, portanto, uma vida fundamentalmente em comunidade, onde todos podem servir uns aos outros e cada um pode ser ajudado e aperfeiçoado pelos outros, tornando-se assim a verdadeira vida na qual todas as potencialidades humanas estão sublimadas à vida cristã por excelência.

Na verdade, o que aconteceu é que Basílio afastou-se das propriedades que sua família possuía no rio Íris, e onde sua mãe e sua irmã já estavam vivendo há muito tempo em piedoso isolamento. Reuniu companheiros da mesma opinião que aceitaram submeter-se à sua liderança, e estabeleceu mais mosteiros nos quais oferecia instrução e conselho espiritual. A disciplina era rígida, a obediência absoluta, existindo humildade em todas as atividades com propósito espiritual. Em acréscimo à contemplação espiritual, os monges faziam simples trabalhos manuais. Um retorno ao mundo era impossível. Mas o espírito e a atmosfera dessas comunidades não pretendiam ser guiados por regras e regulamentos: os irmãos viviam em liberdade de espírito. A oração é o poder sustentador da vida monástica; as horas fixas de louvor e oração conferem um padrão rítmico. Dava-se a maior importância ao intercâmbio dos irmãos. Em suas reuniões podiam livremente manifestar seus vários desejos, problemas e questões. Podiam ter seus próprios conselheiros espirituais e posteriormente tornaram-se os conselheiros espirituais de outros monges.

A prática regular da confissão monástica se origina, acima de tudo, de Basílio. Esta maneira de viver não excluía o prazer na obra intelectual e o conhecimento teológico. Porém, para a maioria dos irmãos, a atividade central era o estudo da Bíblia, e especialmente os escritos de Paulo e os evangelhos sinóticos. Foi, no entanto, nesta época que Basílio compilou a *Antologia* dos escritos de Orígenes, com a cooperação de seu amigo Gregório.

Como monge, Basílio vivia completamente só. Os poderes pelos quais foi capaz de suportar as tentações sempre presentes, conhecer a verdade de Deus e gozar toda a 'beleza divina' foram aumentados pela amada paz e quietude do mosteiro. A famosa carta (*Ep. 14, ad Greg.*) na qual tentou incentivar Gregório, que ainda estava vivendo a distância, a juntar-se a ele, é um documento surpreendente neste aspecto. A descrição de seu retiro, que lhe oferece uma visão esplêndida no alto do vale, perto da cascata, e que lhe trouxe paz em meio ao puro frescor da natureza, é a primeira descrição profunda de uma paisagem conhecida no mundo ocidental – um antigo idílio que tem algo de misterioso presságio e que o coloca fora de todas as categorias tradicionais.

Qualquer um que seja capaz de gostar da solidão até certo ponto não pode esperar que isto dure para sempre. Basílio era muito mais um homem de ação, ou ao menos de uma responsabilidade moral ativa, para ser capaz de permanecer para sempre impassível neste modo de vida aparentemente agradável. Os cuidados e as obrigações teológicas o fizeram retroceder irresistivelmente a uma vida pública na Igreja. Neste período, a política anti-nicena do imperador havia acabado de atingir seu estágio mais implacável. No ano 360, Basílio acompanhou Eustátio a Constantinopla para negociações acerca de assuntos dogmáticos. O partido Niceno não era tão fraco como parecia, mas faltou-lhe coragem para declarar-se abertamente. Dois anos mais tarde, Basílio recebeu a confissão de arrependimento de seu próprio bispo, que havia traído o Credo de Nicéia mas o chamou ao seu leito de morte.

O novo bispo Eusébio de Cesaréia (na Capadócia, não na Palestina, onde o famoso Eusébio havia sido bispo) foi bem-sucedido na tarefa de induzir Basílio ao serviço da Igreja em tempo integral. No ano 364 ele foi ordenado presbítero. O orgulhoso nobre rural provavelmente não foi um subalterno tranqüilo; talvez seu zelo ascético também o fizesse suspeito. Logo surgiram tensões entre o presbítero e seu bispo; como resultado, Basílio, que não tinha nenhum desejo de fomentar discussões dentro da Igreja, de repente decidiu retornar ao seu retiro.

Esta interrupção, porém, não durou muito tempo. O próprio Eusébio procurou a reconciliação, e Basílio não hesitou em chegar a um acordo com ele. A Igreja precisava de seu trabalho. Ele rapidamente passou a desempenhar o papel de coadjutor de seu bispo, e como tal, sua tarefa era administrar uma grande diocese. Não evitou os detalhes irritantes e as batalhas de guerrilhas do cotidiano na Igreja. Como sempre, em toda parte havia falta de clérigos realmente úteis, pregadores conscienciosos e legisladores altruístas. Em meio à absoluta preguiça, a Igreja havia com freqüência indicado homens bastante inadequados para cargos de responsabilidade. Cultos foram comprados e ocorreram casos de suborno; houve clérigos casados que se recusaram a abandonar suas esposas, e, além de todos os conflitos dogmáticos, havia as habituais brigas de partidos, calúnias e mexericos.

Basílio tomou uma forte atitude onde a questão era reforçar os regulamentos eclesiásticos negligenciados até este ponto. Porém sempre procurava atribuir razões inteligíveis às suas medidas. Discutia-as com seus bispos, e, se houvesse qualquer reclamação, estava sempre disposto a arcar pessoalmente com a culpa. Uma natureza generosa, com uma dignidade inata, não tinha dificuldade em atingir um verdadeiro equilíbrio entre as exigências que seu ofício lhe trazia, e a humildade pessoal que precisava manter como cristão e asceta. Basílio tornou-se o primeiro grande representante do ideal monástico do sacerdote e bispo, a quem a geração seguinte fez referência por várias vezes.

Logo tornou-se popular entre as pessoas de Cesaréia. Criou, sem dúvida em grande parte com seus próprios recursos, um complexo de instituições de obras sociais caridosas. Lá surgiu uma completa 'nova cidade' (Greg. Naz. *Or.* 43, 63) de amor prestativo e cuidado social agrupados nas proximidades da Igreja e do mosteiro, consistindo de albergues, asilo de pobres e hospitais para doenças infecciosas, e o próprio bispo morou lá. A fundação era imitada e muito admirada, mas também criticada. Era considerada como uma ameaça para a independência da administração do Estado, uma objeção que o próprio Basílio recusou-se a aceitar. A antiga atividade cristã de obras de amor estava adquirindo novas dimensões 'medievais' na Igreja imperial; o espírito que inspirou estas obras de caridade era mais monástico do que político e hierárquico. Não era intenção da Igreja que os leigos caíssem novamente na passividade. Os sermões de Basílio estavam repletos de exortações e exemplos práticos, estimulando os atos de amor cristão e a prática da virtude. Especialmente durante a grande fome do ano 368, ele provou sua índole em sermões impressionantes contra os aproveitadores e os ricos indiferentes. Ele mesmo organizou refeições gratuitas para as pessoas que também estavam acessíveis, para imigrantes estrangeiros, pagãos, e até mesmo para os infiéis filhos de Israel.

Seria errado, no entanto, julgar Basílio em primeiro lugar como um homem de ação eclesiástica e um administrador. Em meio aos seus assuntos e, acima de tudo, em sua pregação, sempre era ao mesmo tempo pastor e teólogo. Basílio é considerado como o iniciador do sermão formal em grego. Deliberadamente moldou o discurso religioso em regras de retórica, estabelecendo desta forma um precedente. Este esplendor de oratória, cuidadosamente cultivada, com sua ostentação artificial e floreada, é algo bastante estranho para nós hoje. O que é muito mais fascinante em Basílio é a vigorosa sensatez, a precisão e a simplicidade de suas idéias básicas, o que distingue seus sermões. Quase todos eles são baseados em textos bíblicos. O sermão moral predomina, mas mesmo os sermões teológicos não são puramente teóricos e 'dogmáticos', no mau sentido da palavra. Refletem os conflitos dogmáticos reais da Igreja na sua época, em relação aos quais Basílio teve que se posicionar, e na qual logo alcançou uma posição de autoridade.

No ano 370, foi nomeado arcebispo de Cesaréia, e, daquele momento em diante, toda a responsabilidade e preocupação da confusa situação na Igreja repousou, acima de tudo, sobre ele. Nesta conjuntura não havia algo como uma frente nicena unida. O próprio Basílio usou uma alegoria de duas esquadras de guerra que foram arrastadas pela tempestade, de maneira que é impossível distinguir o amigo do inimigo. Foi somente através de sua influência que a Capadócia lentamente se tornou algo como um baluarte da Igreja ortodoxa, embora o conflito ainda enfurecesse todos à sua volta.

A política eclesiástica do governo ainda estava se dirigindo para outra direção, e em toda parte colocaram obstáculos no caminho de Basílio, que recebia instruções para que cooperasse com as autoridades políticas. A divisão da província da Capadócia, ação que pretendia diminuir a influência eclesiástica de Cesaréia, deve também ser mencionada. Basílio recusou-se a ser intimidado. Viajou pessoalmente de lugar em lugar, tentando amarrar a situação da forma mais adequada, estabelecendo novas dioceses e conduzindo uma incansável correspondência em todas as direções. A tensão atingiu seu clímax quando o imperador Valêncio fez uma visita pessoal a Cesaréia. Esperava-se que Basílio se entregasse ou que fosse para o exílio. Não tomou nenhuma destas duas atitudes. Parece que a calma determinação com que resistiu aos autocratas persuadiu o imperador a se mover cautelosamente e evitar um conflito. Durante todo esse tempo, a ortodoxia nicena estava ganhando terreno na Capadócia.

O sucesso que Basílio alcançou deve ser considerado como o mais alto, visto que, para começar, sua posição não era nada segura. Diferentemente de Atanásio, não possuía um grupo de seguidores cegamente devotados e prontos a acompanhá-lo em qualquer ocasião. Talvez não quisesse aquele tipo de apoio. Seus triunfos eram primariamente fruto do genuíno trabalho eclesiástico e teológico que executou juntamente com seus companheiros, edificando sobre o alicerce da antiga tradição niceno-origenista do país.

Basílio percebeu que o conflito com os arianos era devido a um conflito elementar de crenças. Cristo não pode ser uma criatura, se ele vai tornar acessível a salvação do Criador. Ele realmente era o Filho de Deus desde a eternidade, e Deus por natureza, que desceu à nossa pobre humanidade para redimir a raça humana perdida do poder da morte e do Diabo, e para restaurar a liberdade na qual a nova vida cristã, glorificada pela graça, está baseada. Basílio era um teólogo trinitariano totalmente convicto e via na doutrina da Trindade a própria essência da religião cristã. Começou, portanto, com um esclarecimento sistemático das relações que existem dentro da Divindade. Indo além de Atanásio, sublinhou a Trindade da 'hipóstase', as peculiaridades diferenciadoras que não destróem a unidade e a perfeição da Vida divina. Também meditou sobre sua relação mútua. Tais reflexões nunca se tornaram um fim em si mesmas; não eram dirigidas à morte. Deve haver sempre um significado que pode, no mínimo, ser visto por trás de afirmações dogmáticas, e acima de tudo, estas devem ser baseadas nas Escrituras.

Apesar da pressão de seus companheiros e inimigos, Basílio recusou-se a fazer declarações mais precisas sobre a pessoa do Espírito Santo, que consistiriam em meras palavras. É verdade que para ele, como para Orígenes, o Espírito Santo inquestionavelmente tem seu lugar ao lado do Pai e do Filho. Na escala da existência, afirmar que não pode haver nada entre a Divindade incriada e a criatura é uma conclusão precipitada, à qual Basílio repetidamente prestou atenção. Todavia, evitou tanto quanto possível descrever claramente o Espírito como 'Deus', e foi bastante omisso sobre a posição peculiar do Espírito na Trindade. Pelo contrário, 'confessa sem medo' que a melhor coisa e também o menos 'perigoso' é admitir francamente a sua ignorância (*Contra Sab. et Ar.* 24, 6).

Várias vezes encontramos tais admoestações em Basílio. Não há a mínima ingenuidade nesta cuidadosa limitação à 'simplicidade de uma fé sólida'. Basílio percebe que o hábito da controvérsia levou a Igreja à beira do abismo e da dissolução. Deseja evitar adicionar qualquer novo combustível ao fogo da infinita discussão; deseja preferivelmente estabelecer limites ao escolasticismo acadêmico e conduzir os fiéis à serenidade espiritual e ao louvor adorador dos mistérios de Deus. Na sua visão, este era o propósito real de toda a teologia. Onde a Bíblia se cala, os teólogos também deveriam se calar, e não perturbar as pessoas, preocupando-se com ninharias. O homem conhece a Deus guardando seus mandamentos, conhecendo o Bom Pastor que deu a sua vida pelas ovelhas, 'não fazendo perguntas sobre as coisas sobrenaturais, e não ponderando sobre as coisas que não podem ser vistas' (*Hom. in Mam. Mart.* 4). Estes são motivos inconfundivelmente monásticos, apontados pelas amargas experiências de uma longa luta eclesiástica. Mas Basílio não tinha o desejo de fugir totalmente da teologia e acabou com um mero *praxis pietatis*. Ele queria estabelecer os fundamentos para um tipo frutífero de teologia que aproximaria todos os teólogos sérios e verdadeiros.

Até este ponto, a sua reserva no que tange às questões doutrinárias tinha uma importância para a política da Igreja. Isto fica especialmente claro em relação à doutrina do Espírito Santo. Basílio fez os maiores esforços para vencer os chamados pneumatólogos, que recorreram a Nicéia e se recusaram a aceitar a divindade do Espírito Santo, que não havia sido ali expressamente formulada. Também tentou entrar em discussão com os representantes do chamado Partido Central e com muitos individualistas doutrinários.

Seus esforços não foram sem sucesso, mas não é surpresa que a liberalidade de uma postura de importância tanto teológica como eclesiástica não tenha tornado a situação mais fácil para um membro da Igreja que tivesse que manter a sua posição em meio a uma guerra partidária. Sua falta de princípio, ou seu orgulho espiritual, foi comentado em todos os lugares, embora por várias vezes tenha tentado refutar as críticas, sempre oferecendo-se para participar de conversações e discussões. Um fator altamente importante foi o apoio que Atanásio deu a Basílio. Apesar de algumas diferenças teológicas, havia discernido a notável importância deste companheiro de armas, reconhecendo-o durante toda a sua vida.

Basílio percebeu desde o início que os problemas dogmáticos da Igreja não poderiam ser resolvidos em bases particulares. É verdade que teria sido relativamente fácil para ele permanecer em seu próprio círculo capadócio, onde sua autoridade era, de qualquer maneira, incontestável. Mas teria considerado este fato como uma traição da causa comum de todos os cristãos. Basílio solicitou um ponto de vista 'ecumênico' de todos os bispos. De modo contrário às aparências, há uma unidade, uma voz única dos verdadeiros crentes ao redor do mundo. O importante é estar seriamente preocupado a respeito 'da fraternidade que existe em todo lugar' (*Ep. 133 ad Petr. Alex.*), que coloca seus membros em contato uns com os outros e, deste modo, torna a unidade visível e eficaz. Foi a esta finalidade que a intensa e crescente correspondência de Basílio serviu. 'Pergunte aos pisídios, aos licaônios, e aos isaurianos, aos habitantes de ambas as partes da Frígia, aos armênios, tão longe quanto estejam seus vizinhos, aos macedônios, gregos, ilirianos, gauleses, espanhóis, aos de toda a Itália, aos sicilianos, africanos, à parte central do Egito e ao que restou da Síria [ortodoxa]; a todos os que enviam-me cartas, e que também recebem minhas respostas': isto foi o que Basílio escreveu certa vez para Ponto (*Ep. 204, 7 ad Neocaes.*).

À parte dos antigos baluartes da ortodoxia, Roma e Alexandria, surgiu um novo centro no qual, como logo iria ficar claro, uma linha independente seria seguida. Todos os esforços de Basílio estavam baseados na pressuposição de que o importante era aplicar o peso do Ocidente niceno em favor de uma correspondente reforma da Igreja oriental, embora preservando tanto quanto possível a compreensão teológica e o caráter deste último. Basílio superou o orgulho inato dos gregos e voltou-se para os seus colegas ocidentais, pedindo ajuda, implorando sua 'solidariedade'. Voltou-se, acima de tudo, para o mais importante deles, o bispo Damásio, de Roma.

Havia dificuldades especiais que precisavam ser superadas em Antioquia, e foi aqui que Basílio esperou que o bispo de Roma interviesse em primeira instância. A grande maioria dos habitantes ortodoxos de Antioquia reconheceu o bispo Melétio como seu bispo. Após algumas dúvidas iniciais, este havia se posicionado claramente ao lado do Credo de Nicéia. Infelizmente, porém, um pequeno grupo de antigos veteranos irreconciliáveis havia defendido uma adesão mais severa ao Credo de Nicéia. A oposição entre os nicenos antigos e jovens, à qual Atanásio havia sobrepujado, tinha surgido novamente na capital do cristianismo sírio. Esta tornou-se mais intensa e ameaçou arruinar todo o trabalho de unificação.

Basílio imediatamente apoiou Melétio. Ele sabia muito bem que o Ocidente, que achava ser quase impossível compreender as distinções mais sutis que causaram estes conflitos dogmáticos, inclinava-se para o partido de oposição e teria preferido falar bem francamente de uma hipóstase divina. Mas ele sustentou a opinião de que, agora que a paz teológica entre os dois campos ortodoxos havia sido declarada, era possível contar com a compreensão de Roma e ganhar o apoio de Damásio para o único método viável de se chegar a um acordo. Estava enganado. Damásio, que tem sido chamado de o 'primeiro Papa' e que quase tinha a aparência exterior de um príncipe, estava apenas moderadamente interessado nos problemas teológicos; para ele, a unificação da Igreja significava, em uma frase, o favorecimento dos partidários de Roma e a garantia da sujeição à autoridade papal. No entanto, logo de início, as negociações foram inconclusas. Basílio deu vazão ao seu sentimento em relação a esta maneira de cuidar da Igreja, por meio destas palavras amargas: 'Lembro-me das palavras de Diomedes (Il. IX, 698 f.): É inútil implorar, pois o homem é presunçoso' (*Ep. 215 ad Euseb. Sam.*). Em outro aspecto, também, Basílio foi levado à beira da amargura e do desprezo em sua luta contra o mal crônico do espírito sectarista. Porém não reduziu os seus esforços, e gradualmente ganhou terreno.

Basílio não iria atingir o objetivo de seus esforços. Desgastou-se antes do tempo. Doente, sofrendo de uma enfermidade no fígado, como tantos ascéticos, morreu com cerca de cinqüenta anos de idade, no ano 379. Dois anos mais tarde, realizou-se em Constantinopla, sob a presidência de Melétio, o chamado segundo Conselho Ecumênico, que o imperador Teodósio usou para reconhecer a Igreja oriental de acordo com os escritos do Credo de Nicéia. Atanásio e Basílio já haviam apresentado os fundamentos eclesiásticos e teológicos. Teodósio, o ocidental, havia também, no início, baseado sua política no 'eixo' Roma-Alexandria, mas rapidamente mudou de idéia. Como Basílio havia desejado, os portões da renovação da Igreja imperial foram agora abertos para todos aqueles que aceitaram o Credo de Nicéia, e os protestos dos inflexíveis antigos nicenos do Oriente e do Ocidente foram ignorados. Mas esta foi uma decisão que ocorreu por razões puramente práticas. No momento crítico, a política eclesiástica revelou-se muito mais forte do que a teologia. Se Basílio ainda estivesse vivo, os fatos teriam provavelmente tomado um rumo diferente e mais feliz. A era do epígono estava raiando.

A verdadeira grandeza de Basílio somente torna-se aparente quando ele é estudado no contexto dos conflitos de sua época e quando seu papel é corretamente compreendido. Como um político eclesiástico, Basílio não mostrou a força inabalável de Atanásio; como teólogo, não possuiu a harmonia e a universalidade de seu irmão mais jovem, Gregório de Nissa; como um monge, não possuiu o sutil refinamento de alguns dos místicos posteriores. Mas estes fatos não devem ser interpretados como sinais de incapacidade natural ou de fraqueza em seu caráter. Pelo contrário, foi a sua dedicação às necessidades do momento, e a necessidade de se adaptar às dificuldades de sua situação, que constantemente o compeliram a variar suas táticas; e para ele tornou-se impossível desenvolver seus ricos talentos em paz ou seguir a tendência de seu espírito como desejava. Achava muito difícil o seu trabalho como político eclesiástico, porque não apenas era mais sábio e mais previdente, mas também mais profundo e mais honesto que a maioria de seus colegas. É graças a ele, em primeiro lugar, que a Igreja estatal dos nicenos, construída tão rapidamente, não somente comemorou vitórias tranqüilas, mas conservou uma vida teológica real e a liberdade intelectual. Enquanto outros nunca foram além da teologia de suas escolas, nunca vislumbraram além dos interesses de seus partidos e das considerações puramente materiais, Basílio sempre teve em vista a vida da Igreja como um todo. Sofria com a mentalidade estreita e a falta de discernimento espiritual de seus colegas bispos, muito mais do que aqueles que eram excessivamente espirituais, demasiadamente sensíveis e muito complacentes para entrar em rixas pessoais. E Basílio percebia, além das preocupações e dos problemas do momento, profundas mudanças que teriam de ser aceitas. Percebeu que era impossível voltar no tempo.

Do ponto de vista histórico, talvez este seja o aspecto mais interessante de seu caráter. Basílio percebeu o abismo que havia surgido entre as intenções, os desejos do presente e o espírito original do cristianismo. Por várias vezes compara os pecados atuais com os que a Igreja já havia cometido no passado. O anseio por um cristianismo original ideal correspondia em sua teologia ao anseio pela perfeição eterna. Foi por isto que Basílio tornou-se um monge. A comunidade monástica reviveu para ele, dentro de uma esfera rigorosamente limitada, a vida da Igreja Primitiva, e sua intenção era que a vida monástica influenciasse toda a Igreja nesta direção. A idéia era que, na vida monástica, os dons espirituais, o primeiro amor e a dedicação intensa aos relacionamentos mútuos florescessem mais uma vez. Este era o propósito que estava por trás da chamada 'Regra' que ele formulou.

O ascetismo monástico era considerado como o caminho para o radicalismo e para a santidade da Igreja Primitiva. E Basílio também esperava que este conduzisse ao reavivamento da teologia. As intermináveis discussões e disputas dogmáticas não estavam mais preocupadas, a seu modo de ver, com a essência ou com os problemas básicos da fé cristã. Era necessário a tentativa de novamente voltar às origens, aos valores eternos, sobrepujar a dissensão e os erros dos hereges internos. O biblicismo enfático que Basílio retratou por repetidas vezes estava enraizado em sua convicção. Foi uma confissão de fé na antiga tradição eclesiástica.

Ambos os fatores, a Bíblia e a tradição, já haviam desempenhado um papel importante na Igreja no segundo século. Eles tinham uma relação muito próxima a Orígenes. Mas enquanto ele via a incumbência como um avanço para longe da tradição, Basílio preferiu se voltar a Irineu. Basílio defendeu o isolamento ao invés de uma maior expansão. Foi somente a mania que os hereges tinham pela inovação que tornou necessário o envolvimento cada vez maior das fórmulas complicadas. Em seu vão ciúme, os teólogos profissionais colocaram suas 'armadilhas', não por amor à verdade, mas pelo mero amor ao argumento (*De Spir. S.* 1). 'Nós nos recusamos a aceitar uma nova fé, que nos é recomendada por outros; mas não somos suficientemente corajosos para transmitir os produtos de nosso próprio pensamento, e transformar a palavra da religião em palavras humanas. Assim como fomos ensinados pelos santos patriarcas, assim o proclamamos àqueles que nos indagam' (*Ep. 140, 2 ad Eccl. Ant.*). O dogma e a tradição assumem novamente um propósito decididamente defensivo, como um escudo e salvaguarda. Basílio aconselha infatigavelmente que todos os cristãos mantenham-se no Credo de Nicéia, e não sejam atraídos para longe dele por nenhuma questão sutil e capciosa.

Karl Holl fala a este respeito, de um perceptível 'envelhecimento do helenismo'. A expressão não parece bem adequada. Não era o helenismo que havia envelhecido ou se tornado cansativo, ao menos não na pessoa de Basílio, mas o fardo da situação eclesiástica e os avanços na teologia, que haviam começado a ficar pesados quanto à liberdade de pesquisa e estavam forçando os teólogos a consolidar e conter suas energias, ao invés de fazer novos avanços. O que parecia agora preeminentemente necessário era a manutenção da estabilidade do dogma, um claro compromisso com a Bíblia e com as tradições oficiais.

Fica claro que, no quarto século, esta antiga necessidade tinha um significado diferente do que tinha na época de Justino ou Clemente, de Orígenes ou mesmo de Eusébio de Cesaréia. Até este ponto há um sentimento do que é verdadeiro ao se dizer que a Igreja grega havia envelhecido, porque as suas tradições teológicas haviam envelhecido e sentia-se que uma época na história da Igreja estava chegando ao fim. Basílio sentiu a gravidade da situação, em meio aos perigos quase desesperadores da época; pensou, acima de tudo, na necessidade de concentrar todos os esforços disponíveis contra os hereges e restaurar a paz na Igreja, o que poderia levar novamente a uma vida espiritual verdadeira. Não estava preocupado com o destino da teologia no futuro, porque estava verdadeiramente absorvido pela vida atual e sentia um forte senso de responsabilidade para dar tudo o que pudesse de sua própria vitalidade espiritual.

No ano 368, Basílio escreveu uma nota obituária sobre o bispo Musônio, de Nova Cesaréia, na qual ele pinta, em nobre elocução e com vivacidade retórica, o quadro de um bispo líder a quem ele veio a assemelhar-se grandemente. 'Há', ele pergunta (*Ep. 28, 1 ad Eccl. Neocaes.*), 'na vida deste homem qualquer característica que deva ser esquecida ou ocultada silenciosamente? Não posso mencionar tudo de uma vez e ainda assim temo não fazer justiça à verdade apresentando um relato fragmentado. Um homem nos deixou, o qual superou a todos os seus contemporâneos em capacidade humana; foi o sustento de sua terra natal, o adorno de suas igrejas, um pilar e um baluarte da verdade, um firme apoio da fé cristã, um leal ajudador de seus amigos, uma força de resistência invencível para seus inimigos, um mantenedor dos estatutos dos pais, e um inimigo de toda inovação. Incorporou em sua própria pessoa o antigo padrão da Igreja; moldou a vida da Igreja nele de acordo com o protótipo sagrado original. Aqueles que tiveram o privilégio de conviver com ele poderiam pensar que conviveram com um homem que iluminou o mundo como estrelas há duzentos e poucos anos'.

Capítulo 8

Gregório Nazianzeno

Os estudiosos tradicionalmente combinam no trio dos "grandes capadócios", Basílio, seu irmão mais novo, Gregório de Nissa, e seu companheiro ligeiramente mais velho, Gregório Nazianzeno. Mas Basílio era a figura de destaque, o líder e guia dos seus companheiros e colaboradores. Gregório Nazianzeno tornou-se seu seguidor e buscou sua ajuda; também o considerava seu mestre teológico. Com grande intensidade, começou a estudar a nova piedade ascética para a qual Basílio recrutou partidários, e estava igualmente ansioso para vê-la influenciando a Igreja.

Gregório não era, porém, uma personalidade dominante e estava constantemente sendo frustrado pelas duras e rotineiras realidades que ignorou em seu raciocínio. Era um orador, um homem de letras e um tanto poeta; possuía uma natureza lírica que estava sempre dependente da companhia e resposta de outras pessoas, uma daquelas personalidades que não podem viver sem simpatia e admiração. Foi isto que o impeliu para a vida pública na igreja, o que constituía para ele, por sua educação e convicção, a totalidade de seu mundo.

Mas os momentos de tribulação não permitiram que desenvolvesse seus talentos em paz e constantemente o envolviam; um homem que era forte somente com as palavras, assumiu tarefas para as quais não estava capacitado e teve que desistir. O desapontamento e a derrota, a retirada e a fuga das obrigações que ele havia se incumbido, significaram sempre o fim de suas atividades públicas; para compensar todas as suas tribulações e dores, ele canta os louvores da vida solitária, da vida da contemplação monástica "filosófica", da riqueza e da tranqüilidade em Deus, com grande entusiasmo. Devido à sua natureza intranqüila, a oratória de Gregório tornou impossível que ele ficasse continuamente calado, o que tornou a situação ainda mais dolorosa; toda a sua amargura, vaidade e mau humor pessoais encontraram expressão numa série de intermináveis efusões e reflexões habilidosamente trabalhadas.

Não havia nada de heróico acerca de Gregório. Para ser justo com ele, deve-se estudá-lo como ele era em sua vida particular. Percebe-se aí, apesar de tudo, uma pureza de intenção, uma delicadeza de sentimento moral e, com toda sua introspecção, uma sensibilidade genuína que permaneceu capaz de compaixão e de uma devoção religiosa profunda até o final. A natureza de Gregório era extrovertida e declamatória, mas ele não era frívolo e conhecia tão bem quanto Basílio, e talvez melhor ainda, o significado da vida espiritual.

Ele estava em casa, no mesmo ambiente intelectual e social de Basílio e de muitos de seus companheiros. Pertencia à mesma rica nobreza da Capadócia que deu ao campo seus bispos e, para este povo antigo, um ímpeto repentino e surpreendente, levando-os a ter contato com a fé cristã e a cultura grega. Gregório também cresceu dentro de uma tradição cristã. Seu pai, Gregório, foi originariamente adepto de uma seita pagã-judaica híbrida que cria na adoração sem imagem do Deus "supremo"; mas sua mãe era uma cristã zelosa que conseguiu a conversão de seu marido.

Foi nomeado bispo da cidade rural de Nazianzo. Gregório não nasceu longe dali, em uma das propriedades rurais de seus pais em Arianzo, em 329-30. Foi o filho ardentemente desejado de um casamento que por muito tempo ficou sem filhos. Ele foi, como registra em sua obra, "oferecido" e dedicado "ao Senhor" (*Or.* I, 77) por sua mãe, desde que nascera. A educação religiosa intensa que ele recebeu caiu em solo fértil. Gregório nunca perseguiu seriamente os ideais "mundanos". Queria viver exclusivamente para o Salvador que o havia redimido, e achou a Palavra de Deus "mais doce que o mel". Mas o "mundo" no qual ele cresceu não era mais um mundo pagão. Com um apetite voraz, a juventude talentosa devorou todas as coisas boas da cultura que lhe foram oferecidas nas escolas de Cesaréia da Palestina, em Alexandria, e sobretudo em Atenas.

Em Atenas conheceu e viveu em uma fraternidade próxima e "santa" com Basílio, que chegou ali um pouco mais tarde. Naquela época, Gregório ainda considerava-se o mais velho e superior dos dois. Conduziu o seu compatriota mais jovem sob suas asas, apresentou-o à vida acadêmica e tentou protegê-lo das tentações de seu ambiente. Interiormente, porém, desistiu dos prazeres intelectuais do estudo com um abandono maior do que o seu tranqüilo e jovem companheiro. Para Gregório, a cultura intelectual, a poesia, a conversação e a arte eram a própria vida, contanto que as seivas venenosas do paganismo fossem removidas dos conteúdos morais e estéticos da literatura clássica e que alguém fosse preparado para oferecer a Cristo toda a luz e ajuda obtida nesse processo. "A sabedoria do Espírito Santo que vem do alto e que se origina de Deus deve ser justamente a senhora de todos os tipos mais baixos de cultura" (*Carm. II, 2, 8 ad Seleucum*, 245 ff. Este poema atribuído a Gregório foi provavelmente escrito por seu primo mais novo, Anfilóquio de Icônio; mas expressa o seu pensamento).

A expressão "cultura mais baixa", usada neste poema, foi empregada integralmente no sentido tradicional da palavra. Gregório assumiu os ideais culturais da antigüidade recente, com suas técnicas retóricas formalizadas e inúmeras trivialidades morais e filosóficas. Mas também apropriou-se dos textos clássicos, sobretudo da poesia de Homero e dos trágicos, com um entusiasmo intenso e com a confiança de um orador nato, para quem é um prazer reviver as formas antigas e aplicá-las em centenas de maneiras diferentes.

O conhecimento literário de Gregório era extraordinariamente vasto e rico. Ele também teve um treinamento filosófico, mas isto não o transformou em um pensador e erudito independente. Tornou-o um orador. Seus inúmeros discursos e pronunciamentos religiosos não eram sermões sobre textos bíblicos, mas obras de arte oratórias que consistiam em palestras, encômios e memoriais oficiais, discursos fúnebres e discursos proferidos em todos os tipos de ocasiões eclesiásticas e pessoais. Pode ser claramente apresentado como tendo levado em consideração as regras da oratória pela maneira como construiu seus discursos e desenvolveu os seus temas. Usou em abundância os métodos "asiáticos" de estilo, comparações e antíteses, consonância e ritmos paralelos, na maioria das sentenças curtas, mostrando toda a habilidade de um virtuose na oratória. É difícil apreciarmos hoje estes discursos, na época muito admirados. Mas eles são totalmente característicos do estilo de Gregório. Eles nos surpreendem com seu egocentrismo constante e quase infantil. Ao lado da descrição desinibida do próprio caráter, opiniões e sentimentos do autor há muito auto-elogio, mas também auto-acusação, e uma extensa reflexão moralista e psicológica. No entanto, tinham a finalidade de ser obras espirituais e devocionais: Constantemente apresentam referências a exemplos, palavras e imagens bíblicas e tudo é apresentado à luz da eternidade. São freqüentemente encerrados com uma adoração devota da Santa Trindade.

Não se torna necessário dizer que Gregório também atacou a heresia ariana em seus discursos. Declarou que a doutrina de Deus – isto é, a confissão ortodoxa da Trindade – era o centro da fé cristã e de toda a verdadeira religião. Em fórmulas suaves, lindamente balanceadas, ele decididamente professou sua fé na unidade essencial das três pessoas divinas. "A divindade é adorada na Trindade e a Trindade constitui uma unidade. É adorada como um todo e tem poder majestoso, compartilhando um único trono e uma única glória, sobrenatural, atemporal, incriada, invisível, intocável e incompreensível, conhecida somente por si mesma no que se refere a sua estrutura interna, mas merecedora de nossa reverência e adoração" (*Or.* VI, 22). "Restringir a Trindade, ainda que um pouco, é equivalente a destruí-la completamente, como se alguém fizesse um ataque total à doutrina de Deus e com a cabeça exposta" (*Or.* VI, 11).

Gregório enfatiza bem mais a pessoa divina do Espírito Santo do que Basílio, que hesitou em se comprometer. Para Gregório, com seu treinamento fundamentado em Orígenes, o mundo espiritual e do espírito é o reino fundamental da religião. O Espírito Santo de Deus deve libertar nosso espírito dos grilhões terrenos, e o objetivo final da vida cristã é ser transformada pela natureza divina.

Ninguém foi mais atacado e condenado por Gregório com tanta fúria e amargura pessoal quanto o imperador Júlio, o apóstata. Por ódio a ele, Gregório descreveu seu inimigo, o imperador "ariano" Constâncio, quase como um modelo de piedade e virtude. Júlio havia ordenado que os clássicos não fossem ensinados aos cristãos. Ele foi o pior tipo de tirano, porque queria "obstruir nossa educação"; foi um odioso precursor da insensatez, porque esperava triunfar com armas desiguais na luta pela verdade (*Or.* IV, 6). Os interesses pessoais de Gregório foram atingidos. Para ele, o que chamou de educação "ática" era uma necessidade vital e um elemento sumamente importante, e quanto mais falhava em atingir o equilíbrio entre o ático e os ideais cristãos em um nível mais profundo, mais violentamente protestava quando os valores clássicos eram usados contra a fé cristã.

Em sua opinião, a vitória e a superioridade da Igreja seriam melhor apresentadas em sua completa adoção das tradições da cultura clássica. Se Gregório às vezes age como se realmente não se importasse tanto com a sabedoria pagã, tudo indica que se tratava de um ligeiro senso de incerteza. Tais observações não precisam ser levadas mais a sério do que a declaração retórica, igualmente comum e típica, de que seu único desejo é falar franca e objetivamente, deixando de lado todo o brilho superficial da eloqüência artificial. Na verdade, ele ainda considerava a retórica como uma "arma da virtude" nas mãos de um homem honesto (*Or.* IV, 30).

Logo após Basílio ter partido de Atenas, para novamente dedicar-se por um curto período à vida secular, Gregório decidiu dedicar-se inteiramente à devoção "teórica" e à "filosofia" dos monges: ele decidiu entrar para um silencioso retiro. Não se conhece as datas exatas. Mais tarde observaria que esta decisão poderia ser difícil de entender, mas qualquer um que já houvesse sentido este desejo o entenderia. Parecia-lhe no momento algo incomparavelmente maravilhoso "manter uma conversa somente consigo mesmo e com Deus", e "viver uma vida além dos limites das coisas que se vêem". Ele sempre quis preservar "estas inspirações divinas imaculadas das impressões e ilusões do mundo, e ser e constantemente tornar-se um espelho de Deus e das realidades divinas verdadeiramente impolutas". Ele queria "acrescentar luz à sua luz e receber brilho para substituir a penumbra, já gozando da esperança das bênçãos do mundo por vir; para se relacionar com os anjos e, enquanto reside temporariamente na terra, ser tomado dela e ser arrebatado ao céu pelo Espírito" (*Or.* II, 7).

No entanto, parece que Gregório não foi capaz de levar suas intenções a cabo. Seus pais queriam tê-lo com eles em Nazianzo, e ele foi incapaz de deixá-los. Foi batizado e, por fim, a pedido da Igreja, consagrado presbítero por seu próprio pai. Deve naturalmente ter consentido de uma maneira ou de outra; todas as suas reclamações sobre ter sido forçado a isso e sobre a "tirania" de seu pai não podem alterar o fato (*Carm. I, 1, 11 de vita sua 345*). Porém, mal havia sido ordenado, quando deixou a igreja em protesto e retirou-se para Íris com Basílio, para restabelecer-se em isolamento e ser inspirado por seu companheiro com nova confiança e coragem. Depois, ele voltou e explicou as razões de seu comportamento em três pomposos discursos. Declarou ter superado a sua "covardia e fraqueza" (*Or.* I, 2). Fundamentalmente, estes traços eram o resultado de uma avaliação exagerada do ofício eclesiástico, do qual os piedosos eram com freqüência os primeiros a se esquivar (*Or.* II).

Ele havia retornado, mas a congregação que o havia retirado de seu amado retiro não havia, infelizmente, retribuído ao seu amor sacrificial com o amor que era esperado, tendo desse modo magoado-o profundamente (*Or.* III, 1-5). É quase impossível descobrir nestes longos discursos e sentimentos particulares dilatados o que ele realmente queria dizer e o que havia por trás da abundância de palavras.

Não demorou muito para que os conflitos dogmáticos começassem a golpear Nazianzo. O próprio pai de Gregório havia negado o Credo de Nicéia assinando a fórmula da "paz" apresentada diante dele. Isto levou a distúrbios na Igreja, em que os monges tiveram participação como líderes. Mas Gregório foi bem-sucedido ao induzir seu pai a fazer uma nova declaração ortodoxa e a restabelecer as boas relações. Ele também comemorou este acontecimento com um grande discurso.

No geral, Gregório não tinha simpatia por discussões dogmáticas, especialmente quando elas corrompiam pessoas fora do círculo de teólogos versados. Ele se esforçou para apaziguar a Igreja, ao invés de incitá-la. Percebeu que há limites para o desejo de paz nos assuntos da Igreja, mas não acreditava em tomar uma atitude por mera desconfiança. "A paciência é melhor do que a precipitação" (*Or.* VI, 20), e deve-se ter em mente aqueles membros da Igreja cuja fé ainda não está forte. A Igreja deve expressar sua ortodoxia "não tanto em palavras, mas em ações" (*Or.* III, 7).

Os esforços de Gregório pela paz eram intencionais, e de forma alguma caprichosos ou inescrupulosos. Mas, às vezes, eles parecem um pouco sentimentais e pessoais. Até mesmo na Igreja estava sempre falando de seus próprios sentimentos, de seu amor pela Igreja e da adoração ao Pai de todos. Isto estava relacionado à sua profunda necessidade de comunhão. Ele amava ternamente o seu irmão mais novo, Cesário, e havia algo arrebatador acerca de seu relacionamento com Basílio. "Se ganhei algo em minha vida, foi a minha amizade e associação com você!" (*Ep. 58, 1 ad Basílio*) Ele ficou muito mais profundamente magoado por qualquer diferença de opinião com seus companheiros do que por qualquer injustiça, real ou imaginária, que lhe tenha sido feita.

Basílio retribuiu sinceramente a amizade de Gregório, mas não de modo excessivo. Após ter-se tornado bispo de Cesaréia, a política eclesiástica o manteve bastante ocupado, e não surpreende que ele agora tenha tentado atrair seu companheiro Gregório à uma associação política mais próxima. Seu poder foi cruelmente enfraquecido pela divisão da província eclesiástica da Capadócia. Ele tentou fortalecer a posição vacilante dos nicenos estabelecendo novos bispados. Dessa forma, Gregório deveria ser nomeado bispo: a pequena e disputada vila fronteiriça de Sasima, nas proximidades de Nazianzo, deveria manter-se leal a ele. Isto foi um erro. Basílio deveria ter levado em conta o caráter e as limitações de seu companheiro, em vez de ir direto ao ponto com sua habitual energia e determinação.

A princípio, porém, Gregório submeteu-se, permitindo ser ordenado (372). Começou a resistir violentamente somente quando chegou o momento de desempenhar os deveres de seu ofício. Por fim, fugiu para as montanhas ressentido, infeliz e deprimido. Nunca assumiu seus deveres em Sasima, e anos mais tarde sua cólera se manifestaria, quando veio a falar deste episódio. "Que presunção foi esta", declarou Gregório, "transplantar-me, com fins puramente políticos, para uma cidade esquecida por Deus, onde nenhuma folha verde e nenhum homem livre poderiam se desenvolver!"

> O bem-estar espiritual dos fiéis formou o pretexto;
> mas a ânsia pelo poder foi a verdadeira razão –
> sem mencionar o interesse pelo dinheiro dos impostos,
> pelo qual o mundo se despedaça.
> (*Carm. II, 1, 11, de vita sua 460 ff.*)

Esta tentativa de Gregório de procurar esconder o seu próprio fracasso não é um espetáculo atraente, pois faz as mais indignas acusações contra o seu falecido companheiro, a quem sempre elogiou grandemente. Mas sua desventura foi ele nunca ser capaz de recusar as tarefas eclesiásticas que lhe foram ofertadas, em parte por um senso de dever, e em parte, provavelmente, por vaidade e fraqueza. Se ele tivesse sido mais independente e menos atencioso, teria se poupado de considerável constrangimento e de muitas exposições dolorosas de sua impotência.

Desta vez também a pausa para respirar não durou muito. Pela segunda vez, Gregório foi incapaz de suportar as fervorosas súplicas de seu pai. Voltou a Nazianzo para trabalhar como uma espécie de coadjutor até seu pai morrer, com quase cem anos de idade, no ano 374. Gregório recusou-se a sucedê-lo, e quando sua mãe morreu, no ano seguinte, não havia nada que o mantivesse na cidade abandonada. Então retirou-se para a Selêucia, onde perseguiu seus interesses intelectuais e teológicos por alguns anos, como um ascético, mantendo uma intensa correspondência com seus amigos nicenos por todo o mundo. Voltaram-se para ele, e Gregório teve que aconselhá-los.

Após a morte de Basílio, Gregório havia se tornado a autoridade principal para muitos dos jovens nicenos. Mas mesmo agora ele não estava feliz. Embora ainda não tivesse cinqüenta anos de idade, estava solitário e exausto. Há algo de comovente em suas reclamações hipocondríacas: "Você pergunta como estou", ele escreve a um orador amigo, "Bem, estou muito mal. Não tenho mais Basílio, não tenho mais Cesário; meu irmão espiritual e meu irmão físico, ambos morreram. 'Meu pai e minha mãe me deixaram', posso dizer como Davi. Fisicamente, estou doente; sinto o peso dos anos que estão chegando. Os cuidados estão me sufocando; afazeres me oprimem; não há confiança nos amigos e a Igreja está sem pastores. O bem está desaparecendo; o mal se mostra com toda a sua força. Estamos viajando na escuridão; não há farol e Cristo está adormecido em nosso barco. O que se pode fazer? Eu conheço apenas uma salvação para estes males, e é a morte. Mas mesmo o mundo por vir parece terrível, a julgar pelo mundo atual" (*Ep. 80 ad Eudoxium*: este é o texto completo desta pequena carta lindamente escrita).

Na verdade, a grande mudança pela qual Basílio havia se empenhado durante toda a sua vida estava iminente, e daria a Gregório uma outra chance de agir. Iria levá-lo pela primeira vez além da esfera da Ásia Menor e colocá-lo por um curto período bem no centro dos acontecimentos da Igreja.

O desastre da Batalha dos Visigodos, em Adrianópolis (378), na qual o imperador Valente perdeu sua vida, teve um efeito importante na organização da Igreja. Teodósio, o Grande, um espanhol ortodoxo, havia assumido o trono imperial, e a reforma da Igreja de acordo com a teologia nicena era agora apenas uma questão de tempo. O imperador ainda estava residindo no Ocidente latino, mas Gregório já estava recebendo de vários lugares convites para aceitar pastorear a pequena Igreja nicena em Constantinopla. Esta Igreja estava sem pastor, e era necessário preencher a lacuna que havia sido deixada na capital, ocupando a posição que foi deixada por um ariano que ali esteve durante os últimos quarenta anos. Para seus seguidores, Gregório parecia o melhor e o mais representativo homem disponível para o cargo, e ele aceitou o compromisso, sob protesto e "coação" como sempre; mas, de qualquer forma, aceitou. Desta vez uma recusa teria sido na verdade justificada em bases táticas, tendo em vista os riscos envolvidos na situação política obscura então predominante na Igreja. Tem-se a impressão de que Gregório havia avaliado corretamente a importância do momento, pois desta vez ele realmente aplicou toda sua força à difícil tarefa, e dedicou-se a ela com coragem e habilidade. Os dois anos seguintes foram o ponto culminante de sua vida.

Quando este homem aparentemente sem imponência apareceu em Constantinopla, os nicenos nem mesmo tinham uma igreja à sua disposição. Gregório teve que começar a celebrar os cultos em uma capela modesta, sob ameaças de tumultos e distúrbios que por certo tempo expuseram-no seriamente ao perigo. Mas recusou-se a ser intimidado, e as grandes palestras teológicas que começou a proferir imediatamente proporcionaram apenas o que era esperado da parte dele. Elas ofereciam uma exposição brilhante e bem respeitada da teologia nicena, argumentos lúcidos sem inclinações à insignificância, e uma firme exortação ao seu pequeno rebanho para dar um exemplo digno na vida prática da igreja, o que iria estimular a todos os amantes da paz a unirem-se a eles. Gregório estava claramente determinado a manter tanto quanto possível uma posição acima da luta partidária, sem renunciar às suas próprias convicções dogmáticas, e assim preparar-se de um modo eficaz para seus próprios compromissos e para a futura reorganização das tarefas.

Seu conhecimento limitado da natureza humana e a falta de experiência na política eclesiástica foram demonstrados em um incidente que poderia ter tido sérias conseqüências. Uma das pessoas que se juntaram à sua igreja e que tentou tornar-se particularmente ligada a Gregório foi um certo "filósofo" chamado Máximo, do Egito, um orador cristão. Gregório mais tarde escarneceu dele, chamando-o de cínico e falastrão mentiroso, que tinha sido, com seu cabelo tingido de dourado, um completo fútil, um janota inútil e um hipócrita desavergonhado. Mas no começo havia aparentemente dado a este orador calorosas boas-vindas, como a uma pessoa da família e, como era seu hábito, havia feito imediatamente um discurso público sobre ele.

Na verdade, o homem era um rival disfarçado que, assim como Gregório fora para os nicenos, havia sido designado pelo invejoso patriarca de Alexandria para ser o futuro bispo, ordenando-o que fosse a Constantinopla. Uma tentativa prematura de ordená-lo revelou a conspiração, e Máximo foi forçado a desaparecer. Quando Teodósio compareceu a Constantinopla para a festa de Natal, no ano 380, descobriu que Gregório era o único candidato niceno. O bispo ariano, que havia governado a cidade até então, foi sumariamente enviado para o exílio e Gregório foi bem recebido como seu provável sucessor. Sob forte escolta militar, ele tomou posse da Igreja dos Apóstolos, ao lado do imperador. Mas ele não cedeu à pressão para que fosse imediatamente empossado como bispo, porque queria um endosso eclesiástico mais forte. Isto seria proporcionado pelo sínodo que se reuniu na primavera do ano 381.

O chamado Segundo Concílio Ecumênico foi presenciado quase que inteiramente pelos jovens adeptos nicenos da Ásia Menor e da Síria. Portanto, tudo prometia ir bem. Melétio de Antioquia, que presidia o sínodo, elegeu Gregório imediatamente. Ele foi ordenado, entronizado e formalmente empossado como bispo da capital. Pela primeira vez em sua vida, ele parece não ter levantado nenhuma séria resistência e mostrou-se pronto a aceitar o cargo que era esplêndido e de alta responsabilidade. Mas a oposição de vários grupos e facções logo começou a fazer-se sentir novamente.

Pouco depois da eleição de Gregório, Melétio morreu inesperadamente, e a velha e infeliz disputa sobre a ocupação do bispado de Antioquia veio mais uma vez colocar-se em pauta (cf. p. 97). Gregório lembrou-se da infeliz idéia de que toda a igreja antioquiana poderia agora passar à administração do antigo candidato niceno, Paulino. Isto estava em conformidade com um antigo acordo e foi agora proposto como um sinal de justiça e reconciliação verdadeiras, mas que politicamente era impossível de ser colocado em prática. Gregório fracassou em vencer a oposição de seus próprios companheiros. Em vão utilizou o velho método que havia aplicado após o caso de Máximo, ameaçando demitir-se e ir embora. Foi obrigado a admitir a derrota.

Sua situação tornou-se realmente desesperadora quando os bispos "ocidentais", isto é, primeiramente os egípcios, apareceram no Concílio e se colocaram em oposição a ele. Gregório não foi mais capaz de suportar a situação. Declarou que, embora fosse inocente, queria, como Jonas, lançar-se ao mar pelo bem de todos, e, então, anunciou sua demissão, que foi aceita. Foi uma decisão amarga. Seu discurso de despedida foi majestoso e salvou as aparências, mas não é surpresa para ninguém que conheça Gregório que em ocasiões posteriores, especialmente em seu poema autobiográfico, ele tenha dado vazão à sua profunda irritação e ao seu sentimento infeliz, e feito em pedaços os bispos incultos e intolerantes, o Concílio briguento, e os concílios em geral.

Mais uma vez, portanto, o velho orador falhou na tentativa de ocupar um cargo eclesiástico – desta vez ainda mais dolorosamente que o habitual, porque ele havia oferecido o melhor de si e não contava com tal desfecho. Para o mundo exterior, ele declarou repetidamente que estava muito feliz por estar longe da agitação da luta cotidiana e poder retornar à paz e tranqüilidade filosóficas. Mas levou muito tempo até que as feridas fossem curadas e ele pudesse realmente desfrutar de sua recém-adquirida liberdade.

Primeiramente voltou a Nazianzo, que ainda estava sem bispo, e empreendeu o trabalho ali até que fosse capaz, após algumas dificuldades, de indicar alguém como bispo. A nova heresia cristológica dos apolinaristas trouxe-lhe muito aborrecimento neste período. Por fim, retirou-se para a propriedade de seu pai em Arianzo, onde por cerca de sete anos ele realmente pôde viver uma vida sossegada. Deve ter morrido no ano 389-90.

Gregório não mudou nesses últimos anos de sua vida. Reclamou muito, criticou em abundância, falou e escreveu incessantemente sobre si mesmo, sua melancolia e seus sofrimentos. Mas a completa liberdade, com a qual ele foi capaz de se expressar, o fez parecer mais amável, mais natural, e também mais sério, do que em seus primeiros anos.

Sendo sempre um missivista ardoroso, dedicou-se a esta forma de literatura mais pessoal com afeição especial. Pelo que sabemos, ele foi o primeiro autor grego a reunir e publicar suas próprias cartas. Também passou a ter um novo passatempo predileto: Escrever poesias em todas as métricas clássicas possíveis. Escreveu epigramas, descrições de acontecimentos passados, tratados teológicos e, sobretudo, "sobre si mesmo". Muitos de seus escritos são simplesmente prosas transformadas em versos, como por exemplo, um poema sobre as diferenças das árvores genealógicas de Jesus descritas por Mateus e Lucas. Outros poemas são mais elegantes e mais pessoais, porém, mesmo no melhor deles, seus esforços não eqüivalem a nada mais do que verso humanista bem-sucedido.

A extensa educação clássica de Gregório lhe facilitou encontrar frases adequadas, imagens e alegorias para cada humor e cada pensamento. Seus escritos estão cheios de alusões e referências literárias. Ele acreditava que o verso forçava o escritor a praticar auto disciplina. Queria provar que a nova cultura cristã não era inferior ao paganismo nesta área. Aparentemente esperava por um efeito ainda mais imediato dos seus poemas sobre os apolinaristas, que também, como os arianos, utilizavam o verso em sua propaganda. Acima de tudo, aproveitou as novas oportunidades que sua liberdade lhe proporcionou para praticar a atividade e a expressão literária, agora que os seus dias como orador estavam terminados.

> Como um homem velho isto me tem feito bem
> escrever verso e cantar para mim mesmo
> sem lamentos, mas uma canção de adeus
> como o velho cisne que sussurra consolação
> a si mesmo com suas asas cansadas.
> (*Carm. II, 1, 39, in suos versus 55 ff.*)

Gregório se expressa com a maior simplicidade, entusiasmo e integridade sempre que fala sobre aqueles que lhe foram queridos, seus parentes e companheiros que morreram, e quando testifica da sua fé na redenção.

Já notamos que, como um teólogo trinitariano, Gregório não era realmente criativo, mas apenas completou e continuou a defender em termos educados a posição sustentada por Basílio. Muito mais importante e reveladoras são as suas últimas declarações anti-apolinaristas, a respeito da obra e pessoa de Cristo. Apolinário restringiu a natureza humana de Cristo a fim de fortalecer sua relação com a Divindade. Gregório estava preocupado em enfatizar a completa humanidade do Salvador, ao lado da sua completa divindade. Assim como a natureza humana de Cristo e, particularmente, seu espírito humano, a realidade que foi negada pelos apolinaristas, é completamente vivificada naquilo que é divino; assim o nosso espírito é transfigurado e torna-se divino através da associação com Cristo.

Gregório não está, porém, satisfeito com esta concepção espiritualista da redenção. Cristo, o homem-Deus e Senhor, é indispensável para ele, sobretudo porque o seu santo, incomensurável sofrimento e morte proveu a expiação pela qual o poder do Diabo e do pecado, e todo o fardo de nossas imperfeições humanas é verdadeiramente vencido. É como se em sua fraqueza individual e na desunião de sua existência, este, o mais refinado dos pais da Igreja, tenha sentido uma irresistível necessidade de estabelecer a certeza final de sua salvação além de todas as "vãs" possibilidades humanas da religião, o que significava tanto para ele.

Neste aspecto, Gregório talvez tenha sido mais profundo do que todos os teólogos gregos que viveram antes e depois dele. O apelido de "o teólogo" que lhe foi dado por seus "discursos teológicos" em Constantinopla, não era totalmente injustificado em um sentido mais profundo, embora ele devesse a sua extraordinária reputação na era seguinte, em primeiro lugar, às qualidades formais de seus escritos, que eram freqüentemente utilizados como modelos de estilo. Foi o orador, o "Demóstenes" cristão, como os bizantinos o chamavam, que teve maior influência sobre a posteridade, e não o "teólogo". O verdadeiro teólogo, no sentido erudito e "filosófico", foi seu homônimo e confidente ocasional, o irmão mais novo de Basílio, Gregório de Nissa.

Capítulo 9

Gregório de Nissa

Gregório Nazianzeno considerava-se como tendo se dedicado a Deus desde a sua juventude, e, mesmo sendo um líder e bispo da Igreja, permaneceu como um orador. Gregório de Nissa veio do mesmo mundo intelectual e social, e seus companheiros provavelmente tinham como certo que ele se dedicaria aos assuntos espirituais e ao ministério. Contudo, ele não nasceu para ser bispo. Era um pensador e um filósofo; tinha um olhar penetrante e observador e um talento fora do comum para o pensamento sistemático, mas não era um homem para o dia-a-dia da Igreja e a vida em comunidade. A energia que Basílio gastou no serviço externo da Igreja era, em Gregório, concentrada em ocupações intelectuais; ele era ambicioso nesta esfera de atividade.

No entanto, o fato de este homem ter se tornado primeiro um orador e depois um bispo é típico da época em que viveu. A cultura era baseada na tradição retórica, e a Igreja atraiu para si todas as coisas que ajudavam no desenvolvimento da vida espiritual. A vida de Gregório parece diferenciar-se, quando examinada interior ou exteriormente; e este fato lhe confere uma característica difícil e problemática.

Embora Gregório seja geralmente descrito como tímido e reservado, ele talvez não fosse originariamente tão diferente do seu irmão Basílio. Ambos sentiam a mesma necessidade por independência, ambos tinham um orgulho consciente e muitas vezes expresso de forma desdenhosa, e ambos estavam determinados a desenvolver suas personalidades intelectuais e espirituais. Basílio, porém, voluntariamente sacrificou estas coisas, enquanto Gregório teve que lutar pelos direitos de sua personalidade, por sua posição e modo de vida. Ele foi sobrecarregado pelo destino de ser o irmão mais novo; foi o seguidor exagerado de uma grande geração, e nunca adquiriu a certeza de uma renúncia sincera que deu tal harmonia ao caráter de Basílio. Apesar de sua extraordinária inteligência, por muito tempo permaneceu em segundo plano, e como conseqüência, teve uma qualidade velada, remota, e às vezes ambígua, até mesmo sobre a sua originalidade e a sua teologia.

Admite-se que também tornou-se muito famoso no final da vida, e referências ocasionais que ele fez a este fato mostram que sua fama deu-lhe prazer. Como irmão de Basílio, ele era considerado, juntamente com Gregório Nazianzeno, o homem melhor qualificado para preservar o legado de Basílio, e era considerado a autoridade principal em todas as questões dogmáticas. Mas, com exceção de seus parentes mais próximos, ele quase não tinha amigos. Sua correspondência interessante é silenciosa a este respeito. Como erudito e monge viveu sua própria vida. Ele fez exigências supremas sobre si mesmo, e suas maiores conquistas foram nos campos da teologia e da filosofia.

Basílio interpretou o monasticismo à sua própria maneira, deu-lhe uma profundidade bíblica e testou-lhe de uma nova forma. Gregório o seguiu, mas ele deu ao ideal que havia assumido uma expressão diferente, na combinação de reflexão e meditação, e no desenvolvimento das idéias básicas. Ele evoluiu e imprimiu sua própria marca em uma nova teoria da piedade monástica e mística que continuou a existir.

Por longos períodos, o curso exterior de sua vida é coberto de trevas. Ele começou a escrever apenas na maturidade, e é impossível reconstruir seu desenvolvimento anterior com alguma certeza. Deve ter nascido por volta do ano 335. Parece que foi gasto menos dinheiro em sua educação, comparando com a de Basílio, seu irmão mais velho. Não temos qualquer informação sobre Gregório de Nissa ter cursado alguma universidade estrangeira, e ele mesmo confessou não ter nada "excepcional" para registrar sobre estudar com mestres famosos (*Ep. 13, 4 ad Liban.*). Repetidas vezes observou que somente Basílio havia sido seu "mestre e pai", e o louvou entusiasticamente.

Para Gregório, Basílio era "a maior maravilha do mundo" e o protótipo do verdadeiro filósofo (*Or. in XL Mart.*, Migne *Gr. 46, 776 A*); ele o coloca ao lado dos santos e declara que seus escritos são inspirados. Ele foi "verdadeiramente criado de acordo com a vontade de Deus e teve a sua alma moldada conforme a imagem do Criador" (*De Hom. Opif.*, Migne *Gr. 44, 125 B*). Seus leitores perceberiam sua dependência de Basílio, mesmo onde ele não identifica seu mestre pelo nome (*De Virg., Praef.*, Migne *Gr. 46, 320*). Gregório era, na realidade, um aluno de Basílio, mas este louvor deliberadamente fastidioso não significa que ele tenha ficado quieto, sem nada a oferecer de si mesmo, de modo independente.

A maneira despreocupada pela qual ele "torna o sólido e resistente pão da Escritura" digerível por meio de uma livre interpretação alegórica (*Hom. in Cant.*

7, Migne *Gr. 44, 925 B*) exala um espírito diferente. Gregório deve ter lido uma quantidade incomum de literatura; sobretudo, Platão, Plotino, e outros filósofos platônicos, além de Fílon. E, entre os autores cristãos, especialmente Orígenes. Ele admirava o orador pagão Libânio como o supremo e fiel representante da cultura grega clássica. Gregório foi possivelmente o teólogo mais versátil do século. Seus escritos contêm até mesmo discussões sobre ciência e medicina naturais que revelam compreensão profunda e conhecimento. Em tudo isso ele foi semelhante a Basílio, mas, sem dúvida alguma, superior a ele em aprofundamento e perfeição de seu conhecimento.

Em sua juventude, Gregório havia servido ocasionalmente como leitor das Escrituras na Igreja. Mas ele não se sentiu envolvido por este trabalho. Por pura "ambição", como Gregório Nazianzeno furiosamente declarou em uma carta, ele se permitiu ser persuadido a trocar as Escrituras pelos "livros amargos e intragáveis" do mundo, a "se deixar ser chamado mais de orador do que de cristão" (*Greg. Naz. ep. 11 ad Greg.*). E ele deu um passo além. Casou-se com Teosébia, uma mulher de posição intelectual elevada e grandemente querida.

Em seu primeiro tratado, *Sobre a Virgindade*, lamentou-se de que somente poderia falar sobre este ideal como uma testemunha da bem-aventurança que outros experimentaram, visto que ele mesmo havia uma vez "posto o seu pé na vida mundana" (*De Virg. 3,* Migne *Gr. 46, 325*). Tais reclamações não deveriam ser levadas tão a sério. Nem a retórica, nem o casamento, que ele mais tarde conduziu em um nível puramente "espiritual", obstruíram seu desenvolvimento religioso. Gregório manteve-se em contato com o centro monástico que sua família mantinha em Íris, e parece ter estado lá de tempos em tempos. Sua irmã mais velha, Macrina, a chefe de um convento no lugar, era especialmente próxima a ele. Ele a chamava de "mestra" e dedicou um pequeno livro a um comovente relato de sua vida e, em particular, de sua morte, ocasião em que ele esteve presente. Posteriormente ele compôs um Diálogo, conforme o modelo do *Fedro,* de Platão, que consistia em uma conversa "sobre a alma e a ressurreição", entabulada, segundo Gregório, com a sua irmã nesta última reunião na terra.

Naquela época, ele havia há muito tempo desistido de sua vida livre como orador e teólogo da linha filosófica, e havia se tornado bispo da pequena cidade de Nissa (em 371). De uma vida cultural, de estudo e contemplação pessoal, ele também havia sido chamado para o serviço da Igreja, de uma maneira que ele mesmo certa vez descreveu como sendo a melhor e mais útil abordagem para o ofício eclesiástico. Parece que aqui também Basílio havia exercido sua influência. Como no caso de Gregório Nazianzeno, o lugar que seria preservado pelo mandato do irmão de Basílio era relativamente modesto, mas politicamente importante.

Gregório de Nissa também teve que ser "impelido" a aceitar o cargo (*Basil Ep. 225 ad Demosth.*). Porém renunciou ao novo papel, e logo começou a participar da política eclesiástica de forma mais intensa do que era aprazível a Basílio. As particularidades não estão bem claras. É possível que Gregório tenha mantido contato com os antigos nicenos com os quais Basílio havia rompido relações, sem admitir a discordância abertamente. Temos uma carta notavelmente violenta, na qual Basílio chega a acusar Gregório de ter forjado certas cartas, ocasionando deste modo uma situação extremamente embaraçosa. Ele disse que doravante recusaria permitir que Gregório participasse de negociações eclesiásticas; havia sido provado que suas palavras não correspondiam aos fatos. Ele recusou categoricamente quando lhe foi sugerido que Gregório deveria ser enviado a Roma como um núncio apostólico; declarou que seu irmão era inexperiente em assuntos eclesiásticos e inadequado para tais missões, por conta de sua natureza franca. No entanto, Gregório estava igualmente sob a pressão do regime anti-niceno e foi atacado ainda mais diretamente do que o próprio Basílio, em quem o Estado não ousaria tocar.

Acusado de irregularidades financeiras, foi deposto e substituído por um bispo ariano. Todos os protestos que Basílio fez ao governador foram em vão: Nissa estava perdida e Gregório foi suspenso e teve que deixar o país. Somente pôde retornar após a grande mudança que ocorreu no ano 378, quando recebeu uma grande ovação por parte de sua congregação. Ele participou do Concílio de Constantinopla em 381. Nesta época, o irmão do grande Basílio, que agora já não estava mais vivo, havia se tornado bem conhecido para um público muito maior. Através de um decreto emitido por Teodósio, foi indicado como bispo principal de toda a diocese do Ponto, o que significa que, apesar da insignificância de seu cargo eclesiástico, ele foi nomeado conselheiro confidencial para o governo e tinha a última palavra na questão da remoção de arianos e indicação de novos bispos nicenos.

Mesmo antes disso, encontramos Gregório comparecendo a sínodos estrangeiros. Estando neste posto estatal, viajou para a Arábia e visitou Jerusalém; dirigiu a eleição do bispo de Ibora, na Armênia Menor, e livrou-se de ser ele mesmo eleito bispo de Sebaste. Na história da vida de Macrina, ele inseriu passagens em que ela supostamente havia dito que a fama dele agora ultrapassava em brilho a de seus ancestrais; que o seu nome era mencionado nas cidades, nas igrejas e entre as nações, e que as "igrejas solicitavam a sua presença e mandavam buscá-lo, para que pudesse apoiá-las na luta pela organização" (*Vita Macr.,* Migne *Gr. 46, 981 B*). No entanto, Gregório permaneceu sendo um colega difícil de lidar; e com seus comentários críticos, estava longe de ser universalmente popular.

Ele resumiu suas impressões sobre a Terra Santa em uma carta que representa um ataque direto às condições naquele país. "Sei perfeitamente bem o que as pessoas dirão como resposta" (*Ep. 2,11 ad Censit.*), mas é um fato que a desordem, a depravação e a imoralidade em nenhum lugar cresce tão grandemente quanto nos grandes centros de peregrinação. A genuína piedade está agora mais em casa entre os capadócios. As pessoas deveriam ser dissuadidas de participar de peregrinações – por causa dos princípios. A verdadeira vida santa e filosófica busca tranqüilidade e solidão; Deus não limita sua presença a lugares sagrados. Se o Espírito sopra onde quer, devemos participar de seus dons pela fé – "de acordo com a medida da fé" (Rm 12.6) e não "de acordo com a nossa permanência física em Jerusalém". Gregório não foi bem-sucedido em estabelecer um relacionamento tolerante com seu próprio líder. A inveja deste por seu subordinado mais famoso, irmão de seu predecessor, pode ter tido algo a ver com este fracasso.

Anos mais tarde, Gregório foi novamente convidado, por duas vezes, a ir a Constantinopla. Pediram que ele pronunciasse discursos fúnebres pelos membros da família imperial. No ano 394, ele participou de um sínodo pela última vez. Deve ter morrido logo depois desta reunião. As informações fragmentadas que temos sobre ele quase não são suficientes para construir um quadro completo de sua vida, embora isso realmente sugira os aspectos incomuns de seu caráter. Para conhecer Gregório corretamente, devemos nos concentrar em sua teologia e em seus escritos.

Seria bastante errado considerar Gregório, com seu jeito rebelde e crítico, como um cético ou mesmo um teólogo deliberadamente não-eclesiástico. Ele depende teologicamente do fundamento da Igreja, e sua atividade política é suficiente para mostrar como reconhece e defende os seus direitos públicos e sagrados. Os dias de Clemente de Alexandria há muito tempo ficaram para trás; nenhuma teologia poderia se desenvolver em um ambiente puramente acadêmico. A adoração da Igreja ocupa um grande espaço em seus escritos e sermões; ele enfatiza a importância da regra da lei e a ação redentora dos sacramentos, especialmente do batismo. Ele foi o primeiro teólogo cristão a definir claramente o conceito do sacerdote, enfatizando o poder transformador de sua ordenação e seu papel peculiar na liturgia.

Nesse ponto, ele foi o precursor dos areopagitas, que um século mais tarde desenvolveriam sua importante doutrina das "hierarquias" celestiais e eclesiásticas. Mas a doutrina e a "filosofia" da Igreja são importantíssimas, e a maneira reservada de Basílio se manter dentro dos limites da Bíblia nestas questões era estranha para Gregório. Nesta abordagem metódica, ele se volta para Orígenes. Considera a pregação da Igreja meramente como um ponto de partida para idéias mais avançadas, e a coerência intelectual e os fundamentos lógicos do sistema coerente são mais importantes do que provar suas bases nas Escrituras.

O ensino da Igreja era agora muito mais fortemente articulado e estabelecido do que havia sido até então, e Gregório foi cuidadoso ao respeitá-lo e evitar toda resistência declarada. Basicamente, porém, ele reativou o antigo plano gnóstico da teologia como uma interpretação e desenvolvimento de um imenso drama temporal e atemporal em que, uma vez removido pela queda de sua unidade original e do relacionamento original com Deus, o ser espiritual retorna às suas origens de uma maneira ampla e trabalhosa. Os elementos fantásticos agora retrocedem ao passado, e a interpretação filosófica da mitologia é mais rigorosamente sustentada. Os elementos mitológicos são agora interpretados de um ponto de vista mais rigorosamente filosófico. Em relação a isto, Gregório está ainda mais perto de Plotino do que de Orígenes.

Por outro lado, porém, a especulação nunca é considerada como um fim em si mesma; como a ética, a filosofia natural e toda a cultura secular, ela tem que "somente enfeitar o templo divino da revelação misteriosa" (*De Vita Moysis,* Migne *Gr. 44, 360 C*). Cristo está no centro, e a questão real é a redenção do homem, isto é, a elevação, a purificação e o retorno da alma individual ao seu Criador e Senhor. Gregório busca um relacionamento vivo com Deus, não a ordem neutra de um ser graduado. Ele não crê que haja qualquer permanência na natureza humana; isto pode ser compreendido e verdadeiramente percebido somente com base em seu destino divino. A teologia se encerra na união adoradora e amorosa com Deus, que é incompreensível e insondável. Tudo o que ocorre entre o ser criado e o incriado é concebido em termos da graça, e é cumprido no reino da liberdade e da santificação. Aqui está a linha divisória entre o cristianismo e o panteísmo neoplatônico. Gregório se compraz em falar da divinização do homem, mas ele se refere à semelhança com Deus que o homem é chamado a alcançar, como um espelho vivo purificado de toda lama e ferrugem de um ser terreno, como a verdadeira imagem de Deus. Para toda a eternidade, o único objetivo do homem, e a bênção em si, é ser iluminado e sustentado por Deus. E é a magnanimidade de Deus, não a nossa ação, que sozinha permite e torna possível esse regresso ao lar e esse cumprimento.

Nos anos em que ocupava uma posição de destaque na política eclesiástica, Gregório também se ocupava das polêmicas da época em relação à Trindade e à natureza de Cristo. Em vários tratados direcionados contra o ariano Eunômio, ele defendeu as doutrinas ortodoxas da Igreja com perspicácia, sagacidade e exatidão. Gregório estava mais interessado do que Basílio na unidade interna e na permanente cooperação das três pessoas da Trindade. Empenhou-se em relacionar o Espírito não somente ao Pai, mas também ao Filho, e tornou público os problemas posteriores do "realismo" ocidental, isto é, o problema do conteúdo real dos conceitos gerais em sua relação com a individualização concreta. Combateu também o apolinarismo.

Diferente de Gregório Nazianzeno, defendeu uma cristologia que se aproxima da posterior concepção "antioquina", à medida em que é feita uma distinção clara entre a natureza divina e a humana na pessoa do Salvador. No "Grande Catecismo", teve que lidar com a doutrina da Trindade e com as doutrinas da encarnação e da redenção, terminando com batismo, comunhão, fé e novo nascimento. A obra foi concebida como uma ajuda à pregação apologética; mas, apesar de sua forma de certo modo popular, foi a maior tentativa de expor todo o ensinamento do cristianismo como uma unidade, desde a época de Orígenes.

O que move Gregório mais profundamente, porém, não são os tópicos da teologia tradicional, mas os problemas do homem. A realização da salvação, a elevação e transformação do indivíduo, a relação com a vida do corpo e a sobrevivência da alma após a morte são problemas aos quais ele retorna várias vezes, como alguém que anda em círculos. Estes se tornam a ponte entre a sua visão platônico-origenista do mundo, e as possibilidades do desenvolvimento e da educação, tanto no sentido moral como no pessoal. Nesta relação, as experiências práticas do filósofo-monge foram úteis e ele provavelmente também se aproximou de fontes mais obscuras, ocultas em sua própria vida interior. Gregório era, em última análise, um bom e muito discreto psicólogo.

Seu antigo tratado *Sobre a Virgindade* já aborda este ponto de vista. Gregório, o homem da Igreja e um homem casado, recusa-se sumariamente a condenar o casamento e suas alegrias, e sabe como descrevê-las de modo vivaz. No entanto, outros entendiam que somente a vida de castidade poderia realmente fazer justiça ao supremo destino do homem, vida na liberdade e no poder da absoluta santidade que abraça tanto a alma como também o corpo. A morte, que é destruidora, esconde-se por detrás de todas as alegrias e dos sentidos que são da terra. Uma vida duradoura somente é encontrada no espírito, que se eleva acima do mundo. Isto faz surgir ao mesmo tempo o difícil problema do significado da vida do corpo. Não pode simplesmente ser do mal, mas está indissoluvelmente ligado ao pecado.

Gregório acredita que isto foi criado por Deus para nós, por causa do pecado posterior. Mas o que acontece quando a alma deixa o corpo? Qual é o modo de existência entre a morte individual e a ressurreição final e geral? Como é possível para o corpo receber de volta, do mundo, os vários elementos que lhe pertenceram? O que acontece com os órgãos digestivos e reprodutivos dos quais a alma assexuada não necessita mais? Por longo tempo, Gregório esforça-se em profundas reflexões, quase cientificamente precisas, para afastar-se do perigoso espiritualismo de Orígenes. Em parte revive as críticas iniciais dirigidas contra Orígenes. Ao final, porém, aceita a pura espiritualidade do corpo celestial. Após longos desvios retorna a uma forma de origenismo apenas ligeiramente modificada.

A alma, e somente a alma, é criada à imagem de Deus e para a eterna comunhão com Ele. O significado disto está descrito por Gregório em cores vivas, ultrapassando de longe as descrições correspondentes em Fílon e Orígenes. Gregório foi o fundador de uma nova piedade mística e arrebatadora. O ascetismo progressivo que ele adquiriu de seus monges não é um mero exercício no caminho a um objetivo futuro, mas conduz a um amoroso encontro e união entre Cristo e sua Igreja, entre a alma e seu Deus no presente. De acordo com a interpretação alegórica de Gregório, todas as Escrituras estão relacionadas a estas experiências espirituais. Se isto é uma questão relacionada aos textos do Antigo ou do Novo Testamento, à "vida de Moisés", ou ao exemplo do apóstolo Paulo, ele encontra os mesmos ideais de purificação, santificação miraculosa e comunhão abençoada com Deus.

Particularmente, o livro de Cantares de Salomão foi escrito para dar fruto em piedade espiritual. A alma purificada, cheia da excitação da sobriedade santificada, sente na brilhante escuridão da noite divina a aproximação e a beleza de seu noivo, embora, ou porque, ele esteja sempre parcialmente invisível, intangível e inesgotável. "A bem-aventurança, diz o Senhor (Mt 5.8), não consiste em conhecer a respeito de Deus, mas ter a presença de Deus em si mesmo" (*Or. de Beat. 6, Migne Gr. 44, 1269 C*). Para ter a presença de Deus dentro de si, a alma deve, como Cristo, já ter morrido para o mundo. "Se ela não morrer, permanece inteiramente morta; somente através da morte, e removendo todas as coisas mortais, ela pode alcançar a vida" (*Hom. in Cant. 12,* Migne *Gr. 44, 1020 B*). A alma está sempre viajando em uma desejosa e bem-aventurada "jornada para Deus, que não termina jamais" (*Hom. in Cant. 12,* Migne *Gr. 44, 1025 D*), na mais maravilhosa unidade de paz e movimento. As águas da alma livre encaminham-se a Deus como uma fonte; "ela tem a profundidade de uma fonte, mas o movimento constante de um rio" (*Hom. in Cant. 11,* Migne *Gr. 44, 977 C)*. Ela mesma é cheia por Deus como uma torrente; ela é acesa pela luz como uma tocha e é conduzida ao alto pelo espírito como por uma carruagem. Qualquer um que tenha experimentado isto irá transmitir o que aprendeu, como fizeram os profetas e os apóstolos. A Igreja se expande cada vez mais e o movimento ascendente dos espíritos é irresistível. A crença na restauração de todas as coisas a Deus é encontrada, no final, tanto em Gregório quanto em Orígenes. Para ele, esta também não é nenhuma fria proposição metafísica. É uma confissão de fé na viva experiência do Espírito que é o próprio Deus, e, portanto, o extremo poder majestoso e a realidade vitoriosa sobre e acima de todas as coisas.

Gregório nunca foi condenado especificamente por causa desta heresia. Mas as condenações dos séculos V e VI naturalmente tinham-no em mente. Gregório defendeu suas teses mais audaciosamente do que os outros origenistas de sua época. Ao mesmo tempo, porém, ele enfatizou seu caráter hipotético, e provavelmente considerou que a doutrina das últimas coisas não dizia respeito ao centro dogmático da teologia, mas a questões sobre as quais as discussões deveriam permanecer abertas e nas quais, como seu companheiro Gregório Nazianzeno disse, até mesmo um erro não seria algo "perigoso" (Greg. Naz. *Or.* 27, 10).

Esta distinção é muito característica. Por um lado, a doutrina de Deus como um dogma universalmente unido e rigidamente fixado, e, por outro, a especulação mística livre que é alimentada por outras fontes, mas, no entanto, toca nos maiores e mais importantes problemas da vida pessoal e da fé. A intenção parece ter sido remover ou relaxar a tensão entre o indivíduo e a Igreja como um conjunto totalmente uniforme. Basílio já havia sido guiado por tais considerações em sua política eclesiástica. A tradição dogmática estava se tornando um poder com o qual o teólogo tinha que contar. Foi neste período que surgiu a primeira "Antologia" teológica, isto é, uma coletânea de citações dos mais antigos mestres da Igreja, reconhecidos pelo uso prático em controvérsias sobre a verdade válida. Gregório não somente aceita, com um novo tipo de ênfase, tudo o que as Escrituras dizem, mas também as norteadoras "explicações dos pais" (*Contra Eunom.* III, *10*, 9). "É suficiente para a prova da nossa doutrina saber que a tradição tenha chegado até nós por meio dos patriarcas, como uma herança que foi entregue pelos apóstolos aos santos que vieram depois deles" (*Contra Eunom.* III, 2, 98). Gregório apela para a mesma vocação que seu irmão mais velho, Basílio, mas não percorre todo o caminho com ele. Direciona-se para os domínios de seus próprios pensamentos e vida espiritual, onde sente-se desembaraçado e livre.

Capítulo 10

Sinésio de Cirene

O homem a quem este capítulo é dedicado não foi um dos mais reconhecidos Pais da Igreja. No entanto, apesar de ter sido apenas um personagem sem tanta importância, seus escritos foram avidamente lidos, praticados e até comentados durante a Idade Média Bizantina. É verdade que além de filósofo – o que nesse período queria dizer também teólogo –, Sinésio era ainda um retórico pagão e um artista, e não um cristão. Contudo, no fim de sua vida ele foi ungido como bispo cristão. É muito revelador que tal fato tenha sido possível. O decorrer da vida de Sinésio, assim como seu desfecho, confirma de forma surpreendente o que já havia sido constatado, nos últimos capítulos, em relação ao caráter envolvente da Igreja Cristã, no sentido de atrair e de agregar todas as forças intelectuais da época e demonstra quão abrangente havia se tornado a corrente que conduziu sua vida e seus ensinamentos.

Existia uma afinidade grande entre o último dos filósofos pagãos e os Pais da Igreja. Encontramos, em ambos os lados, os mesmos elementos de introspecção espiritual e de devota especulação, o mesmo empenho pela pureza moral e pela santificação, a mesma reverência aos tesouros da revelação, da cultura e do conhecimento que as antigas tradições haviam preservado para aqueles que se mostrassem preparados para aprender. No entanto, fundamentalmente, havia apenas uma única organização na qual se pensava que esses ideais tinham condições de encontrar uma expressão socialmente responsável e de serem postos em prática: a Igreja Cristã. Por fim, até mesmo os pagãos e os recalcitrantes descobriram o caminho para seus umbrais.

A esse respeito, Sinésio pode ser comparado aos grandes capadócios. Originalmente, sua terra natal, a Cirenaica, foi uma região de 'bárbaros' que, em tempos passados, havia assimilado a cultura helênica e as leis romanas de forma ainda mais abrangente que a própria Capadócia. Lá existia também uma opulenta nobreza, constituída por proprietários de terras, e Sinésio pertencia a uma das mais antigas famílias da região, cujos antepassados remontavam até os companheiros de Hércules. Da mesma forma que os capadócios, Sinésio associava um patriotismo vigoroso e intrépido a uma postura imperial e a um cosmopolitismo helênico, de caráter burguês, e muito mais rural do que urbano.

Outrossim, ele tinha um profundo senso familiar. Cultivava amizades e gastava grande parte de seu tempo com relacionamentos sociais. Concedia a todos que o procuravam um auxílio generoso. Para ele o platonismo – nesse caso, o platonismo pagão - implicava uma obrigação filosófica que, na plena acepção da palavra, era também religiosa. Ele empenhou toda a sua existência em vivê-la como se estivesse sob os olhos de um Deus onipotente, nunca tendo se cansado de louvar e de adorar sua glória. Sua piedade, no entanto, se ressentia daquelas características monásticas e ascéticas que outorgava uma qualidade muito mais fervorosa à fé de seus contemporâneos, embora mais agressiva e torturada. Sinésio nos transmite uma impressão de harmonia, de pureza e de integridade.

Em seus escritos, Sinésio é bastante aberto e natural, além de mostrar-se não influenciado. Os seus escritos são, como ele mesmo diz, os filhos que gerou em parte com a filosofia, em parte com a poesia, ambas adoradas no mesmo templo, e, em parte, com a retórica dos tempos. 'Porém, pode-se ver que todos são filhos do mesmo pai, que por vezes se dedicou ao esforço mais soberano e, por outras, à mais prazerosa alegria' (*Ep. 1, 1 ad Nicand.*). No estilo filosófico, característico de seus últimos anos, Sinésio parece comprazer-se em refletir sobre seus ideais e sobre seu modo de vida, mas não se revela exageradamente presunçoso como muitos outros sofistas pagãos, nem como um homem chamado Gregório Nazianzeno, entre os Pais da Igreja. Ele está preocupado em defender sua alegre versatilidade contra os ataques de críticos impertinentes e, nesse mister, recorre ao seu exemplo padrão, Dio Crisóstomo, de Prusa, cidadão do mundo filosófico do primeiro século d.C. Por que não poderia ele, também, alternar-se livremente entre a teoria e a prática, entre os objetivos filosóficos e artísticos e, no entanto, ser ao mesmo tempo um filósofo completo?

A cultura e a obra desse homem modesto são admiráveis. Ele domina toda a literatura grega – filósofos, poetas, oradores – e sua ardente admiração pela tradição 'clássica' nos faz lembrar dos primeiros humanistas. Seus escritos, em língua ática, são impecáveis e cuidadosamente acabados; por outro lado, seus hinos foram, apropriadamente, elaborados no dialeto dórico. Ele parece ter sido capaz de realizar muitas coisas; podia fazer citações e imitações e, depois, escrever com total isenção, de acordo com seu próprio estilo. Escreveu tratados e relatórios, discursos, poemas, composições literárias fortuitas, cartas e diários. Porém, a impressão que nos deixou não foi a de um escritor experimentado; ao contrário, foi a de um aristocrata da mais elevada categoria e de um mestre da arte de viver, que tinha tudo sob seu controle. Ele não fugia das obrigações políticas de sua posição social. 'Os livros e a caça são a minha vida – quando não estou em alguma missão' (*De Insomn. 18*). Tinha grande amor por sua tranqüila casa de campo em Anchemachos, assim como Basílio havia amado sua propriedade monástica no rio Íris. Porém, os estudos não impediam seus exercícios militares e eqüestres, pelos quais, desde sua juventude, possuía uma 'paixão violenta' (*Ep. 105 ad Fratrem*). A filosofia de tal homem estaria ligada a uma construção eclética; entretanto, não poderia ser julgada como mero diletantismo, pois permeou toda sua vida e estava baseada sobre os alicerces de uma relevante educação.

Sinésio estudou em Alexandria, a grande metrópole cultural. Ele teve a felicidade de ser introduzido ao mundo intelectual, mas não somente através de um itinerário puramente acadêmico: encontrou em Hipatia a tão admirada mestra de filosofia neoplatônica, uma professora que o encantava e inspirava e que foi uma amiga constante durante toda a sua vida. Ao mesmo tempo, penetrou em um círculo de jovens com identidade de pensamentos e, mais tarde, encontrou uma esposa pertencente a uma ilustre família cristã, moradora da mesma cidade. Lembramo-nos da grande amizade intelectual que unia Basílio a Gregório Nazianzeno – não menos desejosa de cultura e entusiasmada pelo platonismo – que teve início em Atenas. Em certa ocasião, Sinésio visitou Atenas e desapontou-se quando a comparou a Alexandria. Em sua opinião, somente a fama de seu nome e as 'aparências' de sua vida passada ainda permaneciam. A filosofia havia, há muito, desaparecido e 'mudado de endereço'. 'Em nossos tempos, o solo do Egito está desenvolvendo as sementes que Hipatia e outros plantaram' (*Ep. 136 [135] ad Fratrem*).

Infelizmente, as informações que chegaram até nós, a respeito dos ensinamentos dessa mulher incomum, são somente de fontes indiretas e incompletas. Ela era possuidora de uma sabedoria austera e impressionava a todos com sua personalidade, até mesmo ao populacho de Alexandria. Os fundamentos da cultura antiga foram apresentados a Sinésio, que durante toda a sua vida manteve um interesse ativo, principalmente pela astronomia. No entanto, em última análise, tudo se dissolvia em um grande sistema neoplatônico, no qual as idéias de Porfírio reviveram. Mas os 'mistérios' fundamentais dessa escola não chegaram ao conhecimento do grande público, pelo fato de serem decididamente pagãos e de não ousarem entrar em conflito com as leis de um Estado cristão.

Os estudos sobre a natureza e suas forças misteriosas levaram a um conhecimento mais profundo do mundo intelectual e espiritual que, por sua vez, e através de vários estágios, conduziu ao conhecimento de um Ser Único Divino refletido na inteireza do cosmos e que somente podia ser devidamente venerado sob uma condição de imagem e de adoração que transcendia a totalidade do mundo visível. O significado desta concepção para Sinésio somente pode ser mais nitidamente avaliado através de um pequeno tratado que, ainda hoje, continua a despertar interesse: o tratado sobre sonhos que o autor alega ter escrito na madrugada de uma única noite. Que maravilhoso império de beleza, sabedoria e revelações os sonhos são capazes de oferecer a cada um dos seres humanos, sem a necessidade de mágicas ou lugares específicos para adoração!

Não fazia parte das intenções de Sinésio escrever um livro popular sobre sonhos e oráculos. Nos sonhos, a alma se liberta de suas limitações materiais. No poder da imaginação ela agita suas asas e se aproxima da origem de sua verdadeira existência. É sabido que os sonhos contêm o perigo das frustrações e da sedução, conforme as mais íntimas condições da alma sonhadora. Porém, um espírito santificado, purificado pela moderação e pela disciplina, rapidamente deixa de lado essa possibilidade demoníaca e os experimentos mágicos das adivinhações. Ele se levanta, leve e puro, sobre as asas da graça divina, em direção aos exemplos do que é verdadeiramente eterno e real e começa a tomar conhecimento da suprema realidade: da essência sobrenatural, do maravilhoso e eterno significado das coisas espirituais e de seus próprios direitos naturais em um mundo que tempo algum poderá destruir. Quando corretamente interpretado, o universo dos sonhos é testemunha da unidade intelectual do mundo, escondida sob sua superfície caótica, e uma prova da imortalidade da alma.

Sabemos, por outro lado, que isso não constitui alimento para um público medianamente educado. Nas cidades em que os 'professores do povo', encorajados por sua educação deficiente, discutiam sobre Deus, eles esperariam ganhar o apoio de Sinésio; mas ele somente se orientava pelos conceitos de Hipatia (*Ep. 154 ad Philos. Magistr.*). Ele se mantinha distante e exprimia seu desprezo pela 'filosofia cristã' do proselitismo dos bispos, e da mesma forma agia em relação a certos 'sofistas' pagãos. Seu desejo era manter-se independente de todos os partidos e fiel apenas à suprema verdade conhecida pelo homem.

Logo após seu retorno ao lar, Sinésio precisou participar de um empreendimento de grande importância para seus compatriotas. A província, seriamente deteriorada pelas repetidas incursões das tribos do deserto, cruelmente explorada por funcionários incompetentes e inadequadamente defendida, estava precisando de uma redução de impostos, o que somente poderia ser alcançado na própria corte imperial. Sinésio tomou para si essa missão, que o manteria em Constantinopla por três anos, mais tarde chamados por ele de horríveis, anos perdidos que ele preferiria ter passado em seu lar 'com seus livros e com sua caça'. Mesmo assim, esses anos tiveram grande influência em seu desenvolvimento.

A nobreza, intelectualmente rica e notável, havia agora se colocado à vontade dentro da mais alta sociedade. Ele aprendeu a encontrar seu caminho no labirinto da diplomacia da corte: desenvolveu contatos influentes e encontrou o reconhecimento da parte de seus admiradores. Foi-lhe permitido fazer um discurso 'A respeito do Império' perante o jovem Arcádio e sua corte.

A despeito de uma retórica de estilo convencional, sua fala consegue revelar certas facetas de seu caráter. Sinésio não só conseguiu a coragem necessária para protestar contra a corrupção e o abuso de poder, como fez-se também porta-voz do movimento antigovernista. Declarou ser uma desgraça que a defesa das fronteiras e os postos administrativos mais importantes do império estivessem sendo transferidos aos bárbaros, às raposas vorazes, e não aos 'cães de guarda' prescritos por Platão. Ainda em vida chegou a ver as mudanças realizadas em favor de um exclusivo grupo da corte nacional 'romana'.

Sinésio descreveu essas mudanças através de uma linguagem mistificada no tratado intitulado *Os Egípcios ou Sobre a Providência,* no qual foram registrados a queda e o retorno de seu patrono Aureliano, Prefeito da Cidade. O personagem é apresentado com a máscara de Osíris, que foi perseguida por seu cruel irmão Tifão. Esse foi um trabalho que procurou ser ao mesmo tempo filosófico, mítico e histórico, e era típico do gosto rebuscado da 'sociedade' daquele período. Um outro pequeno tratado dessa época descreve os engenhosos instrumentos astronômicos com que Sinésio presenteou uma personalidade altamente posicionada.

Pode-se razoavelmente duvidar se Sinésio foi convenientemente aconselhado a protestar contra as tropas alemãs, supostamente destruidoras e desnecessárias. Porém, ele ainda permanecia sendo um genuíno nacionalista romântico, pois associava suas palavras aos fatos. Quando retornou ao lar, imediatamente tentou organizar uma guarnição para proteger a fronteira. Colocou em ação uma forte milícia, assumiu ele próprio o controle, inventou um novo projétil e fortaleceu as guarnições fronteiriças contra os 'bárbaros'. Cooperou com os comandantes e oficiais, dando-lhes freqüentes instruções e substituindo-os por outros nas ocorrências de insucessos óbvios.

Mais uma vez o platonismo estava fazendo exigências práticas e inspirando atividades políticas. Assim que a paz foi conquistada, Sinésio retornou à sua vida 'filosófica'. Encontramo-lo em sua propriedade no campo, ao lado de seus amigos e entre seus livros e escritos, ocupado com a educação de seu sobrinho. Canta louvores ao lazer, aos estudos, à devoção espiritual, à tranqüilidade e à glória de Deus. Os hinos que anteriormente mencionamos representam a mais agradável e solene expressão de seu temperamento.

Os hinos de Sinésio eram trabalhos artísticos cuidadosamente elaborados, compostos de acordo com todos os ritmos clássicos, repletos de alusões literárias e de corajosas inovações lingüísticas. Na verdade, eram genuínos poemas lírico-religiosos e 'filosóficos', de radiante majestade e baseados nos ensinamentos dos filósofos neoplatônicos. A admiração pela beleza do cosmos, a devota e inexprimível ascensão ao Ser Único e a ânsia da alma pela pureza e pela perfeição foram expressas com elevada emoção.

> Ao Rei dos deuses elevamos nossa voz:
> A Ele tecemos uma coroa, e trazemos
> Um sacrifício de palavras, um sacrifício sem sangue.
> (Hino 1 [3], 8-11).

O louvor espiritual havia tomado o lugar das antigas convenções devocionais religiosas, proibidas por lei e desnecessárias às orações do homem filosófico. Provavelmente, os nove hinos foram escritos no período anterior à ordenação de Sinésio como bispo e até mesmo antes que ele tivesse se tornado membro da Igreja. No entanto, os conceitos cristãos já aparecem ao lado de concepções puramente mitológicas e pagãs. Um dos hinos, de forma bastante óbvia, exalta a descida de Cristo ao inferno e sua ascensão; em outro, o autor tem em mente a adoração dos magos. Pode-se perceber a progressiva aproximação do cristianismo no constante fluxo dos sentimentos. O 'Primogênito' Divino, assim como o 'Herói', é transformado no 'Logos', o 'Filho' e o 'Filho da virgem': a trindade neoplatônica do Ser Único, do Espírito Criador, e da Alma Suprema, tornam-se o poder trino da Trindade cristã. Porém, é questionável até que ponto poder-se-ia avaliar os hinos dessa forma, como uma forma de confissão pessoal e, então, interpretá-los biograficamente. Sinésio sente a afinidade das imagens e dos conceitos, não tem escrúpulos em utilizar os 'mitos' cristãos e rende homenagens àquilo que julgava ser a sua verdade. Para ele, o paganismo e o cristianismo encontram-se lado a lado, como duas 'denominações' interligadas, e a verdade que partilham é maior do que aquela que os divide.

O poeta, que vive com uma esposa cristã no mais feliz dos casamentos, difere do ponto de vista cristão da vida em um grande número de aspectos e não se sente inclinado a juntar-se à Igreja. Porém, isso não o impedia de prestar seu tributo à verdade, qualquer que fosse a forma sob a qual se apresentasse. Sua carta a um amigo cristão, que se converteu à vida monástica, é bastante típica (*Ep. 147* [*146*] *ad Johann.*). Para Sinésio, os grosseiros 'mantos-negros' (monges) não lhe eram muito atraentes, embora não sentisse qualquer desejo de lançar dúvidas sobre a seriedade de sua vida contemplativa e tivesse, de todo o coração, parabenizado seu amigo por ter conseguido, com um único passo, o que ele há tanto tempo vinha se esforçando para alcançar vestido com seu manto branco de 'filósofo'. 'Eu rendo homenagens a tudo que acontece por amor ao divino'.

Essa é a posição do homem que foi eleito bispo de Ptolemaida, no verão do ano 410, e que se tornou o clérigo mais importante de toda a Cirenaica. A fim de compreender como isso aconteceu devemos lembrar que, nessa época, o bispo era legal e tradicionalmente a pessoa mais importante e influente da vida pública e que de forma alguma tinha suas atividades restritas exclusivamente à esfera religiosa. Ele era o homem que tinha em suas mãos as obrigações do bem-estar social e, de certa forma, para o qual a administração da justiça convergia, o único porta-voz que ninguém poderia proibir de falar, o defensor dos oprimidos contra as ações arbitrárias do cobrador de impostos e da burocracia política. Não é por acaso que altos funcionários eram freqüentemente transferidos para importantes postos do episcopado. Até onde um eficiente prelado metropolitano podia alcançar e representar pode ser demonstrado na vida de Basílio, ou de qualquer outro grande bispo daqueles tempos. Era, portanto, bastante natural que os cristãos da Cirenaica desejassem colocar como responsável por sua administração eclesiástica o lorde feudal mais influente e eficaz de seu país, que era, inclusive, o homem intelectualmente mais notável e o mais rico.

Será que Sinésio desejava ser eleito ou será que foi simplesmente surpreendido? Posteriormente, suas cartas mais íntimas enfatizavam, mais de uma vez, que aceitar essa nomeação significou-lhe um grande sacrifício, que ele preferia ter morrido dez mil mortes a carregar o peso desse cargo e que apelava a 'Deus que honra a filosofia e a amizade' como testemunha de que estava dizendo a verdade (*Ep. 96* [95] *ad Olymp.*). Ele explicava que uma recusa obstinada teria tornado sua vida impossível; se não aceitasse o cargo teria que renunciar à sua amada terra natal. Tais afirmações são perfeitamente dignas de crédito, porém um homem dessa qualidade não pode ser julgado exclusivamente pelos critérios de seus próprios sentimentos.

Anteriormente, Sinésio foi considerado como possível candidato a um cargo político e, nessa ocasião, ele havia se declarado disposto a aceitar – embora não fosse exatamente o tipo adequado para tal compromisso. Agora, pela segunda vez, ele teria que enfrentar o problema, sob uma forma mais séria e renovada, e parece que considerou esse compromisso sob o mesmo aspecto que antes: sua terra natal precisava dele e Sinésio, embora pudesse, não iria se evadir dos serviços que lhe eram requisitados. Porém, a decisão que devia tomar não era mais simplesmente por motivos exteriores. O bispo era, também, o líder moral e religioso e o mestre de seu povo. Tinha o dever de demonstrar publicamente as exigências da verdadeira filosofia e foi justamente essa responsabilidade que, de forma evidente, o impressionou. Considerava que a indicação ao cargo havia sido mais do que um mero acidente: não eram os homens, mas o próprio Deus que estava a exigir dele esse trabalho. E 'com ele, dizem, todas as coisas são possíveis, mesmo aquelas que de outra forma pareceriam impossíveis' (*Ep. 11 ad Presb.*).

Por outro lado, entretanto, as dificuldades eram bastante óbvias. Sinésio nunca foi batizado e não era cristão. Ele não se sentia capaz de desonrar suas antigas convicções e não queria levantar falsas esperanças. Acima de tudo, seu futuro superior, bispo Teófilo de Alexandria, que iria consagrá-lo, deveria ser previamente informado, com toda a franqueza, sobre o que iria fazer. Para resolver o dilema, a maneira escolhida por Sinésio foi explicar minuciosamente suas opiniões em uma carta a seu irmão, onde claramente expunha as coisas que estaria ou não preparado para fazer caso fosse nomeado. Essa carta, como ele próprio energicamente assinalou, tinha a intenção de ser lida por todos e de esclarecer a situação ao patriarca. Era, portanto, uma 'carta aberta' cuidadosamente elaborada, onde cada palavra tinha um significado extremamente importante (*Ep. 105, ad Fratrem*).

A carta começava da seguinte maneira: 'Seria extremamente difícil compreender se eu não estivesse imensamente grato aos cidadãos de Ptolemaida por me terem considerado digno de um trabalho que eu mesmo não me sinto capaz de realizar'. A dignidade desse novo cargo espiritual requeria uma alma serena, totalmente imaculada e repleta de santidade religiosa, cujo mérito Sinésio estava longe de se sentir possuidor. A declaração de sua própria indignidade ao cargo era o procedimento normal nesses casos. Sinésio, porém, exalta essa declaração convencional através de referências à sua vida pregressa totalmente secular e tão inadequada como preparação à vida de um mestre público das leis de Deus.

No entanto, por amor à causa, Sinésio sente-se completamente capacitado a realizar o sacrifício que lhe é imposto. As alegrias do esporte e da caça, e mesmo seus estudos particulares teriam que ser abandonados. Mas ele não estava disposto a abrir mão de seu casamento. Segundo sua opinião, seria igualmente errado afastar-se inteiramente de sua esposa ou, por outro lado, manter com ela um relacionamento secreto. 'Pelo contrário, eu desejo muitos filhos bem educados'. Sinésio não tinha mais qualquer hesitação em juntar-se à Igreja ou em aceitar o batismo: essas seriam as condições que ele agora aceita como inevitáveis para o cargo episcopal. Porém, algumas restrições sobre assuntos do dogma, que ele fazia questão de deixar bastante claras, seriam ainda mais importantes. A ele deveria ser permitido conceber a fé através de termos filosóficos e, quando as barreiras entre suas convicções e os atuais dogmas eclesiásticos fossem insuperáveis, ele teria a permissão de se manter fiel aos seus anteriores pontos de vista. A eternidade do mundo, a preexistência da alma e a crença em sua imortalidade e não na negação da ressurreição física eram alguns dos pontos de divergências, sobre os quais recusava-se a condescender.

Sinésio estava preparado para não lhes dar muita importância. Não se poderia esperar que ele os fosse contradizer e, particularmente, teria permissão para continuar a ser um filósofo; porém, em público, e como era de se esperar, deveria 'falar mitologicamente'. Para um 'neoplatônico', uma oferta dessa natureza não seria considerada uma traição. Ele sabia que as verdades fundamentais a respeito da Divindade não deveriam, em hipótese alguma, ser reveladas às multidões. No entanto, como bispo, jamais deveria afirmar algo em que não acreditasse, 'pois Deus e a sinceridade estão sempre unidos'.

O propósito da carta é óbvio: Sinésio desejava fazer com que fosse impossível qualquer futura reprovação ou qualquer medida que pudesse ser tomada contra ele por razões de heresia. Se essas condições fossem aceitas, ele estaria disposto a ser ordenado. Infelizmente, não sabemos como tiveram andamento as negociações decisivas com o patriarca. Sinésio havia conhecido Teófilo durante sua estadia em Alexandria, sendo que o próprio bispo havia celebrado seu casamento. Portanto, não poderia ter ficado muito feliz com a carta e com a situação por ela criada. Dentre todos os homens, Teófilo não foi preparado para levar tais propostas em consideração, em sua posição de baluarte da fé na luta contra os hereges e os discípulos de Orígenes. Mas, evidentemente, ele não gostaria de recusar; não queria incorrer no desagrado, tanto do próprio e famoso candidato como da província da Cirenaica, localizada nos limites de sua própria província.

A única coisa que sabemos é que Sinésio não permaneceu menos de sete meses em Alexandria, antes de seu retorno como um consagrado bispo cristão. É provável que, por fim, tenha concordado em renunciar ao seu casamento, pois não há nenhuma menção de sua esposa no período subseqüente. Não se acredita, no entanto, que Sinésio tenha sacrificado suas convicções filosóficas. Nenhuma palavra foi suprimida da 'carta aberta' elaborada por ele, e esta permaneceu em plena vigência.

O quadro das atividades do bispo Sinésio que observamos é ainda mais surpreendente. Embora tenha se recusado a abandonar suas convicções, parece ter sido, em todos os aspectos, um bispo leal, escrupuloso e completamente ortodoxo que, aparentemente, em nada se diferenciava de seus colegas. Nós o vemos viajando por sua diocese, solucionando conflitos, fundando mosteiros e conduzindo ordenações. Ele apresenta suas dúvidas ao patriarca, procura os conselhos espirituais do santo monge Isidoro de Pelúsia e combate as heresias de modo rigoroso; e onde quer que surgissem heresias como as dos arianos eunomianos radicais, tomava vigorosas medidas contrárias. Os fragmentos remanescentes de seus sermões estão impregnados de irrepreensíveis correções doutrinárias. As citações bíblicas que agora fazia com zelo e precisão, antes eram para ele completamente estranhas, comparadas aos seus conhecimentos de Platão e dos poetas antigos. Tudo isso era exigido pelas incumbências do trabalho de liderar as pessoas em direção à adoração a Deus. Sinésio não mudou sua fé: simplesmente fez a transposição das atitudes que havia alimentado durante sua vida de filósofo e de indivíduo comum, para os termos prescritos pela vida pública.

Seria desnecessário mencionar que Sinésio não deixou de participar das lutas políticas de sua terra natal. Agora, mais do que nunca, colocou todos os mecanismos em ação para prevenir que ocorresse um desastre militar na luta contra as tribos do deserto. A situação havia piorado e, às vezes, parecia quase desesperadora. Sinésio estava determinado a resistir até o fim. Recusava-se a uma retirada precipitada; porém, se toda a resistência tivesse sido em vão, estaria pronto a abraçar as colunas do altar e aguardar o golpe final contra a Igreja. Mesmo agora, foi visto supervisionando o alistamento dos recrutas e todas as medidas que eram tomadas para a defesa do país, fazendo comoventes apelos ao público. Entretanto, agora tinha armas mais eficazes à sua disposição para serem utilizadas contra a deslealdade daqueles que foram responsáveis pelas fraquezas do país. A primeira excomunhão de que se tem notícia na história da Igreja foi imposta por Sinésio ao duque Andrônico, que havia sido responsável por inúmeros casos de extorsão, chantagem e brutalidade. Um aviso foi enviado a todas as igrejas espalhadas pelo mundo, informando que ele e seus cúmplices deveriam ser expulsos da casa de Deus, e que todos que com ele partilhassem seu teto ou sua mesa estariam sujeitos a incorrer no mesmo terrível castigo. Sinésio obrigou o orgulhoso criminoso a arrepender-se e a obedecer. Quem poderia acreditar que o gentil 'neoplatônico' dos tempos antigos seria capaz de uma atitude tão rigorosa e medieval?

Na verdade, Sinésio não havia realmente mudado. Ele sofria muito por causa das obrigações e dos fardos que precisava suportar. Queixava-se que tudo havia mudado e que o prazer, a honra e a felicidade, que anteriormente haviam preenchido sua vida, haviam agora desaparecido. Também foi perseguido por terríveis infortúnios em seus negócios familiares. Seu irmão precisou fugir do país para evitar ser eleito *Decurio*, isto é, fiador público da coleta de impostos, um cargo que haveria de arruiná-lo financeiramente. Sinésio viu seus três adorados filhos morrerem um após o outro e a tristeza partiu seu coração. Contudo, em público, ele orgulhosamente reprimia todo seu sofrimento particular e só às vezes dava lugar às queixas em breves notas a seus velhos amigos. Acreditava que não era sem razão que o oráculo dos sonhos havia profetizado que a morte haveria de chegar no ano de sua ascensão ao cargo. Sentia-se como se já tivesse morrido. Uma de suas últimas cartas, cheia de tristeza e fadiga, foi endereçada à Hipatia, sua 'amada' e mestra. Logo depois, no ano 415, acusada de paganismo, ela foi capturada pela plebe de Alexandria, arrastada até a igreja e reduzida a pedaços. Parece que Sinésio não viveu o suficiente para tomar conhecimento de seu horrível destino. É possível que tenha morrido em 413.

Será que Sinésio conseguiu levar a termo o seu trabalho na comunidade cristã como havia almejado 'não como um declínio, porém, como uma ascensão aos píncaros da filosofia'? (*Ep. 11 ad Presb. ; 96* [*95*] *ad Olymp.*). Não se conhece qualquer informação que poderia sugerir que Sinésio tivesse se arrependido, ou mesmo que tivesse tido problemas de consciência. Como bispo, Sinésio sabia que ocupava o lugar para o qual Deus e os governantes de sua terra natal o haviam chamado e onde era seu dever permanecer. Da mesma forma que Basílio, Sinésio havia deliberadamente sacrificado seu lazer e sua filosofia por causa das exigências que lhe foram impostas, em prol do bem-estar comum. Nesse sentido, ele estava sendo mais sincero que Gregório de Nissa, que nunca fora capaz de superar o retórico individualista que existia dentro dele.

No entanto, podemos nos lembrar de Gregório de Nissa quando vemos como foi capaz de assegurar para si, no mais íntimo de sua personalidade, um império particular onde gozava de uma liberdade maior do que a revelada ao mundo exterior. Quantos bispos parecidos com ele poderiam ter ocupado os tronos da Igreja grega? A cultura clássica e a filosofia platônica nunca morreram no Império Bizantino e, se Sinésio realmente acreditasse na possibilidade de preservar suas antigas convicções, mesmo após ter-se convertido em cristão e bispo, a 'cristianização' do platonismo e a 'platonização' do cristianismo se tornariam uma tradição comum nas épocas seguintes. Mesmo até onde fosse impossível ignorar as diferenças, a Igreja geralmente deixava em paz os filósofos que se comportavam como Sinésio. As verdadeiras crises e conflitos sempre surgiram nos lugares em que os teólogos tentaram levar sua profissão demasiadamente a sério, esforçando-se para tornar as qualidades e características peculiares da fé cristã vinculadas a si próprios e às suas igrejas.

Capítulo 11

João Crisóstomo

O cristianismo grego não conheceu o conflito entre a Igreja e o Estado, no sentido medieval. Ocorriam lutas pelo poder, mas sempre relacionadas ao próprio poder dentro da Igreja. Até mesmo os maiores bispos jamais exigiram ser ouvidos sobre questões políticas ou ser-lhes permitido tomar decisões nesse terreno. Pelo contrário, era o imperador, como o cristão encarregado do supremo poder na terra, que comandava e supervisionava os assuntos da Igreja. Eram colocados limites para suas ações somente nas esferas espirituais mais profundas e nos assuntos sacerdotais. E isto não evitava que ele interviesse e tomasse partido em disputas e usasse a sua autoridade para decidir questões. O verdadeiro problema no Oriente era, portanto, ter o imperador a seu lado, com seu auxílio, para desarmar inimigos eclesiásticos. Onde quer que isto falhasse, tudo o mais tornava-se um protesto de fé, o direto apelo aos mandamentos e à verdade de Deus, e o caminho ao martírio. A Igreja grega jamais careceu de homens preparados para trilhar este caminho, se fosse necessário.

João Crisóstomo não foi mártir da fé ortodoxa; questões dogmáticas raramente fizeram parte de sua vida. Mas era o protótipo de um membro da Igreja que permanece leal à sua missão espiritual, até o final, que consideraria traição qualquer consideração por circunstâncias políticas e pelo poder deste mundo. Se houvesse sido possível para ele permanecer como era em sua essência - o incansável pregador e intérprete da Palavra de Deus, o ensinador e verdadeiro conselheiro de sua congregação, o amigo e ajudador do pobre, do oprimido e do necessitado -, provavelmente a sua vida teria terminado de modo pacífico. Porém, os seus maravilhosos dons, o amor e admiração que possuía e que o seu trabalho sempre trazia à mente, o elevavam acima de sua própria vontade, mesmo às mais altas posições, às de importância decisiva no mundo ou às eclesiásticas. Neste terreno, o homem que era capaz de dominar a si mesmo, não somente pelos dons espirituais que possuía, ou por ser um pregador e pastor, carecia de habilidade política. Ele era, contudo, bastante consciente e enérgico para conduzir de modo sério as responsabilidades da liderança e governo que lhe eram impostas por seu ofício. Tornou-se, então, envolvido em problemas e conflitos que deveria enfrentar.

O mundo de onde Crisóstomo veio era diferente daquele dos patriarcas que discutimos nos capítulos anteriores. Nasceu em Antioquia, a metrópole síria em Orontes. Não era, portanto, um cavalheiro e juiz por descendência, mas o filho de uma grande cidade e de sua vida peculiar. O ambiente em que foi criado era de classe alta e abastada. Recebeu toda a sua educação da parte de mulheres, como acontecia com muitos devotos ascéticos, uma vez que seu pai, um oficial de alta patente, morreu jovem. Se levarmos em consideração seu depoimento, concluiremos que teve uma vivência no campo durante certo período, 'enganado pela cobiça do mundo' (*De Sacerd.* I, 3). Mas nos exemplos que ele dá - pelo gosto de comidas finas, por gostar de teatro, a participação nas atividades públicas da corte - observamos de forma definitiva que não devemos considerar como muito sérias as acusações que faz sobre si mesmo. Dedicou um grande cuidado aos jovens, em meio ao que chamou de "casa ardente", referindo-se à vida da cidade grande.

Com 18 anos de idade João foi batizado, o que foi a seus olhos o selo de uma vida espiritual, e somente três anos mais tarde, após ter concluído sua educação geral em retórica, foi ordenado como proclamador. Provavelmente este foi o princípio de uma carreira religiosa, porém ainda era somente um tempo de preparação em sua vida. Duas forças deram forma a seu desenvolvimento: o ideal monástico, que tinha raízes profundas na Síria, e a cultura que adquiriu na excelente escola bíblica de Antioquia. Crisóstomo era considerado na região de Antioquia como um ascético e devotado a exercícios espirituais e trabalhos teológicos sérios.

O monasticismo já estava bastante divulgado neste período na região de Antioquia. Os monges eram considerados santos pelo povo, que se dirigia às suas cavernas ou comunidades, e possuía distintos teólogos em seu grupo. Freqüentemente forneciam à igreja os seus líderes e bispos. Crisóstomo dedicou-se de modo entusiasmado aos ideais monásticos. A conquista das paixões terrenas básicas, a disciplina moral de um amor desprendido de si mesmo e concentrado em Deus pareciam a ele ser o verdadeiro cumprimento do mandamento cristão. Ele praticava os exercícios ascéticos do jejum, de suportar o frio, de orar, de modo tão obstinado a ponto de causar ferimentos permanentes em sua saúde, e provavelmente o tenha feito por considerar a princípio que passaria toda sua vida como um monge.

Por outro lado, tinha um caráter muito ativo e uma consciência missionária muito forte para poder encontrar satisfação duradoura na sua busca da perfeição ascética. A paz interior que o monge aspira, no melhor de sua capacidade, não pode existir sem um egocentrismo secreto (*De Compunct.* I, 6) e jamais pode ser alcançado somente por meio dos exercícios físicos. Uma outra e maior motivação é necessária; o amor por Cristo que automaticamente nos leva aos outros cristãos. Além do mais, trata-se de um tremendo erro acreditar que somente o monge tem o compromisso de buscar a perfeição. Cristo chamou todos os homens e não fez distinção entre a vida secular e a vida ascética. O amor, que é o supremo bem, é comum a ambos. Paulo 'requereu o mesmo amor das pessoas do mundo, assim como Cristo o requereu de seus discípulos' (*Adv. Oppugn.* 3, 14).

O monge apenas considera mais fácil apegar-se à meta, porque renuncia ao casamento e a milhares de tentações exteriores. Devem ainda ser admirados todos aqueles que estão no mundo como sacerdotes, trazendo salvação e santificação a outras pessoas. Mais tarde, como um jovem clérigo, Crisóstomo escreveu um tratado intitulado 'Sobre o Sacerdócio', no qual desenvolveu estas idéias amplamente, tomando Gregório Nazianzeno como ponto de partida. Aqueles que têm a permissão de oferecer o mais santo sacrifício no altar, que ajudam os homens a desenvolver-se na vida espiritual, sabem que somente Deus no céu é capaz de confirmar o julgamento deles, e ascender a verdadeiras esferas sobre-humanas.

Não é surpreendente que o monge sinta-se em perigo em seu ofício, mas é a maior das duas vocações religiosas. 'Qualquer um que compara os tormentos da vida monástica com o trabalho espiritual conduzido de modo apropriado, encontrará uma diferença tão grande quanto de uma pessoa comum e o imperador' (*De Sacerd.* VI, 5). Está claro que a trajetória ousada do monastério ao bispado, que Basílio arriscou-se a trilhar, com o coração pesaroso, começava a ser a construção de um sólido caminho aberto para todos.

Mesmo antes do início de sua vida no monastério, Crisóstomo iniciou seus estudos teológicos. O patriarcado de Antioquia foi obrigado a retroceder quanto aos distúrbios causados pela controvérsia ariana, e abdicar em favor de Alexandria e também em favor da jovem capital de Constantinopla. Mas o primeiro lugar onde os discípulos foram chamados cristãos (At 11.26) - distinção que Crisóstomo ressalta repetidamente - ainda reivindica orgulhosamente ser o centro das atividades teológicas e da educação. A tradição de sérios estudiosos desenvolvida em Pérgamo foi retomada na escola de Antioquia. Durante este período, havia o grande Diodoro de Tarso, que havia resistido de modo glorioso à opressão dos "arianos", sob o comando do imperador Valério, e era um estudioso de dialética e filologista treinado na escola aristotélica. Era também um teólogo que sustentava razões precisas para a doutrina das duas naturezas de Cristo, e encorajava seus alunos a discutir todos os problemas teológicos imagináveis. Mas a principal influência que ele exerceu sobre Crisóstomo foi como mestre bíblico.

Foi com Diodoro que Crisóstomo aprendeu a valorizar e a explorar o Novo Testamento como a fonte de todo o verdadeiro conhecimento e estabeleceu os alicerces de seu entendimento e conhecimento bíblico. É verdade que ele mesmo não se tornou um erudito. Crisóstomo jamais se graduou em qualquer idioma além do grego, sua língua nativa, sendo obrigado a confiar em especialistas para conhecer o texto original do Antigo Testamento e suas versões siríacas. Porém jamais deixou de possuir um cuidadoso treinamento filológico. Levou esta tarefa a sério e acreditou que todas as considerações históricas e psicológicas devem obrigatoriamente servir para estabelecer o significado original do próprio texto, não devendo ser utilizadas simplesmente para encontrar de modo arbitrário interpretações teológicas e especulações alegóricas de uma ou de outra passagem. Crisóstomo também estudou os caracteres pessoais e as diferenças entre os vários autores da Bíblia, e, em muitos problemas exegéticos, o seu sábio juízo ainda tem peso nos dias atuais.

Por fim, contudo, toda exegese deve se submeter à pregação do evangelho, na qual, por si só, através do ensino, do despertamento e da edificação dos ouvintes, é capaz de atingir o seu completo efeito e desenvolvimento. No sermão ouvimos a voz de Cristo e a chamada de seus apóstolos. Este fato deveria nos revelar o amor perdoador que Deus mostrou enviando-nos o seu Filho e, por meio do sacrifício feito na cruz, despertou nosso amor por Ele, levando-nos a uma nova vida de discipulado e boas obras.

Crisóstomo não contribuiu para o pensamento teológico a respeito de Cristo, nem demonstrou muito interesse nas disputas acadêmicas daqueles dias sobre este assunto. O que lhe interessava era o despertamento dos corações humanos, que a sua energia moral fosse estimulada, desenvolvendo nestes o amor verdadeiro e uma vida espiritual não fingida. Não por acaso Mateus foi o seu evangelho favorito, assim como nutria um grande apreço pelos escritos de Paulo, sobre quem escreveu uma completa exposição, direcionada, acima de tudo, aos aspectos devocionais e morais das epístolas. O âmago da doutrina paulina da justificação fazia sentido para Crisóstomo. Pelágio referiu-se a ele (Crisóstomo) como uma autoridade neste assunto.

Provavelmente graças ao antigo bispo Melétio, que deu importância à educação do clero, Crisóstomo retornou de sua caverna nas montanhas à cidade no inverno do ano 380 ou 381. Melétio ordenou-o diácono de sua catedral antes de sua última jornada a Constantinopla para participar do Concílio. Mais tarde, Crisóstomo foi ordenado sacerdote. Diz-se que devido ao seu excessivo empenho ascético esteve prestes a ter um colapso físico, de modo que não poderia mais viver sozinho. Encontramo-lo daqui por diante engajado como organizador de obras de caridade, como um pregador e pastor completamente devotado ao serviço prático da igreja. Também continuou a dedicar-se às atividades literárias, desenvolvidas nas horas de folga de seu trabalho diário, que eram sóbrias, realistas e naturais. Escreveu uma obra de consolação para alguém que era mentalmente enfermo, outra para uma jovem viúva, um tratado sobre educação dos filhos, uma advertência contra o segundo matrimônio. Também escreveu um tratado especial contra o abuso monástico que era a coabitação com virgens consagradas, conhecida como casamento espiritual.

Em uma série de aulas apologéticas forneceu as evidências, tanto aos judeus como aos pagãos, de que Cristo é o Filho de Deus. A pedidos especiais, Crisóstomo também pregou sobre temas relacionados a problemas de controvérsias teológicas; porém, a grande maioria de seus sermões era simplesmente interpretações de textos bíblicos, não dedicados a questões particulares, mas homilias nas quais o texto é parafraseado e aplicado. Deste modo, Crisóstomo freqüentemente discutia e pregava através de todos os livros da Bíblia Sagrada. Os seus sermões eram então publicados ou incorporados aos seus comentários. Mas mesmo em seu trabalho puramente literário, preferia a forma da homilia.

Como pregador era incansável, tendo influenciado o seu próprio mundo bem como a sua posteridade, acima de tudo, por meio de seus sermões. "Não posso sequer deixar que passe um dia sem alimentá-los com os tesouros que estão contidos nas Escrituras" (*Hom. In Genes.* 28.1-2). Só recebeu o cognome de Crisóstomo (que significa boca de ouro) no século VI, porém a admiração por sua pregação já era amplamente difundida em seus próprios dias. Não demorou muito para que se tornasse o orador mais popular em Antioquia. Vários taquígrafos costumavam redigir suas palavras, havendo longos aplausos onde quer que ele falasse, mesmo nas ocasiões em que estava pregando autênticos sermões, e não ministrando simples aulas. A simpatia, a jovialidade e a naturalidade de seu discurso eram imediatamente percebidos. Quanto à sua aparência, era sóbrio e simples. Sua voz não era forte, pois sempre teve uma saúde precária. Porém, a pregação era uma necessidade vital para ele. Assim que a congregação estivesse faminta para ouvir, ele estaria faminto para pregar. 'Pregar torna-me saudável; assim que abro minha boca, todo o cansaço vai embora' (*Hom. Post Terrae Motum,* Migne 50, 713 f.).

Crisóstomo pregava com muita desenvoltura, o que deixava claro tratar-se de um orador treinado. Porém evitava as usuais ostentações retóricas, expressando-se de forma muito simples, como era apropriado. O seu desejo era que todos fossem capazes de entendê-lo. Os seus sermões eram geralmente bem preparados, porém era capaz de também desviar-se e passar a abordar sugestões espontâneas de sua audiência sem a menor dificuldade. A marca do verdadeiro pastor é não ser presunçoso no seu relacionamento com a sua congregação, e esta era uma atitude original da natureza de Crisóstomo. Quando seus sermões eram publicados, as digressões pessoais eram geralmente apagadas.

Problemas práticos e morais eram predominantes em sua interpretação e aplicação dos textos bíblicos. Os seus sermões continham uma parte significativa de exortação e correção moral. Freqüentemente reclamava da falta de aperfeiçoamento moral em sua congregação, porém também sabia quando encorajá-la e elogiá-la. O objetivo supremo era mantê-los ativos no exercício da bondade. Contudo, o 'bem' consiste não somente em exercícios devocionais e treinamento ascético mas, acima de tudo, nas formas amorosas de tratar as pessoas e no serviço social dentro da Igreja.

Quanto sofrimento existe em uma grande cidade; quantos aleijados e pedintes aglomeram-se diante de cada igreja; quantos enfermos cujo sofrimento clama ao céu! Crisóstomo apresenta profundas descrições dos sofrimentos dos enfermos que jazem com suas úlceras ou deformidades, que não têm sequer uma roupa para cobrir-se, que congelam e morrem de fome. Nem tudo deveria ser deixado para a Igreja e para aqueles que nela trabalham socorrendo a outros. As próprias pessoas deveriam ir aos banheiros, às casas de caridade e aos hospitais mantidos pela Igreja, e prestarem auxílio voluntário.

A diferença apavorante que existe entre ricos e pobres, tendo de um lado a luxúria que não faz sentido e, do outro, a extrema pobreza dentro da mesma sociedade que se autodenomina cristã, é o próximo tópico que Crisóstomo abordará com incansável sinceridade. O homem rico e o pobre Lázaro, os sofrimentos de Jó, as recomendações do Sermão do Monte, o padrão da igreja apostólica, são trechos bíblicos aos quais ele retorna constantemente.

Uma de suas freqüentes reclamações era sobre o desejo insaciável da congregação pelo prazer. Ele reclama que a antiga mania por circos e teatro, 'a escola universal da dissolução', este 'campo de treinamento da impureza' e 'trono de pestilência' (*Hom.* 6, 1 *de Poen.*), ainda está desenfreada. Nos festivais populares em partes da cidade de Dáfene, infelizmente têm havido poucas mudanças desde os dias malignos do paganismo. Em tais dias, até mesmo as igrejas ficam vazias e o pregador pode perceber sua completa falta de poder. Em tempos difíceis ou quando ameaças de desastres ocorrem, a atmosfera muda muito rapidamente e todos vão para a igreja em grandes grupos, em busca de auxílio espiritual.

Isso aconteceu na primavera do ano 387, quando Crisóstomo pregou a famosa série de sermões intitulada 'Sobre as Estátuas'. Devido a um aumento na taxação sofrida pelo povo, em um súbito tumulto, as estátuas do imperador foram desfiguradas e, por esta razão, esperava-se uma terrível punição. Toda a cidade, na qual execuções individuais já haviam ocorrido, estava paralisada pelo medo e parecia uma 'colméia abandonada' (*Hom. de Stat.* 2,1). Crisóstomo visitou os prisioneiros, dirigiu-se pessoalmente ao comandante, e procurou confortar o povo e prepará-lo para qualquer eventualidade. Enfatizou que a responsabilidade imediata pelo desastre não repousava sobre os cidadãos antigos, já estabelecidos, mas sobre os da ralé forasteira. Porém os diversos pecados do povo, acima de tudo os seus juramentos e blasfêmias, tornou-os participantes da culpa. Agora estava claro o que todo o bem-estar e glória do mundo realmente mereciam no tempo da ira. Deveriam depositar em Deus toda a sua confiança, e não dar um mau exemplo aos pagãos por covardia e melancolia. O bispo de Antioquia viajou então a Constantinopla, e, após semanas de espera, a cidade obteve o perdão imperial, principalmente devido à intercessão dos monges e do clero.

No ano 397 ocorreu um importante evento: a morte do bispo Nectário de Constantinopla. Como leigo e pretor, ele foi promovido a esta posição por Teodósio, no Concílio de 381, tendo em vista que o bispo eleito, Gregório Nazianzeno, não foi capaz de controlar a tempestade dos conflitos religiosos entre os grupos eclesiásticos. A indigna competição pela sucessão foi agora renovada. Candidatos e partes interessadas fizeram com que as suas vozes fossem ouvidas em todas as partes. Em particular, o patriarca de Alexandria, Teófilo, deu início a seus esforços, como de costume, para garantir que este cargo influente fosse ocupado por alguém que lhe fosse submisso e estivesse de acordo com as suas opiniões.

O imperador Arcádio era completamente diferente de seu pai Teodósio, e estava em uma situação em que não podia contar com nenhum auxílio, mas o seu favorito e poderoso auxiliar Eutrópio decidiu tomar o assunto em suas próprias mãos. Sem revelar nada aos vários representantes da Igreja, procurou evitar a ameaçadora confusão acontecida no ano 381, promovendo um homem que estava fora do tumulto da política eclesiástica, com a exceção de que desta vez não se tratava de um leigo mas de um teólogo de grande envergadura, capaz de satisfazer as demandas do decoro eclesiástico e representar a Igreja na corte e na capital.

Nesta ocasião, Crisóstomo já era famoso como pregador e escritor, muito além dos limites de sua cidade natal. Porém tomou-se o cuidado de não infringir sequer o menor ponto do compromisso, até mesmo pelo próprio Crisóstomo, para evitar qualquer oposição em Antioquia. Certo dia ele simplesmente recebeu uma ordem de um alto oficial do império, que residia na cidade, instruindo-o a comparecer a uma pequena capela de mártires fora dos portões, para uma conversa. Uma carruagem estava à sua espera, na qual foi obrigado a embarcar, sendo levado às pressas a Constantinopla. Ali, os bispos sobre quem não havia quaisquer suspeitas já estavam reunidos para a eleição, e o próprio Teófilo foi forçado, após vãos protestos, a ordenar Crisóstomo. Do dia para a noite, o sacerdote de Antioquia, pequeno e desprovido de poder, tornou-se o bispo-chefe do Oriente, o governante espiritual de Constantinopla, o pregador cuja responsabilidade era pregar na presença do imperador e de sua corte suntuosa.

Não é necessário mencionar que Crisóstomo jamais havia desejado tal sucessão de eventos, e que não possuía o mínimo preparo para tal. Porém, uma vez designado, não hesitou em aderir às novas tarefas que o confrontaram com notável vigor. Ele já considerava a pregação e o trabalho pastoral como suas tarefas mais importantes, e a este respeito cumpriu todas as expectativas que foram colocadas sobre ele. Os cultos que ele coordenava eram os mais freqüentados em Constantinopla, e logo um grande círculo de seguidores pessoais e admiradores o cercou, especialmente dentre as mulheres devotas que lhe davam suporte em seus esforços espirituais e colocavam grandes somas de recursos à sua disposição.

Crisóstomo procurou reorganizar e expandir o trabalho social de socorro aos necessitados e as atividades de enfermagem. Com esta finalidade em vista, restringiu a construção de novos templos e submeteu a administração e o sistema contábil a um aprofundado escrutínio. Não estava inteiramente satisfeito com as condições existentes em meio ao clero. Em Constantinopla, o sistema de 'casamentos espirituais' havia se espalhado por todo o clero paroquial, e vários sacerdotes, indignos desta responsabilidade, tiveram que ser privados de seus ofícios. Vadios monásticos foram banidos dos monastérios e levados a uma estrita vida religiosa. Crisóstomo também levou a cabo a luta contra as heresias; recusou-se a tolerar por mais tempo os erros ocorridos nos conventos. Por sua mansidão pessoal e prontidão para discutir os assuntos, de modo algum poderia ser considerado um 'liberal' em relação a isto, e cria nos direitos de uma Igreja Universal ligada ao Estado. 'Os judeus e os pagãos devem aprender que os cristãos são os salvadores, os protetores, os diretores e ensinadores da cidade' (*Hom. de Stat.* I,12).

Mesmo as necessidades políticas especiais de sua diocese encontraram nele um homem de visão nítida, que vigorosamente dava passos em direção a novos caminhos. O Concílio que aconteceu no ano 381 fez com que o bispo de Nova Roma se tornasse o segundo candidato ao bispado da antiga Roma no Ocidente. Mas o seu relacionamento com a sua vizinhança metropolitana ainda precisava ser resolvido. De fato, tudo o que ele realmente possuía era uma cidade isolada sem um interior de importância expressiva. Sob o comando de Crisóstomo, a importância do patriarcado de Constantinopla cresceu. O que ele tinha em mente era a posição ocupada por Antioquia na Síria. Dentre outras coisas, ele depôs o indigno bispo de Éfeso, interveio em outra diocese seriamente negligente na Ásia Menor e estabeleceu a ordem. Os cinco anos de atividades ininterruptas que lhe foram conferidos como bispo formaram o alicerce para o posterior desenvolvimento de Constantinopla.

Era inevitável que surgisse oposição ao completo espírito de reforma que ele introduziu, bem como aos procedimentos que adotou. Até então, o povo estava acostumado a esperar que o bispo da capital vivesse de modo esplêndido, e se apresentasse como o representante da Igreja em ocasiões públicas. Esperava-se que desempenhasse certo papel na vida social da corte, e que mantivesse as portas abertas para receber todos os visitantes eclesiásticos à capital. Crisóstomo reduziu esta exposição ao nível mínimo. Fazia suas refeições a sós, introduziu o conceito de economizar ao máximo, e jamais se cansou de reafirmar que considerava o cuidado para com os pobres e a atividade nas esferas espiritual e ascética, como sendo as tarefas essenciais de seu ofício. Rejeitou o anterior padrão de viver de modo dispendioso às custas da Igreja. Logo, muitos bispos passaram a ser seus inimigos, pois estavam freqüentemente perdendo tempo pensando nos assuntos da capital e da corte, ao invés de cuidarem das igrejas pelas quais eram responsáveis nas cidades onde viviam.

Suas constantes críticas às diversões públicas e à luxúria das classes mais altas incomodaram muitas pessoas influentes na cidade. Vieram de todos os lados com a finalidade de desaprovar este monge colérico. Não faltavam ocasiões para a inimizade e a intriga em Constantinopla. Crisóstomo tomou o nobre, porém perigoso, rumo de ignorar estes fatos e manter-se firme na direção que havia determinado para si. Nestas circunstâncias, o suporte que possuía e que seria capaz de manter na corte era da mais alta importância.

Para começar, Crisóstomo foi recebido com grande amabilidade e boa vontade. Arcádio, que era considerado um excepcional devoto, recebeu o novo patriarca, cuja reputação de santidade lhe havia precedido, com grande entusiasmo e alegria. Porém tinha pouca influência sobre as decisões do governo. Era muito mais importante para o novo bispo que estabelecesse boas relações com a vivaz e empreendedora imperatriz Eudóxia. Ela também recepcionou o novo patriarca com grandes expectativas. Em uma das primeiras cerimônias organizadas por ele, a solene entrada das relíquias de Focas, bispo de Sinope, no Ponto, ela condescendeu em carregar os restos do mártir pela cidade em uma procissão que aconteceu certa noite. No sermão proferido logo após a cerimônia, o bispo não fracassou ao dar a devida atenção a esta admirável expressão de suprema devoção por parte da imperatriz.

Quando a necessidade surgiu, Crisóstomo controlou o estilo extravagante da retórica empregada na corte, e não se poupou em louvores pela piedosa devoção que a casa imperial tinha para com Cristo. Evidentemente, nos primeiros anos sua posição na corte não era de forma alguma ruim. Quando Eutrópio foi derrotado no ano 399, por meio da intercessão de Crisóstomo, ele foi poupado. Eutrópio fugiu para o altar na catedral. Uma vez mais, Crisóstomo aproveitou a oportunidade para mostrar à congregação a fragilidade de toda a grandeza terrena, e sem misericórdia reprovou o miserável homem, expondo-lhe uma lista de pecados. Porém foi capaz de salvar a vida dele.

Os sentimentos contra Crisóstomo tiveram início entre algumas moças joviais, e parecem ter sido a causa do relacionamento dele com Eudóxia se tornar nebuloso. Pessoas hostis e causadoras de intrigas não pouparam falsidades para interpretar mal e falsificar certas inocentes observações que este fez em seus sermões. Em particular, foi dito que prejudicou-se por tomar partido no caso de uma viúva que foi de modo injusto privada de suas propriedades por Eudóxia, e, nesta conexão, é possível que ele a tenha realmente comparado à rainha Jezabel, do Antigo Testamento (1 Rs 21). Tudo isto conduziu-o ao desastre; contudo, somente quando os seus inimigos hierárquicos foram capazes de juntar forças com a corte é que tornaram-se capazes de dominá-lo.

A inveja do patriarcado de Alexandria contra Constantinopla já existia há muito tempo, e estava sendo constantemente alimentada pelas atividades de Crisóstomo. A hostilidade veio à tona quando um grande grupo de monges em Constantinopla agiu contra Teófilo. Este grupo era liderado por quatro dos chamados 'Altos Irmãos', e tinha o objetivo de protestar contra o rigor das decisões do patriarca e as injustiças que lhes foram feitas. Teófilo os havia classificado como fora de comunhão e hereges malignos por causa do treinamento origenista que possuíam, e finalmente baniu-os do Egito. Perseguidos por seus comunicados e cartas vingativas que circulavam pelas regiões, pediram o auxílio de Crisóstomo. Este não era de modo algum cego em relação aos perigos desta situação, e procurou acalmar e refrear os homens iracundos, que ele hospedou fora da hospedaria oficial da igreja. Escreveu uma polida e correta carta a este colega alexandrino, e fez tudo aquilo que estava ao seu alcance para evitar que este conflito tomasse grandes proporções.

Mas Teófilo recusou-se a negociar, e os monges fizeram contato com o governo, que aceitou a sua citação e convocou um concílio com a finalidade de decidir a questão, no qual Teófilo deveria apresentar-se como réu e Crisóstomo deveria tomar parte como julgador. O seu amargurado e agressivo colega foi então, não intencionalmente, forçado a comportar-se de modo extremo, e a situação tomou o rumo de uma catástrofe final.

Teófilo não considerou que devesse se expor diretamente, mas procurou dominar a situação, e não perdeu tempo lidando com esta questão.

Pesquisou a vida pregressa de seu rival em Antioquia, porém esta tentativa fracassou por não revelar nada que o desabonasse. Acudiu a um estrito inimigo dos heréticos, o bispo Epifânio de Salamis, para que fosse a Constantinopla e difamasse Crisóstomo. Fez contato com os bispos que haviam sido reprimidos por Crisóstomo e não poupou dinheiro para encorajar a facção que era contrária a Crisóstomo na corte. A disseminação de trechos de sermões em parte falsificados, contendo ataques pessoais à imperatriz quanto à luxúria de sua vida na corte, provou ser uma estratégia particularmente efetiva.

Quando Teófilo finalmente chegou a Constantinopla, trouxe consigo, sob expressas instruções, um grupo de bispos egípcios e realizou uma pomposa entrada na cidade, escoltado por esta companhia. Estabeleceu sua residência em um palácio que pertencia a Eudóxia. Rejeitou um convite que lhe fora feito por Crisóstomo. Fez tudo o que pôde para mudar o seu papel de acusado para acusador. A despeito dos maus presságios, Crisóstomo não tomou nenhuma atitude naquele momento. Esta decisão era bastante correta; porém, sem dúvida, a mais ineficaz que poderia ter escolhido. Na realidade, quando Arcádio, que evidentemente ainda lhe dava apoio, finalmente deu ordens para que a audiência tivesse início, Crisóstomo declarou-se incompetente para presidir, por exagerado respeito às leis, e provavelmente também na esperança de ser propício e acalmar Teófilo. Mas com essa atitude somente tornou a situação favorável para que Teófilo executasse uma ação arbitrária no momento seguinte.

Em setembro do ano 403, Teófilo convocou uma assembléia com a participação daqueles que o apoiavam, fora dos portões da cidade, em um mosteiro próximo a um carvalho, e intimou Crisóstomo a comparecer perante eles. Não é necessário dizer que Crisóstomo recusou-se a comparecer, mas não somente protestou e deixou o assunto daquela maneira. Com excessiva humildade e consciência declarou-se pronto a comparecer, contanto que os seus inimigos declarados fossem retirados de entre aquele grupo que se propôs a julgá-lo.

Uma outra delegação requisitando o comparecimento de Crisóstomo à 'assembléia do carvalho' foi amplamente proclamada, e os procedimentos contra ele foram abertos em sua ausência. Foi tomada uma decisão no menor tempo possível. Não precisamos mencionar todos os quarenta e seis pontos da denúncia. As reclamações acerca da extensão de sua esfera de influência foram especialmente significativas. Mas falando em termos gerais, era tudo uma mistura de publicações difamatórias, de mal-entendidos cometidos de forma inocente ou deliberada, e acusações políticas, cujo propósito era claro desde o início: provar que Crisóstomo era culpado de suborno e corrupção. Diziam: 'Ele tem o seu sustento de forma independente e vive como ciclope; cometeu atos de violência e insultou a Majestade Imperial'.

Este julgamento era, contudo, confirmado pelo frágil imperador. O povo estava exasperado, e se Crisóstomo quisesse, provavelmente poderia ter resistido. Porém ele não era homem de explorar oportunidades para estabelecer revoluções, quanto mais organizar uma resistência por iniciativa própria. Rendeu-se aos soldados de modo calmo e quieto, permitindo que fosse retirado da cidade na calada da noite. Parecia que sua carreira como bispo de Constantinopla se encerrara.

Contudo, a situação se modificou de repente. O acaso e a inconstância da administração da igreja imperial tornaram-se tão óbvios, que entendemos a razão pela qual a sua acusação criminal foi revogada, apenas um dia após a sua destituição do cargo que ocupava. Eudóxia, que havia claramente agido por trás das cenas que se sucederam ao longo de todo este episódio, sofreu um aborto. Em meio aos seus terrores, creu que se tratava de um julgamento divino, e deu ordens para que Crisóstomo retornasse imediatamente às suas funções. Teve problemas para assegurar uma anulação mais ou menos legal da sentença que foi ditada contra ele. Tudo deveria ser perdoado e esquecido. Porém, uma vez perturbado, não era fácil restaurar o relacionamento. Apenas algumas semanas mais tarde, a tensão alcançou novamente proporções ameaçadoras e o desastre surgiu de modo perigoso.

Durante a dedicação de uma estátua em homenagem à imperatriz, o barulho do regozijo popular assemelhou-se à adoração a Deus. Os comentários irritados a respeito de tal distúrbio que escaparam dos lábios de Crisóstomo chegaram, naturalmente, aos ouvidos de Eudóxia. Então, na festa em que se comemorava a memória de João Batista, ele deu início ao seu sermão fazendo uma referência a Herodias, que estava requerendo a cabeça de João Batista 'uma vez mais', e os seus inimigos foram provavelmente justificados ao interpretá-lo como uma nova alusão à imperatriz.

A antiga oposição não estava morta. É verdade que Teófilo havia se retirado, porém os conselheiros da corte episcopal posicionaram-se agora declarando que o processo contra Crisóstomo não fora concluído. Eudóxia deu atenção ao assunto, declarando que não iria à catedral novamente até que o caso estivesse concluído e o bispo fosse absolvido das acusações que lhe foram feitas. De fato, dificilmente seria possível levar esta proposta adiante. A intenção era obviamente livrar-se de Crisóstomo sem a necessidade do uso da violência, e ele novamente revelou-se sem qualquer malícia diante das intrigas que foram lançadas de todos os lados contra a sua pessoa. Por um lado, recusava-se de modo resoluto a abandonar de modo voluntário o rebanho que Deus lhe confiara. Por outro, não fez nada para evitar que uma nova e desautorizada assembléia conspirasse contra ele. Não estando a situação completamente definida por ocasião da Páscoa do ano 404, o governo procurou evitar por meio das forças armadas a realização dos batismos que eram normalmente conduzidos pelo bispo nesta época, e esta ação levou ao derramamento de sangue.

Por fim, o imperador foi obrigado, contra a sua vontade, a assinar um decreto de destituição. Crisóstomo reuniu o seu clero fiel e os seus bispos para uma oração final na sacristia, e exortou as fiéis diaconisas e as assistentes a que não se tornassem frias quanto ao zelo espiritual. Tomou então as devidas providências para evitar distúrbios, e pela segunda vez dirigiu-se calmamente ao exílio e ao cativeiro sob escolta militar.

A confusa situação se tornou praticamente intolerável e caminhou para um desfecho. Está claro que a indolência e a suscetibilidade de Arcádio em relação às influências externas foram os fatores responsáveis por esta situação. Ele não foi capaz de esboçar qualquer ação mais vigorosa, deixando todas as decisões a critério de sua esposa, e aos conselheiros que se reuniam em torno dela. O próprio Crisóstomo recusou-se a entrar em um terreno no qual a batalha poderia ter sido ganha praticamente sozinho. Estava destinado a ser derrotado ao final, embora por duas vezes lhe tenha sido oferecida a chance de vencer. Escolheu completar a carreira que estava diante de si não como um príncipe e líder da Igreja, mas como um mártir de seu ofício e de sua fé.

Destituindo Crisóstomo, o imperador provavelmente teve apenas a intenção de dar fim a uma situação de desespero, sem a intenção de ferir o próprio Crisóstomo ou seus seguidores. Mas os seus inimigos entenderam que ainda não era o final deste assunto. Imediatamente após sua partida, a catedral de Crisóstomo foi incendiada por motivos que jamais foram explicados e, contudo, os seus seguidores foram responsabilizados. Quanto a estes, alguns recusaram-se a dar qualquer suporte ao novo bispo, e foram cruelmente perseguidos. O tratamento e a recepção que Crisóstomo recebeu em sua longa viagem também variaram de acordo com a atitude de seus irmãos na igreja. As inúmeras cartas que escreveu a seus antigos amigos mostraram sua clara posição e sentimentos. Escrever cartas era algo considerado como arte neste período, e, portanto, estas cartas ainda retêm traços de consciência própria, que os gregos carentes de formação na época pós-clássica perderam inteiramente. Acima de tudo, todavia, elas nos movem pela humanidade e pureza de pensamento que revelam. Crisóstomo sentiu-se muito fraco, e não negou que muitas vezes sofreu muito devido aos maus-tratos que recebeu, por não poder dormir, pelo frio, pela falta de medicamentos e assim por diante; porém procura constantemente fortalecer os seus correspondentes pela garantia de que estava sentindo-se melhor. Procura encorajar e consolar os seus amigos, e, mesmo a distância, continua sendo o seu pastor.

Quando chegou a seu destino, ao inóspito sul da Armênia, a sua situação começou a ter uma pequena melhora. Sua maior tristeza foi que dificilmente teria outra chance de pregar. Porém os seus amigos cuidaram para que não tivesse falta de dinheiro, com o qual, uma vez mais, procurava ajudar os outros. Os seus amigos mantinham-no suprido de notícias e informavam-no sobre todos os esforços que estavam sendo feitos a seu favor. Crisóstomo interessou-se por todas as coisas, dando conselhos e admoestações. As cartas eram a sua maior alegria; nada o preocupava mais do que quando estas não chegavam, e quando os seus antigos amigos não lhe escreviam mais devido à preguiça ou ao medo.

Mas os seus pensamentos não estavam, de modo algum, concentrados apenas em Constantinopla e em seus seguidores, seu clero e seus pobres. Buscava novos desafios para a Igreja. Havia anteriormente se concentrado na conversão e no cuidado dos bárbaros que viviam em Constantinopla. Ele voltou então a sua atenção à Pérsia, que estava próxima, e ponderou a respeito da possibilidade de realizar uma obra missionária cristã naquele país. Um trabalho que dificilmente foi considerado por algum outro líder da Igreja grega. Também procurou manter contato com o bispo de Roma e outros representantes influentes das igrejas do Oriente e do Ocidente. Não abandonou a sua causa, e continuou a almejar a paz para a Igreja e a vitória daquilo que é correto.

O fato de estes esforços não terem sido um completo fracasso provavelmente contribuiu para a sua derradeira derrota. Apenas um ano mais tarde, no verão de 405, foi obrigado a partir da Armênia, ao ser ameaçado pelos bárbaros. Foi a Arabissus, e ali também foi seguido por um grande número de peregrinos que desejavam vê-lo, visitá-lo e falar com ele. No verão do ano 407, chegaram instruções para que fosse levado aos confins do império: a Pitius, no mar Negro. Conforme ele mesmo admitiu, nada o cansava tanto quanto as viagens, e era evidente que estas tinham o intento de matá-lo, ao forçarem-no a caminhar com dificuldade pelas veredas mais rudes do mundo. Foi-lhe recusado qualquer alívio. Aquele homem severamente enfermo foi exposto ao calor do sol e às fortes chuvas. Não lhe era concedida qualquer chance de repouso; era dirigido de modo a não receber qualquer alento. Mesmo às vésperas de sua morte foi forçado a marchar, com alta febre, cerca de oito quilômetros até o centro de Comana. Ali foi carinhosamente recebido pela pequena congregação, porém seria obrigado a viajar na manhã seguinte. Após cerca de cinco quilômetros e meia de caminhada, sofreu um completo colapso. Foi levado de volta a Comana, envolto em uma mortalha branca, e assim recebeu o sacramento pela última vez. Crisóstomo crucificou-se a si mesmo e morreu com uma palavra de louvor por toda a sua vida: 'A glória seja dada a Deus por todas as coisas! Amém'.

A luta em torno de seu nome e de seus direitos prosseguiu. O mundo ocidental da época sempre recusou-se de modo obstinado a reconhecer a validade de sua deposição e da forma como foi banido. No mundo grego também tornou-se cada vez mais difícil silenciar a injustiça óbvia que foi praticada contra ele. No ano 438, o filho de Arcádio, o imperador Teodósio II, mandou sepultar os restos deste santo de modo solene na igreja apostólica de Constantinopla. A fama póstuma de Crisóstomo tornou-se imensa. Nenhum dos escritos de algum outro patriarca da Igreja foram tão lidos ou divulgados com tamanha riqueza de manuscritos. Foram logo traduzidos para o latim e para vários idiomas orientais. Até hoje João Crisóstomo desfruta da consideração e respeito de todas as igrejas cristãs. Ele, cuja vida foi amargada e destruída por seus inimigos, já não tem mais nenhum inimigo. Como teólogo, não era nem profundo nem original. Era um típico representante de sua escola, de seu período e de seus ideais eclesiásticos e ascéticos. Pode-se, contudo, por meio dele ter uma impressão das forças morais e espirituais que ainda estavam vivas na igreja mundana ligada ao Estado, apesar dos muitos bispos que apresentavam uma conduta desapontadora e desonrosa.

Os seus sermões mostram que a teologia ainda era capaz de cumprir integralmente a sua tarefa na Igreja. As homilias de Crisóstomo são provavelmente as únicas dentre toda a antigüidade grega que, ao menos em parte, ainda são legíveis nos dias atuais como sermões cristãos. Refletem algo sobre a autêntica vida conforme o Novo Testamento, por serem tão éticas, simples e claramente expostas.

Capítulo 12

Cirilo de Alexandria

A disputa acirrada entre Crisóstomo e Teófilo não foi um mero conflito entre duas personalidades, duas regiões, duas tradições teológicas, duas atitudes intelectuais e espirituais, fundamentalmente diferentes, competindo entre si. Em Crisóstomo a herança grega tornou-se completa, ética, ascética e santificada, e tão profundamente permeada pelo espírito do cristianismo que tornou-se impossível ser vencida, triunfando até mesmo na morte dele. Porém não deve ser ignorado que o seu opositor, o patriarca de Alexandria, foi, de todo modo e em todos os aspectos, o vencedor político.

O Egito, que neste tempo não era contado como parte integrante do "Oriente" grego, era um mundo eclesiástico extremamente centralizado, e a tradição da ortodoxia imperial que tomava forma e corpo por meio dos "papas" (foi aqui que esta palavra adquiriu a sua conotação oficial) jamais havia sido checada. Se for estendida a partir de Demétrio, por meio de Atanásio, até Teófilo, deveria ser incorporada nas gerações seguintes em uma poderosa figura que não fosse inferior aos seus antecessores em consistência de esforços, superando-os na audácia de suas intenções.

Este era o bispo Cirilo, o último dentre os grandes patriarcas da Igreja, e o clérigo mais distinto da ortodoxia bizantina. Quanto ao seu caráter moral, estava aberto ao ataque. "Não creio", disse o cardeal Newman, um tanto envergonhado, "que Cirilo possa ter concordado que os seus atos exteriores devessem ser considerados como a medida de sua santificação interior". Porém Cirilo preparou o leito pelo qual a corrente do desenvolvimento teológico passou em seguida de modo tão profundo que, falando de modo geral, a partir de então jamais deixou de fluir.

Com ele, elogiado pelo Ocidente com o título de "*Doutor da Igreja*", concluímos nossa série de estudos a respeito dos patriarcas gregos da Igreja. As marcas da hierarquia egípcia estavam tão intensamente estampadas na personalidade de Cirilo, que raras vezes parece importar que não saibamos quase nada a respeito de sua juventude e desenvolvimento inicial.

Era descendente da grandiosa família alexandrina, à qual o seu tio e antecessor Teófilo havia pertencido. Estava provavelmente destinado a uma carreira na Igreja desde a sua mais tenra idade. De qualquer modo, tomou parte na Assembléia do Carvalho em 403, como membro da companhia de seu tio. Pelo resto de sua vida, Teófilo considerou a retirada de Crisóstomo de seu posto como resultado daquela assembléia, como um justo triunfo de sua igreja. A memória deste evento determinou a carreira de Cirilo, como aconteceu com Atanásio, influenciado por sua participação no Concílio de Nicéia.

Após a morte de Teófilo, houve apenas uma breve campanha eleitoral. O candidato mais provável, o arquidiácono Timóteo, teve que ceder lugar a Cirilo em 17 de outubro de 412, apenas dois dias após a posição ter ficado vaga. Este não devia ser de idade avançada naquela ocasião; ocupou o trono alexandrino por não menos do que trinta e dois anos, tendo desempenhado suas responsabilidades com vigilância e incansável vigor. Seria errado, contudo, pensar em Cirilo apenas como um político eclesiástico e um legislador espiritual. Muito mais que seu tio, desejava tornar-se um teólogo, representar e personificar a verdadeira tradição da fé, tanto como ensinador como na posição de bispo.

Cirilo era um grande pregador e um prolífico escritor, cujas obras sobreviventes compreendem hoje dez majestosos volumes. O trabalho literário dava-lhe prazer, e sua obra mostra como resultado uma inflexível diligência. Como escritor, não era desprovido de ambição, embora seus esforços ocasionais para alcançar os efeitos retóricos e a elegância nas formas não tenham sido bem-sucedidos. Seu estilo penetrante é constante, monótono e pomposo. Vai direto ao ponto que está procurando alcançar com enfadonho vigor, porém é sempre bem-sucedido ao expressar quase sem erros aquilo que está procurando comunicar. Os seus livros mostram que possuía um raciocínio claro e metódico, embora lhe faltassem os requintes resultantes de um cuidadoso treinamento. Introduziu os conceitos filosóficos somente de modo ocasional e de forma bastante superficial. Desprezou os filósofos pagãos que tão freqüentemente se "contradiziam" e que, na opinião de Cirilo, roubaram as melhores partes de Moisés. De modo semelhante, considerou Orígenes como um herege que havia sido condenado de modo justo "porque não pensava como cristão, mas seguia o estilo de conversação dos helenistas" (*Ep.* 81, Migne 77, 373).

A partir de Crisóstomo ele foi, não surpreendentemente, incapaz e relutante em aprender alguma coisa. Sob protestos, e somente quando havia se tornado inevitável, ele dignou-se a restaurar seu nome na lista oficial dos bispos. Em sua exegese, Cirilo se atém ao significado "histórico" do texto bíblico, como oposta à interpretação espiritualista desintegrante de Orígenes. Mas, na verdade, sua exegese era inteiramente originada da alegoria e tipologia tradicionais, e quase não se preocupa com o significado humano direto da história da Bíblia. Seu principal interesse é exclusivamente dogmático e polêmico. Ele utiliza a Bíblia para refutar as falsas doutrinas dos hereges, para estabelecer a verdadeira concepção da Trindade e da pessoa simultaneamente divina e humana do Salvador, na qual a verdadeira piedade está baseada. A santidade cristã é consumada na adoração destes mistérios divinos, na recepção dos sacramentos vivificantes e nas virtudes ascéticas do modo de vida monástico.

Em seu entendimento da mensagem de salvação, Cirilo se considera como o herdeiro de todos os mestres eclesiásticos anteriores, acima de todos os grandes luminares ortodoxos de sua própria cidade, Alexandria. Ele considera Atanásio como o porta-voz da Igreja por excelência. Um terço da primeira obra de Cirilo sobre assuntos dogmáticos, o tremendo *Tesouro*, sobre a Trindade sagrada, consiste em um trecho do correspondente *Discurso* de Atanásio. Além do mais, Dídimo, um teólogo sem fama, que viveu na segunda metade do século IV, embora nunca mencionado explicitamente, uma vez que era leigo e origenista, não foi menos engenhosamente explorado, e através dele algo da obra dos capadócios fluiu para os escritos de Cirilo. No restante, ele não se preocupa muito com as controvérsias teológicas da época.

Seus incansáveis ataques são direcionados aos velhos inimigos tradicionais: Ário, Eunômio, e ao "ímpio" imperador Juliano. Para refutá-los escreveu trinta livros. Ele sempre apresenta as doutrinas ortodoxas como se fossem fatos tradicionais sólidos e revelados, que somente a malignidade diabólica poderia distorcer e interpretar erradamente. Cristo, como o Logos Divino, ou seja, como o próprio Deus, permanece como o tema central. Como mero homem, Ele não teria sido tão útil para a humanidade. O propósito real de sua encarnação é unir a nossa natureza à divindade e conduzi-la inteiramente ao divino; assim como os elementos da Santa Ceia devem ser cheios com o poder divino, uma vez que eles nos levam à salvação e à vida eterna.

Considerar Jesus "separadamente", como um mero homem, portanto, parece uma conduta absolutamente ímpia. É somente o Filho de Deus encarnado quem realiza a obra da nossa salvação. Cirilo não considera sério o perigo da humanidade de Jesus poder ser dissipada ou diminuída. É óbvio que ele sabe da condenação de Apolinário, que a alma humana da pessoa do Redentor não deve ser negada; mas não está convencido sobre as implicações teológicas disto. Quando, nas lutas com seus inimigos antioquinos, Cirilo foi impelido a desenvolver sua cristologia de forma mais detalhada, não hesitou em utilizar as fórmulas apolinárias, as quais erroneamente considerava atanasianas, e falou da "natureza encarnada do Deus-Logos".

À luz das formulações teológicas posteriores, sua cristologia era bastante imprecisa e monofisista. Mas Cirilo nunca duvidou de que a crença em Cristo somente poderia ser corretamente professada e defendida pela maneira com a qual ele estava acostumado. Cirilo abominava todos os enfraquecimentos e discussões "tolerantes" da verdade, e onde quer que tivesse poder, estava sempre pronto a utilizá-lo impiedosamente para suprimir toda oposição ao seu domínio espiritual.

O panorama no Egito no início de seu regime foi turbulento. O assassinato brutal de Hipatia foi organizado pelo clero e a culpa foi posta, indiretamente, em Cirilo. Ele ordenou que as igrejas dos novacianos fossem fechadas à força, embora até este ponto tivessem usufruído de uma tolerância oficial como sectários ortodoxos, moralmente austeros. Seguiram-se expulsões de judeus e hereges, e quando o governador imperial tentou interceder por eles, Cirilo também se opôs a ele. Jamais cederia. Sua autoridade espiritual era tão incontestável no Egito quanto seu poder econômico como senhor dos negócios de cereais e das propriedades do interior.

Visitou os monges, os quais eram mantidos como seus partidários através de cartas circulares e formavam o seu exército espiritual mais forte. Cirilo tentou concluir a luta de seu predecessor contra o origenismo e contra os monges origenistas treinados, confiando primeiramente nos incultos santos coptas. Mas até mesmo ele teve que condenar a crueldade bárbara dos assim chamados "antropomorfistas", que imaginavam Deus como tendo a imagem corpórea de um homem.

Mas nesse ponto mais uma vez o desespero provocou a oposição que recusou-se a ser derrotada sem luta. No ano 428, uma delegação de monges egípcios dirigiu-se a Constantinopla para protestar ao patriarca Nestório contra o violento estatuto de seu suserano espiritual. Cirilo descreveu-os como um grupo de fracassados e falidos dos "monturos de Alexandria" (*Ep. 10, ACO* I, 1, p. 111, 22). O conflito interno espalhou-se assim para a esfera da política eclesiástica universal, dando início a um desenvolvimento catastrófico cujas conseqüências eram naquele momento imprevisíveis.

Parece que Cirilo percebeu imediatamente a gravidade da situação. A lembrança do caso de Crisóstomo era óbvia e, até certo ponto, noticiada de modo geral. Após um longo período de fraqueza política, um monge de Antioquia, possuidor de uma posição intelectual elevada, sentou-se novamente no trono da capital. Ele era teológica e moralmente implacável e destemido, mas, como Crisóstomo, incapacitado para as complicações políticas de sua tarefa. Mais uma vez o patriarca de Alexandria foi acusado diante dele por seus próprios subordinados. Se Nestório se recusasse a ceder espontaneamente, Cirilo se depararia com a seguinte questão: Será que este reverteria a situação e passaria para uma posição de ataque, e acabaria com a antiga luta pelo poder com Constantinopla, assegurando sua própria predominância no Oriente?

Como seu predecessor, Cirilo manteve uma missão diplomática permanente em Constantinopla. Seus "partidários" estavam lá a fim de conduzir negociações com o imperador e o patriarca, e ainda temos algumas das cartas contendo instruções detalhadas que receberam de Alexandria. Quando Nestório os informou, de uma maneira perfeitamente correta, sobre as reclamações que haviam sido recebidas, eles o confrontaram imediatamente com uma insolência desafiadora. Declararam que era absolutamente impróprio aceitar qualquer reclamação contra um bispo tão ilustre, especialmente quando este havia até então reconhecido Nestório sem a menor reserva e o tratado bondosamente.

Quando Nestório permaneceu firme, sugeriram que este posicionamento poderia ser-lhe perigoso, se o comunicassem a Alexandria. Nestório respondeu orgulhosamente que não precisava de um tipo de amizade que o obrigava a aprovar e a tolerar o erro. Parece que Cirilo tinha razão suficiente para evitar uma investigação minuciosa do assunto pendente; mas isto significava partir do método formalmente correto de procedimento, até este momento seguido. A melhor maneira parecia ser adotar as táticas bem-sucedidas utilizadas anteriormente por Atanásio e transferir a disputa legal para o plano da crença religiosa. Se o homem que criticou os duvidosos atos oficiais de Cirilo pudesse ser apresentado sob suspeita de alguma heresia secreta, isto iria desviar a atenção de qualquer reclamação prévia, e o incômodo agressor se tornaria em defensor, e suas ações levariam à ruína a causa de seu oponente.

Não foi difícil encontrar elementos para uma acusação teológica, e pode-se presumir que Cirilo não teve que agir contra suas convicções. Nestório era um típico representante da teologia antioquina e da nítida distinção que foi feita entre a natureza humana e divina de Cristo, o que era uma abominação para Cirilo. Diferentemente de Crisóstomo, Nestório, com sua grande confiança em si mesmo como teólogo, sentiu-se obrigado a elaborar a doutrina e assegurar o seu reconhecimento universal. Ele também já tinha construído uma reputação como inimigo dos hereges e sectários por toda a Constantinopla. Seus inimigos estavam bastante preparados para cooperar com Cirilo, e colocar à sua disposição anotações incriminadoras retiradas de sermões ou coisas semelhantes.

Um sentimento ruim foi desencadeado especificamente pelo fato de Nestório ter criticado a descrição corrente de Maria como "a mãe de Deus" (*Theotokos*). A verdade é que ele havia admitido que este termo poderia em um certo sentido ser utilizado de forma excessivamente devota e ortodoxa. Mas era fundamental compreender que tal natureza divina não poderia ser nascida, nem se tornar um ser humano, nem sofrer e morrer na cruz. Todas estas afirmações devem se referir ao aspecto humano da pessoa de Cristo, e Maria, portanto, dera à luz o homem Jesus, não ao eterno Logos de Deus. Nestório recomendou, a fim de terminar com esta discussão perigosa, chamá-la preferivelmente de a "mãe de Cristo" (*Christotokos*), o que satisfaria a todos. Isto era bem coerente com a opinião antioquiana, mas o povo recusou-se a ser iludido com tais discussões insípidas e racionalistas. A suposta crítica da dignidade e glória da mãe de Deus tocou um ponto sensível na devoção popular, e Cirilo sabia o que estava fazendo quando declarou o termo "mãe de Deus" como sendo a marca distinta de toda a verdadeira fé em Cristo.

A partir de seu ponto de vista teológico, e isto era bastante coerente, assegurou um amplo apoio das massas para seus atos posteriores. Do ponto de vista histórico, a vitória que ele teria sobre Nestório deve ser considerada como o primeiro grande triunfo da adoração popular de Maria.

Passou-se algum tempo até o conflito estar completamente desenvolvido. Como era de se esperar, Nestório, em sua irritação e com seu orgulho ferido, mostrou pouca habilidade diplomática. Queria evitar uma ruptura, mas se expôs através de vários erros táticos, na confiança de que deveria agir adequadamente e permanecer com a razão. Deixando de lado todos os julgamentos morais naquele momento, deve ser admitido que a destreza e o gênio de Cirilo apareceram de maneira espetacular. Ele deu seu consentimento a todo método de intriga e propaganda silenciosa, bem como o habitual método de suborno em larga escala, na forma de promessas e "presentes" suntuosos. Enquanto seu colega rude e moralmente austero zombava das "flechas douradas" (*ACO* I, 5, p. 43, 17) com as quais seria ferido, Cirilo infatigavelmente reunia o "material" que iria comprometê-lo, tendo contato com cada grupo hostil a Nestório, e sem fazer nenhum ataque aberto, fomentou o ódio popular crescente pela suposta nova heresia. Ele não estava grandemente preocupado com a verdade; exteriormente, porém, continuou a representar o papel de líder ansioso e previdente que se recusava a tomar uma atitude por razões de rancor puramente pessoal, deixando os primeiros passos para seus companheiros e mediadores.

Duas cortes de apelação foram especialmente importantes no conflito iminente: o imperador de Constantinopla e o bispo Celestino de Roma. Como ocidental, Celestino I ficou até certo ponto de fora da polêmica teológica e era, como disse Nestório acertadamente, "simples demais para ser capaz de penetrar nos significados mais delicados das verdades doutrinárias" (*ACO* I, 4, p. 25, 34). Mas foi tomado o cuidado de apresentar as teses cristológicas de Nestório diante dele de uma forma grosseiramente caricaturada, a ponto de ser imediatamente persuadido a tomar uma posição contra essas "blasfêmias óbvias" (*ACO* I, 2, p. 8, 1).

Toda a discussão surgiu porque certos dogmas foram levados a extremos lógicos. Nestório jamais admitiria como sua opinião a suposição de "dois filhos de Deus", da qual ele foi acusado. Mas sua carta a Roma, escrita em um tom bastante tranqüilo e amigável, omitia incluir os termos habituais de tratamento, enquanto Cirilo se dirigia a seu colega mais jovem como seu "pai mais santo, o mais amado de Deus", e se pôs à sua disposição com a mais diligente humildade. Logo teve o bispo de Roma inteiramente a seu lado. Em uma carta graciosamente escrita, Celestino o apontou como seu deputado e o instruiu a perseguir a perigosa discussão com incessante energia.

Cirilo foi menos feliz em Constantinopla. Ele tentou incitar contra Nestório não somente o imperador, mas também a imperatriz, e, sobretudo, a enérgica princesa Pulcheria. Naquele momento, Teodósio II ainda estava convencido de que seu patriarca estava com a razão, e Cirilo era suspeito de tentar propagar dissensão na família do imperador ao dedicar certos tratados teológicos a diferentes membros da família. No entanto, nem tudo estava perdido na corte. Teodósio era um fraco, como seu pai, e tinha o hábito de transigir com seus eunucos e outros conselheiros não confiáveis, que não estavam fora do alcance das cartas de Cirilo e de seu ouro. Um sucesso inicial foi alcançado pelo fato de apenas as discussões religiosas terem sido designadas ao Concílio convocado para Éfeso, no ano 431, e ações adicionais contra membros individuais ser expressamente proibidas.

Cirilo não esperou para ser chamado pelo Concílio. Após muito tempo de aparente hesitação, percebeu que somente a pressa implacável poderia assegurar-lhe a vitória. Confiando no apoio incondicional de Roma, convocou um concílio de seus partidários egípcios em Alexandria, o qual condenou Nestório como um herege. Os "anátemas" que apoiaram o julgamento foram baseados tão ruidosa e unilateralmente na completa unidade da pessoa de Cristo no Logos divino, que foram justificadamente interpretados como apolinários pelos antioquinos e inteiramente rejeitados.

Mas seus partidários deram a Cirilo a chance de tratar Nestório em Éfeso como um herege notório, cuja amizade ou negociação de qualquer tipo estava fora de questão. O bispo local de Éfeso, empenhado em sua própria independência, havia sido persuadido a se unir ao partido anticonstantinopla e colocar todas as igrejas da cidade à disposição de Cirilo. Nestório foi virtualmente excluído. Apesar dos protestos dos funcionários imperiais encarregados da administração do evento, o Concílio desistiu de esperar pelos delegados sírios e romanos, e os seguidores de Cirilo foram reconhecidos como o sínodo legalmente constituído. O Concílio não hesitou em excomungar formalmente Nestório como um herege. A população jubilosa comemorou nas ruas a queda do "inimigo da santa virgem" e a honra da "grande, sublime e gloriosa mãe de Deus".

Quando o bispo João, de Antioquia, e outros defensores de Nestório finalmente chegaram, tudo que puderam fazer foi realizar um sínodo separado que condenou Cirilo e seus seguidores. No começo, o impotente imperador reconheceu a verdade do ponto de vista de ambas as partes, e tanto Cirilo como Nestório foram colocados em custódia. Tiveram início demoradas e complicadas negociações em que Cirilo, com seus "métodos de persuasão bem conhecidos", isto é, suborno (*ACO* I, 1, 5, p. 136, 17), rapidamente ganhou alguns pontos. Mas o ponto decisivo ocorreu quando Nestório capitulou e ofereceu sua demissão, pensando que deveria servir à causa da paz. Sua demissão foi aceita, e lhe foi permitido retirar-se para o seu antigo mosteiro antioquino. Cirilo também teve permissão de fugir para Alexandria, onde imediatamente proclamou por toda parte, como resultado do sínodo sagrado, o triunfo da verdade e a vitória sobre seus ímpios adversários. Com esta declaração completamente mentirosa, ele finalmente prevaleceu, mas somente muitas décadas mais tarde. As sessões ilegais que Cirilo havia organizado com seus seguidores ainda são descritas como o "Terceiro Concílio Geral de Éfeso", que honrou a "mãe de Deus" e pretensamente salvou a fé verdadeira em Cristo da deturpação e distorção. E como resultado desse Concílio, o próprio Cirilo foi canonizado.

Será que Cirilo alguma vez acreditou realmente em seu próprio relato dos acontecimentos? Esta é, provavelmente, a maneira errada de colocar a pergunta. Ela pressupõe um amor à justiça e uma imparcialidade da qual o hierarca irascível e amargurado nunca foi capaz. Dogmático, violento e astuto, cheio da grandeza de sua posição e da dignidade de seu ofício, ele nunca considerou nada como certo a menos que fosse útil a ele no avanço de seu poder e autoridade, e de acordo com sua tradição e treinamento teológicos. A brutalidade e a inescrupulosidade de seus métodos nunca o preocuparam, e o fato de que métodos semelhantes ainda foram freqüentemente utilizados em conflitos teológicos posteriores pode ser pleiteado como justificativa. A acusação mais séria contra ele é que, no final, nem mesmo ele foi fiel a seus princípios teológicos, mas por razões táticas, a fim de conservar suas vitórias exteriores, realmente renunciou à maioria dos pontos que havia mantido em Alexandria e Éfeso.

Após a abdicação de Nestório e a fuga de Cirilo, de Éfeso, o partido de oposição ainda não havia desistido da luta teológica. Pelo contrário, sob a liderança habilidosa de João de Antioquia, uma tempestade de protestos se levantou por todo o Oriente contra a condenação cínica de um conceito cristológico que a maioria dos teólogos e bispos gregos havia adotado. O governo apoiou o protesto, e, por fim, Cirilo teve que ceder. Após negociações demoradas e extremamente desagradáveis, ele aceitou uma fórmula de conciliação, em 433, que simplesmente ignorava suas teses mais extravagantes e que Nestório teria aceitado a qualquer momento.

Mas este foi precisamente o ponto no qual Cirilo permaneceu inflexível: o caso de Nestório nunca foi reaberto. Ele permaneceu condenado como um herege, e para o mundo exterior Cirilo ainda era "o homem que havia desmascarado os blasfemadores e conduzido a verdade à vitória. Na verdade, ele não descansou até que o infeliz homem, abandonado pelos seus próprios companheiros e apoiadores, foi arrancado de seu refúgio antioquiano e deportado para o próprio território de Cirilo. Ele foi internado em um local remoto, próximo ao deserto egípcio; sobreviveu a Cirilo e morreu quinze anos mais tarde, interiormente intacto até o final.

Temos a propensão de negar a importância teológica de Cirilo, em vista de seu comportamento abominável, e ver nele o mero político poderoso, frio e calculista, que sacrificou tudo no altar de seu sucesso pessoal. Já dissemos que tal interpretação não está de acordo com o próprio sentimento de Cirilo. Não é suficiente ver nesta subordinação de interesses teológicos sérios as considerações puramente políticas e a expressão de mero subjetivismo e paixão partidárias. Foi preferivelmente a expressão de um tipo particular de irmandade eclesiástica que não estava mais ligada à teologia, e tentou manter a vitória da fé, forçando a aceitação da autoridade e da "verdadeira" tradição eclesiástica.

O antigo problema das fronteiras da teologia, que Atanásio já havia sentido e que Basílio havia ponderado teologicamente, estava agora resolvido de uma maneira que justifica a corrupção do pensamento sistemático e da conscientização teológica. Afinal, o rebanho pensa de acordo com os desejos do pastor (*ACO* I, 4, p. 227, 19). O importante não é mais a clareza e a pureza das fórmulas obtidas, tanto quanto os homens justos, os homens do partido correto, que têm o poder de fazê-los cumprir. A paz da Igreja, conquistada por acertos táticos, pode ser defendida pela referência habitual à imensidão essencial dos mistérios religiosos e da reputação de fútil curiosidade em favor da sabedoria eterna da Igreja e sua tradição permanente. "Não é certo dissolver as tradições da fé, que chegaram até nós por meio dos próprios santos apóstolos; é errado dissolvê-las com nossa engenhosidade exagerada, e é errado tentar superar o que transcende a razão com perguntas levadas ao extremo, ou mesmo frivolamente declarar com certos artistas em definição: isto é certo; isto é errado. O que é necessário e abençoado é preferivelmente deixar o Deus onisciente tomar suas próprias decisões e não criticar com audácia leviana o que ele julga ser bom" (*De Fide Recta ad Imper.* 17, *ACO* I, 1, p. 53, 10).

Aqui vemos as limitações, ou, se preferirmos, a individualidade de Cirilo como mestre da Igreja. Como já vimos, Cirilo na verdade desejava ser um teólogo. Mas para ele, as respostas da teologia não eram mais apenas suficientes para si mesma dentro da Igreja. Ela se tornou a esfera do ofício de ensinar e deve em todas as circunstâncias agir de acordo com as tradições da Igreja. Ninguém antes de Cirilo havia enfatizado a importância dos "patriarcas" tão incansavelmente. Ele estava convencido de que eles não haviam absolutamente "excluído ou descuidado de nada vital", e todos aqueles que aceitaram a fé ortodoxa encontrariam suas "confissões e interpretações", como um material útil por meio do qual poderiam refutar "toda heresia e insolência ímpia" (*De Symb.* 4, *ACO* I, 4, 4, p. 50, 22).

Ele iniciou a prática de decidir questões de fé, não unicamente com base na Bíblia, mas com a ajuda de citações adequadas de autoridades reconhecidas e, sobretudo, do grande Atanásio. Este foi o propósito de sua própria obra, que foi desde o princípio baseada tão largamente em citações e trechos. Isto foi considerado então como o verdadeiro "caminho real" da teologia: "para deter-se em cada questão referente às confissões dos santos patriarcas, que ocorreram através da inspiração do Espírito Santo; e para manter firme na mente a seqüência de seus pensamentos" (*Ep.* 17, 3, *ACO* I, 1, 1, p. 35, 12).

Isto significava que a era criativa da teologia da Igreja Primitiva havia chegado ao fim. Em virtude deste programa teológico, Cirilo pode ser considerado o primeiro dos acadêmicos bizantinos. No mundo grego ele foi o último dos patriarcas da Igreja porque, estritamente falando, ele não tinha mais qualquer desejo de ser um deles. Por esta razão, foi considerado, como teólogos posteriores disseram, o "guardião da exatidão" (Eulog. Al. in Photios, *Bibl. Cod.* 230) e representa o "selo final dos patriarcas" (Anastas. Sin., *viae dux* 7).

Conclusão

O Final da Era dos Pais Gregos

Quando revisamos as séries dos pais pré- e pós-nicenos, nos surpreendemos pela rica variedade de caracteres, pontos de vista independentes, estilos de vida individuais e diferentes formas de expressão.

Foi um grande campo de atividade intelectual com que estiveram preocupados durante três séculos, nos quais esforçaram-se, alcançaram realizações e moldaram-nas teologicamente. Seu trabalho não foi desempenhado de acordo com um plano predeterminado, mas com a cautela de quem trabalha por uma causa comum, e com um senso de responsabilidade voltado à liberdade da crença, razão pela qual era respeitada. Todos os patriarcas a respeito dos quais estudamos consideravam-se membros da única Igreja "Universal" e lutaram para que pudessem servir à pregação do Evangelho, da verdade de Deus e da fé.

A Bíblia, e a revelação de Cristo da qual a própria Bíblia testifica, formaram o fundamento natural, o ponto comum de partida e a norma de todo o seu trabalho e pesquisa. A partir destes fundamentos, procuraram precaver-se contra "erros" e evitar a dissolução e a desintegração interna da Igreja. Ao mesmo tempo, contudo, olharam na direção exterior, para o mundo, e consideraram os seus problemas morais e filosóficos. Todas as coisas deveriam ser ganhas para o Verbo de Deus, purificadas por Ele e compreendidas nEle de uma nova maneira. A teologia deles como um todo também tinha o objetivo de ser simultaneamente uma "filosofia" anti-herética e missionária, polêmica e apologética quanto às suas intenções. Algumas vezes existe um toque de ingenuidade a respeito de sua renovada confiança na vitória, mas em lealdade à "única coisa necessária" permanece vivaz e flexível, avança e, apesar das dificuldades internas e externas, mantém a sua superioridade sobre os seus inimigos, e finalmente emerge vitoriosa.

A era dos Pais da Igreja chegou ao seu fim por várias razões: gerais, políticas, sociológicas, culturais e biológicas. Como em todas as questões históricas definitivas, não há uma explicação completamente conclusiva para este fato. Já tocamos neste assunto ao longo da introdução e em nossa descrição dedicamos atenção, primeira e principalmente, às pressuposições que são fundamentais para o ensino da Igreja. Um lento processo de mudança aconteceu na concepção da teologia e no posicionamento dos ensinadores na Igreja, que foi o inevitável resultado de seus próprios trabalhos e influências. Estas mudanças, de todo modo, conquistam em nosso ponto de vista um significado essencial e decisivo.

Desde o princípio, a crença na Bíblia Sagrada como o documento que continha a divina revelação, digna da mais alta consideração por razões "naturais", andava de mãos dadas com a franca aceitação da autoridade e da tradição eclesiástica. O fortalecimento destes laços e de sua importância política, além da progressiva sistematização da herança teológica que tornava-se cada vez mais rica e complexa, contribuíram grandemente para a estagnação gradual da vida intelectual e do conseqüente final da era patrística "clássica".

Não podemos aqui fazer mais do que meramente um esboço deste processo. O ponto de mudanças que foi alcançado por meio da ascensão de Constantino e da elevação da igreja imperial liga-se de modo muito próximo à ordem pública, e sem dúvida constitui o momento mais significativo no processo de desenvolvimento. Trouxe novos laços políticos e legais que fortaleceram as tendências anteriores, e ao mesmo tempo trouxeram alguns perigosos desenvolvimentos que envolveram uma consideração estrita pela unidade dogmática e pelas decisões eclesiásticas.

Pela primeira vez, o "Credo" foi estabelecido no Oriente como um padrão dogmático e legal, sobre a Igreja como um todo. A vitória da ortodoxia nicena foi alcançada "por meio deste sinal". Tanto Atanásio como Basílio apelaram à decisão de Nicéia, porém não tinham qualquer desejo de ir além do Credo de Nicéia e diligentemente evitaram acrescentar outras formulações dogmáticas. Também em Éfeso (431), o antigo Credo, que havia sido simplesmente "estendido" em Constantinopla em 381, foi preservado, e até mesmo na Calcedônia (451) foi travada uma violenta batalha, que ao final fracassou, não evitando uma nova formulação da fé.

Por outro lado, contudo, havia esforços em andamento por um longo tempo para que os conceitos das tradições "genuínas" e oficiais fossem mais claramente definidos e divulgados de modo mais inteligível. O imperador Teodósio deu o primeiro passo nessa direção quando ordenou que fosse preparada a reorganização das igrejas orientais, que consistia em um grupo de teólogos que deveria dirigir os demais (380-81). Pouco mais tarde, em 383, foram feitas referências a antigos patriarcas, que já não estavam mais vivos, e que haviam proclamado a verdade da maneira "correta", tendo sido reconhecidos pela Igreja. Mais adiante, contudo, esta referência resumida relacionada aos Pais da Igreja não foi considerada suficiente. Escritos particulares e oficiais de Atanásio e de outros ensinadores foram selecionados para servir como critério. Estes também foram suplantados pelas antologias durante o período seguinte, por serem estas mais fáceis de manusear: coleções de citações dogmáticas, que variavam de acordo com as necessidades transitórias das controvérsias teológicas, e que trouxeram consigo genuínas citações extraídas de seus contextos originais juntamente com uma grande quantidade de material adulterado ou não autêntico.

Cirilo de Alexandria foi quem utilizou este método mais do que qualquer outro em suas controvérsias, tornando-o predominante. Por razões práticas análogas, o método também foi introduzido nas jurisprudências, na mesma época. A "Citação da Lei" imperial de 426 ligou a administração da justiça de modo bastante formal a autoridades particularmente conhecidas do passado. A condenação final de Orígenes por Justiniano em 543 fez com que o esforço da Igreja e do Estado concretizasse uma padronização de tradições.

À medida que o processo de padronização avançava, o entusiasmo e a capacidade de pesquisa teológica independente, bem como o ensino, enfraqueciam-se. Todo aquele que desejava dizer algo realmente novo, era mal visto e considerado perigoso. Deste modo, no final do século IV, os apolinários haviam camuflado sua literatura condenada com o nome de Atanásio. Próximo à virada do século IV para o VI, um monofisista colocou em circulação suas idéias neoplatônicas e místicas a respeito da liturgia sob o manto de Dionísio, o areopagita (At 17.34). Durante uma discussão religiosa que aconteceu em Constantinopla no ano 532, seus escritos ainda eram rejeitados como não autênticos, porém anos depois foram reconhecidos.

Era inevitável que graças a esta santificação da tradição eclesiástica, a própria Bíblia foi mais e mais utilizada como fundamento. A teologia oficial já não respondia mais à sua força revolucionária. É verdade que foi reavivada nas fases iniciais do monasticismo, e exatamente por esta razão os monges não confiaram mais nos dogmas e nem na teologia oficial. O mais importante crítico dos desenvolvimentos anteriores, o líder do movimento eucarístico messaliano, Simeão da Mesopotâmia, que morreu no final do século IV, foi condenado como herege e sobreviveu somente porque utilizou o pseudônimo "Macário".

Outro fator foi a confusão e as complicações inerentes à própria tradição dogmática. A fábula de uma uniformidade ininterrupta está em contradição com a verdade, e deveria ser preservada às custas de uma sempre crescente ingenuidade formalística. O efeito do Concílio da Calcedônia foi particularmente catastrófico a este respeito. Significou uma séria derrota para a teologia alexandrina que havia triunfado vinte anos antes em Éfeso.

Porém este fato foi ocultado uma vez que Cirilo, que era o conquistador de Éfeso, foi enaltecido em Calcedônia com grande entusiasmo e superou o bispo Léo de Roma, que tinha um posicionamento teológico completamente diferente. Por esta razão, pouco tempo depois, levantou-se a controvérsia a respeito da definição calcedônica, que somente foi concluída cem anos mais tarde sob o governo de Justiniano (monofisismo alexandrino), de uma maneira destituída de qualquer sentido histórico, e que foi então transformado em um dogma pelo novo Concílio de Constantinopla em 553.

Dificuldades similares e harmonizações artificiais afetaram as proposições e os métodos da filosofia, como se estas fossem as mesmas pressuposições tradicionais para a teologia e para os dogmas. Todos os primeiros Pais da Igreja foram platônicos; uns mais, outros menos. E a doutrina da Trindade foi originalmente concebida em termos platônicos e neoplatônicos. Nos séculos V e VI a lógica aristotélica começou a ter destaque e foi combinada com as tradições neoplatônicas dentro e fora do campo da teologia. Por esta razão tornou-se um aparato terrivelmente complicado que, contudo, não funcionava de acordo com as suas próprias leis, mas era forçada a adequar-se aos princípios metafísicos e teológicos particulares que deveria justificar.

O resultado de todas estas mudanças foi o escolasticismo bizantino, uma teologia científica tão fortemente encouraçada cujo caminho somente poderia ser encontrado pelos especialistas mais treinados, pelos monges e pelos clérigos. Esta fez com que um homem como Máximo, o Confessor (662), com seu vigor de pensamento e fé, lutasse nesta armadura e ainda se fizesse entender, colocando toda a Igreja em movimento e revelando os erros do monoteletismo como erros de fé. Normalmente, os dogmáticos fracassavam quanto a causar algum impacto sobre a piedade cotidiana. Os problemas do misticismo e da controvérsia sobre imagens eram habilmente, porém apenas em um estágio mais avançado, ligados à doutrina e por esta razão conduzidos a uma decisão.

Neste contexto, o nome mais importante é João de Damasco, que morreu em 749, uma vez que nele todo o desenvolvimento histórico do pensamento dogmático teve o seu desfecho no Oriente. Sob a proteção do poder islâmico, ele conduziu a controvérsia contra os imperadores iconoclastas de Bizâncio e compôs com uma típica combinação de sagacidade e estupidez a grandiosa e dogmática coleção intitulada *A Fonte da Sabedoria*, que tornou-se o modelo para inúmeros manuais posteriores, mesmo no Ocidente. A obra inclui, antes de entrar na teologia propriamente dita, uma introdução sobre a história dos conceitos filosóficos, uma "Dialética", e uma heresiologia compilada de inúmeros autores primitivos. Cada questão factível é colocada sob seu aspecto "legítimo", e em seu devido lugar.

A teologia grega foi gradualmente sufocada por seu próprio tradicionalismo. Nenhuma admiração justificada em maior ou menor grau por seus refinamentos conceituais, por sua profundidade e sublimidade são capazes de alterar este fato. Os patriarcas tornaram-se tão santos, que ao final já não podiam mais ter algum substituto que fosse semelhante a eles em vitalidade. A teologia vivia sua própria vida em constante referência ao passado, e perdeu todo o contato direto com a Bíblia e com a vida exterior ou com o que fosse diferente dela.

No ano 529, Justiniano fechou a escola que havia em Atenas, e assim os últimos filósofos pagãos deixaram o império. Os missionários cristãos penetraram somente em áreas onde eram bem-vindos em termos políticos, e onde a superioridade cultural do império havia abrandado o caminho para eles. A Igreja era desprovida de poder frente ao Islã, e as enormes perdas que sofreu nas mãos deste não foram completamente devidas a causas exteriores e militares. É ainda mais surpreendente que a nova vida teológica que veio a existir no Ocidente nos séculos IV e V, não tenha tido qualquer influência no Oriente, tendo em vista que o Oriente esteve sempre aberto à influência da teologia grega. Talvez tenha sido o próprio sentimento de distância de suas origens, ou a necessidade de ouvir e crescer tendo o cuidado de preservar as genuínas diferenças históricas, que tenha dado à teologia latina o seu poder de vida independente, embora, para começar, devesse tudo aos gregos.

Porém estes últimos haviam há muito se considerado como já tendo atingido a sua meta final. Presos em seu próprio confinamento territorial e cultural, a igreja deles repousava sobre a sua própria suposta perfeição. Confiavam em uma imutável e indestrutível continuidade aos apóstolos e pais do passado, cujas realizações admiravam a ponto de fracassarem por não observar as mudanças na natureza dos problemas enfrentados pela teologia. Preservaram a sua herança intelectual, sem tomar qualquer atitude para renová-la.

Tabela Cronológica

Acontecimentos no império
Ano / evento

138-161 Imperador Antonino Pio

161-180 Imperador Marco Aurélio

202 Séptimo Severo proíbe a conversão ao cristianismo

250-251 Perseguição aos cristãos sob o governo de Décio

255-259 Perseguição aos cristãos sob o governo de Valeriano

303 Início da grande perseguição aos cristãos sob o governo de Diocleciano

324 Constantino torna-se o único imperador

325 Concílio de Nicéia

Acontecimentos ligados à Igreja
Ano / evento

144 Marcião rompe relações com Roma

Cerca de 165 Morte de Justino

177-178 Ireneu torna-se bispo de Lião

202-203 Clemente deixa Alexandria; Orígenes torna-se diretor da escola catequética em Alexandria

230-231 Orígenes muda-se para Cesaréia, na Palestina

235 Morte de Hipólito de Roma

253-254 Morte de Orígenes

Cerca de 270 Morte de Gregório Taumaturgo

309? Morte de Panfílio

337 Morte de Constantino

361-363 Governo do imperador Juliano

379-395 Governo do Imperador Teodósio

381 Concílio de Constantinopla

395-408 Governo do imperador Arcádio

403 Sínodo do Carvalho

408-450 Imperador Teodósio II

431 Concílio de Éfeso

451 Concílio de Calcedônia

328 Atanásio torna-se bispo de Alexandria

339 Morte de Eusébio de Cesaréia

356 Morte de Antônio com 105 anos de idade

373 Morte de Atanásio

379 Morte de Basílio de Cesaréia

389-390 Morte de Gregório Nazianzeno

394 Morte de Gregório de Nissa

398 Crisóstomo torna-se bispo de Constantinopla

407 Morte de Crisóstomo

410 Sinésio torna-se bispo de Ptolemaida

412 Cirilo torna-se bispo de Alexandria

415 Morte de Hipatia

444 Morte de Cirilo de Alexandria

Bibliografia

Introdução

Praticamente todas as obras remanescentes dos Pais gregos da Igreja podem ser encontradas nas edições críticas de *Die griechischen christlichen Schriftsteller der ersten drei Jahrhunderte,* publicada pela Academia de Berlim a partir de 1897. Em relação aos pais posteriores, as freqüentes reimpressões preparadas por J. P. Migne são ainda indispensáveis: *Patrologiae cursus completus, Series Graeca* (com traduções latinas), Paris, 1857 ff. Uma grande seleção de traduções em inglês é fornecida em Roberts e Donaldson, *The Ante-Nicene Christian Library* (Edimburgo, 1867-71); Schaff e Wace, *Uma Biblioteca Seleta dos Pais da Igreja Cristã Nicenos e Pós-Nicenos* (Oxford e Nova Iorque, 1886-1900); Quasten e Plumpe (posteriormente Quasten e Burghardt), *Escritores Cristãos Antigos* (Westminster, Md. e Londres, 1946 ff.); Schopp, *Os Pais da Igreja* (Nova Iorque, 1947 ff.); Baillie, McNeill, Van Dusen, *A Biblioteca dos Clássicos Cristãos* (Londres e Filadélfia, 1953 ff.).

O que se segue é uma seleção dos guias patrísticos mais importantes que ajudarão os leitores interessados a explorar o assunto mais profundamente. O *Geschichte der altchristlichen Literatur bis Eusebius,* de A. v. Harnack, não foi além das partes preliminares I (*Überlieferung und Bestand*, 1893) e II (*Chronologie*, 1897-1904). O assíduo *Geschichte der altkirchlichen Literatur* de O. Bardenhewer, I-V (1913-1932), é a mais completa das compilações mais antigas. Há uma *Patrologia* concisa, mas excelente, de Altaner (E. T., Edimburgo, 1958). Ainda em inglês há, sobretudo, a *Patrologia* em vários volumes por J. Quasten (Utrecht, 1950 ff.) e a obra de E. J. Goodspeed, *Uma História da Literatura Cristã Antiga* (Chicago, 1942) e, para os gregos, J. M. Campbell, *Os Pais Gregos* (Londres e Nova Iorque, 1929).

Os relatos mais completos e mais importantes da história dogmática da antigüidade grega são: A. v. Harnack, *História do Dogma*, I-VII (1894-99); R. Seeberg,

Lehrbuch der Dogmengeschichte (Leipzig, 1920 ff.); Fr. Loofs, *Leitfaden zum Studium der Dogmengeschichte*, I-II, 5ª ed., editado por K. Aland (1950-53); J. Tixeront, *Histoire des dogmes* (1930 [II], tradução em inglês, St. Louis e Londres, 1930 ff.).

Deve ser feita referência às seguintes histórias gerais da Igreja: L. Duchesne, *História Antiga da Igreja Cristã* (Londres, 1909-24); K. Müller, *Kirchengeschichte*, I, 1 (3ª ed., 1941, em colaboração com H. v. Campenhausen); B. J. Kidd, *Uma História da Igreja até 461 d. C.* (Oxford, 1922); J. Lebreton e J. Zeiller, *A História da Igreja Primitiva* (tr. do francês) (Nova Iorque, 1949); H. Lietzmann, *Geschichte der alten Kirche*, tradução em inglês por B. L. Wolff (Nova Iorque, 1937 ff.); e os quatro primeiros volumes da compilação católica *Histoire de l'Église*, editado por Fliche e Martin (Paris, 1935 ff.).

Capítulo 1 - Justino

W. Schmid está preparando uma nova edição da *Apologia* de Justino. As muitas edições existentes de seus escritos são inadequadas. As pesquisas sobre Justino têm sido geralmente associadas com estudos mais extensos dos apologistas em geral ou limitadas a artigos. Pode ser feita referência a J. Geffcken, *Zwei griechische Apologeten* (1907), e A. von Ungern-Sternberg, *Der traditionelle Schriftbeweis "de Christo" und "de evangelio" in der alten Kirche* (1913). Relatos completos da teologia de Justino têm sido dados por M. v. Engelhardt, *Das Christentum Justins des Märtyrers* (1878), e E. R. Goodenough, *A Teologia do Mártir Justino* (Jena, 1923). W. Schmid, "Die Textüberlieferung der Apologie des Justin", *Zeitschr. f. neutest. Wissensch.*, 40 (1941), 87 ff., e "Frühe Apologetik und Platonismus", *Festschrift Otto Regenbogen* (1952), 163 ff., são importantes para a luz que eles focalizam sobre a posição histórica de Justino.

Capítulo 2 - Ireneu

As edições da *Refutação e Deposição da Falsamente Chamada Gnose* (citada como *adversus haereses*), de A. Stieren (1848-53) e W.W. Harvey (Cambridge, 1857), que eram excelentes em sua época, ainda são úteis. F. Sagnard empreendeu uma nova edição com uma tradução em francês (Paris, 1952). *A Demonstração da Pregação Apostólica* foi publicada por K. Ter-Mekerttschian e E. Ter-Minassiantz em 1907 em armênio, a partir de uma tradução alemã. Ela também apareceu em traduções inglesas e francesas na *Patrologia Orientalis*, 12, 5 (Paris, 1919).

De importância fundamental para o problema de sua fonte é a (não incontestada) análise em Fr. Loofs, *Theophilus von Antiochien und die anderen theologischen Quellen bei Irenäus* (1930). Para seu pensamento histórico e eclesiástico cf. F. R. M. Hitchcock, *Ireneu de Lugdunum, Um Estudo de seu Ensinamento* (Cambridge, 1914), J. Lawson, *A Teologia Bíblica de Santo Ireneu* (Londres, 1948), e

H. v. Campenhausen, *Kirchliches Amt und geistliche Vollmacht in den ersten drei Jahrhunderten* (1953), pp. 185 ff.

CAPÍTULO 3 - CLEMENTE DE ALEXANDRIA

As obras de Clemente foram publicadas por O. Stählin em uma edição excelente na *Griechische christliche Kirchenväter*, 1905-09; veja também o Índex publicado em 1936 e a tradução alemã na *Bibliothek der Kirchenväter* (1934-38) com uma Introdução e uma nova revisão do texto.Vários volumes da coleção *Sources chrétiennes* (Paris, 1949 ff.) fornecem um texto revisado com uma tradução francesa.Veja também a tradução em inglês por W.Wilson nos *Patriarcas Anti-Nicenos* (1887). Há edições em inglês de *Stromateis* VII por Hort e Mayor (Londres, 1903) e *Protrepticus* e *Quis Dives Salvetur* por Butterworth (Londres e Cambridge, Mass., 1919).

A literatura sobre Clemente é imensa e sempre crescente. As contribuições mais importantes são as seguintes: Bigg, *Os Platônicos Cristãos de Alexandria* (ed. Brightman, Londres, 1913); W. Bousset, *Jüdisch-christlicher Schulbetrieb in Alexandria und Rom. Literarische Untersuchungen zu Philo und Clemens von Alexandria* (1915); J. Munck, *Untersuchungen über Clemens von Alexandria* (1933); G. Lazzati, *Introduzione allo studio di Clemente Alessandrino* (Milão, 1939).

Sobre os problemas de sua teologia e ponto de vista intelectual veja: F. R. M. Hitchcock, *Clemente de Alexandria* (Londres, 1899); E. Molland, *A Concepção do Evangelho na Teologia Alexandrina* (Oslo, 1938); W. Volker, *Der wahre Gnostiker nach Clemens Alexandrinus* (1952); H. v. Campenhausen, *Kirchliches Amt und geistliche Vollmacht in den ersten drei Jahrhunderten* (1953), pp. 215 ff.

CAPÍTULO 4 - ORÍGENES

As edições antigas de de la Rue (1733-59) e Lommatzsch (1831-48) não são mais adequadas e foram progressivamente substituídas desde 1899 pelas edições da Academia de Berlim no *Griechische christliche Schriftsteller*. O registro recém-descoberto de uma conversa, *Entretien d'Origène avec Héraclide*, editada por Jean Scherer (Paris, 1949), é importante.

A literatura sobre Orígenes é enorme; mas não tem havido nenhum relato completo satisfatório dele desde a exposição anterior de E. R. Redepenning (1841-46), que contém muito material, e o estudo mais recente, um pouco elegante demais, por E. de Faye (3 vols., Paris, 1923-28).

Para o período inicial veja: R. Cadiou (traduzido por J. A. Southwell), *Orígenes. Sua Vida em Alexandria* (St. Louis e Londres, 1944).

De importância fundamental para seu relacionamento com a filosofia contemporânea: Hal Koch, *Pronoia und Paideusis, Studien über Origenes und sein Verhältnis zum Platonismus* (1932). A. Miura-Stange, *Celsus und Origenes, das Gemeinsame ihrer Weltanschauung* (1926), é também útil. W. Völker, *Das Vollkommenheitsideal des Origenes* (1931), tenta interpretar Orígenes do ponto de vista de sua piedade e do alegado misticismo. Cf. H. Jonas, "Die origenistische Spekulation und die Mystik", *Theol. Zeitschr.*, 5 (1949), 24 ff.

A pesquisa francesa sobre Orígenes foi particularmente frutífera: R. Cadiou, *La Jeunesse d'Origène* (Paris, 1935); J. Daniélou, *Origène* (Paris, 1950); H. de Lubac, *Histoire et esprit. L'Intelligence de l'écriture d'après Origène* (Paris, 1950); Fr. Bertrand, *Mystique de Jésus chez Origène* (Paris, 1951); H. Crouzel, *Théologie de l'image de Dieu chez Origène* (Paris, 1956).

O perigo reside em muita ênfase sendo posta sobre os aspectos "católicos" especificamente eclesiásticos e sacramentais. A melhor introdução objetiva é fornecida por Hal Koch, art. "Orígenes" em *Realencyklopädie*, XVIII, 1 (1939), 1036 ff., de Pauly-Wissowa-Kroll.

Capítulo 5 - Eusébio de Cesaréia

A edição crítica na *Griechische christliche Schriftsteller* ainda não foi concluída. Sobretudo, a edição da *História da Igreja* (1903-09), por Ed. Schwartz (com a tradução latina de Rufino editada por Th. Mommsen), da qual uma "curta edição" também apareceu (3ª. edição, 1922; reimpressa, 1952), é de importância fundamental. Schwartz também foi responsável pelo primoroso artigo completo sobre Eusébio em *Realencyklopädie*, VI, 1 (1907), 1370 ff. de Pauly-Wissowa-Kroll. Há traduções em inglês por A. C. McGiffert (Londres, 1890), Lago (Londres, 1927-28) e um artigo importante por Headlam em *J. T.S.* IV (1903), 93, "As edições e MSS de Eusébio".

A obra *Die Theologie des Eusebius von Caesarea* (1939), de H. Berkhof, fornece uma excelente exposição. No cenário político e teológico cf. também H. Eger, "Kaiser und Kirche in der Geschichtstheologie Eusebs von Caesarea", *Zeitschr. f. neutest. Wissensch.*, 38 (1939), 97 ff.; Joh. Straub, *Vom Herrscherideal der Spätantike* (1939), e o estudo brilhante mas teologicamente questionável de E. Peterson, *Der Monotheismus als politisches Problem. Ein Beitrag zur Geschichte der politischen Theologie im Imperium Romanum* (1935). As melhores obras inglesas são Lawlor, *Eusebiana* (Oxford, 1912) e Stevenson, *Estudos sobre Eusébio* (Cambridge, 1929).

Capítulo 6 - Atanásio

H.-G. Opitz iniciou uma nova edição das obras de Atanásio em 1934; deverá ser continuada por W. Schneemelcher. Um guia importante para o estudo de Atanásio é o *Lexicon Athanasianum* (1952), de Guido Müller, que também serve como uma concordância.

Não há até agora nenhuma biografia exaustiva de Atanásio. F. L. Cross, *O Estudo de Atanásio* (Oxford, 1945), fornece uma boa introdução.

Os esboços de Ed. Schwartz, "Zur Geschichte des Athanasios", em *Göttinger gelehrte Anzeigen* (1904-11; cf. também *Kaiser Konstantin und die christliche Kirche*, 1936 [2]), ainda são importantes.

Uma pesquisa sobre as complicadas lutas políticas eclesiásticas é fornecida por H. Lietzmann em sua exposição fascinante no terceiro volume de *Geschichte der alten Kirche* (1953 [2]) (tradução em inglês, 1937-1951).

O desenvolvimento das opiniões de Atanásio sobre a lei eclesiástica é estudada na dissertação Giessen por K. F. Hagel, *Kirche und Kaisertum in Lehre und Leben des Athanasius* (1933), e K. M. Setton, *A Atitude Cristã com Respeito ao Imperador no Quarto Século* (Nova Iorque, 1941).

Para o muito discutido *Vita Antonii* é suficiente fazer referência ao estudo mais recente de H. Dörries, "Die Vita Antonii als Geschichtsquelle" (no *Göttinger gelehrte Anzeigen*, 1949).

Capítulo 7 - Basílio

Não há nenhuma edição crítica completa a respeito dos escritos de Basílio, nem há uma biografia digna. Uma profunda e conveniente avaliação do atual estado de pesquisa é fornecida pela dissertação teológica de L. Vischer, *Basilius der Grosse, Untersuchungen zu einem Kirchenvater des 4. Jahrhunderts* (1953). Há também um grande número de estudos valiosos de valor mediano, e de aspectos específicos de sua teologia e obra, especialmente de sua atitude quanto à cultura clássica. Na teoria ascética de Basílio, cf. D. Amand, *L'Ascèse monastique de S. Basile* (1949) e Clarke, *São Basílio, o Grande*, Um Estudo sobre o monasticismo (Cambridge, 1913); sobre a sua opinião a respeito do Estado, G. F. Reilly, *Império e Sacerdócio de Acordo com São Basílio, o Grande* (teol. diss., Washington, 1945); sobre o cisma antioquiano, F. Cavallera, *Le Schisme d'Antioche* (Paris, 1905); e por sua posição sobre o dogma, K. Holl, *Amphilochius von Ikonium in seinem Verhältnis zu den grossen Kappadoziern* (1904), e mais recentemente, B. Schewe, *Basilius der Grosse als Theologe* (diss., Nymwegen, 1943) e, particularmente importante, Dörries, *De spiritu sancto, der Beitrag des Basilius zum Abschluss des trinitarischen Dogmas* (1956). Mais geral é Fox em, *A Vida e Época de São Basílio, o Grande, como Revelada em suas Obras* (Washington, 1939). A maneira correta de soletrar o nome em grego é Basileios; porém era pronunciada naquela época Vasílios.

Capítulo 8 - Gregório Nazianzeno

No caso de Gregório Nazianzeno, somos ainda dependentes da reimpressão de suas obras em *Patrologia graeco-latina,* de Migne. A antiga biografia, não mais adequada, de C. Ullmann, *Gregorius von Nazianz, der Theologe* (1867 [2]), foi juntada por exposições mais recentes, especialmente em francês, que se concentra em um ou outro aspecto de seu caráter: M. Guignet, *S. Grégoire de Nazianze orateur et épistolier* (Paris, 1911); P. Gallay, *La vie de S. Grégoire* (Paris, 1943), e o estudo muito sistemático por J. Plaignieux, *S. Grégoire de Nazianze, théologien* (Paris, 1952).

Dos inúmeros estudos da postura de Gregório em relação à literatura e cultura antigas, uma menção especial deve ser feita da edição ricamente anotada de H. M. Werhahn de ΣύγκρισιSβίων, de Gregório (1953). B. Wyss, "Gregor von Nazianz. Ein griechisch-christlicher Dichter des 4. Jahrhunderts" (*Mus. Helvet.*, 6, 1949), fornece a mais viva descrição da personalidade de Gregório, bem como informações úteis de pontos específicos. Em minha opinião, o melhor tributo teológico pode ser encontrado em K. Holl, *Amphilochius von Ikonium in seinem Verhältnis zu den grossen Kappadoziern* (1904), exceto que até mesmo Holl, talvez, nem sempre preste suficiente atenção para o caráter intensamente retórico das formulações dogmáticas de Gregório, e portanto tome algumas coisas de modo excessivamente literal e sério.

Capítulo 9 - Gregório de Nissa

A edição crítica de Werner Jaeger das obras de Gregório (as cartas editadas por G. Pasquali) começou em 1921, substituindo os textos bastante inadequados que aparecem em Migne. Até certo ponto, porém, tenho citado Migne, visto que suas colunas também são referidas na margem da edição de Jaeger.

Houve muitos estudos do misticismo e do pensamento religioso de Gregório em épocas recentes. Na maioria dos casos, uma ênfase especial foi dada ao conteúdo "cristão" de seu pensamento, quando comparado com os elementos obviamente neoplatônicos. Uma menção especial deve ser feita de: H. F. Cherniss, *O Platonismo de Gregório de Nissa* (Berkeley, 1930); H. U. von Balthasar, *Présence et Pensée. Essai sur la philosophie religieuse de Grégoire de Nysse* (Paris, 1942); A. Lieske, "Die Theologie der Christusmystik Gregors von Nyssa", em *Zeitschr. f. kath. Theologie*, 70 (1948), 49 ff.; 129 ff.; 315 ff. e, particularmente, a obra completa de J. Daniélou, *Platonisme et théologie mystique. Essai sur la doctrine spirituelle de Saint Grégoire de Nysse* (Paris, 1954 [2]); e também seu artigo, "La Résurrection des corps chez Grégoire de Nysse", *Vigil. Christ.*, 7 (1953), 154 ff. Uma obra recente é a de W. Völker, *Gregor von Nyssa als Mystiker* (1955).

O brilhante estudo elaborado por J. Gaïth, *La Conception de la liberté chez Grégoire de Nysse* (Paris, 1953), sofre um pouco da abordagem filosófica e sistemática unilateral. Um tema limitado, porém central no pensamento de Gregório, é tratado por R. Leys, *L'Image de Dieu chez Saint Grégoire de Nysse. Esquisse d'une doctrine* (Bruxelas, Paris, 1951), e H. Merki,'ΟΜΟΙΩΣΙΣ ΘΕΩΙ. *Von der platonischen Angleichung an Gott zur Gottähnlichkeit bei Gregor von Nyssa* (Freiburgo, Suíça, 1952), que é um estudo particularmente frutífero dos pontos de vista filológico e histórico.

Capítulo 10 - Sinésio de Cirene

As antigas edições de Sinésio foram substituídas pelas cartas de R. Hercher, *Epistolographi Graeci* (Paris, 1873), 638-739; pelos hinos e outros escritos da edição romana iniciada em 1939 por N. Terzaghi, *Synesii Cyrenensis hymni et opuscula*. Tradução inglesa por A. Fitzgerald de *Cartas* (Londres, 1926), *Esboços e Hinos* (2 vols., Londres, 1930).

G. Grützmacher forneceu uma biografia sólida em seu *Synesios von Kyrene - ein Charakterbild aus dem Untergang des Hellenentums* (1913) e, mais recentemente, a obra de Chr. Lacombrade, *Synesios de Cyrène, Hellène et chrétien* (Paris, 1951), na qual toda a literatura antiga está listada. Estudos ingleses de sua vida e obras por Alice Gardner, na série *Os Pais para Leitores Ingleses* (Londres, 1886); J. C. Nicol, *Sinésio de Cirene. Sua Vida e seus Escritos* (Cambridge, 1887); e W. S. Crawford, *Sinésio, o Heleno* (Londres, 1901).

O trabalho de J. C. Pando, "*A Vida e a Época de Sinésio de Cirene*" (Universidade Católica da América, *Estudos Patrísticos*, Vol. 63, Washington, 1940), é mais uma compilação.

Capítulo 11 - João Crisóstomo

Nenhuma edição completa foi tentada desde a edição feita por Montfaucon (1718-38), que foi reimpressa, com adições, por Migne. As edições de obras específicas são também escassas e insignificantes. Por causa do texto, a melhor edição ainda é a de Savile (8 vols. Eton, 1612).

Uma biografia prolixa em dois volumes na qual toda a literatura está listada foi fornecida por Chr. Baur na obra *Der heilige Johannes Chrysostomus und seine Zeit* (1929-30). Especialmente importante é de Tillemont por sua cronologia em *Mémoires pour servir à l'histoire ecclésiastique des six premiers siècles*, Vol. IX (Paris, 1706). Também deve ser mencionada a exposição de V. Schultze no terceiro volume de sua obra *Antigas Cidades Cristãs e Paisagens* (1930), que trata da Antioquia. Uma fonte importante para a biografia de Crisóstomo é *Dialogus de Vita S. Joannis Chrysostomi,* de Palladio, que apareceu em uma excelente edição preparada por P. R. Coleman-Norton em Cambridge, em 1928. A versão inglesa de Stephens, *São João Crisóstomo, sua Vida e Época* (Londres, 1880 [2]), e uma mais popular de Bush, *A Vida e Época de Crisóstomo* (Londres, 1885).

Não há muitos estudos teológicos de sua obra; um dos melhores é "Der Begriff des Mysteriums bei Johannes Chrysostomos" (*Theophaneia*, IX, Bonn, 1953), de G. Fittkau.

Capítulo 12 - Cirilo de Alexandria

A única edição completa das obras de Cirilo, de Joh. Aubertus (1638), foi reimpressa por Migne em *Patr. graeca*, 68-77.

Seus escritos antinestorianos podem agora ser encontrados quase completos no primeiro volume da *Acta conciliorum oecumenicorum* (*ACO*), de Ed. Schwartz.

As introduções e os tratados difundidos deste último deram a melhor contribuição ao explicar os procedimentos políticos na Igreja. Veja especialmente *Cyrill und der Mönch Viktor* (1928).

Não há nenhuma biografia moderna adequada de Cirilo.

O que se segue é importante para a luz que ela lança sobre a sua posição teológica dentro da tradição alexandrina: J. Liébaert, *La Doctrine christologique de Saint Cyrille d'Alexandrie avant la querelle nestorienne* (Lille, 1951). A. Kerrigan, *São Cirilo de Alexandria, Intérprete do Antigo Testamento* (Roma, 1952), lida com seus métodos de exegese. Também há muito material na obra de H. du Manoir de Juaye, *Dogme et spiritualité chez Saint Cyrille d'Alexandrie* (Paris, 1944).

Os Pais Latinos

Nota do Tradutor da Versão Inglesa

O professor von Campenhausen é bastante conhecido no mundo acadêmico como um líder e especialista nos assuntos patrísticos, bem como um dos mais destacados estudiosos protestantes na Alemanha, porém suas mais importantes obras somente passaram a estar disponíveis no idioma inglês recentemente. Um esforço inicial foi feito para remediar esta situação por meio da publicação da tradução de dois de seus livros que tratam dos Pais gregos e latinos da Igreja. Ambos são considerados como obras do mais alto valor, tanto por estudiosos do assunto como por leigos possuidores da melhor formação. Embora o autor renuncie expressamente às "citações padronizadas, notas, explicações, citações marginais, notas de rodapé, bem como todos os tipos de apêndice", o leitor especialista reconhecerá por trás destes esquemas biográficos o exato conhecimento do trabalho literário dos Pais da Igreja, de sua colocação histórica e de seu impacto teológico.

Como tradutor, e ex-aluno do autor, familiarizado à sua abordagem metodológica e teológica, esforcei-me por preservar fielmente o espírito desta obra, bem como a individualidade do autor. Considero-me como devedor aos meus colegas e amigos, ao professor John Lawson, de Atlanta, e ao Dr. Jack H. Wilson, de Atenas, Tennessee, bem como ao Rev. L. A. Garrard, de Oxford, por seu trabalho editorial. Acima de tudo, expresso a minha gratidão ao próprio autor por sua inspiração intelectual, e também por seu entusiasmado interesse por meu trabalho.

Manfred Hoffmann

Emory Universidade
Atlanta, Georgia

SUMÁRIO

Os Pais Latinos

Introdução

Os Pais Gregos e Latinos da Igreja

A série anterior deste livro foi dedicada aos Pais gregos da Igreja. O que ali foi dito a respeito das expressões "Pais da Igreja" e "patrística" não será repetido aqui. Este volume deve ser lido de modo independente, embora em relação ao tema seja uma continuação do anterior. A literatura patrística latina consolidou-se quase cem anos após a grega. Os pais latinos eram os filhos mais jovens dos gregos, que foram os seus primeiros ensinadores na fé e no pensamento cristão, e, na verdade, em toda a sua teologia. Este relacionamento não é feito de modo suficientemente distinto pelo usual e simples arranjo cronológico dos Pais gregos e latinos da Igreja.

Na Igreja Primitiva, assim como no mundo cultural antigo, fluiu uma constante corrente de estímulo intelectual do Oriente para o Ocidente. Não havia um refluxo comparável do Ocidente para o Oriente que correspondesse à grande quantidade de literatura que era traduzida para o latim. Contudo, no mundo ocidental foi rapidamente desenvolvida uma nova, vigorosa e independente forma de vida eclesiástica e de teologia cristã, que definitivamente provou não ser inferior à grega, e possivelmente sobrepujou o seu efeito na história mundial. A ascensão deste fenômeno eclesiástico latino merece destaque, porque marca o início da primeira transformação para um novo mundo intelectual de que a cristandade como um todo foi participante.

Embora Jesus e seus primeiros discípulos não tenham discursado em grego, mas tivessem o aramaico como idioma usual, o cristianismo não é uma "religião judaica". A Igreja era formada por judeus e gregos; e os pais gregos compreenderam sua fé, de modo legítimo e correto, como uma nova verdade que transcendia tanto o judaísmo quanto o helenismo. O Novo Testamento foi escrito em grego e, como sempre, o idioma é mais do que uma simples roupagem exterior.

O espírito grego tocou e até certo ponto caracterizou o cristianismo em seu princípio. Este fator influenciou de modo crescente e unilateral o desenvolvimento seguinte, em detrimento dos alicerces hebraicos do Antigo Testamento. Mesmo onde a Igreja antiga avançou em sua atividade missionária, além das fronteiras do império em direção ao Oriente, e aparentemente reorientou-se, as pressuposições gregas do texto da Bíblia, os credos, e o pensamento teológico, geralmente permaneceram e provaram ser impossíveis de se erradicar. Pode-se afirmar com certeza que a Igreja também teve pais orientais; contudo, estiveram em posição inferior dos pais latinos no que diz respeito ao poder e à importância independente.

O Ocidente "latino", que precisa realmente ser considerado de modo isolado por causa da história da Igreja antiga, foi por muito tempo influenciado e permeado pela cultura grega e pelo pensamento helenista quando o cristianismo entrou em cena. De fato, esta foi a única razão que tornou possível o rápido desenvolvimento intelectual da Igreja ocidental.

Contudo, se o espírito romano não se dissolveu simplesmente no helenismo, mas preservou a sua identidade através de seu constante intercâmbio com este, e somente desta forma alcançou sua própria personalidade intelectual, o mesmo é verdadeiro para a Igreja latina, e sua independência teológica.

Como já foi dito, os Pais latinos da Igreja foram instruídos e educados por mestres gregos; porém possuíam desde o começo o seu próprio acesso à Bíblia, especialmente ao Novo Testamento. Em oposição à tendência filosófica, e às tendências metafísicas e especulativas do helenismo, exibem uma limitação e uma reserva que somente pôde ser vencida no final do século IV. Este fato levou ao "Período de Ouro" da teologia dos pais latinos, como foi exemplificado acima de tudo em Agostinho.

Mesmo esta nova teologia "filosófica", contudo, não perdeu os seus alicerces no pensamento latino. Não foi por acaso que esteve ligada a um redescobrimento de Paulo, e ao levantamento da questão, tão característico em Paulo, relacionada à oposição da fé cristã à lei mosaica. Este é um aspecto que raramente foi considerado pela teologia grega, e que em seu significado original, de todo modo, permaneceu completamente estranho a esta. A afinidade peculiar que existia entre o caráter romano e o judaísmo capacitou a Igreja latina, por causa de sua sobriedade e legalismo prático, a compreender o significado do Evangelho.

Contudo, não nos referiremos a estes assuntos em detalhes neste volume, que somente apresenta uma série de descrições biográficas resumidas, e que não tem a intenção de ser um substituto da história da teologia e da doutrina. A seleção das personalidades descritas é mais uma vez estritamente limitada, e não vai além dos limites da literatura clássica antiga, cujo declínio também marca uma época na história da Igreja. No entanto, por trás de meus esforços está a convicção de que uma vida histórica é primeiramente concretizada através de personalidades humanas, ou ao menos nelas isto pode ser alcançado de modo mais direto e compreendido de modo mais distinto.

Capítulo 1

Tertuliano

Já existia em Roma, nos tempos do apóstolo Paulo, uma congregação cristã, porém não era ainda uma congregação romana. A metrópole abrigava imigrantes de todas as partes do mundo, e aqueles que vinham do Oriente, de fala grega, não eram exceção. Foi através destes que vieram os primeiros missionários e aqueles que aderiram à nova fé. O idioma dos cristãos por todo o mundo ocidental era exclusivamente o grego, e esta situação permaneceu por cerca de cem anos. Este fato não ocorreu apenas porque Igreja teve sua origem no Oriente, mas refletiu igualmente as condições gerais do império, que havia se tornado um império unido desde a área do Mediterrâneo, incluindo a sua cultura.

O idioma grego não era somente a língua da inteligência (assim como o francês o foi durante certo período na Alemanha), sendo igualmente o idioma que prevalecia nos assuntos relacionados ao comércio e às viagens. Em cada grande cidade do Oriente, o grego era não somente compreendido mas falado, provavelmente como a linguagem comum do povo. Para uma religião praticada em metrópoles, uma fé que logo de início dissociava o indivíduo dos laços nacionais, colocando-o em uma nova comunidade, como era o costume no cristianismo, o grego era obviamente a linguagem religiosa e eclesiástica.

Quando esta situação lentamente começou a mudar por volta do final do século II, podemos observar a ampliação desta base intelectual e social, e a crescente popularidade e estabilidade da Igreja ocidental. Os membros das congregações começaram a falar o latim entre eles, e o grego, na maior parte das ocasiões, era falado somente no alto clero. Os sermões começaram a ser pregados pela primeira vez em latim; e, então, podemos encontrar o princípio de uma modesta literatura latino-cristã para utilização prática na Igreja: traduções da Bíblia, relatos de martírios e um catálogo do cânone que foi preservado.

Contudo, quando e onde teve início o desenvolvimento intelectual independente? O primeiro documento em latim considerado importante por alguns estudiosos é o diálogo "Otávio", que é de forma significativa uma "apologia" escrita visando leitores não cristãos. O seu autor é um advogado romano chamado Múcio Felix. Na antiga disputa acerca da prioridade cronológica, ao menos parece que a balança pende a seu favor, e contra a precedência de seu colega advogado, Tertuliano. Apesar disso, iniciamos por Tertuliano, e sem qualquer apreensão, podemos colocar de lado o desconhecido Múcio.

Tertuliano foi o primeiro teólogo latino que realmente conhecemos no Ocidente como uma personalidade distinta. Este elucida de forma completa o mundo em que vivia e trabalhava, através da abundância de seus escritos vigorosos e originais. Neste âmbito, está posicionado no princípio de toda a história da Igreja latina.

Tertuliano era um africano, isto é, um cidadão da África, de uma província colonizada pelos romanos, que hoje é a Tunísia. Na capital, Cartago, Quinto Séptimo Florens Tertuliano nasceu logo após a metade do século II. O seu pai era um subalterno no exército. Sua obra está de acordo com a perspectiva romana, embora tenha uma forma africana característica quanto ao espírito romano, que tende a combinar disciplina com censura, e um senso de organização com escárnio e paixão, e que prefere a auto-suficiência a ponto de chegar à rebelião, ao invés da cegueira no seguir e no obedecer.

O jovem Tertuliano, tendo recebido uma extensa educação em retórica e leis, viveu durante certo período em Roma, e deve ter iniciado sua vida profissional como procurador. É improvável que seja o mesmo Tertuliano mencionado nas compilações como um famoso jurista. Ele não era um erudito profundo, embora tenha lido muito e tenha tido um grande conhecimento, e apreciasse surpreender os seus leitores por meio de alguns fatos obscuros. Ele foi definido por Harnack como um "advogado que filosofava", em cuja boca a linguagem precisa de um jurista havia se tornado um meio de retórica. O seu aguçado intelecto estava constantemente em movimento; contudo, não se adequava a uma vida contemplativa. Tudo aquilo em que Tertuliano pensou, disse e realizou foi direcionado ao mundo real e exigia decisões práticas. Este era um fator determinante tanto em sua vida intelectual como na espiritual.

Ele era impetuoso, ávido e em muitas ocasiões mostrava-se, de modo proposital, invencível; ele mesmo reclamava que jamais seria capaz de aprender a preciosa virtude da paciência. Jerônimo, que em muitos aspectos possuía uma natureza semelhante, classificou-o certa vez como o homem que estava sempre em chamas (*vir ardens*). Contudo, os seus modos não eram primitivos; jamais perdeu o controle de seu temperamento. Pelo contrário, quanto mais irado falava, e quanto mais veemente e pessoalmente lançava todo o seu peso em relação a tudo aquilo que pensava ser o correto, mais polidos se tornavam os seus pensamentos e o seu estilo, mais sutis as suas táticas e mais aguda a sua cruel sagacidade de argumentação. A moderação romana, a transparência legal e a disciplina militar foram transmutadas em uma força moral e intelectual no coração e na mente de Tertuliano, os quais eram ardentes e ambiciosos.

Não conhecemos as circunstâncias que levaram Tertuliano ao cristianismo. Geralmente pensa-se que o efeito causado pelos mártires foi, de acordo com o seu próprio testemunho, a força persuasiva mais importante, bem como o impacto da comunidade cristã em geral, imperturbável e unida em meio a um mundo licencioso. Em adição a isso, contudo, o impacto espiritual do ensino cristão não deve ser negligenciado. A mensagem do único Deus, Criador e Soberano – que não é apenas uma mera idéia, mas que dirige o curso do mundo como um todo – que derrotou os demônios através de Cristo, e chama todos os homens a uma decisão final, foi a fonte da experiência decisiva na vida de Tertuliano.

Em contraste a isso, as teorias construídas artificialmente e a sabedoria dos filósofos foram expostas como conversações vãs e ineficazes. A verdade de Deus não pode ser negada em princípio por nenhum ser inteligente, e é óbvio que é verdadeiramente revelada e dada a conhecer somente aos cristãos. Eles conhecem o Filho de Deus e através dEle, de seu ensino, e de sua Palavra, passam a conhecer sua completa vontade, natureza, bem como a lei de Deus.

Tertuliano conheceu a Bíblia muito cedo, e aderiu a esta por toda a sua vida. Ele a conhecia profundamente, e referia-se a ela em cada situação que fosse possível, não hesitando em interpretá-la de modo independente, conforme fosse necessário, de acordo com o texto original grego. Em ouvir a voz de Deus de forma direta – na palavra dos profetas, do próprio Salvador e dos seus discípulos – Tertuliano não era, sem dúvida, original. Partilhava a sua crença "nas Escrituras" com os demais cristãos que lhe eram contemporâneos. Porém muito mais do que qualquer um deles, possuía também um imediato senso do caráter inigualável da Bíblia.

Ele sabia, e declarava de tempos em tempos, que este caráter é absolutamente diferente do espírito e da sabedoria do mundo, por mais nobres que estes possam ser. A sua moderação, o seu realismo direto e aberto, revelado por uma afinidade natural com o fervor e a sobriedade básica das Santas Escrituras, e o caráter concreto e paradoxal destas, não pode ser abordado por qualquer ideologia aparentemente religiosa. E aceitando-as nesta particularidade, e amando-as naquilo que nos poderia parecer estranho, Tertuliano tornou-se o mais original e, em muitos aspectos, o mais perspicaz exegeta de toda a Igreja Primitiva, cuja precisão de detalhes e entendimento não foi excedido por nenhum dos teólogos que viveram depois dele. As limitações que finalmente o venceram foram os limites de sua própria compreensão da fé, a saber, os limites de seu orgulho e de sua natureza rígida e implacável.

Quando ficamos sabendo da existência de Tertuliano, ele já era um respeitável membro da congregação cristã cartaginesa. Estava no auge da vida, tinha um feliz matrimônio, e mesmo parecendo não ser rico, tinha uma situação econômica independente e segura. Deste modo, dispôs-se à instrução dada aos candidatos ao batismo e aos novos convertidos. Além do mais, deve ter "pregado" ocasionalmente, isto é, deve ter proferido discursos espiritualmente instrutivos diante da congregação. Acima de tudo, entretanto, Tertuliano era ativo como escritor independente, atuando como advogado a favor dos cristãos em relação aos pagãos, defendendo os melhores aspectos do cristianismo.

Ele compôs parte de seu trabalho literário no idioma grego – "Em consideração aos nossos estetas teatrais", como ele ironicamente comentava (*De Cor. 6*) – porém é estranho que nenhum destes escritos em grego foi preservado. A tradução para o latim era mais apropriada para um autor que, como Tertuliano, visava um confronto de efeito direto e, por meio de apelos e preleções, procurava alcançar prioritariamente os seus irmãos mais próximos e os seus concidadãos. Mas que latim ele repentinamente atreveu-se a escrever! Foi sem precedentes no campo literário.

Nos escritos de Tertuliano caminhamos pela linguagem viva dos cristãos daquela época, o latim da Igreja latina em fase de crescimento, um idioma que de modo apropriado é repleto de termos emprestados e de novos vocábulos para descrever os novos fatos e idéias da vida cristã cotidiana. Esta, ao mesmo tempo observa e adota, mesmo nos detalhes gramaticais, a linguagem que é falada pela sociedade cartaginesa, e pelas pessoas que Tertuliano conhecia, observava e procurava. Porém, acima de tudo, é a própria linguagem de Tertuliano, uma expressão de seu fortíssimo poder criativo, que de nada se absteve no sentido de alcançar as metas que estabeleceu para si mesmo.

Tertuliano conhecia bem aquilo que estava fazendo. Não renunciou a nenhum dos artifícios da retórica aprovada, que ele bem sabia como combinar com os argumentos mais surpreendentes, com os trocadilhos, rimas, aliterações, frases rítmicas e todas as peculiaridades e idiossincrasias da escola de escritores da época. A este respeito ele parece mostrar uma relação familiar com os seus contemporâneos mais velhos e com um africano amigo e concidadão chamado Apuleio. De qualquer forma, Tertuliano nada tinha que ver com a elegância clássica de Múcio Félix, que escreveu sua apologia conforme o estilo de Cícero. Ele desejava golpear e desmascarar a realidade de seu tempo; queria acima de tudo apertar, prender e cativar os seus ouvintes. Daí o fato de expressar-se de uma maneira viva e extremamente ativa, que freqüente e fortemente excedia os limites do bom gosto.

Contudo, o seu modo coloquial nunca é simplesmente rude, mas depende da matéria abordada – isto é, o modo como Tertuliano a vê é delimitado pela própria verdade. Isto confere à sua rudeza e à aparente vulgaridade de sua linguagem a dignidade de uma missão maior e a consagração de uma verdadeira sinceridade. Esta impressão de um realismo inflexível e heróico até mesmo intensifica o estilo de frases objetivas que é pretendido, juntamente com as erupções vulcânicas de suas sentenças. De acordo com uma declaração feita por um crítico na Igreja antiga, quase todas as palavras de Tertuliano tornam-se máximas. E estas sentenças proverbiais, esta exatidão rude, ocasionalmente lembram Tácito. Porém, "o fervor que Tácito mantém em xeque por meio de uma indignação aristocraticamente refreada torna-se nele [em Tertuliano] uma forte onda que leva, rodopiando e em turbilhão, tudo o que estiver em seu caminho".

Nenhum outro autor antigo, diz Eduard Norden, violou de modo tão incessante a "mais alta lei da antiga concepção da arte, a subordinação da individualidade àquilo que é tradicional" como Tertuliano o fez, a quem Cristo se revelou, como ele disse certa vez, precisamente "não como uma tradição, mas como a verdade" (*de Virg. Vel.* I, 1). Mesmo nos tempos antigos haviam reclamações quanto à dificuldade de seus escritos. E outra conseqüência de seu estilo é que as sentenças empregadas por Tertuliano não podem ser diretamente traduzidas para a linguagem moderna, nem mesmo para o inglês. Somente o original em latim preserva os fortes golpes, bem como o ressoar do metal, as centelhas voando à medida que ele as forja.

Raramente havia na Igreja daquela época algum problema sobre o que Tertuliano deveria ou não expressar a sua visão, ou de alguma forma oferecer a sua opinião. Os cerca de trinta diferentes escritos que possuímos hoje são tão variados quanto se possa imaginar. Tertuliano gostava de organizar um tópico de modo temático, e tratá-lo de modo exaustivo sem tornar-se prolixo. Ele não adotou a forma literária de um comentário bíblico contínuo, que originava-se naquela época. As suas publicações abrangem desde panfletos curtos, concisos e inteligentes, até volumosos tratados teológicos que são "livros", mesmo em um sentido moderno, e são inteiramente voltados aos estudos. São todos bem organizados, sempre mantendo o seu propósito em foco.

Estas obras, de modo muito hábil, colocam o leitor por dentro da situação e antecipam suas possíveis objeções; conduzem sua atenção ao significado e à importância de certas idéias, e, dc modo irresistível, carregam no consigo. Tertuliano possuía uma rara habilidade dentre os teólogos: era incapaz de ser enfadonho. Este fato também é verdadeiro em relação aos seus tratados escritos, ou àqueles que têm propósitos puramente edificantes e instrutivos e que representam o resultado de seus ensinos leigos. Deste modo, escreveu o famoso tratado sobre a oração – "o qual sozinho revela os propósitos de Deus sobre este tema" – e que contém uma bela e impressionante exposição da oração ensinada pelo Senhor. Ele instrui os seus leitores a respeito do significado e da correta utilização do batismo e do arrependimento. Descreve o que deve ser um matrimônio cristão; e em um breve tratado louva a paciência – da qual ele mesmo infelizmente carecia. Aquilo que ele explica não é sempre algo novo; porém é sempre considerado de modo independente, tratado de uma nova maneira, e assim apresentado a todos aqueles que são capazes de compreender a importância do problema. Mesmo quando utilizando outros autores, jamais foi um mero plagiador, mas adaptou-se ao leitor atual. Isto faz de seus escritos uma incomparável fonte de material para a vida da Igreja desta época.

A maior parte de seus escritos tem, contudo, uma natureza diferente. É polêmica quanto à abordagem, e combativa contra os inimigos e perseguidores, os hereges e os enganadores da Igreja. E é nisto que os seus dons e talentos superiores revelam-se integralmente. Tertuliano sabia como um sábio orador seria capaz de convencer os seus ouvintes, ganhá-los para si, e incitá-los contra os outros. Em todas as situações mostra-se como sendo aquele que realmente possui o conhecimento, enquanto os seus oponentes são todos maliciosos, obstinados e ignorantes, que raramente precisam de refutação perante um auditório competente.

Porém, ele gostava também de agir como um nobre que levanta controvérsias, que retém os seus golpes por não querer condenar alguém sem uma cuidadosa investigação, e que primeiramente dá a cada oponente aquilo que lhe é devido, e até mesmo mais do que lhe é devido. Ele apresenta sua evidência de modo gradual; sabe como lhe agregar valor, de modo a impressionar profundamente, enquanto deixa a impressão de que está oferecendo somente uma seleção daquilo que está disponível. Freqüentemente liberta um adversário já derrotado, concedendo-lhe uma nova chance, quando ainda aceita com reservas uma tese que já foi comprovada como falsa, com o objetivo de esmagar esta posição uma segunda, terceira e quarta vez, sob esta ou outra pressuposição imaginária, e finalmente expô-lo ao desdém e ao completo ridículo, enquanto a verdade vitoriosa resplandece sem que tenha sido maculada, como a fênix que se levanta das cinzas.

Não é de surpreender que tal técnica de argumentação algumas vezes vá longe demais. Uma vez que Tertuliano estava sempre realizando uma disposição diferente em suas declarações, que eram profundamente agudas e supostamente incontestáveis, o leitor que procura princípios lógicos, hermenêuticos e teológicos que sejam realmente determinantes torna-se facilmente confuso. Sua brilhante sutileza é capaz de tentar os leitores a considerá-lo como alguém muito mais importante e como um pensador muito mais profundo do que ele realmente é.

Entretanto, isto não significa que Tertuliano não fosse sério em relação àquilo que defendia. Como regra, a retórica antiga considerava legítimo em polêmicas aquilo que hoje poderia parecer desleal ou meramente estar lutando contra um inimigo imaginário. Tertuliano fez uso radical das oportunidades que lhe foram concedidas, por meio de sua educação e incomparável talento. Ele não era cínico; porém era um mestre na mais alta astúcia da dialética e no uso da ironia. Cada vez que, após tais engenhos, ele retorna ao tema sobre o qual estava discorrendo com uma paixão freqüentemente arrebatadora, mas nunca bombástica, até mesmo o leitor moderno tem o sentimento de que o homem está sustentando o seu testemunho com todo o seu coração e alma. O leitor também constata por que Tertuliano sustenta a sua convicção de modo tão severo e fervoroso, com uma veemência tão selvagem.

Os mais antigos escritos de Tertuliano que possuímos têm o propósito de defender o cristianismo contra a superstição pagã, contra a difamação e a perseguição sanguinária. Esta era a tarefa clássica, por assim dizer, de um escritor cristão naquele período.

A partir da metade do século II, os "apologistas" gregos compuseram as suas volumosas "apologias" endereçadas aos imperadores. Estas eram, na realidade, como qualquer outra literatura, mas naturalmente muito mais lidas pelos cristãos dos que pelos pagãos, para quem eram originalmente escritas. O próprio Múcio Félix uniu-se a este grupo. É óbvio que Tertuliano havia estudado os trabalhos de seus antecessores de modo intenso, e imediatamente descobriu a razão do fracasso deles: não se dirigiam realmente aos seus oponentes. Todos eles procuravam alcançar muitos resultados de uma só vez, e não se concentravam nos pontos que eram factuais e psicologicamente decisivos. Além do mais, não atingiam o nível literário e intelectual que era necessário em um debate como este. Pode-se observar os estágios que Tertuliano passou para desempenhar sua tarefa por meio de um novo estilo. Vemos uma primeira tentativa deste trabalho em duas partes: *Contra os Gentios*, que mais tarde abandonou. Segue-se, então, o grande *Apologético* em um primeiro esboço, seguido por outro, provavelmente revisado por ele, e não mais endereçado a um imperador inacessível, mas a seus ignorantes governadores e oficiais de governo. Existem finalmente variações originais sobre tópicos específicos que datam de uma ocasião posterior.

O grande *Apologético* é considerado justamente a obra-prima da apologia cristã antiga, que jamais foi superada. Ele foi até mesmo traduzido certa vez para o grego, uma distinção que mesmo em épocas posteriores foi concedida a pouquíssimos escritos dos Pais latinos da Igreja. Tertuliano, de modo justificado, escolheu para a apologia a forma de um discurso perante o tribunal, algo que seria impossível que os cristãos fizessem de modo efetivo. Esta própria situação, ele sugere, mostra quão passíveis de objeção eram todos os procedimentos adotados contra os cristãos. "A verdade não faz qualquer apelo em favor de si mesma, pois não se importa com a sua condição presente. Sabe que desempenha o papel de um forasteiro na terra, e que em meio aos estrangeiros ela realmente descobre inimigos, porém tem a sua origem, morada, esperança, recompensa e honra no céu. Enquanto isto, há algo pelo que ela luta: para que não seja condenada sem que sequer seja ouvida em interrogatório". Isto certamente não ameaça o sistema legal vigente, acrescenta Tertuliano de modo sarcástico, pois as autoridades poderiam ser capazes de ter uma opinião ainda mais elevada de si mesmas se pudessem ouvir a verdade e, não obstante, condená-la (*Apol.* 1,2 f.; *FC,* 10, 7).

Assim tem início a sua defesa. Tertuliano, à sua própria maneira, coloca de lado todos os procedimentos legais, e demonstra que é uma atitude insana perseguir os cidadãos mais confiáveis do império, em nome de uma religião fundada em falsidade e engano, e que já não é mais seguida ou levada a sério em nenhum lugar. Jamais se cansa de denunciar que todas as atrocidades e crimes falsamente atribuídos aos cristãos têm sido perpetrados e tolerados pelos pagãos há muito tempo. Contudo, abstém-se agora da difícil tentativa de ligar estas polêmicas a uma propaganda positiva a favor do cristianismo e da conversão. Esta conclusão pode ser tirada pelo próprio leitor quando tiver aprendido a respeito do ensino, das regras da moralidade e do comportamento dos cristãos como eles são de verdade. A evidência e as provas necessárias para uma tal conclusão devem ser oferecidas dentro de sua própria perspectiva.

Tertuliano não abandonou nenhum dos elementos tradicionais da apologia antiga; ele até mesmo ampliou-a. Contudo, apegando-se ao máximo ao modelo de um discurso simulado, tudo agora parece muito mais conciso, mais claramente organizado, excitante e distinto. Prendendo sua respiração, o leitor segue as surpreendentes demonstrações e descobertas e, antes que perceba, alcança o clímax com o qual Tertuliano, aparentemente muito cedo, derrota o discurso adversário com sua defesa, como se considerasse inúteis todos os esforços posteriores: "Porém segui avante, bons oficiais; vos tornareis muito melhores aos olhos do povo caso sacrifiqueis os cristãos por eles. Crucificai-nos – torturai-nos – condenai-nos – destruí-nos! A vossa iniqüidade é a prova de nossa inocência. Por esta razão, Deus permite que sof:ramos estas coisas... Contudo, as vossas torturas não significam nada, mesmo que cada uma seja mais refinada do que a anterior; antes, instigam a nossa religião. Crescemos em número cada vez que somos abatidos por vós: o sangue dos cristãos é semeado (*semen est sanguis Christianorum*)." Nós lhes estamos muito gratos por terdes terminado o inquérito judicial tão rapidamente. Parece ser como se duas cortes se confrontassem na luta entre Deus e os homens, e "quando somos condenados por vós, somos absolvidos por Deus" (*Apol.* 50, 12 ff.; *FC,* 10, 126).

O pensamento decisivo com o qual Tertuliano "vira de ponta-cabeça" os procedimentos do Estado não é conseqüentemente de ordem judicial, mas teológica. É a convicção de que o politeísmo é vão, e da realidade daquilo que é revelado por Deus. Aquilo que as autoridades e as multidões loucas veneram é baseado em uma mentira, é baseado naquilo que é feito pelas mãos dos homens e em tolices vãs; por trás disso, contudo, permanecem os perigosos demônios como sendo as forças que realmente operam, seduzem e corrompem. Estes são os inimigos naturais da verdade e que têm por esta razão incitado as ações insanas contra os cristãos. Com isto, mediante um simples golpe, a combinação de religião e política, o então presente estado de religião até aquele momento não questionado, cai por terra. Como é que alguém ainda pode demandar sacrifícios perniciosos a ídolos e demônios por parte daqueles que vieram ao conhecimento do verdadeiro Deus Todo-poderoso? Como alguém pode reprová-los sob a acusação de que lhes falta a lealdade e a fidelidade, aqueles que somente desejam evitar a sua participação na falsidade perpetrada pelo Estado, e, ao invés de prejudicar o imperador com uma adoração demoníaca, preferem, por amor a ele, invocar o Deus verdadeiro, sendo verdadeiramente devotos a Ele em cada detalhe e assunto?

Esta é a razão pela qual os bons juízes têm sido sempre bem dispostos para com os cristãos, e somente os maus os têm perseguido. Esta antiga e tendenciosa lenda, que procura fazer com que um desejo não cumprido dos cristãos torne-se real, alcança, conforme declarado por Tertuliano, uma pequena probabilidade e importância. Pois a partir de um sentimento nobre, ele é capaz de passar por cima das autoridades locais, apelando aos bons imperadores que não foram informados a respeito das ações de seu poder executivo e das más práticas que foram feitas utilizando os seus nomes.

Todas estas declamações táticas, contudo, carregam adicionalmente consigo um significado de maior alcance. Aqui encontramo-nos no princípio de uma nova compreensão acerca do Estado, e de obediência a este, que não existia no mundo anterior ao cristianismo e que aponta para um futuro distante, naquela ocasião completamente inatingível.

Os legisladores e o Estado perdem o seu poder religioso direto. Em lugar disto, ergue-se o conceito de uma obediência concreta ao Estado, conforme as regras deste mundo, e que torna-se, em um novo sentido, atado e inevitável porque é conduzido em nome do Deus verdadeiro. "O que melhora o homem é a adoração a Deus" (*de Paen.* 2,7). Apesar de na prática ter uma interpretação liberal, o Estado ainda era no princípio considerado como sagrado. O entendimento religioso essencial do Estado, que havia existido até então, mostra-se agora simplesmente como falsidade e hipocrisia. Este derrama os seus elementos demoníacos à luz da nova fé radical e da obediência que dela procede. Quem, pergunta Tertuliano, realmente considera o imperador de modo sério como um Deus, isto é, no sentido estrito do cristianismo? E quem é ainda leal a este além dos cristãos? Os cristãos não se unem àqueles que incitam constantes revoluções e assassinatos que acontecem no palácio, e sugerem que se os peitos dos cidadãos e dos políticos fossem feitos de vidro transparente, por meio destes seriam vistas algumas coisas que são sem dúvida indesejáveis! E não é afinal de contas um absurdo ditar convicções religiosas por ordem do Estado? A fé não é livre por sua própria natureza? A tentativa de exigir a adoração por meio da força é uma atitude contrária tanto à lei humana quanto à lei natural. "E também não é nada religioso desejar impor uma religião" (*ad Scap.* 2, 2). Sentimos aqui o contato com idéias de inspiração filosófica. Contudo, a nova fé em um Deus que se revela agindo neste mundo não somente libera o indivíduo da autoridade exterior do "tirano"; ela também ameaça levantar dúvidas a respeito da combinação da religião e da política como um todo, e mudá-la radicalmente de uma maneira tal que o ensino filosófico na política e as críticas não poderão ter procura e nem efeito.

Além do mais, Tertuliano apresenta o fato de tal maneira, como para indicar que o reconhecimento dos cristãos em relação ao império não imporia nenhum problema prático. Eles não são – como se sugere – "Os inimigos da humanidade", mas são os inimigos do "erro" (*Apol.* 37,10). Portanto, não existem réus que sejam melhores do que estes. Os cristãos não praticam crimes, nem mesmo aqueles que não são punidos por lei. Obedecem a todas as ordens justas, pagam impostos sem fraudes e não se juntam a atividades subversivas. Os perigos relacionados à sua maneira de viver são pueris, tanto em termos sociais como econômicos. Os cristãos participam de todas as atividades cívicas da vida comercial e econômica como todas as demais pessoas. Podem ser encontrados em todas as partes – exceto no templo pagão! "Não somos nem brâmanes nem gnosofistas hindus, nem ermitões das florestas, nem alheios que fogem da vida". Aquele que crê no Criador não menospreza as suas dádivas, mas somente despreza o abuso e a depravação. "Supõe-se que estejamos destruindo o vosso comércio, embora vivamos convosco e dependamos de vós, o que alguém mais deverá compreender" (*Apol.* 42, 1 f.).

Estas sentenças são interessantes do ponto de vista teológico; contudo, na situação política concreta, revelam Tertuliano como sendo um apologista. Na realidade, ele sabe muito bem que esta convivência com a sociedade pagã da qual ele fala não é de modo algum fácil. Na verdade, falando de modo estrito, é algo impossível para os cristãos. A vida pagã consiste no domínio dos demônios; não se pode participar desta sem ter que enfrentar a sua influência, seu ritual religioso e seus símbolos por toda parte.

Quando Tertuliano dirigiu-se aos cristãos foi o primeiro a despertar suas consciências contra todo comprometimento, infelizmente tão freqüente, e o não recuo em relação a suas conseqüências. Ele somente faz uma exceção no caso da educação pagã. "A emergência serve aqui como uma escusa". Os cristãos não podem evitar a instrução secular, porque nem mesmo a cultura religiosa pode ser administrada sem esta, e também porque refutarão o veneno pagão de maneira muito melhor, uma vez que ao mesmo tempo estejam sendo instruídos a respeito do Deus verdadeiro. Contudo, esta escusa somente é válida para as crianças, não para os professores, que provavelmente não poderiam lidar com a mitologia religiosa pagã e com tudo aquilo que está ligado a ela (*de Idol.* 10). Os limites para aquilo que deve ser permitido são definidos da maneira mais estrita possível.

Um artífice ou um homem de negócios cristão não deve fabricar e nem comercializar qualquer coisa que, de uma forma ou de outra, possa ser utilizada como uma possível vantagem para a idolatria, ofertas ligadas a votos religiosos, ou mesmo ao modo de vida imoral e dado à luxúria que os pagãos possuem. Em nenhuma circunstância, qualquer que seja, alguém estava autorizado a aceitar um cargo público; pois como alguém poderia em tal posição escapar das cerimônias ordenadas e das festividades, das libações e da fumaça do incenso que estavam sempre ligadas a estas? Além do mais, como um soldado poderia evitar honrar a bandeira idólatra? Um juiz, além disso, deveria infligir torturas e decretar penas capitais.

Tertuliano não quer dizer que estes ofícios sejam simplesmente injustos e que devessem ser reformados ou abolidos. O mundo deve ser como é, e "os romanos, isto é, os não cristãos" (*Apol.* 35,9), naturalmente, precisam ter a sua administração, seus oficiais civis e os seus imperadores. Porém, o que isto tem a ver com cristãos que não se tornam césares, assim como os césares que não são cristãos? (*Apol.* 21, 24). Alguém pode continuar a persegui-los e a martirizá-los; porém no dia do Juízo Final tornar-se-á evidente quem é que tem tomado a decisão mais prudente, e jurado sua lealdade à melhor bandeira!

Esta era a visão antiga dos cristãos: consideravam-se como estrangeiros aqui, e tinham como necessárias as aflições que enfrentavam neste mundo, confiando que Deus seria capaz de determinar o seu futuro. Estes conceitos saltam para a vida com um novo vigor por meio de Tertuliano – mas agora alcançam um tom unilateral, polêmico, austero, irreconciliável, e um tom que não pode ser perdido por ser quase politicamente ameaçador.

Isto é parcialmente pretendido – Tertuliano gostaria de deter os perseguidores por suas advertências, se pudesse fazê-lo; contudo esta situação ao mesmo tempo conforta a sua natureza interior que luta ao invés de amar, que destroça ao invés de envergar, e que com alegria aceitou o "serviço", a *milícia cristã*. Ele ama a conjuração de metáforas militares, somente porque não se trata de acordos, mas de decisões. Para Tertuliano o paganismo não é uma tolice que deve ser esclarecida, não é um prejuízo ou um erro que precisa ser banido ou trazido à razão. É o "mundo" e, como tal, é uma grande unidade demoníaca que deve ser reconhecida em sua totalidade, rejeitada e condenada.

Portanto, não é um mero acidente que nos últimos capítulos deste livro Tertuliano passe a falar expressamente de filosofia, a mais alta e a própria personificação idealizada do espírito e da vida antiga. Mesmo neste ponto, no qual os apologistas gregos, quase sem exceção, sofreram dores para indicar certo apreço e disposição para revelar uma base comum e positiva para o critério ético e para o reconhecimento da verdade, ele enxerga apenas diferenças e o crescente perigo de uma decepção e confusão quanto ao assunto essencial.

Para Tertuliano, os filósofos eram "sofistas" que não estavam buscando a verdade mas, ao invés desta, a sua própria glória e sucesso. Os truques de retórica e dialética deles são vãos e resultam continuamente em contradições e inconsistências. O conhecimento deles é enganoso e a sua conduta de vida é defeituosa. Mesmo o mais santo símbolo de independência filosófica e liberdade, a morte de Sócrates, não elevou a admiração de Tertuliano. A serenidade desta suposta sabedoria era artificial e não era proveniente da certeza de se possuir a verdade de uma forma verdadeira (*de An.*1, 2 ff.). Não existe uma base comum "entre um filósofo e um cristão, entre um discípulo do inferno e um discípulo do céu" (*Apol.* 46, 18; *FC.* 10, 114) ou, historicamente falando, entre "Atenas e Jerusalém, entre a Academia e a Igreja" (*de Praescr.* 7, 9).

É claro que Tertuliano não despreza a correspondência que cada cristão educado em seus dias parece detectar entre as suas convicções e muitos ensinamentos tradicionais, particularmente o ensino platônico. Ele não tem a intenção de negá-los (*de An.* 2, 1) e seria muito difícil que um apologista ocasionalmente não se referisse a eles. Contudo, ele então os explica de conformidade com uma teoria mais antiga, originalmente judaica, a utilização do Antigo Testamento pelos filósofos; o "roubo" da sabedoria de Deus pelos gregos. De modo alternativo, como os estóicos, segue o passado até os *sensus communes*, aos elementos da inspiração que está compreendida nos limites da razão, da qual todos participam por natureza. O resultado em todos os casos é uma nova confirmação da revelação cristã, e de modo algum uma recomendação dos filósofos ou da filosofia.

Os filósofos sempre mesclaram a verdade às suas faltas e erros. Certamente seria um errôneo e perigoso desvio procurar encontrar o correto entendimento a partir das conjecturas deles, ao invés de aceitá-lo onde a verdade é fornecida de modo completo e puro. Aquele que deseja falar a respeito de Deus deve ser instruído por Deus. Um cristão, portanto, deve edificar a sua fé "não sobre um alicerce estranho, mas sobre o seu próprio alicerce" (*de An.*26, 1).

O que deixa os leitores modernos perplexos quando lêem as obras de Tertuliano é o fato de que, a despeito de sua rejeição radical à filosofia, repetidamente ainda faz uso de sua própria educação filosófica, mesmo quando avança através de temas puramente teológicos. Refere-se à "razão" e à "natureza"; fala da essência, dos acidentes e da "situação" das coisas. Estabelece princípios metodológicos e faz distinções dialéticas – sem mencionar os incontáveis exemplos nos quais leva em consideração as pressuposições de suas provas, de modo consciente ou inconsciente, a partir de pontos filosóficos, especialmente estóicos, tradições de sua época, considerando-as mais ou menos evidentes. Toma, por exemplo, o ensino estóico da natureza física de toda a realidade, não excluindo a "pessoa" de Deus.

Esta aparente contradição, contudo, está baseada em um mal-entendido quanto àquilo que Tertuliano entende por filosofia. A fé e a filosofia designam a Tertuliano a posse de um conhecimento fundamentalmente análogo, que distingue-se primariamente no que está relacionado ao seu conteúdo, que é buscado e adotado de maneiras diferentes. A fé se apega àquilo que Deus tem revelado, enquanto o filósofo vive sob a ilusão de que é capaz de resolver por si mesmo até mesmo aqueles problemas que situam-se além do horizonte humano. O que Tertuliano demanda não é realmente um *sacrificium intellectus*, mas uma limitação apropriada do *hubris* intelectual de um homem de acordo com o critério da Palavra de Deus. Certamente que Deus jamais age de um modo que não esteja dentro da razão (*de Paen.* 1, 2); porém Ele criou o homem para que ouvisse e obedecesse (*ibid.* 4, 4 ff.). A questão é do relacionamento da revelação à filosofia, porém não ainda aquela da distinção formal posterior entre a fé e a razão, ou a questão de "crer e pensar".

Reconhecendo a divina revelação, o crente não pensa de modo menos lógico, menos racional e menos "cientificamente" do que um filósofo; somente, de fato, ele alcança a meta à sua própria maneira. Nesta extensão, o cristianismo pode ser chamado de a verdadeira ou "a melhor filosofia" (*de Pall.* 6, 2), embora Tertuliano geralmente evite esta concepção, que é tão comum nos escritos dos apologistas. De modo algum, contudo, um filósofo que não está disposto a aceitar a sabedoria de Deus poderá ser equiparado à "razão natural"; porque a natureza incólume concorda integralmente com o cristianismo reconhecendo a Deus.

Tertuliano procura ilustrar este fato através de um pequeno ensaio apologético chamado *Testemunho da Alma*, que é a mais bela obra escrita por ele. É possível, ele pensa, demonstrar prontamente a partir destas coisas que são "evidentes por si mesmas" para o bom senso humano, e também a partir das exclamações e expressões espontâneas, que a "alma" verdadeiramente conhece somente um Deus, e que esta teme o seu julgamento e procura encontrar refúgio nEle contra o poder dos demônios. Por esta razão, ela testifica de modo mais efetivo à fé do que a qualquer erudito apologético. Deveria ser, contudo, notado: este fato é verdadeiro somente em relação à alma "em seu estado natural, pleno, não cultivado e simples". Uma alma ensinada e educada, que passa a demonstrar sabedoria acadêmica, já não é mais cristã, e não há nada que possa ser feito para torná-la aceitável (*Test. An.* 1, 6 ff.).

Para compreender estas visões é útil que nos lembremos que Tertuliano era ocidental; a filosofia jamais alcançou no Ocidente latino a posição publicamente aprovada, bem como a atividade independente, que teve no mundo grego. Aqui, ela poderia facilmente aparentar ser de fato como um aprendizado teórico morto e mera retórica, como uma cultura superficial sem conteúdo, e como uma mera e pequena conversa para entretenimento. Porém, para compreendermos plenamente a ira de Tertuliano, não devemos parar aqui. Devemos considerar os adversários teológicos da época, em quem ele pensa de modo instintivo assim que se refere à inutilidade e ao pouco valor da filosofia. Estes são os hereges, os pomposos líderes de escolas que acreditam na fantasia de uma "educada" e, supostamente, mais alta sabedoria e conhecimento, que leva até mesmo os cristãos a desviarem-se e que corrompe toda a verdadeira crença. Os filósofos são "os pais dos hereges" (*de An.* 3, 1); somente quando alguém reconhece que esta é a completa abominação do contra-senso filosófico, revelada de uma vez por todas.

No que se refere à questão de volume, a luta contra as heresias ocupa a maior parte dos trabalhos deixados por Tertuliano. Estas constituem ao mesmo tempo os escritos que mais claramente apresentam a sua determinação e interesse objetivo, a despeito da polêmica disputa e dos agravos. É claro que o leitor moderno facilmente encara a polêmica sem moderação como desagradável. Tertuliano não sofre para compreender os seus oponentes a partir do ponto de vista das próprias pressuposições deles, ou para fazer justiça às suas "preocupações" no momento; procura expô-los, e repetidamente derrama o seu agudo sarcasmo contra eles. Contudo ele dificilmente veria algo culpável neste fato. Precisamente por preocupar-se a respeito da causa, da verdade e da existência da fé cristã é que procura lutar e destruir as heresias com todas as armas disponíveis. A única questão que lhe importa nestas circunstâncias é se a caricatura das heresias que ele sem dúvida lhes atribui está "correta" como tal, isto é, se esta revela e golpeia os pontos fracos essenciais da posição hostil, e deste modo atinge um significado mais profundo e básico. A resposta deve ser obrigatoriamente "sim". Tertuliano não é um caluniador, alguém que divulga reprovações baratas que foram inventadas. Ele compreendeu os elementos comuns e essenciais da posição herética, apresentou-as e combateu-as em seus aspectos gerais, muito tempo antes de os escolásticos modernos terem abordado de modo conjunto os incontáveis grupos e correntes das heresias do período, sob a simples designação de "gnosticismo".

O que é o gnosticismo para Tertuliano? É um sincretismo destrutivo que apela à inata natureza espiritual do homem, à sua inclinação para superestimar a sua própria natureza espiritual e idealista e suprimir as fronteiras fixadas entre a criatura e a Divindade. É, ao mesmo tempo, uma hostilidade "niilista", ou "aniquilacionista" ao Deus da verdade que criou o mundo e que revelou-se de modo concreto na carne.

Assim como aconteceu com os seus predecessores gregos, o que ocorre é a forte ênfase na instabilidade eclesiástica e doutrinária, a permanente inconstância e flutuação das congregações gnósticas e da especulação deles. Os hereges somente confiam em suas próprias fantasias, e não na Palavra de Deus. O fator básico de insaciável curiosidade e presunção, *curiositas*, estabelece a relação e a conexão interior com a filosofia. Já tendo uma boa causa, Paulo preveniu os cristãos de modo antecipado contra a filosofia (Cl 2.8). Eles deveriam "buscar ao Senhor com sinceridade de coração", assim como havia sido ensinado por Salomão (Pv 1.1), e não inventar um novo cristianismo "estóico, platônico ou dialético" (*de Praescr.* 7, 11).

As fantasias que se seguem são piores do que toda a filosofia. Pode ser doloroso, porém proveitoso, ver como Platão é forçado a "amadurecer" cada prato da cozinha herege por meio de seus pensamentos (*de An.* 23, 5). Por causa daquilo que ele diz de modo razoável, Sêneca também não pertence a eles mas, antes, como tão freqüentemente, "a nós" (*de An.* 20, 1). Não existe nenhuma passagem no Novo Testamento que os hereges sejam tão aficionados a citar quanto o conselho que foi dado por Cristo: "Buscai, e encontrareis" (*de Praescr.* 8, 2). Contudo, eles apenas se referem a isto para difundir as suas "fábulas e genealogias intermináveis" (1 Tm 1.4), as suas questões improdutivas, e a sua conversa que rasteja como o passo do caranguejo para confundir ouvintes inocentes (*de Praescr.* 7, 7).

Os hereges não ouvirão e nem compreenderão que uma pesquisa somente é sensível quando alguém não conhece a verdade, e que por Cristo e seu Evangelho alcançamos a finalidade e o alvo de nossa busca. A verdadeira fé é sempre simples (*adv. Marc.* V, 20). Tertuliano se indigna quanto à base especulativa e problemática da heresia, que é incapaz de aderir-se àquilo que realmente importa. "Qualquer trabalhador cristão" conhece precisamente aquilo que está demarcado, e do que realmente depende cada ponto que está ligado à sua vida. "Ele encontra Deus, fá-lo conhecido, e então, por meio de sua atitude, coloca um selo prático em todas as questões teóricas relacionadas a Deus" (*Apol.* 46, 9). Os hereges dizem: É óbvio que Cristo estava seriamente equivocado quando "comissionou simples pescadores ao invés de sofistas para proclamar o seu Evangelho" (*de An.* 3, 3).

O herege não sabe o que significa crer. Orgulha-se do entendimento. Prefere saber, ao invés de deixar-se ser ensinado por Deus, e preferiria seguir mestres humanos do que sentir-se satisfeito quando Deus não deseja mais falar e quando está em silêncio. Sempre pensa que já conhece antecipadamente quem é Deus, o que Deus faz, pode e deveria fazer, e o que é apropriado para Deus, e o que não o é. Portanto, o herege também fracassa quanto a compreender o significado do Filho de Deus tornar-se homem.

Tertuliano atinge o ponto decisivo do debate contemporâneo: o espiritualismo gnóstico nega a encarnação. Por esta razão torna-se desnecessário e indigno de Deus. O gnosticismo pode conceder somente uma aceitação aparente ("docetismo") da carne humana por meio de Jesus; porque pressupõe apenas um "Deus dos filósofos", imaginário, irreal – esta expressão tem origem em Tertuliano (*adv. Marc.* II, 27, 6) – que não muda e não salva, mas permanece distante e transcendente. O gnosticismo considera como ofensa a falta de formosura, a humilhação, a figura inglória do Salvador; considera este tipo de revelação e imagem um insulto à majestade divina. Não entende que não havia outro caminho pelo qual Deus realmente poderia ter nos alcançado, e que a sua dignidade é de um tipo diferente da honra humana. "Nada é tão digno para Deus como a salvação do homem" (*adv. Marc.* II, 27, 1).

A encarnação e a crucificação, conceitos que trazem embaraço aos teólogos "docéticos", são os verdadeiros mistérios da nossa salvação. Com referência a estas doutrinas, e não, como ele explica, à proclamação geral de Deus e de seus mandamentos, Tertuliano é bastante justo ao apelar às expressões paulinas que declaram que até mesmo "tolices" por parte de Deus, se estas existissem, frustrariam a "sabedoria" humana. A sua famosa declaração "*credo, quia absurdum est*" não é geralmente citada de modo preciso, e ainda menos compreendida no contexto que ele considerava: "O Filho de Deus foi crucificado – esta não é uma situação vergonhosa, mas trata-se de uma desgraça; e o Filho de Deus morreu – isto é digno de crédito, porque é uma insensatez; e Ele foi sepultado e ressuscitou – isto é algo de que podemos ter toda a certeza, porque é impossível" (*de Carn. Chr.* 5, 4). Estes fortes paradoxos são propositadamente formulados para que sejam provocantes; os cristãos conhecem e querem o seu Deus desta maneira – e este Deus jamais os desampara, muito menos quando são obrigados a confessá-lo em uma situação de aparente desamparo, e quando o "homem exterior" parece estar sob torturas.

Para Tertuliano, a religião não é algo diferente da vida na esfera da realidade. Para os hereges, por outro lado, é o reino da especulação, da satisfação pessoal e dos sonhos piedosos. A fé não trabalha desta maneira. Aquele que seguir a Cristo, tanto na vida quanto na morte, buscará o Deus que é real e que pode ser encontrado ao longo da história; um Deus que morreu e que vive para sempre. A existência humana, a completa realidade da "carne" de Cristo, é a garantia da atualidade e da seriedade da nossa redenção, assim como a nossa existência física ao mesmo tempo determina a imprescindível necessidade de nossa responsabilidade pessoal neste mundo. Quanto ao homem que nega a realidade da "carne" de Cristo, e que deseja pensar sobre si mesmo como não sendo carne, porém como se existisse em um estado que não lhe impusesse nenhuma restrição de um outro mundo espiritual, é forçado por causa de sua própria natureza, a comprometer-se com este mundo na atual situação de tentação e aflição – a comprometer-se com a sabedoria humana e com a imoralidade, que são as divindades e demônios deste mundo.

A relutância mostrada por tantas seitas quanto a sofrer o martírio é o teste crucial. Tertuliano compôs uma obra intitulada *O Antídoto contra a Picada do*

Escorpião, na qual refuta as várias escusas com as quais alguns procuram menosprezar o martírio, a favor de um testemunho transcendente ou interior do espírito! Para ele, cada gnóstico é um negador em potencial, um frouxo negligente, e um arrogante desdenhador da autoridade da Igreja. Isto é considerado por alguns como um exagero, e uma generalização injusta. Contudo, a história do gnosticismo mostra que a contenda de Tertuliano, afinal de contas, não estava errada. Praticamente todos os seus grupos desapareceram com o passar do tempo, em um vago sincretismo que correspondeu ao seu conceito relacionado à revelação, que era obscuro e ilimitado, impessoal e contrário à história.

A Igreja cristã também recebeu a revelação de um modo exteriormente claro e seguro. Ela procura viver por meio do único, certo e verdadeiro princípio que foi ordenado por Cristo e que está contido nas Sagradas Escrituras. Ela tem à sua disposição a espada de dois gumes que é a Palavra de Deus, como lei e Evangelho, a divina sabedoria, "a inimiga do demônio, nossa armadura contra os inimigos espirituais, contra toda a maldade, contra a concupiscência carnal, a espada que é capaz de apartar de nós, por amor ao Nome de Deus, até mesmo aqueles a quem mais amamos" (*adv. Marc.* III, 14, 3). Não se deve discutir com aquele que não deseja compreender a verdade.

A Igreja conhece a Palavra de Deus e não precisa lutar contra os marcionitas, os valencianos e outros gnósticos sobre seu significado, o qual eles distorcem.

Tertuliano tentou formular este pensamento em um molde estritamente jurídico numa monografia intitulada *Prescrição contra os Hereges*. Esta obra teve um efeito de longa duração no desenvolvimento posterior do cristianismo. A Igreja, de acordo com a obra, recebeu seus ensinamentos, bem como suas Escrituras, diretamente dos apóstolos, em uma época anterior ao surgimento de todas as heresias então presentes. Ela preservou a verdade original fielmente, e ainda é capaz de sustentá-las contra posteriores aberrações; porque apóia-se ainda hoje na comunhão imperturbável com as antigas igrejas fundadas pelos apóstolos na Ásia Menor, Grécia, etc.

De onde se originaria a harmonia de todos os cristãos do mundo, se ela não fosse dada originalmente? Contra isto, de nada vale a insinuação gnóstica favorita em relação aos apóstolos, que dizia que Cristo não lhes havia confiado tudo, ou que haviam entendido mal ou falsificado os seus ensinamentos. Todos eles não poderiam ter confundido a verdade da mesma maneira. "O que em tantas congregações é sempre reconhecido da mesma maneira não pode estar errado: deve ser tradição" (*de Praescr.* 28, 3). Dessa forma, isto é suficiente se nos mantivermos fiéis ao ensinamento eclesiástico e entendermos a Bíblia em um sentido que corresponde ao Credo. (Em Tertuliano, o Credo dos apóstolos passa a ter pela primeira vez um sentido normativo, como uma "regra de fé" unindo as congregações.) Os hereges, por outro lado, não têm lugar algum na Igreja, e nenhum direito de recorrer às Escrituras. "Quem é você, quando e de onde você vem? O que você está fazendo em minha propriedade sem pertencer a mim? Quem lhe dá o direito, Marcião, de cortar a minha madeira? Quem lhe dá permissão de desviar minha nascente, Valentino? De onde vem sua reivindicação, Apeles, para remover minhas demarcações?... A propriedade pertence a mim; eu sempre a possuí, eu a possuí antes de vocês e tenho as escrituras fidedignas dos proprietários reais a quem a propriedade pertenceu. Eu sou o herdeiro dos apóstolos" (*de Praescr.* 37, 3 ff.).

Isto é típico do modo como Tertuliano defende suas teses; prova sua opinião de todos os pontos de vista possíveis. Ele primeiro reivindica todo o direito somente para si mesmo e nega todas as coisas para seus adversários. Contudo, não deveríamos ficar preocupados com Tertuliano como se ele tivesse ficado satisfeito com uma garantia exterior e formal. Então, conclui o já "sucinto" apelo com a convicção de que iria, se Deus assim o quisesse, retornar novamente às doutrinas heréticas, e durante o curso de sua vida cumpriu energicamente esta promessa. Acima de tudo, sua grande obra em cinco volumes, *Contra Marcião*, deve ser mencionada. Tertuliano concentrou aqui toda a sua força e habilidade, porque encontrou em Marcião seu mais perigoso inimigo. É admirável como ele combina nesta polêmica obra-prima a lógica e a dialética mais ardente, todas as artes da retórica e da ironia, a paixão mais intensa e exacerbada, a exatidão mais primorosa e a completa perfeição em lidar com o assunto principal.

Para Tertuliano, Marcião é o arqui-herege. De fato, em meados do século II, este havia fundado sua própria igreja, que havia se espalhado por toda parte. A natureza de Marcião era semelhante à de Tertuliano, pois igualmente considerava as soluções mais radicais e as posições mais severas como as melhores e as mais genuinamente cristãs. Como os cristãos, ele desprezava a livre indisciplina e a fantasia dos gnósticos comuns, e de sua parte aspirava ser nada mais que um discípulo fiel de Jesus e um aluno de seu maior apóstolo, Paulo. Contudo, Marcião e os marcionitas negavam qualquer relação entre a mensagem cristã e a revelação anterior aos judeus no Antigo Testamento, por trás da qual viam um outro Deus, severo e hostil, o Deus "justo" e moralista deste mundo, com quem, por este motivo, o verdadeiro evangelho, pela sua própria natureza, nada tem absolutamente a ver.

De acordo com estes princípios, formou sua própria Bíblia, que consistia somente dos textos do evangelho de Lucas, deformado de acordo com seus princípios, e das cartas paulinas. Em oposição a esse pensamento, Tertuliano demonstra a impossibilidade desta edição com uma clareza que seria motivo de orgulho para qualquer teólogo moderno. Em seu estilo habitual, ele declara em seguida seu desejo de mostrar que mesmo o testamento marcionita ainda contradiz Marcião e testifica a favor da verdade cristã. Também consolida sistematicamente sua própria posição e confissão da unidade de Deus, provando que a retidão e a graça de Deus, a transcendência soberana do Criador e sua misericordiosa vinda ao mundo, não devem ser separadas dentro do entendimento cristão de Deus.

Não podemos examinar detalhadamente os escritos antignósticos de Tertuliano. A questão com a qual eles lidam tornou-se não familiar a nós, à medida que o pensamento gnóstico assume e responde o problema da realidade e da revelação divina, do lado oposto àquele em que estamos acostumados, por assim dizer. Os gnósticos, como um grupo, não negam a transcendência e a realidade do espírito divino, mas a realidade e o significado do mundo material e terreno. Não questionam a necessidade da redenção, mas a origem divina da criação, e, semelhantemente, não negam a natureza divina, mas a natureza humana do Salvador, e o fato de Ele possuir um corpo de carne como o nosso. Esta maneira também conduz finalmente à conseqüência ética de um certo "niilismo", e podemos facilmente compreender que o gnosticismo dificilmente poderia ter encontrado um inimigo mais amargo do que Tertuliano.

Para ele, qualquer idéia meramente intelectual e teórica, poética e estética, isto é, qualquer idéia a que ele não possa dedicar-se de forma direta, prática e moralmente, é como uma abominação. Como já vimos, ele é um pensador materialista e, como cristão, predominantemente um homem da lei, dedicado ao mandamento divino, e de obediência incondicional. O que ele defende é a Igreja cristã e a exigência cristã de fé em sua realidade inflexível; contudo, podemos facilmente compreender que o rigor de tal personalidade, por causa de sua superioridade intelectual, não era sempre confortável e fácil de aceitar, mesmo para os seus seguidores. Esta característica tornava a situação fadada, a longo prazo, a um atrito; especialmente nas questões práticas da disciplina da Igreja e da moralidade cotidiana.

Já nos deparamos com as atitudes difíceis de Tertuliano, onde ele lida com o relacionamento do cristão com o mundo e os seus pecados. "Todos são negadores que não se mostram abertamente em toda a ocasião, e que se deixam tomar como pagãos" (*de Idol.* 22, 4), e, igualmente, todos aqueles que se aproveitam, de qualquer maneira, da adoração e da imoralidade pagãs. Somos obrigados a perguntar que profissão de fé um pobre cristão poderia assumir sem ser reprovado por Tertuliano, com o auxílio indireto da idolatria, que é a fonte de todo o vício. Ele se enfurece da mesma maneira contra todos os prazeres pagãos, a luta cívica, os circos e o teatro, os quais não somente foram criados em honra às falsas divindades, como ele demostra com conhecimento arqueológico, mas que em sua época ainda permaneciam como o lugar reprodutor de toda imoralidade e excesso. Um cristão deveria igualmente renunciar a todo luxo, cosméticos, ornamentos e adornos de alto valor. Se Deus tivesse prazer em trajes coloridos, por que não criou ovelhas roxas e azul-celestes? Os cristãos freqüentadores de teatros parecem ter sido especialmente teimosos em sua resistência. Até mesmo tentaram encontrar suporte bíblico: onde está escrito que Deus condena peças teatrais, visto que Ele as tolera e permite que continuem? O próprio Davi não dançou em frente à Arca da Aliança? E Elias não foi conduzido ao céu em uma carruagem de fogo?

Mas não há como convencer Tertuliano com tal exegese *ad hoc*. Tertuliano os arrasa com uma ironia sarcástica e aprova no final apenas uma peça teatral, que irá gratificar os cristãos por toda a abstinência terrena. Este é o espetáculo do juízo final! "Que panorama espetacular naquele dia! Que visão irá despertar minha admiração? Qual delas despertará o meu riso? Onde irei me regozijar, quando irei exultar? Quando vir tantos reis e tão poderosos, cuja ascensão ao céu costumava ser apresentada por anúncio público, agora juntamente com o próprio Júpiter, e com as próprias testemunhas de suas ascensões, gemendo nas profundezas das trevas? Governadores de províncias, também, que perseguiram o nome do Senhor, derretendo em chamas mais ardentes do que aquelas que eles mesmos acenderam em sua fúria contra os cristãos, desafiando-os com desprezo? Quem mais irei contemplar? Aqueles sábios filósofos ruborizando-se diante de seus seguidores enquanto queimam juntos; os seguidores a quem ensinaram que o mundo não faz parte das preocupações de Deus; a quem asseguravam que, ou não possuíam nenhuma alma, ou, que se tivessem uma alma jamais retornariam a seus antigos corpos?... Então valerá a pena ouvir os atores trágicos, mais sonoros em suas próprias catástrofes; então valerá a pena assistir aos atores cômicos, muito mais flexíveis que o ramo no fogo; então valerá a pena ver o cocheiro, completamente vermelho em sua roda de fogo." E então o Senhor aparece em sua glória em meio aos anjos e os santos nas alturas, diante dos falsos judeus e outros perseguidores; o Senhor que foi escarnecido, espancado, cuspido, a quem deram fel e vinagre para beber! Tal espetáculo não pode ser produzido por nenhum pretor, cônsul ou sacerdote no mundo; e hoje já o temos em um certo sentido diante de nossos olhos, mesmo sendo "o que o olho nunca viu nem o ouvido ouviu" (1 Co 2.9) e que começa no reino eterno de Deus, "coisas de grande deleite, creio, maior do que o circo, os dois tipos de teatro e de qualquer estádio" (*de Spect.* 30, 3 ff.; *FC*, 40, 106 f.).

Somente Tertuliano escreve desta maneira. Nenhum grego, nem mesmo um cristão medieval, alguma vez colocou no papel tal descrição, dura a ponto do sadismo, ao mesmo tempo pavorosa e grandiosa. Nada pode chocar Tertuliano. Ele igualmente despreza as preocupações econômicas daqueles cujo sustento está em perigo pelas suas exigências rigorosas. "O que você diz: 'eu estou sendo reduzido à miséria?' Mas o Senhor louva os pobres como bem-aventurados... os discípulos que Ele chamou nunca declararam: 'Mas eu não tenho como ganhar a vida!'A fé não teme a fome; ela sabe que pelo amor a Deus deve desprezar a morte pela fome, ou mesmo qualquer outro tipo de morte" (*de Idol.* 12, 2, 4). Tais respostas penetrantes reduzem os ouvintes ao silêncio; mas sua resistência apática, no entanto, não pode desse modo ser superada. O próprio Tertuliano sente isso. Reclama ironica e amargamente do destino "peculiar a ele", ao qual tornou-se acostumado; que não tem sucesso algum com seus livros. Contudo, luta por algo que aparentemente não é nada, a que a própria verdade não dá força; e contra o testemunho da verdade, nenhuma diferença nas épocas, nenhuma autoridade humana e nenhum costume local têm qualquer sanção! (*de Virg. Vel.* 1, 1)

No entanto, nem ele mesmo é capaz de expressar o pior; o próprio Tertuliano é um dialético bom demais para não ver as lacunas em suas provas, para não antecipar as objeções que podem ser levantadas contra seus argumentos, se ninguém estiver indisposto a aceitar o ensinamento correto por causa de preguiça, covardia ou falta de entendimento. Tertuliano está tentando algo fundamentalmente impossível; quer decidir com base em um padrão legalista as questões extremas da obrigação do credo e da obediência espiritual. Em conseqüência disto, torna-se continuamente mais rigoroso em suas exigências, e finalmente gostaria de declarar como proibido tudo aquilo que as Escrituras não permitem explicitamente (*de Coron.* 2, 4). Mas ele mesmo sente que nem mesmo a interpretação mais severa das Escrituras, nem a devoção ao credo e à tradição da Igreja, muito menos ainda o conhecimento da "lei natural" ainda não esclarecida por revelação (*de Spect.* 2, 5), pode alcançar o ponto daquela certeza completa que o cristão necessita, se ele irá tomar e manter uma posição firme em meio às novas dificuldades da vida cotidiana que surgem a cada hora. Esta experiência agonizante "que lhe era peculiar" forma o panorama da última mudança portentosa na vida de Tertuliano.

Na segunda metade do século II rompeu na Frígia, no interior da Ásia Menor, um movimento de reavivamento, entusiástico e apocalíptico. Seus profetas, Montano e as mulheres que o acompanhavam, consideravam-se instrumentos de um novo derramamento do Espírito Santo, o "Paracleto" prometido no evangelho de João, e pregavam a rápida vinda do Reino de Deus nas montanhas de suas terras natais. Exigiam arrependimento, renovação e a superação da moralidade vigente. Distinguiram-se particularmente por sua ávida presteza em ser martirizados. O movimento se espalhou para fora do país rapidamente e alcançou a África até o começo do século III. Tertuliano se juntou a ele e logo se tornou o pioneiro mais ardente da "nova profecia".

Como muitos, cuja natureza tende ao racionalismo e os conduz à ação, desde o início possuía um gosto especial pelos fenômenos parapsicológicos, visionários e extáticos da vida religiosa. Nas revelações, nos exorcismos e outros sinais miraculosos dos montanistas, ele agora cria que havia encontrado novamente o espírito vivo do cristianismo primitivo. E aqui, nos círculos montanistas, chegou finalmente a uma completa determinação para defender a causa de Deus sem reservas. Declarou rigor implacável contra todos os pecadores e membros indulgentes na congregação, novas regras para a conduta ética da vida, e, sobretudo, uma autoridade espiritual extrema, capaz de garantir tudo isto por seu testemunho inspirado. Os oráculos de Montano e das profetisas eram então compilados, e tinham uma validade ilimitada e virtualmente canônica para seus seguidores.

Quando Tertuliano juntou-se aos montanistas, a posição eclesiástica destes ainda não estava claramente definida. A Igreja ocidental ainda hesitou, até que primeiramente o bispo de Roma e, depois, o bispo de Cartago e os demais bispos da África seguiram o exemplo de seus colegas da Ásia Menor e declararam os "catafrígios" como sendo uma seita. Isto decidiu o destino deles para o futuro. O movimento não possuía conteúdo religioso e originalidade suficientes para prevalecer por sua própria força. Seria doravante uma igreja sectária reunindo membros de círculos reacionários moralmente intransigentes – o primeiro episódio deste fenômeno, que iria acompanhar daí em diante o desenvolvimento popular da Igreja cristã. Tertuliano naturalmente permaneceu fiel ao movimento. O fracasso exterior não importava para ele, e logo fez da reunião secreta montanista a base de um novo e ainda mais definido ataque contra os seus antigos inimigos. Somente através dele e de seus escritos o montanismo ganhou algo como uma teologia e um "perfil intelectual".

Como montanista, Tertuliano não se tornou nada além do que sempre foi. Podemos ver isto pelos temas agora abordados, e igualmente pelas conclusões às quais chega. Deste segundo período de sua atividade vem, por exemplo, seu famoso tratado polêmico *Contra Praxéias*. Como um "modalista", Praxéias chegou muito longe ao enfatizar a unidade divina em sua refutação à especulação gnóstica, na qual negou totalmente a diferença entre Deus Pai e Deus Filho. Em oposição a isso, Tertuliano avança nas provas escriturais e, sobretudo, desarma efetivamente seu adversário com referência ao seu apelo às passagens que soam "monarquianas" no evangelho de João. Em relação a isso, ele agora tenta, com mais precisão, esclarecer as concepções sistemáticas da teologia trinitariana em desenvolvimento, e dá forma aos símbolos e às idéias que se tornaram determinantes para as posteriores controvérsias cristológicas e trinitarianas, especialmente no Ocidente.

Suas fórmulas vieram a se tornar muito úteis e convenientes porque permanecem inteiramente formais na precisão legal e lógica de suas definições e distinções. Contudo, nunca chegam à verdadeira raiz dos problemas teológicos e metafísicos destinados a surgir aqui. Tertuliano lida exclusivamente com a unidade da Trindade, mas não com o problema posterior da igualdade de posição entre as pessoas divinas; e, até certo ponto, seu esboço é ainda deficiente, comparado ao dogma final. No entanto, seu ensinamento sobre a Trindade representa para sua época uma conquista para a ortodoxia. A combinação eventual tentada por Tertuliano, da polêmica anti monarquiana com a polêmica montanista, permanece completamente superficial, e não foi obstáculo para a divulgação de seus pensamentos.

Além do mais, é também a convicção pessoal de Tertuliano, a qual ele repete várias vezes, que o Paracleto nunca muda as antigas doutrinas da Igreja, mas apenas as endossa e, desse modo, apresenta provas de sua legitimidade. Um verdadeiro progresso é alcançado – mesmo como o anterior, do Antigo para o Novo Testamento – somente em relação à ética, visto que a nova revelação agora finalmente exige a extrema santidade e o cumprimento integral de todos os mandamentos. Esta é uma condição que os apóstolos ainda não podiam exigir no início da Igreja.

Tertuliano delineia nesta base um novo plano de salvação em três fases e não em duas. Como a revelação do Novo Testamento é profetizada na antiga aliança, e, dessa forma, a confirma e a transcende simultaneamente, "a nova profecia estabelece o auge" da ordem mais antiga e, ao mesmo tempo, a conduz ao seu objetivo. Assim chegamos à idéia típica de uma terceira revelação e uma "terceira dispensação" da Igreja, tal como foi apresentada novamente na Alta Idade Média por Joaquim de Flora, e, desde então, tem sido freqüentemente repetida. Isto é sempre possível somente quando se imagina como um ponto essencial, uma elevada e "espiritual" ordem ou conhecimento da vida, e quando a crença na própria ação salvadora de Cristo por si só parece não ser mais suficiente. Este obviamente é também o caso de Tertuliano.

Olhando seus escritos montanistas, freqüentemente nos deparamos com o louvor às revelações e aos milagres produzidos pelo novo espírito – "aos infiéis, um testemunho; aos crentes, a salvação" (*Pass. Perp.* 1). Em um tratado perdido, intitulado *Em Êxtase*, Tertuliano toma expressamente sob sua proteção o espírito da "nova profecia" contra os oponentes da Ásia Menor (por conseguinte, o tratado foi escrito em grego). Quanto ao mais, porém, ainda é uma questão de decisão moral. Agora, por fim, Tertuliano tem certeza de que um segundo casamento, contra o qual ele sempre havia aconselhado, é terminantemente proibido para o cristão, e deve ser identificado como adultério. As novas ordens montanistas de jejum devem ser observadas, visto que elas coíbem o apetite excessivo, que até mesmo no Jardim do Éden foi a causa da queda e do primeiro pecado.

Tertuliano havia previamente aprovado a fuga à perseguição; contudo, "ninguém deve sentir-se envergonhado por fazê-lo" (*de Pudic.* 1, 12). Agora, tal atitude significa somente uma negação covarde e uma fuga. Todas estas afirmações foram declaradas com a grande emoção gerada por sua constante indignação moral. Tertuliano escreveu – como certa vez reivindicou de Paulo – "não mais com tinta, mas com fel" (*de Pudic.* 14, 4). O papel para o novo ideal "espiritual" era uma caricatura quase sórdida e sarcástica de uma vida cristã decadente, onde o amor parece fervilhar unicamente em uma panela, onde a fé e a esperança pretensamente fazem parte do cardápio, onde os indolentes se deixam ser acariciados e engordados como se fossem mártires; e irmãos e irmãs passam a noite juntos após suas festas amorosas. Contudo, uma coisa era a pior de todas, e decisiva. Ao deixar a disciplina original, a Igreja cristã não mais levou a sério a administração do "ministério das chaves". O último escrito de Tertuliano que possuímos foi dirigido contra este abuso. A causa aparente foi um certo relaxamento na Igreja cristã da disciplina penitencial por pecados carnais. Os detalhes são discutidos e estão relacionados ao difícil problema do desenvolvimento das penitências em geral. Estamos aqui somente preocupados com a atitude fundamental de Tertuliano, que, como um montanista, foi contra a possibilidade de perdão dos pecados mais graves quando cometidos por cristãos. O entendimento mais íntimo do cristianismo e da "santidade" realizada por Cristo são sempre revelados de uma maneira na qual a questão do verdadeiro perdão é tratada.

"O que mais Deus quer, exceto que vivamos de acordo com a sua disciplina?" (*de Orat.* 4, 2) Por amor a este propósito da *disciplina,* a Igreja deve, se necessário, ser severa quanto a recusar a absolvição. Porque "onde o perdão começa, o temor cessa" (*de Pudic.* 16, 14), e "onde não há temor, não há igualmente conversão" (*de Paen.* 2, 2; *ACW*, 28, 15). Esta lógica era compulsiva para Tertuliano, mas é oposta ao tratamento de Jesus Cristo aos publicanos e pecadores. Mas, responde Tertuliano, porventura já eram essas pessoas cristãs? Elas já haviam, como nós, se comprometido ao discipulado e aceitado no batismo o Espírito Santo como seu poderoso ajudador? E se alguém erroneamente imagina que os apóstolos sabiam de um perdão para os pecados mortais, a resposta para isto é que eles possuíam uma autoridade um pouco diferente daquela de qualquer cristão contemporâneo. Se um apelo é feito, porém, à autoridade do Espírito Santo, este mesmo Espírito nos ensinou na nova profecia que Ele nunca usa mal sua autoridade em favor do pecador, porque Ele é santo.

Um oficial da Igreja cristã espiritualmente desamparada decidindo diferentemente é culpado de usurpação do ofício, e está interferindo na obra de Deus, que expediu os mandamentos mais rigorosos. Esta exposição era dirigida particularmente contra um certo bispo de quem Tertuliano zomba como "o vigário pagão" (*pontifex maximus*), como o "bispo de bispos", e o padre verdadeiramente abençoado (*papa*) por causa de sua indulgência e presunção frívolas. Ele não estava aqui se dirigindo, como freqüentemente se tem pensado, ao distante "papa" em Roma, mas ao bispo de sua própria cidade natal, Cartago. Contra ele, Tertuliano recorre à liberdade de sua congregação; eles, e não um grupo de bispos, constituem a igreja que vive em espírito e em obediência à Palavra de Deus.

Em Tertuliano nos deparamos pela primeira vez com uma polêmica anticlerical, que tem um som quase protestante, com sua referência ao sacerdócio universal, mas não é, no entanto, absolutamente "evangélica" em sua intenção. O que Tertuliano almejava alcançar com seu apelo à laicidade era apenas uma união inquebrantável para a "lei" supostamente bíblica. Para ter certeza, até mesmo Tertuliano conheceu lado a lado a "justiça" de Deus, sua misericórdia ou "graça"; uma vez, ao entrarmos na igreja, ela nos tirou da esfera de influência demoníaca e cancelou todos os pecados anteriores. Ele também sabia que, por causa de sua fraqueza, o cristão infelizmente não pode ser bem-sucedido sem o perdão diário dos seus pecados veniais. Porém, em primeiro lugar, "a completa existência da salvação está fundamentada sobre a sólida rocha da disciplina" (*de Paen.* 9,8). A bondade de Deus se mostra primeiramente em que Ele revela a sua vontade, nos inspira com o seu Espírito e nos chama à responsabilidade pessoal. O homem, enquanto cristão, vive menos da misericórdia e do perdão de Deus, que tem seus limites, do que dos mandamentos de Deus e da obediência humana, que aceita a disciplina.

O final da vida de Tertuliano está perdido em obscuridade. Menciona-se que ele viveu muito tempo e que morreu em "idade avançada". Mas ele encontrou repouso e tranqüilidade? É difícil dizer. A veemência e a impaciência de sua vontade eram características de sua natureza e não expressões transitórias de uma paixão controlável. Parece que Tertuliano finalmente rompeu com os montanistas, e fundou sua própria seita. Agostinho, de qualquer maneira, um século e meio mais tarde, se deparou em Cartago com um grupo independente de "tertulianistas", que ele conquistou para a Igreja cristã. As observações de Agostinho sobre o "herege" Tertuliano não soam amigáveis, e Vicente de Lerins formulou, um pouco mais tarde (434), o veredicto geral segundo o qual Tertuliano havia sido uma séria tribulação para a Igreja, e seu erro posterior havia destruído qualquer confiança que alguém poderia ter nos seus antigos escritos aprovados.

Contudo, Tertuliano permaneceu o único teólogo independente cuja herança não foi perdida, mas chegou até nós quase completa. Ele certamente o mereceu. Realmente permaneceu como um dissidente; no entanto, a antiga Igreja latina não teve um defensor mais educado, mais infatigável e mais honesto – apesar de todos os exageros – contra seus inimigos do que ele. Nem teve alguém que pertencesse mais a ela por natureza. "Nele, o espírito ocidental se expressa claramente pela primeira vez" (Holl).

Tertuliano foi também chamado de o último dos apologistas gregos; mas isto somente é verdadeiro em relação a seu assunto principal e a alguns problemas tradicionais de sua obra dogmática e apologética. Em sua teologia não-especulativa e prática, Tertuliano aparece, sem qualquer discussão, como o primeiro patriarca latino da Igreja. O mesmo se aplica ao estilo realista, legalista e psicológico de seu intelecto, à sua inclinação para as questões sociais, e em direção à congregação e à Igreja como uma firme sociedade política; e também às suas ênfases sobre a vontade, padrões e disciplina. Também merece o título por sua afirmação da autoridade das Escrituras e seu amor pelo apóstolo Paulo. Durante toda a sua vida, Tertuliano "amou a retidão e odiou a impiedade" – de modo mais altruísta e mais puro do que Gregório VII. Contudo, em tudo isto, permanece mais como um cristão do Antigo Testamento do que do Novo. Julgado teologicamente, quase pode ser considerado como um judeu.

Capítulo 2

Cipriano

Através de Tertuliano, a África cristã conquistou voz na cristandade e despertou para uma vida nova e pujante. A Igreja africana havia, durante séculos, conduzido intelectualmente o Ocidente e somente com seu declínio, em conseqüência dos distúrbios causados pela dominação árabe, para sempre emudeceu. A geração que sucedeu Tertuliano produziu outra personalidade de extraordinário significado, Cecílio Cipriano, cuja influência estendeu-se muito além da região africana. Ele era bispo de Cartago e nunca chamava o dissidente Tertuliano pelo nome; contudo, o seu relacionamento interior com ele pode ser percebido em seus escritos. Mais tarde, seu secretário relatou que não havia sequer um dia em que Cipriano deixasse de ler o seu 'Tertuliano'; simplesmente chamava-o de 'o mestre'.

A comparação entre os dois é, sob muitos aspectos, muito instrutiva. As inquietações, o radicalismo e a irracional inconformidade dos escritos de Tertuliano foram trazidos por Cipriano a uma disciplina equilibrada e eclesiástica. O universo de seus pensamentos era dotado de uma tranqüila dignidade, perseverança e moderação que Tertuliano não havia possuído nem desejado. Na análise desse líder eclesiástico, os mesmos problemas surgem sob uma luz diferente daquela que era procedente do sectarismo vigoroso de um homem letrado, individualista, intolerante e temerário. O cenário também havia sofrido mudanças. A Igreja havia crescido rapidamente por todo o continente africano, e sua estrutura organizacional havia se consolidado; em toda parte se encontrava a evidência de uma inconfundível tradição que agregava e vinculava os bispos e as congregações. No que concerne a Cipriano, a esta diferença de situação e de posição pessoal correspondia, também, um caráter inteiramente distinto em sua constituição e em seus motivos que eram, conforme sua própria maneira, não menos definidos e resolutos, romano e africano.

Não possuímos informações fidedignas a respeito do desenvolvimento de Cipriano no período que antecedeu a sua eleição como bispo. No entanto, está bastante claro que, ao contrário do talentoso Tertuliano, filho de soldado, este pertencia aos círculos da mais alta sociedade; desde o início, havia se habituado a viver dentro das mais amenas circunstâncias e mantinha relações pessoais com as autoridades. Sabemos que possuía propriedades e jardins nas vizinhanças de Cartago, além de ser mestre nas convenções da alta sociedade, papel que desempenhava com natural autoconfiança. Sem dúvida, havia recebido uma excelente e abrangente educação. Seu estilo indica – sem a originalidade e a obstinação de Tertuliano – uma certa familiaridade com todos os requisitos da 'escola'. Seus escritos nos fazem novamente recordar uma particularidade de seu compatriota africano Apuleio; no entanto, Cipriano também conhecia a obra de Sêneca e as posições tradicionais da filosofia dos estóicos. Abstinha-se, porém, de atacar expressamente os autores pagãos. 'Existe uma grande diferença entre os cristãos e os filósofos' (*Ep.* 16,55). O novo e orgulhoso clérigo considerava como algo inferior à sua dignidade envolver-se em controvérsias diretas como aquelas em que Tertuliano havia se arrojado com tamanho ardor intelectual. Além das citações bíblicas, nenhuma 'literatura' mais abrangente teve qualquer destaque.

Embora Jerônimo acreditasse que Cipriano iniciou sua vida como professor de retórica, talvez pudéssemos supor que, contrariamente, ele tivesse em mente a carreira de alto funcionário do governo. Ele se mostra bastante familiarizado com todas as leis constitucionais e com as idéias políticas e, mais tarde e com toda a naturalidade, faz a transferência de seus conhecimentos para a esfera das atividades eclesiásticas. Com Cipriano tem início uma linha de bispos 'curiais' que pretendiam desempenhar suas funções eclesiásticas de acordo com o estilo autoritário próprio dos cônsules e pró-consules, com os quais eles não se recusavam a ser diretamente comparados (*Ep.* 37,2).

Comparado ao grego oriental, este era um estilo novo e especificamente ocidental de exercer o sacerdócio. Em todo o caso, Cipriano não poderia ter chegado muito longe na carreira secular. Sua conversão colocou um ponto final em todos esses esforços, direcionando inteiramente seus anseios e competências ao novo caminho eclesiástico.

Acredita-se ter sido um presbítero de nome 'Caecílio' (ou 'Caeciliano') que ganhou Cipriano para a igreja: dizia-se, na verdade, que esse último havia adotado o *cognome* Caecílio somente por causa dessa relação pessoal e espiritual (embora a procedência do sobrenome 'Tacio' tenha permanecido completamente obscura). Ainda assim, e se essa tivesse sido a razão, sua escolha pelo cristianismo indicava uma íntima relação com os círculos eclesiásticos mais importantes.

Logo depois, esse recém-convertido membro da congregação publicou o primeiro ensaio literário, dedicado a um amigo de nome Donato, a respeito do qual nada mais sabemos. Através de uma formatação convencional e retórica, e com muita pomposidade artificial, expunha as razões de sua conversão. O mundo, dilacerado pelas guerras, estava sob terríveis condições; as abomináveis lutas dos gladiadores, o teatro imoral e os excessos na vida pública e privada indicavam claramente a Cipriano, que a tudo assistia, a verdadeira realidade das coisas. Os soberanos eram libertinos e até a administração da lei era corrupta; todo ordenamento social estava acéfalo e indisciplinado. Existia apenas um porto de paz, a vida que estava por vir; e apenas um caminho que levasse a ele, a virtude simples dos cristãos tal como revelada por Deus. O homem que recebia o batismo seria, através de um único gesto, resgatado de todas as abominações pagãs. Sentia o fluxo da influência da graça divina ser derramado sobre ele e podia, se estivesse disposto, preservá-la e aumentá-la para enfrentar o último julgamento plenamente equipado.

Até certo ponto, o conteúdo dessa retórica lembra Múcio Félix, e compreende apologias banais, embora aplicadas, se assim podemos dizer, de forma individual e biográfica. A partir delas, poucos fatos concretos podem ser deduzidos a respeito das experiências interiores e das intenções de Cipriano. No entanto, deve-se notar a determinação com que foram colocadas, em primeiro plano, algumas considerações sobre fatores políticos e morais; estritamente falando, porém, questões teológicas não foram introduzidas.

Um outro tratado, provavelmente escrito logo depois, é teologicamente mais significativo: os primeiros dois livros endereçados a 'Quirino', que foram posteriormente intitulados *Livros de Testemunhos* (ou *testimonia*). Esses livros são uma coletânea de citações bíblicas, uma espécie de 'antologia' organizada em tópicos, sob breves títulos resumidos em sentenças curtas, com a finalidade de serem utilizadas de modo prático. Podemos observar que para Cipriano a teologia consistia basicamente na exposição das Escrituras. Por causa desta atitude, nenhum problema específico ou qualquer dificuldade poderiam lhe acontecer. Mais tarde, por exemplo, ele simplesmente preencheu a última página de um tratado com textos bíblicos. Bastava que a Palavra de Deus fosse sempre ouvida, conhecida e aprendida.

Cipriano agora já se considerava pronto para desempenhar o papel de mestre superior, profundo conhecedor da Bíblia e expressamente preocupado em desempenhar suas tarefas, não apenas para si, mas também para os demais. No primeiro livro existe uma coletânea de material dedicado à sempre presente controvérsia com os judeus, e o segundo trouxe, inclusive, textos de importante significado em relação ao estudo da pessoa de Cristo. Essa espécie de '*pons asinorum*' preencheu, evidentemente, uma necessidade amplamente sentida. Mais tarde, Cipriano acrescentou uma terceira parte a esse compêndio, relacionada com o aspecto prático da ética na Igreja. Um outro manual bíblico foi produzido após a eclosão das perseguições. Da mesma forma que os anteriores, esse manual continha citações relativas à futilidade da idolatria, à necessidade de dar testemunhos e às promessas para os mártires.

A partir do período pós-Cipriano, foram distribuídos inúmeros outros livros de referência com esse mesmo teor. A literatura jurídica contemporânea parece incluir trabalhos semelhantes. Os primórdios dos testemunhos eclesiásticos parecem remontar a um período tão antigo quanto o século II; eles deram seqüência às tradições dos mais antigos defensores cristãos contra o judaísmo intelectual dos rabinos. Com Cipriano, porém, os antigos métodos sofreram uma expansão fundamental e foram, com esse formato e pela primeira vez, apresentados ao público cristão.

Embora Cipriano, como ele mesmo mencionou em seu primeiro prefácio, simplesmente desejasse facilitar a pregação e a preparação homilética dos demais, certamente já havia sido ordenado presbítero, se não bispo. Diziam que ele era quase um neófito quando foi ordenado bispo; e mesmo se isso tivesse sido um exagero na época, sua rápida promoção a bispo da maior e mais importante congregação africana permanece, no entanto, extremamente surpreendente e fora do comum.

Será que, desde o início, Cipriano contava com a nomeação para esse cargo em vista de sua posição e superioridade intelectual ou será que talvez até o almejasse para si? Nós não sabemos; porém, é certo que sua escolha causou apreensão entre os membros mais antigos do clero de Cartago, que haviam sido preteridos com a promoção dele. E, infelizmente, o jovem clérigo não dispunha de tempo suficiente para fortalecer sua posição nem para, pacificamente, provar a sua capacidade. Havia apenas completado um ano de sua ordenação quando teve início a primeira grande e organizada perseguição que, violentamente, abalou toda a ordem religiosa. A autoridade de Cipriano foi submetida à prova de fogo, antes mesmo que tivesse tido tempo de realmente se estabelecer em definitivo.

A perseguição, posta em andamento pelo novo imperador Décio no ano 249, a princípio parecia ser apenas um grande festival, durante o qual seriam feitos sacrifícios e orações em honra do imperador e do império e do qual todos os cidadãos eram obrigados a participar. Qualquer um que se recusasse, em qualquer circunstância, seria obrigado a obedecer com o uso da força, com medidas violentas, degradações, confiscos e torturas. Após a consagração das ofertas os participantes recebiam certificados. Desde o início, evidentemente, esse decreto estava dirigido contra os cristãos.

Décio esperava expor tal apostasia e destruir a Igreja. Porém, dois motivos principais impediram-no de alcançar o almejado sucesso. De um lado, os militares e o sistema burocrático de 'pesquisa' eram inevitavelmente defeituosos e, encerrada um ano depois por causa da morte do imperador, a perseguição não chegou a alcançar pleno sucesso para a completa destruição das congregações.

Por outro lado, nos momentos críticos a Igreja revelou uma adaptação tão flexível à nova situação, que jamais havia sido imaginada. Todo o planejamento estava baseado na premissa de que qualquer cristão que fosse levado a renunciar estaria para sempre excluído da Igreja. Na realidade, porém, os que eram forçados ao sacrifício imediatamente afluíam de volta às suas antigas congregações, onde formas e procedimentos para recebê-los foram rapidamente elaborados, primeiro como penitentes, e depois como membros com todos os privilégios.

Em retrospecto, esse desenvolvimento parece claramente ter sido relativamente simples e quase necessário. Somente através da leitura das cartas de Cipriano que foram escritas nesta época pode-se ter conhecimento das reais dificuldades, dos dilemas humanos, das perturbações e da incerteza aparentemente impenetrável das trevas que estavam mescladas com a situação que aqueles que a vivenciaram tiveram de enfrentar. Durante essa crise, o jovem bispo e retórico finalmente amadureceu como homem, e tornou-se o líder da Igreja e o superior capaz de administrar todas as suas tristezas e misérias.

Após a repentina eclosão da perseguição, a apostasia em Cartago havia tomado proporções assustadoramente grandes, assim como em todos os outros lugares. 'Às primeiras palavras ameaçadoras do inimigo, um número expressivo de irmãos traiu sua fé; não se deixaram abater pela violência da perseguição, mas pela sua própria e livre vontade' (*de Laps.* 7; *ACW*, 25, 18). Alguns foram diretamente para a prisão, enquanto outros tentavam escapar para lugares remotos. Os presbíteros, que ainda estavam livres, tinham as mãos ocupadas com o trabalho de manter reunidos seus aterrorizados cordeirinhos, pacificando-os e protegendo-os o quanto possível. Cipriano não estava mais em seu meio. Obviamente, ele havia sido avisado em tempo sobre os perigosos acontecimentos e se retirado para o campo com alguns companheiros escolhidos, de onde tentava reter em suas mãos as rédeas da administração. Embora as pessoas gritassem exigindo 'Cipriano para os leões', as autoridades tiveram que se satisfazer com uma ineficaz interdição de sua pessoa e em dar início ao confisco de suas propriedades através de uma proclamação pública. Porém, ele estava a salvo. No entanto, essa decisão de escapar à violenta tempestade trouxe-lhe sérias conseqüências – a maioria das dificuldades que Cipriano precisou enfrentar durante o tempo remanescente de seu cargo estavam de uma forma ou de outra ligadas a esse acontecimento. Como poderíamos julgar essa decisão?

Cipriano, sem dúvida, corria mais perigo que os outros. Em toda parte, a polícia procurava primeiramente capturar os bispos para fazê-los abjurar e deixar as congregações acéfalas de seus líderes. Foi assim que os bispos em Roma, Antioquia, Jerusalém e Cesáreia foram martirizados logo no início das perseguições. Somente em Alexandria, o bispo Dionísio escapou milagrosamente de ser preso. Se Cipriano tivesse permanecido em Cartago, sem dúvida teria sofrido o mesmo destino. Porém, o seu dever não seria da mesma maneira aceitar o martírio? Geralmente, a fuga era considerada como recurso aceitável em tempos de perseguição, pois o ponto de vista contrário e mais rígido de Tertuliano e dos montanistas não havia até então prevalecido.

Ainda assim, poderia um pastor, que tivesse a seu cargo as almas de sua congregação, abandonar o rebanho ao desamparo? Particularmente nos períodos de grande tribulação, e se não houvesse outro motivo, ele não teria que permanecer a seu lado e, através da morte, deixar após si o exemplo do espírito e fidelidade de um confessor? Essa era evidentemente a opinião não só de alguns dos mais exaltados, como também dos adversários pessoais de Cipriano. Podemos observar seu constrangimento em uma carta enviada a Cartago pelo colégio romano de diáconos, após a morte de seu próprio bispo. O nome de Cipriano não constava no endereçamento. A carta mencionava, apenas em uma observação preliminar, que Cipriano, como oficial, deve ter tido suas razões para essa conduta; no entanto, o clero romano iria se sentir compelido a suportar até o fim, de acordo com as palavras e os mandamentos de Jesus (*Ep.* 8, 1). Portanto, seus membros estavam dispostos a manter em suspenso qualquer julgamento a respeito de um bispo de outra congregação; mas podemos perceber que as pessoas tinham reservas e duvidavam da pureza de suas razões.

A reação de Cipriano não foi menos dolorosa. Confirmando o recebimento da carta, ele congratulava os romanos 'com júbilo' pela esplêndida e gloriosa 'consumação' de seu bispo, cuja vida e reinado haviam sido verdadeiramente impecáveis. Observava, porém, que a forma e o conteúdo da carta dos romanos haviam-lhe causado tamanha estranheza que chegou a duvidar de sua autenticidade e, portanto, estava devolvendo a missiva aos emitentes para que a examinassem. (*Ep.* 9, 2). Só muito tempo depois enviou outra carta na qual, com maiores detalhes, explicava por que havia julgado correto retirar-se, não pela sua segurança, mas pela tranqüilidade e o bem-estar de sua congregação. Obviamente, os romanos haviam sido informados (através de um diácono de Cartago!), porém não de forma 'totalmente acurada e correta' (*Ep.* 20, 1).

Cipriano não tolerava que, mesmo a distância, sua autoridade fosse questionada – na verdade, qualquer defesa explícita de suas ações poderia ser interpretada com um sinal de insegurança – e, categoricamente, sustentava que estava absolutamente certo. A essa segunda carta foi acrescentado, como prova de sustentação, um maço de treze cartas de sua correspondência com Cartago confirmando que Cipriano não havia desejado, através de sua fuga, salvar a própria vida e que, ao contrário, estava perfeitamente capaz de cumprir as obrigações de seu cargo 'estando ausente apenas em corpo e não em espírito'.

Na verdade, tudo estava agora na dependência dos laços que o ligavam à distante congregação. Nesse momento, encontramos mensageiros indo e voltando entre Cartago e o esconderijo de Cipriano. As cartas que transportavam, da parte de Cipriano, não se limitavam a piedosas admoestações ou a um fluxo abundante de louvores à perseverança dos cristãos; era preciso também tomar decisões práticas e executar medidas urgentemente necessárias. Antes de sua partida, Cipriano havia feito uma contribuição em dinheiro de sua própria fortuna. Agora, estava enviando, do 'pouco' que tinha disponível, consideráveis somas com as quais os mais necessitados fiéis da congregação – e somente eles – deveriam ser amparados. Não deveriam deixar-se dominar pelo desespero, pois aquilo que talvez não fosse conquistado pelo ataque direto dos perseguidores poderia ser, finalmente, provocado pela fome. Os irmãos aprisionados deveriam ser regularmente visitados pelos diáconos – porém cuidadosamente e em turnos alternados, a fim de não chamar atenção. Os que fossem libertados iriam necessitar de roupas, alimento e trabalho. Os corpos dos mártires deveriam ser colocados em lugar seguro e todas as datas das execuções deveriam ser anotadas para futuras comemorações litúrgicas.

Parece que, a princípio, a máquina eclesiástica funcionou satisfatoriamente e correspondeu aos múltiplos problemas. As dificuldades reais começaram com a atitude a tomar em relação àqueles membros da congregação que haviam se rendido ao terror e ao medo e, de um jeito ou de outro, haviam obedecido às ordens do Estado. A esse respeito, as primeiras práticas da Igreja haviam sido, em sua maioria, muito rigorosas. Porém, será que a débil, irracional e isolada apostasia dos tempos anteriores poderia ser comparada às tentações que estavam agora sendo oferecidas a todos os cristãos através das artimanhas do Estado? Como sempre acontece, a tão difundida natureza da apostasia contribuía para que sua noção de pecado ficasse aliviada. Enquanto isso, em toda parte os infelizes traidores desejavam ardorosamente ser perdoados e readmitidos à congregação.

O clero responsável mostrava-se inseguro e a situação tornou-se ainda mais confusa com o papel que logo começou a ser desempenhado pelos perseverantes confessores, geralmente considerados como santos, que inspirados pelo próprio Espírito Santo, julgavam-se capazes de resistir tão gloriosamente. Suas decisões, portanto, eram aclamadas como testemunhos milagrosos da inspiração do Espírito de Deus e, junto a eles, os penitentes sequiosos de ajuda imediatamente conseguiam uma compassiva atenção. Como era de se esperar, os fatos eram com freqüência conduzidos de forma extremamente humana. Os novos santos, e entre eles alguns personagens duvidosos, prontamente acolhiam o papel que lhes era oferecido de juízes infalíveis e a oportunidade de se fazerem populares, distribuindo uma complacente indulgência sem posteriores investigações. A verdadeira presteza evangélica de perdoar combinava-se com piedosa credulidade a um desejo ingênuo e oficioso de dominar e, às vezes, a coisas ainda piores. As 'cartas de paz', distribuídas nas prisões para a readmissão na igreja, eram obtidas através de amigos e parentes, mesmo que fossem para outras congregações; apelos eram feitos para a absolvição oral de um mártir já 'consumado' e, da mesma forma, eram pronunciadas declarações indiscriminadas para os pecadores e suas famílias. Toda a supervisão e controle haviam desaparecido e a situação ameaçava tornar-se incontrolável.

Com certeza, Cipriano compreendia a seriedade do que estava ocorrendo. Sabia que um certo grau de acomodação era inevitável, ainda assim, como as coisas estavam naquele momento, parecia-lhe impossível comprometer-se definitivamente. Portanto, procurou adiar a decisão sobre o problema das penitências para um momento seguinte, após o término das perseguições. Ordenou que os apóstatas deveriam ser mantidos sob vigilância, tratados provisoriamente como penitentes e, sob nenhuma circunstância, readmitidos. Decisões semelhantes haviam sido postas em prática em Roma, com cujo clero Cipriano havia restabelecido as melhores relações; e, a fim de seguir em linha com as ordens de Roma, ele ofereceu como sinal aparente de sua boa vontade a desejada readmissão eclesiástica aos penitentes pecadores quando em seu leito de morte.

Acima de tudo, e o quanto lhe era possível, Cipriano tentou tratar os santos confessores com indulgência. Pedia-lhes, simplesmente, que mostrassem um pouco mais de consideração e de cautela e, em princípio, aceitava suas decisões sobre as não readmissões; porém, somente as piedosas recomendações para uma futura readmissão seriam deixadas ao líder religioso responsável, isto é, ao bispo. Certamente, era muito arriscado ter que tomar tais decisões, de longe e por carta. Quanto mais duradouras fossem as perseguições, mais difícil seria para Cipriano manter em suas mãos as rédeas da liderança. No entanto, a prática de suas ordens poderia ter sido possível se ele pudesse confiar inteiramente na lealdade de seu clero. Porém, mesmo nesses momentos de extrema tensão ainda persistiam as antigas rivalidades. Um setor do clero abjurou de sua obediência e fez causa comum com os confessores. Os próprios apóstatas ousaram enviar uma carta a Cipriano, em nome da Igreja, contendo suas reivindicações, a qual foi categórica e imediatamente repudiada por ele. Os bispos, afirmava, e exclusivamente eles, eram chamados de acordo com a palavra do Senhor para agir em nome da Igreja. Os bispos representavam a Igreja juntamente com o clero e os cristãos que perseveraram.

Cipriano se surpreendia com sua arrogante insolência, enquanto uma atitude humilde, tranqüila e envergonhada teria sido muito mais apropriada (*Ep.* 26, 1). A situação havia se tornado crítica e, sem que o próprio Cipriano concordasse, não poderia reconhecer uma readmissão executada por eles contra suas ordens explícitas. Foi feita uma tentativa de enviar dois bispos amigos a Cartago para intervir, pacificar e, em particular, para organizar a distribuição dos subsídios de acordo com seus desejos. O resultado, no entanto, foi justamente o contrário.

Um certo Felicíssimo, que havia sido ordenado diácono contra a vontade de Cipriano, e havia se encarregado das finanças da congregação, ousou contrariá-lo publicamente; após ter sido excomungado, cinco outros presbíteros o acompanharam em sua oposição. Cipriano devia nomear novos juízes eclesiásticos e conclamar a congregação a recusar obediência aos seus próprios ministros rebeldes. Nessas circunstâncias, muitas vezes recorria à função de bispo como único e decisivo ministério para sustentar a Igreja. Aquele que abandona o santo altar do bispado e transfere sua lealdade ao pecaminoso partido de Felicíssimo estará para sempre perdido para o povo de Cristo e nunca mais poderá se reunir a ele.

No entanto, não era mais possível evitar que ocorresse uma ruptura na congregação. O grupo dos rebeldes manteve-se inabalável e, por fim, realizou até a eleição formal de um antibispo. Porém, isso aconteceu como um passo final e desesperado após o término da perseguição e quando, após uma ausência de um ano e três meses, Cipriano já retornara e estava em condições de reunir e de construir uma nova congregação.

Um sínodo de bispos, convocado por ele provavelmente na primavera de 251, foi decisivo para sua vitória. Além do apoio pessoal recebido, foram estabelecidos princípios a respeito dos apóstatas que haviam perseverado em sua atitude de rebeldia. Contra a visível oposição da 'esquerda', que havia permitido a admissão de todos os apóstatas, e apesar das apreensões da 'direita', que eram compartilhadas por Cipriano, chegou-se a um acordo sobre uma orientação conciliadora. O objetivo era classificar os castigos da penitência de acordo com a gravidade da falta. Os cristãos que não haviam sido sacrificados, mas que, através de suborno, haviam recebido o necessário certificado, foram considerados suficientemente purificados pelo sofrimento passado e foram novamente admitidos.

Por outro lado, aqueles que realmente haviam oferecido sacrifícios aos demônios deveriam continuar em penitência; e as 'cartas de paz' dos mártires não deveriam mais ser reconhecidas. Para os penitentes, no entanto, a absolvição também deveria ser concedida quando estivessem em perigo de morte, as quais não seriam retiradas caso recuperassem a saúde. O aspecto doutrinário dessas decisões permaneceu essencialmente obscuro. Os bispos, obviamente, desejavam manter uma certa liberdade de movimentos e, quando uma nova perseguição se aproximou, dois anos mais tarde, resolveram imediatamente aceitar dentro da comunidade todos os penitentes que haviam mantido sua fidelidade. Dessa forma, seriam capazes de enfrentar o perigo ameaçador com uma frente unida.

Cipriano, particularmente, afirmava que os penitentes não deveriam mais ser privados da Eucaristia e do Espírito que vive na Igreja, caso tivessem que ser submetidos a novas aflições. Para uma segurança adicional, quando se tratava de tomar tais decisões, Cipriano fazia referência a sinais celestes ou iluminações que havia recebido, como freqüentemente havia feito em outras ocasiões.

O principal resultado desses tempos turbulentos foi reconstruído em duas importantes obras de Cipriano: A Respeito dos Apóstatas (*Concerning the Lapsed*) e *A Unidade da Igreja* (*The Unity of the Church*). Esse último trabalho foi, provavelmente, iniciado quando Cipriano ainda estava em seu esconderijo, enquanto o tratado sobre os apóstatas deve ter sido escrito logo após seu retorno a Cartago. Esse tratado representa uma justificação bastante abrangente do ponto de vista repetidamente defendido por Cipriano sobre essa questão, porém agora de forma mais distinta e decidida do que antes. Cipriano não se encontrava entre aqueles membros da congregação possuidores de natureza compassiva que, por serem indulgentes ou inseguros, estavam dispostos, uma vez alcançados o sucesso e a vitória, a deixar para trás e a esquecer uma posição mantida com tanto sofrimento. Porém, deveria ser uma vitória da causa e não um triunfo pessoal. Um verdadeiro pastor 'chora ao lado dos que se lastimam' e se sente diretamente afetado e humilhado pela derrota de sua própria congregação. 'Acreditem, meus irmãos, eu partilho de seu desespero e não encontro conforto em minha fuga e na minha segurança' (*de Laps.* 4; *ACW,* 25, 16).

A glória dos membros da congregação que perseveraram mantém-se intacta e Cipriano, mais uma vez, não negligenciou em prestar as homenagens e os louvores devidos a todos os irmãos e confessores que perseveraram; no entanto, a atitude de um considerável grupo o havia desapontado amargamente. A pior parte, contudo, era que alguns não estavam ainda totalmente convencidos de sua culpa; na verdade, existiam tentadores que os encorajavam e os enganavam a respeito de sua verdadeira salvação através de falsas promessas e lisonjas. A esses, somente o imediato arrependimento e conversão poderiam salvar. Presbíteros e confessores insubmissos significavam para os apóstatas 'o que o granizo significa para as colheitas, a tempestade para as árvores, a catastrófica peste para os rebanhos e o violento temporal para as embarcações' (*de Laps. 16*).

A salvação somente poderá ser alcançada através da orientação dos bispos, e não dos espúrios que levianamente assumiram o privilégio de perdoar os pecados, atribuição que Deus reservou exclusivamente para si mesmo. Até mesmo crianças, que tentaram enganar seu bispo e procuraram participar da Ceia do Senhor sem estarem reconciliadas, foram terrivelmente castigadas por Deus. Outros ainda, quando foram à procura dos componentes da ceia, receberam apenas cinzas em suas mãos (*de Laps.* 26). Cipriano empregou todos os meios de que dispunha para tornar o mais negro possível o perigo que ameaçava os impenitentes pecadores, e para despertar acolhida e obediência aos seus apelos para a submissão e responsabilidade espirituais. E, na maioria das vezes, seu esforço foi bem-sucedido.

Historicamente, bem mais significativos foram seus escritos sobre a unidade da Igreja, os quais utilizou para colocar um ponto final nas divergências com aqueles que haviam aderido à divisão. Aqui não foram necessárias quaisquer considerações táticas, nem restaram dúvidas ou incertezas. A segurança institucional da Igreja significava para Cipriano a garantia da salvação e da própria fé cristã, pelas quais viveu, sofreu e lutou. A Igreja é a Noiva de Cristo, a 'Mãe' para todos os fiéis: 'não se pode ter Deus como pai a não ser que se tenha a Igreja como mãe' (*de Un.* 6). Fora da Igreja não existe salvação. Porém, há apenas uma Igreja fundada por Cristo e que foi por Ele confiada aos apóstolos como seus líderes. Ela permanece única, mesmo tendo se espalhado pelo mundo – 'da mesma forma como existem muitos raios de sol, porém a luz é uma só, e muitos ramos numa árvore, porém a força que emana de suas raízes é apenas uma, assim também os regatos fluem de uma única fonte' (*de Un.* 5; *ACW,* 25, 48). Essas são ilustrações usadas por Tertuliano para apresentar o mistério inteligível da Trindade de Deus e que agora foram transferidas para a Igreja, eternamente uma em sua simplicidade, a fim de através delas, demonstrar a impossibilidade de uma igreja 'cismática'. Não podemos apartar o raio da luz, um ramo da árvore, nem o regato da fonte, sem que estes desvaneçam, definhem ou sequem.

No entanto, essa unidade da Igreja existe apenas em função do trabalho do bispo. A Igreja é para o bispo o que o bispo é para a Igreja (*Ep.* 66,8). Ai daqueles que não reconhecerem isto! Eles se tornarão os seguidores do levita Coré e irão despedaçar o manto do Senhor. Os cismas são invenções de Satanás e os 'cismáticos' permanecem sob seu poder. Cipriano não hesitava em, imediatamente, estigmatizar todos aqueles que deixassem a comunidade 'cristã' como pessoas moralmente depravadas que deveriam responder por inumeráveis pecados. Portanto, somente coberto de desgosto um cristão poderia dar-lhe as costas.

A função do bispo, aquela que conserva a unidade, era para Cipriano mais do que um simples conceito ou idéia religiosa. Naquela situação confusa que permeava todas as congregações após a perseguição e a apostasia era de importância vital que, pelo menos, os bispos resistissem juntos e permanecessem ligados uns aos outros, obedecendo aos mesmos princípios práticos. Cipriano reuniu seus companheiros em vários sínodos e lhes enviava cartas e encíclicas através de seus mensageiros. Esforçava-se em obter troca de opiniões e declarações conjuntas, além de mútua confiança. Não foram apenas seus companheiros da África que se congregaram ao seu redor, dessa forma protegendo-se mutuamente através de suas decisões; Cipriano da mesma forma se correspondia com o recém-eleito bispo de Roma, Cornélio, que lhe havia pedido que se mantivesse firme contra a rigorosa oposição (da 'direita') liderada por um importante teólogo, o antigo presbítero Novaciano. Em nome do colégio sacerdotal, o próprio Novaciano havia anteriormente enviado cartas a Cipriano e recebido respostas concordando com suas teorias. Agora, porém, a situação havia mudado e Cipriano permaneceu inabalável ao lado daquele bispo por quem a maioria havia se decidido e procurou recomendá-lo, em todas as ocasiões, como o único bispo de Roma reconhecido. Assim sendo, a unidade da Igreja tornava-se tangível e sólida e uma realidade canônica dentro da política eclesiástica que determinava o ordenamento da Igreja ocidental até a Espanha e a Gália.

A força de vontade e a energia de Cipriano não haviam se esgotado com os problemas de administração eclesiástica. Durante esses anos, e com maior sucesso, voltou-se novamente aos trabalhos literários, tendo se tornado um fecundo escritor de literatura devocional, um modelo de ensinador e pregador episcopal. Os assuntos e mesmo os conceitos de seus escritos eram freqüentemente oriundos de Tertuliano. Porém, o ardente e impaciente entusiasmo, o radicalismo moral e a vivacidade do 'mestre' haviam desaparecido e as questões de significado temático ou dogmático deixaram de ser apresentadas. O que havia restado estava repleto de um racionalismo, e de um moralismo inflexíveis e de uma razoável argumentação prática, bastante popular, simples e fácil de ser compreendida. O tom dominante era o de uma instrutiva persuasão, de um conselho hábil e de um jovial entusiasmo, comovente e cheio de dignidade. Seu estilo nunca foi sarcástico ou severo, mas, solene e grave; segundo as palavras de um escritor que lhe sucedeu, ele sempre fluía suavemente como um óleo agradável (Cassiodoro).

Cipriano apreciava descrever a mesma coisa duas ou três vezes, empregando o uso de sinônimos, e de repetir certas expressões, ilustrações e pensamentos. Em suma, usava a linguagem de um pregador experiente, o que ele exatamente era. Como acontece com Tertuliano, sua inclinação retórica não parece vazia ou artificial. Sua estrutura, que havia tomado forma através da prática diária da vida eclesiástica, havia agora adquirido um novo estilo religioso latino, com as límpidas expressões de um experiente oficial eclesiástico e a simplicidade de uma Bíblia africana, cujo eco pode ser freqüentemente ouvido desde então, e pelos séculos seguintes.

Ao lado das exigências eclesiásticas empíricas e das decisões que deviam ser explicadas aos membros da Igreja, Cipriano preferiu lidar em suas cartas pastorais e tratados com os problemas da vida prática relacionados à educação religiosa e às virtudes individuais. Nesse sentido, a Bíblia sempre lhe serviu como um tesouro de ilustrações inexaurível. Os problemas são apresentados de forma clara e simples, sem qualquer individualização ou refinamento. Cipriano presta especial homenagem à devoção ascética das virgens consagradas na congregação, ao louvor à abstinência como tal, e ao glorioso exemplo dos santos mártires. Serenidade, humildade e modéstia são virtudes especialmente consideradas, pois mantêm a paz na congregação. Também o 'amor', quando visto sob esse prisma, adquire o caráter de uma importante virtude social e religiosa, muitas vezes profundamente ofendida pela arrogância, disputas e insubordinação dos 'cismáticos'. Em toda parte, os benefícios das boas ações são enfatizados com surpreendente ingenuidade. Deus 'concedeu ao homem a liberdade e o fez dependente de sua própria vontade; portanto, depende dele empenhar-se por sua morte ou salvação' (*Ep.* 59, 7).

Para alcançar esse propósito será necessário desempenhar, com jejum e orações, 'trabalhos virtuosos', que proporcionam a salvação dos castigos do inferno. As esmolas, especialmente, apagam as chamas dos pecados dos cristãos, da mesma forma que o batismo lavou as primeiras ofensas de uma vida pagã; e seus conselhos eram sempre atendidos. Quando a Numídia foi devastada pela invasão, seus bispos pediram ajuda de Cipriano para suas congregações; uma coleta foi feita e 100.000 'sestércios' foram angariados para ser enviados para o resgate dos prisioneiros. Nos períodos de escassez de alimentos ou nas grandes epidemias de peste, a congregação estava pronta para fazer sacrifício da mesma forma maravilhosa. O 'cristianismo prático' era, certamente, uma frase de muito significado na igreja de Cipriano.

Nesses tempos de turbulência, Cipriano também escreveu obras apologéticas. As antigas acusações contra os cristãos haviam sido renovadas e, para fortalecê-los era necessário dar-lhes instrução e encorajamento. 'Devemos, queridos irmãos, refletir bem e ponderar sobre o fato de que já renunciamos a este mundo e, como estrangeiros e peregrinos, viveremos aqui apenas por pouco tempo. Recebamos com alegria o dia que nos levará ao lar, que nos levará para longe desses arredores, que irá nos libertar das amarras deste mundo e nos restituir o paraíso e o reino de Deus. Para nós, o paraíso é a nossa terra natal; de alguma forma, começamos a ter agora os patriarcas como nossos pais. Por que, então, não nos apressamos e corremos para que possamos chegar ao nosso país e saudar nossos pais?' (*de Mort,* 26). A forma como é colocado esse desejo ardente e escatológico é verdadeiramente típica de Cipriano. A antiga e primeira expectativa dos cristãos sobre a vinda do Reino de Deus estava associada à consciência de que enfrentamos um mundo perdido e senil e que está além de qualquer recuperação. A natureza também envelheceu; a chuva e o sol não comparecem mais, a terra está exausta, a população diminuiu, as pessoas morrem mais cedo, os negócios e o comércio estagnaram, o Estado e a sociedade, as artes e a ciência estão declinando (*ad Demetr.* 3 f.) Todos estes são sinais da ira divina contra os descrentes, enquanto os cristãos, que estão sendo acusados desses eventos, são os menos culpados. Para eles, os tempos de tribulação devem ser recebidos como tempos de provas.

A posição eclesiástica de Cipriano ficou ainda mais fortalecida durante esses anos difíceis. Ele se tornou uma autoridade até fora das fronteiras da Igreja africana. Suas cartas e livros eram lidos em toda parte do Ocidente latino; pessoas de lugares longínquos dirigiam-se a ele procurando informações e conselhos. As respostas que dava eram sempre de forma amigável, educada, porém firme, e através delas pode-se observar que Cipriano havia se acostumado a ver seus conselhos sempre obedecidos. Não faltaria muito para que, entre as várias províncias, a diferença entre os princípios eclesiásticos fosse introduzida em sua correspondência. Em tais casos, Cipriano evitava exigir o que fosse impossível. Confiava no 'cimento da concórdia' que, apesar de tudo, unia todos os bispos em uma Igreja global e os fazia permanecer unidos contra todos os inimigos externos e internos da Igreja.

Temos à nossa frente, então, todo o cenário dos sérios conflitos religiosos que outra vez haviam se desencadeado e amargurado os últimos anos da vida de Cipriano. Seu oponente era o único bispo do Ocidente, o recém-eleito Estevão I de Roma, que, em vista da tradicional importância e poder conferidos por sua diocese, tinha ainda poderes para ousar desafiar o 'bispo' de Cartago.

Como vimos anteriormente, até então os líderes religiosos de Cartago e Roma haviam gozado de uma excelente cooperação mútua. Quando necessário, Cipriano podia fazer referência a um procedimento romano na ordenação de penitências; além do mais, Cornélio tinha uma grande dívida pessoal com Cipriano, em vista de sua posição de contestação, e parece ter reconhecido, sem qualquer questionamento, a superioridade intelectual de seu colega mais velho.

Estevão, que agora retinha nas mãos o leme de sua igreja, havia, entretanto, se tornado um homem completamente diferente. Passara a considerar os conselhos de Cipriano como uma tutela indesejada e achava, evidentemente, que era chegada a hora de fazer com que a antiga superioridade e independência da Igreja romana se tornassem outra vez efetivas e poderosas. Além disso havia uma considerável e importante diferença de opiniões. Em várias ocasiões, a eficácia do batismo, quando administrado fora daquela que era considerada a verdadeira Igreja, já havia sido anteriormente discutida.

As divergências e as confusões que surgiram em conseqüência das perseguições haviam feito renascer o problema sobre a atitude mais apropriada a ser tomada em relação ao 'batismo por hereges'. Para Cipriano, a solução para esse problema já havia sido claramente exposta, de acordo com sua própria concepção integral da Igreja. Todos os atos sacramentais realizados fora da única comunidade de salvação seriam, em sua opinião, nulos e sem valor. Como poderiam os apóstatas, possuídos pelo demônio, outorgar os dons do Espírito Santo, que eles próprios haviam perdido? A esse respeito, ele estava de acordo com as antigas tradições de sua terra natal. Tertuliano já havia exigido que os hereges fossem novamente batizados. Em uma geração anterior, Agripino, seu predecessor eclesiástico, havia tomado a mesma decisão em um concílio em Cartago, formado por setenta bispos africanos.

Em Roma, por outro lado, haviam se inclinado para o lado oposto e afirmado em princípio a validade do batismo herético. Agora, no entanto, estavam se declarando dispostos a ir além e até a reconhecer a ordenação 'novaciana' nos casos de conversão. Isso trazia a grande vantagem de tornar o retorno do clero 'cismático' consideravelmente mais fácil. Estevão, com grande determinação, havia colocado toda a força de sua influência sobre a prática de Roma, que ele tranqüilamente declarava ser um 'antigo' costume (na melhor das hipóteses, poderia significar o 'costume de Roma'). 'Sem inovações – permanecer com a tradição' era o eficiente brado de guerra que proclamou às suas fileiras.

Acima de tudo, o aspecto alarmante dessa questão era não estar exclusivamente confinada a Roma ou à Itália. Existiam também bispos africanos que estavam dispostos, sob a pressão das necessidades, a conciliar os 'cismáticos' ou aqueles que já haviam se decidido favoravelmente a essa nova direção. Pelo menos indiretamente, eram apoiados por Estevão contra Cipriano, que ainda esperava chegar a um acordo prático sem ter, em último caso, que desistir de sua própria e definida opinião. Conclamou seus adeptos para uma reunião em um conselho em Cartago, que endossou a prática africana e enviou uma carta a Estevão informando-o, como de costume, a respeito das decisões que haviam sido tomadas. Essas decisões revelavam suas esperanças de que Estevão, conhecido como homem piedoso e sincero, fosse igualmente concordar com o que havia se mostrado como santo e verdadeiro no sínodo de bispos.

Cipriano, no entanto, que naturalmente havia elaborado a carta, sem demora acrescentou que todos reconheciam muito bem que alguns irmãos de ofício consideravam muito difícil modificar uma decisão uma vez tomada e que, em tais casos, eles preferiam aderir à ordem reinante 'para a preservação, como colegas, dos laços de paz e de concórdia'. 'Não queremos, de nossa parte, pressionar ninguém ou dar qualquer orientação. Cada um dos líderes das congregações tem o direito de decidir, por si mesmo e com total liberdade, de acordo com seu próprio discernimento; somente ao Senhor ele terá que responder pelos seus atos' (*Ep.* 72, 3). Cipriano estava consciente, desde o início, de que não dispunha do direito, nem da habilidade, de conduzir seu ponto de vista à vitória completa e, aqui, caso assim se possa acreditar, existe uma fraqueza dogmática em sua posição. Na verdade, da maneira que a situação se encontrava, não havia outra forma de sustentar a paz e a unidade da Igreja.

Estevão tinha uma opinião diferente, e pode-se duvidar até que ponto era possuidor de uma compreensão teológica mais esclarecida do que a de Cipriano sobre o completo significado das decisões. Parece que, ao contrário, estava mais preocupado em descobrir falhas nos argumentos de seu colega. Portanto, ocasionou logo de início um ataque frontal. Naturalmente, conhecemos os seus pronunciamentos apenas pela repercussão que tiveram através da correspondência de Cipriano; no entanto, é evidente que entre os 'assuntos arrogantes, irrelevantes, contraditórios' por ele 'rabiscados de forma ignorante e impensada...' (*Ep.* 74, 1), Estevão também pleiteava que, na conduta com os heréticos da África deveria haver submissão aos 'tradicionais' procedimentos romanos. E como prova, Estevão se referia à sua 'primazia' (*primatus*), ou dignidade de primaz, de fazer essa exigência como detentor do trono de Pedro. Dessa forma, os demais bispos foram colocados em uma posição subalterna, subordinados ao bispo de Roma e obrigados a lhe prestar obediência.

Essa era uma exigência da qual, até então, nunca tinham ouvido falar e é compreensível que Cipriano tenha se indignado perante a atitude 'arrogante e insolente' de seu colega mais novo. Percebeu que, nesse caso, a impudente reivindicação à 'tradição' não passava de uma impertinência. Nunca irá adiantar, asseverou com uma tácita referência a Tertuliano, que sejam emanadas ordens apenas segundo a vontade própria e com referência a uma mera 'tradição'; elas precisavam, ao contrário, estar apoiadas em argumentos razoáveis. Acima de tudo, sentiu-se insultado pela imprópria referência a Pedro, que nunca havia reivindicado 'primazia' nem exigido obediência dos seus jovens companheiros que se juntaram a ele mais tarde (*Ep.* 71, 3). Em comum com a totalidade da igreja, Cipriano considerava Pedro como o primeiro detentor e representante da função episcopal em geral, e de cuja autoridade todos os bispos, cada um em sua própria região, participava 'solidariamente' (*de Un.* 5). Entendiam que o Senhor fundou o ministério episcopal somente sobre 'a pedra' que era Pedro, e que o único propósito do Senhor, então, foi o de enfatizar simbolicamente a necessária unidade e concordância de todos os seus membros. No entanto, os outros discípulos não eram inferiores a Pedro e possuíam a mesma autoridade e dignidade que ele (*de Un.* 4). O conceito de uma 'primazia' legal para que o 'sucessor' de Pedro fosse romano não se encaixa nessa linha de pensamento. Se, no entanto, isso parece estar ocorrendo agora, segundo uma estarrecedora edição especial do livro de Cipriano sobre a *Unidade da Igreja*, ela dificilmente poderia corresponder ao texto escrito por Cipriano e seria, tão-somente, uma tendenciosa alteração introduzida posteriormente, segundo a idéia romana.

Entretanto, não precisamos nos preocupar demasiadamente com esse problema controverso e único, pois, em todas as circunstâncias, o quadro daquilo que Cipriano queria dizer é em seu todo bastante claro. Pela primeira vez, existe entre Cipriano e Estevão uma situação de oposição a respeito de dois conceitos fundamentalmente diferentes sobre a natureza da hierarquia cristã e a Igreja. Estevão seria, por assim dizer, o primeiro 'papa' com sua concepção 'monárquica' de toda a Igreja. Cipriano, por outro lado, através de sua opinião de que a firme, porém livre, união dos bispos pelo amor, tendo autoridade semelhante, seria a representação clássica do 'episcopado'. Podemos ver agora com que facilidade a unidade de uma Igreja assim organizada poderia ser realmente perturbada por conflitos entre os clérigos. Porém, a grandeza peculiar desse conceito não deve ser omitida. Para Cipriano, a unidade da Igreja não representava uma realidade simples e segura; ao contrário, ostentava o aspecto de um chamado espiritual e, ao mesmo tempo, de uma tarefa ética de seus líderes, que em qualquer emergência deveriam ser demonstrados, assim como sua fé na Igreja, através da decisão pessoal de cada líder.

Cipriano provou estar à altura da seriedade da situação. Em 1° de setembro de 256, em um novo concílio reunido em Cartago, com a presença de oitenta e sete bispos, ocorreu um protesto, em grande escala, contra o batismo por heréticos. Ninguém mencionou o bispo de Roma; suas declarações foram recebidas como se ele não existisse, porém, ficou evidente contra quem essa demonstração havia sido politicamente endereçada. Ainda existem as minutas com os votos de cada um dos participantes. Depois que os últimos textos de Cipriano haviam sido lidos, ele, como presidente, conclamou os participantes a proceder à votação final. Todos deveriam declarar abertamente sua opinião e ninguém estaria sujeito a qualquer dissabor como conseqüência. 'Pois nenhum de nós se fez o bispo dos bispos por si só ou tentou, através da violência, forçar seus irmãos de ministério a uma obediência absoluta através de qualquer pressão despótica. Cada um dos bispos é definitivamente possuidor da liberdade e do direito de manter sua própria opinião como bem desejar e poderá ser acusado por outrem, por pouco que seja, da mesma forma que pode acusar. Ao contrário, todos nós aguardamos o julgamento de nosso Senhor Jesus Cristo, pois somente Ele tem o poder de nos tornar líderes da Igreja e de julgar as nossas obras'. Todos os bispos presentes revelaram sua concordância com os pontos de vista de Cipriano, através de pronunciamentos breves ou longos, e ele – mencionando suas declarações anteriores – foi o último a dar o seu voto.

A delegação incumbida de levar a decisão do concílio a Roma não foi sequer recebida por Estevão e nem mesmo recebeu alojamento. Estevão considerou rompida a comunhão com a Igreja africana e não se furtou a ofender a pessoa de Cipriano como sendo um falso Cristo, um falso profeta e um 'obreiro' fraudulento (2 Co 11.13). Cipriano deixou de estar na defensiva e organizou uma campanha de propaganda extensa e veemente em defesa de seu ponto de vista, e contra a atitude indigna de um irmão que havia sido adotada pelo temerário colega romano. Até a Páscoa cristã foi envolvida nessa controvérsia e, tendo em vista que os cristãos em Roma freqüentemente repudiavam o batismo feito por pagãos, e que nem todos reconheciam o centralismo eclesiástico de acordo com o estilo romano, Cipriano encontrou neles algum apoio.

Uma carta enviada pelo bispo Firmiliano de Cesaréia, na Capadócia, foi encontrada em meio à sua correspondência, sem dúvida traduzida e divulgada pelo próprio Cipriano, na qual ele oferecia sua total concordância e, a esse respeito, ainda expressava, em uma linguagem forte, sua indignação em vista da 'tolice óbvia e declarada' de Estevão ao se vangloriar dos privilégios de seu trono episcopal e se considerar possuidor do direito à sucessão de Pedro (*Ep.* 75, 17). Finalmente, o influente bispo de Alexandria, Dionísio, tentou ser o mediador, mas foram em vão suas exortações a Estevão em favor da paz. Fatores externos, porém, colocaram um ponto final à controvérsia. No verão de 257, as perseguições feitas pelo Estado foram reiniciadas e Estevão morreu como mártir. No ano seguinte, o mesmo destino coube a seu sucessor Xisto.

Nessa ocasião, Cipriano havia perdido sua liberdade e a situação desesperadora da Igreja havia deixado de lado as divergências das partes, fazendo delas um assunto de importância secundária. Assim, parece que as relações entre Roma e Cartago foram restabelecidas por si mesmas; as diferenças da prática do batismo deixaram de ser mencionadas. Essa matéria foi uma vitória completa para Cipriano que, em verdade, nunca havia desejado algo diferente. Somente muito mais tarde, e numa época em que as circunstâncias haviam se modificado, a Igreja romana obteve sucesso, com ajuda governamental, em tornar efetiva a lei, mesmo na África, dos princípios relativos ao batismo feito por pagãos. Porém, esse assunto novamente voltou a provocar uma divisão na Igreja. A questão, nas posteriores controvérsias dos donatistas, era o legado de Cipriano; porém, isso não mais afetou o próprio Cipriano nem a sua autoridade eclesiástica.

De um modo geral, Cipriano serviu como bispo por no máximo dez anos – dez anos cheios de preocupações, de conflitos quase ininterruptos e de dificuldades internas e externas. No entanto, não era dotado desse tipo de natureza que se desgasta e se esgota em tais provações. Ao contrário, sentia que estava no lugar certo e a responsabilidade de vencer a todas as dificuldades tornou-o ainda mais resoluto. Cipriano sabia que, através de suas atividades, havia se tornado um cooperador de Deus no sustento de sua Igreja. O bispo não duvidava de seus direitos e, mesmo nas situações mais obscuras, tinha sempre o pleno conhecimento das coisas e daquilo que deveria ser feito. Com isso, permaneceu senhor das situações e manteve firme sua posição. No início, era apenas um principiante sentado sobre um trono episcopal ao qual muito rapidamente fizera jus, com o apoio indiferente e insuficiente de seus assistentes e escondido das perseguições em um exílio voluntário, enquanto os 'rebeldes' lutavam pela liderança de sua congregação. No entanto, emergiu dessas vicissitudes como líder espiritual de toda a Igreja africana, gozando da confiança de colegas distantes, um mestre de todo o Ocidente, respeitado e honrado até mesmo no Oriente. Um bispo da Numídia escreveu a Cipriano que, através de suas cartas, os maus se arrependiam e os piedosos se fortaleciam. Seus escritos aumentavam a fé, convertiam infiéis e reproduziam o exemplo de seu caráter perante os olhos do leitor sem que ele o percebesse. 'Para todos, sem distinção, você é um grande pregador e um mestre da oratória, sensato em seus conselhos e simples em sua sabedoria, generoso em suas obras e santo em sua abstinência, humilde em sua obediência e pronto, em seu altruísmo, para qualquer empreitada do bem' (*Ep.* 77,1) Apenas uma coisa estava faltando: a glória e a coroa da mais alta perfeição, que ele mesmo considerava como sendo o martírio. Este, também, seria o seu destino.

Cipriano foi preso no dia 30 de agosto de 257 e decidiram ser necessário retirá-lo de Cartago. Foi banido para Curubis, um lugarejo não muito distante. Parece ter sido capaz de enviar um apelo pedindo clemência ao imperador algum tempo depois, o qual foi bem recebido. Através de uma carta pessoal, Cipriano recebeu permissão para retornar a Cartago e ficar detido em sua casa, sem permissão para se ausentar. Esse moderado confinamento durou um longo tempo. Porém a situação mudou. Um novo edito do imperador Valeriano ordenava que fossem adotadas medidas rigorosas em toda parte e, em particular, que a vida dos clérigos não deveria mais ser poupada. Com o decorrer do tempo, Cipriano foi informado do que podia esperar dos mensageiros que foram a Roma em seu nome, talvez até antes do que o próprio recém-nomeado procônsul.

Agora percebia muito claramente a sua situação, e de maneira rápida e tranqüila tomou as suas últimas providências. Não só seu clero deveria ser informado, mas também todos os seus colegas de episcopado 'para que, em toda parte, através de sua exortação, a irmandade possa ser fortificada e preparada para o conflito espiritual, para que cada um de nós possa pensar menos na morte do que na imortalidade; e, dedicados ao Senhor com toda a fé e coragem, possam rejubilar-se e não se atemorizar nessa confissão...' (*Ep.* 80,2; *LPNF,* V, 408). Não havia mais qualquer possibilidade de fuga. Sem dúvida, isso teria sido possível, porém dessa vez ele tinha confiança em sua congregação. Estava decidido a dar-lhes o exemplo de como alguém podia sofrer o martírio, como bispo e como cristão, e confiava plenamente no apoio misericordioso de seu Senhor.

Aparentemente, o novo procônsul desejava evitar quaisquer distúrbios e preferia transferi-lo para Utica para ser executado. Ao tomar conhecimento dessa decisão, Cipriano abandonou secretamente seus alojamentos, tendo, porém, retornado mais tarde. 'Pois é próprio que um bispo faça sua confissão ao Senhor no mesmo local onde lidera sua Igreja e que toda a congregação seja glorificada através da confissão do líder que existe em seu meio'. Essas palavras, proferidas pelo bispo-confessor, por ocasião de seu testemunho, eram consideradas como tendo a inspiração de Deus 'em nome de todos' e como se fossem 'através da boca de todos'. Assim como haviam sido orientados inúmeras vezes, foi solicitado ao clero que a paz deveria ser integralmente observada 'e que nenhum dos irmãos deveria incitar qualquer tumulto ou render-se voluntariamente aos idólatras (*Ep.* 81).

Cipriano foi preso segundo os procedimentos apropriados e levado em custódia por dois oficiais de alta patente. Foi seguido pela congregação e a casa onde foi alojado para passar a noite foi rodeada por uma imensa multidão que desejava 'morrer com ele'. O interrogatório feito no dia seguinte foi curto e formal: e a sentença deveria ser executada imediatamente. Ao chegar ao local da execução, Cipriano despiu-se de seu manto e ajoelhou sobre ele para uma última oração. Quando estava completamente despido, permaneceu em silêncio, com os olhos voltados para o céu, até que o carrasco ocupasse seu lugar. Com um gesto final de fidalga superioridade, Cipriano ordenou que lhe fossem pagos vinte e cinco peças de ouro pelo seu castigo. Teve então os olhos vendados por dois dos clérigos enquanto o povo estendia mantas de linho para recolher o precioso sangue do mártir. Seu corpo foi primeiramente enterrado no próprio local da execução 'para removê-lo da curiosidade dos pagãos'; porém, naquela mesma noite, foi levado pelo povo que carregava velas e tochas, e solenemente enterrado 'acompanhado pelas orações e estrondoso júbilo de muitos dos irmãos'.

Nenhum patriarca da Igreja latina pode ser comparado a Cipriano em popularidade até o surgimento de Agostinho. O relato de sua morte rapidamente circulou em inúmeras e diferentes transcrições e edições. Um panegírico de sua vida e morte, supostamente escrito por seu diácono Pôncio, é a mais antiga biografia cristã existente. Seus escritos e cartas estão todos preservados em várias compilações e classificações – as compilações romanas, naturalmente, vez por outra omitem aquelas situações constrangedoras que tratam do batismo feito pelos pagãos. Um antigo memorial relaciona os trabalhos de Cipriano, imediatamente após as anotações das Escrituras.

Ainda mais significativo é o grande número de livros falsamente atribuídos ao seu nome que, entretanto, inúmeras vezes traduzem seu espírito e são as manifestações claras de sua influência. A solene utilização da Bíblia e o moralismo prático combinado à sólida inclinação religiosa, tal como foram revelados em seus escritos, correspondem ao que o cristianismo latino da época considerava como eminentemente cristão e edificante. Na integridade de sua fé, Cipriano aparece como a personificação da *disciplina* eclesiástica. Em sua fidelidade e firmeza de clérigo, ele representa o verdadeiro modelo de um bispo independente do antigo período cristão. Sua dedicação à nova realidade da vida cristã está repleta de entusiasmo: ela é genuína e de uma admirável importância prática. Poder-se-ia dizer que foi a sinceridade de um funcionário romano, tornado cristão, que afirmou e aceitou a fé salvadora, simplesmente e sem questionamentos, com a finalidade de a partir daí cumprir seu dever como homem, de modo justo e compromissado com a comunidade cristã.

Ficamos surpresos quando nos deparamos com o refinado pensamento eclesiástico de Cipriano, numa época em que, nas mais antigas e evoluídas congregações do Oriente, tanta coisa ainda existia de obscura, controvertida e em contínua transformação. No entanto, é precisamente essa bem arraigada moderação que explica a rápida formação e a solidez desse mundo eclesiástico. Na verdade, Cipriano não foi um representante da maturidade do cristianismo latino, mas tão-somente do início de seu desenvolvimento, quando ainda não havia alcançado suas possibilidades reais e plenas.

Capítulo 3

Lactâncio

Nos primórdios do cristianismo, ser cristão significava pertencer à Igreja, e o fato de pertencer à Igreja significava pertencer a uma determinada congregação ou província eclesiástica. Faltavam à cristandade latina os representantes daquela classe no Oriente, que havia sempre preservado uma certa independência e liberdade eclesiástica para, em razão de sua profissão, viver onde lhes aprouvesse, como os "filósofos" cristãos e os sábios Justino e Clemente de Alexandria, ou até mesmo Júlio Africano e Metódio. Isso se devia a uma certa importância moral que a filosofia e a erudição desfrutavam no mundo latino. No lugar dos filósofos, apareciam nesse contexto as figuras públicas dos escritores e dos retóricos que, como de regra, tinham apenas um conhecimento muito superficial da filosofia. Ao se converterem ao cristianismo, abandonavam qualquer referência anterior que pudessem ter tido em relação às suas antigas profissões. Entravam no serviço da Igreja como instrutores dos catecúmenos, ou como clérigos e, pelo menos em seu íntimo, tornavam-se, assim como Tertuliano, integralmente vinculados às novas tarefas impostas pela comunidade cristã. É sobre essa postura que se baseia a rígida simplicidade das tradições teológicas ocidentais.

Do período pré-Constantino, sabemos de apenas uma única exceção, Lactâncio, e não é por acaso que ele se encontra na transição ao novo período. Assim como Tertuliano e Cipriano, Lactâncio era também de origem africana e, enquanto ainda pagão, havia sido impelido ao Oriente e testemunhado, após sua conversão, o despertar da revolução "constantina". A nova posição alcançada pelo cristianismo oferecia inúmeras possibilidades, especialmente para um defensor da fé e um retórico. Pelo que sabemos, Lactâncio foi o primeiro teólogo a tirar o máximo proveito dessa oportunidade. Havia recebido, através de

Constantino, uma posição excelente e independente, além de um novo campo de trabalho. Tendo se convertido ao cristianismo durante o período das perseguições desfrutava, pela primeira vez em sua velhice e como um favorito do imperador, os privilégios da união do Estado com a Igreja nos primórdios do cristianismo e da cultura dominante.

Aparentemente, no entanto, Lactâncio continuava a ser o que sempre fora, um professor, um docente, um esteta e um escritor cristão, desprovido de laços eclesiásticos ou de qualquer cargo público. Essa posição, que desempenhou durante toda a vida, permitiu, na evolução gradual de sua personalidade, um grande interesse pela história da Igreja, bem como por suas idéias. Por outro lado, a despeito de possuir um talento literário incomum e de um caráter imaculado e apreciável, ele não pode ser colocado entre os grandes.

Sentimo-nos em débito pelo pouco que sabemos a respeito de seus dados biográficos e quase que exclusivamente através dos breves relatos e das observações ocasionais feitos por Jerônimo. A partir de seu nome – Lúcio Cecílio Firmiano, ou Lactâncio, segundo seu nome cristão – pouco se pode concluir. Foi em Sicca Veneria, uma importante cidade do interior, nas vizinhanças de Cartago, que Lactâncio recebeu sua educação, primeiramente de Arnóbio, um renomado professor de seu tempo que, mais tarde, também se converteu ao cristianismo. Tinha, inclusive, bons conhecimentos jurídicos; no entanto, segundo seu próprio testemunho, nunca apareceu em público como advogado praticante ou orador. Seu interesse pela retórica era exclusivamente particular, isto é, com a intenção de se tornar, por assim dizer, um professor acadêmico de retórica, e nisso ele foi bem-sucedido.

Já no final do século, o imperador Diocleciano convidou-o a ir à sua residência situada em Nicomedia, que foi a antiga capital imperial antes de Constantinopla, no mar de Mármara, a fim de dar sua contribuição para a glória da nova capital como *rhetor latinus*. Foi dessa maneira que Lactâncio transferiu-se para um ambiente puramente grego. Sua presença, no entanto, fazia-se necessária porque o latim ainda era a língua oficial do império e de suas leis. Qualquer um que desejasse seguir uma carreira pública teria que, pelo menos, aprender algumas noções dessa língua.

Podemos apenas supor o que Lactâncio pensava sobre a religião nesse período. Seus primeiros escritos se perderam e somente os títulos chegaram até nós. O *Symposium* pode ter discutido alguns assuntos sobre educação, segundo a maneira usual; um livro sobre viagens, *Da África para a Nicomedia,* foi escrito em versos hexâmetros – pois, naquele tempo, a poesia era muito apropriada a um representante de elevada educação retórica. Sem dúvida, nenhuma influência cristã pôde ser observada nesses trabalhos. No entanto, é possível e até provável que já tivesse adquirido as primeiras impressões sobre a Igreja quando esteve na África. Durante um longo período, os cristãos que viviam nessa região não podiam deixar de ser notados, pois a polêmica e o ridículo, contidos no paganismo, contribuíam para fazê-los sobressair. É possível que Lactâncio nunca tenha ficado, realmente, em oposição ao paganismo, pois, embora cristão, ainda conservava os princípios de sua visão do mundo, segundo a religião pagã. Vivia sob as tradições de um "platonismo", entendido mais devota do que filosoficamente, que procurava basear toda a verdade em uma revelação e iluminação superiores, e que mantinha o reconhecimento e a veneração de Deus como verdadeiros objetivos da vida humana.

O Divino Hermes, supostamente considerada como sua obra mais antiga, foi traduzida do grego e adotada, em certa medida, por Apuleio e também por Arnóbio. Esses escritos representam o testemunho mais importante de sua religiosidade. Certamente não foi por obra do acaso que Arnóbio, Lactâncio e, depois dele, Flávio, o gramático, que como ele fora chamado à Nicomedia, tornaram-se cristãos. Esses homens representavam uma cultura com tendência filosófico-religiosa, ao lado de uma educação ainda incompleta e que estava à procura de um sentido religioso. Somente através da Igreja, com sua doutrina claramente revelada e de sua comunidade verdadeiramente ética que, ao mesmo tempo em que impunha deveres auxiliava no seu cumprimento, o anseio religioso poderia ser satisfeito quando levado suficientemente a sério. Provavelmente, essa derivação teológica também explica a abordagem gradual e crescente que, presumimos, levaram Lactâncio à conversão. Em sua opinião, somente o batismo, que deve ter recebido em Nicomedia, era concebido como o evento decisivo de sua vida, pois permitia a salvação.

A princípio, o recém-promovido retórico poderia ter se sentido sozinho e isolado em Nicomedia. Parece que, na verdade, ele nunca conseguiu aprender o grego. Seus estudos se limitavam aos "nossos", isto é, aos autores latinos, e dessa forma, quando começou mais tarde a ter contato com a literatura cristã, apenas se preocupou com os Pais da Igreja que escreviam em latim. Lactâncio conhecia até mesmo a filosofia clássica somente através do latim; conhecia o mais "inteligente de todos os estóicos" (*Inst.* II, 8, 23), Sêneca, e, profunda e completamente, o maior de todos, Cícero, "o príncipe da filosofia romana" (*Inst.* I, 17, 3). Procurou, primeiramente, copiar o exemplo de Cícero para que seus escritos, de acordo com Jerônimo, pudessem ser considerados como um "resumo" dos diálogos "ciceronianos"; também quanto ao estilo, Cícero permaneceu como um ideal durante toda a sua vida. É bem possível que Arnóbio tivesse recomendado Cícero como modelo; porém, a rebelde veemência desse último sempre permaneceu um pouco estranha a Lactâncio, que continuamente se empenhava em alcançar um estilo que fosse jovial, generoso e, ao mesmo tempo, tradicionalmente elevado. Foi, na verdade, um clássico que, a esse respeito, não tinha nada de realmente "africano".

Repudiava, conscientemente, a informalidade descuidada e a veemência de Tertuliano, cujo estilo literário lhe parecia difícil, obscuro e inculto. Também criticava a eloqüência brilhante de Cipriano por não ter mostrado consideração suficiente pelos leitores não-cristãos, na escolha das palavras que ia empregar. Sempre se lembrava que tempos atrás um notável retórico pagão havia escarnecido de seu primeiro mestre, chamando-o de *copriano*, isto é, de pessoa mal asseada (*Inst.* V, 11, 27). Com certeza, não podia evitar completamente o uso das palavras bárbaras e estrangeiras que haviam sido introduzidas em seu vernáculo, assim como os neologismos, nas ocasiões em que falava sobre a concepção cristã das coisas. Porém, procurava empregá-las o menos possível, tentando explicá-las ou interpretá-las ao perceber sua singularidade. Podemos ver aqui o acadêmico e o apologista perspicaz que deplorava, abertamente, perante sua culta audiência, o pouco que a qualidade literária transparecia na propaganda cristã.

No entanto, Lactâncio não tinha o propósito de fazer disso apenas uma mera tática artificial, ou a força de expressão de seus pensamentos, pois o estilo culto e bem equilibrado de seus escritos era para ele bastante natural. Além do mais, era o reflexo de sua natureza, genuína, reservada, tranqüila e retraída; seus escritos, portanto, são possuidores de um caráter agradável e apropriado.

Porém, estamos nos antecipando com todas essas observações. Segundo suas próprias palavras, proferidas em Nicomedia, ele primeiramente treinava os jovens, como já havia feito anteriormente na África, "não para a virtude, ao contrário, em ardilosa maldade" (*Inst.* I, 1, 8), isto é, transmitia-lhes uma cultura pagã e os habituais artifícios e ardis de uma apresentação retórica, plenamente em concordância com seus deveres de professor. No entanto, as perseguições, que foram desencadeadas por Diocleciano, deram causa para algumas mudanças. O primeiro edito contra os cristãos, proclamado em fevereiro de 301, proibia-lhes a dignidade de ocupar qualquer cargo público, o que obrigou Lactâncio a tomar uma decisão. Caso desejasse fugir, isso se tornara muito mais difícil, pois a campanha de propaganda anticristã havia se espalhado até as proximidades de seus domínios. Além de Sossiano Hierocles, governador da Bitínia, também um outro filósofo, cujo nome se perdeu – e que parece ter sido seu colega muito próximo – colocaram-se à disposição do governo em sua investida, oferecendo-lhe apoio através de panfletos rapidamente elaborados contra a seita dos cristãos que, a partir de então, se tornaram publicamente proscritos.

Essa foi uma atitude que, sob o aspecto das desumanas medidas governamentais adotadas, foi até certo ponto recebida como desprezível, mesmo nos círculos pagãos. Apesar disso, Lactâncio pode ter tido ainda, e durante algum tempo, certa hesitação, mas logo tirou suas conclusões. Uma renúncia formal às suas convicções estava fora de cogitação; porém, não desejava ser considerado explicitamente como um "escravo de seu tempo" (*Inst.* V, 2, 10) e, portanto, renunciou à nomeação que havia recebido para o cargo de professor. As observações feitas de forma geral por Jerônimo, a respeito do infortúnio financeiro de Lactâncio e da falta dos proventos relativos a seu cargo, devem ser aparentemente relacionadas com os anos que se seguiram. Segundo ele, a despeito de um brilhante talento para a retórica, Lactâncio havia permanecido tão pobre no decorrer da vida terrena que, muitas vezes, sentia falta das necessidades básicas da vida. A isso poderíamos acrescentar suas próprias palavras, proferidas a respeito dos perigos da riqueza: homens que servem de instrumento à concupiscência, às ambições e à avareza, e que jamais haviam experimentado necessidades, nunca iriam encontrar o caminho da verdade. "E assim acontece que os pobres e os humildes com mais presteza são levados a acreditar em Deus" (*Inst.* VII, 1, 19), pois não precisam carregar a bagagem que pesa sobre os ricos e os deixa incapazes de caminhar. Percebe-se, a partir dessas afirmações, não apenas a experiência por ele adquirida durante o período da perseguição, mas também a convicção geral de alguém que está mais preocupado com os valores morais do que com os materiais e que, portanto, está pronto para ouvir a mensagem do cristianismo. De qualquer forma, para ele a presteza em ajudar e sofrer permaneceram como requisitos fundamentais do cristianismo durante toda sua vida. Se realmente desejarmos fazer a vontade de Deus, dizia, devemos "desprezar o dinheiro e depositá-lo junto aos tesouros celestes, de onde nenhum ladrão poderá remover, onde nenhuma ferrugem poderá destruir e nenhum tirano poderá roubar; e sob a proteção de Deus permanecerá reservado para nós como um tesouro eterno" (*Epit.* 60, 9).

Não devemos imaginar que desejasse dar motivo a uma ruidosa manifestação quando partisse. Contra esse conceito temos a realidade de que ainda poderia permanecer tranqüilo na capital, pois além de ser conhecido era, até certo ponto, uma figura proeminente. Lactâncio explicitamente confirmava o regulamento eclesiástico pelo qual, em época de perseguição, a ninguém era permitido oferecer-se para a prisão ou pressionar para que fosse martirizado. Era suficiente que se mantivesse fiel à sua crença, "sem evadir-se ao que, então, tivesse que sofrer e suportar" (*Inst.* IV, 18, 2). Até parece que estava se referindo a si mesmo quando falava em relação àquele filósofo que tornou-se escravo do Estado e à avareza dos cristãos que, em vista das presentes circunstâncias, haviam se contentado em "zombar dele" internamente de tal forma que, real e externamente, não haviam ainda se separado do mundo (*Inst.* V, 2, 9).

No entanto, pode ser que agora, livre do encargo de professor, Lactâncio tivesse mais tempo para suas atividades literárias, e foi somente nessa época que seu trabalho literário cristão se iniciou. O primeiro tratado que nos deixou, *Sobre a Obra de Deus,* trata da providência divina na criação do mundo. Foi dedicado a um aluno chamado Demetriano que, através dele, poderia descobrir a profissão com a qual seu antigo mestre estava agora ocupado nesses tempos agitados e, portanto, não ficaria totalmente desprovido de educação. No entanto, essa educação cobre agora "um assunto mais precioso" do que antes, "e de acordo com um sistema melhor" (*Opif.* 1, 1). Obviamente, Demetriano havia também se tornado cristão; porém, ao contrário de Lactâncio, continuou com suas ocupações. Acima de tudo, Demetriano é urgentemente aconselhado a não sucumbir aos artifícios da tentação em troca dos bens terrenos que, em toda parte, o Diabo havia colocado em operação.

Pelo seu formato, esse tratado parece ser um mero prolongamento dos escritos de Cícero sobre o Estado e, quanto ao assunto em pauta, contém simplesmente uma extensa descrição do corpo humano em relação à sua alma imortal. Os cuidados e a providência de Deus, embora evidentemente negados com insensatez e blasfêmia pelos epicureus, são discutidos a partir da glória das criaturas. Isto não é original, pois provavelmente Lactâncio obteve o material para suas afirmações a partir de livros da época sobre medicina e filosofia. Pode-se até pensar que ele não tivesse em mente um propósito especificamente cristão com esse seu pequeno estudo sobre antropologia. No entanto, isso seria uma interpretação errônea. Para ele, em todos os momentos, a providência havia permanecido como o tema central de seus ensinamentos cristãos e, nesse sentido, representava um conceito teológico. Na verdade, pretendia defender a crença cristã sobre a criação do mundo e colocar sob sua proteção o desprezado "filósofo (Cristo) de nossa escola" (*Opif.* 1, 2) contra todos os outros, inclusive "Marcos Túlio" (Cícero), a quem menciona, naturalmente, com o máximo respeito, pois até Cícero "já havia sido por inúmeras vezes derrotado" (*Opif.* 20, 5) por certas pessoas desprovidas de cultura e de eloqüência, mas que, no entanto, sabiam como lutar pela verdade, como, por exemplo, os cristãos.

Como ele próprio admite, foi apenas em consideração àqueles tempos perigosos que ele, o autor, sentiu-se obrigado a expressar muitas coisas de forma mais concisa e obscura "do que seria realmente mais adequado", (*Opif.* 20, 1). Lactâncio estava certo de ter agora encontrado sua vocação e o trabalho de sua vida. A eloqüência não mais importava, porém algo mais sério, isto é, a verdade e a própria vida. Sabia que não teria vivido e trabalhado em vão se conseguisse "libertar alguns homens dos erros e direcioná-los para o caminho que leva ao céu" (*Opif.* 20, 9).

Enquanto isso, o horror da perseguição continuava sua trajetória. Lactâncio também viveu fora de Nicomedia por um longo tempo – em algum lugar que desconhecemos. Logo após o ano 310 vamos encontrá-lo novamente em "Bitínia", como testemunha das últimas medidas da opressão. Durante esses anos escreveu seu livro principal, já imaginado a partir de seu primeiro tratado. Parece até que alguns desses ensaios, tematicamente limitados, foram colocados lado a lado, chegando, dessa forma, a constituir um todo bem organizado. As *Instituições Divinas* formam um imponente volume com várias centenas de páginas. É a apologia mais abrangente produzida pelo cristianismo antes do final do período das perseguições. Como um manual religioso, seguiu até no título o modelo das *Institutas* de Ulpiano, ou de outros manuais semelhantes usados pelos advogados.

Nessa obra, o tema central também é a "justiça" e as leis cristãs. Pagãos eruditos eram considerados como futuros leitores e representantes naturais daqueles círculos aos quais Lactâncio havia pertencido e que, em sua superioridade orgulhosa, ficavam satisfeitos em considerar o cristianismo como algo desprezível. Foi a eles que os escritos foram explicitamente endereçados. Lactâncio sabia que não seria fácil conseguir uma audiência nessa sociedade. Ele "conhecia a teimosia dos homens" que preferiam provar que estavam certos a aprender a verdade e que "se divertiam com o fluxo de sangue em lugar do fluxo das palavras dos virtuosos" (*Inst.*V, 1, 18). A verdade, no entanto, é ainda mais forte que todas as mentiras e ninguém deve, covardemente, entregar-se ao desespero. Ao menos alguns, ou até o melhor daqueles entre seus leitores, deveriam consentir em ser conquistados.

No entanto, e como sempre acontece, o defensor do cristianismo acreditava que seus próprios companheiros de credo, hesitantes e inseguros, poderiam necessitar de auxílio espiritual. É quando começam a se elevar até os círculos mais eruditos, e quando adquirem o gosto pela leitura dos filósofos pagãos, dos retóricos e dos poetas, o momento em que estão mais expostos aos perigos. Devem aprender que o verdadeiro conhecimento não destrói necessariamente um homem como a antiga e falsa educação; pelo contrário, torna-o mais sábio e justo. A idéia é combinar a boa e antiga forma com o novo e bom conteúdo, é fazer com que os homens se tornem devotos através da compreensão e instruídos pela verdadeira devoção.

Como de hábito, Lactâncio começou contestando a falsa religião pagã. Para ele, o monoteísmo era a única forma verdadeira e razoável de se acreditar em Deus; a concepção geral da perfeição exclui, em si mesma, a necessidade da idéia de inúmeros seres divinos. Para isso o homem possui a razão e para isso foi criado por Deus distinto dos animais, com sua face voltada para o céu para conhecer seu poderoso Criador, orar somente a Ele e confiar e obedecer à sua providência e orientação. Como já observamos, a fé na providência representa uma verdade básica para Lactâncio, e que somente Epicuro e sua escola ousaram desafiar. Todas as vezes que fala sobre esse assunto – e para isso a oportunidade se apresenta bem no início do livro – afasta-se indignado deste religioso "arquipirata e ladrão-chefe" (*Inst.* III, 17, 41).

O monoteísmo também deveria ser algo natural para o homem; muitas e muitas vezes, as sibilas e os profetas haviam testemunhado sobre isso. Apesar disso, o politeísmo se tornou um mal comum. À maneira da crítica iluminada de Euemero (cerca de 300 a.C.), Lactâncio procura explicar o politeísmo através da divinização de líderes e soberanos já desaparecidos e, então, a partir da malícia dos demônios cuja natureza é suficientemente revelada na abominação das seitas antigas. Aqui ele acompanha, até nos detalhes de sua descrição, a tradição de defender o cristianismo. Ao fazer isso, no entanto, empenha-se mais que seus predecessores em compreender o poder do mal como uma unidade, como um único e grande princípio de perversão "sempre hostil à verdade e que conhece apenas um objetivo, isto é, obscurecer a mente dos homens para que não possam, finalmente, 'olhar para o céu' e almejar viver de acordo com sua natureza" (*Inst.* II, 1, 13).

O terceiro livro, sobre "A Falsa Sabedoria" conduz ao centro da discussão e contém a refutação da filosofia. Lactâncio faz uma distinção entre a pesquisa filosófica séria e a mera retórica. A última é destinada à beleza externa e ao sucesso terreno, não representando, portanto, um adversário digno de ser enfrentado. A filosofia, outrossim, não contém o que promete. Até na Bíblia, seus conceitos foram corretamente rejeitados como tolices. A impetuosidade com que alguns filósofos se empenharam para alcançar a verdade não deve certamente merecer qualquer crítica. Além disso, devemos também levar em conta que alguns deles certamente fizeram verdadeiros sacrifícios em prol da virtude, através da renúncia às riquezas e à luxúria. No entanto, não conseguiram encontrar a verdade; na melhor das hipóteses, apenas fragmentos dela, os quais, na ausência de um critério digno de confiança, nunca poderiam ser reunidos em uma unidade (*Inst.* VII, 7, 4 f.). Tal objetivo tornou-se ainda mais frustrado pela perpétua discussão entre as escolas filosóficas. A razão para esse fracasso é simples; desde o início os esforços humanos não podem chegar ao sucesso, pois "a verdade e o mistério do Deus Superior, que criou todas as coisas, não podem ser entendidos somente através da razão e do espírito de cada um" (*Inst.* I, 1, 5). Portanto, os filósofos "podiam, como homens cheios de sabedoria, fazer discursos inteligentes, mas que não eram verdadeiros, pois não haviam aprendido a verdade daquele que é, sozinho, o Mestre da verdade" (*Inst.* III, 1, 14).

Essa resposta é firmemente apoiada e constantemente repetida sob outras formas. Lactâncio é o teólogo da revelação. Mesmo quando refere-se à natureza e à racionalidade do homem, é sempre Deus que torna acessível o caminho para a verdadeira cognição. O homem é um ser religioso que somente alcança a verdade através do encontro e da veneração a Deus. Sem o próprio conhecimento de Deus também será impossível, pois "a ignorância de si próprio" permanece como a fonte de todo o mal (*Inst.* I, 1, 25). Como já vimos, essa inclinação à verdade revelada já havia sido previamente imaginada através de sua compreensão pagã da religião. Agora, no entanto, ele toma conhecimento da única resposta cristã.

Todos os filósofos haviam se enganado por terem permanecido ligados à terra em suas perguntas, em seus ensinamentos e em sua vontade. Até Platão aparece ocasionalmente como um completo ateu (*Inst.* II, 4, 26), e Sócrates, admitido como o mais sábio de todos, terminou contudo com a "desesperadora" confissão de que não conheceu nada além de sua própria ignorância (*Inst.* III, 28, 17). O cristianismo agora não é mais entendido – como parece ter sido em seu trabalho anterior – como uma nova e perfeita filosofia. Ao contrário, está comprometido em distanciar-se de todas as filosofias e ocupar seu lugar como sendo a própria verdade.

Deus não abandonou a humanidade a uma merecida penúria. Ele revelou o caminho da vida, e o fez de tal forma que esse caminho está agora realmente aberto para cada um, sem distinção de idade, educação ou sexo. "Existe apenas uma esperança de vida para os homens, um porto de salvação e um castelo de liberdade". Devemos abrir os olhos e olhar para Deus, "que é o único lar da verdade"; devemos desprezar o que é terreno e considerar a filosofia como inútil – dessa forma alcançaremos a verdade e, pela verdade, isto é, através da devoção, a própria imortalidade" (*Epit.* 47, 1). Em toda parte, a imortalidade é vista por Lactâncio como o verdadeiro significado da salvação ou, filosoficamente falando, como o bem supremo (*summum bonum*; *Inst.* III, 12, 18), concedida por Deus aos homens piedosos como a recompensa e a realização de sua vida. Ao mesmo tempo, a imortalidade é também um atributo de cada alma que foi criada, não perecível em virtude de sua natureza espiritual. Como muitas vezes aconteceu, Lactâncio não foi bem-sucedido nesse aspecto de procurar reconciliar, em sua totalidade, essas duas ordens de idéias; a bíblico-cristã e a tradição filosófico-religiosa.

O livro seguinte:, *A Verdadeira Sabedoria e Devoção,* revela, de forma ainda mais singular, a combinação do debate filosófico acadêmico, em sua forma tradicional, com uma, em parte, fantasticamente ampliada soteriologia e mitologia cristã. As diferenças foram dissimuladas e levadas a uma aparente harmonia através do fluxo constante de uma sempre correta eloqüência "ciceroniana". Ele faz a descrição da origem celestial e dos trabalhos de redenção de Cristo e, através de várias formas, refuta as objeções pagãs contra o significado e a possibilidade da encarnação e, especialmente, da crucificação. De forma geral, Cristo aparece em Lactâncio como sendo, acima de tudo, o Mestre da verdadeira virtude e da religião. Podemos confiar nEle com toda a segurança, pois nos tem convencido ao mesmo tempo pelo seu modelo e por seu exemplo.

O quinto e o sexto livro tratam da "justiça" cristã e da verdadeira adoração. O "século de ouro", descrito pelos poetas, realmente existiu, assim como as pessoas que veneravam ao único Deus. A justiça havia desaparecido por causa do politeísmo e somente os verdadeiramente justos, isto é, os cristãos, haviam sido perseguidos com incrível fanatismo. No entanto, os cristãos, com heróica paciência, provam o contrário de todas as acusações. Com o estóico emocionalismo de um Sêneca, Lactâncio fala sobre os martírios, realçando, ao mesmo tempo, que somente com o auxílio de Deus seria possível prevalecer sobre tais agonias. A ação dos perseguidores, em quaisquer circunstâncias, era exatamente o oposto da verdadeira veneração a Deus. Deus deseja o amor fraterno e a bondade entre os homens, e que conservem um espírito piedoso e uma conduta moral adequada durante a vida. No campo religioso, isso correspondia à renúncia a cada ato de adoração realizado com relutância e, portanto, a uma atitude prática de tolerância.

Lactâncio encontra, mais uma vez, a oportunidade de atacar o culto meramente exterior dos pagãos, a futilidade da idolatria e dos sacrifícios, por meio dos quais supunham que Deus estivesse recebendo um favor de extraordinário significado quando os altares estivessem gotejando sangue. O verdadeiro auxílio "não vem da bolsa, mas do coração; não é oferecido pelas mãos, mas pelo espírito; e o sacrifício verdadeiramente agradável só existe quando é concedido pela alma como parte de seus próprios bens" (*Epit.* 53,3). Essa é a verdadeira adoração conhecida pelos cristãos. Lactâncio praticamente nunca menciona o lado social e sacramental da vida da Igreja.

O último livro trata da "Vida Feliz" que, uma vez mais, aborda sistematicamente o problema da imortalidade. No final do livro é feita a interpretação do ensinamento cristão sobre as "Últimas Coisas". O leitor percebe, admirado, com que entusiasmo nosso aparentemente ilustrado autor se atem aos detalhes da escatologia do drama cósmico. Ele está longe de interpretar espiritualmente as afirmações contidas no Apocalipse de João, chegando até a acrescentar algum material sobre esse assunto. De acordo com ele, no máximo em duzentos anos o milênio do reino de Cristo na terra terá início e Ele descerá do céu com seus anjos e estabelecerá seu trono na terra. Ele dará novos corpos aos justos que ressuscitarão e o Anticristo será preso com grilhões. Porém, quando chegar o sétimo milênio, o Anticristo recuperará sua liberdade e uma luta terrível terá lugar na cidade de Deus até que a "última ira" do Senhor seja violentamente desencadeada e todas as coisas serão destruídas, ocasião em que chegará o fim. O céu será recolhido, a terra será subvertida e os injustos serão condenados ao tormento eterno, enquanto os justos serão revestidos da natureza dos anjos, tornando-se "resplandecentes como a neve (*Inst.* VII, 26, 5)." Vamos, portanto, lutar pela justiça, pois somente ela, como fiel companheira, poderá nos guiar a Deus. Vamos, portanto, prestar um incansável serviço a Deus, com disciplina militar, "enquanto o Espírito governa estes membros" (*Aeneid.* IV, 336). Vamos montar guarda e observar e, corajosamente, assumir a luta contra nosso conhecido inimigo, a fim de que, como vitoriosos e heróis, possamos então obter do Senhor a recompensa da virtude que nos foi por Ele mesmo prometida" (*Inst.* VII, 27, 16).

Ao contemplar todo esse conjunto, percebemos claramente o modelo de homem que foi capaz de elaborar um trabalho tão abrangente. Deve ter sido um velho e experiente sábio totalmente à vontade na literatura latina e que está agora transferindo todos os recursos de sua bem fundada experiência retórica a serviço da "verdade" cristã (*Inst.* I, 1, 10). O Espírito de Deus, diz Lactâncio, está ao meu lado, pois sem Ele a verdade não pode ser totalmente compreendida ou descrita (*Inst.*VI, 1, 1). No entanto, a maioria do material com que trabalha não tem origem cristã, mas pagã, e isto fica particularmente evidenciado através de provas obtidas a partir das profecias, às quais confere demasiada importância. Além disso, esse material está quase que exclusivamente elaborado sobre verdadeiros ou supostos testemunhos pagãos e, sobretudo, sobre as "sibilações" (de interpolação cristã ou judaica), sobre as revelações de "Hermes" e sobre passagens originárias de poetas ou oráculos de qualquer procedência.

Mais tarde, Lactâncio chegou a considerar Virgílio também como um profeta por ter prenunciado e visto as últimas perseguições aos cristãos. Aqui ele se coloca no início da interpretação cristã de Virgílio. Somente onde fosse totalmente indispensável, por exemplo, nas passagens cristológicas de seu quarto livro, ele cita com considerável abrangência o Antigo Testamento e segue a maior parte da compilação de testemunhos de Cipriano. Mas não podemos, sem muito afã, concluir que tivesse tido um semelhante conhecimento superficial das Santas Escrituras. Um homem como Lactâncio, que com tanta determinação reconhece a divina autoridade das Santas Escrituras, não pode com certeza ter deixado de ler e estudar os livros sagrados. Porém, ele está agora empenhado, através de seus escritos, em angariar a audiência dos pagãos e percebe, especialmente junto às "personalidades sábias, eruditas e competentes", a aversão provocada pela linguagem "comum e popular" da Bíblia. Portanto, procura fazer referência a textos anteriormente aceitos e reconhecidos e que, pelo fato de estarem em concordância com a Bíblia, são igualmente verdadeiros. A verdade finalmente tornou-se capaz de "iluminar em virtude de sua própria luz, mesmo quando não pode ser comprovada através de testemunho divino" (*Inst.* VIII, 7, 5).

O que ele alcançou por meio desse caminho foi mais do que uma simples apologia. Seu trabalho, como ele mesmo enfatiza, não tem a intenção de meramente contestar, mas também a de educar (*Inst.* V, 4, 3). Para tanto, era necessário apresentar todo o conteúdo da fé e da vida cristã; assim como era necessário tratar da "esperança, vida, salvação e imortalidade de Deus" (*Inst.* I, 1, 12). A Igreja, até então, não dispunha de um estudo bastante completo que fosse escrito em latim; além do mais, o trabalho sistemático da Igreja grega, bastante comparável aos "*Institutos*", e escritos em seus primórdios por Orígenes, tinha uma orientação diferente e permanecia "dogmático" dentro de um sentido mais estritamente filosófico e místico.

Podemos pensar que Clemente de Alexandria havia tentado algo semelhante em sua grande trilogia, porém sem concluí-la. Uma comparação a ele seria também instrutiva sob outros aspectos, pois Lactâncio revela uma natureza totalmente diferente da atitude teológica latina – mesmo quando ambas estão ligadas pelas tradições "gnóstico-platônicas". É significativo que Clemente tivesse reconhecido seus predecessores pagãos como tais, que tivesse se interessado por eles, e até certo ponto concedido-lhes sua aprovação. Por outro lado, Lactâncio contenta-se em enfatizar, de tempos em tempos, a frustração e o insucesso final de todos os filósofos. O tom que emprega para dirigir-se a eles é raramente respeitoso, nunca amistoso e, em várias partes, definitivamente hostil, pelo menos em conteúdo. Igualmente diferentes são os caminhos que ambos procuram para conquistar os homens para os ensinos cristãos. Com certa hesitação, Clemente ousa abordar a misteriosa realidade de Deus e isso ele o faz através do uso de diferentes caminhos e sob a forma de uma acanhada dialética. Procura acentuar que para compreendê-la será verdadeiramente necessário possuir uma maturidade interior e um entendimento especial. Tais dificuldades e rodeios são totalmente estranhos para Lactâncio, por seu realismo e por sua compreensão racional da revelação.

O cristianismo é a verdade, ou seja, deve ser imediatamente inteligível a qualquer pessoa desprovida de preconceitos. Ele é um presente de Deus; apenas é preciso aprendê-lo para então defendê-lo pelos meios racionais. A prova decisiva pode ser encontrada nas conseqüências morais que produz. Por outro lado, para que serve a filosofia se, como revelam as vidas dos filósofos, nada faz para torná-los melhores? (*Inst.* IV, 3, 2). Esta é a questão pela qual a suposta sabedoria do mundo deve ser submetida a julgamento e onde o cristianismo finalmente mostra a sua superioridade. Este pensamento é, também, bastante familiar a Clemente, e mais ou menos conhecido por cada um dos defensores do cristianismo; para Lactâncio, porém, ele representa o ápice de seu empenho teológico. Clemente compreende a livre e glorificadora *gnosis* e a comunhão com Deus, que permite amá-lo e vê-lo transcendendo e aperfeiçoando todo o conhecimento humano, enquanto Lactâncio realça a nítida demanda pela "retidão" que, certamente, "representa a maior virtude, ou a fonte da própria virtude" (*Inst.* V, 5, 1). Essa retidão não deixa de ser um conceito moral e social.

Os ideais religiosos do platonismo recente encontram-se desse modo interligados às emoções práticas dos estóicos e, em particular, à tradição estóico-romana; e as antigas exigências da ética eclesiástica cristã podem ser facilmente incorporadas a estas. Os cinco principais mandamentos da verdadeira bondade estão agora dessa forma transcritos: hospitalidade, assistência aos prisioneiros, cuidados com as viúvas e os órfãos, assistência aos enfermos e sepultamento dos pobres e estrangeiros. A virtude da justiça inclui a "humanidade" acima de tudo e com Lactâncio ela é, às vezes, quase idêntica à "misericórdia". O cristianismo estava, evidentemente, se ajustando às tristes mudanças que ocorriam em uma antiga sociedade, empobrecida e debilitada, que agora enfrentava seu declínio. Não é por acaso que os novos ensinamentos sobre as virtudes estão enraizados na esfera religiosa; "quase todos os laços da humanidade" que nos unem, diz Lactâncio, na verdade originaram-se do "temor e da consciência de nossa própria fragilidade" (*Opif.* 4, 18).

Se, por outro lado, inquirirmos a respeito de suas opiniões teológicas, em seu sentido mais estrito, o resultado poderá ser desapontador. Tudo que Tertuliano e Novaciano haviam conseguido para o ensino sistemático sobre a Trindade foi esquecido por Lactâncio. O que ele tem a oferecer em seu lugar é uma compacta genealogia mitológica de divindades. Lemos que Deus – mesmo antes de criar a multiplicidade de anjos – produziu um "Segundo", seu Filho muito amado. Isto poderia querer dizer que os cristãos adoram a "dois deuses": porém, dizem que isto não deve causar perturbação a ninguém, porque um "Pai" e um "Filho" sempre permanecem unidos através de sua natureza e sempre existirá entre eles uma completa harmonia. Até Platão, ensinado por Hermes, fala "quase como um profeta" a respeito de um primeiro e de um "segundo Deus" (*Epit.* 37, 4). No entanto, acreditava que Deus criou ainda um terceiro espírito, no qual a "natureza de seu divino gênero" deixou continuamente de prevalecer (*Inst.* II, 8, 4). Acompanhado por uma parte dos anjos, rebelou-se por ciúme contra o segundo, tornando-se, portanto, um iníquo antideus, o *antiheus* (*Inst.* II, 9, 13).

Essa disputa, dentro da família divina, é interpretada por Lactâncio em termos da filosofia da religião e com o auxílio dos ensinamentos dos estóicos sobre os elementos. A condenação desse espírito maligno não é conseqüência que o destino trouxe sobre ele; pelo contrário, desde o início havia sido prevista e planejada por Deus. Como Deus desejasse criar e realizar todas as coisas boas através de seu Filho, da mesma forma destinou que, desde o início, Ele tivesse um oponente. "O primeiro espírito é a sua mão direita e o outro é a sua mão esquerda" (*Inst.* II, 8, 6; *LA*, 2). Pois nenhuma vida existe sem oposição: dois princípios governam o mundo e o mal tem o bem como sua indispensável pressuposição. Não existe calor sem o frio, nenhuma luz sem a escuridão e, também na vida ética, nenhuma vitória sem um adversário e uma luta anterior. Quão tolas são as pessoas que acusam o mundo divino de imperfeito e injusto!

Durante toda a sua vida o homem é confrontado com a necessidade de tomar decisões segundo as melhores razões. Seu corpo é terreno e nele reside o mal. Sua alma é celestial, porém deve provar a si mesma através de sua liberdade. O mal leva realmente muitos homens a cair, mas por outro lado, também é derrotado por muitos que o lançam por terra (*Opif.* 19, 8; *LA*, 5). Na verdade, o mundo todo é desunido em sua própria essência, e foi criado apenas para o bem do homem, a fim de que aquele homem, que não será uma criança para sempre, possa aprender a virtude através da luta e "que sua virtude possa recompensá-lo com a imortalidade" (*Inst.* VII, 5, 27; *LA*, 17). Como podemos ver, Lactâncio não sente qualquer dificuldade em combinar dessa forma sua teologia monástica com uma perspicaz ética dualista, e essa teodicéia serve agora como justificativa para uma especulação tradicional, mais judaica do que cristã, a respeito da luta e da queda dos anjos! É possível que, mais tarde, tenha tido pressentimentos teológicos a respeito dessas arrojadas afirmações, pois sem qualquer modificação em sua concepção geral as passagens mais ousadas abordando esse tópico foram apagadas na maioria dos manuscritos.

Em sua obra, Lactâncio deixa de mencionar o Espírito Santo como tal. O "terceiro" era, na verdade, o demônio! Supõe-se que mais tarde, e através de uma carta, ele tenha negado expressamente a "essência" do Espírito, e o tenha considerado como uma simples referência à pessoa do Pai ou à do Filho, cuja "santidade" era, às vezes, designada por esse "nome" (Jerônimo, *Ep.* 84, 7). Naturalmente, esses deslizes de Lactâncio foram mais tarde considerados como uma conceituação errônea. Um índice do início do século VI relaciona seus livros explicitamente entre as obras apócrifas, isto é, entre a literatura mais ou menos desacreditada e desprovida de aprovação eclesiástica. No entanto, esta é, com certeza, a fraqueza do autodidata, que obtém suas idéias teológicas de onde melhor lhe convier, ou mesmo que lhes dá origem como um apologista moralista e prático, sem estar preocupado a respeito dos detalhes de seu "sistema".

Longe de sua terra natal, e isolado em seus domínios gregos, ele se sente, em todos os acontecimentos, como uma pessoa totalmente ortodoxa. Como um bom cristão, fica desgostoso ao saber que a "unidade do santo corpo" (da Igreja) tenha sido rompida por facções, por negligentes ou por ambiciosos ou, simplesmente, por insensatos privados de bom senso. Às vezes, planejava escrever um livro que pudesse contestá-los (*Inst.* IV, 30, 14). Felizmente, e para o bem de sua reputação, isso não aconteceu! Até mesmo Jerônimo, que estava sempre ao seu lado, não pôde suprimir sua lástima de que um guerreiro tão bem-sucedido na luta contra o pecado do paganismo pudesse ter mostrado tão pouca habilidade ao descrever sua própria crença (*Ep.* 58, 10). Sua teologia, superficial e mais retórica do que filosófica, definitivamente não estava à altura de uma tarefa tão delicada.

Apesar disso, não podemos subestimar o conteúdo cristão de suas convicções. Notamos ocasionalmente em seus pensamentos interessantes transições entre os elementos antigos e os elementos cristãos, e isso pode ser claramente observado em uma pequena monografia intitulada *A Ira de Deus*, escrita após as *Instituições*, que mostra claramente este ponto particular. Esta obra novamente trata de um problema apologético. Nas pregações eclesiásticas, as ações de Deus, temperamentais, pessoais e impetuosas, tal como foram particularmente descritas no Antigo Testamento, sempre pareciam odiosas à sensibilidade do pensamento grego. Não seria justamente consonante com a natureza de uma Divindade a ausência de quaisquer "emoções" como no homem? Em oposição a isso, Tertuliano havia corretamente enfatizado o propósito de Deus a respeito da salvação e daí, portanto, o necessário cuidado para com o mundo e suas "aflições". Para Tertuliano, a ira, como tal, significava apenas o lado reverso da clemência divina.

Lactâncio conhecia as explicações de Tertuliano, porém abordou o problema de um modo caracteristicamente diverso. Ele via na ira de Deus, acima de tudo, a expressão da justiça punitiva, da *iustitia*, tão veementemente exaltada em todos os seus trabalhos. Em sua opinião, portanto, Deus é o "Pai", exatamente porque é, simultaneamente *dominus*, o Senhor, e como tal deve exercer o *imperium*. O seu governo justo e misericordioso também deve infligir o mal onde for necessário; portanto, deixemos que sua soberana ira prevaleça. Essa é a interpretação da idéia bíblica de Deus que precisamente corresponde à sensibilidade romana. Na verdade, ela poderia até ser expressa de forma mais veemente; encontramos aqui a extensa e verdadeira "proporcionalidade" dos pensamentos bíblicos e romanos (Kraft). O entendimento romano sobre a legitimidade do senhorio e da soberania, também característica do *pater familias*, é concebido em sua totalidade, e até o final, quando aplicado ao soberano Deus do cristianismo. A Bíblia, sobre a qual Lactâncio agora se apoia, é principalmente o Antigo Testamento, reduzido na verdade ao seu aspecto mais moralista.

As negociações favoráveis aos cristãos, feitas pelos imperadores Constantino e Licínio, e o declínio de Maximiniano, o último perseguidor, terminaram com a opressão no ano de 313. Nessa ocasião, Lactâncio já devia ser um ancião, ou segundo Jerônimo, um homem muito idoso. Como todos os cristãos, ele recebeu a vitória de Constantino com alegria e se encheu de regozijo. Via no imperador – e a princípio em comum com Licínio – o eleito de Deus, o salvador da ordem e da justiça, o protetor e libertador dos cristãos injustamente oprimidos durante muito tempo, e pessoalmente o exaltava como adorador do verdadeiro Deus. Provavelmente, Lactâncio já o conhecia de longa data. Antes do início da grande perseguição, Constantino havia certamente passado algum tempo no palácio de Diocleciano, em Nicomedia, como uma espécie de refém para seu pai. Existe uma possível suposição de que o jovem príncipe estrangeiro já tivesse, pelo menos, encontrado o igualmente estrangeiro e retórico famoso. Nomeado tutor de Crispo, seu filho mais velho, Lactâncio aceitou com prazer esse tão honroso convite que o trazia novamente ao Ocidente latino, isto é, à Gália. O escritor, que durante anos esteve proscrito, e sem qualquer suporte financeiro, via-se agora detentor de uma posição tão esplêndida como jamais poderia ter imaginado.

Constantino sentiu que teria grande significado se Lactâncio fosse considerado como patrono dos cristãos e patrocinador da educação e da cultura religiosa. Podemos então imaginar como deve ter sido sua recepção como celebridade no palácio de Trèves, ou como fazia preleções ao seu aluno imperial em uma das lindas casas de campo do vale do Moselle. Trèves deve ter sido sua residência habitual; porém, não é impossível que tenha ocasionalmente acompanhado Constantino em suas viagens. Não temos como fornecer esses detalhes, porque Lactâncio não tinha o hábito de escrever sobre sua pessoa nos livros e não dispomos de outras fontes de dados.

Em sua nova posição dispunha de tempo suficiente para os trabalhos literários. Talvez tenha sido somente nessa época que terminou os "*Institutos*" ou que os tenha reeditado com uma entusiástica dedicatória ao imperador. Mais tarde, uma versão abreviada desse livro foi publicada em um único volume e foi considerada como um trabalho realizado durante sua velhice. Este *extrat* (*epítome*) era um resumo de seus principais pensamentos, onde eliminava todos os detalhes rebuscados e as repetições, e representou uma conquista especialmente bem-sucedida que revelava, sob um aspecto particularmente agradável, o indubitável talento de Lactâncio e sua natureza tranqüila. Esse pequeno trabalho foi dedicado ao "irmão Pentádio", que adquiriu grande importância por ter sido dessa forma mencionado por um homem tão famoso. Outrossim, uma parte do trabalho literário de Lactâncio, o retórico, que é, por assim dizer, profissional e não realmente cristão, é na verdade um produto de sua época. Ele foi o primeiro "escritor de cartas" cristão que publicou várias coletâneas de cartas, certamente não apenas pelo que seu conteúdo representava, mas também como padrão de um bom estilo epistolar.

Jerônimo conservava esses volumes em seu poder, assim como a obra *Gramaticus* e os primeiros escritos já mencionados. Nessas cartas, os problemas teológicos certamente foram abordados, embora "raramente", e combinados a uma grande e diversificada variedade de itens de interesse geral, acompanhando o estilo aprovado pela cultura antiga. De qualquer forma, Damásio, que pedira emprestado os volumes de Jerônimo, achava que eram prolixos e enfadonhos e, na melhor das hipóteses, de interesse apenas para os mestres, com suas anedotas sobre os filósofos e suas informações sobre métrica e geografia. Lactâncio aventurou-se novamente a escrever poesias, trabalhando a seu modo com o material tradicional sobre a fênix, que provavelmente significava para ele uma alegoria cristã, porém, muito pouco compreensível para qualquer outro que desconhecesse essa relação. Incidentalmente, uma suposição feita por Virgílio e transcrita sob o nome "Firmiano" parece, também, conduzir de volta ao nosso Firmiano Lactâncio.

No entanto, suas atividades no novo ambiente, agora favorável aos cristãos e completamente tranqüilo, não se esgotaram com o cultivo dos antigos interesses.

Na verdade, seu horizonte havia se ampliado com a nova situação e as novas circunstâncias. O teólogo cristão começou a ter interesse pelo destino do império, e o velho e sábio apólogo ainda era capaz de demonstrar uma surpreendente compreensão e uma versatilidade interior. De certo modo, Lactâncio sempre foi um romano consciente e prático. Quando, em sua principal obra, censura o passado de Roma e a sua proibição aos cristãos de exercer cargos militares ou jurídicos (*Inst.* VI, 20, 16), está, ao mesmo tempo, deixando transparecer seus motivos especificamente teológicos e tradicionais que, na verdade, não seriam a expressão de qualquer atitude particular de hostilidade ao Estado ou de renúncia às coisas mundanas.

Por outro lado, revela seu interesse a respeito de problemas sociais e políticos, e considera bastante justo que Cícero "dê preferência, acima dos mestres de filosofia, aos homens empregados na vida pública" (*Inst.* III, 16, 2; *ANF,* VII, 85). Ele desconfia da forma superficial e bisbilhoteira dos filósofos gregos que sempre "consideraram as coisas mais insignificantes como de grande importância" (*Inst.* I, 18, 7; *ANF*, VII, 31) e continua a insistir na ordem e na justiça. Não é por acidente que esse aspecto de sua natureza parece ter se intensificado no posterior "resumo" de seu manual. A justiça, em sua plenitude, está sendo agora concedida à coragem que protege a terra natal (*Epit.* 58, 4) e os ensinamentos de mais de um filósofo são agora criticados politicamente. "Como poderia existir o Estado", perguntam, se, por exemplo, os princípios dos cínicos encontrassem aceitação geral?" (*Epit.* 34, 5) Lactâncio vivia então na corte de um imperador amigo dos cristãos, onde as tarefas políticas eram automaticamente apresentadas sob uma nova luz e os assuntos não mais dependiam de tais discussões teóricas.

Através do ensaio sobre "A Morte dos Perseguidores" (*de Mortibus Persecutorum*), pela primeira vez Lactâncio dá os passos iniciais em direção à literatura política da época. Enquanto os cristãos estivessem excluídos da vida pública, este tipo de estudo não poderia ser levado em consideração. No entanto, mesmo agora, ele ainda escreve como um teólogo – e se assim o preferirmos considerar - como o primeiro representante de uma teologia cristã da história. Quanto ao conteúdo, seu livro apresenta um fragmento da "história contemporânea"; após uma pequena introdução, relativa aos antigos perseguidores, ele descreve as medidas adotadas por todos os imperadores, a partir de Deocleciano, contra os cristãos, e retrata os terríveis castigos que por esse motivo, e sem exceção, acarretaram contra si mesmos. Geralmente, a boa sorte abandona os soberanos sempre que estes deixam que "suas mãos sejam manchadas com o sangue dos justos" (9. 11). Até suas esposas e filhas foram atingidas pela desonra. Somente os governantes piedosos e inspirados por Deus puderam defender sua posição e desfrutar de uma paz serena e de uma resplandecente felicidade. As lições que resultaram disso foram óbvias e enfatizadas. É dever específico do historiador transmitir a verdade à posteridade para que as futuras gerações possam se precaver. Deus preserva a justiça e, sem omissão, conduz os perseguidores e os ateus ao merecido castigo. Essa é uma verdade tão teológica quanto política.

Lactâncio dedicou seu livro a um confessor sobrevivente, que conheceu pessoalmente, mas é certo que tinha em mente também outros leitores não-cristãos. Ele estava pensando até no próprio imperador Licínio, que estava, então, começando a se voltar para um partido hostil ao cristianismo. Infelizmente, não podemos determinar com precisão a data desses escritos. De qualquer forma, eles pertencem aos anos da alienação entre Constantino e Licínio, que é retratado com uma evidente desaprovação, isto é, o período do início da "guerra fria" entre as metades ocidentais e orientais do império, que se tornou alguns anos mais tarde uma "guerra quente", terminada em 324, com a soberania integral de Constantino. Podemos supor que Lactâncio tenha publicado seu livro com a aprovação de Constantino ou, pelo menos, após um contato indireto com ele. Vista dessa maneira, a característica apologética adquire o aspecto de um panfleto político com um objetivo específico.

Em seu todo, as revelações históricas desse pequeno volume são totalmente confiáveis. Como é costumeiro acontecer nesses casos, ele está escrevendo um trabalho polêmico e faccioso, porém cuida para, em nenhum momento, distorcer conscientemente a verdade. Quanto à forma, o ensaio foi um sucesso completo. Seu acentuado envolvimento pessoal nos acontecimentos faz com que o rígido estilo acadêmico se torne excepcionalmente repleto de vida. Às vezes, a descrição se torna quase dramática. No entanto, certas passagens são quase insuportáveis para o leitor moderno. A glorificação dos sangrentos martírios produz um efeito repulsivo e o triunfo impiedoso sobre os inimigos do cristianismo, cruelmente derrotados, é bastante desagradável e faz-nos lembrar da interpretação de Nietzsche sobre o "complexo de inferioridade" dos cristãos.

No passado, foram feitas freqüentes tentativas para negar a Lactâncio a autoria deste livro, a fim de atribuí-la a um de seus discípulos desconhecidos, de acordo com a conhecida forma utilizada pelos filólogos de fugir das situações embaraçosas. O "fanatismo" e o tom hostil não parecem estar à altura da fidalga bondade, da cultura e do amor ao inimigo que Lactâncio demonstra em outras ocasiões. Porém, ele não é o último humanista cristão a mudar seu ponto de vista ou a perdê-lo quando se transporta para o terreno da política e da verdadeira controvérsia. Com sua moralidade natural e lógica, e sua correspondente teologia política, ele inconscientemente se posiciona no patamar do novo período de uma Igreja "dominante", na qual as exigências de tolerância e respeito intelectual pelo inimigo não terão, verdadeiramente, nenhuma importância prática.

Seu livro torna-se muito interessante se entendido como um documento sobre a crescente consciência política de uma igreja destinada a governar. Em certo grau, a idéia básica já havia sido elaborada nas apologias mais antigas: "Aquele que oprime a justiça só pode ser uma pessoa vil" (*de Mort.* 4, 1). A tese de Tertuliano, de que os imperadores tolerantes sempre tiveram reinados venturosos, enquanto todos os perseguidores foram amaldiçoados como homens e como soberanos, foi assumida por Lactâncio, e, pela primeira vez, baseada em uma correspondente narração histórica. A partir de um argumento, exemplificado de forma tática na polêmica de um conflito apologético, nasceu o princípio da teologia da história, ao qual os cristãos de agora em diante irão se referir e no qual confiarão para sua edificação!

Na verdade, serão eles os representantes da justiça na terra e aqueles que os combaterem adotarão o próprio Deus como inimigo e, portanto, deverão suportar as conseqüências. Nessa estrutura temporal, a idéia cristã de julgamento, no entanto, está agora associada à antiga ideologia política romana. De acordo com ela, desde os tempos mais remotos, as vitórias de Roma foram o resultado da virtude e da justiça romana. Todavia, é o único e verdadeiro Deus dos cristãos que agora toma essa justiça, moral, religiosa e política sob sua proteção, na pessoa do piedoso imperador. A mão de Deus abriga Constantino (*de Mort.* 24, 5), enquanto os imperadores iníquos e perseguidores aparecem através de toda a obra como "tiranos" incompetentes que, ao mesmo tempo, reprimem a justiça cristã e introduzem uma moral "bárbara". São "bestas" cruéis que toleram a verdade de Deus tão pouco quanto a antiga liberdade, virtude e disciplina de Roma. O exagero dessas afirmações não deve ser criticado como sendo resultado de uma adulação ou hipocrisia; mas podem ser suficientemente compreendidas quando proferidas por um cristão que vivenciou as mudanças que ocorreram sob o governo de Constantino. No entanto, Lactâncio se posiciona igualmente sob a sombra da primitiva tradição pagã, contra a qual seu cristianismo não tem, realmente, nenhuma alternativa a oferecer.

A revolução ainda não havia chegado ao fim, e a antiga ideologia da Igreja dos martírios e das perseguições já havia desaparecido e, quase que totalmente, se transferido para o lado oposto. Os cristãos haviam deixado agora de parecer estranhos em seu mundo e não mais sofriam por sustentar uma verdade essencialmente diferente daquela até então conhecida e reclamada pelo mundo. A única conexão com o passado, que esperavam jamais se repetir, era a lembrança gloriosa dos antigos guerreiros e de seus sofrimentos. Não devemos negligenciar os elementos positivos desse ponto de vista, pois, ao lado do otimismo pressuroso e do moralismo contidos nessa perspectiva, existe uma inquestionável prontidão, dentro do cenário de uma nova "justiça" muito claramente compreendida, para a cooperação política e a confirmação da vida pública.

Tudo isso representa apenas o início do que veio a ser delineado no último trabalho disponível de Lactâncio. A ameaça dos "perseguidores", assim como o triunfo sobre os mesmos, está presente de forma ainda mais convincente do que a promessa e os louvores feitos pelo devoto imperador quando faz referência aos cristãos; e o tradicional sentimento político romano está mais evidente do que o ideal cristão do império. Contudo, a nova linha de pensamento político havia sido anunciada. Parece que foi encontrado um denominador comum, tanto para o Estado como para a Igreja, sobre a idéia de "justiça", tal como Lactâncio já havia desenvolvido em seus "*Institutos*".

Constantino tinha ouvidos abertos para tais afirmações; além disso, as idéias teológicas fundamentais de Lactâncio, em seu sentido mais estrito, estavam em grande parte de acordo com suas próprias idéias político-religiosas. A ênfase sobre a crença monoteísta da providência, sobre a educação ética, sobre a demanda por tolerância religiosa e por uma maior moralidade, bem como sobre a antiga grandeza da tradição romana, cabiam muito bem dentro de sua política de renovação do império e em sua pretensão de estender a proteção aos cristãos, sem acarretar qualquer ofensa à maioria pagã.

Os decretos e os discursos de Constantino, em princípio, estão tão próximos das concepções de Lactâncio e, muitas vezes, inclusive da sua formulação, que isso dificilmente poderia ter acontecido por acaso. Para todos os efeitos, ele teria ocasionalmente recorrido ao tutor de seu filho para sua própria instrução. Se as pregações missionárias de Lactâncio, encontradas na versão de Constantino, parecerem às vezes um tanto indefinidas, vagas e não específicas, isto é bastante compreensível dentro daquelas circunstâncias e não devem ser interpretadas como falta de uma harmonia interior. Talvez Constantino fosse mais um teólogo em suas idéias políticas, do que Lactâncio tenha se tornado um político.

Talvez devêssemos saber mais a respeito desses fatos, se o seu desenvolvimento não tivesse levado tão rapidamente destes primórdios ocidentais a uma nova política que estava, contudo, em desacordo com o sentido posterior da política de uma Igreja estatal. Lactâncio não acompanhou o imperador ao Oriente e outros conselheiros, com novos problemas eclesiásticos e teológicos, logo tomaram seu lugar. Foi apenas Eusébio quem criou a minuciosa teologia do império cristão e que, aos olhos da posteridade, quase ofuscou completamente o seu antigo predecessor nesta área.

Não sabemos como Lactâncio teria reagido frente às controvérsias arianas e às decisões eclesiásticas e políticas que delas resultaram. Certamente, não teria se tornado um Atanásio, pois não dispunha dos requisitos necessários para isto. Porém, poderia talvez ter se negado a capitular tão irrefletidamente às "oportunistas" necessidades, como fez Eusébio, com quem, por outro lado, se assemelha em sua básica postura política e apologética. A própria natureza de Lactâncio não era a de um político religioso, pelo fato de pertencer a uma geração anterior; além disso, não temos conhecimento da data exata e das circunstâncias minuciosas de sua morte. Provavelmente não testemunhou o horrível fim de seu discípulo, que foi condenado à morte pelo próprio pai (326). Caso contrário, poderíamos relacionar a exclusão de suas entusiasmadas alocuções a Constantino com este incidente, que era extremamente semelhante às eliminações dogmáticas já mencionadas. Porém, essas são suposições imprecisas que seria melhor não mencionar. O que sabemos é que, certamente, não houve uma ruptura pública com Constantino.

Lactâncio não era um cortesão, nem um carreirista; porém, sempre mais prudente do que ousado, calmo e ponderado em sua atitude, provavelmente preferia terminar seus dias em tranqüila aposentadoria. No início, a repercussão de sua morte foi muito pequena. Somente Jerônimo, como já vimos, ocasionalmente menciona seu nome com simpatia. Agostinho provavelmente o conheceu muito bem e fez uso de seus escritos.

A grande admiração por Lactâncio surgiu somente com o Humanismo do século XV. Em 1465, a *editio princeps* de seus trabalhos, em Salerno, foi o primeiro livro impresso na Itália e, nesse mesmo século, foram publicadas dezenas de outras edições. Pico elogiava a perfeita estrutura literária do "Cícero Cristão" e tanto Erasmo quanto Zwínglio o admiravam porque viam em seus escritos a realização da união ideal entre o cristianismo e a cultura antiga.

Até a chegada do Iluminismo, Lactâncio permaneceu como um autor lido com certa freqüência. Suas tentativas de se livrar do peso das tradições teológicas, através do apelo à antiga benevolência, são certamente agora muito diferentes de sua tentativa de acomodar-se à antiga sociedade, à qual ele mesmo pertencia, a fim de convertê-la à nova "maneira cristã". Na verdade, não tinha a menor idéia das dificuldades que essa tarefa iria lhe trazer. Não levava muito a sério o poder intelectual da filosofia e julgava poder controlar a revolução histórica, que havia testemunhado teologicamente, através de uma educação genérica como contrapartida.

Portanto, encontra-se refletido apenas nas primeiras e ingênuas reações com as quais os eruditos círculos cristãos da época enfrentaram a nova era. Eram tão superficiais e irrefletidas quanto honestas e sérias em suas intenções. Foram necessárias quase duas gerações, com novas experiências e uma teologia mais profunda que a de Lactâncio, para fazer justiça à nova situação.

CAPÍTULO 4

AMBRÓSIO

Com a fundação de Constantinopla, e tendo Constantino como seu único imperador (324), o peso das decisões eclesiásticas foi completamente transferido para o Oriente. Lá, no decorrer dos anos seguintes, a aliança entre o império e a Igreja seria firmemente estabelecida. Porém, foi também onde a controvérsia ariana teria início com seus violentos distúrbios e onde se iniciaria o crescimento generalizado da vida eclesiástica e teológica. O Ocidente não tinha ali qualquer participação e nada fez que pudesse ser comparado a isso. Sempre atrasado no tempo, e intelectualmente retrógrado quando comparado ao Oriente, o desenvolvimento da Igreja latina parecia ter estagnado durante quase uma geração após a morte de Lactâncio e foi somente depois da metade do século IV que vagarosamente começou a ressurgir. O impulso, dado por circunstâncias eclesiásticas externas, conduziu o Ocidente mais uma vez à união com a Igreja grega.

Após a morte de Constantino (337), a administração do império foi dividida entre seus filhos. A relativa independência política do Ocidente intensificou seu isolamento intelectual dos acontecimentos no Oriente, o que certamente teria decidido em favor de Atanásio; porém, mesmo décadas mais tarde, os cristãos eruditos nunca tinham ouvido qualquer coisa sobre Nicéia (325) ou sobre seu credo. Essa situação se modificou somente quando Constantino, o imperador do Oriente, foi também capaz de assumir o controle do Ocidente, em 353, e de estabelecer nessa região sua administração eclesiástica dirigida contra Atanásio e o Credo de Nicéia. Seu sucesso foi só aparente; apenas alguns cristãos mais tenazes tiveram que ser deportados para o exílio. No entanto, a maior parte da Igreja latina desejava manter-se "ortodoxa" e a pressão que sofreria em ambos os lugares nas mãos dos novos bispos imperiais contribuiria para seu posterior desenvolvimento.

A controvérsia ariana – ninguém tinha, realmente, conhecimento suficiente sobre suas pressuposições teológicas – desde o início pareceu ao Ocidente uma contestação relacionada com a independência da Igreja e com sua liberdade de tomar decisões sobre assuntos de fé cristã. Sob Juliano, o apóstata (361-363), todas as escolas de opinião eram toleradas e o partido de Nicéia rapidamente assumiu o controle. Apesar disso, seu sucessor, Valentiniano I, que em sua crença particular era bastante ortodoxo, não foi bem-sucedido ao tentar restabelecer a completa unidade da Igreja. Os bispos arianos de Constantino permaneceram em seus postos e as decisões tomadas contra eles nos sínodos não foram executadas. O governo havia se cansado das brigas eclesiásticas e achava que o mais simples seria ignorá-las e "congelá-las".

Esta confusão nas relações eclesiásticas era acompanhada por uma continuada ambigüidade da situação intelectual. A controvérsia ariana estava baseada em dados da teologia grega, particularmente os desenvolvidos por Orígenes cem anos antes. A questão era combinar a idéia da divindade de Cristo com o monoteísmo e de, racionalmente, ajustá-la dentro do cenário de uma visão metafísica do mundo. Essa era uma tarefa sistemática da qual o Ocidente, até então, quase não havia participado. Ainda agora permanecia uma inclinação bastante difundida de se satisfazer com o simples reconhecimento da unidade da natureza do Pai e do Filho e de antecipar todas as futuras questões que certamente surgiriam, simplesmente fazendo referência ao credo de Nicéia. A renúncia a uma solução teologicamente confiável das questões ameaçava separar o Ocidente daqueles círculos do Oriente que partilhavam da mesma opinião de Nicéia e que ainda estavam envolvidos em lutas ferozes e em controvérsias com o dominante partido ariano.

Antigas diferenças e equívocos do passado, aliados a um sem-número de dificuldades teológicas e práticas, permeavam todo o caminho para um encerramento generalizado das lutas no seio da Igreja e impediam o progresso em direção a uma paz tão desejada. Porém, somente uma coisa estava clara: um acordo final tinha que ser alcançado e fundado sobre uma sólida base dogmática. E esse acordo não teria possibilidade de alcançar sucesso sem uma relação positiva com o poder político, ou sem uma reordenação da instituição estatal da Igreja.

Ambrósio foi o homem que, intelectual e politicamente, cumpriu essa tarefa. Antes dele, apenas um outro homem pode ser mencionado que, pelo menos, compreendeu e almejou o mesmo objetivo e de forma semelhante: o bispo Hilário de Poitiers. Em muitos aspectos, ele foi um precursor, cujo trabalho foi mais tarde concluído por Ambrósio.

Hilário pertencia aos inflexíveis "nicenos", que haviam sido banidos por Constantino para o Oriente. Fora do círculo repleto de preconceitos do Ocidente, a total implicação e a complexidade teológica da disputa tornaram-se para ele gradualmente mais compreensíveis. A partir daí, tentou esclarecer seus colegas do Ocidente através de vários tratados, de panfletos sobre as conexões eclesiásticas e teológicas existentes e de uma mediação levada a efeito entre eles e os "novos nicenos" líderes do Oriente. Ao retornar ao lar, começou a estabelecer uma união prática dos assuntos eclesiásticos e forçou, mais e mais, os arianos remanescentes a tomar a defensiva.

No entanto, até Hilário fracassou no final, em vista da resistência e da indiferença dos órgãos governamentais. Sua tentativa de derrubar o influente bispo Auxentio de Milão terminou em sua expulsão da Itália, seguida, logo depois, pela sua morte. A nova organização do Estado-igreja, com uma base "nicena", foi primeiramente estabelecida por Ambrósio, que conseguiu colocar um ponto final na controvérsia intelectual com os arianos. Porém, só gradualmente conseguiu atingir seu objetivo e, ainda assim, com a assistência do Estado; além disso, era obrigado a sempre defendê-lo em discussões cansativas e renovadas até que, finalmente, a nova ordem foi solidamente estabelecida de uma vez por todas.

Ambrósio foi o primeiro Pai da Igreja latina a nascer, crescer e ser educado como cristão e não como pagão. Foi, também, o primeiro descendente da alta aristocracia romana a apoiar a Igreja publicamente, e a encontrar nela a ocupação de sua vida. Ambos os elementos foram importantes, não só pelo seu significado histórico como por suas atividades. Havia em Ambrósio uma confiança interior e uma natureza imperturbável que somente se manifestavam claramente durante as crises e as tempestades de sua vida exterior. Com sua inteligência superior, energia e inata diplomacia, e, quando necessário, sua tática extremamente sagaz, parece nunca ter vacilado em seu verdadeiro propósito e nas convicções éticas e religiosas.

Era profundamente autêntico em suas pretensões e, apesar de toda a firmeza de sua conduta, nunca foi de temperamento rígido, desumano ou inescrupuloso. Embora possamos abominar os objetivos e os métodos de suas ações, sua personalidade continua a impor respeito, da mesma forma que seus adversários não puderam negar-lhe respeito e reconhecimento durante a sua vida. A mesma integridade e clareza de estilo tornaram Ambrósio um emérito mestre de teologia. Seus numerosos escritos, práticos, devocionais e dogmáticos não são nem particularmente originais nem brilhantes, no entanto revelam através de sua objetividade e retidão um misto de determinação e confiabilidade capazes de levar à persuasão.

Como todos os Pais da Igreja latina, Ambrósio tinha excelente conhecimento de retórica. Em todas as ocasiões que lhe pareciam oportunas, não hesitava em empregar os artifícios próprios de uma exagerada impetuosidade, de uma evidente emotividade e de uma linguagem repleta de imagens extremamente coloridas. No entanto, nenhum deles foi, basicamente, menos retórico que ele.

Percebe-se que sobre Ambrósio pesava a dupla responsabilidade de ser, ao mesmo tempo, mestre e líder político de sua congregação. Seus discursos eram sempre dirigidos ao que era essencial e determinante para a vida prática; eram simples e realistas em vez de eruditos, mas sem perder de vista a plena integridade do homem. Seu ardor tinha o poder de persuadir as consciências, mas sem revelar qualquer traço de vaidade ou desejo de aplausos, embora estivesse apoiado em uma bem fundada autoconfiança que se desenvolveu no decorrer dos anos.

Ambrósio nasceu no ano 339 em Trèves, onde residia seu pai, Aurélio Ambrósio, detentor do elevado posto de prefeito da Gália. A morte precoce pôs um ponto final em sua carreira e a viúva transferiu-se para Roma, juntamente com seus três filhos. Mesmo muitos anos depois, Ambrósio ainda tinha amigos e parentes entre as primeiras famílias dessa cidade e, talvez, tivesse realmente pertencido, como seu nome de família indica, à famosa casa dos Aurelianos. Nesses círculos da aristocracia romana ainda persistiam a educação e a cultura, embora em todos os lugares do Ocidente elas tivessem se tornado muito raras. Isso explica como Ambrósio chegou a aprender a língua grega profundamente e não apenas como matéria escolar – uma vantagem que se mostrou muito útil em sua vida.

Como era natural para um homem de sua ascendência seguiu, primeiramente, a carreira de funcionário público. Até o final de seus sessenta anos vamos encontrá-lo trabalhando com seu irmão Satiro, como *advocatus* no tribunal central de Sirmio, que era na ocasião a cidade mais importante da região dos Bálcãs. Por volta do ano 370, com aproximadamente 30 anos, foi nomeado governador das províncias do norte da Itália, isto é, Ligúria e Emília. Sua residência estava em Milão, a capital do norte da Itália, que já havia servido, muitas vezes, como residência aos imperadores do Ocidente.

Eclesiasticamente, Milão ainda era governada pelo bispo Auxentio, natural da Capadócia, e que havia sido nomeado para esse posto por Constantino, após ter exonerado seu predecessor ortodoxo, Dionísio. Auxentio, assim como todos de seu partido, repudiavam energicamente o nome de "ariano", recusava-se a reconhecer o Credo de Nicéia e a promover qualquer um que o aceitasse em Milão. Procurava, por outro lado, abster-se de qualquer controvérsia dogmática e, assim, conservar seu poder eclesiástico: porém, seus adversários já o consideravam como uma pessoa retrógrada. Não sabemos qual foi a atitude de Ambrósio a seu respeito, pois o cargo de funcionário público proibia que, inadvertidamente, revelasse suas convicções pessoais.

Por outro lado, sua arraigada ortodoxia "nicena" certamente não iria permanecer completamente despercebida durante os anos que passou em Milão. Com a morte de Auxentio, em 374, os "nicenos" acreditaram que sua hora havia chegado; finalmente, a heresia seria banida para sempre. No entanto, tiveram que enfrentar a luta não menos entusiasmada dos partidários de Auxentio por sua existência eclesiástica. A campanha eleitoral ameaçava degenerar-se em tumulto e Ambrósio apressou-se em ir até a igreja para restabelecer a ordem necessária. Lá – segundo os relatos –, para surpresa geral, uma criança levantou a voz e convocou o "bispo Ambrósio" para a sala; em seguida, e como por milagre, aqueles que estavam presentes, de forma unânime e espontânea, concordaram com sua candidatura (*Vita*, 60).

A voz profética dessa criança pode ter sido apenas o acréscimo de uma lenda; por outro lado, parece ser bastante possível que as partes litigantes tivessem entendido ser a melhor solução, para esse momento crítico, a de investir como bispo um reconhecido "niceno", possuidor, até certo ponto, de uma personalidade "neutra", isenta de qualquer preconceito em relação às controvérsias anteriores.

Ambrósio nos assegura que ficou completamente surpreso e que, de início, procurou evitar sua eleição. Até então, e pelo desenrolar de sua carreira, ele não poderia ser considerado suficientemente preparado para esse elevado cargo eclesiástico – nem batizado era nessa ocasião – e nunca poderia ter aceitado essa nomeação sem o consentimento imperial. Pediu que sua ordenação fosse, pelo menos, adiada; porém, quando chegou de Trèves a aprovação incondicional de Valentiniano I, ele não mais resistiu. Antes do final do ano de 374, o governador oficial de 35 anos foi consagrado bispo de Milão.

Se, acima de tudo, o que o governo e o povo esperavam dele era a preservação da paz na Igreja, Ambrósio não os desapontou. Naturalmente, insistiu em receber antes o batismo e, depois, a ordenação feita por um "niceno". Um de seus primeiros atos oficiais foi o retorno solene e o sepultamento dos restos mortais de seu predecessor, bispo Dionísio, que havia morrido no exílio. Dessa forma, foi feita uma demonstração pública da mudança em favor do Credo de Nicéia. Por outro lado, Ambrósio mostrava-se disposto a trazer de volta a seu serviço todo o quadro de clérigos de Auxentio, evitando, assim, dar origem a conflitos ou levar muito adiante as diferenças. O período que se seguiu justificou seu generoso procedimento, pois daquela data em diante o clero de Milão, firme e devotadamente, passou a apoiar seu líder episcopal em todas as questões.

Essa mudança abrupta "dos palanques deste mundo de vaidades e do alarido das aclamações públicas aos cantos do salmista" (*de Paen.* II, 8, 72) foi, de alguma forma, semelhante à rápida chegada de Cipriano ao apogeu; porém, os tempos haviam mudado desde então. Além disso, no agora império romano cristão, ela significou muito menos para Ambrósio do que para Cipriano, sob o aspecto da rejeição aos antigos interesses. Certamente, o cargo de bispo de Milão não era inferior ao de governador de província, em termos de influência pública, autoridade e responsabilidade. Na verdade, nos domínios da Igreja, ele podia agora encontrar uma nova esfera de atividades inteiramente apropriadas às suas aristocráticas tradições romanas.

Por outro lado, não se pode duvidar que Ambrósio tivesse sido um cristão determinado e convicto, mesmo antes de sua eleição. A ortodoxia fazia parte da tradição de sua família. Havia um mártir entre seus ancestrais e, antes de sua elevação ao episcopado, sua única irmã, Marcelina, havia feito voto de manter-se virgem por toda sua vida. Não era por acaso que nem ele nem seu irmão haviam ainda se casado. Para Ambrósio, o celibato foi sempre considerado como uma forma superior de vida e particularmente apropriado ao ideal cristão, e o fato de conservá-lo nunca lhe trouxe qualquer dificuldade.

O fato de Ambrósio ainda não ter sido batizado não era um fato incomum, e demonstra a seriedade de suas convicções. Muitas vezes um funcionário do governo era obrigado a emitir decretos que envolviam o derramamento de sangue, e também a tolerar opiniões e hábitos em seu ambiente de trabalho que lhe pareciam irreconciliáveis com a idéia de uma perfeita vida cristã. Ambrósio, provavelmente, já havia antes se preocupado com assuntos teológicos, ou pelo menos quase teológicos, antes da mudança de seu ofício. Pode-se mencionar a opinião de que ele tenha sido o autor de uma edição do livro de Josefo, *Guerra dos Judeus*, e de uma paráfrase dos Livros dos Reis, mencionada nessa edição e que não mais existe. Este fato deve ter acontecido em sua juventude. A escolha de um assunto histórico-político caberia bem em Ambrósio e uma precoce atividade literária poderia explicar, ao mesmo tempo, como o jovem bispo alcançou tanto sucesso ao se tornar um importante escritor em tão pouco tempo após a sua eleição.

Para ele, a tarefa mais essencial de um bispo era pregar e ensinar a Bíblia. No entanto, muitos deveres foram impostos pelo seu cargo no decurso dos anos seguintes, deveres da administração, do cuidado pastoral, da formação de seu clero, além dos deveres políticos e eclesiásticos. Ambrósio nunca negligenciou ou deixou de cumprir suas obrigações como pregador, uma atividade onde, acima de tudo, via o verdadeiro significado de sua chamada espiritual. Embora sua voz fosse suave, era considerado em toda parte como um notável pregador. Como sabemos através de Agostinho, era acatado com prazer não só pelos fiéis membros de sua congregação, como também pelos demais ouvintes.

Essa admiração se aplicava, inclusive, aos assuntos de seus sermões, o que poderia causar surpresa aos leitores modernos; porém, as interpretações alegóricas utilizadas por Ambrósio, acima de qualquer suspeita fruto de uma crédula omissão de qualquer significado literal, representavam naquela época um estilo novo para o Ocidente. Alguns chegavam até a respirar aliviados quando imediatamente percebiam que, em especial o Antigo Testamento, havia sido liberado de toda aparente incompreensão exterior como, por exemplo, as angustiosas fraquezas humanas, que de outra forma estariam além de sua compreensão, além de muitas concepções de Deus e de sua divina natureza, as quais poderiam afigurar-se como impróprias ao estilo erudito de raciocínio.

Embora esse método de reinterpretar o espiritual não tenha sido inventado por Ambrósio, foi por ele adotado em seu todo a partir de modelos gregos e, especialmente, dos teólogos de Alexandria. Essas obras sempre serviram não só como fonte para seus sermões, como para os escritos que delas resultaram. Não possuía a ambição de parecer original e se apossava do material que necessitava a partir de qualquer origem e onde o pudesse encontrar. Livros inteiros da Bíblia eram explicados, no todo ou em partes, através de comentários feitos em grego. Ele preferia série de sermões, começando, segundo parece, com o primeiro livro da Bíblia, pelo qual teve grande predileção durante a vida. Depois publicou tratados sobre o Paraíso, Caim e Abel, Noé e sua arca, etc.

Além de Orígenes, sua fonte principal era o teólogo judeu Fílon, embora os gregos mais recentes também fossem requisitados. Sua última exposição do *Trabalho dos Seis Dias,* uma obra volumosa e popular, foi compilada principalmente através dos escritos de Basílio. Nesse trabalho, a parcialidade de sua inclinação à espiritualização ficou subjugada por meio de uma inconteste afirmação da criação de Deus e de sua visível beleza. Para tanto, as antigas tradições estóicas clássicas devem obviamente ter dado sua contribuição. Da mesma forma, a opção pelo material nunca era feita indiscriminadamente e, no decorrer do tempo, Ambrósio revelou uma ascendente independência também em relação aos modelos teológicos gregos. Exortações práticas e éticas à sua congregação ocupavam um espaço cada vez maior e as belas explicações sobre os Salmos e sobre o Evangelho de Lucas, que datam dos últimos dez anos de sua vida e que ensinavam sobre a redenção e particularmente sobre a devota proclamação de Cristo, apareciam sob um novo e brilhante estilo pessoal. No entanto, durante toda a sua vida, Ambrósio manteve uma certa inclinação dirigida à explicações especulativas e a descobertas misteriosas, baseadas na palavra divina. Para ele, as alegorias pareciam ser a forma teológica mais elevada e apropriada da exegese das Escrituras e, com especial seriedade, tirava suas conclusões. Isso poderia revelar, talvez, uma espécie de necessidade de sua natureza prática e realista a uma certa expansão espiritual, com sua inclinação a uma fé óbvia e à moralidade.

Com essas observações sobre o estilo de pregação de Ambrósio, antecipamos seus futuros desenvolvimentos; portanto, devemos retornar ao começo. Os primeiros escritos publicados pelo jovem bispo foram dois memoriais dirigidos ao seu irmão. Satiro também havia deixado o serviço público e assumido a administração dos bens de Ambrósio após a sua eleição, mas veio a falecer alguns meses depois. A elaborada descrição de suas virtudes e de seu caráter, do inseparável amor fraterno, da dor de sua perda e do júbilo perante a certeza da duradoura memória do falecido, tudo isso estava de acordo com a primitiva tradição aristocrática romana. No entanto, toda essa dissertação havia agora se transformado em um sermão que, embora assentado sobre uma estrutura religiosa, era, ao mesmo tempo, relacionado com um correspondente propósito de educar. Havia uma exaltação ao zelo ortodoxo do falecido e toda a reflexão se encerra com uma proclamação à certeza da ressurreição, através da qual a obra chega a se elevar além do caráter puramente pessoal.

As tradicionais razões para o consolo espiritual adquirem dessa forma um segundo plano muito mais enérgico. Na verdade, ambos os discursos foram proferidos antes de sua publicação e são de interesse como um estilo de memorial cristão para os mortos. Logo depois, Ambrósio tomou a liberdade de prestar uma homenagem semelhante à sua irmã e terminou o trabalho sobre as virgens com um discurso enviado pelo bispo Libério por ocasião da iniciação dela como freira religiosa.

Ambrósio havia, da mesma forma e repetidamente, se expressado sobre o assunto das virgens, não só por escrito como oralmente, durante os primeiros anos. Esse era um aspecto da vida prática da congregação com o qual se preocupava muito. Suas recomendações ascéticas eram quase que exclusivamente dirigidas ao sexo feminino, às virgens e às "viúvas" consagradas a Deus, que ainda não estavam recolhidas em conventos, mas que já tinham sua própria posição na igreja. Ele ainda se mostrava imperturbável perante os novos impulsos que a vida monástica trazia aos antigos ideais. Nesse contexto, suas pregações ascéticas raramente iam além do que Cipriano já havia ensinado sobre o assunto.

Existem basicamente três estágios de castidade na Igreja: casamento, e sempre que possível uma única vez, viuvez e a santa virgindade das "noivas de Cristo". A virgindade voluntária é uma virtude que, pela primeira vez, foi trazida ao mundo pelo cristianismo; seu valor e seus méritos especiais são considerados inquestionáveis. No entanto, Ambrósio não era a favor de uma competição exagerada e nem a favor de uma vida ascética exagerada. As virgens deveriam levar uma vida tranqüila e reclusa e dedicar-se, dentro de sua família, sobretudo à oração, ao jejum e à santificação: a inclinação interior à humildade e à dedicação eram atitudes decisivas. No entanto, suas pregações sobre o ascetismo levantaram algumas dúvidas e produziram certo tumulto. Mulheres vinham de longe a Milão para receber o véu de suas mãos.

Por outro lado, ele também encontrava resistência, especialmente dentro de sua própria congregação. Muitos pais preferiam ver suas filhas bem estabelecidas como esposas e, portanto, procuravam dissuadi-las de seu entusiasmo pela vida ascética. Mas essa era uma preferência sobre a qual Ambrósio não tinha a menor compreensão e, em tais casos, ele firmemente tomava as crianças mais piedosas sob sua proteção contra a opinião de seus pais. Em tudo isso ele foi o representante autorizado de uma tendência do século IV que também se desenvolvia sob outras formas. Ambrósio foi um típico defensor do modo de vida cristão daqueles tempos e do posterior ideal clássico de vida que reconhece a seriedade espiritual e a disciplina ética em termos de sexo, quase que exclusivamente sob a forma de renúncia.

No longo prazo, o novo bispo não poderia se contentar exclusivamente com tarefas teológicas práticas. Como já vimos, no norte da Itália e nas regiões vizinhas, a situação dos dogmas exigia uma decisão e Ambrósio não era homem de se eximir por muito tempo das expectativas que sobre ele foram depositadas pelos "nicenos" de todas as partes e cujas posições permaneciam longe de estar solidamente estabelecidas, principalmente nas províncias vizinhas da Ilíria, onde os adversários de Ambrósio prevaleceram inúmeras vezes e de onde estavam, também, ampliando sua influência até a Itália.

Como uma vitória inicial, ele e seus companheiros de credo conseguiram promover a eleição de um bispo ortodoxo para Sirmio. Além disso, a validade do Credo de Nicéia foi solenemente endossada mais uma vez em um concílio que teve lugar nessa localidade. Nessas controvérsias, que levaram o partido dos "nicenos" à conquista da vitória final, seria impróprio considerar Ambrósio apenas como um religioso político, pois a fé e a política eclesiástica tinham nele uma plena coincidência. O reconhecimento da divindade irrestrita e consubstancial de Cristo estava de acordo com a natureza de sua sotereologia pessoal, e era para ele o único alicerce possível para uma verdadeira Igreja cristã.

A gravidade dessa assertiva transformou-o em um teólogo dogmático nos anos que se seguiram. Ambrósio não descansou até que tivesse concluído todo o âmbito da questão da Trindade, seção por seção, e o tivesse estabelecido publicamente. Posicionando-se além de Hilário, aqui ele segue a moderna teologia "neo-nicena" do Ocidente, porém, sem renunciar às antigas tradições de sua terra natal latina, agora reunidas em um novo sistema, e de forma independente e prolífica, aos resultados da mais avançada teologia grega. Com isso, Ambrósio colocou também um ponto final na controvérsia ariana do Ocidente.

O estudo dos escritos mais importantes, que fazia com zelo e dedicação, não lhe trazia qualquer dificuldade, em vista, como sabemos, de seu conhecimento do grego. Além disso, ele esteve pessoalmente em contato com Basílio de Cesaréia. A antiga desconfiança sobre a teologia "acadêmica" estava fora de questão para um homem de seu naipe e a suspeita freqüente dos gregos de que os ocidentais eram totalmente incapazes de distinguir entre o Pai e o Filho, nesse caso, estava completamente infundada.

A distinção entre a única e indivisível "essência" de Deus, sobre a qual repousa a unidade divina, e as três "Pessoas" da divindade que não podem ser confundidas uma com a outra, era uma questão de rotina para Ambrósio que, desde o início, tornava impossível qualquer confusão. Todos estes conceitos foram formulados por Tertuliano muito tempo atrás. O problema, também, era agora justificar junto aos arianos a igualdade das Pessoas e, finalmente, excluir a doutrina subordinativa da procedência do Filho em relação ao Pai, e do Espírito em relação ao Filho, o que, de alguma forma, diminuía sua dignidade. Todas as três Pessoas são iguais em sua eternidade e origem e, em sua respectiva e especial natureza, indissoluvelmente unidas umas às outras.

A partir desse ponto de vista, não houve mais qualquer dificuldade na adoção de idéias essencialmente "atanasianas" e "neonicenas". Ambrósio desenvolveu seus ensinamentos sobre a Trindade – sempre no meio dos sermões – primeiro em um trabalho volumoso denominado *Sobre a Fé,* publicado em duas partes, seguido de um tratado em três volumes intitulado *Sobre o Espírito Santo,* pois a posição da terceira Pessoa até então não havia sido adequadamente considerada nesse contexto. O círculo se fechou, ao final, com a grande pesquisa de Ambrósio sobre *O Mistério da Encarnação do Senhor*, na qual as conseqüências da teologia da Trindade são extraídas em relação à Pessoa do Deus-homem. Nesse importante livro, Ambrósio foi certamente muito além de seus predecessores do Oriente e foi através dele que iniciou o estudo de novos problemas.

São dignas de admiração a determinação e a confiança com que durante alguns poucos anos (378-382) ele tratou desses problemas tão complexos. Seria incompreensível se, em consideração à filosofia, sua mente tivesse feito *tábula rasa*, como foi o caso da maioria dos teólogos latinos daquele tempo. Desde o início de sua carreira eclesiástica, Ambrósio deve ter estado em contato com aquela filosofia platônica e neoplatônica que dificilmente poderia ser negligenciada para um entendimento profundo e sistemático da doutrina da Trindade. O sacerdote Simpliciano, que foi o discipulador de Ambrósio, viveu de acordo com estas tradições. Todavia, se o autor condenasse os filósofos da maneira habitual, estaria pensando nos epicureus e nos estóicos e, acima de todos eles, em Aristóteles. Os adeptos do platonismo seriam tacitamente omitidos, pelo menos em nenhum lugar esses filósofos foram explicitamente combatidos e, de Platão, mais de uma vez foi dito que obteve seus conhecimentos teológicos a partir do Antigo Testamento.

Esse conceito da filosofia não representava nada de novo para o Oriente, mas no Ocidente significava uma mudança que apontava para o futuro e que seria decisiva para a conversão de Agostinho. Quanto ao próprio Ambrósio, essa afirmação ainda necessitava de um complemento. Na verdade, foi justamente a limitação de seus interesses filosóficos, e também de sua habilidade filosófica, que torna compreensível a rapidez e o sucesso generalizado de seu trabalho dogmático, embora dificilmente pudessem ter sido alcançados sem uma educação filosófica.

Ambrósio estava disposto a aprender a partir dos neoplatônicos, tanto assim que adotou por exemplo a sua concepção de essência, embora o que procurasse não era exatamente uma nova metafísica, porquanto não se preocupava com problemas desse tipo. Tudo que lhe interessava era definir a verdade cristã revelada, de forma intelectualmente nítida e consistente, para dessa forma torná-la incontestável. Seu conhecimento de Deus, como tal, não é o resultado de um raciocínio sistemático. Ele tem como base as Santas Escrituras, cujo testemunho, para Ambrósio, deixa de ser uma coisa adventícia para tornar-se uma necessidade absoluta e, portanto, recebe a maior atenção em seus escritos dogmáticos. Visto que está relacionada com Deus, para ele toda teologia é exclusivamente uma teologia da revelação e não deve procurar ser algo diferente disto.

A ênfase radical e, se você preferir, neoplatônica, sobre a distância que separa o divino de cada um dos seres criados, tem o propósito de tornar impossível qualquer ponte especulativa ou analógica construída a partir do lado das criaturas. Somente o próprio trabalho de Deus e sua palavra poderão preencher essa lacuna. Esse dualismo ontológico representa, também, a pressuposição necessária para a essencial compreensão da divindade de Cristo e para a correspondente construção de sua doutrina sobre a Pessoa do Deus-homem. Não existe um eflúvio ou uma associação gradual do divino com o humano, ou do mundo sobrenatural com o natural.

Desde que isto fique estabelecido, será comparativamente fácil que a fé seja satisfeita através de algumas fórmulas concisas, demonstrando o quanto existe de fervor quando, do ponto de vista religioso, prefere temer a compreender a profundidade da divindade (*de Fid.* V, 18, 221). Nesta renúncia a toda especulação racional e ênfase na fé, ao lado da obediência pela fé, como elementos essenciais da religião, Ambrósio se manifesta como um verdadeiro ocidental. Nesse ponto suas reflexões lembram a posição religiosa de Tertuliano, assim como o íntimo relacionamento entre a teologia baseada na revelação e um racionalismo determinado e quase inabalável, que também recordam o autor africano. Ninguém antes expressou de forma tão direta, tão inflexível e tão vigorosa o poder da estrutura lógica e da forma da Trindade quanto o próprio Ambrósio. Existe, portanto, alguma coisa a ser dita a respeito da opinião de que foi, também, o autor do assim chamado "Credo de Atanásio".

Este credo, que foi a típica profissão de fé do Ocidente na Santíssima Trindade, procura preencher, de uma vez por todas, qualquer possível lacuna na elaboração da doutrina, por meio de quarenta parágrafos formulados em linguagem estereotipada e cadenciada. É característico, também, que tendo desenvolvido sua doutrina sobre Deus, durante os anos controvertidos de sua juventude, Ambrósio não tenha posteriormente voltado a essa área dogmática da teologia. Como a verdade foi considerada por ele como já encontrada e finalmente estabelecida, daí por diante a única preocupação seria preservá-la e defendê-la sem tréguas, ao lado dos imediatos cuidados com os múltiplos problemas espirituais e práticos da vida diária da Igreja e com as suas respectivas soluções.

Como já mencionamos, a atitude de Ambrósio frente às políticas da Igreja estava completamente de acordo com suas convicções teológicas. Seu propósito era o reconhecimento público da verdadeira e única Igreja universal, solidamente estabelecida sobre as fundações de um único credo ortodoxo e, portanto, também legítimo. Este ideal representou o marco de uma inovação na medida que, até então, a Igreja nunca foi realmente "confessional", por sua característica de Igreja imperial. Na verdade, diferentes credos, e entre eles também o de Nicéia, foram formulados e proclamados durante a controvérsia ariana e, por razões táticas, a política do Estado havia ignorado ou modificado estes credos até que, ao final e com o propósito de salvar a unidade da Igreja, eliminou todas as questões relativas aos credos. Um novo período agora se iniciava. Como o resultado da controvérsia ariana do "Credo de Nicéia" foi entendido como uma solução dogmática e "confessional" do problema do Estado-igreja, não seria mais tolerada nenhuma hesitação ou exceção.

O significado religioso do ideal de universalidade da Igreja imperial pode ser mal interpretado se, sob essa forma, o colocarmos em direta oposição à idéia de liberdade de consciência e se tentarmos compreendê-lo meramente como resultado de um amor sacerdotal ao poder e à intolerância. O fato crucial é a fé que existia na objetividade transparente e na acessibilidade geral da fé dogmaticamente formulada. Portanto, devem permanecer "ecumenicamente" em vigor para todo o mundo.

O próprio Ambrósio era na realidade um exemplo convincente da liberdade de crer e que proporcionou um irrestrito escopo na prática do relacionamento interpessoal. Caso defendesse, incondicionalmente, os fundamentos "nicenos" da Igreja universal não estaria considerando cada um dos crentes individualmente. Sua preocupação aqui era proteger a independência da Igreja, como um todo, contra as ilícitas interferências dos poderes políticos, cuja falta de escrúpulos dogmáticos havia sido suficientemente experimentada durante as primeiras controvérsias ocorridas sob o governo de Constantino. Essa era uma preocupação bastante compreensível em vista do despotismo e da inconstância da política religiosa imperial e onde o Ocidente exercia uma maioria "nicena" absoluta.

Levando todos os fatos em consideração, os conflitos nos quais Ambrósio defendia com nitidez suas convicções eram, além do mais, uma prova de sua superioridade moral. Na verdade, a luta pela "liberdade" e pelos "direitos" de sua igreja, que ele assumiu em nome da "fé", era, natural e simultaneamente, uma luta pela supremacia eclesiástica. Isto quer dizer que era uma luta pelo poder que, como tal, ele se esforçava por vencer através da cooperação com o Estado, e com o uso de medidas governamentais, contra todos os "heréticos" cujas convicções eram diferentes das suas. Ele não tinha consciência das contradições que podiam se originar a partir deste ponto, e ainda conservava os antigos ideais do período das perseguições e gostava de enfatizar que a fé devia permanecer independente e cuja aceitação só podia ser alcançada com total liberdade, por isso condenava toda e qualquer pressão externa. Como exemplo disso, ele rompeu sua amizade com os bispos da Gália porque, pela primeira vez e com o apoio dos tribunais do Estado, conseguiram que seus oponentes eclesiásticos fossem executados. No entanto, como político eclesiástico que era, procurou assegurar, sempre que possível, a predominância de sua Igreja. Porém, mesmo em suas ações, nem sempre conseguiu fugir à ambigüidade da política do poder eclesiástico.

Não pretendemos acompanhar detalhadamente os complicados incidentes causados pela política da Igreja no decorrer desses anos tão importantes e que, em um considerável e perpétuo grau de fluxo e refluxo, foram determinados pela situação política geral. Em 378, os godos impuseram uma derrota decisiva sobre o exército romano e, em seguida, se espalharam por toda a região dos Bálcãs. Foi somente com muito esforço que foram gradualmente apaziguados e instalados nos novos territórios conquistados. Em sua grande maioria, os godos ainda eram pagãos; no entanto, mesmo aqueles que se converteram – através de Ulfilas – não se tornaram ortodoxos, mas (na opinião dos "nicenos") cristãos "arianos".

Qualquer que fosse a procedência, o arianismo levantava outra vez sua cabeça. Ambrósio reconhecia a gravidade do perigo que ameaçava a Igreja e, não sem razão, estava convicto de que a fidelidade política dos heréticos romanos, agora aliados religiosos dos godos, também não era merecedora de confiança. Levando esse aspecto em consideração, e que os godos eram descendentes de Gogue e foram profetizados por Ezequiel (Ez 38), tentou alertar os governantes e levantá-los para uma resistência política e eclesiástica. Quem quisesse enfrentá-los deveria manter-se firme na fé verdadeira e estaria seguro de alcançar a vitória. Por outro lado, "a crença no Império Romano foi primeiro subvertida onde a fé em Deus permitiu-se ser derrotada" (*de Fid.* II, 16, 139; *ANF*, 10, 241).

Ambrósio descreve, cheio de desgosto, um bispo ariano que ousou aparecer "à frente do exército romano revestido de incredulidade gótica e adornado com um colar e braceletes, como um pagão". Segundo ele, tal conduta não é apenas sacrílega para um sacerdote, mas também deve ser considerada como inteiramente anticristã, pois é "contrária aos costumes de Roma" (*Ep.* 10, 9). Mesmo sendo um bispo, Ambrósio se conservou totalmente romano; "germânico" e "ariano", ao lado de "romano" e "cristão", quase se tornaram expressões sinônimas. A fidelidade ao império era uma obrigação cristã e é por ele elogiada não só para os cidadãos romanos, mas inclusive para os bárbaros que viviam fora do império (*Vita*, 36).

No entanto, pressionado pela emergência, o governo era por vezes obrigado a se comprometer eclesiasticamente com os godos dos Bálcãs e com aqueles que partilhavam de suas opiniões. Ambrósio tinha evidentemente que tolerar a requisição de uma igreja, mesmo em Milão, para que, caso fosse necessário, pudesse ser oferecida aos arianos; mas a estabilização política também restaurara a antiga ordem eclesiástica. O jovem imperador Graciano, a quem Ambrósio dedicara seu livro sobre a fé, fixou residência em Milão e consentiu em ser aconselhado sobre questões de religião e de política da Igreja. Seu mais importante vice-governador, o general espanhol Teodósio, fez com que, ao mesmo tempo, o Credo de Nicéia fosse reconhecido também no Oriente.

O fim desses anos turbulentos chegou em 381: no Oriente, com o grande Concílio de Constantinopla e, no Ocidente, com o Concílio de Aquiléia, o qual permaneceu totalmente sob a liderança de Ambrósio. Agora, os últimos adeptos do antigo sistema de Estado-igreja, que se recusavam a reconhecer o Credo de Nicéia, foram, nos devidos termos, denunciados e dispensados de seus cargos episcopais pelos órgãos do governo e as minutas dessas sessões foram preservadas. É óbvio que os métodos usados nessa convenção religiosa causaram bastante tumulto, pois os bispos condenados, recém-chegados de Ilíria, foram enganados sobre o verdadeiro propósito e caráter do sínodo. Ao contrário de uma prometida discussão livre e generalizada, o que os aguardava era um interrogatório unilateral feito por seus inimigos declarados que, precipitada e violentamente, levaram as negociações até o fim sem atender aos seus protestos. Em seu relatório oficial ao governo, Ambrósio estabeleceu esses procedimentos sob uma luz consideravelmente mais branda. Em todo caso, a vitória foi conquistada e a ortodoxia finalmente obteve o controle exclusivo sobre toda a Itália e, também, sobre a Ilíria.

Nos anos seguintes, Ambrósio tornou-se uma personalidade líder no Conselho Privado do tribunal de Milão, e vamos encontrá-lo em várias ocasiões responsável por tarefas políticas. Quando Graciano foi vencido, e depois assassinado, em 383, por um vice-imperador da Gália, Ambrósio, em conjunto com oficiais do exército, assumiu a proteção de seu irmão, Valentiniano II, que tinha a idade de doze anos nessa época. O bispo foi enviado duas vezes a Trèves para negociações diplomáticas, onde foi bem-sucedido em pelo menos salvar a Itália para o jovem imperador. Mais tarde, o usurpador viu em Ambrósio seu real oponente, aquele que fez parar as águias e suas legiões nas fronteiras dos Alpes (*Ep.* 24, 7). Era ainda, então, bastante incomum que o clero se envolvesse em missões políticas e Ambrósio não era nenhum pontífice medieval; ele preferia considerar seus serviços políticos do ponto de vista do privilégio tradicional dos bispos de interceder em favor dos mais fracos (*Ep.* 24, 5) e a mãe do imperador, levando o jovem Valentiniano II pela mão, implorara pessoalmente pelo seu auxílio (*Obit. Val.* 28).

Como poderia, então, ter recusado? No entanto, seu desejo era atuar apenas dentro do cenário dos deveres de seu posto (*Ep.* 57, 12) para a proteção da fé e da sua Igreja. Até seus últimos anos procurou manter-se em linha com esse objetivo. Gostava de enfatizar que sua tarefa não era intervir em assuntos da competência do Estado. No entanto, por causa de sua posição e de sua habilidade, as decisões políticas chegavam-lhe quase que automaticamente e quanto mais sua reputação crescia com o decorrer dos anos, menos conseguia Ambrósio se livrar da responsabilidade quando as coisas se tornavam mais sérias (*Obit. Val.* 24). Em sua opinião, onde a paz, a bondade e a justiça estão em jogo, nem mesmo um bispo pode, em última análise, manter sua neutralidade. Naturalmente, a linha entre a competência espiritual e a política não pode ser facilmente traçada e uma boa dose de tato humano, além de perspicácia e de responsabilidade política, e de toda inteligência e prudência, foram necessárias para que Ambrósio pronunciasse o melhor veredicto eclesiástico nos momentos críticos, isto é, para torná-lo não só moralmente convincente, mas, também, politicamente efetivo. De qualquer forma, tais ações nada tinham que ver com o oportunismo em seu sentido habitual. Ele nunca se esqueceu a quem e o que tinha que representar como bispo e foi por isso que adquiriu a grandeza e a dignidade de um homem da Igreja que estava, realmente, imbuído de autoridade.

Não será possível discutir aqui todos os eventos políticos e eclesiástico-políticos em que Ambrósio se conduziu dessa maneira e, ocasionalmente, naqueles em que parecia representar o papel de um "Chanceler" ou de um clérigo Ministro de Estado. Vamos nos restringir aos exemplos mais famosos. A insegura situação política em que o governo de Milão se encontrava após a queda de Graciano logo revelou suas implicações religiosas e políticas. Um após outro, o paganismo primeiro, e depois também o arianismo, procuraram melhorar sua situação e recuperar posições já abandonadas. Na verdade, a antiga religião romana não estava nem proibida nem havia desaparecido sob os imperadores cristãos; ao contrário, estava mais e mais dirigida a uma posição defensiva e, sob o incentivo de Teodósio, talvez Graciano tenha estado a ponto de lançar um novo golpe, um pouco antes de sua morte.

Os sacerdotes pagãos romanos haviam sido privados de seus subsídios e privilégios governamentais, o altar e a estátua de Vitória foram removidos da casa do senado e a designação *Pontífice Máximo,* o posto mais alto do sacerdócio pagão, foi retirada dentre os títulos imperiais. Estes decretos tinham um significado simbólico muito amplo, pois o novo regime imperial, reconhecidamente comprometido, agora renunciava de uma vez por todas à sua ainda "imparcial" posição frente à antiga religião, e nada mais restava ao povo a não ser aceitá-los. Na verdade, o senado, onde os cristãos ainda não tinham a maioria, quis protestar imediatamente contra essas leis que afetavam, especificamente, Roma; porém, sua delegação não foi nem mesmo recebida em Milão. Agora, após as mudanças no governo, parecia ter chegado o momento de aventurar uma nova tentativa.

Em 384, o líder da delegação rejeitada, Quinto Aurélio Simaco, acabara de tomar posse da prefeitura, o mais alto posto imperial da cidade de Roma, e estava autorizado a redigir a petição. Além de ser o escritor e o retórico mais importante que Roma tinha na época, fora educado de acordo com a filosofia neoplatônica. Ele era um senador descendente de antiga família aristocrática e, além do mais, era parente de Ambrósio. Ainda hoje, não podemos ler essa petição sem que nos comovamos: era o canto de cisne da antiga e orgulhosa religião romana. Simaco defende a memória e as instituições sob as quais a venerável Roma foi tão grande no passado. Ele insiste que, mesmo sob os imperadores cristãos, Vitória foi protegida e útil para suas leis. Fala do serviço desinteressado prestado pelos sacerdotes ao povo, sem distinção, e particularmente das castas virgens. Acredita que a recompensa para tudo isso havia há muito se transformado, de uma livre demonstração de generosidade, em uma histórica reivindicação legal. Por último, ele ousa até relembrar a penúria do povo e o terrível fim de Graciano que, provavelmente, nunca teve conhecimento de todas as sinistras ordens emitidas em seu nome.

Nem uma única palavra desrespeitosa foi incluída. Simaco tensiona cada nervo a fim de tornar o mais fácil possível a desistência do imperador, mas basicamente sente que está lutando por uma ordem cujo momento histórico já havia passado. Ele se contenta em implorar por nada mais que tolerância pela religião ancestral e, como filósofo, refere-se à herança comum de todas as religiões: "Que diferença faz através de quais sofrimentos cada um procura a verdade? Não podemos alcançar tão grande segredo por uma única estrada; porém essa discussão é para pessoas sem preocupações, agora oferecemos orações e não conflitos" (*Rel. Symm.* 10; *ANF*, 10, 415).

Parece que esse avanço realmente aconteceu. Membros pagãos e cristãos do Conselho Privado votaram igualmente a favor dessa solicitação, pela qual esperavam colocar em dívida os círculos que lideravam a cidade que era considerada eterna. Nessa ocasião, porém, Ambrósio tomou conhecimento das negociações e sua intervenção forçou a decisão para outra direção. Em tais casos, declarou, o bispo é diretamente responsável, pois esse é um assunto da competência de Deus e uma questão religiosa. Sem encaminhar-se pelos "canais oficiais", ou esperar por autorização especial, escreveu uma carta ao imperador, na qualidade de seu conselheiro espiritual: "Todas as pessoas que vivem sob o governo de Roma servem a ti, aos imperadores e aos príncipes do mundo. No entanto, serves ao Deus Todo-poderoso e à santa fé" (*Ep.* 17, 1). Nada mais havia para ser dito. "Estou surpreso como chegou à mente de certas pessoas pensar que estavas obrigado a renovar o altar dos deuses pagãos" (*Ep.* 17, 3).

O imperador era cristão – e independentemente do que seus conselheiros políticos poderiam desejar – como tal tinha que representar a causa da fé também em todo o império. Portanto, nunca deveria tentar, em tais casos, retroceder de uma única medida que tivesse tomado. Depois de ter recebido, por sua solicitação, uma cópia da petição, Ambrósio respondeu-a mais uma vez em detalhes e dirigida diretamente ao grande público. Com isso, e até certo ponto, ele assumiu a posição neutra de seus adversários – embora não pudesse haver, com certeza, qualquer questão quanto ao princípio de igualdade de direitos religiosos. Mas foi dessa forma que ele, precisamente, tornou possível repudiar mais eficientemente as queixas dos pagãos.

A Igreja não tem que temer uma comparação entre seus direitos e os de seus oponentes. Quando eles se queixam da remoção do altar – o que os senadores cristãos irão dizer quando forem novamente forçados a participar de um sacrifício idólatra? Quando lamentarem sobre a falta de subsídios para seus novos sacerdotes e para as virgens vestais – o que dizer sobre as inúmeras freiras cristãs e sobre o clero que não recebem nem um centavo dos cofres públicos e que não podem nem receber heranças? Na verdade, a Igreja, que se tornou grande com as perseguições, estava nessa época ainda vivendo essencialmente de suas próprias forças, enquanto a antiga seita, que desde o início havia estado ligada ao corpo político iria, pela sua própria natureza, se fazer em pedaços sem o apoio público.

Naturalmente, Ambrósio protestou também contra a imagem supersticiosa de uma suposta ira dos deuses e declarou, contrariamente à sua maneira habitual, que as vitórias políticas ou os desastres são completamente independentes da questão religiosa. Em uma interessante incursão histórico-teológica, ele descreve o progresso como sendo o poder real que movimenta a natureza e a história e ridiculariza as queixas nostálgicas do senado romano. Na realidade, Roma não está nem senil e nem, com toda a certeza, envergonhada de fazer uma mudança para melhor. "Somente isso eu antigamente tinha em comum com os bárbaros: que ainda não tinha chegado a conhecer a Deus" (*Ep.* 18, 7).

Ambrósio havia elaborado uma resposta que, sendo ao mesmo tempo uma obra-prima, era também mais popular e vigorosa, embora menos apreciada e polida em seus detalhes que o tão refinado trabalho de arte de seu oponente, cuja emoção, oculta debaixo de tanta nobreza, deixava transparecer um encanto especial. Sua resposta, porém, é mais poderosa e original no que deve ser dito, e o que é realmente dito tem o apoio da força das convicções de uma fé determinada que está totalmente segura não somente de si como do poder vitorioso de suas razões. Mais tarde, ele a representou como sendo puramente o fruto das razões espirituais que haviam decidido o debate sobre essa questão. O jovem imperador havia se levantado "como um Daniel" contra seus conselheiros e tomado sua decisão sob o poder do Espírito Santo (*Obit. Val.* 19). No entanto, pode-se sem dúvida atribuir essa atitude a uma idealização.

Na verdade, os membros do Conselho Privado devem ter decidido pela aquiescência, pois não havia como ignorar a ênfase com que Ambrósio se referia, entre outras coisas, também ao antigo vice-imperador Teodósio, cuja atitude hostil para com os pagãos era suficientemente conhecida (*Ep.* 17, 12). Mas ele foi ainda mais longe: "De qualquer forma", diz em sua primeira carta a Valentiniano, "se uma outra decisão for tomada, nós bispos não podemos aceitá-la calmamente ou mesmo ignorá-la. Você pode ir a uma igreja – mas não encontrará um bispo dentro dela, ou se encontrá-lo, este irá rejeitá-lo" (*Ep.* 17, 13). "Não estamos em posição de partilhar dos erros dos outros" (*Ep.* 17, 14). Isto significava uma ameaça direta de excomunhão e, nesse momento, o governo não podia arriscar-se a uma luta contra a Igreja e, menos ainda, a uma humilhação dos pagãos. No final, Ambrósio prevaleceu; porém a atitude das autoridades em relação a ele tornou-se menos amistosa e, no ano seguinte, essa manifestação tornou-se ainda mais evidente.

A última resistência contra a qual Ambrósio teve que lutar, isto é, a do arianismo que havia se infiltrado juntamente com os godos, foi virtualmente insignificante com respeito ao desenvolvimento eclesiástico como um todo, pois não tinha o suporte de qualquer importante movimento religioso e não possuía nenhuma força popular. Os adeptos estrangeiros da malograda heresia dos "ilíacos", que haviam se agrupado à sombra da pequena corte de Milão, não mais procuravam, tal como no passado, a liderança da Igreja; desejavam meramente alcançar o direito de existência de seu grupo eclesiástico separatista, e para isto confiavam inteiramente no apoio do poder secular. Porém, é exatamente esse desejo que, por outras razões, fez com que esse conflito tivesse se tornado importante.

A luta da Igreja, durante os anos 385-386, representou um teste crucial para sua estabilidade e para a permanência do novo sistema que não mais tolerava qualquer relaxamento ou rompimento de suas ordens dogmáticas. Aqui, portanto, encontramos o poder secular frente a um limite que na verdade, uma vez estabelecido através de sua própria autoridade, não poderia mais ser ultrapassado. Ambrósio era a personificação desse novo ordenamento e o defendia perante a coroa, levando-o imediatamente aos supremos princípios teológicos e canônicos. Eis, portanto, onde reside a sua permanente importância.

Sem dúvida, os primórdios do conflito não se originaram de um cenário generalizado das políticas da Igreja, mas tão-somente da ambição pessoal de uma única personalidade, temperamental e acostumada ao domínio: Justina, a mãe do imperador. Teológica e politicamente, a esposa de Valentiniano I ainda vivia sob o ponto de vista de um período anterior. Graciano, sob quem as mudanças haviam ocorrido, conservava intencionalmente sua mãe afastada dos assuntos do governo. Por ocasião da eleição do bispo de Sirmio já havia surgido um conflito, e naquela ocasião Ambrósio saiu vitorioso. No primeiro período do reinado de Valentiniano II, sua mãe teve necessidade de se conter, pois não era outro senão o próprio Ambrósio, a quem teve de implorar apoio em uma cena humilhante. Agora, finalmente, Justina se sentia novamente livre para fomentar, pelo menos no ambiente de seu próprio palácio, aquelas idéias eclesiásticas que lhe pareciam mais corretas. Mercurino, seu capelão oficial de Ilíria, foi escolhido como bispo "antiniceno" de Milão, onde assumiu o importante título de "Auxentio".

O imperador, que era ainda uma criança, submeteu-se aos desejos da mãe e a corte, tão indignada na época com o comportamento ditatorial de Ambrósio, preferia vê-lo humilhado. O pedido inicialmente dirigido a ele, na primavera de 385, poderia ser considerado como razoável; determinava apenas que uma pequena igreja, situada fora dos muros da cidade, deveria ser colocada à disposição de Auxentio. Lembramos que, alguns anos antes, Ambrósio teve que tolerar uma atitude semelhante do imperador Graciano. No entanto, os tempos desde então haviam mudado e ele asperamente negou a solicitação. Ele sabia que a opinião pública, isto é, toda a população cristã de Milão, partilhava de suas convicções e permaneceria firmemente ao seu lado. Agora, pergunta, poderia ele como sacerdote de Deus entregar o seu templo aos lobos heréticos? Ele mesmo nos descreve a cena dramática durante a qual a controvérsia se desenvolveu. Havia recebido ordens para ir, pessoalmente, ao Conselho Privado negociar a transferência onde, no entanto, face a face com as autoridades, não se deixou confundir e insistiu sobre a retidão de sua causa "com a firmeza de um sacerdote".

De repente, aconteceu um tumulto do lado de fora; o povo, ao ser informado dos procedimentos, invadiu o palácio e os guardas foram incapazes de detê-lo! Todos estavam prontos para "deixar-se matar pela fé em Cristo". Amedrontado, o imperador renunciou a sua ordem e o próprio Ambrósio, solicitado a acalmar a multidão, concordou imediatamente e o fez com sucesso. Dessa forma, o assunto parecia estar resolvido satisfatoriamente. Porém, Ambrósio se queixou de que a desaprovação contra ele havia agora ressurgido mais forte que nunca (*Serm. Aux.* 29). Nem a imperatriz e nem o governo estavam dispostos a suportar tal derrota, e a corte ausentou-se de Milão por um longo tempo. O objetivo principal era o de preparar um novo e melhor ataque e, acima de tudo, de aparelhá-lo com uma base legal e formal.

Em janeiro de 386 foi publicado um edito imperial de rotina que concedia o direito a todos os adeptos da fé de se reunir em assembléias públicas, tal como anteriormente foi decretado "sob Constantino, de abençoada memória", isto é, aos "antinicenos". Aqueles, no entanto, que presumiam "ter o poder exclusivo de tal assembléia" foram, ao mesmo tempo, ameaçados de morte como instigadores de revolta, como destruidores da paz da Igreja e como ultrajantes da majestade do imperador (*Cód. Theod.* XVI, 1, 4). De acordo com isso, o governo parecia estar disposto a renunciar à unidade do Estado-igreja e acrescentar a essa regulamentação inteiramente nova sanções de cuja severidade nunca haviam ouvido falar quando comparadas a qualquer outra que tivesse estado previamente em vigor.

Foi bastante significativo que o funcionário devidamente encarregado tenha se recusado a redigir a lei e, portanto, tenha sido despedido. No entanto, esse estranho decreto não deve ser considerado pelo seu valor de face. Na realidade, ele havia sido publicado apenas para assegurar o desejado reconhecimento público de Mercurino-Auxentio e as ameaças exageradas da segunda etapa também foram dirigidas a um único homem, isto é, Ambrósio, a quem pretendiam, com isso, intimidar. Mas ninguém poderia saber, então, até que ponto esse ataque tão direto poderia realmente chegar. Ambrósio sabia que, nessa situação, somente a coragem e uma inflexível consistência poderiam salvar tanto a ele mesmo quanto a sua causa. Em seguida, deu início aos preparativos apropriados.

A fim de não ter que se expor à tempestade causada sob sua única responsabilidade, rapidamente reuniu alguns poucos bispos das regiões vizinhas, que com admirável coragem ficaram a seu lado e solidariamente o encorajaram a perseverar. Quando um pouco antes da Páscoa a delegação imperial exigiu novamente a entrega, não mais da igreja afastada, porém da nova e maior basílica, Ambrósio fez com que esta fosse ocupada pela multidão de fiéis, enquanto ele mesmo refugiou-se na igreja que estava localizada do lado de fora dos muros. O entusiasmo da congregação foi mantido com sermões, discursos e hinos. Ambrósio havia distribuído moedas de ouro entre os participantes que o apoiavam e depois que – muito contra sua vontade e suas ordens – um presbítero ariano foi sonoramente espancado na via pública, rapidamente nenhum dos partidários de Auxentio ousou novamente aparecer em público.

A cidade toda, até as "gangues" de jovens, ficou ao lado de Ambrósio e mesmo em presença dos soldados a multidão afluía em massa para a igreja. Esses foram tempos experimentados por todos e cheios de uma alegria entusiasmada e de uma prontidão generalizada para a luta e para o sofrimento – inclusive, dentre outros, por Agostinho – e que permaneceram inesquecíveis para aqueles que deles participaram. No entanto, foram acontecimentos dos quais nunca se falou durante os anos de declínio da antiga sociedade. Como estão distantes aqueles tempos em que a população de uma cidade podia ser convocada para agir sob sua própria responsabilidade política!

O próprio Ambrósio era, naturalmente, a alma e o centro da resistência, mas absteve-se de exercer qualquer atuação pública. Ao contrário, fez com que o ato "da congregação" fosse algo espontâneo. Declarou: "Não fui eu quem levantou a multidão. Acalmá-los, caso Ele assim o queira, é um assunto de Deus e não meu" (*Ep.* 20, 10). Ninguém estava disposto a resistir às medidas do governo caso estivessem em vigor; porém, menor ainda seria a possibilidade de considerar sua aceitação ou de aprovar a injustiça. Várias vezes, Ambrósio havia lhes assegurado sua disposição para qualquer forma de martírio. Cristo deseja o sofrimento de seus discípulos e "eu sei que qualquer coisa que eu tiver que sofrer, sofrerei por amor a Cristo" (*Serm. Aux.* 8). O imperador poderá fazer "qualquer coisa que o poder imperial estiver habituado a fazer, e estou disposto a aceitar tudo aquilo que há muito tem sido o destino dos sacerdotes" (*Serm. Aux.* 1).

Ambrósio entendia claramente que em sua situação tudo dependia de manter a luta dentro de um nível espiritual, pois, uma rebelião violenta traria resultados desastrosos. Ao contrário, sua total disposição ao sofrimento representava a arma mais poderosa que tinha em seu poder. Eles nos censuram, dizia, com uma atitude "tirânica". Muito bem, "então temos o nosso despotismo; a tirania do sacerdote é sua fraqueza; "Quando sou fraco" diz o apóstolo (2 Co 12.10), "então sou forte" (*Ep.* 20, 23). Ambrósio havia feito aqui uma descoberta quando ele, com certeza erroneamente, refere-se a Paulo. A resistência passiva, exercida nessa ocasião em grande estilo e pela primeira vez, irá de agora em diante permanecer como a arma mais importante da Igreja em todas as controvérsias com o poder secular. Era, na verdade, uma arma que Ambrósio iria manusear como muita prudência e que lhe abriria a possibilidade de uma propaganda pública, mesmo na esfera do despotismo que mais tarde se desenvolveu em Roma. Porém, essa arma exigia da congregação que iria empregá-la um elevado grau de energia moral e de disposição para fazer sacrifícios e dele, que desejava administrá-la, uma fria determinação e extraordinária coragem.

Além disso, Ambrósio não hesitava em pronunciar violentos ataques contra os heréticos "que lutam de modo comum contra o poder imperial" (*Exp. Luc.* VIII, 17). Auxentio aparece como um bárbaro e cruel habitante de Cítia, sedento pelo derramamento de sangue, desejoso de deslocar a igreja de um lugar para outro como se fosse uma caravana de ciganos (*Ep.* 20, 12); e aquela mulher violenta, a imperatriz, assumindo o papel de uma Eva tentadora, de uma Herodias ou de uma Jezabel.

Nessas circunstâncias, um ataque direto às igrejas ocupadas pelo povo era totalmente impraticável para o governo que, portanto, tentou um outro caminho. Logo depois do Domingo de Ramos, o tribuno imperial Dalmatio veio até Ambrósio e manifestou primeiramente sua surpresa de ainda encontrá-lo por ali, já que há muito desejavam bani-lo. Em seguida, convidou-o em nome do imperador para negociações a ser realizadas no palácio. O conflito com o antibispo tinha que ser resolvido e Auxentio já havia escolhido seus juízes (evidentemente, pessoas importantes da corte e, entre elas, até mesmo alguns pagãos) e Ambrósio tinha o mesmo direito. No entanto, caso desejasse evitar tal tribunal de arbitragem, teria permissão de abandonar a luta por sua própria decisão. A carruagem estava pronta, poderia viajar com um salvo-conduto e nem um fio sequer de seu cabelo seria tocado.

O governo estava agora determinado e havia, obviamente, renunciado a quaisquer medidas parciais. Tudo havia se tornado muito claro: Ambrósio não podia concordar com a oferta de sujeitar-se a um tribunal no palácio sem considerar a sua causa como perdida, assim como tudo pelo que havia lutado desde o início; e a própria proposta alternativa de uma retirada voluntária tornava este fato bastante evidente. Mas, como poderia evitar o aspecto de intransigência e de desobediência declarada se não concordasse em fazer um acordo que parecesse ser um justo compromisso?

Ele mais uma vez tomou a sua pena e respondeu com uma de suas maiores cartas políticas, diretamente endereçada à pessoa do "muito gracioso e abençoado imperador Augusto Valentiniano". Primeiramente, a situação e a ordem jurídica até então existentes são descritas em poucas e concisas linhas e para isso Ambrósio se refere a Valentiniano I com simplicidade e habilidade. Esse imperador, diz ele, sempre se recusou a ultrapassar os limites de sua autoridade política. "Em assuntos sobre a fé, e sobre quaisquer problemas relativos à constituição eclesiástica, o veredicto somente pode ser pronunciado por uma pessoa que seja para isso nomeada em razão de seu próprio cargo, e que tenha legalmente a mesma posição, isto é, somente bispos poderão julgar bispos" (*Ep*. 21, 2). Ninguém estava sendo obrigado a apoiá-lo – eles mesmos haviam se decidido a favor de Ambrósio, como seu legítimo bispo e por causa de sua fé (*Ep*. 21, 6 ff).

No entanto, Ambrósio não poderia em qualquer hipótese comparecer perante um tribunal de arbitragem que fosse estranho e político. Sob a sombra da nova lei "antinicena" isso pareceria nesse momento uma farsa. Auxentio poderá atuar como bispo em uma cidade onde seja considerado como tal, além disso, se o imperador não fosse tão jovem, ele mesmo perceberia "que espécie de bispo Auxentio poderia ser, que deixa aos leigos a decisão sobre a legitimidade de seu sacerdócio" (*Ep*. 21, 5). Tudo isso foi dito com a máxima reverência e o máximo respeito pela majestade imperial. Conclui a carta com uma rápida recordação de sua antiga atividade como embaixador, dizendo: "Não aprendi a representar no Conselho Privado algo que não fosse de seu interesse. Não sou um cortesão e não posso participar das intrigas políticas da corte" (*Ep*. 21, 20).

Como vemos, a inviolabilidade dos dogmas da Igreja estava agora estabelecida e até suplementada com mais essa afirmação sobre a indispensável independência do clero e obtida a partir de sua estrutura jurídica. Esse foi o resultado essencial da luta que a princípio havia se iniciado como um conflito a respeito da propriedade do prédio de uma simples igreja. O princípio não estava dirigido contra a congregação como tal, pois dentro daquelas circunstâncias seria possível, sem muito trabalho, obter sua anuência à posição contrária. Portanto, não haveria necessidade de uma lei divina especial como prova, ou qualquer particular referência ao Antigo Testamento. O bispo deve ser simplesmente considerado como uma autoridade eleita e competente que representa a sua Igreja. Caso, em uma situação de emergência, seu direito à independência não seja respeitado, então a "liberdade" da Igreja não passa de uma palavra enganosa e de uma ilusão. Vista sob essa luz, a queixa eclesiástica contra o poder secular era não só necessária como consistente.

No entanto, isso implica que a autoridade imperial também havia sido restringida pelo direito da Igreja. Essa é a segunda conseqüência da controvérsia e que foi, com todo o vigor, estabelecida por Ambrósio. Ao imperador, ele diz, com certeza pertencem os palácios, mas não as igrejas (*Ep.* 20, 19). Como cristão, o imperador permanece dentro da Igreja, e não acima dela. Na Igreja os bispos estão acostumados a governar sobre o imperador e nunca o imperador sobre os bispos (*Ep.* 21, 4). Portanto, se o imperador for designado como "filho da Igreja" – aqui Ambrósio inventa uma nova expressão que nunca mais será esquecida – isso não será um insulto, mas uma honra (*Serm. Aux.* 36). Dessa forma, antes de todos, Ambrósio ensinou e defendeu uma nítida e ocidental distinção dos "poderes" e ele o fez com plena consciência de sua fundamental importância.

Para ele, essas idéias eram projetadas sobre um cenário ainda mais amplo. Ambrósio não se contentava apenas em assegurar a independência da Igreja e preferia, antes, um completo e generalizado controle moral e jurídico de tudo, até do poder imperial. Foi-lhe dito, na verdade, "que tudo é permitido ao imperador e que tudo permanece ao seu dispor" (*Ep.* 20, 19) e, no entanto, essa insidiosa afirmação é falsa. A própria pessoa do imperador está obrigada a manter a lei e nunca deverá, a não ser ilegalmente, trazer para debaixo de seu poder até mesmo a mais humilde choupana. E o povo, se necessário, deverá suportar a injustiça em tais casos, embora não possa aprová-los (*Serm. Aux.* 33), enquanto os direitos de Deus permanecem completamente inatacáveis e a obediência à fé tem absoluta validade.

Basicamente, Ambrósio ainda pensava como um republicano; enquanto compreendia e defendia sua própria posição e responsabilidade na Igreja, de acordo com a mentalidade de um antigo funcionário romano, da mesma forma concebia a autoridade da monarquia – embora a mera existência desta já seja, até certo ponto, um sinal de decadência política (*Exam.* V, 52) – seja ela despótica ou "bizantina"; de outro modo se tornaria uma "tirania". Alguém poderá dizer que também encontramos pontos de vista semelhantes em determinados lugares das reminiscências clássicas e da tradição retórica; porém, desde o início eles foram naturais em Ambrósio, como uma conseqüência de sua aristocrática educação romana e de sua ascendência. Contudo, o fator decisivo representado pela seriedade de sua demanda é que esse ponto de vista foi agora apresentado em nome de Deus e com o suporte de seus mandamentos. Não é sem razão que a história da vinha de Nabote (1 Rs 21) consta na Bíblia.

Para o homem da Igreja, a Palavra de Deus transpõe o ideal que não pode estar ligado a uma verdadeira obrigação. "A lei de Deus ensinou-nos o que devemos fazer; a lei dos homens não é capaz de ensiná-lo. Estas fazem com que almas tímidas mudem o seu comportamento por meio da força; porém não são capazes de fazê-lo para inspirar a fé" (*Ep.* 21.10). "Confiando em Deus, não tenho receio de dizer a vocês, imperadores, o que em minha opinião é o certo" (*Ep.* 57, 1). E, por detrás de tais afirmações, encontramos não só uma simples convicção individual e particular, mas a realidade viva e social da Igreja.

Na quinta-feira santa do ano de 386, o governo decidiu abruptamente terminar com esse conflito sem propósito. Calmamente, e sem derramamento de sangue, as cores imperiais foram removidas da basílica inutilmente sitiada, as punições já decretadas foram canceladas e os prisioneiros foram libertados. Na verdade, não havia mesmo outra saída. No fim, mesmo os soldados a quem Ambrósio havia apelado diretamente em seus discursos deixaram seus postos e se juntaram aos fiéis. Isso parecia o fim de uma emocionante contenda, quando algumas semanas mais tarde, durante a dedicação de uma recém-construída igreja, foram encontradas as relíquias de dois "mártires", dois gigantes decapitados, "tais como existiam nos tempos antigos" (*Ep.* 22, 2).

Os restos mortais de Gervásio e Protásio foram transportados triunfalmente até a basílica, logo chamada de "Ambrosiana", e lá foram solenemente sepultados. Em seguida, os milagres e as curas, esperados por tantos, começaram a acontecer. Ambrósio dirigia o culto, e seu sermão para esta ocasião conduziu o entusiasmo comum no sentido desejado: "Agora, todos podem ver: esses são os companheiros que escolhi... Conquistei estes homens para vocês, meu santo povo, para os ajudar, homens que são úteis a todos e não fazem mal a ninguém!... Senhor Jesus, graças a Ti, que nesse tempo novamente levantou o espírito poderoso dos santos mártires; hoje, mais do que nunca, a Igreja necessita de tua proteção" (*Ep.* 22,10). Esta situação tão tensa não iria demorar por muito mais tempo. Uma guerra civil entre os governantes do Ocidente, e que Ambrósio tentou em vão evitar, levou Valentiniano II a fugir. Após a derrota do usurpador, o vitorioso Teodósio assumiu o controle de todo o império praticamente sozinho. Durante os anos que se seguiram, e após um período de extenuante cooperação com ele, o trabalho da vida de Ambrósio chegou ao fim.

Teodósio não era apenas um excelente general, mas também soberano e independente, e não possuía de modo algum uma personalidade insignificante. Foi o primeiro imperador a adotar o ideal de Estado-igreja estabelecido dogmaticamente, tal como já havia sido introduzido no Oriente. Essa política estava, ao mesmo tempo, em conformidade com sua sólida piedade cristã. Porém, as múltiplas necessidades do dia-a-dia obrigaram-no a proceder, também, com flexibilidade e, quando preciso, a demonstrar consideração para com os grupos da oposição. Pessoalmente, Ambrósio tinha um entendimento próprio de tais dificuldades. Apesar disso, no entanto, era inevitável que os interesses políticos do imperador e os interesses eclesiásticos representados por Ambrósio ocasionalmente entrassem em conflito, perturbando seu bom relacionamento.

Como todos os seus contemporâneos, Ambrósio não reconhecia qualquer separação entre a responsabilidade política e os deveres religiosos pessoais do governante e, em todas as circunstâncias, considerava a proteção e o avanço da Igreja como uma obrigação da fé. Nos anos de 388 a 391, Teodósio residiu principalmente em Milão e é fascinante acompanhar em detalhes o fluxo e refluxo do relacionamento entre esses dois homens durante o decorrer desses anos. No entanto, vamos nos restringir aos incidentes mais conhecidos e mais importantes.

Teodósio, como novo senhor de Roma, foi logo confrontado com a questão se deveria, novamente, conceder à cidade os proventos religiosos que haviam sido cancelados, pois o senado, outra vez, encaminhara a antiga petição. "Eu não hesitei", disse Ambrósio, "em expor meu ponto de vista, pública e imediatamente, perante o mui gracioso imperador" (*Ep.* 57, 4). Por causa de sua longa história, o assunto se transformara em uma questão de prestígio eclesiástico, no qual a aquiescência havia se tornado impossível. Ambrósio fez com que o imperador compreendesse que, se necessário, estava resolvido a fazer tudo que fosse possível e, ostensivamente, permaneceu ausente do palácio durante alguns dias até que o problema fosse resolvido à sua maneira.

Ainda mais dramático foi o curso tomado por outro conflito. No Extremo Oriente do império, o bispo de Calinico havia instigado um tumulto e permitido que bandos de monges ateassem fogo às sinagogas daquele lugar. Teodósio, extremamente irado, prometeu castigar devidamente essa violação da paz pública e decretou a reconstrução dos edifícios às custas dos culpados. Porém, Ambrósio manifestou novamente seu protesto declarando que seria uma blasfêmia permitir esse triunfo aos judeus abandonados por Deus. "O que é mais importante, o conceito da lei e da ordem ou a causa da religião?" A lei penal deve ocupar um segundo lugar em relação aos mandamentos da fé (*Ep.* 40, 11; *LCC,* V, 233). Vendo que Teodósio ainda estava hesitante, Ambrósio dirigiu-se a ele durante a cerimônia da adoração e perante toda a congregação ali reunida, dizendo que se recusava a celebrar a reunião até que o imperador prometesse revogar sua ordem. Teodósio, irritado, tomou providências para que dali em diante Ambrósio não mais recebesse qualquer informação sobre os trâmites do Conselho Privado (*Ep.* 51, 2).

Porém, a presença de Ambrósio nem sempre esteve relacionada a um papel tão controvertido. Houve casos, também, em que exerceu o seu ministério mais como um verdadeiro pastor, e menos como um político da Igreja, solicitando formalmente ao imperador que governasse como um "filho da Igreja". A famosa "penitência de Ambrósio" pertence a esta contexto. A fim de castigar o sangrento levante ocorrido na cidade de Tessalônica, na Macedônia, Teodósio conseguiu atrair ao teatro milhares de habitantes que de nada desconfiavam e ordenou aos soldados que matassem a todos (390). Mesmo em um período habituado a castigos extremamente cruéis, esta carnificina provocou um horror generalizado. Embora tivesse se arrependido de sua ordem, Teodósio não conseguiu mais revogá-la; era tarde demais. O fato já estava consumado.

Teodósio pertencia à congregação de Ambrósio – e qual seria sua atitude frente a essa questão? Pois Ambrósio era bem conhecido por obedecer estritamente à obrigação de exigir penitência por causa de qualquer crime cometido. Será que um horrível assassinato em massa poderia ser perdoado por ter sido cometido no exercício do poder imperial? Naquela época, a penitência era invariavelmente um ato público e, no caso de um assassinato, durava toda a vida, ou pelo menos alguns anos. Inicialmente, Ambrósio deixou passar alguns dias durante os quais deixou Milão e se assegurou da aprovação de seus colegas da região. Em seguida, escreveu uma carta a Teodósio, de seu próprio punho, como fez questão de enfatizar, para que nenhuma outra pessoa pudesse tomar conhecimento de seu teor. Como sempre, esse escrito está constituído por detalhadas considerações, cuidadosamente dirigidas à pessoa em pauta e é, caso se prefira, um documento "político". Porém, acima de tudo, existia a intenção de exibir o significado religioso da própria ordem penitencial e de tornar teologicamente clara a impossibilidade de alguém se eximir do mandamento divino.

Com profunda determinação, o rigor da "lei" e o consolo do Evangelho são introduzidos de acordo com seu preciso relacionamento. Deus é misericordioso e não abandona nenhum pecador; porém, Ele perdoa os pecados somente quando o pecador está realmente arrependido e disposto a suportar as conseqüências. "O pecado é retirado de nós somente por meio das lágrimas e do arrependimento" (*Ep.* 51, 11). Nada pode ser mudado nesta ordem divina. Não era uma questão sobre o que Ambrósio queria ou deixava de querer. "Com certeza, eu gostaria de gozar do favor imperial, e agir de acordo com seus desejos. Porém o assunto não o permite" (*Ep.* 51, 15). "Se o sacerdote não falar a verdade àquele que está se desviando do caminho, este morrerá em pecado e o sacerdote será culpado por sua punição, por não ter admoestado aquele que errou" (Ez 3.8) [*Ep.* 51, 3]. Não era uma questão de destruir a reputação imperial, pois o imperador também é um ser humano e pode muito bem cair em tentação. Agora ele não deveria fazer nada mais do que aquilo que já havia sido feito há muito tempo antes dele pelo rei Davi, ou pelo poderoso e piedoso Jó. E se assim o fizesse, iria elevar-se ao mesmo nível dos grandes santos da antigüidade, exatamente como Ambrósio se coloca entre os antigos profetas (*Ep.* 51, 16). "Aquele que se acusa quando peca é verdadeiramente justo, e não aquele que procura se exaltar". Se o imperador for um cristão, não irá tentar inutilmente justificar seu pecado (*Ep.* 51, 15), e deverá decidir por si mesmo o que é melhor para ele. No entanto, se recusar, daí em diante Ambrósio nunca mais poderá oferecer-lhe uma dedicação na igreja. "Siga-me, se você acreditar em mim! Eu digo; se você acreditar, reconheça o que eu digo! Se não acreditar, perdoe-me pelo que vou fazer – pois devo dar toda a honra a Deus!" (*Ep.* 51, 17)

As palavras usadas por Ambrósio eram perfeitamente claras. Ele estava ameaçando o imperador de excomunhão, mas procurou fazê-lo sem transgredir a obediência de um súdito, o que tornou muito mais fácil ao imperador assumir o passo mais amargo. Teodósio achava-se, agora, em uma situação desesperadora e, portanto, capitulou. Mas parece não ter agido somente por obrigação; ao contrário, ofereceu também um consentimento interior à penitência e de boa vontade assumiu-a sobre si com verdadeiro arrependimento. É certo que, pelo menos uma vez, ele apareceu sem as insígnias imperiais, como um verdadeiro penitente na igreja e, como os costumes assim exigiam, confessou seu pecado perante toda a assembléia da congregação.

Seus contemporâneos consideraram esse evento de forma diferente do que mais tarde descreveu a lenda medieval, que distorceu o verdadeiro significado para atender aos seus propósitos. Na verdade não houve qualquer submissão do poder secular, nenhum triunfo do sacerdote sobre o governo, mas um incidente espiritual e uma decisão de consciência por parte do imperador, que honrou a si mesmo ao reconhecer a inviolabilidade dos mandamentos de Deus. Vista sob esse aspecto, a penitência eclesiástica a Teodósio representa o estágio final do processo de cristianização do poder imperial, iniciado com Constantino. Agora a Igreja havia cessado de ser meramente o instrumento, ou o beneficiário do poder governante, pois, estando internamente de posse desse poder, não podia mais tolerar o desrespeito público aos seus princípios éticos, por menor que fosse a negação de suas ordens dogmáticas.

Esta penitência eclesiástica serviu, inclusive, para reunir novamente as pessoas de Ambrósio e Teodósio. Quando o imperador mudou-se, outra vez, para o Oriente, em 391, Ambrósio permaneceu na Itália como seu mais confiável defensor e não o desapontou, pois logo em seguida surgiu na Gália um usurpador, um desconhecido para Teodósio, que imediatamente procurou manter contato com Ambrósio e conquistá-lo para si. É muito interessante observar a maneira como, calmamente e sem levantar suspeita, Ambrósio foi capaz de se evadir de todas as tentativas de aproximação e somente apresentou uma rejeição declarada quando teve condições de dar-lhe suporte eclesiástico. Mais tarde, Ambrósio refugiou-se em Florença para fugir a um encontro pessoal com o usurpador, que havia então marchado contra Teodósio, e durante um ano inteiro ficou ausente de sua congregação em Milão.

Foi um homem cheio de felicidade que se apressou a encontrar Teodósio, que havia saído vitorioso, e foi com suas súplicas que procurou obter clemência para o vencido. Além do mais, o imperador declarou publicamente que foi salvo "pelos méritos e pelas orações" de seu bispo (*Vita*, 31). Quando logo depois faleceu, foi Ambrósio quem realizou a cerimônia fúnebre. Nesse ponto ele, mais uma vez, celebra a imagem do falecido governante como modelo de um príncipe verdadeiramente grande e piedoso e, nessa ocasião, não perde a oportunidade de transferir a lealdade dos soldados a seus filhos. Algumas semanas depois foi publicado um edito pelo qual os novos regentes explicitamente asseguravam sua determinação de não retirar qualquer direito da Igreja e de, no futuro, aumentar ainda mais seu respeito por ela e da melhor forma que lhes fosse possível.

Ambrósio poderia finalmente achar que tinha atingido o objetivo em direção ao qual, como um político da Igreja, havia se empenhado durante todo o decorrer de sua vida. A partir desse momento vamos encontrá-lo em atividade contínua e infatigável como pregador e professor, como escritor teológico e como conselheiro escrupuloso a quem todos procuravam, até os que vinham de longe para vê-lo. Seu secretário Paulino, que mais tarde pressionado por Agostinho escreveu sua biografia, nos assegura que cinco bispos não seriam suficientes para administrar todas as instruções sobre o batismo como fez Ambrósio, sozinho, no decorrer de sua vida. Em retorno à sua casa, depois de ter ido ao exterior para consagrar um bispo, contraiu uma doença fatal. Aconselhado a orar por sua recuperação, Ambrósio recusou: "Não vivi entre vocês de tal forma que tivesse que me envergonhar por viver mais tempo; e também não tenho medo da morte porque temos um bom Senhor" (*Vita*, 45).

Com uma voz quase inaudível fez as últimas recomendações. O "bom velho" Simpliciano, que o havia ensinado antes de ser batizado, deveria ser o seu sucessor. Ambrósio viveu suas últimas horas em oração silenciosa e com os braços estendidos em forma de cruz; faleceu logo após ter, pela última vez, recebido a Ceia do Senhor, no dia 4 de abril de 397, e foi sepultado na basílica de Ambrósio. Acredita-se que, nessa ocasião, o poderoso Stilichio tenha dito que a morte desse grande homem marcaria o início do declínio da Itália. Ambrósio foi poupado de vivenciar a queda do império, que desde os primeiros anos havia sido o seu mundo e ao qual, como bispo, havia servido à sua própria maneira. Somente a Igreja do império, como havia sido estruturada e construída por ele, ainda permaneceria em um mundo tão cheio de transformações.

Qualquer um que pretenda compreender e julgar Ambrósio não deve negligenciar a básica inclinação, prática e política, de sua natureza. Ele sabia que havia sido chamado por Deus para cuidar dos direitos e dos interesses de sua Igreja; ele cumpriu essa obrigação com naturalidade, exatamente como qualquer estadista ou funcionário faria em relação ao Estado e, na verdade, não encontrou nenhum problema. Por outro lado, seria um erro considerá-lo como político que era, como às vezes acontece, acidentalmente arrastado das coisas do Estado para a

Igreja. Os objetivos que realmente ambicionava alcançar, e que internamente o definiram, não se encontravam nos impérios deste mundo. Ao contrário, foram-lhe concedidos moral e espiritualmente. Todas as vezes que louvava a glória da Igreja – e isso aconteceu com muita freqüência – Ambrósio não estava pensando em sua estrutura visível ou na sua constituição, mas em sua misteriosa natureza espiritual. A Igreja é a noiva de Cristo, a cidade santa de Deus e o tesouro dos povos que vive, ao mesmo tempo, na alma de cada homem piedoso. Sua organização nunca poderá ser comparada à do Estado, pois os povos da igreja não formam uma nação, tal como os egípcios, os judeus e os árabes, e sua natureza somente poderá ser entendida através de sua adoração.

Sob Ambrósio, a Igreja de Milão alcançou uma vida litúrgica ainda mais rica. Em seus sermões e em seus escritos ele se alegrava em explicar o significado dos diferentes costumes; além disso, era um teólogo fecundo dos sacramentos e das coisas sagradas. Foi o primeiro sustentáculo definitivo de um ensinamento misterioso relacionado à Santa Comunhão, o qual nunca desenvolveu perante aqueles que considerava como tendo ouvidos profanos.

No entanto, a Igreja não existe meramente em função dos "mistérios". Acima de tudo, ela deve proclamar a fé e ensinar ao povo a conhecer a santa vontade de Deus. Deus nos redimiu através de Cristo e perdoa nossos pecados. Ele requer que perdoemos da mesma forma que Ele nos perdoa, e, como cristãos, conduzamos nossa vida dentro de uma rígida disciplina e santificação. A Igreja e os cristãos têm, também, uma tarefa social; devem ajudar a todos os oprimidos do mundo a obter seus direitos e a aliviar o infortúnio dos pobres da melhor maneira possível. Os ricos são continuamente aconselhados a exercer a caridade, e o próprio Ambrósio foi um bom exemplo desta prática. Nos tempos difíceis da invasão gótica, e sem qualquer hesitação, ele mandou fundir os preciosos vasos da igreja, sem se importar com quaisquer críticas maldosas (*de Off.* II, 28, 136). Os pobres representam o verdadeiro tesouro da Igreja, e não é necessário que ela mesma seja rica. De acordo com as palavras de Jesus, o primeiro dever de um cristão é ajudar seus próprios pais; e o segundo, os pobres. Somente depois, em terceiro lugar, o sacerdote poderá receber seu quinhão. Pede-se misericórdia e não sacrifício (*Exp. Luc.* VIII, 79).

Em relação aos cânones da lei, Ambrósio era episcopal, como todos os antigos Pais da Igreja; ou seja, o bispo eleito pelo povo é o supremo pastor de sua congregação e como tal coopera com os bispos de sua área e reconhece, sem questionar, as decisões comuns dos sínodos. Em princípio, não tem nenhum prelado ou patriarca acima dele como senhor. Até Ambrósio, como bispo da primeira cidade do norte da Itália, exercia autoridade moral sobre os demais bispos e deliberava com o bispo de Roma em termos de completa igualdade. A Igreja romana foi, certamente, o foco central de toda a unidade e comunhão eclesiástica em todo o mundo, porém, isso não implica uma primazia jurídica. "Eu desejo", dizia Ambrósio referindo-se à cerimônia do lava-pés, bastante comum em Milão, "seguir a Igreja romana em todos os pontos. Nós também temos um sólido bom senso, e o que outros lugares fizeram bem por manter, também o faremos" (*de Sacr.* III, 1, 5). Em última análise, Pedro somente fez a primeira confissão a Cristo (Mt 16.16) e, apesar de seu poder, nunca reivindicou qualquer supremacia: "Ele exerceu a primazia da fé e não a primazia da ordem jurídica" (*de Incarn.* 4, 32).

O documento clássico da concepção de Ambrósio sobre o ministério é o seu trabalho *Sobre os Deveres dos Servos da Igreja* ou, simplesmente, *Sobre os Deveres,* originado dos discursos feitos a seus "filhos" espirituais, isto é, o clero de Milão, e está mais intimamente ligado, em sua construção e linha de pensamento, aos trabalhos feitos por Cícero com o mesmo nome e dos quais copiou, quase que literalmente, resumos de páginas inteiras. Como a ética filosófica de Cícero estava dirigida aos estadistas e aos cidadãos romanos, da mesma forma a "ética" dos cristãos, representada pela primeira vez neste livro, tem o propósito de servir, de forma semelhante, como uma ética vocacional, como uma educação para a virtude e como um manual para o ofício dos clérigos. Um homem da Igreja deve, em todos os aspectos, fazer o que é decoroso, útil e justo e ter uma aparência séria e digna. O homem de Deus não pode ter um comportamento "popular"; "pois, como poderá ele manter o respeito do povo se não possui nada que o possa distinguir da multidão?" (*Ep.* 28, 2)

Exemplos históricos antigos foram substituídos por outros, cristãos e bíblicos, especialmente do Antigo Testamento, mas ainda permanece surpreendente como esse livro é agora apresentado como "cristão", diferenciando-o de seu modelo filosófico. Ambrósio estava tão profundamente envolvido na tradição clássica que não percebeu seu próprio relacionamento com ela. Apesar disso, podemos sentir, nas pequenas variações e nas adições aqui e ali o surgimento de um novo espírito, que internamente muda a sua herança. O Deus Supremo não é mais considerado como uma virtude, mas como uma bênção eterna, que encontraremos no futuro e com quem estaremos em comunhão. Suas promessas se encontram no início dos ensinamentos sobre o dever, da mesma forma como as "Beatitudes" introduzem os mandamentos do Sermão da Montanha.

A alma, que é a sede da vida real do homem, está mais e mais diferenciada do corpo e do mundo das coisas visíveis. Uma dissertação especial, que vai além de Cícero, está envolvida com o valor do silêncio. Até onde sabemos, Ambrósio foi a primeira figura da antigüidade que não lia mais os livros em voz alta, mas em silêncio e meditação. Na verdade, tinha uma voz fraca que protegia por meio dessa prática; no entanto, sob este novo exercício que havia inaugurado estava escondida uma profunda mudança na compreensão literária e um prazer intelectual generalizado.

Essas diferenças, consideradas como "não clássicas", de percepção e de estilo intelectual, e que apontam para a Idade Média, não devem ser imediatamente entendidas como cristãs e apenas representam um sintoma generalizado da época; no caso de Ambrósio, seriam provavelmente devidas às influências "neoplatônicas". Porém o pensamento religioso não fica satisfeito com uma "espiritualização" generalizada da vida e do mundo. A força do desejo de uma salvação pessoal transcende o nível filosófico da consciência e lança mão das declarações da Bíblia sobre Cristo como a realidade viva e verdadeira que redime e salva o homem. É precisamente o questionamento tradicional, psicológico e antropológico da antiga teologia latina, que aqui se levanta sobre a solidez de seu moralismo e de sua legalidade.

Ambrósio assimila alguma coisa do que realmente significa liberdade de espírito, fé, graça e a morada de Cristo naqueles que são fiéis. A vinda de Cristo ao mundo seria inútil se Ele não viesse, também, para dentro dos corações "e vivesse em mim, e falasse em mim" (*Exp. Luc.* X, 7). Cristo deve habitar nos sentidos humanos, para que não somente os pecados desapareçam deles, mas também o desejo de pecar (*Exp. Ps.* cxviii, IV, 26). Deus torna a vontade receptiva e pronta para o bem (*Exp. Luc.* I, 10). Portanto, "Não vou me vangloriar por ser justo, mas sim porque estou salvo. Não vou me vangloriar porque estou livre dos pecados, mas porque meus pecados foram perdoados". Cristo, que morreu por mim, é também o meu intercessor. "A culpa trouxe mais bênçãos do que a inocência; a inocência me fez orgulhoso, porém a culpa me subjugou novamente" (*Jac.* vi, 21). Basta apenas comparar essas palavras com quaisquer das afirmações de Cipriano para perceber imediatamente quantas descobertas espirituais foram feitas desde seu tempo e quais novos e poderosos desenvolvimentos foram colocados em ação.

Ambrósio havia realmente lido os escritos de Paulo, e já nos colocamos próximos a Agostinho, apesar de termos aqui apenas algumas elocuções isoladas. O novo conceito não apresenta um programa teológico para Ambrósio; anuncia-se apenas involuntariamente e permite que todas as concepções tradicionais possam com ele coexistir. No entanto, através destes próprios meios, percebemos que representa um caso de genuína experiência cujo poder reside dentro da alma para tocar e mudar a verdadeira vida religiosa.

Ainda hoje nos aproximamos de Ambrósio através de seus hinos. Embora a melodia original dificilmente possa ser reconstruída, esses versos ainda falam distintamente da natureza e da piedade desse homem. Pois Ambrósio foi um poeta, certamente não um poeta na mais moderna e significativa acepção da palavra; e nem escreveu poesia no sentido da arte formal de sua época. Porém, ainda assim era um poeta genuíno, com uma originalidade quase clássica na maneira como harmoniza a tarefa e a sua realização, a forma e o conteúdo de sua mensagem. Os hinos são as canções da congregação.

Aqui, pela primeira vez, o sentimento espiritual da antiga Igreja latina adquiriu uma expressão adequada, grandiosa e forte. De agora em diante, "ambrosiano" significa uma nova forma de estilo poético que inaugurou o estudo dos hinos eclesiásticos da Idade Média. Supõe-se que os primeiros hinos tiveram sua origem nos dias de opressão, durante as lutas da Igreja no ano de 386, quando a tarefa era reunir o povo nas igrejas sitiadas e fortalecê-lo espiritualmente através destas "melodias mágicas". O modelo para essa inovação foi, provavelmente, o canto congregacional das igrejas gregas e sírias, e que já existiam há muito tempo.

Ambrósio, no entanto, foi bem-sucedido naquilo que Hilário, um homem de notável talento poético, havia tentado em vão antes dele. Ambrósio conseguiu reproduzir, dentro do caráter do povo e do espírito da linguagem eclesiástica latina, o pensamento simples e genuíno das pessoas e o gênio completamente diferente do Oriente. Quanto à forma, os hinos são constituídos por perfeitos versos clássicos, distribuídos em estrofes de quatro linhas para evitar qualquer complicação, e assim a força natural da palavra coincide regularmente com a acentuação do verso. Como os pilares de uma espaçosa e ensolarada basílica, as simples estrofes se associam em um ritmo contínuo e expressam aquilo em que a congregação acreditava e o que sentia. O reconhecimento da Trindade de Deus está combinado com diferentes temas bíblicos e harmoniza-se com a experiência da hora do dia e da correspondente mudança de sua iluminação.

Uma força e uma simplicidade maravilhosa estão presentes nesses hinos. E foi um homem, com a envergadura de Agostinho, que nos descreveu como a simplicidade destes versos foi capaz de infundir, após o batismo, uma nova e doce felicidade aos corações inquietos (*Conf.* IX, 6). Após a morte de sua mãe, a dor intensa encontrou alívio ao liberar as lágrimas por meio da harmonia do hino vespertino de Ambrósio:

> Artífice de todas as coisas, altíssimo Deus,
> Grande soberano do céu estrelado,
> Que veste o dia com luz de formosura,
> E trajou a noite com suave repouso.
>
> Que o sono possa recuperar meus membros cansados,
> E deixá-los prontos outra vez para a labuta,
> E possa gentilmente acalmar o seio aflito,
> E embalar nossas mágoas aflitas no repouso.
>
> Te agradecemos pelo dia que se foi;
> Oramos a Ti agora que a noite chega;

Ajude-nos; somos pecadores que levantam
A Ti nosso hino votivo de louvor.

Para Ti nossos corações trazem sua música;
A Ti, nossos louvores cantam em uníssono;
A Ti se eleva a nossa arrebatada afeição,
E a Ti nossas almas purificadas adoram.

Assim, quando partem os raios de luz do dia,
E nas sombras da noite desaparecem,
Não permita que a fé conheça o extravio da escuridão
E que possa com a noite brilhar resplandecente.

Os inquietos, tenham sempre em mente,
Que o pecado os conserva em sono perene!
Deixem a fé renovar sua pureza
E mitigar o orvalho letárgico do sono

Livres de toda paixão carnal
Possam nossos corações repousar em Ti!
Nem os invejosos inimigos, com laços do mal,
Compartilhem o nosso repouso com o terror do pecado

Cristo, sempre um com o Pai,
Espírito! O Pai e o Filho,
Deus sobre todos, o poderoso domínio,
Proteja-nos, grande Trindade, nós te suplicamos.

De modo incidental, Ambrósio é o único Pai da Igreja de quem ainda possuímos um retrato. Ele é extremamente expressivo e não idealizado e pode, com toda a razão, ser considerado como "autêntico". É um mosaico com seu nome na capela da basílica Ambrosiana dedicada a seu irmão Satiro, que foi feito no início do século V; portanto, apenas alguns anos após sua morte.

Diante de nós se encontra uma figura delgada e esbelta, vestida com uma longa túnica e um manto simples mas elegante, de um homem distinto (ainda não havia um traje especial para clérigos). O rosto, ligeiramente inclinado, longo e não completamente simétrico (um exame de suas relíquias confirmou um pequeno deslocamento do olho esquerdo), está emoldurado por um cabelo cortado rente, enquanto acima de lábios túrgidos e de um queixo quase invisível pode-se perceber um pequeno bigode. A expressão caracteristicamente distante e quase melancólica de seu rosto pode ser totalmente identificada nos olhos bastante abertos; o seu olhar penetrante parece estar fixo na assembléia de sua congregação. No entanto, esse olhar profundamente calmo e severo está dirigido através da congregação para o além e para o infinito.

Naturalmente, não podemos agora descobrir o quanto a vida interior desse quadro é capaz de reproduzir a genuína lembrança histórica e o quanto foi, talvez, baseado numa interpretação artística posterior. De qualquer forma, este quadro reproduz Ambrósio mais fielmente do que as inúmeras imagens sensacionais dos últimos tempos, que glorificam o orgulhoso príncipe da Igreja em Milão, ou o seu erudito bispo.

Capítulo 5

Jerônimo

A gravura de Dürer, intitulada "Jerônimo e seus estudos", é bastante conhecida. Nela podemos observar um aposento confortável e bem mobiliado, próprio de um sábio, e a figura de um velho, que em atitude de silêncio e total concentração escreve em um livro à luz de sua lamparina, sem se deixar perturbar por um ofegante cãozinho e pelo ronronar de um leão, aquecido pelo sol tépido que vem de uma clarabóia logo acima dele. Todo esse conjunto deixa transparecer a imagem de uma paz interior e exterior e de uma perfeita harmonia entre o trabalho do sábio e sua verdadeira tranqüilidade espiritual. Porém, esse não é o retrato histórico de Jerônimo. Ele foi realmente um sábio e um teólogo, mas as imagens barrocas, agitadas e turbulentas que reproduzem esse velho "penitente" postado à entrada de uma gruta nos oferecem, nesse caso, uma idéia melhor do verdadeiro temperamento desse homem, embora o cenário externo seja aqui também bastante típico de sua personalidade.

Somente durante um período muito curto de sua juventude Jerônimo tentou viver como um eremita, mas logo desistiu, pois, a despeito de seu zelo ascético e de seus interesses eruditos, nunca foi realmente capaz de virar as costas ao mundo que o rodeava. Impetuoso e ansioso por granjear reconhecimento procurou a estima, os aplausos e a reação dos demais, ainda mesmo quando pensava desprezá-los, e derramava sobre eles sua reprovação. Jerônimo estava sempre ocupado consigo mesmo; não conhecia paz interior e fazia inimigos em toda parte, aos quais perseguia com furiosa indignação e ódio pessoal. No entanto, as fraquezas de seu caráter sempre se manifestavam ao lado de suas magníficas qualidades. Esse detalhe já havia sido observado pelos seus contemporâneos e, até hoje, seus biógrafos encontram muita dificuldade ao descrever sua vida sem introduzir qualquer apelo polêmico ou apologético. Se for nosso intuito compreender o interesse e a importância histórica desse homem, assim como a influência que exerceu, devemos suspender qualquer juízo teológico ou moral.

Jerônimo foi uma criança como qualquer outra que viveu em seu tempo e em seu país. Na segunda metade do século IV uma nova vida intelectual começava a se agitar em todo o norte da Itália. Não foi somente por causa da influência de Ambrósio que, em toda parte, pregadores, teólogos e escritores retomaram de suas penas em áreas onde o cristianismo havia até então deixado de revelar qualquer significado intelectual, ou cujo significado era aparentemente bastante reduzido. Podemos observar como a situação se alterou após a conversão de Constantino, pois novas possibilidades eclesiásticas e culturais estavam agora favorecidas pelo Estado, dentro de um ordenamento cristão.

Jerônimo nasceu por volta de 347, na até então desconhecida e pequena cidade de Strido (n), nos remotos confins da Itália que faziam limite com a Dalmácia ou, melhor dizendo, ainda mais para o sudoeste, isto é, na própria Dalmácia. A população desse local não estava interessada em assuntos intelectuais, e menos ainda em espirituais. Como o próprio Jerônimo explica: "seus deuses estão em seus estômagos". Qualquer um que fosse rico era também considerado como piedoso e o bispo era "exatamente a tampa que alguém poderia esperar para esse pote" (*Ep.* 7, 5). Seus pais pertenciam a este mundo e, de acordo com todas as aparências, eram pessoas absolutamente comuns, prósperas e bons cristãos; no entanto, não proporcionaram a seu filho nenhum estímulo mais sério.

Depois de aprender a ler e escrever e de adquirir conhecimentos de aritmética, decidiram enviá-lo a Roma para obter uma educação superior e fazer carreira em uma ou outra profissão secular. Aparentemente, Jerônimo estava totalmente de acordo com essa decisão e, junto com um colega de escola, foi a Roma, onde recebeu os costumeiros ensinamentos. Mesmo depois de adulto, a época de estudante voltava à sua memória em pesadelos, pois tinha que postar-se vestido com uma toga diante do professor e, como parte de seus exercícios de retórica, proferir um discurso. Chegou a ouvir nesse período o grande gramático Donato e os advogados dos tribunais públicos e, despreocupadamente, tomava parte nas brincadeiras e diversões de seus colegas.

No entanto, foi nesse tempo que deu início à formação de sua tão estimada biblioteca de autores clássicos latinos. Podemos supor que, desde tenra idade, Jerônimo foi um leitor diligente e incansável, possuidor de uma memória admirável; mesmo na velhice podia citar sem qualquer esforço Virgílio, Horácio e muitos outros poetas. Também lia Quintiliano, Sêneca e vários outros historiadores; mas para ele, assim como para Lactâncio, o incomparável Cícero foi o verdadeiro professor e modelo do melhor estilo.

Nos últimos anos de sua vida, às vezes lamentava a forma como freqüentemente deixou-se levar pelos enganosos caminhos de uma juventude vã e pecadora; porém, essa observação não nos surpreende vindo de um ascético convertido! Jerônimo tinha uma mente receptiva e ansiosa para tirar o melhor proveito de sua existência e seus escritos mais tarde nos dão uma suficiente indicação de que estava bem familiarizado com as tentações do lado sensual da vida. No entanto, não existe uma verdadeira razão para levar muito a sério esse lado retrospectivo de suas generalizadas afirmações. Ao mesmo tempo, a vida eclesiástica de Roma o havia deixado grandemente impressionado. A rica congregação não mais ocupava uma posição de obscuridade, e imponentes edifícios e palácios davam testemunho do início de uma Roma cristã. Jerônimo participava com satisfação dos magníficos e bem freqüentados cultos, e também visitava as catacumbas fora dos portões da cidade que, embora ricas em memórias, estavam naquela época um pouco negligenciadas. Parece que todos os amigos com os quais se associava, Pamáquio, Rufino e outros, inclinaram-se depois para uma vida profundamente cristã e ascética.

Ao final de seus estudos, quando tinha aproximadamente 19 anos, Jerônimo decidiu receber o batismo juntamente com o seu amigo de escola chamado Bonoso. Como vimos no caso de Ambrósio, isso não era comum para um jovem com ambições na esfera da vida pública. Em 367, o estudante de vinte anos de idade iniciou uma longa viagem à Gália e acredita-se que tenha tido a intenção de solicitar uma bem remunerada posição em Trèves, a capital imperial. No entanto, ele estava então interessado na literatura clássica, teológica e eclesiástica, e experimentou em Trèves sua primeira conversão, quando renunciou à carreira secular decidindo dedicar-se inteiramente à meditação religiosa e ao trabalho espiritual; induziu também o fiel Bonoso a consagrar-se da mesma maneira ao serviço de Cristo.

Seria um engano, porém, se víssemos em tal decisão o ideal monástico, segundo a acepção posterior desta palavra, ou mesmo se presumíssemos uma crise interior. Jerônimo, como cristão, estava então se comprometendo com uma nova forma de vida intelectual e, até certo ponto, também espiritual, que para ele não significava "pobreza" nem "obediência" ou até uma estrita subordinação. Ao contrário, iria apenas proporcionar-lhe uma independência pessoal e tranqüila de seus estudos e diversões intelectuais, além da alegria da amizade e o intercâmbio de interesses comuns. De qualquer forma, isso é o que parece ter acontecido em razão do modo como as coisas aconteceram posteriormente. Foi uma típica mudança de carreira, freqüentemente observada em outros casos no decorrer daquelas décadas, pois para um homem com tamanha atividade intelectual, a atividade política havia se tornado algo completamente sem interesse.

Da mesma forma, as atividades normais das escolas e academias também pareciam formais e desprovidas de atrativos, pois não mostravam sinal de qualquer impulso vital para novos ideais. Tudo era diferente no reino da igreja e de sua religião, pois tendo repentinamente alcançado reconhecimento e influência, o novo credo iria agora necessitar, em toda parte, de homens dispostos a assumir as novas funções que lhe haviam sido impostas, a preservar seus recursos internos e levar adiante e dar uma nova vida às tradições espirituais que possuía. Alguns, como Ambrósio, iriam dedicar-se inteiramente ao serviço da administração eclesiástica. Para outros, novas possibilidades e tarefas "interiores" haviam se revelado e aguardavam apenas ser compreendidas, a fim de conduzirem a uma vida mais elevada e plena de liberdade e de significado perante Deus e os homens. Nessa época, as ofensas, as frustrações e o desprezo que anteriormente haviam ameaçado os cristãos haviam desaparecido para sempre. Jerônimo, como escritor cristão, santo e sábio, não precisava permanecer solitário ou improdutivo; ao contrário, poderia contar com o reconhecimento generalizado e a admiração se, de agora em diante e orgulhosamente, proclamasse que somente servia a Cristo e que desejava seriamente assumir a sua verdade. Ao tomar essa decisão ele se tornou um amparo e um exemplo para a Igreja e para o mundo.

Após uma estadia muito curta em sua cidade natal, Jerônimo descobriu em Aquiléia a sociedade e o ambiente que procurava. Na casa do sacerdote Cromátio encontrou novamente seu velho amigo Rufino, e também um grande número de clérigos interessados no ascetismo, com os quais iria em breve conviver em um ambiente de animada amizade espiritual. Anos mais tarde, casualmente, elaborou um memorial para seus amigos em sua crônica, através de uma anotação feita no ano de 373, na qual dizia que os clérigos de Aquiléia pareciam um coro de anjos. Também estabeleceu relações com a cidade vizinha de Concórdia e com uma comunidade de devotas e ascéticas mulheres de Laibaque. Infelizmente, não temos conhecimento detalhado desses anos, mas podemos supor que todos os elementos, que mais tarde encontraremos novamente na vida de Jerônimo, já haviam sido reunidos, isto é, o cultivo comum de interesses ascéticos e teológicos, o intercâmbio com amigos com idênticas convicções e a piedosa admiração dedicada às mulheres de inclinação espiritual – tudo talvez ainda dentro de uma imaturidade juvenil, mais primitiva e provinciana do que mais tarde.

Essa fase da sua existência terminou, tal como muitas vezes sucedeu nos períodos que se seguiram, de forma não muito pacífica e com disputas e controvérsias pessoais. Não sabemos de onde veio o "furacão repentino" que destruiu quase todo o seu círculo de amigos; pode ser que seu consciente zelo ascético tenha perturbado os membros de uma igreja ainda não totalmente acostumada a este comportamento, ou talvez também os clérigos superiores. Na realidade, Jerônimo não foi o único a ser afetado, porém sentiu-se ainda mais vergonhosamente difamado do que os outros. Até em Laibaque os devotos haviam se afastado dele; e o bom relacionamento que tinha com seus pais e parentes, que talvez não tivessem ficado bem impressionados com a mudança de carreira de seu filho, estava então inteiramente arruinado. O fato de Jerônimo ter sido bem-sucedido em despertar na sua irmã mais nova o entusiasmo pela vida ascética, e de tê-la conduzido sob a influência de um amigo diácono, pode ter sido um fator que contribuiu para esta reação adversa. Ainda temos em nosso poder uma carta repleta de citações da Bíblia com a qual procurou apaziguar uma tia indignada – evidentemente em vão. Depois desse episódio, Jerônimo nunca mais mencionou seus pais e jamais os viu outra vez.

O jovem gênio ascético, para quem o solo nativo havia se tornado demasiadamente perigoso, decidiu então viajar para o Oriente (373-374). Jerusalém e a Terra Santa haviam se tornado o objetivo de inúmeras peregrinações, e qualquer um que desejasse distinguir-se na prática da santidade poderia encontrar nos desertos da Síria ou do Egito exemplos de vida monástica que o Ocidente somente conhecia por ter ouvido falar. Além disso, o Oriente grego ainda era a terra da cultura e do mais elevado conhecimento teológico. Jerônimo considerava-se um peregrino e um futuro eremita; porém, não se pode duvidar que também tivesse sido atraído pelo estímulo dos tesouros intelectuais que talvez esperasse encontrar. Ao chegar a Antioquia de Orontes, desistiu de dirigir-se imediatamente ao deserto: sentia-se doente e sobrecarregado – uma queixa que vez por outra aparece em suas cartas, não só nessa época como também nos anos seguintes. Seu "pobre corpo", que na realidade permaneceu insolitamente resistente ao longo da vida, parecia estar sofrendo "mesmo quando em plena saúde" (*Ep.* 3, I). Jerônimo já acreditava estar próximo à morte (*Ep.* 6, 2).

Foi recebido com muita hospitalidade pelos habitantes da cidade, inclusive na propriedade de seu amigo Evágrio, e logo deleitou-se com todo o estímulo oferecido pela vida intelectual da metrópole. Dedicou-se inteiramente ao estudo do grego, participando de conferências e mergulhando em toda a literatura teológica disponível; provavelmente seus estudos da dialética de Aristóteles pertençam a esse período. Não demorou muito para que seus primeiros esboços literários viessem a ser produzidos: a pedido do amigo Inocêncio, que estava a seu lado, descreveu um recente e impressionante acontecimento criminoso no qual uma mulher, falsamente acusada de adultério e condenada à morte, foi finalmente salva graças à intercessão de Evágrio. A pequena narrativa, composta tal qual o relato de um martírio, foi concluída com um elogio àquele que o hospedou em Antioquia. Não era nenhuma obra-prima – apesar, ou talvez por causa, do esplendor retórico e bombástico que Jerônimo derramou sobre ela. O mesmo se pode dizer de uma exposição feita sobre o profeta Obadias, que infelizmente não foi preservada. Segundo ele mesmo relata, mesmo depois de vinte anos, quando tecia comentários sobre esse texto, sentia-se constrangido quando leitores imaturos tentavam elogiá-lo pessoalmente pela suposta profundidade deste elaborado exemplo de trabalho. Além do mais, via neste pequeno escrito apenas uma tolice da juventude que simplesmente não podia mais reconhecer.

A carta mais antiga que foi preservada nos dá informações diretas, e muitas até indiretas, sobre o estado de espírito em que se encontrava naquela época. Estava endereçada ao chefe da comunidade dos eremitas, com o qual havia estado durante suas viagens, e possivelmente trata-se de uma carta de agradecimento após ter chegado são e salvo, mas que tomou, no entanto, mais a forma de uma confissão e um brado por sua intercessão salvadora. A ternura com a qual Jerônimo faz o contraste do estado angustiante em que se encontra, por estar naquele mundo pecaminoso, com a feliz solidão do destinatário, produz um efeito extremamente artificial. Jerônimo "não quer recuar e não pode avançar". Com certeza, deve ter havido uma discussão sobre seus planos ascéticos durante sua visita e ele, portanto, assegura "incessantemente" ao seu correspondente que naquele momento, como sempre, seu coração está possuído pelo desejo ardente de seguir o caminho indicado. Porém faltam-lhe ainda forças para decidir, e somente a intercessão do eremita poderá garantir que talvez um dia sua aspiração seja acompanhada pela sua realização (*Ep.* 2).

O jovem retórico queria ser um cristão santo e essa decisão, uma vez tomada, não seria abandonada; mas ele ainda não havia encontrado um caminho pelo qual pudesse chegar ao local de seus ambiciosos sonhos, onde sua inclinação e capacidade literárias coubessem dentro do cenário de uma forma monástica de vida. Hesitava e sofria por causa de sua própria hesitação, embora deixasse, ao mesmo tempo, que a vida rica e animada que levava, como também os amigos e as inesperadas possibilidades de trabalho e de estudo em Antioquia, exercessem os seus efeitos sobre ele.

Enquanto isso, o conflito não se limitava apenas às razões externas: Jerônimo era capaz de senti-lo até no campo intelectual de seu atual trabalho e de seus interesses. Seu coração ainda estava preso aos antigos amores e não tinha qualquer desejo de se comprometer apenas com as Sagradas Escrituras e pesquisas teológicas às quais sua vida estava prestes a ser exclusivamente dedicada. Esta inquietação que o torturava está refletida em seu famoso sonho que, provavelmente, aconteceu nessa época, mas que certamente só foi registrado dez anos depois.

O relato desse sonho foi encontrado em uma carta de educação ascética e é óbvio que Jerônimo a havia escrito sob uma forma estilizada a fim de servir aos propósitos daquele tratado. Também a conclusão milagrosa deverá ser avaliada desta forma, e é claro que não deve ser considerada de acordo com o seu sentido literal, embora fosse esta a intenção de Jerônimo. De qualquer forma, não existe qualquer razão definitiva para negar completamente a realidade do sonho.

Jerônimo escreveu (*Ep.* 22, 30): "Muitos anos atrás renunciei à minha casa, meus pais, minha irmã e meus parentes e, o que foi muito mais difícil, à boa cozinha da família também" (essa afirmação, feita exatamente no início, representa uma surpreendente confissão, mas ela é característica de Jerônimo!); "pois eu tinha me tornado um eunuco pelo amor do reino do céu (Mt 19.12) e queria me mudar para Jerusalém a fim de prestar o serviço militar do espírito. No entanto, não pude me apartar de minha biblioteca, que havia trazido de Roma com tanto trabalho e tanto cuidado. Eu estava me sentindo muito infeliz: jejuei – para ler Cícero depois! Passei muitas noites em claro, pranteei do fundo do meu coração; pensava em meus antigos pecados – então tomei Platão em minhas mãos, mas me arrependi e comecei a ler um profeta. Depois achei detestável sua linguagem inculta e, por não poder ver a luz com meus olhos cegos, pensei que o sol fosse o culpado e não os meus olhos. Enquanto a velha serpente lançava suas artimanhas sobre mim, uma febre incessante invadiu meu corpo, exausto pelo jejum, e tanto exauriu meus desafortunados membros que – até parece incrível – fiquei reduzido a ossos. Começaram, então, a fazer os preparativos para meu sepultamento; meu corpo estava completamente frio e somente em meu congelado coração havia um pequeno lampejo do calor natural da vida. Foi então que, de repente, em espírito fui dominado e levado a um tribunal. Uma luz impressionante brilhava sobre mim e aqueles que se postavam em volta dela também emitiam clarões de luz; atirei-me ao solo sem ousar levantar os olhos. Então perguntaram sobre meu nome e respondi: sou cristão. Você está mentindo! Disse aquEle que estava sentado no trono. Você é um ciceroniano, não um cristão! (*Ciceronianus es, non Christianus*): onde estiver o vosso tesouro, aí estará também o vosso coração (Mt 6.21)".

Jerônimo descreveu ainda como continuou a implorar por misericórdia enquanto um terrível vendaval soprava sobre ele. Os espectadores também intercederam em seu favor, que um juízo clemente fosse feito em relação aos erros de sua juventude e que lhe fosse concedida uma nova oportunidade de melhoria. Então jurou nunca mais desejar possuir livros seculares e que se novamente os lesse que isso fosse considerado como uma rejeição. Foi assim que o libertaram e ele, para surpresa geral, retornou à vida. Jerônimo nos assegura que esses não foram meramente sonhos, pois quando acordou ainda sentia as rajadas de vento sobre seus ombros que estavam cobertos de manchas azuis. Daí em diante, voltou-se para os escritos divinos com um zelo que nunca havia antes dedicado aos autores "mortais".

Juntamente com o nome Cícero, Jerônimo incluía toda a herança cultural "clássica". Ao contrário de Lactâncio, não considerava Cícero como sendo principalmente um filósofo, pois nunca havia tido qualquer interesse pela filosofia em si e achava fácil simplesmente arremessar de lado seus representantes como ignorantes e tagarelas. Jerônimo pensava em Cícero como o orador, o mestre de uma língua cultivada e de nobre estilo, o professor da educação geral e da cultura, Cícero que foi a seqüência de Platão, Virgílio, Horácio, Sêneca e dos historiadores.

O ensino escolar da antigüidade, sobre o qual Jerônimo está pensando, tinha um forte preconceito contra o estudo da linguagem. Foram as vantagens de sua expressão formal – além de sua extrema necessidade de diálogo – que acima de tudo tornaram-no um entusiasta pelos antigos autores. Não há necessidade de raciocinarmos sobre os valores humanos mais profundos e estéticos: apesar de toda a sensibilidade e versatilidade de seu temperamento, Jerônimo tinha basicamente uma natureza totalmente não poética, ou na melhor das hipóteses, prosaicamente poética. É por isso que as vantagens exteriores de uma linguagem perfeitamente culta desempenharam um papel soberano e a Bíblia, em contraste, parecia-lhe rude, insípida e quase insuportável. Sabia, porém, que com essa atitude estava trilhando um caminho totalmente errado e, portanto, estava determinado a mudar de direção. Daí em diante, seu trabalho literário e toda a sua disposição estariam concentrados exclusivamente na Bíblia, sobre a exposição da Bíblia e sobre os estudos teológicos que lhe diziam respeito.

Seria essa assertiva correta? Mais tarde, quando a amizade deles havia se rompido e se transformado em uma hostilidade mordaz, não foi outro senão seu amigo Rufino que abertamente levantou a acusação de que, na realidade, Jerônimo havia sido infiel ao voto feito no sonho e constantemente quebrado o juramento de não ler autores profanos. Apresentava as evidências: referia-se não só às inúmeras citações, mas também às cópias de tais livros proscritos, que Jerônimo, como um entusiasta colecionador de livros, havia mais de uma vez encomendado e pago, obras de elevados custos.

A maneira insincera e subalterna com a qual Jerônimo se defendeu contra essa reprovação não contribuiu para melhorar sua situação. A longo prazo, o "voto" não foi obviamente mantido em seu significado literal. No entanto, Rufino cometeu uma injustiça contra Jerônimo que, com propósito consciente e intencional, nunca retornou aos estudos profanos, no velho sentido. Daí em diante, usava autores pagãos somente como um auxílio à exegese bíblica e não mais os lia pela sua importância, mas por simples prazer. Até os historiadores pagãos que citava, "não por capricho, mas somente por uma forçosa necessidade", tinham a finalidade de demonstrar que as profecias bíblicas são verdadeiras e realmente tornaram-se realidade (*Comm. Dan.* prol.).

Isso não queria dizer que, por falsa modéstia, Jerônimo escondesse seus profundos conhecimentos ou que pretendesse renunciar à elegante retórica de seu estilo. Pelo contrário, sempre apreciou muito exibi-los e frases ocasionais que porventura assegurem o contrário não devem ser levadas a sério por serem simplesmente parte de uma retórica convenção. Sempre teve a secreta ambição de competir com seus modelos pagãos e, sempre que possível, sobrepujá-los; porém, isso apenas seria feito de acordo com os interesses de Deus e de uma cultura mais santa e elevada. Conforme os preceitos da Bíblia (Dt 21.2), deve-se primeiro cortar o cabelo e as unhas da escrava impura e, em seguida, todo o seu corpo deverá ser limpo de toda idolatria e sensualidade antes que possa ser admitida em Israel (*Ep.* 70, 2); isto é, as boas coisas da cultura pagã não deverão ser aceitas diretamente, mas assimiladas dentro de um novo contexto.

"O que Horácio tem a ver com o salmista, Maro com os Evangelhos ou Cícero com os apóstolos?... É certo que 'para o puro, tudo é puro' (Tt 1.15) e nada pode ser censurado se for desfrutado com ação de graças (1 Tm 4.4). No entanto, não podemos ao mesmo tempo "beber do cálice de Cristo e do cálice dos demônios" (1 Co 10.21 – *Ep.* 22,29). Jerônimo preferia descrever a situação como se a cultura cristã já tivesse alcançado a própria perfeição e não necessitasse absolutamente de tais empréstimos. "O rei Davi representa os nossos Simonides, Píndaro e Alcaio, ou Flaco, Catulo e Sereno" (*Ep.* 53, 8). Um homem como Teófilo, bispo de Alexandria, reúne em si mesmo as virtudes de um Platão e de um Demóstenes (*Ep.* 99, 2). Nossa Atenas, isto é, a universidade de ensino cristão, é Jerusalém (*Ep.* 46, 9). Essa breve descrição da história da literatura, escrita por Jerônimo conforme o modelo de Suetônio, na obra *Homens Ilustres,* isto é, os escritores da Igreja, servem bem ao propósito único de explicar a qualidade e a importância dos gigantes intelectuais do cristianismo, de forma a deixar envergonhados os difamadores pagãos que, ao invés de insistir no caráter "filisteu" dos cristãos, possam tomar conhecimento de sua própria ignorância (*Vir. Ill.*, prol.). Naturalmente, é claro que Jerônimo está bem ciente de que esta atitude de orgulho é prematura e que os cristãos nunca poderiam dispensar a cultura pagã e, em defesa de tudo que havia emprestado dos mestres pagãos, refere-se novamente aos homens da Bíblia que, de Moisés a Paulo, acredita-se terem agido da mesma forma (*Ep.* 70, 2). Essa é precisamente a sua tarefa, assim como a dos demais cristãos que tenham o mesmo propósito, isto é, de finalmente compensar o retrocesso da Igreja e de justificar publicamente a glória que alcançou através de suas correspondentes conquistas intelectuais.

Anteriormente, Tertuliano e Clemente de Alexandria já haviam se preocupado com o problema da cultura antiga, isto é, se a indispensável cultura pagã seria permitida aos cristãos e não foi por acaso que então, no século IV, essa questão tivesse assumido uma importância ainda maior. Jerônimo pode ser considerado um exemplo sem paralelo pela intensidade com que suportou tal conflito como seu destino pessoal e nesse sentido seu sonho adquire um profundo simbolismo. A solução que encontrou foi comparativamente externa e pouco refinada, porque apenas avaliava as vantagens da cultura antiga externamente e através da riqueza de seus conhecimentos, e acima de tudo pela beleza de sua linguagem. Sua decisão de renunciar a este prazer foi forçada; foi tipicamente ascética e levou a uma limitação puramente temática e externa de seu trabalho e de sua leitura, medidos de acordo com o conteúdo cristão ou pagão. Não foi sem sofrimento mas com uma amargura muito grande e quase que com desprezo, que os cristãos convertidos repudiaram os autores pagãos, exatamente porque ainda os amavam e nunca poderiam realmente viver sem eles.

Em todas as ocasiões possíveis, e muitas vezes mais impetuosa do que sinceramente, ele assegurou aos demais que havia estudado todos os mestres pagãos e os conhecia muito bem – e exatamente por essa razão não necessitava mais deles e declarava-se interessado apenas na Palavra de Deus. E a serviço dessa verdade esperava tornar-se um Cícero cristão e, como ele, um abrangente professor da cultura cristã e, também, um monge e um santo. As contradições desse ideal chegaram a atingir as raízes de seu ser e exerceram uma decisiva influência durante toda a sua vida, levando-o a um trabalho ininterrupto que, em seu todo, granjeou-lhe admiráveis conquistas. Ao mesmo tempo, explicam suas fraquezas humanas, sua vaidade excessiva e seus freqüentes insucessos na esfera das relações éticas e pessoais. Não havia qualquer sinal teológico por trás deste ideal cultural repleto de ascetismo, pelo qual lutava com tamanha convicção, pois permanecia preso às tradições contra as quais lutava para suprimir e conquistar.

Jerônimo sempre permaneceu tanto como um monge como um humanista. Se projetarmos este ideal na história do mundo, veremos que toda a tradição cultural da Idade Média ocidental procedeu dele – na medida em que não tivesse sido extraído de outras fontes, ou tivesse alcançado, através da mediação de Agostinho, um entendimento mais profundo do real significado da humildade cristã, da vida espiritual e da verdade e da cultura bíblica.

Cerca de um ano e meio depois, Jerônimo chegou ao ponto no qual poderia dizer adeus ao seu hospedeiro e partir para o deserto como eremita. A área escolhida, o deserto de Cálcis, não era muito distante e estava situada a sudoeste de Antioquia e fora dos muros da cidade de Cálcis, em Belo, a última cidade mais importante da zona fértil da Síria. Durante muito tempo as cavernas existentes nas rochas dos vales do deserto foram habitadas por eremitas, que viviam separados uns dos outros e entre os quais o recém-chegado não atraiu muita atenção. Provavelmente, Jerônimo se instalou em uma que estava vaga, bastante espaçosa e "confortável" para um deserto, pois nela podia abrigar toda a sua biblioteca, copiar livros e ocasionalmente receber visitantes. Os eremitas não viviam totalmente segregados uns dos outros ou do mundo exterior: Jerônimo regularmente recebia e enviava as suas cartas. Datam desse período algumas das primeiras cartas preservadas e que haviam sido enviadas a seus amigos em todo o mundo; quase todas contêm exortações para que lhe escrevessem várias vezes e não importava o assunto – simplesmente não deviam deixar de escrever!

Jerônimo louva a tranqüilidade e a santidade da vida que encontrou – porém o silêncio não o tornou silencioso. Com uma natureza profundamente social, ele aceitava a solidão apenas para organizar seus pensamentos e ordená-los conforme melhor lhe parecia. Quando esta tarefa já estava concluída, consumia-se com a impaciência de comunicá-los aos outros, de ter com eles um intercâmbio intelectual e de ao menos manter correspondência com pessoas que pensassem como ele.

Ele, sem dúvida, assumiu os exercícios ascéticos próprios da vida de um verdadeiro eremita, porém temos a impressão de que não o fizeram sentir-se particularmente mais feliz. Não era homem a quem a renúncia poderia significar prazer ou o gozo de novas emoções. Mesmo nos anos posteriores de sua vida, quase nada sabemos a respeito das exaltações, iluminações ou êxtases de sua vida interior e o que ficou de realmente notável foi a sua difícil personificação. O ascetismo para ele era uma forma de disciplina e de santificação, e nesse contexto, também meritória e indispensável, porém sempre um esforço cansativo e desagradável. Portanto, descrevia o início de sua luta monástica através de termos bastante realistas e ricos em imagens, como era de seu feitio: "Ah, quantas vezes em pensamento transportei-me a Roma e a todos os esplendores dos quais participei durante aqueles dias no deserto triste e solitário que, crestado pelo sol inclemente, havia se transformado em um ambiente tão assustador para os monges! Lá eu me sentava sozinho, com meu coração imerso em desespero, minhas pernas cobertas por panos de saco, minha pele como a de um negro e cobertas de sujeira. Chorava dia após dia e suspirava, e uma vez quando adormeci inesperadamente, meus ossos magros ficaram expostos sobre o solo nu. Não quero sequer comentar sobre comer ou beber! Até mesmo os eremitas doentes bebem somente água fresca, e uma refeição quente é considerada um excesso. E eu que, com temor do inferno, me exilei nessa prisão e como companheiros tenho apenas escorpiões e animais selvagens – ainda assim me encontro tantas vezes junto às dançarinas! Meu rosto tinha a palidez da fome e as paixões de minha consciência íntima ainda continuavam a brilhar em meu corpo frio. Esse ser humano estava mais morto do que vivo; porém, o fogo de sua concupiscência continuava a queimar" (*Ep.* 22, 7).

Os instintos secretos deste ambicioso entusiasta não haviam mudado sua inclinação e, portanto, Jerônimo continuava a trabalhar infatigavelmente. Pediu que outros livros lhe fossem enviados e logo encontrou novos amigos para copiá-los. Sentia-se orgulhoso não só por ter aumentado a sua biblioteca através desse "trabalho manual", mas também por ter sido capaz de viver como um verdadeiro monge. Nessa época começou a estudar hebraico com um judeu convertido, pois, segundo nos revela, de outra forma não poderia manter seus pensamentos sob controle. Também precisava combinar a abstinência do corpo com o trabalho intelectual. "Eu conhecia o estilo brilhante de Quintiliano, a eloqüência de Cícero, a arrogância de Fronto e o suave encanto de Plínio e agora estou outra vez aprendendo o abecê e memorizando palavras ásperas e sibilantes. Quanto trabalho! Quantas dificuldades! Muitas vezes estive a ponto de me desesperar e, então, comecei tudo de novo levado pela ambição de aprender! Passei por tudo isso e posso prová-lo com minha experiência, e aqueles que tomaram parte em minha vida também o sabem" (*Ep.* 125, 12).

No entanto, não devemos nos deixar levar por essas lamentações, pois Jerônimo também estava convencido das vantagens de levar uma vida reclusa. Poderia considerá-la à luz de um aperfeiçoamento espiritual e tal qual um desconhecido escrever com entusiasmo sobre a poesia e a serenidade da solidão monástica. O resultado mais encantador dessa sua disposição pode ser encontrado no pequeno volume intitulado *A Vida de São Paulo, o Primeiro Eremita*, que foi escrito durante esses anos. Até então, a vocação de eremita havia sido levada mais detalhadamente ao conhecimento público geral apenas através da famosa biografia de Antônio, escrita por Atanásio.

Evágrio, amigo de Jerônimo, havia traduzido a obra para o latim visando os leitores do Ocidente; trata-se de um livro fervoroso que descreve as tentações demoníacas e a heróica provação e purificação daquele que foi por alguns considerado como um maravilhoso santo que, segundo acredita-se, fundou uma nova forma de vida monástica. Em seu livro, Jerônimo até certo ponto compete com esse modelo. O eremita Paulo, como afirma explicitamente, é mais velho e mais perfeito do que Antônio, que havia sido até então, de modo justo, o precursor. Excetuando-se este detalhe, no entanto, essa pequena obra é bastante diferente. Seu principal objetivo é o de entreter e recontar a história de maneira edificante. Para alcançar esse propósito, o livro se restringe aos primeiros e últimos dias da estadia do eremita no deserto, que se prolongou por cento e treze anos.

Através desse livro ficamos sabendo que, perseguido e abandonado pelo mundo, encontrou no deserto um refúgio solitário e encantador. Uma palmeira lhe forneceu alimento e roupa e todos os dias um corvo lhe trazia o pão de que necessitava. Todo esse cenário tem um aspecto idílico e Jerônimo não se furta às clássicas formalidades; um amigo centauro e um sátiro convertido mostram o caminho a Antônio que, em sonhos, havia recebido ordens de procurar Paulo. Ao se encontrarem, os homens conversam humildemente sob uma palmeira ao lado de um regato borbulhante. Ao final do livro, quando Paulo falece, é coberto por um casaco que Antônio havia recebido de Atanásio e seu sepultamento é feito por dois leões piedosos que imploram a Antônio por sua bênção cristã como recompensa pela execução da tarefa.

O conteúdo religioso desse pequeno romance é bastante modesto, porém ninguém pode deixar de reconhecer o seu encanto. Jerônimo se revela um brilhante e popular contador de histórias que, de acordo com a necessidade ou a ocasião, sabe como narrar sua história de maneira edificante, empolgante e bem-humorada, e até mesmo bastante forte, sem transgredir, porém, os limites do bom gosto. Seria perda de tempo inquirir sobre o núcleo "histórico" de sua narrativa e o que realmente importa é o nome do herói.

Anos mais tarde, Jerônimo escreveu a biografia de dois outros monges e que são, de certa forma, mais confiáveis em relação ao seu conteúdo. Afinal de contas, ele partiu de fontes parcialmente reconhecidas e até conheceu pessoalmente um dos santos. Apesar disso, o inocente diálogo do *Vita Pauli* ainda permanece como seu trabalho mais perfeito do ponto de vista literário. No decorrer do tempo, Jerônimo tornou-se mais erudito e comovente, provavelmente mais sério na abordagem teológica e, à sua maneira, mais importante. No entanto, seu talento como escritor finalmente se desenvolveu quando chegou aos trinta anos e nunca mais voltou a atingir a gentil graciosidade deste pequeno livro de sua juventude.

Esta obra se encerra quase que acompanhando o estilo da literatura monástica da Idade Média, isto é, com uma súplica ao leitor para que se lembre do "pobre pecador Jerônimo" e com a certeza de que a túnica de Paulo será para ele mais preciosa do que toda a púrpura da realeza que provoca o castigo divino. Na realidade, como já vimos, sua vida de monge não transcorreu realmente como um idílio tranqüilo e, com o passar do tempo, as divergências começaram a aumentar. As controvérsias dogmáticas, das quais mesmo dentro da serena comunidade dos monges não conseguia por muito tempo se furtar, causaram-lhe muitos problemas em particular.

Todo o Oriente, então nos estágios finais da disputa ariana, havia se fragmentado em diferentes grupos que estavam atacando-se mutuamente. Todas as personalidades intelectualmente importantes da Igreja grega, e também algumas ocidentais, como Ambrósio, haviam se envolvido nessas controvérsias e estavam profundamente interessadas em seu resultado final. Jerônimo, no entanto, considerava-as como uma perturbação de sua paz pessoal, e que, pelo fato de ser romano, toda essa contenda dos gregos fundamentalmente não lhe dizia respeito. Tornava-se indignado pela falta de tato que mostravam, pois recusavam a deixá-lo em paz ao esperar receber dele sua opinião teológica e também seu apoio.

Por que haveria ele de se preocupar com novos sofismas relativos a uma ou três hipóstases? Jerônimo não estava absolutamente interessado em todas essas questões sobre metafísica e teologia especulativa; se necessário, estava até mesmo disposto a aceitar qualquer solução que não fosse contrária às decisões anteriormente tomadas. Quando percebeu que não havia escapatória, resolveu adotar uma medida bastante incomum: escreveu uma carta ao novo bispo romano, Damásio, que lhe era desconhecido pessoalmente, e pediu algumas informações sobre qual fé deveria professar, qual doutrina teria que abraçar e qual bispo, dentre os de Antioquia, deveria seguir. Fez questão de acentuar que era um "romano", em virtude do batismo recebido de seu predecessor, e como tal desejava permanecer. Portanto, nesse caso o bispo de Roma teria que tomar a decisão em seu lugar – e embora pudesse parecer ariano – Jerônimo iria aceitá-la como se fosse uma instrução ortodoxa.

Naquele momento, o sol da justiça não mais nascia no Oriente, mas no Ocidente. "Neste momento eu apenas afirmo que: 'Aquele que está instalado em Roma é o meu superior'" (*Ep.* 16, 2). Ao ver que não recebia resposta alguma, escreveu uma segunda carta implorando ao grande pastor, através das frases mais lisonjeiras, que não deixasse sua "ovelha negra" ao desamparo. Damásio, porém, não tinha qualquer intenção de comprometer-se de forma tão ingênua com a situação político-eclesiástica mais difícil na época – e menos ainda por causa de um escritor e eremita virtualmente desconhecido e de tão insignificante influência.

Um pouco mais tarde, Jerônimo deixou Cálcis para sempre, após ter suportado a vida monástica em sua gruta durante cerca de dois anos e meio. Ele mesmo tentou transmitir a impressão de que foram as disputas dogmáticas, ao lado da obstrução feita por seus companheiros, que haviam impedido uma permanência mais longa no deserto; porém, essa não é uma desculpa muito convincente. Na verdade, Jerônimo já havia experimentado o bastante dessa forma de exercício de santificação e nada mais havia que pudesse impedi-lo de ir à procura de outro refúgio mais tranqüilo, em algum lugar do Oriente ou do Ocidente.

A verdade é que sentia realmente a falta do mundo, das pessoas, do diálogo e do estímulo intelectual. Em uma análise mais profunda, ele estava provavelmente correto em interromper sua carreira de monge, embora à primeira vista isso pudesse parecer um tanto constrangedor, pois não tinha ainda completado seu desenvolvimento e as possibilidades de adquirir a erudição, pela qual tanto almejava, embora não o admitisse, não poderiam ser encontradas no deserto. Somente depois de muitos anos, foi capaz de encontrar a combinação apropriada do trabalho intelectual com o ascetismo, e com a comunidade, à qual permaneceu fiel. Agora, as grandes cidades de Antioquia e Constantinopla haviam se tornado o objeto de seus desejos.

Em Antioquia, Jerônimo teria que finalmente escolher o seu partido eclesiástico e preferiu aderir à facção dos teólogos de extrema "ortodoxia", representados pelo antigo "niceno" Paulino, de aparência ocidental, e a quem Evágrio posteriormente também seguiu. Durante toda sua vida considerou que seria mais seguro e conveniente obedecer ao que parecia ser o mais forte dentre os "lemas" teológicos – exatamente porque não representavam nada além de simples "lemas" da ortodoxia eclesiástica. Para preencher seus interesses de erudição, no entanto, recorria a quaisquer livros que encontrasse, mesmo que suspeitos, onde podia aprender ou praticar algo de concreto e, em certos casos, não se abstinha até mesmo de estabelecer relacionamentos duvidosos.

Assim foi que em Antioquia, por exemplo, tomou conhecimento das palestras sobre exegese proferidas por Apolinário, bispo de Laodicéia, cujos ensinamentos sobre cristologia haviam sido condenados como heréticos, apesar de ser um reconhecido niceno. Para proteger-se contra qualquer suspeita, Jerônimo estava disposto a assinar, se necessário, isto é, assim que alguém solicitasse, qualquer sentença dogmática sobre anátemas, mas não permitia que ninguém o superasse em ortodoxia ou devoção eclesiástica. Foi durante esse período que Jerônimo foi ordenado sacerdote por Paulino, como sinal de gratidão pelo apoio recebido. Mais do que nunca ele se sentia então como um monge, mas insistia expressamente que a sua liberdade não seria de forma alguma restringida. E nestes termos, que esta posição de forma alguma o inibisse, pois significava apenas uma "promoção honorária", e era-lhe muito bem-vinda.

Mesmo em relação ao seu ministério, Jerônimo sempre pensava e ensinava dentro do estilo de uma piedade "cristã" sem complicação. "Os sacerdotes 'formam' o corpo do Senhor, guardam a noiva de Cristo em castidade e somente através deles poderemos ser completamente cristãos" (*Ep.* 14, 8). No entanto, estava longe de ignorar suas fraquezas e, a despeito de assegurar o contrário, não era capaz de controlar sua língua afiada nos casos que lhes diziam respeito. Sempre que qualquer manifestação de afronta ou insulto o deixava contrariado, ou provocado em sua vaidade, qualquer uma delas era digna de perdão, mesmo em relação aos seus inimigos espirituais, isto é, apenas os inimigos aparentemente "espirituais". Tudo isso precisa ser levado em conta se quisermos compreender sua atitude teológica e humana nas lutas que, mais tarde, teve de enfrentar.

Jerônimo permaneceu em Constantinopla de 379 a 382, anos importantes na história mundial, pois, a grande mudança que ocorreu sob o governo de Teodósio estava alterando o aspecto de toda a Igreja do Oriente a favor do Credo de Nicéia. Provavelmente ele teve a oportunidade de testemunhar os famosos "discursos teológicos" de Gregório Nazianzeno, de observar de perto o turbulento Concílio de 381, mais tarde chamado de "ecumênico", e de permanecer nessa cidade ainda por mais alguns meses. Apesar disso, nunca mencionou esses acontecimentos, o que era uma de suas características.

Com certeza, como ocidental e adepto de Paulino, Jerônimo não poderia ter ficado muito satisfeito com o resultado desse Concílio; por outro lado, ele tinha um relacionamento muito próximo com os líderes do vitorioso partido "neoniceno" e, repetidamente, designava Gregório Nazianzeno como o "professor" que havia revelado para ele o conhecimento das Santas Escrituras. Durante os dias do Concílio, Gregório de Nissa e Anfilóquio de Icônio, assim como vários outros, passaram a fazer parte de seu círculo de amizades, porém Jerônimo não estava interessado nas controvérsias da política eclesiástica. O que mais desejava era ampliar seus estudos teológicos: o que queria dizer acima de tudo, e mesmo nesses dias, o aprendizado sobre a correta interpretação das Escrituras, além de um sólido conhecimento sobre a exegese da Bíblia e da filologia.

Sob a irresistível impressão da superioridade da educação teológica grega, pela primeira vez tomou conhecimento de sua vocação e da verdadeira missão de sua vida, a qual nunca mais iria perder de vista. "Eu queria" – confessou no fim de sua vida – "dedicar-me totalmente ao ensino das Escrituras e compartilhar os meus conhecimentos de hebraico e grego com as pessoas que falam a minha língua-mãe, mas o demônio não o permitiu", completou amargamente "e muitas vezes interrompeu e perturbou minha paz tão intensamente desejada" (*Hierem.* III, 1, 2). Esse demônio nada mais era que a manifestação de sua própria e permanente inquietação, de sua disposição para discutir e de sua vaidade. Porém, mais tarde falaremos sobre as conquistas escolásticas de Jerônimo.

A princípio, Jerônimo se ocupou com o modesto ofício de tradutor – uma atividade a que retornava durante sua vida e que vinha logo após os seus próprios escritos inspirados pela teologia grega. Tentou traduzir para o latim a crônica histórica de Eusébio, especificamente a segunda parte, com sua tábua de datas paralelas, e assim criar um manual, como uma sólida fonte de informações, particularmente para a história bíblica. De acordo com suas próprias palavras, essa seria uma simples tradução desde a queda de Tróia; para os séculos vindouros, procurou ampliar e corrigir esse trabalho com a ajuda dos historiadores latinos e, finalmente, desenvolveu-o de modo independente até o final de sua vida. Decidiu encerrá-lo no ano da terrível batalha com os godos em Adrianópolis (378): "agora, hordas de bárbaros assolam nossas terras e tudo é incerto" (*Chron.* prol.).

Jerônimo sempre se comportou como um ingênuo patriota romano. Um de seus créditos foi ter imediatamente aplicado toda sua paixão erudita a esse assunto tão difícil e delicado. Infelizmente, a característica fraqueza que aparece em quase todos os seus empreendimentos eruditos está aqui revelada. Ele próprio descreve sua obra como um trabalho "tumultuado" e não completamente organizado, em razão de sua própria afobação e pede desculpas em vista das especiais dificuldades encontradas na matéria em estudo. Na verdade, ele se prende a uma abundância de dados eruditos, apressados e cheios de erros. Nas últimas partes, torna-se imediatamente óbvio o subjetivo sectarismo do autor quando, ao mesmo tempo, tece louvores e faz acusações. A sua afirmação de que, se necessário, não teria medo de contar a verdade a respeito de personalidades ainda vivas, poderia ter sido omitida.

Jerônimo também desejava escrever uma história a respeito de sua época – mas esse foi um dos muitos objetivos de sua vida que nunca se realizaram. Aproximadamente na mesma época, e por influência de seu "professor" Gregório, iniciou a tradução de certas homilias de Orígenes. Para Jerônimo, Orígenes personificava o mesmo que para Ambrósio, ou, na verdade, até mais do que para este último, isto é, simplesmente o grande estudioso da Bíblia, o único que como ele próprio era mestre da língua hebraica e que sempre obedecia cuidadosamente às diferenças existentes na tradução textual. Jerônimo o acompanhava sem hesitação, inclusive no método alegórico de interpretação, que era para ele, especialmente no Antigo Testamento, a ponte reconhecida para o profundo conhecimento e "edificação". Por outro lado, as pressuposições metódicas e sistemáticas da hermenêutica de Orígenes pouco lhe interessavam e, mesmo sendo um de seus seguidores, Jerônimo estava principalmente preocupado com o essencial. Para seu raciocínio filosófico, as questões de exegese representavam os verdadeiros problemas teológicos.

Depois que Gregório Nazianzeno e os demais membros do Concílio haviam deixado Constantinopla, a cidade perdeu sua atração para Jerônimo, que decidiu, então, acompanhar os dois bispos cujas simpatias estavam dirigidas ao Ocidente e que, por essa razão, não haviam tido sucesso quando da apresentação de sua causa ao Concílio. Ele viajou com Paulino e Epifânio desde Salamina até Roma, onde um novo Concílio os esperava para retribuir aquilo que lhes faria justiça. Na verdade, seu conhecimento de línguas deve ter-lhe granjeado alguma importância, pois havia deixado de ser aquele eremita desconhecido dos dias passados e se transformado em uma personalidade de renome literário, e cujas ligações com o Oriente devem ter servido para recomendá-lo como conselheiro.

Com um olhar convencido, o bispo Damásio admitiu a importância do homem a quem não havia respondido anos atrás e nomeou-o seu secretário particular, incumbido de escrever cartas difíceis e, ao mesmo tempo, de cuidar dos documentos do bispado e de sua biblioteca. A posição eclesiástica nada tinha que ver com este serviço e havia uma lenda medieval que exaltava Jerônimo como um cardeal da Igreja romana e o adornava com um chapéu vermelho de abas largas. Iniciava, então, os anos mais felizes e, aparentemente os mais esplêndidos e ricos de sua vida.

Damásio apreciava a presença e o grande estilo de Jerônimo. Foi um notável construtor e, sob a direção dele, o domicílio do bispado assumiu pela primeira vez uma aparência "principesca". Não foi um mecenas de espírito tacanho e colocava o conselheiro e guardião de seus documentos em uma posição adequada e com uma remuneração condizente. Foi assim que Jerônimo, pela primeira vez, participou do luxo e da vida social do grande mundo. Embora tivesse uma natureza extremamente despótica e bastante cruel com seus adversários, Damásio, no entanto, prezava os relacionamentos humanos e não era absolutamente desprovido de interesses intelectuais. Apreciava a associação com um homem como Jerônimo, que logo se tornou um completo mestre das maneiras da cúria.

Ainda temos algumas das cartas breves e longas que foram trocadas entre eles. O bispo exigia livros ou informações teológicas precisas: perguntava com afável humor por que Jerônimo estava há tanto tempo sem dar notícias, se estava "adormecido" ou abraçando seus livros. Jerônimo procurava satisfazer o máximo possível ao seu impaciente senhor e prometia dedicar-lhe sua última tradução.

Mas Damásio sabia muito bem como designar tarefas ao seu "protegido" que fossem apropriadas às suas habilidades. Devemos agradecer a ele pelo primeiro impulso em direção à empreitada que tornou imortal o nome de Jerônimo na Igreja ocidental: a renovação da Bíblia latina, o texto da filologicamente confiável *Vulgata*, que pôs um ponto final no caos das antigas traduções. É verdade que nesses dias em Roma Jerônimo foi pouco além da primeira revisão dos Evangelhos e incluiu em seus trabalhos uma tradução dos *Cânones* de Eusébio, isto é, tábuas sinóticas que tornavam muito mais fácil encontrar os resumos semelhantes.

Jerônimo logo engajou-se também nas lutas políticas da Igreja contra as seitas e os partidos teológicos, e neste contexto sua pena habilidosa, ao lado de um profundo conhecimento, mostraram-se particularmente úteis. Provavelmente tenha escrito nessa época um panfleto contra os luciferianos, uma pequena seita formada por sectários extremamente "antiarianos" e cuja obstinação trouxe muitos transtornos aos cristãos em Roma. Descobriu de modo sagaz um feliz meio-termo entre o tom repleto de jovial popularidade e a tranqüila superioridade de um argumento ao mesmo tempo objetivo e erudito. Esse pequeno *Diálogo,* entre um luciferiano e um ortodoxo, foi escrito sob a forma de um relatório oficial que descreve uma disputa que realmente aconteceu. Toda a ênfase foi colocada sobre o aspecto "objetivo" do sacerdócio cristão, que não só proíbe um cisma deliberado como, também, e quando entendido corretamente, o considera sem propósito e desnecessário. Os sacramentos da Igreja, seu ministério e sua tradição apostólica são igualmente eficazes mesmo se, como a arca de Noé, contiver animais impuros em seu seio. Isso deveria ser entendido até pela "eloqüência confusa" dos luciferianos, embora a experiência tenha mostrado que "é mais fácil refutá-los do que convencê-los" (*Dial. c. Lucif.* 28). Um assunto muito mais profundo foi sua controvérsia com Helvídio, que tinha como objeto a virgindade perpétua de Maria. Este outro panfleto provavelmente tenha sido solicitado por Damásio ou até mesmo explicitamente aprovado por ele, como foi enfatizado por Jerônimo.

Helvídio era um leigo que, através de referências nas Escrituras reconhecendo e mencionando os "irmãos de Jesus", contestava a teoria de que Maria tivesse permanecido virgem até mesmo "depois do nascimento" de seu primeiro Filho. Jerônimo estava ciente de estar, ao mesmo tempo, defendendo a antiga tradição ocidental, que certamente havia declinado em popularidade desde Ambrósio, e protestando contra um mais recente e parcial elogio do celibato em detrimento do matrimônio. Aqui ele se baseava em seus fundamentos. O seu completo doutorado bíblico conquistado veio em seu auxílio a fim de, em sua opinião, salvar a honra de Maria contra todas as falsificações e supostas alegações do texto feitas pelo oponente.

Os argumentos que sustentou, oriundos de sua exegese, são essencialmente os mesmos que a Igreja Católica conserva até hoje. Foram efetivamente revigorados por meio de uma drástica caricatura do ponto de vista contrário. Na verdade, por trás disso encontrava-se um interesse real e particular, isto é: a convicção da superioridade moral e religiosa da virgindade, além de ser justificada por toda tradição e prática da Igreja, segundo a concepção do próprio Jerônimo.

A virgem Maria e o "Cristo virginal" já haviam lançado os fundamentos da virgindade para ambos os sexos. Assumia que os apóstolos eram celibatários ou, caso fossem casados, abstinham-se em seu matrimônio. Bispos, presbíteros e diáconos são escolhidos entre os celibatários ou entre os viúvos ou, pelo menos, vivem em castidade perpétua após terem se tornado sacerdotes (*Ep.* 49, 21). Todo o ideal da recompensa repousa sobre a distinção ascética entre os dois estilos de vida em conformidade com sua posição e realizações. Seria um deus muito estranho aquele que punisse os pecados e não gratificasse as boas obras! (*adv. Jov.* II, 13)

Jerônimo tomou cuidado para não proibir o matrimônio como tal, porém, para ele esse era assunto de menor valor e, conseqüentemente, apto a receber uma menor recompensa. O casamento está para a virgindade, assim como o mero ato de evitar o pecado está para a prática do bem; ou "para expressá-lo mais suavemente: assim como o bom está para o melhor" (*adv. Jov.* I, 13). "Por que deveríamos mentir para nós mesmos e com isso ficarmos zangados? Se estamos continuamente ávidos pelos abraços das mulheres, a recompensa pela castidade naturalmente deverá ser-nos negada" (*Ep.* 49, 21). Essa é a resposta que deu ao último crítico de seu inflexível ideal e que durante toda a sua vida pareceu-lhe extremamente conclusivo em sua lógica. No entanto, faltava-lhe alguma aptidão em relação aos problemas mais sérios sobre o conceito da santificação dos monges e que, todavia, outros teólogos do Ocidente naquela época reconheceram. Jerônimo foi o mais zeloso, mas também o mais limitado e ascético teólogo que a Igreja antiga jamais produziu; no entanto, em tudo que afirmou nessas controvérsias, estava sendo completamente sincero.

Além disso, com sua pena, Jerônimo não se restringia a fazer propaganda somente a favor da vida ascética. Através dela assumia, inclusive, uma posição particular em relação a seus ideais. Logo vamos encontrá-lo como o núcleo intelectual de um círculo de senhoras ricas e aristocráticas de quem se tornou professor e conselheiro. Sua predileção especial por audiências formadas por mulheres que, por sua vez, o admiravam e compreendiam e a quem podia instruir, educar e aconselhar, era, como já mencionamos, uma característica permanente de sua natureza. Depois da proteção do bispo de Roma, esse círculo de senhoras aristocráticas de Roma constituía, evidentemente, o seu suporte mais forte, pois, de outra forma, sua cultura e pregações ascéticas praticamente não teriam encontrado nenhum eco.

O palácio sobre o monte Aventino, no qual viviam a viúva Marcela, com sua mãe e a filha Asella, havia se tornado o centro de um novo movimento ascético e a elas se reuniam inúmeras outras jovens senhoras e viúvas, insatisfeitas com a vida social de Roma. A seriedade das questões ascéticas trouxe um novo significado para suas vidas e faziam-nas sentir-se mais ou menos como freiras que se cobriam com o véu e renunciavam aos adornos e à vaidade do "mundo". Raramente apareciam em público, jejuavam muito, faziam orações e eram muito generosas em seus atos de caridade, para o desagrado de seus parentes e herdeiros.

Mesmo antes da chegada de Jerônimo, algumas haviam decidido fazer peregrinação à Terra Santa e as novas idéias por ele difundidas a esse círculo compreendiam, além do conhecimento mais profundo sobre os rígidos exercícios do Oriente, a prática regular da leitura e do estudo da Bíblia. Logo depois de sua chegada, Jerônimo teve a oportunidade de proferir algumas palestras perante uma audiência seleta de senhoras, e que foram recebidas de modo entusiástico. Algumas começaram, por conta própria, a aprender o grego e o hebraico, e depois a cobri-lo com questões mais ou menos eruditas sobre teologia e exegese. Pediam-lhe que lhes emprestasse livros e traduções, e com tal insistência o faziam que às vezes tinha dificuldades em satisfazer a todos os pedidos de modo justo. Somente para Marcela escreveu pelo menos dezesseis cartas que, pelo seu conteúdo, eram com certeza dirigidas também ao grande público. Ele as editou em um volume que considerou como sendo um "livro" completo. De sua parte, essa mulher, evidentemente importante, ousou tentar educar um pouco esse homem inquieto e desviá-lo de seu prazer em difamar ou polemizar. Paula estava interessada principalmente em uma interpretação "mística", isto é, alegórica e devocional das Escrituras. À sua filha Eustáquia, Jerônimo dedicou sua famosa carta sobre a correta maneira de levar uma vida ascética.

Segundo afirma, no início quase não tinha coragem de levantar os olhos em sua presença, tal era o respeito que sentia por essas senhoras de alta linhagem (*Ep.* 127, 7). Mas com o tempo, seu relacionamento tornou-se mais cordial e descontraído e Jerônimo sentiu-se cada vez mais à vontade na "casa-congregação" de suas alunas que estavam "verdadeiramente felizes com sua virgindade física e espiritual". "As aulas faziam-nos permanecer juntos continuamente; e o fato de estarmos sempre juntos tornou-me menos consciente de mim mesmo, e isso me tornou mais confiante" (*Ep.* 45, 2).

No dia de São Pedro, Eustáquia enviou-lhe, junto com uma carta "picante", braceletes e pombas que ele não rejeitou, além de uma pequena cesta "cheia de cerejas, enrubescidas com modéstia virginal"; Lúculo não poderia ter feito melhor (*Ep.* 31, 1, 3). Em outra ocasião, Marcela deu-lhe um novo manto, uma poltrona, velas e cálices. É bastante divertido observar como, em todas as ocasiões, Jerônimo combinava em sua resposta (de cuja elegância ele obviamente se orgulhava), agradecimentos pessoais e sociais com reflexões edificantes. Segundo ele, a veste de silício significa o jejum; a poltrona indica o decoro do lar; as velas, a luz com a qual aguardamos o noivo; e o cálice, a mortificação e o martírio. No seu caso, no entanto, esta interpretação é bastante favorável – pois a poltrona é mais um sinal de preguiça, e o cálice significa festanças, etc.! Ao passo que em relação aos doadores ele se considera como alguém que revelou-lhes os "mistérios" do que estava antes encoberto (*Ep*. 44).

Vemos que o método alegórico, uma vez aprendido, pode tornar-se útil para qualquer finalidade e com Jerônimo iniciou-se a história dúbia da "piada profissional" dos teólogos. O que podemos dizer, por exemplo, quando ele galantemente cumprimenta Paula, cuja filha havia optado por ser freira e que agora havia se tornado "não a esposa de um soldado, mas de um rei", como a "sogra de Deus"? (*Ep*. 22, 20)

Jerônimo aparece como o primeiro exemplo de conselheiro e confidente espiritual, quase como os capelães domésticos dos nobres e da sociedade aristocrática, que vieram mais tarde. Este foi também um sinal dos tempos, e serve para que as suas ingênuas descrições passem a despertar um maior interesse. Durante toda a sua vida, Jerônimo evitou preocupar-se com pessoas de origem humilde, pois, sendo ele próprio de descendência comum, sempre procurou em seus relacionamentos sociais estabelecer alguma ligação com pessoas que estivessem em posição acima da sua. Porém, não devemos tentar adaptar muito esse quadro às analogias do mundo moderno, por exemplo, aos salões franceses do Antigo Regime. A atmosfera de renúncia mundana era demasiadamente profunda para isto, e a melancolia de um verdadeiro ascetismo estético pairava sobre tudo. Acreditava-se ser a virgindade a expressão de um especial amor a Cristo; porém, o seu lado físico era principalmente realçado o que, de certo modo, seria bastante embaraçoso para os sentimentos modernos.

Jerônimo, com certeza, tinha à sua disposição toda a flexibilidade e segurança da antiga retórica e da pregação pedagógica; porém, sua severa receita para a cura ascética das almas ainda não havia feito progressos em direção às regiões mais sensíveis dos sentimentos. "Se qualquer mulher de Roma quiser conquistar meu coração, esse será o único caminho! Ela terá que prantear e jejuar, deverá cobrir-se com o pó e estar quase cega por causa de suas lágrimas. Seu canto será feito de salmos, sua palavra será o Evangelho, seu fardo a abstinência e a ocupação de sua vida será jejuar" (*Ep*. 45, 3).

No entanto, era inevitável que, no decurso do tempo, boatos e desconfianças se originassem dessas reuniões e de sua correspondência, provocados por uma onda de opositores que a nova propaganda ascética estava levantando em toda parte. Podemos percebê-la simultaneamente em Milão, na Gália e em todo o Ocidente. Os romanos estavam irritados com o "insuportável pensamento dos monges", que os tornava presunçosos em suas exigências ascéticas, os "impostores e gregos" que seduziam as ricas matronas, mas que nunca estavam satisfeitos com nada e com ninguém. Jerônimo era bastante incauto ao enfrentar seus oponentes com humorismo insolente e sarcástico e dizer que os críticos de seu texto bíblico eram "asnos de duas pernas". Qualquer um que "lançasse pedras" sobre os seus tratados ascéticos deveria ser uma pessoa dissoluta, mundana e hipócrita, e havia muitos destes, como nos assegura, mesmo entre os monges e o clero. Se alguém se sentisse pessoalmente atingido, as coisas se lhe tornariam ainda piores. Ainda temos uma carta onde Jerônimo ridiculariza um sacerdote que tem o ridículo nome de "Onásio": ele menciona seu mal-cheiroso nariz e diz que pode unicamente dar-lhe o conselho de não se deixar mais ver, se quiser manter sua reputação de homem belo e eloqüente (*Ep.* 40). Mesmo essa pequena sátira, assim como tudo que Jerônimo produziu, está adornada com uma imensa quantidade de citações clássicas e bíblicas.

Parece que Jerônimo quase não tinha amigos verdadeiros entre os homens de Roma, além do senador Pamáquio, genro de Paula, e do próprio Damásio, "que tem os ouvidos de minha senhora", como diziam seus inimigos. Jerônimo recebia diariamente muitos visitantes em seus aposentos que, publicamente, beijavam-lhe a mão e esforçavam-se para obter favores de um homem que era considerado o braço direito e o porta-voz do bispo. Todavia, não o perdoavam "por ter exposto com suas críticas imundas toda a sociedade cristã, em todas as posições e classes, em suma, toda a igreja". Dessa forma, tudo parecia ser ainda pior do que aquilo que seus opositores pagãos afirmavam (Rufin., *Apol.* II, 5).

Por fim, quando Damásio faleceu, no dia 11 de dezembro de 384, desencadeou-se a catástrofe, e de todos os lados a hostilidade tornou-se aparente. Essa mudança foi muito amarga para Jerônimo que, como parece, havia sido suficientemente ingênuo para ter suas próprias esperanças de sucessão. O novo bispo, Sirício, desconhecia todo seu trabalho de mestre e até parece que o "Senado dos Fariseus" – como Jerônimo chamava os presbíteros de Roma – havia explicitamente se manifestado contra ele. De qualquer forma, ele havia perdido sua tão proveitosa posição. Além disso, a jovem Blaesila, que Jerônimo havia convertido a uma rígida vida ascética, morreu naquelas semanas, e todos diziam que o jejum havia sido a causa de sua morte. Paula, sua própria mãe, quase entrou em colapso. A carta de condolências que Jerônimo lhe enviou exaltava a falecida aos céus e, ao mesmo tempo, respondia à imensa dor da mãe com cruel severidade.

Este fato só é provavelmente compreensível à luz da difícil situação em que o próprio Jerônimo se encontrava. Blaesila, ele diz, está agora abençoada e feliz na companhia de Maria e de Ana! Como ficaria triste se soubesse que sua mãe está desafiando a Cristo por não saber controlar sua tristeza! Paula não deveria, sob qualquer circunstância, mostrar-se frágil. Lágrimas perante a morte não são permitidas a um cristão, e menos ainda por causa de uma santa freira. As Escrituras nos ensinam como devemos nos comportar. Além disso, segundo um tema tradicional, a lembrança de quem partiu irá continuar viva e nisto reside também o consolo terreno. Em todas as linhas que Jerônimo escrever no futuro, o espírito de Blaesila estará perante seus olhos e em seus livros, seu nome viajará por todo o mundo e jamais morrerá (*Ep.* 39, 8).

Por vezes, Jerônimo pensava estar navegando em águas calmas com seu "navio furado", enquanto aguardava a tempestade desabar sobre os campos vizinhos. Por que deveria se preocupar, escreveu, com Roma, seu luxo e seus teatros e até mesmo com seu piedoso círculo de nobres amigos? Apegar-se a Deus era o suficiente. E novamente um quadro se desenrolou perante seus olhos, brilhante como as cores de Virgílio, de uma feliz vida no campo. Lá iria se contentar em comer repolho, que ele mesmo plantaria, com pão caseiro e leite fresco, e tornar-se frugalmente feliz à sombra das árvores e junto aos prados pontilhados de flores (*Ep.* 43, 3). No entanto, ao mesmo tempo reconhecia que essa fuga não lhe convinha e, pela segunda vez, tomou a decisão de partir para o Oriente – e pela última vez: "voltou da Babilônia para Jerusalém".

Sua carta de adeus a Asela (*Ep.* 45) reflete fielmente o que sentia na época. Evidentemente, ele estava determinado a silenciar seus invejosos inimigos, os "sacerdotes e os levitas" daquela cidade ingrata e, especialmente, a refutar as calúnias lançadas sobre suas companheiras; contudo, ao mesmo tempo, toda a sua exasperação e irritação pessoal mais uma vez forçaram-no a dar-lhes passagem. Pensavam que fosse um libertino, um intrigante ou um desprezível covarde! E até as pessoas que anteriormente tratavam-no com tanto amor e respeito estavam murmurando contra ele! Mas os hipócritas e as senhoras mundanas da sociedade podem ridicularizar sua vida santa! Pensava-se que ele havia aprendido a entrar no reino dos céus "por honra e por desonra" (2 Co 6.8). Um dia será revelado, perante o tribunal de Cristo, quem pensava corretamente.

Mesmo estando repleta dessa ingênua impulsividade, sua carta se revela como um admirável documento e o Ocidente nunca havia antes conhecido qualquer coisa semelhante. Era como se a expressão cultural de Cícero tivesse se associado ao apaixonado desprezo de Paulo em relação ao mundo. Nela ouvimos a voz de um precipitado ascético que, em sua amargura, não foi livre nem grande; porém, de qualquer forma um homem que realmente permaneceu enérgico através dos tempos.

A princípio, Jerônimo foi a Antioquia, onde novamente fixou residência com Evágrio e Paulino, mas não por muito tempo. Provavelmente, desde o início havia sido combinado que Paula e Eustáquia logo depois iriam segui-lo por outro caminho. Pediu que fossem à casa de Epifânio, bispo de Salamina, e depois viajassem juntos através da Palestina – uma piedosa peregrinação bastante comum naqueles dias. Além do mais, essa era uma oportunidade para ampliar seus conhecimentos sobre a Bíblia e nessa sua investigação particular Jerônimo foi o primeiro teólogo a enfatizar a importância científica da arqueologia. "Aquele que viu Atenas pode compreender melhor a história grega, e aquele que navegou a partir de Tróia, através de Leucas e Acrocerânia até a Sicília e, ainda mais além, até a foz do rio Tibre, poderá compreender melhor o terceiro livro de Virgílio (isto é, a *Eneida*). Da mesma forma que as pessoas lerão as Santas Escrituras com outros olhos se tiverem visitado a Judéia e conhecido seus antigos lugares e paisagens, mesmo se seus antigos nomes tiverem sido conservados ou mudados" (*Paralip*. prol.).

Devemos a Jerônimo a revisão de um antigo dicionário hebraico de nomes próprios e, acima de tudo, todo o *Onomasticon* de Eusébio, sobre a geografia bíblica que, ampliado com suas próprias observações, ainda hoje representa uma indispensável fonte de informações. Além da Palestina, os núcleos monásticos do Egito também eram um destino popular de muitas viagens com finalidade educativa ou espiritual, e este erudito guia, prazerosamente, acompanhou as damas a esses lugares, "e assim aprenderam muito do que até então era desconhecido para eles" (*Apol.* III, 22). Acima de tudo, veio a conhecer Alexandria, o último centro metropolitano de educação teológica que faltava a Jerônimo visitar e onde fez amizade com o cego origenista Dídimo, seu "clarividente" professor, a quem "podia perguntar a respeito de tudo que lhe parecesse duvidoso nas Escrituras" (*Ephes*. prol.). A obra de Dídimo sobre o Espírito Santo foi o único trabalho dogmático que Jerônimo traduziu do grego para o latim; no entanto, parece que ele também o questionou sobre problemas de exegese.

As viagens terminaram no verão de 386 e, finalmente, decidiram se fixar, não em Jerusalém, mas num local mais tranqüilo: Belém. Jerônimo dispunha de meios próprios e, mais tarde, transformou em dinheiro a propriedade que havia herdado de seus pais, a fim de ajudar a financiar a colônia que planejava e "não ser motivo de chacota para seus invejosos caluniadores" se o empreendimento falhasse (*Ep.* 66, 14). No entanto, sem dúvida a maior parte das despesas foi paga com a imensa fortuna que suas amigas colocaram à sua disposição. No decurso dos anos foi construído um grande convento sob a liderança de Paula, dividido em três departamentos, nos quais as freiras foram acomodadas de acordo com sua posição social.

Jerônimo era o diretor do mosteiro, que era menor do que o convento, mas que ao longo do tempo chegou a ter cerca de cinqüenta internos. Além disso, havia uma hospedagem para peregrinos e uma escola, na qual Jerônimo lecionava educação secular em retórica aos alunos. Outra vez, recusava-se a assumir os deveres religiosos regulares e, embora o claustro tivesse uma capela, os monges tinham que ir até a igreja na cidade para fazer suas orações. Jerônimo se satisfazia em pregar só ocasionalmente aos seus monges, por vezes até em grego, pois a maioria deles era de origem ocidental.

Do Ocidente vinham cada vez mais visitantes e peregrinos, também recrutas para o claustro e, às vezes, alguns retornavam a seus países de origem a negócios ou para visitas. A residência permanente (*stabilitas loci*) ainda não era considerada uma obrigação indispensável aos monges da época e, também, não havia ainda qualquer obrigação de isolamento ou silêncio.

Durante trinta e quatro anos, isto é, quase a metade de sua vida, Jerônimo viveu nesse local que, até sua morte, nunca abandonava a não ser para curtas visitas aos arredores. Além de novos tratados polêmicos, todos os seus longos escritos bíblicos e traduções foram feitos ali, pois essa foi a verdadeira ocupação de sua vida. Quando comparadas com esse trabalho, suas primeiras realizações literárias parecem insignificantes em extensão e conteúdo. Sem dúvida, as favoráveis condições externas contribuíram muito para esta notável produção, embora, quase como um sábio moderno, ele se queixasse pelas inúmeras perturbações e que a multidão de visitantes não lhe deixava outra escolha a não ser fechar seus livros ou sua porta. Ele diz que não deseja alardear sua hospitalidade – mas que precisa se desculpar para que seu trabalho possa melhor progredir.

Somente em "horas roubadas" das longas noites de inverno, quando o óleo estava queimando, é que encontrava tempo para seus comentários (*Comm. Ezech.* VII prol.). Além do mais, queixa-se sempre da fraqueza de seus olhos que, especialmente após ler os manuscritos hebreus, se recusam a trabalhar e que, em princípio, só é possível formular os pensamentos corretamente se as palavras forem anotadas pela própria pessoa (*Ep.* 21, 42). Por outro lado, em Belém ele tinha tudo à sua disposição: seus inúmeros livros, leitores, secretários e assistentes, alunos ansiosos por aprender e, não menos importante, o interesse e a simpatia de suas devotas amigas que não o deixavam e que cuidavam dele com uma constante devoção.

Quem o visitasse levava consigo a indelével impressão da agitada energia de seu trabalho: "ele está sempre estudando, completamente absorto em seus livros; nem de dia ou de noite permite-se qualquer repouso; está constantemente empenhado em ler ou escrever" (Sulp. Sev., *Dial.* I, 9, 5). O fato de Jerônimo nunca encontrar um momento para descansar não se deve tanto às pequenas perturbações ou discórdias, que mesmo em um mosteiro não deixavam de surgir, ou aos caluniadores e à inveja de seus inimigos, a quem imaginava estar sempre em ação em toda parte, mas acima de tudo à inquietude de seu próprio e incorrigível temperamento, sempre pronto a ser provocado em defesa de suas controvérsias.

A maior realização de Jerônimo durante estes tempos, e que permanece até hoje, foi sua tradução do Antigo Testamento originalmente escrito em hebraico. Esse trabalho provavelmente se iniciou no ano de 390 e ficou totalmente concluído por volta de 406. Além disso, estava comprometido com outro trabalho, parcialmente relacionado com o primeiro. Anteriormente, havia iniciado uma nova tradução ou revisão do texto usado pela Septuaginta, isto é, a antiga Bíblia greco-judaica que havia substituído o texto original na Igreja e cuja reputação e virtude eram muito elevadas. Na biblioteca de Cesaréia, na Palestina, Jerônimo encontrou uma cópia original da *Hexapla,* na qual Orígenes tinha em seu tempo reunido o texto da Septuaginta com outras traduções e com o texto original hebraico.

Jerônimo começou pelos Salmos; esta sua primeira tradução da Septuaginta em grego é ainda hoje utilizada, ocasionalmente, de modo litúrgico. Outros livros se seguiram; porém, tornou-se claro para Jerônimo que, como havia planejado para seu trabalho, somente a "verdade" original do texto em hebraico poderia ser totalmente determinante. Com energia admirável dispôs-se a renovar e aprofundar seu notável conhecimento de hebraico que, realmente, não se mostrava à altura de tal projeto. Contratou – como sempre gostava de lembrar, com seu bom e escasso dinheiro – um erudito rabino judeu que somente ousava visitá-lo durante a noite, com receio de seus correligionários. Além de um conhecimento puramente gramatical da língua, Jerônimo devia-lhe também muitas e importantes sugestões para interpretação.

A nova tradução realizada era – como tudo que ele criava – reveladora. Em se tratando de grandes livros sobre história, ele geralmente saía-se muito bem e seu trabalho era preciso e excelente; no entanto, em outras obras, o resultado era bastante superficial. Confessava ter levado apenas um dia em certa tradução, e noutra gastou apenas uma noite; além do mais, ambas foram traduzidas do aramaico. Uma proveitosa inovação, que até então nunca havia sido usada para a tradução em prosa dos textos bíblicos em latim, foi dispor o texto em linhas correspondendo ao sentido, o que de certo modo representava um substituto para a nossa pontuação moderna. Tendo possivelmente encontrado essa sugestão na Hexapla, Jerônimo referia-se às edições correspondentes de Demóstenes e Cícero e realçava que nessas obras a palavra "cola" não deveria ser entendida como "versos".

Naturalmente, não podia deixar de contar, em grande parte, com as antigas traduções latinas das quais se utilizava proposital e conscientemente; o fiel leitor da Bíblia não devia ficar ofendido com uma inovação tão radical. Existem, na verdade, inúmeras falhas e erros nesse trabalho como um todo – isso dificilmente poderia ser evitado numa tarefa tão inovadora e complexa. Mas, em todos os aspectos, a tradução de Jerônimo significou um tremendo avanço quando comparada ao estado de coisas daquela época e permanece até hoje como uma respeitável e única realização, em vista das contínuas referências ao hebraico. Em relação ao estilo, Jerônimo conseguiu suprimir as inúmeras expressões vulgares e os horríveis neologismos da antiga Bíblia latina, sem que isso sacrificasse ou transformasse a sua popularidade e as suas veementes expressões em um insípido puritanismo. Conseqüentemente, a *Vulgata* permaneceu de modo justo até os nossos dias como a clássica Bíblia latina. Quase não existem traduções posteriores que não tivessem sido, pelo menos indiretamente, influenciadas e moldadas por essa obra – inclusive a tradução de Lutero.

No início esta tradução estava longe de tornar-se a *Vulgata*, isto é, a edição eclesiástica comumente utilizada pela igreja de língua latina; isso somente veio a acontecer no início da época Carolíngia, quando gradualmente conseguiu se posicionar contra todas as suspeitas e tipos de oposição. Seus contemporâneos não se mostravam especialmente gratos pela maior obra da vida de Jerônimo e até Agostinho, que ainda se queixava da desordem reinante nas antigas traduções e procurava administrá-la da melhor forma possível, lastimava que Jerônimo não houvesse aderido de forma mais perseverante à Septuaginta, em cuja origem inspirada e milagrosa ele acreditava firmemente. Isso, naturalmente, era muito doloroso para Jerônimo, que havia anteriormente crido nessa lenda; além do mais, outros foram ainda mais longe em suas críticas. Como de costume, o novo e desconhecido foi por eles simplesmente considerado como pervertido. Porém, tendo uma vez ficado convencido sobre a *Hebraica veritas*, isto é, das afirmações superiores do texto original, Jerônimo não poderia ceder sobre esse ponto.

Finalmente, tentou também definir os limites do cânon do Antigo Testamento, tomando a língua hebraica como base. Esses livros, e partes do Antigo Testamento, originalmente escritos em outra língua, em grego ou "caldaico" (isto é, aramaico), não têm o direito de ser considerados como sendo a Palavra de Deus, em seu sentido mais estrito. Eles são "apócrifos" e foram colocados à margem como sendo mais ou menos "lendários" – uma posição adotada mais tarde pelas igrejas protestantes, e que finalmente foi rejeitada pela Igreja Católica romana no Concílio de Trento.

O que causou mais problemas a Jerônimo foi o pensamento tacanho daqueles que encontravam falhas em suas traduções porque, como ele mesmo disse, em sua falta de cultura não tinham qualquer idéia do que uma tradução realmente significa. Não se pode, simplesmente, transportar uma sentença, palavra por palavra, de uma língua para outra. Cada língua tem seu próprio sentido e – sem estar, portanto, mais pobre ou mais rígida – tem suas próprias leis e possibilidades. As "monstruosidades verbais" das primeiras traduções são simplesmente ridículas e o problema não era substituir cada palavra pela palavra correspondente, mas, reescrever a sentença de acordo com o seu significado. No entanto, Jerônimo era suficientemente cauteloso para somente defender a liberdade que assumiu em outras de suas traduções do grego para o latim, e não para a tradução da Bíblia, embora, como bem o sabia, a língua latina fosse muito mais próxima do grego que do hebraico.

Nas Santas Escrituras, ele diz, a precisa seqüência das palavras tem, em certos casos, um significado mais profundo que deve ser preservado (*Ep.* 57, 5). Essa foi uma das salvaguardas que novamente apresentou para proteger sua impecabilidade eclesiástica. No entanto, e felizmente, nem sempre agiu de acordo com o que mandava sua tradução da Bíblia. Jerônimo também se referia à liberdade que os próprios autores do Novo Testamento demonstram quando citam passagens do Antigo Testamento, e em relação aos princípios gerais da tradução, ele se apoiava justamente em Horácio, acima de tudo em Cícero, e na verdade era de fato bem mais cauteloso do que qualquer um deles. Se considerarmos suas traduções como um todo, veremos que ele se revela um estudioso experiente e cuidadoso, que conhece seu ofício e evita fazer qualquer experiência radical. Os problemas filosóficos mais profundos da linguagem nunca lhe ocorreram e o assunto do qual tratava era somente "teológico" e não relacionado ao espírito sobre o qual se apropriava para seu estudo. Seríamos injustos se a esse respeito o comparássemos a um pensador como Agostinho, quando este próprio prontamente reconhecia a superioridade do talento lingüístico de Jerônimo.

A maior parte da herança de Jerônimo abrange explicações sobre as Sagradas Escrituras. Algumas delas são representadas por comentários detalhados nos quais tentava apresentar cada uma das questões, outras são comentários mais concisos ou glossários que se restringem apenas a breves informações sobre as passagens mais difíceis (*Comm. Dan.* prol.). Além disso, temos cartas dedicadas a problemas específicos, longos trechos sobre exegese em seus escritos dogmáticos e sermões que, embora tenham sido proferidos perante os monges, apresentam um caráter erudito semelhante.

Jerônimo, por exemplo, não podia deixar de lançar mão das várias interpretações das traduções gregas dos Salmos. Mesmo como pregador, expressamente recusava-se a apresentar meras declamações; pelo contrário, procurava oferecer "exposições" reais. A maior parte de seus comentários refere-se ao Antigo Testamento. As explicações justificam, e ao mesmo tempo confirmam, a tradução subjacente. Há uma predominância dos profetas, e Jerônimo tece considerações sucessivas sobre eles: Por outro lado, ele não se ocupa com um único livro histórico, mas somente com as *Questões Hebraicas sobre o Gênesis* (isto é, sua tradução) através de um tratado especial. A princípio isso poderia parecer singular, mas, Jerônimo não é um historiador, apenas um "exegeta histórico-filológico" que regularmente utiliza informações históricas apenas para elucidar o cenário, e as ocultas alusões da história da época para naturalmente, e acima de tudo, verificar o "cumprimento" das promessas.

Do Novo Testamento, além de uma breve explicação sobre o Evangelho de Mateus, escrito em duas semanas e reconhecidamente restrito apenas a assuntos "históricos", ele se limitou a comentar apenas quatro das epístolas mais curtas de

Paulo. Nestas Jerônimo reproduz o interesse ocidental contemporâneo sobre a teologia paulina. No entanto, comparativamente, esse foi um trabalho feito às pressas e bastante modesto e que se limita a ser essencialmente uma seqüência de passagens dos mais antigos exegetas gregos. A obra que havia idealizado, reunindo os comentários completos de todas as epístolas de Paulo, nunca foi escrita; ao contrário, os trabalhos de Jerônimo sobre "os Profetas" mantiveram-no ocupado durante trinta anos de sua vida.

Jerônimo foi um escritor ágil, ou pelo menos ditava rapidamente. Ele descreve como uma vez um secretário ficou muito nervoso, começou a brincar com os dedos e a franzir a testa quando Jerônimo interrompeu o ditado e parou para refletir. "Eu dito o que vem à minha boca" (*Comm. Gal.* III prol.). "A minha fala corre juntamente com a mão do escritor" (*Comm. Is.* V prol.). Quase não havia tempo para revisar o ditado e era com bastante orgulho que se desculpava dizendo que havia terminado esse ou aquele trabalho em tantos dias ou mesmo durante a vigília noturna, sob enorme pressão das circunstâncias.

Nesses casos, as circunstâncias eram responsáveis pelo fato de não ter se concentrado melhor ou por esse ou aquele aspecto do assunto não ter sido mais extensivamente ou melhor trabalhado. Como já mencionamos, Jerônimo precisava dessas desculpas, pois cada um de seus trabalhos é, de alguma forma, um *opus tumultuarium,* que ostenta as marcas de sua forma de trabalhar – não exatamente indiscriminada, não muito escrupulosa e diligente à sua maneira. Não é fácil julgar adequadamente Jerônimo sob o aspecto de um estudioso, e todas as vezes que suas declarações são avaliadas, muitas e muitas vezes nos deparamos com descuidos e negligências. Embora os modernos exegetas tenham se queixado legítima e sonoramente dessas peculiaridades – ainda assim não conseguem se manter longe dele! O material que nos legou é tão rico e diversificado que ninguém poderia deixar de usá-lo; além do mais, sem suas inúmeras anotações, casuais e eruditas, uma considerável quantidade de informações, alusões e explicações filológicas estariam para nós perdidas para sempre.

No entanto, há uma coisa sobre a qual não se pode duvidar: o admirável conhecimento de Jerônimo foi produzido de segunda mão. Vários dos antigos autores gregos representavam uma fonte das informações sobre suas épocas, particularmente Eusébio, pelo seu material histórico e, acima de tudo, Orígenes, onde foi buscar a sua ressonância e que repete, quase palavra por palavra, em páginas inteiras. Algumas vezes Jerônimo chegou a admitir francamente a sua dependência: "Eles dizem que faço resumos dos trabalhos de Orígenes, e que não é válido usar os antigos mestres dessa forma. As pessoas pensam que eu me sinto ofendido por isto; no entanto, vejo nesta situação uma forma elevada de exaltação, e é meu expresso desejo seguir o exemplo daquilo que estou convencido que irá agradar a todos os homens de discernimento e a vocês também" (*Comm. Mich.* II prol.).

Em outros casos, ele cuidadosamente oculta sua dependência e – talvez como resultado de uma simples urgência – procura, por exemplo, apresentar coisas que Orígenes aprendeu de seus antigos mestres hebreus como se ele próprio as tivesse descoberto. Pior ainda é o exagero óbvio que faz de seu conhecimento das fontes de informação; sem dúvida, Jerônimo dispõe de elevado conhecimento; no entanto, quase nunca leu ou sequer manuseou a metade dos livros aos quais se refere em tom orgulhoso, como um homem que tem um profundo conhecimento. Ele pode ser desculpado em alguns casos individuais, pois havia na época um hábito literário de não citar explicitamente os nomes das autoridades mais recentes, das quais as informações eram obtidas. Contudo, o quadro geral da personalidade de Jerônimo torna-se prejudicado por uma completa desconfiança, aliada à sua mencionada arrogância. Mesmo na literatura erudita, o "estilo" de um homem revela o seu caráter.

O método de exegese utilizado por Jerônimo não é uniforme. Embora de forma bastante inconsistente, ele adotou tanto o sistema alegórico da escola de Orígenes em Alexandria, como o realismo da filologia de Antioquia. Em seu todo, é evidente que no decorrer do tempo a interpretação "mística" dos textos foi bastante ampliada com explicações históricas e filológicas que se harmonizavam muito bem com o seu modo de ser e suas inclinações. Ele estava principalmente interessado no significado concreto das afirmações e muito pouco no seu significado temporal e alegórico. Preocupava-se em assimilar o sentido "literal" natural e em compreender o propósito específico do texto "na forma em que foi entendida pelo próprio autor que o escreveu" (*Ep.* 37, 3). O que mais lhe importava era o chamado sentido "histórico" ou "literal", cujo conteúdo definia corretamente de forma tão ampla que o significado metafórico ou figurativo também estava incluído, desde que estivesse ainda dirigido ao contexto original e histórico. Isso não significa, contudo, que Jerônimo tivesse rejeitado a "superior" interpretação alegórica ou mesmo que a considerasse como supérflua. Como todos os exegetas da Igreja Primitiva, e do mesmo modo que seu mestre Orígenes, Jerônimo ratificava o duplo ou triplo significado das Escrituras e repudiava sua interpretação exclusivamente histórica como sendo "judaica", pois segundo ele a simples letra "mata". O que exigia, com ênfase crescente, era apenas que a exegese literal e histórica não fosse considerada inferior à especulação alegórica e que, em princípio, deveria até mesmo precedê-la.

Não devemos interpretar de forma alegórica uma obra se não tivermos qualquer conhecimento sobre seu conteúdo histórico, como ele próprio havia feito em sua juventude (*Com. Abd.* prol.). É também bastante significativo que, em seu estrito senso, as explicações "místicas" de autoria de Jerônimo sejam muito mais tipológicas que alegóricas, isto é, não procuram deduzir o conhecimento religioso geral a partir das palavras e acontecimentos do Antigo Testamento mas, ao contrário, são utilizadas apenas como indicadores e "tipos" da futura história do Novo Testamento que basicamente os "cumpriram". Para Jerônimo, o método "histórico" era essencialmente a forma real e erudita de interpretação, enquanto o método alegórico, ao contrário, preenchia apenas as necessidades devocionais, práticas e eclesiásticas e deveria ser adaptado para tal finalidade. "A História é precisa (isto é, a interpretação histórica) e não permite divergências arbitrárias. A tropologia, por outro lado (isto é, a interpretação "moral" superior), é livre e sujeita apenas à única lei que diz que ela deve ter em vista um significado piedoso" (*Comm. Abac.* I. 11). Além disso, ela permite diferentes formas de interpretação para o mesmo texto.

Quando Jerônimo caminhou "historicamente", ele acompanhou o texto original e sem hesitação baseou o superior entendimento alegórico sobre a Septuaginta, embora às vezes um pouco "contra sua consciência" (*Comm. Nah.* i. 14). Porém, o que mais poderia fazer em vista daqueles que consideram qualquer interpretação feita sem referência à tradução usual (isto é, à Septuaginta) como sendo simplesmente defeituosa e incompleta? (*Comm. Is.* xxx. 33) "Nós temos", sugere, "a obrigação de explicar as Escrituras tal como são lidas na igreja e, por outro lado, não devemos abandonar a verdade do texto hebraico" (*Comm. Mich.* i.16). Este é o verdadeiro Jerônimo, que não gostava de sustentar argumentações, principalmente em suas conclusões lógicas, e sempre procurando permanecer em contato com o pensamento e a tradição eclesiástica.

Decisões teológicas independentes eram raras em seus comentários e seu juízo sobre elas foi praticamente sufocado pelas muitas opiniões contraditórias que emitia e são, portanto, deixadas mais ou menos a critério da conclusão dos leitores. Seus ensinamentos e explicações sobre os heréticos, ou pagãos como Porfírio, na verdade sempre foram severamente repudiados (pois os livros da Bíblia Sagrada são com certeza ditados pelo Espírito Santo, e aquele que não tem o Espírito Santo não é, naturalmente, capaz de compreendê-los corretamente). Porém, o entendimento chamado de "correto" estava equiparado aos ensinamentos da Igreja e uma análise crítica só é encontrada em relação aos seus detalhes. As questões básicas nunca são verdadeiramente perguntadas ou respondidas, como por exemplo o que realmente significa a inspiração das Escrituras em relação ao conhecimento crítico filosófico; se esta concepção deveria ser entendida literalmente ou dentro de um sentido mais genérico.

Jerônimo contentava-se com o generalizado reconhecimento de que as Escrituras não continham contradições e eram infalíveis, mas não foi capaz de desenvolver sua própria hermenêutica bíblica. Assim sendo, suas explicações sobre a Bíblia flutuavam entre uma enfadonha filologia e um benefício espiritual incompleto que poderiam ser muito úteis, mas que eram desprovidos de conteúdo teológico. Somente nas explicações morais, e especialmente ascéticas, seu temperamento pessoal conseguia ser reconhecido e isso corresponde ao quadro já revelado através de suas últimas cartas, desde que contenham um caráter instrutivo. Questões específicas da exegese bíblica eram freqüentemente discutidas sob a forma de pequenos ensaios, ou sob a forma de conselhos (ou obituários) que glorificam e ilustram, acima de tudo, o ideal ascético da "virgindade".

De tempos em tempos, Jerônimo ainda intervinha com seus próprios tratados sobre as controvérsias teológicas do Ocidente, particularmente quando eram de importância eclesiástica prática. Em seus últimos anos, permaneceu também consistentemente silencioso em relação aos problemas da Trindade e da cristologia, em face da qual já havia, no início de sua carreira, mostrado tanta perplexidade como vimos antes. Era como se estas questões, que mantinham todo o Oriente à sua volta em constante agitação, não existissem para ele, e provavelmente nunca havia lido os novos e inúmeros trabalhos sobre o assunto. No entanto, tudo que acontecia em Roma, na Gália ou na África, imediatamente provocava sua imediata reação e não era muito difícil que enviasse cartas ou ensaios a seus amigos desses lugares, o que não deixava de provocar uma resposta adequada. "Eu apenas tenho que escrever alguma coisa", diz ele queixando-se de modo presunçoso, "e em seguida meus amigos e inimigos estarão prontos a fazer circular meus escritos entre as multidões".

Com certeza, as intenções são diferentes, porém o zelo de ambos os grupos é idêntico e ambos exageram ou no louvor ou na censura (*Ep.* 48, 2). Por outro lado, sentiam no Ocidente que Jerônimo estava freqüentemente faltando com a devida moderação em suas polêmicas, que distorcia a opinião de seus adversários e discutia com irritação pessoal – objeções que sempre repudiava com indignação. Quando as opiniões de Helvídio encontraram um certo reavivamento em "livros vomitados devido à embriaguez", pelo monge epicuriano Joviniano (*adv. Jov.* I, 1), a refutação contida em dois volumes tornou-se tão violenta que ameaçou ter um efeito contrário ao pretendido. Em sua exaltação à virgindade, Jerônimo havia abalado muitos círculos sociais, transmitindo a idéia de difamação do matrimônio. Pamáquio tentou em vão tirar de circulação todas as cópias publicadas.

Mas as coisas também não correram melhor no caso do sacerdote Vigilâncio, que era "O Vigilante", que estava em companhia de Joviniano. Em suas investidas, Jerônimo dirigia-se a ele como "Cabeça Dorminhoca" ou *Dormitantius*. Após Joviniano ter "eructado seu espírito entre faisões e porco assado" (*adv. Vig.* I), Vigilâncio representava não somente a repetição de sua imoralidade e intemperança, mas também procurava atingir os santos mártires; na verdade, Vigilâncio havia criticado as novas formas de culto aos mártires e os abusos relacionados a estas, as quais nem mesmo Jerônimo podia negar por inteiro sem fazer alguma justiça à seriedade subjacente à preocupação de seu opositor. Além disso, Jerônimo sentia-se particularmente magoado com Vigilâncio porque o havia hospedado anteriormente em Belém, e agora julgava que tivesse ligações secretas com seus inimigos em Roma.

Esta violenta investida prejudicou muito a reputação de Jerônimo perante os olhos de uma posteridade mais sensível. E não se pode negar que, tal qual suas ásperas declarações sobre assuntos sexuais, foi própria da personalidade deste homem. Quando dominado pela cólera, Jerônimo estava pronto para exibir uma atitude vulgar e mal-intencionada que contrastava singularmente com a cultura e a elegância de seus escritos. No entanto, seria injusto considerar seus métodos de controvérsia como uma impura e pouco refinada expressão de hábito mental e ignorar as contemporâneas pressuposições de seu estilo polêmico. Nisso, também, Jerônimo foi o bem-sucedido produto do treinamento acadêmico que havia recebido. As várias formas de escárnio e de insinuação belicosa, inclusive os exageros, a deturpação dos nomes e a variada quantidade de termos zoológicos ofensivos que usava, estão de acordo com as regras da antiga forma de polêmica, particularmente ciceroniana, tanto no campo jurídico como no literário, da qual Tertuliano também serve como exemplo.

A Jerônimo não faltava imaginação quando usava tais armas e possuía um talento inato para notáveis caracterizações e reveladoras caricaturas. Suas descrições dos vícios da sociedade, dos maus hábitos dos monges e das inúmeras profanações da Terra Santa são muito perspicazes e convincentemente reais. O fator de perturbação é que simplesmente usava seu olhar aguçado, seu divertido sarcasmo e suas habilidades polêmicas não mais como um retórico pagão, mas na profissão de um cristão que, diferentemente de Tertuliano, não procurava associar, com todo o lado humano de seu método, uma concepção profunda e verdadeiramente original com um entusiasmo genuíno e objetivo. Suas controvérsias permaneceram no nível do trivial, do extrínseco e do pessoal. A despeito de sua culta aparência, de seu zelo ascético e de seu ocasional fervor espiritual, estas características permaneceram basicamente inadequadas e pouco satisfatórias, servindo apenas para o aperfeiçoamento moral de seus partidários.

Jerônimo não estava à altura dos requisitos do tema escolhido e era demasiadamente presunçoso para reconhecer os limites de sua natureza. Por exemplo, quando já idoso, deixou-se convencer a compor o *Diálogo* contra os pelagianos, a partir do qual o leitor moderno pode concluir, com perplexidade, como Jerônimo não possuía o mínimo entendimento sobre a real questão da controvérsia e, neste aspecto, colocou-se muito mais próximo de Pelágio do que de seu suposto aliado, Agostinho!

No decorrer de suas permanentes guerras e disputas particulares, as constantes confusões sobre problemas factuais e pessoais tiveram um resultado bastante constrangedor até para seus contemporâneos. Jerônimo era incapaz de olhar para além de si próprio e sua veracidade fracassava sempre que a sua reputação parecia estar em risco. Ele não podia suportar qualquer pessoa de posição ao seu lado. Por exemplo, nunca reconheceu Basílio, a quem não conheceu pessoalmente, por causa de sua perniciosa "arrogância". Em relação a Ambrósio, que o precedeu na apreciação dos teólogos gregos, declarava que, por essa mesma razão, era um escritor sem gosto e sem veemência e o comparava a um corvo feio que procurava adornar-se com plumas emprestadas. Durante algum tempo, perseguiu até mesmo Agostinho, que havia se aproximado dele com uma carta, sem qualquer adulação, mas cheia de respeitosa cortesia. Jerônimo fez-lhe insinuações prejudiciais e tratou-o como um jovem impertinente.

Além de um pequeno círculo de mulheres ascéticas e de adeptos cegamente devotos, dificilmente alguém conseguiu viver em paz com Jerônimo por muito tempo. Uma vez tendo a disputa se iniciado, era quase impossível reconciliar esse desconfiado, colérico e, ao mesmo tempo, inescrupuloso oponente. Ele acreditava que todos os meios eram justificados se o ajudassem a alcançar a aniquilação moral do "invejoso". Em um dos casos, essa desafortunada atitude não só o atingiu pessoalmente como teve, também, sérias implicações danosas para toda a Igreja – na assim chamada "primeira controvérsia origenista".

Na verdade, essas disputas, que duraram vários anos e cujos detalhes permanecem difíceis de entender, em absoluto representam uma unidade de temas. Diferenças pessoais e políticas incidentais passaram a ser artificialmente transferidas por Jerônimo para uma base dogmática, onde suas reais conexões foram distorcidas, simplesmente para que pudesse defender-se melhor no papel de uma testemunha perseguida por estar à procura da verdade. Dessa forma, houve uma ruptura de antigas amizades, tradições e convicções que deviam realmente ser muito caras a ele e que, em circunstâncias diversas, poderiam continuar a contar com a sua proteção. Vamos aqui nos dar por satisfeitos com um pequeno resumo desses ignominiosos incidentes.

Durante sua vida, Orígenes, o grande teólogo de Alexandria, não ficou imune aos ataques dos adversários, e durante o século e meio que transcorreu depois de sua morte a oposição, mais de uma vez, se manifestou contra certas doutrinas individuais de seu sistema que era, estritamente falando, mais helênico e filosófico do que bíblico. Na verdade, sua opinião em relação à origem e fim do mundo, os seus ensinamentos sobre a alma e a sua teoria da salvação e redenção universal dificilmente poderiam estar em harmonia com as primeiras tradições cristãs. Somando-se a isso, encontramos o uso que os teólogos "arianos" fizeram de seus escritos, a suspeita quase generalizada levantada contra as tendências extremamente espiritualizantes de sua exegese, e a especulação feita em relação às suas várias camadas, que tendiam a sublimar e dissipar cada um dos concretos e visíveis elementos históricos.

Por outro lado, entretanto, Orígenes foi o grande criador da teologia "científica", além de um grande perito e intérprete sistemático da Bíblia, sob cujo imenso trabalho desenvolvido durante toda a sua vida viveram as gerações seguintes. No século IV, no Oriente, o estudo de seus escritos e de sua teologia tiveram um reavivamento e, sendo assim, em seus anos de juventude, Jerônimo foi conquistado por este grande mestre. Via nele o doutor da Igreja *por excelência,* a quem ninguém havia se igualado desde os dias dos apóstolos. Sonhava fazer uma tradução quase completa de seus trabalhos para o latim, e começou esse trabalho pelas Homilias. Durante sua permanência em Roma, Jerônimo elogiava e recomendava Orígenes com palavras entusiasmadas, e baseava nele quase todos os seus próprios escritos, pois considerava-o como a maior autoridade literária e filosófica. Não havia qualquer palavra de restrição à sua autoridade teológica; ao contrário, as hostilidades que Orígenes suportou dos homens da Igreja eram, para Jerônimo, exatamente o exemplo da ingratidão do mundo que sempre persegue ao melhor por inveja (*Ep.* 33, 5).

Enquanto Orígenes era virtualmente desconhecido no Ocidente, a opinião de Jerônimo coincidia com a convicção da maioria dos teólogos gregos de posição. Somente o tacanho inimigo de todos os ensinamentos duvidosos, Epifânio, bispo de Salamina, havia declarado Orígenes como um herege que devia ser condenado – e Jerônimo havia colaborado com ele. A princípio, no entanto, essa declaração não produziu qualquer repercussão em seu relacionamento com Orígenes e, além deste, os únicos círculos hostis a ele estavam localizados em certas colônias de monges no Egito. Esses monges sentiam-se perturbados em suas incipientes noções religiosas por essa interpretação espiritual das Escrituras, porém essa "antropomorfia" era na época desprezada como uma primitiva superstição e os próprios patriarcas de Alexandria julgavam importante que seus adeptos não se tornassem demasiadamente poderosos.

A mudança de posição que Jerônimo assumiu em 393, baseada apenas em um incidente de menor importância, aparece nesse caso de modo ainda mais embaraçoso. Certamente desconhecemos o motivo que levou um certo Atárbio, até então desconhecido, a apresentar-se na Palestina e iniciar uma propaganda contra Orígenes. Embora tenha sido completamente rejeitado por João, bispo de Jerusalém, e por seus amigos, foi bem-sucedido com Jerônimo, em Belém, pois esse último estava disposto, sem muito alvoroço, a anatematizar todos os erros de Orígenes. Pode ser que, sendo seus interesses principalmente ascéticos e voltados à exegese, ele ainda não tivesse até então pensado ser necessário examinar com mais atenção os discutidos ensinamentos do mestre, e de ponderar seus acertos e erros teológicos e, certamente, nunca dera seu consentimento a qualquer destes ensinos que fossem falsos. Essa condenação indiscriminada, desde o momento em que foi feita por alguém de fora, era totalmente irresponsável. Jerônimo estava certamente sempre ansioso por ser visto nas primeiras posições da ortodoxia eclesiástica e disposto a condenar, mais ou menos sem investigação, tudo o que fosse considerado suspeito, duvidoso e indesejável. A esta posição podemos acrescentar sua lealdade às pressuposições ocidentais.

Do Oriente, desejava apenas aprender acadêmica e não dogmaticamente. No entanto, não podia imaginar as implicações que essa primeira e quase incidental expressão de sua opinião pudesse ter. Mais tarde, explicitamente declarou que a condenação teológica não tinha, em absoluto, a intenção de justificar os filistinos que nunca leram nenhum trabalho de Orígenes. Na verdade, Jerônimo nunca deixou de basear seus trabalhos em Orígenes, mas de agora em diante se tornaria necessariamente muito mais cauteloso para não mais mencionar seu nome e, também, não ousaria mais completar a tradução das *Homilias*.

Quando o idoso Epifânio visitou a Palestina no ano seguinte, e cenas desagradáveis vieram a ocorrer entre ele e o bispo João sobre a questão do "origenismo", Jerônimo já era considerado seu declarado partidário. Em reunião com os monges de Belém, Epifânio enfureceu-se contra a heresia de Orígenes e exigiu que fosse tomada uma decisão, mas aqui também existiam controvérsias. Essas disputas provavelmente seriam esquecidas outra vez, com o passar do tempo, se ele não tivesse ao mesmo tempo adotado uma medida canônica que Jerônimo recebeu muito bem, mas por razões muito diferentes. Epifânio ordenou seu irmão Pauliano como presbítero dos monges de Belém, a fim de torná-lo eclesiasticamente independente do clero grego da cidade e, ao mesmo tempo, também de João. Pela lei canônica, isso representava uma afronta que o bispo de Jerusalém não poderia de forma alguma tolerar depois de tudo que havia acontecido. Sendo assim, recusou-se a dar sua aprovação a essa intromissão em seus direitos e, quando não alcançou sucesso com sua medida, resolveu mudar os meios de coerção impedindo o acesso dos monges desobedientes a todas as igrejas de Belém.

A não ser que concordasse e admitisse sua culpa, Jerônimo não tinha outra alternativa, a não ser transferir completamente a disputa para o campo dogmático e, em vista de sua doutrina, renunciar à obediência ao bispo. Escreveu um panfleto extremamente exaltado e contrário a João, no qual apresentava suas razões – de modo algum fiéis à verdade – como se João, por não ter permitido que o ilustre mestre falecido recebesse o anátema, tivesse aprovado todos os erros de Orígenes. Enquanto isso, João havia se dirigido a Teófilo, patriarca de Alexandria, em busca de sua intervenção e auxílio. Esse último permaneceu firmemente ao seu lado, enquanto o governo ameaçava Jerônimo de expulsão com a justificativa de sua contínua perturbação da paz. Nada mais lhe restava senão aceitar a intervenção "paternal" de Teófilo e, com louvores sonoros ao seu amor pela paz e tímidas alusões à sua "credulidade", reconciliar-se com João (396/397). Pode-se imaginar que o antigo relacionamento entre os dois não foi assim tão facilmente restabelecido; no entanto, parece que a discórdia estava aparentemente resolvida.

Esta contenda teve um outro lado mais íntimo e pessoal para Jerônimo. Seu velho amigo e compatriota Rufino também viajara para a Palestina, alguns anos antes dele, igualmente na companhia de uma rica e aristocrática dama romana. Vivia em Jerusalém, assim como Jerônimo vivia em Belém, estudando a teologia grega e em busca de ideais ascéticos. No entanto, quando Atárbio veio a público, Rufino comportou-se de modo totalmente diferente de Jerônimo. Embora sendo também um adepto de Orígenes, tentou primeiramente se manter afastado do conflito e, quando isso não foi mais possível, posicionou-se resolutamente ao lado de João. Esta firme decisão deve ter sido muito constrangedora para Jerônimo, ao se considerar que seria muito natural haver uma semelhança entre os dois amigos.

A admiração que Rufino angariava com suas atividades, provavelmente semelhante à de Jerônimo, talvez já houvesse provocado a inveja deste último. Naturalmente, as medidas oficiais de reconciliação foram capazes de restabelecer o relacionamento entre Rufino e Jerônimo, e os amigos fizeram as pazes. Levando em conta que Rufino logo em seguida partiu da Palestina para Roma, onde se estabeleceu – Roma que Jerônimo havia deixado sob circunstâncias tão desfavoráveis! –, pode-se deduzir que suspeitas contra um rival, com o qual havia meramente se reconciliado, logo começassem a renascer, e tudo isso fez surgir um cenário para o reaparecimento de novas e infelizes controvérsias.

Como imaginava, Rufino encontrou em Roma o lugar apropriado para trabalhar em prol da promoção da educação teológica grega e, especialmente, para a divulgação de Orígenes da forma que Jerônimo havia idealizado anteriormente e que, de certa forma, ainda praticava. Entretanto, também em Roma as disputas ocorridas na Palestina haviam levantado suspeitas contra Orígenes. Rufino tentou dispersá-las, primeiramente lançando mão da tradução da *Apologia,* anteriormente escrita por Panfílio e Eusébio em defesa de Orígenes, e acrescentando a ela uma revisão de seu principal trabalho sistemático, o *De Principiis.* No início de 398, foram publicados pela primeira vez em latim os dois primeiros volumes do *Princípios,* que tratavam dos ensinamentos cristãos. Sabe-se que Rufino prosseguiu com esse trabalho, apenas deixando de lado os discutidos trechos dogmáticos, ou mesmo "complementando-os" com trechos ortodoxos retirados de outros escritos de Orígenes. Este era um procedimento que o próprio Jerônimo havia repetido inúmeras vezes em seus comentários, e exatamente da mesma forma.

Rufino sentia-se ainda mais autorizado a colocar em prática este procedimento, pois não considerava que essas passagens questionáveis fossem autênticas, mas que se tratavam de interpolações introduzidas pelos heréticos. Ele menciona no prefácio dessa edição, e sem dizer o nome do autor, uma antiga e importante tradução feita por Jerônimo e que havia sido anteriormente patrocinada por

Damásio. Levando em conta que Jerônimo estava naquele momento se dedicando a novos projetos originais, e pressionado pelos amigos, Rufino havia decidido dar prosseguimento a esses trabalhos, embora seus talentos fossem bem mais modestos. Não devemos necessariamente suspeitar que, nesse caso, houvesse algum despeito oculto por trás de suas palavras, cujo teor era bastante respeitoso. Ele não podia evitar mencionar os trabalhos de seu predecessor, nem imaginar que Jerônimo fosse simplesmente considerar como indelicada qualquer referência feita aos seus esforços anteriores relacionados a Orígenes.

Por outro lado, é evidente que, com essa referência, Rufino desejava apenas se proteger contra qualquer novo sentimento "antiorigenista". Entretanto, a frieza das palavras com as quais menciona seu velho amigo não deixava transparecer qualquer traço da antiga e íntima confiança mútua. Seja como for, Jerônimo, que em todo esse incidente não poderia ter abrigado uma consciência completamente sã, sentiu-se exposto a uma situação difícil e atribuiu a pior interpretação possível, não somente à referência feita por Rufino, como também ao seu trabalho como um todo. Além disso, considerou o prefácio como uma, mais ou menos mal-intencionada, tentativa de prejudicar sua reputação e de trazer-lhe novos transtornos com suas incômodas lembranças sobre seu ponto de vista anterior.

Contudo, procurou manter a calma, e seu único desejo era, se possível, desligar-se de uma vez por todas das lamentáveis disputas sobre Orígenes. Na verdade, foi exclusivamente o grupo de seus amigos e partidários de Roma que primeiramente iniciou o conflito e ele gostaria de ter colocado Rufino no banco dos réus como um partidário de Orígenes. A comunidade cristã de Roma se fragmentara havia muito tempo, e os partidos rivais estavam lutando entre si, a fim de alcançar alguma influência na Igreja. Depois de tudo o que ocorrera, Jerônimo não podia manter-se calado por muito tempo. Se, como Rufino afirmava, Orígenes não havia sido um herético e sim um perfeito ortodoxo, seus próprios e violentos ataques contra João e as condenações de Epifânio, que havia traduzido, foram evidentemente injustos. Jerônimo não poderia deixar passar esta dúvida sem alguma forma de contestação! Por esta razão, ele fez uma apressada segunda tradução, completa e literal, da obra *De Principiis*, de Orígenes, que, segundo se sabia, não tinha outro propósito que não fosse desmascarar seu autor como um notório herético. Isso fez com que a tradução e a defesa feita por Rufino parecessem incorretas e pouco confiáveis ou, pelo menos, parciais e extremamente questionáveis quando comparadas à sua. Uma carta conciliatória escrita a ele por Jerônimo foi interceptada pelos seus adeptos romanos. Rufino só ficou sabendo a respeito de suas polêmicas respostas através de terceiros e deve ter se sentido muito ofendido pela predisposição de seu antigo amigo.

Rufino estava ameaçado por todos os lados e, acompanhado de seus partidários, resolveu oferecer uma enérgica resistência. Sua *Apologia* contra Jerônimo expressa toda a amargura e indignação que sentia pela sua atitude de "duas caras". De um lado, Jerônimo acusa Rufino de ser um adepto de Orígenes; e, por outro, renuncia à sua própria e antiga admiração por Orígenes, tentando disfarçar a mudança de posição que havia silenciosamente adotado. Rufino soube muito bem defender seu método de tradução, seu comportamento pessoal e sua ortodoxia. Não demonstrava mais qualquer consideração por Jerônimo e, através da meticulosa exatidão de citações literais, soube comprovar as desagradáveis características de seu caráter e as contradições de suas afirmações. Rufino gozava do pleno direito de mostrar seu desagrado; além disso, sua honestidade pessoal não podia ser contestada. Jerônimo havia sido levado a um outro extremo e, em vista disso, o seu próprio padrão moral estava em risco.

Dentre os muitos e polêmicos trabalhos produzidos por Jerônimo, a obra *Apologia,* contra Rufino, concebida impetuosamente em três volumes, é a mais colérica e ofensiva de todas. A maneira pela qual lança contra seu adversário deliberadas mentiras, mal-intencionadas acusações e toda espécie de infâmias é bastante desagradável e mostra claramente como estava privado de toda razão. O mesmo pode ser dito em relação ao seu invariável preconceito e a forma como se envolveu em suas próprias contradições e meias-verdades. Teria sido muito melhor para ele se tivesse estabelecido uma distinção entre Orígenes como exegeta e Orígenes como teólogo-herético, e que sem muito alarde tivesse admitido certas distorções em sua própria avaliação. Mas Jerônimo era incapaz disso, e tudo que Rufino havia enumerado tinha que parecer como totalmente falso; além do mais, seu comportamento mostra que a sua determinação era apenas o resultado das mais sórdidas razões. O medo pela reputação da própria ortodoxia combinava-se então com a vaidade ferida de alguém que se julgava um erudito. A disputa entre os dois era tanto teológica quanto literária e pessoal, e ameaçava constantemente perder-se em meras e insignificantes correções, insinuações e trivialidades.

Rufino havia se tornado um ignorante desprovido de qualquer noção sobre como traduzir. Não era mais capaz de sequer expressar-se como uma pessoa educada. Em sua vida pessoal também não havia nada que pudesse ser dito a seu favor. Não é verdade, assegura Jerônimo, que ele sempre tivesse apoiado a luta da Igreja e sofrido pela fé. Mesmo agora, em sua suposta vida ascética, na realidade vive dentro da magnificência e do prazer. Acima de tudo ele é, e permanece sendo, um adepto de Orígenes que cometeu falsificações para proteger sua heresia e que reuniu ao seu redor os mais suspeitos heréticos.

Em seu terceiro livro, acrescentado mais tarde, o indignado Jerônimo rejeita o ramo de oliveira oferecido por Rufino, e declara que todas as futuras propostas de reconciliação porventura apresentadas por terceiros serão completamente inaceitáveis. Enquanto a fé estiver em perigo, ele não terá paz. Além disso, de forma alguma iria deixar-se intimidar por quaisquer ameaças. Jerônimo escrevia cartas para todos os lugares, e enviou sua obra *Apologia* para a África, a fim de impedir as abomináveis intrigas de Rufino, a respeito das quais, segundo Agostinho lhe informou com certa censura, até então ninguém tinha ouvido falar. Na verdade, ninguém estava realmente interessado nesta briga. As heresias de Orígenes eram praticamente desconhecidas no Ocidente, e Rufino foi o último a tentar fazer com que chegassem até lá.

Quando, apesar de tudo, surgiu uma condenação oficial, ela somente pôde ser parcialmente atribuída a Jerônimo, pois uma dupla mudança ocorrida na política da Igreja de então foi realmente o seu fator decisivo.

Até o ano 400, Teófilo, patriarca de Alexandria, havia protegido os "origenistas", de acordo com suas próprias convicções. No entanto, estava agora sendo confrontado com a pressão exercida pelos monges "antiorigenistas" e, ao mesmo tempo, exposto a sérias acusações pessoais levantadas por estes mesmos monges. Isto foi o bastante para provocar uma mudança radical em seu pensamento e, portanto, Teófilo passou a condenar o "origenismo". Quando seus acusadores recorreram a João Crisóstomo, patriarca de Constantinopla, para obter auxílio, este assunto logo despertou a maior atenção. Quase ao mesmo tempo houve uma mudança de bispos em Roma, o que significava também uma mudança de atitudes. Como sabemos, o falecido bispo Sirício não se mostrava muito propenso em relação a Jerônimo; mas o novo bispo, Anastácio, eleito pela oposição, tinha o apoio dos amigos de Jerônimo. Dessa forma, estava sempre disposto a endossar a condenação decretada por Teófilo e, portanto, obrigou os bispos de Milão e de Aquiléia, para onde Rufino havia se retirado, a assumir a mesma posição.

Não havia o propósito de perseguir Rufino pessoalmente; no entanto, Jerônimo ficou contente pela vitória alcançada e procurou expandi-la para todos os lados. Para tanto, colocou-se também, e de outras formas, à disposição da política inescrupulosa de Teófilo. Até o velho Epifânio, que havia participado de toda a contenda, finalmente recusou-se a tomar parte nas intrigas contra Crisóstomo. No entanto, Jerônimo não hesitou em traduzir para o latim o ofensivo panfleto, cheio das mais cruéis calúnias que Teófilo havia escrito contra Crisóstomo. Nessa ocasião, Jerônimo se colocou, com sua mentirosa propaganda, contra uma das figuras mais puras da antiga Igreja, e assumiu semelhante atitude contra Rufino, que havia sido suficientemente inteligente para não mais prolongar essa tão pouco digna contenda com um oponente como Jerônimo.

Durante anos, Rufino dedicou-se a tranqüilamente produzir suas traduções de Orígenes e de outros trabalhos literários e nunca mais mencionou o nome de Jerônimo. Mas Jerônimo, ao contrário, nunca deixava passar uma nova oportunidade de espicaçar e de se queixar do gordo "porco roncador" como chamava a

Rufino. Ele era a "besta venenosa e estúpida", tal como um escorpião, como o voluptuoso "Sardanapalo", como o selvagem "Nero" que acintosamente se considera como um puritano Catão. Com esse sarcasmo mesquinho, porém revestido de estilo clássico, seu antigo amigo foi perseguido até mesmo depois da morte. É muito difícil saber até que ponto o próprio Jerônimo acreditava na veracidade de suas investidas, pois, na amargura dessa controvérsia, ele finalmente perdeu toda a noção de decência e veracidade. Deixando de lado essas diferenças pessoais que ocuparam o primeiro plano desses acontecimentos, a primeira condenação do "origenismo" permanece como o resultado permanente de toda esta controvérsia.

A princípio, no entanto, as conseqüências práticas do anátema oficial foram relativamente pequenas e a proscrição final do "herético" só veio a acontecer um século e meio mais tarde, no quinto Concílio Ecumênico (553). Sem dúvida, pode haver diferentes opiniões sobre a propriedade ou a necessidade dessa censura tardia – mesmo sob o critério da posição dogmática da antiga Igreja. Entretanto, quase não há uma verdadeira justificativa para a inquietação de Jerônimo e, na verdade, era apenas o Ocidente que ele tentava agitar contra Orígenes e não qualquer outra causa eclesiástica que pudesse servir como pretexto. O "perigo" de uma heresia teológica existia apenas em seu pensamento, e foram somente seus próprios interesses, certamente desprendidos, seus constrangimentos particulares, seus obstáculos e caprichos que o forçaram a colocar em prática, quase contra a sua vontade, esta polêmica caçada à heresia e, neste caso, não existe para ele qualquer desculpa. Podemos explicar sua atitude apenas até um determinado ponto e à luz das circunstâncias, e procurar torná-la mais fácil de ser compreendida com base nos fatos conhecidos que revelam a fraqueza de seu caráter.

Os últimos anos de Jerônimo também foram repletos de controvérsias. Até parece que, subseqüentemente, desejasse justificar seu próprio comportamento provocando novos inimigos, através de uma conexão artificial com o "origenismo", e contra os quais tinha que lutar, dentre eles, Pelágio. Porém, deve-se antes mencionar que em 416 os "pelagianos" haviam incendiado seu mosteiro por vingança. Entretanto, antes disso, desordens externas já haviam ocorrido: os beduínos do deserto e os distúrbios causados pelo início das invasões bárbaras estavam ameaçando a Palestina. Refugiados do Ocidente estavam inundando o país e, durante algum tempo, até uma fuga por mar foi considerada. Os perigos, no entanto, sempre passaram. A morte de Eustáquia em 419 foi um terrível golpe para Jerônimo. Paula havia morrido anteriormente, em 404. Por fim, sua resistência física parecia estar diminuindo, e diziam que estava tão fraco que não conseguia levantar-se da cama, a não ser com o auxílio de uma corda pendurada na trave do teto; porém, sua energia era inesgotável.

Seu último comentário, sobre o profeta Jeremias, não mostra qualquer sinal de senilidade; e mesmo a permanente polêmica contra as arbitrárias alegorias de

Orígenes eram bem fundadas e inteiramente pertinentes. Jerônimo, com mais de setenta anos, foi capaz de continuar com seus ditados até o capítulo 32, falecendo no dia 30 de setembro de 420 (ou 419). Seus ossos foram enterrados em Belém e, embora se acredite que tenham sido levados para Roma na Idade Média, atualmente estão desaparecidos.

Se quisermos compreender e analisar a importância histórica de Jerônimo, teremos que observar e julgar um simples fato: ele era um ocidental, um típico e consciente representante da cristandade latina. Isso pode parecer um tanto paradoxal se tivermos em mente um homem que viveu a maior parte de sua vida nos arredores da Grécia, que em toda parte dedicou-se a propagar a educação grega e que se fez famoso principalmente como aluno e tradutor de obras gregas. No entanto, o homem que ironicamente se intitulava um "semibárbaro", e que nas terras longínquas havia "virtualmente esquecido o seu latim" (*Ep.* 50, 2), continuou sendo sempre um *homo romanus*, em sua natureza e em seu propósito (*Ep.* 15, 3). Os gregos foram seus "professores", porém seus compatriotas latinos permaneceram sempre seus partidários, seus amigos e correspondentes. Em tudo o que disse, escreveu e fez, olhava exclusivamente para o Ocidente e dedicava sua atenção a responder a tudo que lá acontecia. Assim sendo, na política da Igreja sempre aderia ao partido da "direita", ao grupo dos "antigos nicenos" de extrema orientação ocidental e que no Oriente formavam uma minoria cada vez mais restrita.

Os problemas tratados pelo Oriente, com respeito à metafísica teológica, não lhe interessavam e de forma alguma lhe preocupavam. Nesse ponto, Jerônimo estava mais atrasado do que os demais teólogos ocidentais daquele século, como Hilário, Mário Vitorino, Ambrósio ou o diácono Calcídio, que até traduziu e comentou parcialmente a obra *Timeu,* de Platão, para Hósio de Córdoba. Ele era, por natureza, tão inteiramente avesso à filosofia como qualquer um dos anteriores teólogos latinos, mesmo quando ocasionalmente vangloriava-se de seus conhecimentos nessa área: "O que Aristóteles tem a ver com Paulo? Ou Platão com Pedro?" (*adv. Pel.* I, 14) Seu austero moralismo, seu senso prático da Igreja, sua predileção pelo visível, real e concreto, assim como seu sarcasmo e sua insolente imaginação, faziam parte de sua herança ocidental.

Como teólogo, Jerônimo apoiou-se em sua igreja, em seus sólidos ensinamentos, nas Escrituras e, acima de tudo, no Antigo Testamento. Isto era mais do que suficiente para a sua vida religiosa interior. Entretanto, reconhecia claramente que a modesta literatura de sua igreja se ressentia da falta de tradição exegética e da riqueza teológica da Igreja grega, quando ambas eram comparadas. Percebia, outrossim, a necessidade do cristianismo ocidental alcançar o mesmo estágio intelectual do Oriente, e dirigiu todo o seu empenho para alcançar esse propósito. Portanto, a natureza impetuosa de seus escritos, tão desigual e precipitada, pode, em parte, ser explicada por essa sua preocupação. Procurou transmitir ao Ocidente o conhecimento dos comentários e das homilias dos gregos. Conseguiu através de seus próprios trabalhos estimular o interesse dos eruditos na exposição das Escrituras, e tornou seus conterrâneos familiarizados com os pré-requisitos literários, arqueológicos e, acima de tudo, lingüísticos dessa empreitada.

Jerônimo não foi certamente o único homem a esforçar-se para alcançar esse tipo de objetivo que, em seu todo, exigia dedicação integral e permanente; mas conseguiu sobrepujar a todos, amigos e inimigos, que estavam em busca do mesmo ideal. Foi capaz de entregar à cristandade latina uma nova Bíblia e abriu novas possibilidades para estudos futuros de seu idioma. No entanto, seria vão procurar quaisquer sólidos princípios metodológicos e teológicos em seu trabalho, sobre os quais toda atividade de pesquisa deveria ser conduzida. Sua própria atitude, seus perpetuamente oscilantes princípios, e as muitas considerações práticas, eclesiásticas e polêmicas que incorporou, certamente não se mostrariam promissoras como um modelo teológico.

Entretanto, seríamos injustos com Jerônimo se procurássemos ver nele igual grandeza como professor da Igreja e como teólogo criativo, e dessa forma o julgássemos. Esse foi, de certa forma, o seu infortúnio, isto é, ter sido levado a desempenhar esse papel por causa das circunstâncias de sua época e de suas próprias convicções. A decisão ascética que ardentemente procurou manter, e que foi alcançada após dolorosa contenda interna, foi o que realmente manteve Jerônimo vinculado à vocação espiritual durante toda a sua vida. Seu mundo intelectual foi transformado pelo padrão ascético que adotou e que o tornou um professor da cultura ascética e um teólogo das Sagradas Escrituras. Porém, mesmo trajando as vestes de um monge, manteve-se como o último erudito e retórico, que jamais poderia libertar-se de si mesmo por causa de sua ambição literária; além do mais, valorizava o mundo e os homens de acordo com o sucesso de suas próprias realizações. Ele acreditava em seus ideais; porém, sua fé manteve-se superficial e nunca penetrou as profundezas de seu ser. Todas as suas conquistas teológicas e eclesiásticas foram ambíguas e produziram resultados problemáticos. Faltou-lhe o requisito decisivo para que alcançasse a grandeza duradoura; o caráter.

Seria diferente se o julgássemos como uma figura literária inserida na história geral das idéias. Jerônimo foi um erudito bem-sucedido e o fundador da filologia bíblica ocidental. A despeito de seu ascetismo, foi quase um humanista em seus propósitos culturais. O estímulo proporcionado pelos seus escritos a todo conhecimento humano produziu um resultado perene através dos séculos. Dentro de um estilo cerimonioso, suas cartas permanecem como um modelo da elegante arte da correspondência, que a antiga literatura cristã ainda não possuía. Todo o quadro de sua personalidade, nunca enfadonho, porém cheio de vivacidade, foi capaz de deixar uma indelével impressão à posteridade. Portanto, todos os bons humanistas, e a maior parte dos teólogos com inclinações humanistas, sempre estimaram uma certa amizade por Jerônimo, apesar de suas limitações humanas.

Capítulo 6

Agostinho

Agostinho é o único Pai da Igreja que permanece em nossos dias como uma autoridade intelectual, pois, independentemente de qualquer escola ou denominação religiosa, conseguiu através de seus escritos atrair do mesmo modo pagãos e cristãos, filósofos e teólogos, à sua pessoa e às suas idéias. Ele também exerce, ao mesmo tempo, uma permanente influência indireta, mais ou menos imperfeita ou modificada, sobre a tradição consciente ou inconsciente das igrejas ocidentais e, através delas, sobre toda a herança cultural em geral. Dessa forma, não é tarefa fácil para um historiador descobrir o melhor posicionamento ou os critérios mais corretos para o estudo de sua personalidade.

Nesse momento nos encontramos sobre os contrafortes de uma cordilheira, cujo píncaro parece recortado sobre o horizonte da história de igreja. No entanto, se alguém dele se aproxima, como fazemos agora pelo lado oposto, o impacto de sua íngreme encosta e de seu escarpado apogeu, isto é, a amplitude de sua autoridade intelectual e religiosa, tão acima de seus predecessores, torna-se ainda mais surpreendente e, à primeira vista, esmagadora. Quando comparados a Agostinho, os antigos teólogos ocidentais parecem pequenos em estatura, pouco produtivos e quase insignificantes. No entanto, essa primeira impressão também é enganadora e, pelo menos, unilateral. Se examinarmos mais detalhadamente, iremos verificar que esse maciço colossal ainda está fundamentado sobre os primórdios da igreja latina e que os picos menores que atravessamos até agora apontam, todos eles, na direção de onde Agostinho se apresenta, de forma repentina e independente, à nossa frente.

O cristianismo ocidental da fase pré-agostiniana – e através dos tempos isso foi comprovado várias vezes – tinha um caráter fundamentalmente "judaico", isto é, moralista, inflexível e legislador que, ao mesmo tempo que exigia submissão, reclamava realizações e apregoava a ordem e a disciplina eclesiásticas. Era poderoso em sua determinação e em sua energia prática, porém, repousava sobre uma observação radical dos preceitos e das promessas divinas. Vivia sobre instituições do passado e esperanças do futuro – era uma religião sem um presente autêntico, sem uma liberdade plena e sem uma bênção ou uma consagração definitiva e estava, portanto, privado da liberdade em seu relacionamento com o mundo natural e intelectual.

Até o surgimento de Agostinho, o ascetismo ocidental era negativista, extremamente renunciador e com espírito defensivo, e a árida racionalidade do pensamento latino não tolerava qualquer filosofia verdadeira. Isso quer dizer que não tolerava, ao mesmo tempo, qualquer tentativa de entrar em acordo com o espírito do helenismo ou com a vitalidade teológica da igreja grega. É óbvio que, mesmo antes de Agostinho, esse isolamento interior e essa impropriedade intelectual do cristianismo ocidental já haviam começado a mudar, de tal forma que novos horizontes estavam sendo seguidamente descortinados. Jerônimo foi o desgarrado da antiga brigada e até à sua maneira sentia a necessidade de uma renovação.

Ao lado de outros de sua geração, e acima de tudo do grande Ambrósio, o diálogo estabelecido com a teologia grega já estava relacionado com um conhecimento mais profundo da própria manifestação bíblica. O Antigo Testamento havia perdido sua posição autocrática, enquanto raiava e se desenvolvia brilhantemente a individualidade do "evangelho". A formulação anterior sobre o problema antropológico e o antigo interesse latino sobre a virtude e a recompensa, sobre a remissão dos pecados, a penitência e a justiça haviam mudado totalmente de significado sob essa nova luz. Haviam se unido pela fé em Cristo e adquiriram um direcionamento evangélico.

O sintoma mais importante dessa mudança foi o novo interesse na teologia de Paulo, que veio a exercer uma influência definitiva sobre Ambrósio, Mário Vitorino e sobre o chamado "ambrosionismo", embora às vezes sob formas completamente diversas. Paulo havia permanecido no Oriente, assim como os gnósticos do século II, principalmente como o teólogo da cognição espiritual e "mística", do entusiasmo especulativo e da visão de uma vida de pureza. O anti-judaísmo de Paulo, que irrompeu através das leis e estabeleceu a "retidão através da fé" foi primeiramente descoberto na teologia ocidental do século IV e nunca mais foi perdido. Esse movimento alcançou seu clímax na teologia da graça de Agostinho, onde encontrou uma formulação que o fez permanecer válido por muito tempo. O período seguinte apresentou uma variação em sua atitude perante a teologia paulina e somente a Reforma conseguiu ir além do entendimento que Agostinho tinha em relação a Paulo e, assim mesmo, dentro de um sentido fundamental que foi além do próprio Agostinho.

Agostinho foi um gênio – o único Pai da Igreja que pode receber, sem qualquer questionamento, esse pretensioso título, segundo a moderna categorização da personalidade. Todas as tentativas para encontrar algum tipo de explicação sobre a grandeza desse homem a partir de seu ambiente, de sua herança intelectual ou de seus inequívocos e extraordinários talentos naturais não levaram a parte alguma. Agostinho, simplesmente, desenvolveu-se mais que os outros. Essa capacidade de se desenvolver, isto é, de assumir novas idéias, de mudar e de se auto-reformular foi, talvez, o requisito mais essencial que o fez chegar ao que conhecemos a seu respeito. Ele mesmo reconhecia que sua própria história, aliada à essa sua capacidade interior, não eram dons naturais, nem o efeito de uma realização pessoal, porém, o resultado do trabalho da graça divina e da orientação interior e exterior que lhe foram concedidas. Nessa introdução, não nos propomos a tentar analisar sua "natureza", porém, a imediatamente darmos início ao acompanhamento de sua vida e a mencionar, brevemente, as realizações nas quais sua "natureza" e seus atos encontraram a melhor expressão.

Os antecedentes de Agostinho – seus ancestrais, o ambiente em que nasceu e os primeiros estágios de sua carreira – fazem-nos lembrar de Jerônimo. Agostinho também veio da classe média, talvez de uma classe média mais baixa ou mesmo de um ambiente provinciano. Ele nasceu no dia 13 de novembro de 354, em Tagaste, uma pequena cidade que tinha o detalhe de uma cultura romana e na qual, entretanto, as tradições berberes ainda eram muito fortes. Aparentemente, sua juventude parece ter sido vulgarmente comum e o que ele e sua família realmente mais desejavam era um avanço rápido em direção à riqueza e à boa reputação. Por essa razão, o tão bem dotado filho teria que receber a melhor educação possível. Porém, as circunstâncias foram para ele mais extenuantes e desanimadoras que para o notável filho de Strido, que raramente precisou enfrentar sérios problemas financeiros.

Patrício, pai de Agostinho, deve ter sido descendente de algum veterano romano que havia se estabelecido numa região hoje pertencente ao interior da Argélia e próxima à fronteira com a Tunísia. Ele era membro da prefeitura de Tagaste, e possuía um vinhedo e alguns meios próprios de subsistência, mas insuficientes para permitir a seu filho mais velho, que havia terminado a educação escolar na vizinha cidade de Madaura, continuar seus estudos em Cartago. Um generoso parente e amigo, Romaniano, prestou-se a colaborar. Patrício pretendia provavelmente fazer de seu filho um advogado, porém Agostinho decidiu seguir uma carreira mais intelectual, digamos, mais "acadêmica", como um retórico profissional. Esse ideal, introduzido pelos sofistas gregos e transplantado por Cícero para o solo romano, isto é, pelo grande retórico que havia sido mestre da língua e da literatura clássica, ainda permanecia fundamental àqueles que almejavam uma melhor educação e cultura geral. Embora a retórica houvesse há muito perdido sua antiga autoridade política para tornar-se uma atividade meramente literária, seu cultivo estava agora restrito a uma pequena camada da sociedade urbana e ainda fazia parte da vida pública e política. O conteúdo intelectual de seus artifícios rítmicos e vocais, sua harmonia, suas definições e etimologias, sua destreza dialética e polêmica parecem-nos hoje formais, cansativos e totalmente indiferentes. Entretanto, essa escola desenvolveu-se, apurando tanto o ouvido como a sensibilidade gramatical, e podia, como resultado, oferecer as mais atraentes possibilidades para um homem como Agostinho, com seu talento para a lingüística e sua habilidade artística.

Possuidor desses dotes foi capaz de, rapidamente, alcançar uma auto-segurança retórica e de, sem demora, chegar a ser um mestre. Aos dezenove anos, Agostinho tornou-se professor de retórica em sua cidade natal, e no ano seguinte na capital, Cartago; os seus rápidos avanços continuaram durante a década seguinte. Agostinho estava a caminho de se tornar uma celebridade na atividade que havia escolhido. Levava extremamente a sério a sua vocação e achava difícil suportar a falta de refinamento dos alunos quando perturbavam os discursos com sua falta de educação, assimilando apenas superficialmente, se tanto, aquilo que desejava ensinar-lhes. No entanto, podia se alegrar com todo o sucesso alcançado e, em 383, foi chamado a Roma, onde as condições intelectuais eram mais propícias. Lá, no entanto, ficava muito aborrecido com os estudantes que, embora fossem diligentes em seu comportamento, faltavam muito às aulas e "esqueciam-se" de pagar pelos estudos.

Para Agostinho, entretanto, isso não era absolutamente de importância secundária, pois, consumido por uma ambição intelectual, desejava tornar-se famoso e admirado por sua capacidade; mas, queria também tornar-se rico e, nessa ocasião, sonhava também com um casamento aristocrático para completar a felicidade de sua posição. Com o passar do tempo, no entanto, contentou-se com uma concubina para a satisfação de seus desejos e da necessidade de uma companhia mais íntima que o mantivesse afastado dos excessos mais grosseiros. Agostinho foi fiel à sua cortesã durante quinze anos, e as palavras com as quais se lembrava de seu amor e de sua fidelidade, mesmo já sendo um velho bispo, indicam que essa relação irregular realmente significou muito para ele, embora tivesse mantido seu nome em silêncio e nunca o tivesse incluído em seus escritos. Antes de ele ter completado 18 anos, ela lhe deu um filho, um menino extremamente inteligente, segundo o próprio Agostinho nos assegura, que recebeu o nome de Adeodato ou "concedido por Deus" e que, até sua morte prematura, permaneceu como fonte de alegria e de felicidade para seu pai, e esse relacionamento de forma alguma se alterou quando da conversão de ambos à uma rígida concepção de vida cristã.

Ao contrário de Jerônimo, Agostinho não interrompeu sua carreira secular prematuramente, mas levou-a até o fim. Para ele, entretanto, as mudanças representaram muito mais do que o resultado praticamente arbitrário de uma decisão moral; elas foram preparadas de forma gradual, progressiva e irresistível. Dessa forma tornaram-no conhecido, ou pelo menos, era como ele mais tarde via a si próprio e descrevia sua época de juventude. Paralelamente a essa história de avanço e de sucesso, desenvolvia-se a história de sua vida interior, que permanecia sob a superfície e que muitas vezes quase desapareceu, mas que forçava e emergia, de tempos em tempos, até finalmente tomar conta de toda sua existência, dando-lhe um novo significado.

Agostinho descreve esse desenvolvimento em sua obra *Confissões*, que interpreta como sendo uma interferência secreta e uma orientação da sempre vitoriosa graça divina. Essa obra não pretende ser uma autobiografia, conforme o sentido moderno, porém, uma nova espécie de trabalho de edificação, extremamente pessoal. Foi elaborada com elevadas aspirações literárias e dentro do estilo mais adequado, entretanto, não é uma obra de ficção. Agostinho afirmava que o livro devia conter exclusivamente, e até em detalhes, nada mais que a verdade e, sempre que nos foi possível comprová-la, sua afirmação foi suficientemente justificada. Erros não foram encontrados, e à luz sob a qual o seu passado foi analisado retrospectivamente priva-nos de qualquer decepção, ao contrário, somos brindados com uma descoberta interpretativa de sua vida, feita por ele mesmo, que era quem melhor a conhecia. Uma vez que esse propósito tenha sido entendido, podemos tranqüilamente confiar em nós mesmos para a melhor orientação desse livro. Em todo caso, não contamos realmente com um guia melhor.

Também ao contrário de Jerônimo, Agostinho não era originário dos Bálcãs pagãos, com sua falta de tradições, mas veio do solo da África, embebido com o sangue dos cristãos durante séculos, a única região latina e cristã que há muito possuía um perfil intelectual e, além disso, uma distinta individualidade eclesiástica. Já na infância, Agostinho conheceu o que era viver dentro do cristianismo vivo por meio de sua mãe Mônica, a única "que não poderia ser imaginada como ausente" de seu desenvolvimento (Guardini). Em sua obra *Confissões*, Agostinho descreve a sua personalidade com terno amor e até relata algumas das muitas características triviais de sua vida; porém, ainda não havia realmente idealizado a sua pessoa.

Mônica, essencialmente, não foi mais que a esposa de um burguês típico, ela mesma o produto de uma cidade rural, intelectualmente alerta, porém desprovida de uma educação refinada; era uma pessoa gentil e de um alto senso de praticidade, ao mesmo tempo cheia de energia e determinação femininas sempre que desejava seguir seu instinto materno e sua convicção religiosa. Fez do devotado amor ao filho mais velho a razão de sua vida. Somente em seu cuidado por ele e pela sua salvação eterna ela atinge a verdadeira grandeza interior e a liberdade completa. Até sua conversão, a história de Agostinho pode ser entendida, e como ele próprio a entendia, como a história de uma mãe e de seu filho, de um relacionamento indissolúvel que persistia apesar de todas as alienações, até que finalmente tornaram-se unidos na fé. Essa era uma fé que a própria Mônica havia professado desde o início e que, tal como um sacerdote, constantemente transmitia ao filho, embora Agostinho só tenha chegado a ela muito mais tarde, após ter dado muitas voltas e ter transposto trabalhosos desvios.

Mas, de certo modo, ele sempre foi um cristão. Desde sua infância, Mônica já o tinha ensinado a orar e o familiarizado aos hábitos e às práticas dos cristãos. Agostinho nunca foi capaz de apagar essas primeiras impressões que nada tinham a ver com sua aparência exterior. A Bíblia, para ele, sempre representou o livro santo e, de acordo com seu próprio testemunho, ele já havia absorvido e preservado, através do leite materno, o nome do Salvador de forma tão intensa que, mais tarde, nada conseguiria realmente agradá-lo se não contivesse esse nome (*Conf.* III, 4, 8).

Quando criança, Agostinho desejava ser batizado quando tinha indigestão e orava para não apanhar na escola; dessa forma, orar era para ele algo natural que somente perdeu sua importância no início de sua masculinidade, quando não mais levava a sério a fé de sua infância ou as queixas e reprimendas de sua mãe. Em sua época de estudante, atirou-se em um rodamoinho de casos amorosos e gostaria de parecer mais desprovido de vergonha do que realmente era. Quando começou a trabalhar intelectualmente e a fazer progressos, então tomou conhecimento do verdadeiro conteúdo e significado de sua vida.

A primeira vez que aconteceu um abalo em sua atitude perante a vida não foi por causa de uma pessoa mas de uma experiência intelectual, por causa de um livro. Da mesma forma, os futuros estágios de seu desenvolvimento nunca ocorreram sem alguma nova percepção intelectual que tenha colocado em movimento toda a atividade de sua vida pessoal. O currículo de seus estudos obrigava a leitura de *Hortênsio* – um diálogo, hoje perdido, no qual o idoso Cícero levava seus alunos para longe da retórica política e em direção à filosofia. Somente a filosofia era capaz de dar sentido à vida, de tornar a morte suave e de preparar a alma para a viagem para a imortalidade. O efeito que isso causou em Agostinho foi assombroso. Ao contrário da grande variedade de opiniões das diversas escolas, como até então ele considerava a filosofia, pela primeira vez a seriedade do único objetivo da vida, o Real e o Completo, que é a sabedoria, tornou-se clara perante ele. "De repente, toda vã esperança tornou-se sem valor para mim, e com incrível calor no coração eu aspirei pela imortalidade da sabedoria" e assim, continuou Agostinho, "comecei a me erguer para que pudesse voltar para ti" (*Conf.* III, 4, 7; *LCC*, 7, 65).

Essa não foi uma interpretação posterior e de auto-reflexão: de acordo com seu próprio testemunho, Agostinho estava bastante desapontado pelo fato de não haver qualquer palavra a respeito de Cristo nas afirmações de Cícero, e o primeiro resultado dessa experiência completamente perturbadora do ponto de vista de seus efeitos religiosos e filosóficos, foi procurar a Bíblia e começou a lê-la seriamente. A tentativa, porém, falhou. As palavras do livro sagrado pareciam sem sabor, "indignas de serem comparadas com a dignidade de Tully (Cícero)" (*Conf.* III, 5, 9). Até parece que estamos ouvindo o jovem Jerônimo! Naquele momento, Agostinho necessitava de alguém que lhe oferecesse uma orientação pessoal e uma amizade vivificante, mas que não era capaz de encontrar em suas amizades de então. Portanto, juntou-se a uma seita bastante difundida, não só entre a elite intelectual de Cartago, mas em toda a parte, e assim tornou-se um maniqueísta.

A comunidade dos "maniqueus", fundada pelo persa Mani no século III, foi a última grande criação religiosa do Oriente no período entre o cristianismo e o islamismo. Essa seita rejeitava o judaísmo e o Antigo Testamento, porém aceitava a Cristo entre seus precursores. No Ocidente, ela afirmava ser a forma mais elevada e espiritualizada do próprio cristianismo. E foi sob esse aspecto que também apresentou-se a Agostinho. Suas reuniões secretas, sempre proibidas e reprimidas no Império Romano eram, portanto, envolvidas pela atração do sigilo e do mistério, e seus ensinamentos básicos continham um rigoroso dualismo.

Segundo a mitologia do "maniqueísmo" o mundo presente era considerado como sendo o resultado da queda original e de uma combinação fatal de luz e trevas. As almas dos homens eram somente centelhas dispersas da única substância divina de luz e necessitavam ser socorridas e salvas das trevas da prisão de seu estado corpóreo. A reunião dessas centelhas de luz e a subseqüente condução à sua origem era entendida como a verdadeira redenção do homem e como a obra do próprio Deus. Uma total separação, tentada através dos métodos mais fantásticos, irá finalmente causar o fim do mundo e a consumação de tudo que é luz dentro da unidade da luz.

As implicações práticas dessa mensagem de salvação somente poderiam resultar em um ascetismo rigoroso. Contudo, somente alguns ousaram trilhar esse caminho radical; esses eram os perfeitos e os eleitos. Agostinho se satisfazia em ser apenas um mero "ouvinte", isto é, em se manter, como a maioria, um membro da comunidade mais ampla e com poucos compromissos. Por outro lado, os maniqueus estavam plenamente conscientes do valor de sua nova aquisição e deram as boas vindas ao jovem retórico com a maior cortesia. A análise trágica de sua própria fraqueza e imperfeição, a possibilidade de, no entanto, erguer-se acima delas intelectualmente, o encantamento provocado pelos freqüentes cultos de adoração, com seus salmos e hinos, suas confissões litúrgicas e suas elocuções, tudo isso parecia a Agostinho uma libertação e uma exaltação superior às atividades mundanas do cotidiano. Além disso, era como se a verdadeira religião estivesse glorificando a vida.

Logo depois tornou-se um líder ativo e um missionário: sob sua influência, seu aluno, filho de Romaniano, além dele próprio, tornaram-se membros dos "maniqueus". Seu relacionamento com a mãe, que nestas circunstâncias estava a ponto de se desesperar em vista desses acontecimentos, tornou-se cada vez mais infeliz. Ela não concebia acompanhar o filho nesse novo caminho e o deixava irritado com sua inabalável esperança de que um dia retornaria a ela no refúgio da igreja cristã. Já fazia alguns anos que Mônica havia se tornado viúva, e, nessas circunstâncias, sua vida com Agostinho tornava-se impossível; foi assim que, temporariamente, ele mudou-se para a casa de seu padrinho Romaniano.

Existe uma questão sobre até que ponto Agostinho chegou a aceitar o maniqueísmo sem qualquer reserva. Seus atrativos ascéticos e emocionais, ao lado de suas fantásticas promessas e pregações, não poderiam, a longo prazo, suprir as dificuldades internas do sistema. Agostinho não era um entusiasta de educação meramente mediana. Exigia transparência e um entendimento suficientemente razoável. Em lugar dos anteriores preconceitos e superstições do cristianismo eclesiástico, esperava encontrar no maniqueísmo, como haviam prometido, uma perspectiva realmente baseada na espiritualidade. Porém, surgiram perguntas e mais perguntas que ficavam sem uma resposta convincente.

Foi nessa época que, aos vinte e seis ou vinte e sete anos, publicou seu primeiro estudo intitulado *Sobre a Beleza e a Propriedade*. Temos a impressão de que estava procurando relacionar-se com a metafísica do maniqueísmo, porém, esse trabalho que logo se perdeu (e em seus últimos anos nem ele mesmo o possuía) já era verdadeiramente agostiniano no que dizia respeito ao seu tópico e à apresentação do problema. Para ele, a natureza da beleza sempre permaneceu como um autêntico problema metafísico, que o conduzia além das considerações de uma simples aparência. Tudo que é apropriado ao seu propósito é também apropriado em relação à alguma coisa além de seu "propósito". O belo, entretanto, é belo por si mesmo, é espiritual e, portanto, está situado além do mundo material e visível. Mas o que seriam o espírito e a própria verdade espiritual? O pensamento materialista da metafísica "maniqueísta" não conseguia resolver esses problemas e, além disso, existiam contradições em suas teorias astronômicas e cósmicas. Portanto, as objeções filosóficas e científicas permaneciam sem respostas.

Durante um longo tempo, os maniqueus serviram de consolo a Agostinho com a perspectiva da visita de Fausto, um bispo com uma elevada reputação de sabedoria, mas que quando finalmente chegou mostrou-se apenas como sendo uma gentil nulidade, retoricamente educado. Tudo que restou foi uma decepção fundamental, o que ocasionou o seu afastamento gradual da seita, e um descontentamento desesperançado em relação à sua própria condição e situação intelectual. Agostinho decidiu então dedicar-se aos escritos sobre astrologia que, sob um exame mais detalhado, igualmente mostraram-se totalmente vazios. Finalmente descobriu a literatura do ceticismo, onde o princípio da negação de qualquer certeza do conhecimento pareceu-lhe a atitude mais honesta que podia estar a nosso dispor. Na verdade, o ceticismo não é mais do que uma atitude de desespero.

Agostinho decidiu parar com suas orações e, ao mesmo tempo, esforçar-se por alcançar uma atitude cética, contra a qual toda a sua natureza se rebelava. A verdade que procurava, em suas meditações céticas, não era, em absoluto, um assunto teórico; o que Agostinho procurava era um seguro centro de gravidade, a base e o significado da própria vida, e sentia-se incapaz de encontrá-los. Ele realmente nunca duvidou de que houvesse uma verdade salvadora, somente o acesso até ela parecia-lhe para sempre obstruído para a razão humana. Basicamente, ainda procurava a verdade que havia conhecido na infância, ansiava por voltar a ter o conhecimento de Deus, da divina providência, do julgamento, e sobre sua própria imortalidade. Sentia que tudo isso havia agora se tornado inatingível como uma possessão intelectual, e que sua vida, tendo perdido a direção, era simplesmente levada pela corrente. Essa sua disposição foi retratada, de forma sombria, na obra *Confissões.* De qualquer maneira, é certo que este estado de espírito lhe trouxe grande sofrimento e todos os seus sucessos aparentes não serviram de consolo frente a todas essas perturbações íntimas.

No outono de 384, Agostinho chegou a Milão com uma recomendação do prefeito Simaco, por meio da qual chegou a visitar a própria residência imperial. Antes de deixar a África, havia enganado sua mãe: pois na verdade o que pretendia era livrar-se dela, e para isso partiu secretamente. Ela, porém, seguiu-o até Milão, reconstruíram sua vida juntos e a paz foi restabelecida. A vítima dessa reconciliação foi a amante de Agostinho, que Mônica havia conseguido separar dele, uma medida que lhe parecia justificada em vista de um possível futuro casamento e que, de qualquer forma, teria que ser um dia posta em prática (desposar uma concubina era inteiramente impossível por razões legais). Agostinho, no entanto, sofreu muito com essa separação: "Meu coração, que estava preso a ela, foi feito em pedaços e ferido até sangrar" (*Conf.* VI, 15, 25; *LCC,* 7, 132).

Enquanto a jovem regressou à África, e lá permaneceu fiel a ele até o fim de sua vida, Agostinho colocou dentro de casa uma nova concubina, em uma atitude de desafio à própria mãe. Ele sentia que essa concessão à sensualidade era extremamente vergonhosa, mas não conseguia resistir. Obviamente, Mônica era incapaz de ajudá-lo nessas profundas misérias espirituais. O mesmo pode-se dizer de seus amigos que o amavam e admiravam, mas que ele muito bem sabia não estarem à sua altura. Agostinho sentia-se frustrado e vil. Uma cena muito curta, artisticamente descrita em *Confissões,* revela esse seu estado de espírito. Agostinho havia sido encarregado de pronunciar um panegírico sobre o imperador (Valentiniano II) em uma reunião festiva. Na noite anterior, cheio de inquietude e nervosismo, resolveu dar um passeio com seus amigos pelos subúrbios. Lá chegando, um mendigo bêbado atravessou o seu caminho e começou a dizer piadas tolas que aparentemente faziam-no ficar muito feliz. Sua aparência deixou Agostinho deprimido. "O que significam todos nossos planos e ambições?", exclamou " Eles só fazem aumentar os nossos miseráveis fardos, que de qualquer forma temos que carregar! Afinal de contas, tudo que queremos é ser felizes: o mendigo conseguiu, mas nós provavelmente jamais o conseguiremos!". Porém essa repentina explosão de temperamento não resultou em nada e Agostinho continuou a viver como antes; interiormente insatisfeito, continuou com sua ambição de "conseguir honrarias, riquezas e um casamento" (*Conf.* VI, 6, 9).

Além da reconciliação com sua mãe, Milão lhe trouxe novos sucessos profissionais. A igreja e a cristandade, que Agostinho pensava conhecer desde a infância, revelaram-se sob uma nova forma que o surpreendeu, impressionou e, finalmente, o obrigou a tomar uma decisão. A personalidade do grande Ambrósio, nesse caso, foi o fator mais importante. O próprio Agostinho nos descreve o quanto desejava conhecer o famoso pregador como retórico, e como freqüentava seus sermões exclusivamente por essa razão. Porém, também o conteúdo dessas pregações logo o deixou fascinado e o fez perceber, com muita surpresa, como os aparentes "absurdos" das fábulas "das velhas esposas" da Bíblia podiam ser entendidos, em seu sentido mais profundo, através das interpretações alegóricas, e que uma poderosa e abrangente noção de Deus, do mundo e do homem tornava-se visível por meio das afirmações antropomórficas e das idéias aparentemente primitivas dos textos.

O cristianismo se apresentou, então, como uma realidade espiritual que tinha, evidentemente, algo a dizer não somente às mentes das crianças e daqueles que não possuíam uma formação. Ao mesmo tempo, ele simbolizava a realidade da verdadeira solidariedade que podia reter, transformar e determinar os homens. Em sua indivisível dedicação ao serviço da igreja, assim como no impacto produzido pela compostura e autoridade de sua aparência, Ambrósio parecia ser a antítese de Agostinho, repleto de problemas intelectuais, indeciso, imaturo e desobrigado, mas sob vários aspectos ainda tão dependente.

Ambrósio, entretanto, também era uma pessoa de posição e deveria receber de Agostinho a mesma consideração de um intelectual à sua altura, e isso era uma experiência inteiramente nova para ele, que julgava ser seu superior. A atitude de Ambrósio era a personificação da autoridade da igreja, solidamente estabelecida além de quaisquer opiniões arbitrárias ou objeções céticas e que exigia que seus ensinamentos fossem aceitos e obedecidos como a verdade de Deus. Através dessa afirmação, a igreja estava não só em condições de enfrentar qualquer prova intelectual como de sustentar-se perante qualquer julgamento crítico. Agostinho ainda hesitava em conceder total aprovação à essas afirmações, pois, semelhante *salto mortal* dentro da fé poderia parecer-lhe irresponsável e caprichoso. Porém, vagarosamente, recomeçou a se aproximar da igreja e decidiu continuar a freqüentar a classe dos catecúmenos até o tempo em que "alguma coisa certa brilharia para ele, através da qual poderia finalmente encontrar o seu caminho" (*Conf.* V, 14, 25).

Tentou muitas vezes conversar pessoalmente com Ambrósio. Para isso não havia qualquer dificuldade; apesar de suas inúmeras obrigações, e de ser por demais sabido que realmente não dispunha de muito tempo, Ambrósio sempre mantinha sua porta aberta a qualquer pessoa que o procurasse, mesmo sem ter sido previamente avisado. Mas todas as vezes que Agostinho ia procurá-lo, encontrava-o tão absorto em seu trabalho e em seus livros que não ousava perturbá-lo; depois de algum tempo de espera silenciosa, voltava para casa sem ter alcançado o seu propósito.

No entanto, a piedosa Mônica já havia estado com o grande mestre algum tempo atrás e entendia claramente a crise interior pela qual seu filho estava passando e a acompanhava com intensa esperança. Talvez tenha sido esta a razão pela qual Agostinho não conseguia vencer sua hesitação em relação a Ambrósio. Ou será que ficou receoso de que o atarefado pastor da congregação não fosse levar em consideração suas complexas dúvidas e ansiedades com tanto cuidado pessoal como julgava desejável e necessário?

Em certa ocasião, Agostinho procurou o velho professor de Ambrósio, chamado Simpliciano, que sem demora apresentou-lhe o exemplo de Mário Vitorino, um filósofo neoplatônico, que após ter sacrificado sua nomeação como professor e ter publicamente confessado seu cristianismo na época da reação de Juliano, havia desde então se tornado um importante teólogo.

Esse foi o período em que se desenvolveu a luta de Ambrósio contra a política ariana da imperatriz Justina. Com muita agitação, a cidade toda havia se colocado ao lado de seu bispo. Porém, é característico como esses acontecimentos foram apenas superficialmente mencionados na obra *Confissões*, na qual são apresentados contra o obscuro cenário de fundo da verdadeira história de sua alma, e onde se desenvolveram inteiramente na esfera mais íntima do conhecimento responsável e de sua decisão espiritual. Nessa ocasião, ele havia iniciado seus estudos sobre a filosofia neoplatônica, da qual Ambrósio também não havia se afastado. Agostinho lia as obras de Porfírio e, acima de tudo, de Plotino, numa tradução latina feita por Vitorino. O conhecimento encontrado nessas obras foi capaz de libertá-lo da escuridão da cegueira intelectual na qual havia permanecido por tanto tempo, e de, sem demora, conduzi-lo aos espaços abertos onde havia abundância de ar!

Finalmente, as dificuldades sobre a concepção do Espírito de Deus estavam inteiramente resolvidas, pois Deus, em sua infinidade e perfeição, não pode ser absolutamente imaginado da forma material como até então, ou como uma substância espiritual, como em Tertuliano, ou mesmo como uma partícula de luz segundo a acepção dos maniqueus. A realidade transcendental do espírito encontra-se muito além de qualquer analogia natural. O espírito não é "abstrato", ao contrário, parece ser a essência de tudo que é real e sensível e da qual tudo procede filosoficamente. Através dos contrastes divinos, o mundo não é original, porém derivado, restrito e virtualmente irreal. O problema do mal, que tanto preocupava Agostinho, finalmente encontrava uma solução correspondente e que, verdadeira e estritamente falando, não tinha absolutamente uma substância real. Ele só existe em razão de uma desavença com o bem e a verdade, é a destruição da realidade sensível e, na verdade, surge só negativamente em relação ao verdadeiro ser, como sendo sua perversão e privação.

O neoplatonismo havia mudado essas concepções platônicas, levando-as para um sentido cada vez mais religioso. Deus é a origem e a meta de tudo que é verdadeiro. Ele é o eterno e Único que reflete e se "revela" de muitas maneiras, porém, Ele mesmo nunca penetra nessa múltipla existência, nem pode ser encontrado nela. Portanto, a verdadeira filosofia convoca os homens à contemplação e à conversão. Conclama-os a penetrar na transcendência intelectual da multiplicidade do mundo dos fenômenos e na cognição e prática de Deus em Sua unidade, além dos limites do que é finito.

Ao adotar essas idéias, Agostinho certamente sentiu que estava apenas no início de sua jornada intelectual e filosófica e seu desamparado ceticismo, bem como a sua duvidosa absorção do temporário e do transitório, haviam então sido vencidos. Existe uma verdade atingível de Deus, cuja posse poderia tornar a "vida preciosa e a morte suave". Como sentia anteriormente ao ler *Hortênsio*, sem muito trabalho Agostinho compreendia agora essa verdade também de acordo com um sentido cristão. Novamente, teve que recorrer à Bíblia, pois tudo que antes havia fracassado agora parecia estar sendo bem-sucedido!

A Bíblia falava ao seu coração. Acima de tudo, Paulo confirmava a grande e única verdade da filosofia pagã, como a verdade revelada de Deus. Porém, ao mesmo tempo, oferecia mais do que isto. Pois não somente testemunhava a respeito da transcendente superioridade do Absoluto. E por também falar sobre Cristo e sobre a redentora participação de Deus na história e, quanto ao homem, da sua necessidade espiritual de responder a esse Deus com humildade, arrependimento e renovada dedicação, ele estava ao mesmo tempo testemunhando a bondosa disposição pessoal do misericordioso Criador.

Agostinho tinha agora que se confrontar com uma decisão pessoal: era preciso mudar sua vida e reformá-la, para atender às novas exigências cristãs. Isso somente seria possível com a ruptura de todos os laços anteriores que, durante tanto tempo, haviam-lhe causado tanta repugnância e que considerava basicamente fúteis e sórdidos. Enquanto a verdade tinha permanecido um pouco escondida, havia sido relativamente fácil evitar tomar qualquer decisão. Onde poderia esperar encontrar os livros, os ajudantes e o tempo necessário para penetrar profundamente no que era totalmente novo? Seria realmente necessário romper com tudo exatamente naquele momento em que acreditava ter finalmente alcançado o ponto de onde poderia, talvez, a qualquer momento, obter o título de governador ou algum outro cargo igualmente vantajoso e dignificante, ou até mesmo concretizar um casamento lucrativo?

Podemos ver como a escolha, de uma forma ou outra, havia provocado uma crise que exigia uma decisão radical e ascética. A luta por uma carreira e pela admiração dos homens, o desejo de conquistar fortuna, a sensualidade que, mesmo por pouco tempo, não podia manter sob controle, de fato, toda a maneira de viver de Agostinho contrastava, com suas atividades tão sem sentido, com os ideais cristãos e também filosóficos. Não existia uma terceira solução, ou mesmo um curso intermediário, que pudessem permitir-lhe fazer justiça simultaneamente aos seus estudos, às mulheres e à aparência exterior, com a sua real verdade interior. Isso tudo era muitas e muitas vezes ponderado por Agostinho e sempre rejeitado por ele com indiferença.

Os acontecimentos que se seguiram foram detalhadamente descritos por ele, certamente sob uma forma estilizada, porém, plenos da verdade incomparável de uma observação psicológica. Não conseguimos reproduzir aqui toda a história em suas particularidades; ela é bem conhecida por todos os leitores das *Confissões*. "Então, eu estava docemente carregado com as bagagens do mundo, como alguém que está em repouso, e meus pensamentos sobre Ti eram como os esforços daqueles que desejam acordar mas estão ainda subjugados pela sonolência e voltam a cair em profundo sono. E como ninguém deseja dormir para sempre (pois todos os homens desejam acordar melhores) – pois, os homens geralmente preferem ficar livres da pesada letargia de seus membros, e estão felizes em dormir mesmo quando sua razão desaprova e que a hora para acordar já tenha chegado – assim estava eu seguro de que seria muito melhor me entregar ao Seu amor do que ceder à minha própria luxúria. Seu amor me conquistou e me satisfez, enquanto minha luxúria me era agradável, porém, me acorrentava. Não tinha resposta ao seu chamado: 'Desperta, ó tu que dormes, e levanta-te dentre os mortos, e Cristo te esclarecerá' (*Ef* 5.14). De todos os lados Tu me mostraste que Tuas palavras são verdadeiras e eu, convencido pela verdade, nada tinha a responder a não ser com uma sonolenta e balbuciada resposta . 'Agora; ou seja, neste momento. Deixe-me sozinho um pouco mais'. Mas 'agora, significa neste momento', porém eu não tinha nenhum presente; e o meu 'deixe-me sozinho um pouco mais' continuou ainda por muito tempo" (*Conf.* VIII, 5, 12; *LCC*, 7, 165).

As dificuldades não mais existiam no reino intelectual, e, também, a demanda moral parecia-lhe bem clara. Deus havia "rodeado" Agostinho por todos os lados, como ele mesmo se expressou; porém a última e decisiva mudança de disposição não podia ser forçada – e ainda estava faltando. O próprio Agostinho, evidentemente, estava agora procurando uma solução, mas somente um impulso interior, um exemplo definitivo e um modelo de conversão foram capazes de fazê-lo tomar essa decisão.

Certo dia, um compatriota seu da África e alto funcionário, chamado Ponticiano, veio lhe fazer uma visita numa determinada data que Agostinho mais tarde esqueceu. Esse amigo encontrou, sobre sua mesa de cartas, as epístolas de Paulo e mostrou-se surpreso ao encontrar um irmão cristão em um professor de retórica. Relatou então a história de Antônio, o primeiro "monge", cuja biografia então traduzida para o latim, estava na época começando a causar uma agitação no Ocidente. Isso ainda era desconhecido para Agostinho, que ficou impressionado com o fato de que tal renúncia do mundo fosse possível, não só no passado, mas mesmo agora no presente, "em nosso tempo, por assim dizer". Porém, Antônio não era um caso isolado e o diálogo entre eles voltou-se aos monges contemporâneos e o hóspede retrucou que, recentemente, havia testemunhado em Tréves quando dois de seus conhecidos, tendo encontrado a "vida" de Antônio na cela de um monge, haviam sem hesitação renunciado às suas promissoras carreiras para, a partir daquele instante, dirigir seus corações ao céu.

Essa descrição combina perfeitamente com a pessoa de Jerônimo e seu amigo Bonoso, que haviam se convertido em Tréves nos anos setenta do século IV, exatamente da mesma forma. Com lágrimas nos olhos, Ponticiano voltou ao palácio imperial, a fim de continuar vivendo conforme o costume secular. O relato dessa história deixou Agostinho muito abalado e chegou a pensar que viu o seu próprio destino perante os seus olhos e "enquanto o homem continuava sua narrativa" parecia que havia sido "agarrado pelas costas" e a contragosto olhou o seu próprio rosto (*Conf.* VIII, 7, 16). Assim que Ponticiano saiu, e somente seu amigo Alípio se encontrava presente, Agostinho rompeu, muito agitado, em furiosas auto-acusações: "O que você acabou de ouvir?", gritou para Alípio, "os ignorantes já começaram a conquistar o reino do céu à força, e nós – com toda a nossa sabedoria, porém com tão pouco coração – veja como estamos submersos em carne e sangue!" (*Conf.* VIII. 8, 19; *LCC*, 7, 170).

Agostinho deixou a sala e correu para o jardim adjacente preferido por seus amigos, onde lutando para caminhar passo a passo travou a última e frenética "batalha entre eu e eu mesmo". A terrível tensão finalmente se rompeu em um "mar de lágrimas": Agostinho deixou seu amigo Alípio sozinho e atirou-se soluçando debaixo de uma figueira. "De repente, ouvi a voz de um menino ou de uma menina – não sei qual deles – vindo da casa vizinha, cantando repetidamente as mesmas palavras, "pegue e leia, pegue e leia!" (*tolle, lege; tolle, lege*)". Agostinho voltou a si e começou a raciocinar intensamente se alguma vez havia ouvido alguma coisa igual, se por acaso não seria algum jogo infantil acompanhado desse tipo de canção; mas esse não era o caso. Decidiu então considerar essas palavras como um desafio celestial. Pela terceira vez, Agostinho recorreu à Bíblia em um momento decisivo – isto é, à cópia das cartas paulinas deixadas com Alípio. Estava decidido, de acordo com o exemplo de Antônio, a aceitar o primeiro texto que seus olhos encontrassem como a ordem definitiva para a sua vida. Arriscou – no meio de uma sentença – em um trecho da epístola aos Romanos (13.13 f.), que não leu em voz alta, mas como Ambrósio, silenciosamente para ele mesmo: "... não em glutonarias, nem em bebedeiras, nem em desonestidades, nem em dissoluções, nem em contendas e inveja. Mas revesti-vos do Senhor Jesus Cristo e não tenhais cuidado da carne em suas concupiscências" (*Conf.* VIII, 12, 29; *LCC.* 7. 175 f.). Esse foi o texto que respondeu às suas condições. Agostinho parou de ler e, sem dizer sequer uma palavra, simplesmente devolveu o livro a Alípio, que leu o lugar que havia sido marcado; ele humildemente referiu-se a si mesmo lembrando-se de uma passagem que diz que deve-se tolerar aquele que é fraco na fé. Ele também estava pronto a seguir o novo caminho cristão sob a liderança de seu amigo.

Naquele momento, tudo estava decidido. A tempestade havia passado e uma alegria radiante se espalhava por toda a parte. Ambos correram em direção à Mônica que, cheia de imenso júbilo, tomou conhecimento das boas novas. Agostinho desejava evitar qualquer comoção pública e, uma vez que os feriados da vindima estavam próximos, decidiu terminar suas ocupações como professor. Então, por pretexto, queixou-se de uma "dor no peito" – que parece ter sido uma inofensiva bronquite – a fim de pedir demissão do cargo. Em seguida, um amigo colocou à sua disposição uma encantadora propriedade no campo, ao sul do Lago de Como, onde poderia passar suas férias na companhia de sua mãe, seu filho, alguns amigos e alunos, e onde poderia respirar livremente.

Depois de seis meses retornaram a Milão onde, juntamente com Adeodato, Agostinho foi batizado por Ambrósio na véspera da Páscoa do ano 387. De agora em diante, Milão nada mais tinha para lhe oferecer, e a pequena família decidiu voltar à terra natal junto com um jovem conterrâneo, que também havia se convertido, para lá se estabelecer. O tempo da procura havia terminado e um novo período estava começando em sua vida.

Qual seria o significado, para o próprio Agostinho, de sua conversão, e qual o seu verdadeiro conteúdo e importância? A primeira resposta está claramente expressa em seu relato e em sua confissão, e não deve ser apagada, nem suavizada. Agostinho não se converteu do paganismo ao cristianismo, ou da incredulidade à fé, nem da filosofia à teologia ou da liberdade intelectual à autoridade da igreja. Ao contrário, ele se converteu do mundanismo para um novo caminho cristão de vida. Depois de uma luta, longa e difícil, ele renunciou ao casamento e aos prazeres, ao dinheiro, à glória e à admiração humana. De agora em diante, tudo isso passaria a ser considerado como desprovido de valor, fútil e vazio. O rompimento de sua promissora carreira, ao lado da resignação à sua vida anterior, foi o sinal essencial dessa mudança. Como era freqüente nesses casos e nessa época, o batismo representava o selo de uma decisão já tomada, e exteriormente marcava o início de uma nova vida. Até agora, a "conversão" de Agostinho ostenta um caráter prático e um inequívoco significado ascético.

Entretanto, ele não pensava em se tornar um monge ou se retirar para uma gruta no deserto como um eremita. A vida no claustro, sob supervisão eclesiástica, como já havia sido iniciada em Milão, estava também totalmente fora de questão. Agostinho tornou-se um seguidor de Antônio somente em relação ao seu total e absoluto rompimento com a vida anterior, e o que realmente desejava era uma vida tranqüila e "filosófica" ao lado de seus amigos, aparentemente frugal e isolada, dedicada exclusivamente a Deus e à procura do verdadeiro conhecimento e, para tanto, deveria ser também uma vida de trabalho intelectual.

Mesmo em Cassago, Agostinho começou, naturalmente, a se dedicar aos escritos filosóficos, após ter até então – a não ser por aquele pequeno tratado sem importância – exclusivamente ensinado e trabalhado oralmente. Esses primeiros diálogos, compostos de acordo com a tradição das escolas, também descrevem os idílicos ambientes em que eram conduzidos e registrados. Quase somos obrigados a lembrar das discussões feitas ao ar livre e nas academias "platônicas" da Renascença. Mônica cuidava dos afazeres domésticos e os homens, só ocasionalmente, se dedicavam a alguma jardinagem. Todos tinham suficiente tempo de lazer para a contemplação e os estudos particulares. Às vezes, as conversações comunitárias começavam de manhã cedo, mas geralmente aconteciam à tarde ou à noite. Quando o tempo estava ruim, eles se reuniam na casa de banhos, mas preferiam se reunir ao ar livre, sobre a relva e à sombra de uma linda e velha árvore. Os procedimentos eram cheios de vivacidade e, por vezes, até alegres.

Ocasionalmente, Mônica contribuía com uma ou duas palavras e todos a admiravam por sua "sabedoria" e entendimento religioso. Agostinho, naturalmente, assumia a direção, pois, também naquele meio continuava se comportando como o mestre orientador. Da mesma forma que antes, liam e discutiam os autores e poetas clássicos, e o amado Virgílio era sempre o escolhido. Porém, problemas essencialmente filosóficos tinham agora um lugar decisivo e eram discutidos, principalmente, em conexão com as idéias de Cícero. Não foi por acaso que Agostinho procurou dirigir seus amigos particularmente ao *Hortênsio.* As questões com as quais havia lutado tão ardentemente agora ocupavam um lugar primordial: o problema era exatamente aquele que envolvia a possibilidade e a certeza do conhecimento da verdade, da real felicidade, da providência, da ordem do mundo de Deus, e da imortalidade da alma.

A partir das *Confissões*, ficamos surpresos ao constatar o espírito acadêmico tão sem entusiasmo desses primeiros trabalhos. É impressionante como os elementos expressamente cristãos ocupam um lugar secundário, porém após um detalhado exame percebemos que, todavia, sempre ocupam um cenário de fundo e em parte não receberam maior ênfase, porque os diálogos são elaborados segundo o modelo clássico. Os "oráculos" da Bíblia têm um caráter autoritário quando dirigidos a todos os presentes, e as palavras "nosso sacerdote", isto é, Ambrósio, foram lembradas. Agostinho parece feliz em aderir à toda "filosofia" desse píncaro de sabedoria, que a própria Mônica já havia alcançado. Os diálogos são interrompidos pelo canto dos hinos e pelas orações em comum. Um agradável suplemento aos diálogos são os *Solilóquios*, isto é, os "monólogos" de Agostinho com sua alma; uma forma precoce, interessante e peculiar das posteriores *Confissões*. Aqui o recém-convertido, após uma solene oração a Deus, desenvolve uma auto-análise do estágio em que se encontra sua vida interior. Ele confessa que certas tentações ainda exercem um poderoso domínio sobre ele e que seu coração ainda está demasiadamente preso a certas pessoas que lhe foram queridas no passado. Entretanto, agora vive de maneira ascética; a riqueza e as honras, o matrimônio e os prazeres sensuais não mais representam qualquer encanto especial para ele. Nesse seu primeiro trabalho foi introduzida a famosa definição de seu propósito intelectual: "Deus e a alma, é o que desejo conhecer. Nada mais? Absolutamente nada" (*Solil.* I, 2, 7).

À primeira vista, o quadro social desse círculo de amigos e eruditos em Cassago nos faz lembrar do ideal de vida que Jerônimo também havia almejado após a sua conversão, e que mais tarde foi alcançado através de uma forma mais monástica. Um novo elemento havia sido introduzido no objetivo intelectual de sua comunidade ascética. Na verdade, o estudo das Escrituras e as devoções comunitárias representavam as atividades mais importantes para Jerônimo, em conjunto com os exercícios ascéticos, e que também para Agostinho não foram absolutamente negligenciados; porém, a busca filosófica da verdade, a questão sobre "Deus e a alma" haviam agora se tornado primordiais. A resposta foi procurada e encontrada, durante as conversações verdadeiramente socráticas, ou "maiêuticas".

Os "diálogos" de Agostinho não eram palestras feitas sob a forma de um diálogo, pois, nesse sentido, representavam algo novo e único na literatura cristã. A filosofia, antes tão desprezada pelos antigos ocidentais e ainda considerada suspeita para Jerônimo, agora fluía como uma caudalosa corrente dentro da Igreja e em direção ao cristianismo. Até essa época, a filosofia havia permanecido no Ocidente como um interesse quase exclusivo dos gregos e encontrou, pela primeira vez, nos diálogos latinos de Agostinho uma aceitação e um notável reconhecimento. Era a filosofia neoplatônica, amalgamada com elementos mais antigos da ontologia de Aristóteles e da tradição acadêmica estoico-ciceroniana.

De acordo com Agostinho, somente os platônicos" haviam alcançado o clímax do reconhecimento daquela verdade que conduz imediatamente ao umbral da revelação cristã e bíblica e que pode ser aperfeiçoada dentro da teologia cristã como a verdadeira filosofia. Com isso, ele está primariamente pensando sobre a posição fundamental da concepção de Deus, que ele como cristão havia, até então, considerado com um sentido estritamente teísta, e a confirmou em sua dedicação prática e pessoal. O verdadeiro significado e conteúdo de qualquer vida autêntica é Deus, de quem tudo procede, bem como o conhecimento e a aceitação de Seus pensamentos e de Sua verdade eterna.

O desejo ardente por uma realização religiosa, que havia sido despertado pelo maniqueísmo, encontrou seu perfeito esclarecimento intelectual no igualmente empenhado neoplatonismo, tal como é entendido segundo um sentido cristão. As concepções da luz divina, da purificação e da ascensão haviam perdido seu significado materialista, vazio e meio mitológico, e dentro do espírito da dialética de Platão, foi totalmente elevada à uma esfera espiritual. Agostinho não era um místico, nem um panteísta. Não reconhecia nenhuma imediata absorção "extática" dentro do Ser Divino, e seu sentimento de entusiasmada dedicação ao conhecimento de Deus, de submissão e de elevação do homem até Ele, permaneceu inalterado, poderoso e cheio de vigor. Era como se sua dedicação pudesse ser purificada somente através do pensamento filosófico e, da mesma forma, somente alcançasse maior calor, profundidade e responsabilidade moral à medida em que estivesse permeada de pensamentos cristãos e, especialmente, de pensamentos de Paulo e de João.

A religião filosófica agora havia adquirido um caráter pessoal e deixado de ser um problema de conhecimento intelectual de per si, mas de satisfação do desejo ardente do coração pelo Deus vivo, pela dependência Dele através da fé, do amor e da esperança. Nessa vereda de exuberante aspiração, Agostinho irrompeu, para além de todas as coisas criadas, para uma iminente vida em Deus. A paz, que antes só podia ser alcançada pela vitória sobre todos os desejos mundanos, teve sua realização no tranqüilo repouso em Deus.

Porém, esse religioso objetivo final não poderia ser compreendido independentemente das pressuposições do espiritualismo neoplatônico. A tradicional decisão ascética havia conquistado um novo e permanente significado e poder na vida de Agostinho; de agora em diante, o ascetismo mudara a natureza de suas exigências, quando comparado à primitiva concepção ocidental, e havia atingido uma função espiritual mais profunda. Havia acontecido uma redução no significado disciplinar ou meritório da demanda por atos ascéticos individuais e que, assim sendo, deixaram de interessar a Agostinho. Para ele, o ascetismo passou a significar a atitude básica da própria vida de devoção e de ascensão em direção à verdade de Deus, portanto, havia adquirido um significado positivo. Quanto à vitória sobre o "mundo", com sua sensualidade e entretenimentos, o ascetismo era apenas o lado reverso da contemplação espiritual e da dedicação a Deus.

"Essa era a íntegra do problema", diz nas *Confissões,* "não querer aquilo que eu queria, mas aquilo que Tu querias" Com isso, o "fazer sem todas as doces alegrias" tornou-se imediatamente o próprio "doce" (*Conf.* IX, 1, 1). Aquele que deseja viver inteiramente com Deus, voluntariamente renuncia a todos os desejos mundanos. Irá certamente utilizar-se de todas as coisas boas desse mundo, mas não as "gozará", isto é, irá amá-las e desejá-las apenas como são. Quanto mais velho Agostinho se tornava, maior era a determinação com que afirmava não serem as coisas criadas um mal em si, mesmo as coisas naturais e da natureza física do homem. Pelo contrário, as dádivas de Deus eram boas e deviam ser colocadas em seu devido lugar. Porém, esse idealismo de renúncia ao mundo procurava transcender e abandonar essa aceitação modesta e provisória de seu valor o mais rápido possível. Deixando de lado qualquer atitude externa de renúncia, Agostinho permanecia um ascético por natureza e pela mais íntima vontade. Sempre havia entendido o mandamento cristão de obediente amor a Deus e o total abandono de seu próprio eu como uma exigência para alcançar uma completa vitória sobre o mundo inferior e sua sensualidade, e para elevar-se ao reino espiritual da eterna e pura existência, quando certamente Deus iria encontrá-lo em sua absoluta perfeição.

Essa peculiaridade ficou estampada em toda a ética e teologia de Agostinho e impôs seu caráter filosófico e idealista sobre seus pensamentos, mesmo quando estava interpretando as Escrituras. Este fato ficou particularmente evidente, por exemplo, na sua estética, especialmente em sua teoria sobre a música; pois a retórica sede de beleza quase não tinha qualquer interesse independente sobre as belas artes. As leis matemáticas da harmonia e da beleza refletem o eterno ordenamento do mundo das idéias, isto é, os pensamentos de Deus. Tudo depende disso. Portanto, o verdadeiro objetivo não é experimentar a "liberdade fenomenal", mas ao contrário, deixar para trás o aspecto sensual e gozar a "própria beleza como sua fonte".

Mas Agostinho também interpretava de forma ascética e "teocêntrica" os valores mais elevados da amizade e do amor, de acordo com a gradação hierárquica da doutrina filosófica das dádivas. O objetivo final de toda forma de amor é Deus. Agostinho pensava que o amor pelo próximo não está coordenado com o amor a Deus, como foi originalmente escrito no duplo mandamento de Cristo, sendo apenas a emanação e o resultado do amor a Deus, derivado e vinculado a Ele. Portanto, em sua opinião, o amor só será "verdadeiro", e realmente desejável, quando incluído no movimento da alma a Deus e experimentado como parte do amor a Ele.

Essa, por exemplo, é a explicação encontrada para a frieza de Agostinho, quando se referia ao paganismo de seu pai, que somente recebeu o batismo pouco antes de morrer, ou da apaixonada intensidade com que tentou conquistar seu padrinho Romaniano e seu filho para a vida ascética – e da mesma forma a indiferença silenciosa com que ignorou a ambos após ter fracassado em seu intento. Esse rompimento com o contato humano é ainda mais surpreendente quando se sabe que, por natureza, Agostinho tinha uma acentuada necessidade da presença de companheiros e que durante vários períodos de sua vida se relacionou com inúmeros amigos, além de ter sido um verdadeiro virtuoso na arte da amizade, como suas cartas muitas vezes demonstram.

Não seria realmente surpreendente, em vista de seu tempo, ambiente e desenvolvimento pessoal, que considerasse toda a esfera do erótico, na qual havia se sentido à vontade durante longo tempo, meramente como uma "sensualidade" permitida, dentro de certos limites, ao invés de, naturalmente, eliminá-la de sua vida e também da vida daqueles que se convertiam. Entretanto, a diminuição do ascetismo de sua vida também pode ser sentida aqui.

Muitas vezes tem sido apresentada a questão sobre de que forma os elementos do cristianismo e do neoplatonismo estão realmente interligados em sua conversão, e como a influência dessas duas forças pode ser diferenciada. Agostinho, em sua velhice, retratou-se do exuberante louvor a Platão e a Cícero, encontrado em seus primeiros trabalhos (*Retr.* I, 1, 4), e já em *Confissões* (VII, 9, 13, ff.) havia deixado bastante claro, além do que consta nos *Livros dos Platônicos*, o que também faltava e continuava faltando em comparação com a revelação. Na verdade, os "platônicos" devem ter tido conhecimento da transcendência de Deus, da dependência da alma em relação à sua luz e até da glória do Filho, que existe na essência do Pai. Entretanto, desconheciam o evento verdadeiramente redentor da encarnação de Cristo, de sua morte por nós, da efetiva e amorosa vinda de Deus ao mundo e de sua verdadeira misericórdia concedida somente aos pobres e humildes e não aos orgulhosos e presunçosos. Eles não conheciam o caminho pelo qual poderiam ter realmente alcançado o objetivo de sua luta.

Não se deve supor que Agostinho, que já havia percebido a falta da presença do nome de Cristo na obra *Hortênsio*, e havia se deixado levar de Plotino para Paulo sem qualquer dificuldade, apenas fosse descobrir esse fato muito tempo depois de sua conversão. A questão dos elementos cristãos e neoplatônicos somente adquire algum significado quando, sob esse ponto de vista, analisamos os primeiros e últimos escritos de Agostinho. Se a questão for considerada como biográfica, quase nada se pode responder, pois, foi basicamente formulada de forma equivocada. A verdade que Agostinho acreditava ter encontrado através da filosofia foi imediatamente entendida por ele como uma confirmação e uma recuperação da fé de sua infância, que nunca havia perdido completamente. Desde que representasse a verdade, ela seria idêntica àquela revelada pela Bíblia e, dessa forma, ele foi levado de volta à Bíblia e à igreja cristã.

Aquilo que Agostinho experimentou havia sido, antes dele, experimentado de forma semelhante por Mário Vitorino, Simpliciano e Ambrósio. Também sob outras formas, o platonismo representou a força que irrompeu através da estreiteza judaica do antigo cristianismo latino, venceu seu moralismo legalista e seu primitivo racionalismo com os ensinamentos sobre o Espírito Santo e sobre Deus, e abriu caminho desde o Antigo Testamento até o cristianismo do Novo Testamento. Em sua concepção, Agostinho tinha mais características de um verdadeiro filósofo do que os seus predecessores, assim como em sua apropriação desse elemento "evangélico", genuinamente cristão, dentro do cristianismo. A expressão imperfeita do elemento puramente cristão em sua juventude, e as críticas a respeito do elemento neoplatônico em sua velhice, em nada contribuíram para alterar o movimento contínuo de sua vida, que transformou o "neoplatônico" cristão em um teólogo bíblico mas que, entretanto, nunca deixou de ser um platônico e um filósofo. Um imponente testemunho dessa atitude está nas *Confissões,* que representam o registro religioso de sua vida anterior, feito pelo próprio Agostinho, e formam a derradeira interpretação de sua vida e de sua conversão como um testemunho da imerecida orientação e insondável graça que veio do poderoso Deus.

Atualmente, a obra *Confissões* é o mais conhecido dos escritos de Agostinho e é perfeitamente compreensível que tenha sempre despertado interesse, particularmente por seu conteúdo autobiográfico. Foi escrita entre 397-398, mais de uma década depois dos acontecimentos de Milão e foi a crítica dos adversários, que reprovavam Agostinho pelo seu passado de maniqueísta, o motivo de sua composição. A própria estrutura do trabalho é surpreendente e ainda consegue reter algum elemento enigmático, apesar de todas as interpretações que foram tentadas até hoje.

De um total de treze livros, nove deles tratam do curso da vida de Agostinho até sua partida da Itália, um deles sobre os aspectos da nova vida que havia finalmente adotado, e três oferecem uma interpretação especulativa sobre a narração da criação do mundo no início da Bíblia. A parte principal do livro contém uma impressionante confissão, o testemunho escrupuloso de uma autoconfissão e de uma intensa e severa autocrítica. Ao mesmo tempo, não existe qualquer sinal de tortura ou desespero, porque essa confissão está acompanhada de um perpétuo louvor à misericórdia de Deus que, a despeito de tudo, não deixou sua vida ao desamparo. Além do mais, pelo fato de Agostinho ter experimentado o pecado e a culpa, Deus o dirigiu, por caminhos até então desconhecidos, ao conhecimento da salvação, da paz e do perdão. Aquele que confessa seus pecados, diz Agostinho, deve sempre acompanhar a sua confissão com o louvor a Deus. Somente então ele se torna um "piedoso" no sentido cristão "quando isso acontece, não em desespero, mas em apelo à misericórdia de Deus" (*Enarr. Salmos* 94. 4). E a partir daí, "uma sublime paz" cobrirá tudo.

A impressão deixada por esse livro "pode ser comparada à impressão que temos quando, após um dia escuro e chuvoso, o sol finalmente prevalece outra vez, e um agradável raio de sol ilumina a terra molhada" (Harnack). É a derradeira verdade que deve ser reconhecida de forma totalmente pessoal, sem deixar de lado os fatos mais íntimos. Tanto o comovente efeito desse livro como a ofensa que inúmeras vezes ele lança sobre os mais reservados sentimentos modernos, consistem precisamente nisto. Será que tais confissões literárias, tais auto-revelações, são realmente possíveis? A inegável arte e ocasional artificialidade de sua forma extremamente desenvolvida têm contribuído para aumentar essa suspeita. Não seria isso o ainda antigo retórico falando com uma vaidade auto-reveladora? Poderia tal sentimento exagerado do pecado ser genuíno, ou tal autodescrição e auto-exposição serem verdadeiramente reais?

Agostinho havia antecipado essa crítica. "O que significa para mim.... Que os homens ouçam minhas confissões ...As pessoas estão curiosas para saber sobre a vida das outras, porém são lentas para corrigir as próprias... E como podem elas relatar, quando ouvem o que eu digo sobre mim, se falo a verdade, uma vez que nenhum homem sabe o que existe noutro homem 'senão o espírito do homem, que nele está'", (1 Co 2.11) (*Conf.* X, 3, 3; *LCC*, 7, 202)? Por sua própria natureza, tais confissões devem ser feitas na presença de Deus e isso explica o caráter extremamente volumoso do trabalho como um todo. É uma única e ininterrupta oração, uma exposição de reflexões e de reminiscências perante Ele que criou toda essa vida e a tem em suas mãos desde o início até o fim. Entretanto, as pessoas ouvirão esta oração pelo seu propósito de agradecer a Ele pela direção de sua vida e, dessa forma, louvá-lo e glorificar o Seu nome. Conforme a linguagem da Bíblia latina, o título desse trabalho, *Confissões,* deve ser primeiramente compreendido como "louvores"; pois, aqui, o louvor e a glorificação a Deus ocorrem precisamente nas "confissões" que Agostinho faz sobre a sua vida, os seus pecados e as experiências de sua fé.

O tema do livro é indicado desde o início: " 'Grande é o Senhor e muito digno de louvor' (Sl 145.3); 'Grande é o nosso Senhor e de grande poder; o seu entendimento é Infinito' (Sl 147.5). E o homem deseja te louvar, pois é parte de tua criação; carrega consigo a sua imortalidade, a evidência de seus pecados e prova que tu resistes aos soberbos (1 Pe 5.5). 'Ainda assim deseja louvar-te; esse homem que é apenas uma parte de tua criação. Tu mostraste que ele iria se regozijar em te louvar, pois tu nos fizeste para ti e inquieto está nosso coração até que venha a repousar em ti' " (*Conf.* I, 1, 1; *LCC,* 7, 31).

O ponto inicial, o propósito e o objetivo da existência humana, estão indicados pela forma misteriosa como o homem está rodeado por um Deus que a tudo cria e sustenta, e a quem o homem está individualmente autorizado a seguir, desde que o tenha encontrado nessa vida terrena. Será necessária uma habilidade especial para descrever como essa vontade humana, que parece fazer-se independente e seguir seu próprio caminho livre de Deus, deverá, entretanto, muitas e muitas vezes, encontrar lugar dentro do superior planejamento e governo de Deus, encontrar o seu chamado e, ao final, ceder humildemente à sua inescrutável onipotência. "A confissão do homem é a humildade do homem; a misericórdia de Deus é a majestade de Deus" (*em Jo*, 14.5).

Um encanto peculiar da narrativa, que ocorre somente em Agostinho, vem do amálgama direto das citações da Bíblia, particularmente das palavras dos Salmos, em suas orações. Elas cintilam mais de uma vez, cheias de vida e de brilho, como ele nunca havia feito anteriormente quando delas se utilizava. As ímpares frases e ilustrações da Bíblia aprofundam a eloqüência clássica e atraem, à clara e transparente retórica, um misterioso e exótico encanto. A maioria dos equívocos e desagrados provocados pela obra *Confissões* se deve à leitura de suas traduções, pois, seu texto não pode ser realmente traduzido. As sentenças, sempre claras e concisas, e apenas ocasionalmente com uma estrutura mais elaborada, emitem o som firme e puro da linguagem original que, em sua beleza "romanesca", emite um bem estruturado efeito musical. Nas traduções, por outro lado, o som facilmente se torna enfatuado e afetado, suas emoções ficam tediosas e, às vezes, até aborrecidas e sentimentais. Chegamos até a esquecer que o autor das *Confissões* foi um antigo pensador extremamente habilidoso na expressão e longe de ser um moderno santarrão.

Agostinho pretendia que as *Confissões* fossem o que têm sido através dos séculos: um livro devocional. "Quando são lidas e ouvidas, elas mexem com o coração..." (*Conf.* X, 3, 4). Inúmeros cristãos têm reconhecido sua própria vida espiritual, e seu próprio destino perante Deus, na história dessa vida e do ego agostiniano, que é singular. Uma simples biografia nunca poderia produzir essa influência e nisto esse livro prova sua profundidade e amplitude, além de uma peculiar combinação de seus elementos pessoais e objetivos que constituem a sua singularidade teológica.

Com as *Confissões* tem início um novo período na história da autoconsciência humana, do entendimento psicológico e da antropologia. Foi estabelecido um relacionamento entre o homem e sua real natureza, com Deus e dessa forma com um ser infinito fora do próprio homem. Isso significa que a "clássica" uniformidade das concepções sobre o homem foi abandonada. Na presença de Deus e de sua verdadeira definição, o homem torna-se consciente de sua condição "irreal" e de sua desesperançada desunião; a antiga definição do homem como ser racional, cuja racionalidade fica obstruída apenas por algumas "paixões" sensuais insignificantes, encontra-se agora ultrapassada. Aqui foram expostos os estranhos limites da liberdade no reino definitivo da própria vontade, a misteriosa complexidade da natureza humana até a autêntica fronteira do inconsciente. Da mesma forma que em sua vida e em seu tempo o homem encontrou a Deus, e alcança ou perde sua salvação, o campo integral da história é visto como a decisiva dimensão antropológica.

Naturalmente, isso tudo não foi proclamado por Agostinho como um novo ensinamento, pois em todos os assuntos acadêmicos ele se mostra bastante conservador e as novas idéias surgem como que espontaneamente através da contemplação da vida e de si mesmo. São então desenvolvidas, para sua própria perplexidade filosófica, nas grandes reflexões sobre a consciência, memória e a natureza do tempo. Pela forma como é visto o problema do tempo como um problema teológico da criação de Deus, as duas principais partes do livro estão reunidas em uma só.

A parte biográfica das *Confissões* termina com a morte de Mônica em Ostia, pouco antes do planejado retorno à África. O último grande diálogo entre a mãe e o filho se encerra com a antecipação da alegria por ter encontrado a bênção eterna e plena da perfeição, completamente repleta de experiências com Deus. É um dos pontos altos de todo o trabalho, no qual, de uma forma maravilhosa, a esperança derradeira dos cristãos está permeada de visões neoplatônicas do Ser Único. O próprio Agostinho admite que não havia usado exatamente as "verdadeiras palavras" em seu relato, porém, novamente se compromete com a total precisão material de sua obra.

Isso está de acordo com a circunstância que aparece nessa passagem, e quase em toda a obra *Confissões,* onde Cristo não é mencionado. Mônica sabia que havia atingido o objetivo de sua vida: "Realmente existia algo pelo qual eu desejava permanecer um pouco mais nessa vida; era que eu pudesse ver você como um cristão antes de morrer. O meu Deus cumpriu este desejo mais que abundantemente, de tal forma que agora eu o vejo como seu servo e estimulado por toda a felicidade terrena. Que mais tenho a fazer aqui?" (*Conf.* IX, 10, 26; *LCC,* 7, 194).

Ao chegar a Tagaste, Agostinho tentou viver tal como havia feito em Cassago. Com um círculo de amigos estudiosos, transformou sua casa em um refúgio de vida monástica e contemplativa. Todos renunciaram a qualquer propriedade privada e se estabeleceram em uma comunidade permanente. Agostinho permaneceu como líder intelectual do grupo: "Quando os irmãos viam que eu dispunha de tempo, apresentavam-me diferentes questões". As respostas eram imediatamente anotadas, como já haviam feito em Cassago, e depois transferidas para um livro (*Retr.* I, 25, 1). Assim como antes, a maioria dos problemas se relacionava com a filosofia da religião, com a natureza da alma e da felicidade, da origem do mal, do conhecimento e da verdade, e outras do mesmo teor. Entretanto, o próprio Agostinho havia agora começado a dar uma direção mais definitiva para seu livro e essa é a razão porque assume um significado tão monumental para a igreja.

Após o repúdio ao ceticismo acadêmico decidiu resolver os problemas pendentes com a ainda extremamente ativa seita dos maniqueus. Essa tarefa impeliu Agostinho para um estudo mais intensivo da Bíblia, especialmente do Antigo Testamento, que os maniqueus repudiavam. As controvérsias com seus antigos companheiros de credo ocuparam-no durante décadas, muitas vezes com considerável constrangimento para ele e nada lhe trouxeram de benefícios. Era apenas um problema que anteriormente o havia preocupado de forma superficial, mas que agora tinha que ser tratado mais detalhadamente e que permanecia importante para além de sua ocasião imediata. O significado básico e a necessidade da fé, quando comparados com o conhecimento totalmente consciente, deveria ser esclarecido e justificado.

A palavra-chave da propaganda maniqueísta afirmava que "é absurdo acreditar sem razões justificadas" (*Útil. Cred.* 14, 31) e sua acusação dizia que enquanto os maniqueus eram capazes de convencer a todos que chegavam sobre os princípios claros e racionais da verdade de seus ensinamentos, os cristãos deixavam-se intimidar e seduzir meramente pela força da autoridade. Na verdade, essa era uma pretensão de certa forma ridícula, e Agostinho, que havia experimentado esse mesmo problema, não perdia a oportunidade de reduzir a nada esse absurdo teosófico da especulação maniqueísta e sua explicação sobre o mundo. Era importante mostrar que a procura da fé, tanto *a priori* como junto ao conhecimento cognitivo, não era de forma alguma absurda, ao contrário, era inteiramente razoável e inevitável. Portanto, estava completamente correta e, na verdade, era até necessária à salvação, que a igreja deveria, acima de tudo, exigir fé daqueles que se voltavam para o cristianismo. Em conseqüência, a autoridade precede a cognição independente.

A despeito desse propósito apologético, estaríamos totalmente equivocados se víssemos nesses pensamentos de Agostinho apenas a intenção de defender os interesses da igreja, pois já haviam sido elaborados antes, e totalmente independentes de qualquer propósito eclesiástico. Além do mais, estavam em perfeita sintonia com sua epistemologia e antropologia filosófica. Nesse aspecto, a "fé" não contém qualquer significado especificamente religioso e, a princípio, denota simplesmente a aceitação de uma opinião ou trecho de uma informação, temporariamente impossível de ser verificada, transferida por outra pessoa melhor informada. Tais fatos acontecem constantemente e de forma bastante racional. Se fossemos nos prender à disposição de aceitar apenas o que já experimentamos e apreendemos completamente, não haveria a possibilidade da existência de qualquer vida humana ou comunidade. O resultado seria um caos assustador e generalizado. Além disso, é precisamente a verdadeira sabedoria que, desde o início, não está disponível a qualquer homem indistintamente. Ele deve, primeiramente, encontrá-la e conhecê-la e isso somente será possível após juntar-se e ouvir àqueles que já chegaram a ela. Pode-se ter a certeza de que tudo depende de um encontro com o correto mediador da verdade, que é Cristo, a própria Sabedoria de Deus, e isso só acontece com o auxílio da igreja que testemunha por Ele, apoiada nas Escrituras que, da mesma forma, são o testemunho dEle.

Tanto as Escrituras como a Igreja foram dotadas por Deus com esses óbvios privilégios – Agostinho está pensando aqui a respeito da comprovação das profecias e dos milagres e, também, da universalidade cristã e da sucessão apostólica – que se posicionam completamente contra qualquer processo racional de confiança em sua liderança e que, através dos tempos, leva a "acreditar" no que a igreja proclama com a sua autoridade. Em casos excepcionais, poderia até ser possível ver a verdade sem a sua mediação, e existem estágios do conhecimento que realmente consideram a fé como algo totalmente dispensável. Essas questões permaneceram em aberto durante os períodos iniciais de Agostinho, porém a maioria dos homens certamente nunca iria alcançar a verdade sem essa autoridade, e para aquele que conhece a verdade não lhe fará mal algum juntar-se à Igreja e tomar conhecimento da forma segura como ela está disposta a exibi-la a todos, em conformidade com o que lhe foi delegado.

Toda essa forma de pensar tornou-se essencialmente mais profunda tão logo Agostinho abandonou sua concepção inicial da fé, puramente teórica e, acompanhando a Bíblia, deixou de aplicá-la às mais simples verdades, mas a Deus que revelou Cristo como sendo a verdade. Assim sendo, a fé recebeu um caráter existencial e a ela juntou-se, essencialmente, o amor e a esperança. A "fé" passou a significar a aceitação com disposição e "amor", assim como a sua afirmação. Somente por meio dessa atitude, a existência da verdade poderá ser experimentada e totalmente "conhecida" e sabe-se que quanto mais o homem a conhece, mais intensamente se apega e se dedica a ela. A fim de conhecer a verdade, devemos nos manter abertos à ela e aumentar a pureza e a bondade, e não o contrário, como o intelectualismo abstrato tem sustentado no decorrer dos tempos.

Com esse propósito, Agostinho muitas vezes cita Isaías 7.9 em sua Bíblia latina; "se o não crerdes, certamente, não ficareis firmes", e dizia: 'Se você não for capaz de compreender, acredite, pois assim poderá compreender'; dessa forma a fé precede o conhecimento (*Serm.* 118, 1). Por outro lado, sempre conhecemos alguma coisa sobre um objeto, isto é, já aprendemos através da "autoridade" de outros, a fim de sermos capazes de acreditar e "se não tivéssemos uma alma racional, não poderíamos acreditar" (*Ep*. 120, 3; *LPNF*, 6, 465). A fé e o conhecimento estão continuamente interligados. Devemos, portanto, compreender a palavra de Deus para poder acreditar, e acreditar para poder compreender.

Isso não quer dizer que a fé, como a Idade Média tentou expressar, seja transformada em uma forma inferior de conhecimento. Agostinho não está pensando sobre qualquer capacidade de conhecer, porém em uma "aceitação" interior que é a disposição e a abertura da dedicação, sem as quais a experiência da "verdade" não é absolutamente possível. Em contraste à teoria epistemológica abstrata, Agostinho entende que a fé não é um ato de volição integral da personalidade e que, quando se trata da própria existência do homem e de sua própria "verdade", nunca poderá ser destacada de suas forças éticas e de sua atitude pessoal para com Deus e para com o bem.

Quando, dentro desse contexto, Agostinho fala da igreja, ele não quer dizer, simplesmente, que sua autoridade seja um substituto à percepção da verdade, mas que ela é a liderança e o caminho pelo qual chegamos à verdade. Além do mais, a igreja é ao mesmo tempo o lugar onde a própria verdade é obrigada a se comprovar e onde deve ser praticada com amor, porque a verdade de Deus nos leva à comunhão, enquanto dentro de uma arrogante auto-suficiência ela perece. "Tua verdade não é minha nem de outrem; mas de todos nós a quem tu tens afirmado abertamente que a temos em comum; e tu nos tens alertado a não mantê-la como nossa propriedade especial, pois se o fizermos iremos perdê-la. Pois se alguém se apropriar daquilo que tu nos tens concedido para a nossa alegria, e se desejar algo para si que pertence a todos, estará se afastando do que é comum a todos e de tudo aquilo que na verdade possui – isto é, estará se desviando da verdade para a falsidade" (*Conf.* XII, 25, 34; *LCC* 7, 290).

O novo escritor ascético e teólogo rapidamente atraiu a atenção de seus conterrâneos, e, a despeito de sua vida reclusa, as pessoas procuravam-no cada vez mais para aprender a respeito de assuntos espirituais e até mesmo temporais. É compreensível que os seus amigos considerassem essas perturbações bastante inconvenientes; o próprio Agostinho suportava este jugo, porém considerava como seu dever não negar conselhos sempre que procurados. Ocasionalmente tinha até que decidir viajar para outros lugares, porém cuidadosamente evitava lugares onde a posição de bispo estivesse desocupada.

Como sempre, havia uma falta de homens realmente competentes, isto é, teologicamente preparados e poderosos em sua pregação. Agostinho poderia, com certeza, ser considerado bem mais adequado para esse cargo episcopal do que muitos; no entanto, preferia manter sua independência. Poderia haver, como ele mesmo escreveu a um amigo, homens da igreja que fossem bem-sucedidos em manter a paz interior em meio às tempestades do trabalho diário na congregação, mas para ele isso seria impossível. "Acredite-me, preciso de completo isolamento do tumulto das coisas passageiras" (*Ep*. 10, 2). Somente dessa forma poderia pensar em permanecer fiel à suprema verdade.

Na primavera de 391, Agostinho chegou ao Norte, no porto de Hipona, onde esperava conquistar um amigo para sua comunidade ascética, e participou da divina adoração neste lugar. Não sabia que o bispo local, Valério, grego de nascimento, já há muito estava procurando um assistente que pudesse ajudá-lo em seus sermões feitos em latim. Enquanto relatava suas antigas lamentações, alguns homens perceberam Agostinho no meio da congregação e o trouxeram com um inesperado impulso à frente da reunião. O homem havia sido encontrado! Agostinho deveria ser ordenado sacerdote, e daí em diante encarregar-se das pregações. Quando perceberam sua consternação, acrescentaram que certamente em pouco tempo ele seria ordenado bispo. Toda relutância e desesperada resistência foram em vão. Valério impôs as suas mãos sobre Agostinho, acomodou-o em uma casa com um jardim, próxima à catedral, e ordenou-lhe que iniciasse imediatamente os seus serviços. A única coisa que lhe foi assegurada foi uma licença para ausentar-se durante alguns meses, pois como ele mesmo disse, necessitava fortalecer-se para o novo cargo através de orações, "e pelos remédios da Santa Escritura".

Agostinho não negava seu conhecimento sobre as doutrinas cristãs da salvação e muitas vezes afirmava-as sem qualquer reserva, porém, não sabia ainda "como comunicá-las às outras pessoas". Para isso esperava, como em todos os momentos decisivos de sua vida, o auxílio e os conselhos da Bíblia" (*Ep*. 21, 3 f.). Portanto, começou sua nova atividade sem medo e escreveu seus primeiros sermões e instruções catequéticas. O resultado desse trabalho foi imediato. Na África daqueles dias, era bastante fora do comum que um simples sacerdote fizesse as pregações em lugar do bispo, mas Agostinho logo compareceu também aos sínodos e conseguiu com isso angarear algumas controvérsias com os dissidentes. Cinco anos após sua nomeação, foi ordenado bispo-adjunto pelo idoso Valério – a despeito da apreensão de Agostinho, isso na época ainda era possível – e pouco tempo após a morte de Valério, Agostinho tornou-se seu sucessor, como havia previsto.

Não podemos duvidar que as lágrimas que Agostinho tentou, em vão, evitar por ocasião de sua ordenação, tivessem realmente vindo de seu coração. A renúncia à preciosa e ideal vida anterior pareceu-lhe um sacrifício, e até mesmo como uma punição pelos seus pecados. Estava bem consciente das razões que o levaram a nunca mais retornar às contrariedades de um cargo público. "Porém o Senhor riu de mim e desejou mostrar-me a realidade do que realmente sou" (*Ep*. 21, 2); "um escravo não deve contrariar o seu mestre" (*Serm*. 355, 2).

Agostinho submeteu-se ao seu destino desprovido de toda alegria. A antiga possibilidade de que pudesse executar algum trabalho filosófico e teológico, inteiramente de acordo com seus planos e desejos, e livre de qualquer obrigação externa, havia agora desaparecido para sempre. Os inúmeros deveres de um bispo, iriam, daí em diante, ocupar todos os seus dias e não teria mais licença para se ausentar. Agostinho pretendia ser um bispo consciente e assim permaneceu durante trinta e cinco anos, até a sua morte.

Hipona, a moderna Bône, situada um pouco mais ao Norte, não era uma tranqüila cidade do campo, mas a cidade mais populosa da província de Numídia, e a segunda em importância depois de Cartago. Havia inúmeras igrejas, capelas dos mártires, outros edifícios religiosos e templos pagãos, um circo e um teatro. Os donatistas cismáticos, aqueles que haviam participado do cisma, eram mais numerosos que os cristãos, e além disso haviam inúmeras outras seitas, enquanto que uma considerável porcentagem da população ainda não era cristã. Portanto, as controvérsias e disputas entre todos eram muito freqüentes. A própria congregação não estava unida e apresentava grandes contrastes, desde os pobres habitantes de origem berbere e de língua púnica que habitavam a região das docas, até as luxuosas vilas da classe governante. O bispo deveria estar disponível a todos eles – na verdade, ele não era apenas pregador e conselheiro, mas, de acordo com o sistema da época, também tinha as funções de juiz, advogado e representante do povo. Os interesses eclesiásticos de que cuidava nada tinham a ver com aqueles com os quais havia previamente se ocupado. Disputas, mexericos e intrigas sórdidas eram acontecimentos diários.

A ordenação de Agostinho como bispo quase não se concretizou porque seus opositores espalharam a notícia de que ele havia fornecido a uma mulher casada uma poção de amor para o adultério; na verdade, tratava-se da distribuição normal do pão consagrado. Além disso, também existiam os cuidados com a vizinhança e com toda a igreja. Em pouco tempo vinham de todas as partes à procura de seu auxílio. Inúmeras vezes vamos encontrá-lo viajando para concílios e reuniões em Cartago e outros lugares. Sua correspondência chegava até além-mar, e a quase todas as províncias do império. Entretanto, já havia morrido quando chegou o convite imperial que o convocava a Éfeso para o grande Concílio de 431.

Podemos até nos indignar pelo tempo e esforço desperdiçados por Agostinho em apaziguar questões triviais, chamar à razão teólogos briguentos ou discutir todo tipo de problemas trazidos de fora. Não se pode negar, também, que o esforço permanente de seus deveres eclesiásticos produziu sensível efeito sobre sua natureza. No decurso dos anos, ele se tornou menos bondoso e versátil, dogmaticamente mais rígido, eclesiasticamente mais severo e mais "católico". É certo que a pressão das obrigações e o avanço dos anos sempre produzem mudanças em um homem. Entretanto, mesmo considerando todas essas dificuldades, o exercício do ministério deu-lhe muito mais do que lhe subtraiu. Na verdade, foi somente através do cargo que ocupava e do serviço que prestava à igreja, que tornou-se o homem que realmente foi.

Além de sua grande capacidade de organizar, Agostinho não era, por natureza, o exemplo de um teórico puro que assume os problemas e as soluções sem um estímulo pessoal e os leva até o fim. Apesar de sua árida forma acadêmica, suas primeiras tentativas dentro da teologia filosófica já estavam relacionadas com questões decisivas para seu desenvolvimento pessoal, pois estava ao mesmo tempo tentando assegurar-se intelectualmente de seu novo caminho. A refutação aos maniqueus também pode ser considerada sob o mesmo ponto de vista. Porém, ele havia agora rompido com seu passado. Deveria, portanto, gastar agora toda sua energia simplesmente no serviço espiritual realizado em um ambiente de paz imperturbável, cercado por um pequeno círculo de amigos que realmente o seguiam e exploravam a "verdade"? Isso era o que obviamente desejava – o desejo de um escritor e filósofo que apreciava o valor da atividade intelectual e que, portanto, sentia necessidade de uma vida tranqüila, porém, plenamente justificada, e para isso, está disposto a defendê-la com piedosos e ascéticos argumentos.

Mas mesmo antes de sua eleição, os deveres que lhe chegavam espontaneamente logo o empurravam suavemente para fora do círculo que havia traçado, ao passo que sua inesperada nomeação teve o efeito de uma segunda conversão, que modificou sua vida e que ele, a princípio, não desejava e quase não compreendia. O trabalho de um bispo, as intermináveis e difíceis tarefas do serviço da igreja serviram para trazer Agostinho de volta à vida real e para conduzir progressivamente o seu intelecto às questões verdadeiras e historicamente prementes que deveriam ser solucionadas na vida diária e, por essa razão, deveriam ser tratadas com seriedade. Agostinho não sucumbiu a essas circunstâncias, ao contrário, foi capaz de administrá-las com maestria. E a unidade da vida com o espírito, que havia encontrado para sua existência pessoal, aparece deste modo mais profunda e maior no imenso reino da igreja, em benefício do qual deveria falar e ensinar.

À primeira vista, parece-nos quase impossível imaginar como Agostinho conseguiu manter-se permanentemente ocupado com problemas intelectuais em meio aos assuntos diários de seu cargo eclesiástico. Agostinho escreveu um extraordinário número de cartas, sermões, ensaios e volumosos tratados teológicos. A maior parte de seu trabalho literário foi realizada enquanto era bispo. Ele mesmo se surpreendeu quando, no final da vida, descobriu que havia publicado 93 "trabalhos", ou 232 "livros"; na verdade, havia muito mais, e seu aluno e biógrafo, Possídio, contribuiu com sua opinião de que, muito provavelmente, ninguém poderia ler toda essa obra.

Agostinho não foi, com toda a certeza, o modelo de um erudito moderno em seu método de trabalho e também nenhum erudito histórico como Jerônimo. Era capaz de rápida e independentemente conceber suas idéias, enquanto sua formulação não causava nenhum problema a um orador experiente. Os livros, freqüentemente, muitos e ao mesmo tempo, eram ditados diretamente aos seus copistas. Agostinho, porém, abominava a falta de cuidado. Certamente, não improvisava seus escritos; ao contrário, refletia cuidadosamente e em seguida fazia inúmeras e cuidadosas revisões e, quando necessário, algumas correções no texto original. Utilizava-se zelosamente da biblioteca da igreja de Hipona, que havia crescido rapidamente sob sua supervisão, e mesmo quando idoso dispunha-se a renovar e aperfeiçoar os seus conhecimentos de grego.

Entre os trabalhos de Agostinho existem, naturalmente, alguns exemplares áridos e um pouco superficiais, mas são muito raros. De uma forma geral, Agostinho pode ser imediatamente reconhecido pelo vigor, objetividade e relevância do curso de seu pensamento. Mesmo quando, ocasionalmente, se torna mais detalhista e desenvolve seu material mais amplamente, ninguém consegue se perder.

Agostinho tinha sempre em mente a razão e a finalidade de seus escritos. Suas idéias são às vezes dispersas, mas nunca se desligam inteiramente do texto; permanecem coerentes com o contexto, pois estão inteiramente relacionadas com o grande reino da verdade, que como tal é a verdade de Deus e da igreja cristã. Isto lhe servia como ajuda pessoal: "Quando estou curvado sob minha carga, sou igualmente elevado pelo seu amor" (*Ep*. 101, 1; *FC*, 10, 144). Mesmo depois de ter atingido o auge da vida intelectual, Agostinho não vivia exclusivamente para si, e a mísera e deprimente rotina diária sempre permaneceu repleta de significado porque era a rotina diária do corpo de Cristo. Essa suprema união da vida com o trabalho foi o segredo de seu incansável poder criativo.

Quem desejar conhecer Agostinho nessa unidade de sua atividade espiritual deve ler os seus sermões. Mesmo na língua original, esses trabalhos são perfeitamente legíveis atualmente e prendem o leitor não só como documentos da igreja e da história de sua cultura, mas também imediatamente pela sua forma e conteúdo espiritual. Assim como Ambrósio, Agostinho pregava regularmente, e seus sermões foram igualmente anotados como livros; porém, as revisões com respeito ao estilo e ao assunto foram mais apuradas e intensas do que as de Ambrósio.

Agostinho começou seu episcopado com uma exposição dos Salmos que, em parte, haviam se originado de sermões já proferidos, e, em parte, de notas exegéticas. Mais tarde, o famoso trabalho sobre o Evangelho de João também teve a mesma origem. Porém, ainda temos alguns exemplares dos sermões de Agostinho em sua forma original – como foram escritos por pessoas a serviço da igreja, ou como foram subseqüentemente ditados pelo próprio Agostinho.

Antes do início dos cultos, Agostinho não costumava fazer nenhuma anotação, mas preparava-se para as exposições por meio de orações e meditação – *orator antequam dictor* (*de Doctr.* IV, 15, 32). Dependendo da ocasião, do tempo e da audiência, os sermões eram inteiramente diferentes. O orador, pensava Agostinho, não deve comunicar uma idéia previamente elaborada, mas ter continuamente os olhos fixos nos ouvintes e, de acordo com sua compreensão, deverá continuar ou repetir, com outras palavras, o que já foi dito. O mais essencial é que o sermão seja capaz de atingir a congregação, isto é, de ser ouvido com compreensão, alegria e obediência. Para não ser cansativo, não deve ser muito longo – afinal de contas, os ouvintes estão de pé enquanto o bispo está sentado! Acima de tudo, devem ser claros e realmente conduzir ao texto bíblico.

Esse era o ponto crucial: mais importante que a popularidade é a demanda por substância e relevância, e, desse ponto de vista, toda a antiga atitude em relação aos discursos sofre uma revisão básica. É certo que o sermão também é uma tarefa de retórica e Agostinho raramente negligenciava embelezá-lo e fazê-lo mais atraente através de antíteses comoventes, ritmos agradavelmente construídos e um ocasional e brilhante jogo de palavras ou rimas. No entanto, o cultivo do estilo pode ser um mal tão logo se torne a principal preocupação, desviando a atenção do conteúdo do qual depende todo o resultado.

Podemos aprender com Cipriano, pensa Agostinho, "como o som dos ensinamentos cristãos reprime a língua dos excessos retóricos e os coloca sob a disciplina de uma eloqüência mais moderada e digna" (*de Doctr.* IV, 14, 31). Quem pretende ver Agostinho apenas como um orador artificial não o compreendeu realmente, ou utilizou-se de um critério errado. Devemos comparar o antigo Agostinho com o jovem, o pregador com o escritor de cartas e, acima de tudo com seus contemporâneos. Aí, então, podemos entender a intensidade do treinamento ao qual se submeteu, e compreender seu empenho para rejuvenescer a língua que ele, assim como outros, utilizaram para transmitir as suas pregações regulares. Agostinho não criou o estilo do sermão na língua latina, mas o aperfeiçoou e fez dele o modelo para as futuras gerações.

Além disso, apesar da brevidade das sentenças, de sua inteligibilidade direta e de sua proximidade com a vida, a linguagem usada por Agostinho em seus sermões não é, absolutamente, "popular" e nem pretende ser. Quando rejeitou o purismo exagerado, estava pensando principalmente na Bíblia latina com suas várias características lingüísticas. Entretanto, na sua própria palavra não era capaz de encontrar qualquer defeito. Além do mais, o encanto do estilo de Agostinho se apóia no verdadeiro fato de que a simplicidade que procura não se baseia na falta de amparo, pois as sentenças mais áridas compostas por ele ainda exibem algo do caráter de "seda iridescente que, mesmo dobrada, ainda assim resplandece" (v. d. Meer).

Também em relação ao conteúdo, o que oferecia nunca esteve abaixo de seu nível. Ele tinha o dom raro de, embora vindas da mais profunda liberdade e segurança, dizer as coisas mais profundas de forma inteligível, o complicado da forma mais simples e nunca banal, mesmo aquilo que é o mais elementar. Sem dúvida o fluxo conciso de seus pensamentos ocasionalmente exigia muito dos ouvintes em seus sermões, e certamente estava muito acima da inteligência de parte da congregação. Porém sempre levava de volta a um dom espiritual comum a todos e apelava, não em vão, à caridade que reside nos membros da congregação, e que os torna unidos.

Em seu manual intitulado *Aprendizagem Cristã*, sobre o qual iremos comentar mais tarde, o próprio Agostinho expõe seus ensinamentos sobre homilética. Através do encantador livrinho *Sobre a Educação das Pessoas Simples,* também elaborou o primeiro livro sobre os primeiros passos na fé. Apesar disso, confessava estar "quase sempre" descontente com suas realizações. "Desejo que meus ouvintes entendam tudo como eu entendo; mas sinto que minhas palavras não estão alcançando isso". Isto se deve principalmente, segundo ele explica em um momento de reflexão filosófica, ao fato de que a percepção intelectual lampeja repentinamente como o relâmpago e está terminada, enquanto sua expressão através das sílabas sempre tem que passar por um longo e trabalhoso processo. Mas o pregador pode encontrar conforto ao saber que a experiência mostra que os ouvintes se sentem, muitas vezes, edificados mesmo quando o pregador está perturbado por um sentimento de fracasso (*Cat. Rud.* 2, 3; *ACW*, 2, 15).

Mesmo como sacerdote, Agostinho sempre manteve um modo ascético de vida. Mandou imediatamente construir um claustro *(ou um mosteiro)* na propriedade que lhe foi designada, e alguns de seus amigos de Tagaste mudaram-se para lá. O número de residentes crescia rapidamente; em parte os habitantes vinham de terras longínquas, porém a maioria era formada por gente do povo. O antigo caráter pronunciadamente "intelectual" da comunidade havia dessa forma sido modificado. A ninguém era negada admissão, nem mesmo aos analfabetos que deveriam, tão logo fosse possível, aprender a ler e escrever. Mais de uma vez, Agostinho teve que reafirmar sua posição como líder do mosteiro, e regulamentos mais estritos tiveram que ser publicados. Os estatutos elaborados por ele são os mais antigos da ordem monástica no Ocidente; até Benedito de Núrsia os conheceu.

Quando Agostinho tornou-se bispo, teve que transferir o cargo de líder para outro sacerdote e mudou-se para o palácio que era reservado ao bispo. A multidão de visitantes, hóspedes e convidados que recebia teria perturbado imensamente a paz da vida monástica. Mas Agostinho não queria desistir de seu ideal, portanto conclamou seu clero a viver com ele. Sob sua liderança, o clero da cidade fundou uma *vita communis* e, daí por diante, todos os recém-eleitos se comprometiam a juntar-se a ela, caso contrário, não poderiam ser ordenados. Uma determinação semelhante havia sido ocasionalmente tentada na Itália e na Gália, mesmo antes de Agostinho, mas não se sabe até que ponto tinha conhecimento de alguma coisa sobre esses precursores. De qualquer forma, a "casa dos clérigos" de Agostinho (*monasterium clericorum*) serviu de modelo para o futuro.

Na África, essa instituição era ao mesmo tempo uma espécie de escola preparatória para os bispos. Sacerdotes que voltavam para o serviço em suas terras rapidamente tornaram a nova ordem conhecida, e na época medieval todos os capítulos dos colegiados e das catedrais eram baseados nos regulamentos de Agostinho. No mosteiro dos sacerdotes o trabalho manual, altamente considerado por Agostinho, tinha, de modo geral, que dar lugar às atividades de cura das almas; no entanto, o espírito de comunhão e a íntima associação de todos não sofreram qualquer conseqüência. "O primeiro objetivo de nossa comunidade é o de vivermos juntos em concórdia e de ter o coração e a alma em Deus" (*Regula*, I, 1).

Seu modelo era o da comunidade primitiva tal como foi descrita em Atos 4.32. A intenção era o fator primordial e não a realização ascética como tal, e o espírito e não a organização. O conjunto de ordens para o dia e o horário das refeições e das orações apenas estabeleciam a estrutura. A verdadeira caridade não trata a tudo e a todos da mesma forma; ao contrário, leva em consideração as diferenças e as necessidades individuais. Havia uma única exigência sobre a qual Agostinho era inflexível: deveria haver pobreza absoluta. Quando esse mandamento era transgredido, ele adotada medidas implacáveis. Como uma regra já estabelecida, ele próprio distribuiu ou vendeu todos os donativos que havia recebido de presente; ficaria envergonhado, diz ele, de vestir um traje melhor do que o resto de seus irmãos (*Serm*. 356, 13). "Desejamos viver de acordo com a maneira dos apóstolos" (*Regula*, I, 4).

A comunidade monástica compreendia tudo aquilo que uma congregação cristã deve ser: um ambiente de comunhão baseado no perfeito amor. Assim sendo serviria como modelo a todas as congregações; é a "parte que foi projetada do todo, como se fosse a orla das vestes do Senhor" (*Enarr. Sl* 132.9). Os desapontamentos e as frustrações isoladas que ocorreram, não provocaram nenhuma mudança neste aspecto. Agostinho confessou que embora "raramente tivesse encontrado homens melhores que aqueles que haviam prosperado nos mosteiros" havia também o caso dos muitos que haviam "se desvirtuado" nos claustros e que pertenciam à pior espécie que já havia conhecido (*Ep*. 78,9).

Em princípio, todos os monges da casa do clero deveriam estar dispostos a servir à congregação. A questão mental, que deveria ser superada, era a decisão entre a vida contemplativa e o ideal de vida ativa, que o próprio Agostinho havia experimentado tão dolorosamente. Devemos ser ao mesmo tempo como Maria e Marta, devemos igualmente amar a Deus e ao nosso próximo. Essa última questão mental só será resolvida em nossa vida futura: "É o amor à verdade que conduz à procura da liberdade sagrada (*otium sanctum*), enquanto é a obrigação do amor que faz com que o homem seja justo em seus negócios. Se este fardo não fosse colocado sobre nós, deveríamos usar nossa liberdade para discernir e contemplar a verdade; porém, se realmente for colocado sobre nós, devemos aceitá-lo por causa de sua compulsão ao amor. Mas mesmo assim, não se deve abandonar totalmente a alegria da verdade, porque quando nos é negada a satisfação, a própria compulsão poderá nos esmagar" (*Civ. D.* XIX, 19; *LCL*, VI, 205).

A partir dessa época a atividade filosófica havia adquirido uma posição secundária nos escritos de Agostinho. Seu trabalho estava agora dirigido ao entendimento, à explicação e à divulgação da Bíblia. A crítica aos filósofos, à vaidade e "arrogância" deles haviam se tornado mais contundentes, e o significado positivo de suas assertivas era raramente mencionado. Porém, essa impressão pode ser enganadora. Agostinho evitava fazer qualquer referência direta aos trabalhos dos filósofos; tendo de uma vez por todas encontrado na Bíblia a plena, irrestrita e infalível verdade, não mais necessitava deles. No entanto, mesmo como um teólogo não deixava de ser um filósofo; ele não conhecia nem o nivelamento medieval, nem a moderna separação da teologia e da filosofia. Para ele havia apenas uma única verdade, que se havia revelado imperfeitamente aos filósofos pagãos, mas de forma perfeita aos cristãos através de Cristo. Se essa verdade cristã tivesse que ser entendida, confirmada e adotada intelectualmente, ele não hesitaria em retornar, consciente ou inconscientemente, à forma de raciocínio e da lógica das leis, às suas concepções, expressões e tradições que havia aprendido com Cícero, Aristóteles e os neoplatônicos, pois teriam provado estar certos.

O resultado mais impressionante dessa atitude está em seus *Quinze Livros sobre a Trindade*. Essa obra que ele iniciou em 399 "como um jovem", foi concluída vinte anos mais tarde "como um velho" (*Ep.* 174). Até sua estrutura externa mostra a preocupação de Agostinho: após os oito primeiros livros apresentarem os ensinamentos da Bíblia sobre a Trindade como tal, sua explicação científica, e seus fundamentos e justificativas, tanto lógicos como metafísicos, vêm apresentados em seguida, dispostos em uma segunda parte ainda mais volumosa. Sem ter conhecimento sobre os ensinamentos dos "neoplatônicos" a respeito de Deus, e de outras descobertas feitas pela antiga filosofia, esses tratados não poderão ser entendidos.

Sua tentativa de tratar a Trindade filosoficamente já havia tido um precursor no Ocidente. Trata-se de Mário Vitorino, o filósofo pagão que havia se convertido ao cristianismo, cuja tradução permitiu a Agostinho conhecer os escritos de Plotino. O ponto de partida para a interpretação filosófica desse dogma foram os ensinamentos de Plotino em relação à própria emanação da divindade, que havia conduzido por meio de seu ensino a uma espécie de "trindade", expressamente diferenciada do mundo ulterior de realidades espirituais inferiores. Entretanto, sempre foi muito difícil provar, através dessas pressuposições neoplatônicas, a "unidade" e a "igualdade" das três entidades divinas, das quais tudo agora dependia teologicamente.

Nesse ponto, Vitorino ainda se situava em confronto direto com os arianos, cuja autoridade desde então havia sido subjugada. Calmamente, Agostinho trouxe esse debate à uma conclusão. A maneira pela qual assimilou e corrigiu os conceitos filosóficos, nada tinha a ver com uma mera acomodação exterior e forçada, nem mesmo com as necessidades da situação. Baseado em um resumo dos ensinamentos cristãos, e de forma totalmente independente, Agostinho tentou outra vez estudar as correlações do sistema e conduzi-las à uma conclusão. Entretanto, a cuidadosa realização desse propósito, e seu tratamento preciso de concepções extremamente sutis, podem ter feito com que se colocasse abaixo do padrão de seus professores de filosofia. Entretanto, suas pesquisas têm uma importância própria e, sob a pressão desse novo interesse, eram repetidamente aperfeiçoadas até sua nova compreensão lógica. Quando, em contraste com a definição clássica e estática do espírito e da divina perfeição, que consistia na concepção da pura visão, Agostinho, levando Vitorino mais adiante, acentuou os aspectos dinâmicos e volitivos do "amor" pela vida da Trindade, tudo isso foi também devido à natureza especial do impulso cristão e da Bíblia.

A aproximação de Agostinho com a doutrina da Trindade não foi realizada pelos caminhos de sua origem histórica – o envio do "Filho de Deus" em carne e a experiência do "Espírito Santo" na primitiva congregação – e sim iniciada, como havia feito anteriormente, com toda a teologia da igreja primitiva, isto é, "filosoficamente", com a eternidade essencial e divina da natureza do próprio Deus. Ele está consciente, mais de que seus predecessores, e, acima de tudo, mais do que os teólogos gregos, que o mistério da Divindade transcende toda a imaginação, e que qualquer tentativa para compreendê-la de forma conceitual conserva, necessariamente, algo de simbólico.

Isso lhe permitia uma certa amplitude de pensamento e de liberdade quando comparada a outras tentativas de compreensão. No entanto, a nova filosofia espiritual dos neoplatônicos, por outro lado, permitia-lhe de fato sobrepujar certas fraquezas da antiga e materialista linguagem pictórica, e definir as coisas de modo mais apropriado do que antes. Porém, como muitas vezes acontecia, não se satisfazia com meras assertivas. De acordo com Agostinho, é próprio da natureza espiritual ter um caráter "trinitário", que nos foi apresentado sob forma tríplice, e que seja assim em si mesma. Isto pode ser observado através do simples ato de percepção da consciência humana em que o próprio ser experimenta simultaneamente a si mesmo como pensamento, como o sujeito do pensamento e como o ego que dirige o próprio ser em direção a si mesmo; um fenômeno que Agostinho descreveu com uma variedade de expressões e que explicou de maneira muito clara.

A trindade de nosso eu espiritual leva-nos de volta ao Deus trino que nos criou, porém, somente poderemos nos tornar à imagem de Deus se o encontrarmos novamente em sua Trindade e formos capazes de amá-lo. Deus o Pai, o Filho e o Espírito Santo representam o protótipo de toda existência espiritual como uma personalidade. Considerando que também temos aqui, com caráter inseparável, a "autoconsciência", o "autoconhecimento" e a "auto-afirmação", o relacionamento mútuo do amante e do amado existe através do terceiro, que é o próprio amor. Portanto, uma subordinação ou uma separação dentro da Trindade está agora fora de questão. A unidade de Deus – uma antiga preocupação teológica particularmente do Ocidente – agora aparece com tal ênfase que a divina "Pessoa, ou Pessoas" realmente se tornam elementos dentro de um único organismo vivo da Divindade e não podem ser isolados um do outro, mesmo em suas atividades exteriores. Ao mesmo tempo, o caráter pessoal de cada um também fica mais claramente definido do que previamente.

Agostinho critica o tradicional conceito sobre uma única essência, que seria o suporte do ser Divino e de seus "atributos", no qual as três "Pessoas" da Divindade são mantidas por meio de contrastes ou qualidades opostos. Levado à sua conclusão lógica, este seria um perfeito antropomorfismo blasfemo. Deus, como pessoa, não tem atributos que o possam distinguir de si mesmo, que permitam julgá-lo como sendo igual a um ser humano, ou que permitam uma padronização de suas "Pessoas"; ao contrário, seu Ser é essencialmente o seu próprio ser, e é Ele mesmo. Deus não é bom por possuir o atributo da bondade, mas Ele é a própria bondade em Pessoa, com a conseqüência de que tudo que é bom só pode ser chamado de bom nEle e por Ele.

Não podemos relatar aqui, de modo completo, os ensinamentos de Agostinho sobre a Trindade. Ele mesmo declarou que esse trabalho era "extremamente difícil" e que, em sua opinião, "apenas compreensível para poucos" (*Ep.* 169, 1). A partir de então, estes ensinamentos dominaram quase que exclusivamente a doutrina ocidental sobre a Trindade e, nesta questão, nem Tomás de Aquino foi realmente muito além de Agostinho. Até em suas disputas posteriores com o Oriente, quanto ao relacionamento do Espírito com o Filho, foram seguidos os caminhos determinados por Agostinho. Sob outros aspectos, a íntima conexão das Pessoas divinas entre si resultou, inevitavelmente, em sérias complicações para a cristologia. As naturezas divina e humana de Cristo somente podem ser reunidas com dificuldade, e a complexidade de partir de uma doutrina intrinsicamente consistente de Deus até o dogma básico da encarnação, foi muito maior para Agostinho do que havia sido anteriormente para Ambrósio, precisamente porque tentou explicá-la e compreendê-la filosoficamente.

Como já vimos, Agostinho estava plenamente consciente de que a nítida e decisiva fronteira entre a filosofia e a revelação tinha a sua origem exatamente nesse ponto. Quanto mais se ocupava desse problema, mais se preocupava com a realidade do Cristo encarnado, com a "humildade" desse Deus que desejava redimir nosso orgulho através da entrega da riqueza divina à nossa pobreza, a fim de que Ele pudesse nos ensinar o caminho da humildade como o próprio caminho para a felicidade.

O trabalho sobre a Trindade ocupa uma posição excepcional entre os principais trabalhos de Agostinho, visto que sua origem não foi o resultado de uma causa premente e que seus escritos, em sua maioria, não são polêmicos. Essa é a razão pela qual sua elaboração levou tanto tempo, pois, inúmeras vezes outras tarefas mais urgentes forçaram a sua interrupção. A longa disputa com os "donatistas" era, entre outras, a que mais obstinadamente preocupava Agostinho. A controvérsia com essa típica "seita" tinha repercussões sobre o pensamento eclesiástico, obrigando-o a desenvolver uma direção particular que, originalmente, estava longe de suas intenções.

É surpreendente como, em seus primórdios, os "donatistas" haviam sido totalmente desconsiderados e que seu nome nunca tenha sido mencionado por Agostinho, embora pudessem ser encontrados em toda parte na África e especialmente no interior, onde eram na verdade a maioria. Entretanto, fora da África não tinham adquirido nenhuma importância e, intelectualmente, não haviam despertado qualquer interesse. No entanto, desde que entrou para o serviço da igreja, não se passava um ano sem que Agostinho deixasse de escrever panfletos ou pregar sermões contra o donatismo.

Para ele, como bispo, e mesmo quando ainda era presbítero, não havia como se esquivar desse problema – e tinha que imediatamente entregar-se a essa luta e às suas controvérsias. Os "donatistas" eram maioria mesmo em Hipona. Possuíam a basílica mais linda da cidade e, de todos os lados, procuravam exercer sua influência sobre a congregação de Agostinho. Casamentos mistos entre cristãos e "donatistas" eram comuns, assim como conversões, rebatismos e insignificantes provocações eram ocorrências diárias. Certa ocasião, até um sacerdote chegou a juntar-se a eles, depois de ter tido uma diferença de opinião com Agostinho e, naturalmente, foi recebido com o maior entusiasmo pela oposição.

Na verdade, os rebatismos eram proibidos pelo Estado como um sacrilégio, e a primazia da Igreja romana também estava, sob outras formas, protegida pela lei; porém em vista da atual divisão de poderes, a polícia hesitava e evitava o quanto possível provocar estes sectários que facilmente se rebelavam, e, de qualquer forma, queixavam-se sempre que podiam das antigas perseguições e das injustiças que haviam sido feitas contra eles. Quase não havia qualquer diferença ritual ou doutrinária que pudesse, à primeira vista, provocar a inusitada animosidade com que as duas igrejas se opunham uma a outra, gerando uma questão muito desconcertante; por vezes essas diferenças degeneravam até em disputas violentas e sangrentas.

A origem dessa infeliz situação vem de épocas passadas. Após o término da última grande perseguição, isto é, no começo do século IV, um bispo foi eleito em Cartago e não foi aceito pelo partido dos confessores ortodoxos. Foi dito também que um dos candidatos a bispo havia se esquivado do martírio durante a perseguição. Assim que o cisma se instalou, rapidamente se expandiu, obviamente também por causas mais generalizadas. Acostumados como estavam às perseguições, à resistência e ao isolamento, numerosos círculos do cristianismo africano que em todo o tempo havia mostrado uma inclinação para o excessivo rigor, foram incapazes de se ajustar rapidamente às recentes mudanças ocorridas na situação. Desconfiavam da nova união com as classes governantes e, depois que Constantino ignorou as queixas dos "donatistas", reassumiram sua antiga atitude de oposição. Ao contrário dos tolerantes e supostamente ambíguos católicos, os donatistas proclamaram-se como os únicos e "puros" representantes da verdadeira Igreja dos santos e se obstinaram num inflexível e exclusivo particularismo. A eles se associou a animosidade da população berbere rural contra a sociedade romanizada das cidades e, quanto mais cresciam as diferenças sociais no século IV, mais facilmente essa hostilidade assumia, em certas ocasiões, características politicamente revolucionárias e perigosas.

Bandos de "lutadores donatistas" foram formados, que saqueavam as mansões dos ricos proprietários de terras, queimavam as igrejas católicas e forçavam a população, por bem ou por mal, a dar-lhes sustento. Porém, ao lado disso tudo, as congregações "donatistas" exibiam um verdadeiro zelo ortodoxo e uma devoção sacrificial que as congregações católicas já não conseguiam igualar. As diferentes tentativas do governo para suprimir a seita à força não levaram a nada e simplesmente serviram para aumentar o ódio contra a profana e incrédula disposição para o "martírio".

Como regra geral, nada havia que pudesse ser conseguido daquela gente através de uma argumentação teológica. Na verdade, nunca faltaram notáveis defensores de sua causa nesta congregação, desde os dias em que o grande Donato dera seu nome à seita. Porém, o que propunham na realidade não chegava a tocar a raiz do apaixonado conflito, e levava as controvérsias para questões secundárias. Não foi difícil aos católicos refutar os argumentos e as queixas donatistas, embora fossem suficientemente convincentes, e quando ainda assim não alcançavam êxito, tornavam-se ainda mais desapontados frente à má vontade dos heréticos.

A queixa, contrária à igreja católica, de que esta havia "se espalhado pelo mundo todo" como representante da única e verdadeiramente santa corporação cristã, continha algo de irremediavelmente inflexível, e a argumentação de que as congregações dos "donatistas" eram constituídas somente por "puros" e verdadeiros cristãos, em contraste com os pecadores católicos, não admitia qualquer contestação. Já antes de Agostinho, essa disputa havia se focalizado teologicamente no problema particular dos sacramentos. Os donatistas sustentavam que, de acordo com Cipriano, somente os "santos", isto é, pessoas livres de qualquer pecado grave, estavam em condições, como sacerdotes, de realizar as consagrações sacramentais e administrar sacramentos eficazes.

Desde o dia em que os católicos haviam violado esse princípio, quando ordenaram o bispo de Cartago, que em seguida abandonou completamente esse cargo, eles estavam agora sem igreja, sem batismo, sem sacerdócio e sem o Espírito Santo. Nada mais eram que uma sociedade blasfema que, quando comparada aos ritos sagrados, estava ainda mais pervertida e pior do que os pagãos.

Observa-se aqui que uma preocupação originalmente bastante séria havia adquirido uma ligeira aparência barroca e, quando logicamente diligenciada, não levaria a nada que não fossem contradições e soluções impossíveis. Na verdade, também na Igreja donatista aconteciam diferenças de opiniões e cismas. Porém, a argumentação dos católicos de que os sacramentos continham, em si próprios, um poder santificador, se administrado através de uma correta aparência externa, também apresentava algumas dificuldades. Os donatistas não estavam realmente preocupados a respeito de uma particular teoria sobre os sacramentos, mas sobre o que era "profano", sobre o concreto afastamento do que era "profano" e sobre a resistência à detestada pressão de seus "perseguidores". E era, precisamente, a posição favorecida dos católicos, com o correspondente prejuízo dos donatistas, que tornava impossível qualquer reconciliação.

Na época em que Agostinho iniciou suas atividades, a antiga pressão sobre os donatistas havia declinado consideravelmente e somente a lembrança exagerada das antigas aflições ainda envenenava a atmosfera. Não foi sem razão que os católicos se queixavam dos excessos e dos abusos dos sectários e, portanto, as perspectivas de um acordo eram tão frágeis como sempre. E foi essencialmente por causa de Agostinho e seu amigo, o primaz Aurélio de Cartago, que as negociações, as atividades teológicas e as discussões foram retomadas, a fim de trazer de volta os participantes do cisma.

Em contraste com a atitude resignada de muitos de seus colegas, a eliminação desta divisão, tão infeliz quanto insensata, representava para Agostinho uma necessidade religiosa. Porque isso não seria possível se ambos os lados exercessem a boa vontade? Será que o próprio Cristo está dividido? (1 Co 1.13). Uma igreja que consente num cisma deixa de ser uma igreja. Muitas vezes nos surpreendemos com a determinação com que Agostinho abraçou essas convicções, e atuou a respeito desde o momento em que assumiu o seu cargo. Em vista de seu antigo desenvolvimento individualista, seria o último homem que pensaríamos estar preparado para esta tarefa. As novas obrigações e experiências que necessariamente cruzavam seu caminho como presbítero, eram sem dúvida da maior importância; por exemplo, as pregações, a assistência pastoral e os trabalhos desenvolvidos em uma congregação situada em uma cidade reconhecidamente heterogênea, com todos os dissabores que possuía. Porém, isso não quer dizer que as convicções eclesiásticas de Agostinho estivessem baseadas puramente em considerações "práticas". Havia pressuposições espirituais que se projetavam para o passado e que eram essencialmente teológicas. Onde existe vida e existe o Espírito, Deus reina e as discórdias são vencidas.

Para Agostinho, a unidade era o símbolo da verdade e da perfeição – essa era uma convicção que se referia ao nível "neoplatônico" de seu pensamento anterior e que havia se concretizado através do estudo da Bíblia. Paulo foi, acima de tudo, fundamental para a idéia da unidade eclesiástica. Cristo nos redimiu para a unidade – isso não tem o intuito de uma simples unidade de espírito, mas a unidade e a comunhão com o seu corpo, que é a igreja. Através de Cristo, toda a humanidade foi reconciliada com Deus na Igreja, e agora participa de seu Espírito.

Em Cristo, que é o novo "Adão", descobrimos o caminho para longe da inimizade e da dispersão, retornando à união com Deus e permanecendo, daí por diante, na comunhão da unidade com os outros que foram formados pelo amor. Esse amor é a "graça" do Novo Testamento; é a paz e o próprio Espírito Santo. Fora desta "unidade" não existe vida "em Cristo", nenhuma justificação para o pecador e nenhuma santificação ou salvação. Essa unidade não é uma simples "idéia"; é a nossa nova realidade, a realidade do serviço dos inúmeros membros da Igreja que pela sua própria natureza não podem ser únicos como Cristo.

A Igreja de Cristo é a Igreja universal e para todos, não podendo ser específica ou separatista como a Igreja dos donatistas. Foi sobre esse fundamento que Agostinho prontamente retomou o antigo argumento do catolicismo contra o donatismo; e não é sem razão que a igreja católica permanecia em sólida conexão e comunhão com a Igreja romana, com as antigas igrejas no Oriente e com as igrejas do mundo inteiro – para Agostinho era a única Igreja que é universal e, portanto, a única e verdadeira, da qual ninguém deve se excluir. Fora dessa Igreja ninguém encontrará salvação.

À primeira vista, esse argumento poderá parecer um pouco cruel e superficial, entretanto, adquire agora um significado espiritual mais profundo. A maioria não está certa somente por ser a maioria, mas porque em seu meio o desejo de unidade e de comunhão torna-se mais visível. "Ninguém será tão tolo, acredito, de sustentar que qualquer um que pertença à unidade da Igreja, esteja privado de amor" (*c. Crescon.* I, 34). O elemento verdadeiramente nocivo e não cristão do donatismo, é o malefício que causa com sua atitude e disposição interiores e o fato de que absolutamente não deseja a unidade e a comunhão de todos os cristãos. Portanto, dentro de um espírito de ódio, prega a separação. É perverso porque opõe-se ao mandamento cristão básico, que é o amor. "O amor cria a comunhão, a comunhão ama a unidade, e a unidade preserva o amor" (*Salmo* 30.1,2).

Como contraste, a afirmação dos fariseus a respeito da santidade e da pureza de cada um é totalmente insustentável. As ideais reuniões secretas da igreja não são factíveis na prática. Cristo queria que o trigo e o joio crescessem juntos até que Ele próprio fizesse o julgamento (Mt 13.24 ff). Em nossa época, ainda não alcançamos o fim de nossa peregrinação, mas estamos a caminho. Devemos ficar contentes em nos separarmos das pessoas más através de nossos atos e de nossa vontade; "enquanto isso, somente podemos esperar pela separação final, por ocasião do fim do mundo, com fé, paciência e coragem" (*Litt. Petil.* III, 4).

Agostinho não poupava esforços para penetrar com ilimitada paciência nos detalhes das observações que os donatistas apresentavam. O assunto da eleição do bispo de Cartago, que havia sido decidido há três gerações, foi novamente discutido e reexaminado. Realizou trabalhosas viagens para se prover com registros e documentos completos e examinava todas as suspeitas teológicas item por item. Procurou transmitir aos seus fiéis, quando os ensinava sobre os sacramentos, uma formulação satisfatória por intermédio de uma distinção mais detalhada entre sua validade, legitimidade e eficácia. O batismo só pode realmente produzir o seu devido efeito quando é recebido, ou quando torna-se ativo, dentro da comunidade "católica" do amor. Porém, mesmo fora da verdadeira igreja, não deixa de ser batismo. Ainda assim existirá o sinal de ligação ao único Senhor, como se fosse a marca registrada (*característica*) com a qual cada cordeiro de Cristo é marcado.

Essa declaração de Cristo relacionada à sua propriedade é válida e indelével e, ao mesmo tempo, aponta para um só rebanho de um único Pastor. Portanto, não deve haver nenhum "rebatismo" e, também, nenhuma perseverança na separação. Quando os donatistas indagam sobre a probidade moral do administrador, estão olhando na direção errada. Não é o homem, mas é o dom de Deus que conta. "Será que o servo da palavra evangélica e do sacramento é bom? Ele se torna um companheiro do Evangelho! Se, no entanto, for mau, assim mesmo não deixa de ser um despenseiro do Evangelho" *(Litt. Petil.* III, 67). A verdade de Deus usa muitos instrumentos, pois ela é poderosa e frutífera.

Para Agostinho, todas essas razões pareciam ser convincentes e irrefutáveis. E, na verdade, eram de longe muito superiores às mais ou menos inúteis e obstinadas objeções que os donatistas apresentavam contra elas. Mas o que se ganhava com isso? O problema era como estendê-las até à casa de seus oponentes, como iniciar uma discussão com eles e como, realmente, obter seu reconhecimento, a princípio intelectual, e depois nas conseqüências práticas da reunião. E aqui jazia a maior das dificuldades. Como sempre acontece nesses casos, é a parte mais forte que sempre está preocupada com a união de todos e com as discussões sobre ela. Essa verdadeira superioridade intelectual e moral dos líderes católicos eliminava qualquer inclinação dos donatistas à negociação e os tornava arrogantes e defensivos. Além disso, discussões e negociações estavam em desacordo com a tradição intelectual de uma igreja de mártires e de moralistas piedosos.

Certamente, Agostinho reconhecia essa embaraçosa situação e fez tudo que estava em seu poder para superá-la. Logo que se tornou bispo, procurou trocar idéias com seu colega donatista em Hipona, e tentativas semelhantes foram repetidas em outros lugares. A oposição podia escolher o lugar, as circunstâncias e as testemunhas para a disputa. Agostinho estava até disposto a se retirar e a propor um outro parceiro menos versátil para a discussão, caso os donatistas estivessem receosos de seu treinamento retórico. A regulamentação prática, no caso de uma união, também já havia sido elaborada da maneira mais generosa possível. Agostinho tinha o sério propósito de que somente a verdade prevalecesse e que nenhuma das partes triunfasse sobre a outra.

Em contraste com a perniciosa tradição das lutas anteriores contra a heresia, tentou não ridicularizar ou enganar os dissidentes, pois desejava realmente compreendê-los. Estava também francamente disposto a admitir os erros anteriormente cometidos por sua Igreja. Recomendou aos demais membros de sua congregação que fossem pacientes e que reprimissem sua irritação todas as vezes que a oposição agisse de forma descortês, desonesta, ou mesmo quando absolutamente não respondessem. Porém, tudo foi em vão. Os donatistas, certamente, já haviam ouvido os sermões de Agostinho que, por sua vez, era sempre bem-sucedido em converter pessoas; porém, em seu todo, os líderes do grande corpo da igreja donatista perseveraram em sua maligna oposição. Ocasionalmente, quando a bondade pessoal de Agostinho conquistava uma ou outra autoridade a concordar com o seu posicionamento, a possibilidade de discussão ou de "paz" parecia estar logo ao seu alcance. Entretanto, os membros da oposição já haviam feito um acordo de que, nesses casos, procurariam uma desculpa para que imediatamente todos se retirassem e, como ninguém mais retornaria à discussão, tudo acabaria em nada.

Considerados na íntegra, todos os esforços de Agostinho empenhados para obter a paz haviam sido infrutíferos. De quem seria a culpa? Muitos já chamaram a atenção para o fato de que Agostinho, além de pertencer social e intelectualmente à uma determinada classe, também falava sua língua, tão estranha e odiosa aos simples donatistas, especialmente àqueles que residiam no campo. Eles não iriam, nem podiam, ler ou compreender os escritos desse retórico "maniqueísta" educado no exterior. Também desprezavam, segundo se supõe, a pessoa daquele erudito citadino que estava associado aos poderosos e ricos e que aparentemente desconhecia seus sofrimentos. Existe um pouco de verdade nisso. O próprio Agostinho não conseguia afastar-se desse cenário e, a despeito de todas as suas renúncias pesssoais, ainda permanecia um membro de sua sociedade, um representante da educação literária e dos ideais eruditos dos quais as massas de súditos do último império haviam começado a se afastar. Era, portanto, um cidadão privilegiado que, embora só falasse latim, estava se esforçando para adquirir um estilo mais popular e para ser mais inteligível em seus sermões e polêmicas, especialmente quando tratava com os donatistas.

Sua obra, em 300 versos, intitulada *Salmos Contra o Partido Donatista*, é uma prova irrefutável desse propósito. "Eu desejava", escreveu, "levar o caso dos donatistas precisamente ao conhecimento das classes mais inferiores, aos simples e incultos em geral, e através deles impressioná-los. Para isso não queria utilizar qualquer forma de poema artístico, para não ser obrigado pelas leis da métrica a escolher palavras que fossem incomuns às pessoas comuns" *(Retr.* I, 19, 1). Agostinho desejava que suas palavras fossem completamente claras e simples; portanto desfez-se completamente de todas as exigências da educação literária e compôs um poema que, certamente, não representa a "poesia", embora sua estrutura popular apontasse para o futuro. Cada início das estrofes está disposto consecutivamente de acordo com o alfabeto, e elas terminam com um refrão simples que um coro era capaz de cantar. Todas as linhas têm o mesmo som final – e (ou -ae) e, portanto, rimam umas com as outras. Em lugar da "quantidade" ainda rigidamente observada por Ambrósio, encontramos, provavelmente de acordo com a poesia "púnica", um simples ritmo de palavras. A melodia que também não conhecíamos, foi provavelmente adaptada a partir da entonação dos cantos e hinos donatistas. Esse "Salmo" primitivo, com certeza repercutiu também sobre a população de língua latina.

A dificuldade decisiva que impedia um acordo com os sectários, provavelmente não foi uma conseqüência da educação ou da posição social de Agostinho; mas por causa da situação política e das tradições de sua igreja que, segundo a opinião dos donatistas, havia sido e ainda permanecia sendo a "igreja dos perseguidores". Essa acusação era justificada. Muitas e muitas vezes, sob Constantino e, acima de tudo, sob Constâncio, os donatistas foram castigados, reprimidos e perseguidos pela polícia e, mesmo agora, havia inúmeros regulamentos em seu detrimento, principalmente severas proibições contra os rebatismos que, no entanto, continuavam a ser realizados. Nisto consistia o principal obstáculo para qualquer tentativa feita pelos católicos de conquistá-los de volta. Com certeza, sob condições de inteira liberdade, teriam sido bem-sucedidas, como acontece nas verdadeiras missões.

Agostinho não estava cego a essas ameaças contra o seu trabalho em prol da "paz". Com a sinceridade que sempre o distinguiu, tentou refutar e invalidar todas as acusações que se originavam dessa situação. Em primeiro lugar, era necessário repudiar o falso orgulho dos donatistas sobre o martírio: sofrimentos e perdas nada significavam para provar a exatidão de uma causa. Pagãos, criminosos e hereges são perseguidos; porém somente a verdadeira confissão pode fazer um mártir. "Já provei, inúmeras vezes, tanto nos debates como nos escritos, que eles não podem ter a morte de um mártir porque não tiveram a vida de cristãos, uma vez que não é o sofrimento, mas o propósito que faz um mártir" (*Ep.* 204, 4; *FC*, 8, 5). Além disso, os supostos mártires se permitiam realizar fraudes, injustiças e abominações pelas quais eram punidos com boas razões e com todo o direito.

Entretanto, os donatistas dispunham de uma ampla liberdade; tinham igrejas, congregações e cultos – e não era verdade que os católicos estivessem sedentos pelo seu sangue. Agostinho orgulhava-se de não ser um extremista e, em certos casos, chegava a condenar as denúncias feitas à polícia e havia até insistido em uma redução nas penas já aplicadas. Esta era uma atitude honesta, embora de certa forma pudesse ser considerada ingênua. Não era sua intenção desaprovar as leis existentes e era justo que aos heréticos fossem negados os mesmo favores que o Estado concedia aos servos da verdade. No entanto, gostaria de continuar, e de ser bem-sucedido com as discussões e conversões feitas com plena liberdade e sem interferência, pois a última coisa que desejava era promover o oportunismo religioso: mas como poderia consegui-lo nas atuais circunstâncias?

Chegamos agora a uma situação de ambigüidade semelhante àquela encontrada em Ambrósio e na maioria dos patriarcas desse período de transição, que afirmavam o direito à liberdade e, ao mesmo tempo, o direito do Estado-Igreja. No entanto, os desenvolvimentos se seguiram e Agostinho os acompanhou.

Nas proximidades do fim do século, a situação dos donatistas começou novamente a se deteriorar e o apoio que ofereceram a um governador rebelde fez com que, politicamente, caíssem em desgraça. Acima de tudo, os conceitos existentes no império católico, tal como foram concebidos por Teodósio, estavam a demandar sua prática cada vez mais rigorosa e certamente havia, do lado dos católicos, inúmeros líderes a favor dessa orientação e que exigiam a execução de leis mais rigorosas contra os heréticos.

O momento chegou no início do ano 405: o imperador Honório publicou um edito que decretava uma repressão geral e pela força contra os donatistas. Todas as suas igrejas e propriedades deveriam ser entregues aos bispos católicos, seus cultos religiosos foram proibidos e aqueles que transgrediam a lei foram ameaçados com confisco e expulsão. Como, no entanto, nem isso foi suficiente para quebrar sua resistência, o Estado estabeleceu em 411 um debate religioso oficial e definitivo.

Segundo Agostinho muitas vezes enfatizou, é evidente que nesse concílio foram concedidos aos donatistas igualdade de direitos e total liberdade de discussão. Os católicos não se deixaram desgastar pelas desesperadas evasões e atitudes protelatórias de seus adversários e, em negociações que se prolongaram durante vários dias, todos seus argumentos e acusações foram mais uma vez examinados, discutidos e "refutados". Naturalmente, o resultado proclamado pelo representante imperial ao final da reunião já havia sido determinado desde o início. Os donatistas haviam comparecido exclusivamente porque não tinham outra alternativa, e se recusaram a aceitar a decisão. Mas não haveria mais para eles qualquer indulgência. Os "executores" imperiais se encarregaram da execução da "paz católica" e tomaram medidas drásticas contra os obstinados dissidentes. Os bispos católicos foram igualmente ameaçados e deveriam ser denunciados à polícia se, com a maior urgência, não providenciassem a integração dos dissidentes à congregação.

Sabe-se de horríveis cenas de resistência suicida, de medidas sanguinárias e de todos os atos de vingança que foram postos em prática pelos rebeldes. O donatismo não estava morto, porém, banido da vida pública. Congregações inteiras juntaram-se, como um único corpo, ao catolicismo, às vezes acompanhadas de seus clérigos.

Agostinho lastimava a violência dessas ações e, como Ambrósio, protestava principalmente em relação ao uso da pena capital pelo governo, que considerava em qualquer circunstância ser um crime dentro do domínio da igreja, e nisso seu protesto foi bem-sucedido. Mesmo assim ainda desejava conquistar os relutantes através de meios pacíficos, isto é, das pregações, das explicações e da educação pastoral. Determinou que os recém-convertidos não deveriam ser privados de seus direitos na congregação e dispensou qualquer proteção militar à sua pessoa. Em alguns casos, obviamente, seus esforços foram realmente recompensados, e sua atitude paciente e amiga em muito contribuiu para que mais tarde conquistasse alguns antigos donatistas.

Na verdade, eram freqüentemente apenas o costume, o preconceito inato e a falta de conhecimento da verdade católica que faziam com que esses cristãos resistissem à reconciliação. Parece que agora estavam até agradecidos pela oportunidade de mudar suas opiniões e, em parte, aceitaram de boa vontade as novas idéias. É chocante ver como foi exatamente esse sucesso pessoal que levou Agostinho a uma revisão de seu ponto de vista, cujas implicações na história do mundo ele certamente não poderia ter imaginado. "Originalmente, minha opinião era de que ninguém deveria ser coagido à unidade de Cristo, que deveríamos agir somente através de palavras, lutar apenas por meio de argumentos e prevalecer pela força da razão; e que se não fosse dessa maneira teríamos aqueles que sabemos ser heréticos declarados, fingindo ser católicos. Mas essa minha opinião foi vencida, não pelas palavras daqueles que contestavam, mas pelos exemplos conclusivos aos quais podiam apontar" (*Ep.* 93, 17; *LPNF*, I, 388).

Tal "exemplo", aludido pelos colegas de Agostinho, era em primeiro lugar a mudança da situação em sua própria cidade, onde a paz finalmente passou a reinar; além do mais, os antigos dissidentes estavam sinceramente felizes em relação à mudança das circunstâncias. Será que isso não merecia ser agradavelmente recebido e reconhecido? As ações do governo não deveriam, de forma alguma, ser consideradas como injustas, pois as negociações finais em Cartago haviam provado, com toda a clareza, que as assertivas dos donatistas estavam erradas e que sua infundada resistência somente podia ser explicada por uma teimosa má vontade, ou simplesmente por uma ignorância factual. Portanto, uma intervenção enérgica era absolutamente imperativa. E foi assim que Agostinho chegou à sua famosa, ou infame, justificação teológica da força.

Sem dúvida considerava que seria melhor se os homens se aproximassem voluntariamente da adoração e da veneração a Deus, e pelos caminhos adequados; "a perfeita caridade lança fora o temor!" (1 Jo 4.18). Contudo, isto não quer dizer que a prática das ameaças e da força seja um mal em todos os casos, ou que possa até ser indispensável em muitos outros. Concluindo, pais também obrigam os filhos a obedecer, assim como os mestres obrigam os alunos a trabalhar, pelo que sempre serão agradecidos mais tarde. "Você também concorda que nenhuma coerção deve ser empregada, com qualquer homem, a fim de redimi-lo das conseqüências fatais de um erro; contudo, também deve concordar que, através de exemplos inquestionáveis, isso é feito por Deus! E Ele nos ama com maior e real interesse pelo nosso benefício do que qualquer outro". O próprio Cristo nos exorta na parábola da Grande Festa que devemos "obrigar" a todos que pudermos alcançar a entrar em sua casa (Lucas 14.23, de acordo com uma tradução contemporânea e bastante literal: *cogite intrare, Ep*, 93, 5; *LPNF*, I, 383).

Dessa forma, a força foi considerada apenas como um atalho e como um meio provisório de chegar ao verdadeiro objetivo: a conversão livre e voluntária. Porém só deve ser empregada em casos emergenciais. No caso desse cisma, onde as coisas estavam claras como o dia, além de comprovadas e estabelecidas, teria sido injusto ceder à manifesta obstinação dos líderes donatistas e simplesmente deixar em desgraça aquela pobre e mal orientada população, que nem conhecia a verdade nem teria oportunidade de vir a conhecê-la dessa forma. Se desejarmos compreender corretamente a decisão de Agostinho, e em contraste com os ideais medievais das cruzadas e da inquisição, não devemos esquecer que toda a questão donatista não era para ele um assunto de consciência, ou de diferença de fé, que deveriam ser considerados com toda a seriedade. Era simplesmente um problema resultante do preconceito inveterado, do incitamento do povo e do poder dos maus hábitos; para vencê-los, o auxílio da polícia parecia ser o meio mais adequado.

Seria muito errado explicar a atitude de Agostinho frente a essa questão em termos de uma consciência hierárquica particularmente exagerada, ou pelos instintos "dominantes" de um homem que fizesse parte da hierarquia da igreja. O que sucedeu foi justamente o contrário. Agostinho não tomou sua decisão por um instinto político, mas deixou-se ser persuadido e determinado pelos aspectos favoráveis da situação. Com a arrogância inconsciente de um homem que possuía o treinamento teórico, colocou toda a sua confiança no poder de persuasão de seu raciocínio. Depois que todas as suas tentativas pessoais e literárias haviam falhado, foi levado, talvez com indignação, justamente à direção oposta e aceitou a assistência do poder secular.

Mas estava tristemente enganado a respeito dos sucessos que obteria dessa maneira. Com a conversão forçada dos donatistas teve início o declínio da anteriormente orgulhosa Igreja africana e, finalmente, com a invasão islâmica, foi a única igreja da região do Mediterrâneo a desaparecer completamente. Parece que os antigos donatistas receberam os árabes como seus libertadores e, de qualquer forma, a herança "católica" não foi seriamente defendida por eles. Aquele que deseja tornar-se genuinamente familiarizado com o pensamento de Agostinho em relação à igreja, ao mundo e ao Estado não deve se ater somente aos escritos antidonastistas.

O trabalho principal sobre esse assunto está condensado na obra *"A Cidade de Deus"*, que é ao mesmo tempo uma espécie de resumo da própria teologia agostiniana e está ligado com a intenção especial de sua obra magna: é a última grande apologia da igreja contra o paganismo, a justificativa final de seus ensinamentos e de sua posição histórica através dos séculos e perante todo o mundo. Todo o material da tradicional polêmica cristã, que foi colecionado através dos séculos, está mais uma vez explicado de acordo com uma nova e independente formulação. O repúdio à religião pagã e à filosofia está associado à uma exposição positiva de todo o sistema da doutrina e da ética cristã. Seus escritos também se originaram de uma causa específica que levou à vivacidade, à jovialidade e à maneira particular com as quais as questões são apresentadas. No entanto, foram necessários vinte e quatro anos para serem completados, questão por questão, de acordo com um projeto previamente estabelecido desde o início.

No dia 28 de Agosto de 410, as tropas de Alarico invadiram e saquearam Roma. Esse evento teve um efeito demolidor e distante de sua real importância política. Como se pode entender que a capital do antigo império, soberana do mundo e cidade eterna, tivesse sofrido uma destruição tão violenta? O mundo todo parecia tremer em suas bases e os pagãos sabiam qual era a explicação! A seus olhos, a catástrofe era o castigo pelo abandono das antigas divindades guardiãs e da religião tradicional: obviamente, o novo Deus cristão do império havia se mostrado impotente e fracassado. Os cristãos não tinham resposta para isso, pois já haviam provocado essa crítica através de suas polêmicas anteriores. Desde Constantino, e mesmo durante os últimos períodos das perseguições, haviam infatigavelmente declarado que a renúncia à superstição pagã e a proteção da verdadeira religião iriam renovar e sustentar o império.

Ambrósio também havia sustentado esse argumento, mesmo quando temporariamente estava desenvolvendo outras idéias, sob a pressão de necessidades urgentes (cf. p. 107). Teodósio havia feito da fé ortodoxa as bases de seu ordenamento para o império, precisamente sobre esses fundamentos. Agora o constrangimento era muito grande e um sério recuo moral ameaçava a Igreja. Frente a esta situação, Agostinho foi pressionado de todos os lados a dizer algumas palavras de apoio, pois era considerado o porta-voz e o conselheiro teológico de toda a cristandade latina.

Os primeiros livros de sua apologia, publicados precipitadamente, ainda refletem o perigo agudo por que passava a situação política e religiosa. Acima de tudo, Agostinho estava preocupado em demonstrar como era infundada a afirmação de que "o bem-estar humano deve ser necessariamente alcançado através da adoração dos muitos deuses venerados pelos pagãos" *(Retr.* II, 43). Os antigos demônios eram simplesmente incapazes disto. Podia ser demonstrado ao povo, de qualquer modo, que estes demônios que agora procuravam para colocar em oposição a Cristo, não protegeram Roma nos anos anteriores de forma melhor do que Ele o estava fazendo agora. E para uma contestação direta, argumentos mais poderosos também não foram desdenhados por Agostinho. Assim, ele particularmente destaca que, durante a destruição da cidade, somente o asilo dos santuários cristãos havia protegido tanto os pagãos como os cristãos, e não os templos dos antigos deuses.

Entretanto, está claro que, desde o início, ele não desejava realmente basear sua causa principal em razões tão óbvias, e que os pagãos podiam perfeitamente refutar através de provas visíveis. Agostinho tinha também seus olhos voltados para a omissão de seus antigos companheiros de fé e assumiu todo o problema em níveis muito mais profundos. Por que tantos, que se intitulam cristãos, estão enfrentando essa situação tão desamparadamente e pensam que o seu Deus não deveria ter permitido que tudo isso acontecesse? Eles não têm, obviamente, um entendimento real de sua própria fé e, portanto, sucumbem à lógica enganadora dos pagãos. Na verdade, não se acredita verdadeiramente em Deus se Ele for entendido apenas como um meio de prover as boas coisas e a felicidade deste mundo, para que possam ser gozadas com tranqüilidade, e se perderem as esperanças no momento em que os desastres ocorrerem. Não compreenderão o verdadeiro significado da vida até que aprendam a esperar o cumprimento das promessas a seu tempo, e deixarem de ousar fazer essa exigência como uma devida queixa do governo de Deus sobre o mundo. Somente poderá participar do significado da vida quem for sinceramente humilde perante Deus, quem aceitar tudo o que Ele mandar, e quem com boa disposição e alegria continuar em sua peregrinação, por acreditar em uma perfeita eternidade que será tão justa quanto Deus o é, e como são todos os problemas destes tempos.

A questão – no contexto de uma apologia – é aquela da interpretação e dos fundamentos da própria fé cristã que precisa distinguir-se da idolatria pagã não apenas pelo seu objeto, mas também pela forma de sua devoção e pela sua íntima relação com Deus e o mundo. Mas Agostinho não se contenta com distinções e postulados de princípios. Sua teodicéia tem a finalidade de ser uma orientação pastoral e um auxílio aos cristãos aflitos. Portanto, ela penetra em toda a perplexidade da miséria que os assassinatos e atos violentos, as pilhagens e deportações trouxeram para os indivíduos e para todo o império. Dessa forma, ele convoca toda a arte de sua dialética e de sua retórica, não para fugir a uma possível objeção, mas para responder a cada uma das questões e a cada uma das dúvidas. Ele explica com detalhes que sofrer não é simplesmente suportar o sofrimento e que, dependendo de como este é suportado, pode ser uma maldição ou uma bênção nesta vida, pois embora endureça os impiedosos, purifica e liberta os crentes de seus fardos interiores remanescentes. Além disso, a aparente falta de sentido de Seu divino julgamento, que vem sobre os bons e os maus, é na verdade uma necessidade religiosa no sentido de que Deus deverá ser procurado e encontrado não pelo bem-estar temporal, mas deve ser buscado em verdade, isto é, por amor a Ele mesmo.

Essa declaração também está dividida posteriormente em casos regulares e exceções, de modo que as exceções também encontrem uma explicação e também tenham o seu lugar aparentemente necessário. Basicamente, tudo isso não representa uma questão de "prova" real, lógica e conclusiva. Com provas relativamente convincentes, Agostinho apela à consciência cristã na decisão da fé, na desistência ao ceticismo vazio, na instabilidade e na desgraça de uma disputa incrédula com Deus e na afirmação do desejo em Deus de encontrar o caminho de volta à realidade, à verdade e ao serviço do amor.

Aproximando-se o final de seu trabalho (*Civ. D.* XX, 2), ele se volta mais uma vez a todo este âmbito de questões. É como se desejasse novamente assegurar seus pensamentos contra qualquer possível mal-entendido, acentuando com imensa dor que a fé, nada mais que a fé, representa o poder que sozinho pode vencer todas as provas da vida. Não sabemos porque Deus nega alguma coisa boa ao virtuoso e temporariamente poupa do sofrimento o criminoso. Não sabemos porque isso também tem exceções e porque às vezes o reverso também parece ser a regra. A nós nos foi concedido saber apenas isso, que em princípio a situação não depende de uma disposição passageira deste mundo, que pode ser chamada de sorte ou infortúnio, mas na realidade depende daquele que, um dia e para sempre, separará uns dos outros diante do tribunal de Deus. Então, no dia do Juízo Final, todos os enigmas serão verdadeiramente resolvidos æ até mesmo este último mistério sobre o porque é necessário que a justiça de Deus não se manifeste na vida presente de modo freqüente, mas, na verdade, permaneça freqüentemente oculta. Ainda hoje é certo que a justiça de Deus existe e determina todos os eventos; isto é, além de certo, suficiente para a fé cristã.

A expressão favorita usada por Agostinho para designar a atitude básica cristã é a "humildade" (*humilitas*). Portanto, a defesa do cristianismo frente ao paganismo tem o mesmo significado da humildade contra o orgulho demoníaco e a altivez dos homens, isto é, a sua *soberba*. É disso que o livro trata. "Eu sei, é claro", escreve

Agostinho no prefácio, "que o engenho e a força dos argumentos são sempre necessários para convencer os orgulhosos sobre o poder da humildade". A humildade é poderosa, não por si mesma, mas pela graça de Deus que a eleva acima de todas as trêmulas e fugazes alturas desse mundo (*Civ. D.* I praef.; *FC* , 6, 19).

E foi o orgulho da suposta "eterna" Roma, a metrópole pagã, que se elevou contra a paz da "Cidade de Deus", que é, em verdade, a única que é eterna. Com referência aos antigos deuses, e à desaparecida tradição romana, aquela mesma reversão fundamental da religião que a fez serva de sua própria grandeza e glória e que significa a verdadeira natureza do paganismo na vida dos indivíduos, foi mais uma vez aplicada em uma escala extremamente exagerada. Agostinho vê o estágio final do paganismo como uma religião política, de modo que os antigos ídolos não seriam mais o objeto da fé deles. Eles serviram ao espírito pagão romano somente como a auto-afirmação de seu desejo de superioridade, de seu próprio passado e de sua glória.

Agostinho tem pleno conhecimento da grandeza das conquistas romanas e acredita que teriam sido admiráveis se tivessem sido o fruto de uma atitude verdadeiramente devota e não dos obscuros desejos da ambição. Entretanto, as coisas, tal qual como estão agora, deverão ser vistas em conexão com o terreno fértil da disposição para o mal, de onde realmente se originaram. Portanto, devem ser "consideradas como vícios e não como virtudes" (*Civ. D.* XIX, 25), "como vícios esplêndidos", *splendida vitia*, conforme completou mais tarde. Isso pode ser constatado, pensa Agostinho, através da natureza de seu efeito histórico. A famosa sátira de Virgílio, onde exorta as pessoas à ordem, "*parcere subiectis et debellare superbos*" (poupar os vencidos e derrubar os poderosos), denota uma violação à glória de Deus, pois só Ele tem o poder de conceder graça aos humildes e de punir as nações. Esse conceito nada mais é do que a razão suprema pela qual nunca existe paz neste mundo. É a origem de todas as guerras e conquistas, que durante séculos fez de Roma o terror de seus vizinhos, e, por fim, o império mundialmente devorador.

Ao longo dessas linhas, e aproveitando-se da deixa de Saluste e de outros autores clássicos, Agostinho se aventura em descrever um detalhado e terrível ensaio de toda a história de Roma, começando com o fratricida Rômulo, até as últimas abominações da República. Trata-se de um ataque sincero, desfechado contra as sacrossantas tradições, e que, até então, nunca havia sido tentado desta forma, e onde ele rasga a máscara da face da hipocrisia romana. Ele não está preocupado com a objetividade histórica, mas com uma percepção de princípios, se assim podemos dizer, e com um novo caráter político, para o qual preferia conquistar ninguém mais que os descendentes dos antigos Scipios e Fabrici. Na verdade, diz Agostinho, suas tradicionais virtudes iriam brilhar com um novo e mais puro esplendor.

Por essa razão, Agostinho não está preocupado com a rejeição ao interesse político como tal, ou com toda a atividade política e, contra isso, expressamente procurou se guardar. O "orgulho" não é necessariamente um subproduto do próprio poder, "mas da alma que está extremamente enamorada de seu próprio poder..." (*Civ. D.* XII, 8; Oates, II, 186). "Em ação, não representa honra ou poder nessa vida, que somente deverá ser louvada, sob a perspectiva de que todas as coisas sob o sol são vaidade, porém a própria tarefa que deve ser realizada através daquela mesma honra e poder deve ser executada de forma correta e útil; isto é, que contribua para o bem-estar daqueles que estão abaixo de nós. E isto está de acordo com a lei de Deus" (*Civ. D.* XIX, 19; *LCL,* VII, 203).

Uma grande frustração, um frio afastamento de qualquer "mito" político e de qualquer expressa paixão política, são transmitidos através dessas palavras. O império estava doente e oferecia escassas razões para um entusiasmo político. Não se pode reprovar Agostinho por não ter-se considerado um reformador político, cargo para o qual teria sido totalmente inadequado. Agostinho se restringe ao que em todos os tempos é essencial e válido. A subordinação de todos os propósitos temporais e passageiros, e dos quais a política não dever ser mais do que um meio, ao que é eterno, espiritual e transcendental da existência com Deus. Esse pensamento talvez tenha encontrado nele uma repercussão ascética, filosófica e neoplatônica. No entanto, o aspecto geral ainda permanece cristão e bíblico.

Em lugar da intemporal hierarquia das gradações de valores, a idéia predominante é a de um movimento histórico em direção a um objetivo, isto é, em direção ao julgamento, e ao eterno reino de paz que pertence a Deus. É uma comunidade definida que conduz esse movimento através dos tempos, a igreja eterna, a cidadania da cidade de Deus. Na luta pela paz mundial, existe na verdade uma tarefa comum que deve ser realizada em cooperação com os cidadãos desse mundo. No entanto, não possuem uma meta em comum. A atitude e a direção do coração dos homens, isto é, a esperança e o futuro, e não a vida presente, é que determinam a natureza do homem e lhe dão o seu significado. A história, que sempre se movimenta para frente, assim como a vontade histórica, tornaram-se decisivas. Com Agostinho, teve início uma nova avaliação cristã do tempo, que nunca havia sido conhecida na antigüidade. Ele está posicionado no início da "filosofia da história" ocidental.

Desde o início existem no mundo dois "estados" ou "cidades" dos homens, duas comunidades humanas que são identificadas através de suas atitudes. "Duas cidades (*civitates*) foram formadas por dois amores: o amor terreno, pelo amor de si próprio, mesmo com desdém de Deus; e o amor celestial, pelo amor a Deus, mesmo com desdém de si próprio. Em uma palavra, o primeiro glorifica a si e o último glorifica ao Senhor" (*Civ. D.* XIV, 28; Oates, II, 274). Orgulho e humildade, "fé e descrença", constituem, em sua coexistência e oposição, como diz Goethe, "o verdadeiro, único e mais profundo tema da história do mundo e do homem". Ambas atitudes são tão antigas quanto a história do mundo e têm sua origem na queda de Adão. A partir daí o desenvolvimento da "cidadania sob Deus" ou "Jerusalém" se estende através da descendência de Abel e do Antigo Testamento, "a história dos atos salvadores de Deus" até Cristo e novamente Dele através da Igreja para terminar somente ao final dos tempos na eterna "Cidade de Deus", "onde a vitória é a verdade, onde a dignidade é a santidade, onde a paz é a felicidade, onde a vida é a eternidade" (*Civ. D.* II, 29; *LCL*, I, 263).

Ao contrário, porém, e a ele entrelaçado sob diversas formas, também tem sua importância o estado de cidadania da "Cidade da Terra", os egoístas e os orgulhosos que, uma vez na Babilônia e agora em Roma, reúnem-se em torno de seu grande e demoníaco símbolo. Através da injustiça e da violência empenham-se para alcançar a própria glória, o domínio da terra e a paz temporal que não conseguem nem preservar nem manter, e terminam sofrendo a condenação eterna. No entanto, a despeito de todo esse conflito, Deus permanece o único e verdadeiro Senhor desse duplo processo histórico e o qual conduz conforme o inescrutável parecer de sua vontade. Um dia o fim chegará; de fato, quando o número de salvos previstos na onisciência de Deus for alcançado. Porém, a data em que isso irá acontecer ninguém sabe e Agostinho expressamente se recusa a prever ou calcular antecipadamente tomando como base os textos da Bíblia ou da filosofia da história. O que realmente importa para ele é a análise profunda do significado da história, pois é dele que se origina a decisão em favor da comunidade de Deus e de seu verdadeiro e perpétuo objetivo.

Esta visão da "história dos atos salvadores de Deus" não foi criada pelo próprio Agostinho. Com muitos detalhes mitológicos, ele simplesmente seguiu a visão apocalíptica da história, sustentada pelo primitivo cristianismo bíblico, e que se estende desde a criação e da queda original até o fim do mundo, com o repentino aparecimento do reino de Deus, e que adota como ponto principal e significado o Cristo que conclama "todos os povos" à conversão e à renovação. Agostinho estava plenamente ciente dos contrastes existentes entre as diferentes visões da história, "cíclicas", incertas e, segundo sua opinião, totalmente desanimadoras. Também a classificação dos dois estados, cidades, cidadanias – que o latim traduz com uma única palavra, *civitas* – já havia sido desenvolvida antes dele pelo donatista Ticônio, idéia posteriormente adotada por Agostinho. Mas foi somente através dele que alcançou sua real vitalidade histórica, pois não só relaciona as duas *civitatis* – de acordo com sua intenção apologética – a Roma e à Igreja do Antigo e do Novo Testamento, mas a partir desse ponto tenta traçá-las através de todo o curso da história do mundo.

Tomando como base a Bíblia e os antigos historiadores, Agostinho nos dá uma descrição detalhada de ambas as "cidades", de sua origem, desenvolvimento e progresso através do tempo terreno, a fim de concluir com a expectativa da ressurreição e o término do tempo na eternidade. Esse procedimento transforma o teólogo em um historiador, e podemos até dizer, no primeiro "filósofo da história". Entretanto, quando usamos esta expressão devemos nos precaver contra as falsas modernizações. Nem será preciso dizer que Agostinho não era um historiador independente e certamente não era também um "crítico". Além disso, os critérios e as interpretações que ele usa não são "históricos", segundo seu sentido moderno. O desenvolvimento das duas "cidades" não tem absolutamente nada a ver com a moderna e imanente concepção da evolução. Deus determina a história, e o resultado disso é precisamente a incompreensão dos acontecimentos concretos que se sucedem a cada momento, que devemos aceitar e que não têm qualquer possibilidade de explicação. A fé, que compreende o objetivo da história, renuncia à qualquer profecia imanente ao mundo.

Portanto, Agostinho intencionalmente deixa em aberto qualquer decisão a respeito do futuro do império romano. Certamente ele repudiava o pânico que ameaçava desencadear-se logo em seguida à conquista de Roma e exigiu que todos cumprissem seu dever em seus postos; acima de tudo, esperava que novamente as coisas pudessem terminar bem. Entretanto, nenhuma grandeza desse mundo é "eterna" e dependia de Deus ordenar quando Roma iria sucumbir. Mesmo em retrospecto, Agostinho não vê nenhuma conexão essencial entre as decisões decretadas por Deus, de acordo com seu desígnio secreto, e as deduções e conexões genéticas e casuais procuradas pelos historiadores seculares. Os julgamentos históricos pronunciados por Agostinho sobre os acontecimentos, pessoas ou supostas necessidades dos tempos antigos, foram em sua maior parte fornecidos pela Bíblia e adotados conforme sua exclusiva avaliação teológica.

Para Agostinho, entretanto, a história do mundo não está constituída por fatos e detalhes meramente acidentais. A tensão entre as duas comunidades que se guerreavam concede um significado constante e mais profundo a esse fato aparentemente isolado, sendo que o significado religioso pode ser apreendido e claramente descrito com o auxílio da Bíblia. Essa foi a mais surpreendente e particular realização feita por Agostinho com o auxílio de seu simbolismo e que não deixa de ser a princípio também um fenômeno generalizado. Toda a antigüidade, especialmente em seus últimos estágios, nos proporciona uma interpretação que não é exclusivamente casual, segundo a concepção moderna da palavra. Em toda parte houve na natureza a descoberta da harmonia, da afinidade e das leis "espirituais" da analogia que determinam a vida humana. De forma similar, Agostinho compreendeu "alegoricamente" as palavras dos poetas e as reflexões e manifestações da moral geral e das verdades filosóficas.

Desde o início, essa alquimia de pensamentos adquiriu um significado especial na Igreja cristã porque foi em seguida aplicada à verdadeira história. Cristo deveria ser comprovadamente apresentado como o cumprimento da promessa Divina que foi dada na antiga aliança. Para esse propósito, não somente havia uma referência feita à cada uma das profecias que se ajustavam a Ele, mas também uma crescente tentativa de interpretar toda a antiga "história dos atos salvadores de Deus" com seus reais personagens e acontecimentos em relação a Ele e a compreendê-las como exemplos de "tipos" da história vindoura. Assim, por exemplo, Davi é um "tipo" de Cristo como rei, e o sacrifício de Isaque representa Sua morte na cruz. Esse antigo princípio de exegese bíblica foi ampliado por Agostinho para a história do mundo. O antagonismo das duas *civitates*, que em Adão ainda estavam compreendidas em um único ser humano, emerge pela primeira vez "tipicamente" nos dois irmãos Caim e Abel. E ainda continua nas lutas de Israel contra os gentios, assume uma forma visível nas cidades de Babilônia e Jerusalém, e encontra sua última e demoníaca expressão no paganismo do Império Romano ao perseguir a Igreja.

Não se trata, em ambos os lados, de uma simples identificação com uma comunidade decididamente incrédula ou com a dos justos – na verdade as duas estão entrelaçadas e aparentemente inseparáveis – porém, de uma representação simbólica que, todavia, indica quais poderes fazem parte de sua realidade histórica. Tal como os ensinamentos simbólicos de Agostinho sobre os sacramentos, também aqui o objeto e o símbolo não podem ser separados. Por essa razão, as conexões e as estruturas tipológicas que ele cria com a ajuda de ilustrações históricas e "sinais", não produzem, como muitas construções medievais da história, a impressão de um jogo; mas possuem o poder de elucidar a história real. Em todo o caso, grande parte do peculiar encantamento estético, que a concepção histórica de Agostinho ainda revela com todas suas estranhas limitações às categorias da teologia bíblica, se origina da misteriosa fascinação dos paralelos históricos correspondentes que apontam para o futuro ou o passado, e também do mágico reflexo das imagens e das idéias que, todavia, ainda retêm sua profundidade e significado.

A *Cidade de Deus* foi o livro favorito de toda a Idade Média e era, inclusive, mais lido que as *Confissões*. Mas a mudança dos tempos trouxe igualmente uma mudança de entendimento. No auge da Idade Média, e contra um cenário de controvérsias entre o Estado e a Igreja, as idéias básicas desse livro receberam instintivamente um colorido político ou religioso onde se pode observar, na época, uma desvalorização demoníaca do secular e uma santificação do eclesiástico. Naturalmente tais interpretações eclesiásticas e políticas estavam muito distantes do pensamento histórico de Agostinho – tão distantes como a reinterpretação anti-hierárquica e espiritual de seus pensamentos, e que também pode ser encontrada no fim da Idade Média.

Ele sustenta as más interpretações somente na medida em que seu trabalho mostra as forças demoníacas da "Cidade de Satã", precisamente manifestadas através de sua ambição política e da ganância dos Estados pelo poder e pela glória, enquanto uma correspondente perversão demoníaca da ambição eclesiástica ainda não havia sido objeto de consideração. Portanto, aos olhos da posteridade, a "Cidade de Deus" assume rapidamente uma tendência gregoriana. Ao falar de problemas políticos e eclesiásticos, o verdadeiro Agostinho ainda não está pensando institucionalmente em termos medievais. Em particular, ele não reconhece a idéia de um Estado "cristão" mas apenas reconhece os cristãos individualmente, como soberanos e súditos que, como pessoas dentro de um Estado, podem prover a justiça e a paz terrena, enquanto em seus corações permanecem cidadãos humildes da cidade celestial.

Por outro lado, a Igreja certamente aparece para Agostinho como a cidade e a cidadania de Deus, que perduram através dos tempos, embora nem todas as pessoas que estejam aparentemente dentro dela possam ser realmente consideradas como pertencentes a ela. Ao fazer tais conexões, ele não está pensando na organização eclesiástica visível, e nos vinte e dois livros da "Cidade de Deus" ela foi raramente mencionada. Como seria natural, ela adquire maior importância somente em seus escritos sobre o antidonatismo, e retrocede regularmente a um plano secundário tão logo o verdadeiro significado religioso, a importância espiritual e a autêntica vida da Igreja tornam-se objeto de discussão.

A Igreja é o cristianismo, a comunidade mundial dos que acreditam em Cristo e está em cada uma das congregações, unidas em amor pela virtude do poder do Espírito Santo. Isso não quer dizer, com certeza, que Agostinho fosse indiferente à forma exterior de sua igreja; ao contrário, ela é um fato lógico para ele. Como os teólogos da igreja primitiva, Agostinho era um episcopal que acreditava na organização episcopal da igreja, que tinha suas origens em Cristo e nos apóstolos. Em princípio, todos os bispos são iguais, pois ensinam e administram suas próprias congregações, e cada cristão é obrigado a prestar-lhes obediência. Somente se "errarem" ou se opuserem às Sagradas Escrituras, "não devemos concordar, mesmo com os bispos cristãos" (*Unit. Eccl.* II, 28).

Esta declaração tem para ele um sentido lógico, e não havia ainda pensado nas implicações que poderia acarretar se fosse levada a sério; além disso, todas as questões canônicas lhe eram, como tais, totalmente desinteressantes. A Igreja vive através de Cristo, a Cabeça, e todos os cristãos são os seus membros. Os clérigos são criados e, em seu estrito senso, são sacerdotes chamados para ministrar a Palavra e os sacramentos aos fiéis, sem que seu caráter de ser humano possa ter qualquer efeito decisivo sobre esta ministração. A congregação como um todo representa o Corpo de Cristo, e isso é particularmente comprovado pela recepção simbólica em comum de seu corpo e de seu sangue. "Se vocês são o Seu corpo e os seus membros, sua natureza misteriosa estará sobre a mesa do Senhor; vocês receberão o seu próprio mistério". O Espírito Santo transforma toda a congregação em um único pão. Portanto, "então seja aquilo que você vê e receba aquilo que você é" (*Serm.* 272).

Certamente Agostinho está muito longe de glorificar a Igreja em seu direito de instituição espiritual. Ela somente vive se continuamente receber todas as coisas de sua Cabeça, através da qual está reconciliada e unida com Deus. O pecador está justificado quando acredita em Cristo, e recebe juntamente com a justificação o poder renovador do Espírito Santo em amor. Esse evento não pode ser isolado, ele somente acontece dentro da comunhão viva da igreja cristã. Portanto, a igreja não nos dá a salvação, somente Cristo através dela. "Não somos nada sem Ele, mas nEle somos como o próprio Cristo, e nós mesmos" (*Salm. Enarr.* XXX, 2, 3). A Cabeça "redime o seu corpo", e o corpo então compartilha de todas as bênçãos que a Cabeça conquistou. Cristo e seu povo não podem ser separados; somente unido ao seu corpo Ele é o "Cristo completo".

Esse trabalho sobre a "Cidade de Deus", supostamente destinado a destruir os últimos baluartes do paganismo correu, desde o início, paralelamente com uma nova controvérsia interna da igreja e cujas repercussões podem ser repetidamente identificadas no próprio livro, isto é, a chamada "controvérsia pelagiana". Essa disputa ocupou os pensamentos de Agostinho de forma mais acentuada que todas as anteriores, e dela nunca se libertou até a morte. Inicialmente ele havia se encarregado sozinho desta questão, mas durante o seu curso convocou companheiros de toda parte para ajudá-lo e logo os colocou em ação. A fim de vencer a batalha, e contrariamente aos seus costumes, tornou-se extremamente ativo no campo da política da igreja. Seus volumosos tratados foram publicados, anos após anos, trabalhos nos quais o ataque e a defesa atingiram níveis cada vez mais profundos do problema e que conjecturavam soluções cada vez mais difíceis e radicais – até que finalmente a morte fez calar sua pena nesse trabalho inacabado, a *opus imperfectum* contra Juliano.

A controvérsia com os pelagianos representou a verdadeira luta de Agostinho em defesa da doutrina da igreja. A questão agora estava relacionada com problemas teológicos verdadeiramente horripilantes e cujas novas respostas se tornaram realmente urgentes em razão dessa controvérsia. Não era uma questão relacionada com as diferentes opiniões sobre as antigas posições eclesiásticas, como na batalha contra os maniqueus ou os donatistas. Com seus ensinamentos sobre a onipotência e sobre a completa liberdade da graça divina, da qual a hereditária servidão da vontade humana representa sua contrapartida, Agostinho arrebanha todos seus esforços teológicos e o desenvolvimento de sua vida. Ele tem que admitir que, no início, achava-se incapaz de formular a verdade em seu pleno significado e consistência, e que seus escritos iniciais, através dos quais estava sendo confrontado pelos adversários, deixava muitas coisas obscuras que estavam a demandar algumas correções. Apesar disso, o tema básico da onipotência de Deus e da soberania de sua graça estava, desde o início, firmemente estabelecido.

Já em suas "*Confissões*", Agostinho havia fornecido inúmeros e indiscutíveis testemunhos disso e, nesse sentido, agora percebia que essa seria a sua única tarefa, isto é, estabelecer definitivamente a doutrina da igreja. Essa preocupação levou-o à afirmação da completa predestinação divina, em outras palavras, da previsibilidade de Deus que como tal deve ser ao mesmo tempo uma pré-determinação e uma pré-decisão. Disto depende todo o cristianismo. Somente a partir desse princípio torna-se incontestavelmente certo que somente Deus é, e sempre permanecerá, o objetivo bem como o único caminho de esperança para a humanidade, que sem Ele estaria perdida. Qualquer força ou tentativa para operar de forma independente seria necessariamente pervertida e dirigida contra Deus. Em conseqüência, nossa própria fé, que conduz à salvação, também deve ser corretamente entendida como o trabalho e a dádiva de Deus. "Porque dele, e por ele, e para ele são todas as coisas" (Rm 11.36). Ao adotar essa confissão paulina, a teologia filosófica de Agostinho converge para sua concepção das Sagradas Escrituras e para ele, fora dessa convicção não existe qualquer verdadeiro e autêntico cristianismo.

Agostinho desenvolveu seus ensinamentos também nos detalhes, e não só de acordo com as Sagradas Escrituras, mas também com a filosofia religiosa platônica. Embora essa atitude o tenha tornado teologicamente invencível, fez também com que, ao mesmo tempo, fosse levado para muito longe dos dados imediatos da Bíblia, e até mesmo além dos ensinos de Paulo, o que prendeu-o a posições difíceis de defender. Na verdade, seus oponentes o haviam levado para mais longe ainda; todavia, em seu próprio modo de pensar, achava que não havia se colocado à frente deles ainda o suficiente, e isso pode explicar muitas das fraquezas e do rigor da posição a que finalmente chegou. Agostinho não desejava ser um inovador, porém, não havia até então encontrado um precursor nas reivindicações pelas quais lutava.

Por ocasião do início da controvérsia pelagiana, dificilmente teria encontrado companheiros e sucessores se há muito não fosse o mestre espiritual da igreja africana, cujos bispos se mantiveram unanimemente ao seu lado. Entretanto, apesar de ter alcançado a vitória, Agostinho não podia a longo prazo prevalecer por meio dela sem fazer algumas concessões, e é nesse ponto que a sua herança tem sucessivamente causado dificuldades e provocado novas discussões. Isso não se deve apenas ao fato de que esse conflito realmente está relacionado com uma eterna oposição de fatores, pois a fé e a descrença, o orgulho e a humildade também podem estar sempre em desacordo no mundo cristão. E nem, da mesma forma, deve-se apenas a diferenças práticas e à complacência e à presteza na acomodação, freqüentemente criticadas na situação Estado-Igreja, a quem Agostinho desejava servir e realmente o fez.

Na verdade, trata-se principalmente de uma insolubilidade formal e lógica dos problemas, de uma solução sistemática que tentou forçar pelos métodos de seu tempo e da escola de seus pensamentos. Nesse sentido, estava almejando alguma coisa impossível de ser alcançada, e as vitórias que obteve permaneceram apenas dentro de seus resultados teológicos, como vitórias lógicas, e que nunca poderiam colocar um ponto final na guerra em que havia se engajado. Entretanto, o dogma antipelagiano estabelece uma fronteira teológica que foi definitivamente alcançada e segundo a qual, levando-se tudo em conta, a cristandade latina nunca poderia voltar ao nível do moralismo e racionalismo pré-agostinianos. Naquele momento havia sido firmemente estabelecido que no reino da religião tudo depende principalmente de Deus e não do homem e que a concepção da graça seria, daí em diante, a idéia central da teologia latina. O cristianismo ocidental veria-se, daí por diante, basicamente como a religião da graça. Enquanto Agostinho continuava a construir seus ensinamentos referentes à igreja sobre antigos alicerces - os sacramentos e o próprio Deus -, estava ao mesmo tempo criando alguma coisa nova e estabelecendo o marco de uma nova época na história da teologia e das idéias.

Pelágio era uma personalidade eminentemente moral e "santificada", e essa afirmação feita repetidamente por Agostinho desde o início da controvérsia, nunca foi negada mesmo mais tarde quando a imprecisão e as aparentes ambigüidades de seu oponente chegavam a exasperá-lo. Embora fosse inglês de nascimento e não um sacerdote, mas um ascético zeloso, Pelágio encontrou o seu campo de ação intelectual, tal como Rufino, em Roma. Foi lá que realizou a propaganda de seus ideais monásticos, conquistou discípulos e teve muito sucesso com suas pregações contra a lassidão e a imoralidade da sociedade cristã. Ao mesmo tempo, apresentou-se como um escritor teológico, mais independente e sistemático que Rufino, e que tentava pôr em prática uma combinação da antiga tradição ocidental com as idéias da teologia origenista grega. Na verdade, já nessa época podia-se perceber em Roma o início de um renascimento das concepções de Orígenes.

Sendo um homem bastante ortodoxo, além de argumentar contra os "arianos", Pelágio também fazia uma determinada oposição contra os maniqueus, pois seu fatalismo dualista o deixava furioso. O problema que se apresentava agora era como inculcar neles a força e o poder da vontade e de compreender a livre responsabilidade do homem pelos seus próprios atos. Por esse motivo, Pelágio começou a estudar os escritos de Agostinho contra os maniqueus e particularmente a sua grande obra intitulada "*Sobre o Livre-Arbítrio*", onde o autor havia feito sua primeira tentativa de combinar o desejo de liberdade do homem, inevitável nesse contexto, com a idéia da graça. Pelágio estava longe de considerar a graça de Deus como sendo de importância secundária ou mesmo desnecessária.

Como um perito expositor de Paulo, ainda reforçava a doutrina de que a redenção é alcançada unicamente pela fé e unicamente pela graça. Porém, considerava isso em relação à liberação do homem produzida pelo batismo e pelo perdão, quando a liberdade e a determinação do livre-arbítrio eram recuperadas "pela graça", em contraste aos "maus hábitos" da humanidade antes do cristianismo. Enquanto Agostinho prosseguia e via esse livre-arbítrio como atuante e determinado pela graça de Deus, Pelágio não foi além de enfatizar o significado da livre contribuição do homem como decisiva para sua salvação. Era muito perigosa a forma sistemática pela qual esse ativismo prático foi desenvolvido e procurado para combater a suposta perversidade de qualquer outra doutrina do pecado em nome da natureza humana liberta, originalmente criada dentro da bondade.

Suas críticas eram originalmente dirigidas, não contra Agostinho, mas contra o entendimento dos ensinos de Paulo encontrados no "*Ambrosiaster*", de um escritor desconhecido pelo nome verdadeiro e cujos escritos circulavam sob o pseudônimo de "Hilário". Conforme esse último afirmava, seria absurdo deduzir da passagem em Romanos 5.12, a doutrina da natureza pecadora original de todos os descendentes de Adão. A natureza, que foi criada por Deus como boa, deve permanecer imutável, e a premissa de uma transferência corpórea de culpa de geração a geração através da procriação seria, além de maniqueísta, contrária à justiça divina.

Pelágio também se manifestava contra a obra "*Confissões*" de Agostinho, que em Roma havia se tornado o livro da moda dentro da sociedade dos "religiosamente interessados". Quando confrontado com a objeção feita a ele pela oração de Agostinho: "Conceda o que ordenaste – e ordene o que desejaste" (*Conf.* X, 31, 45), ele energicamente se opôs a essa imobilidade. Sempre foi sua preocupação demonstrar a imobilidade que a natureza humana deveria e, de fato, poderia alcançar, e a referência a Deus que "cria a partir das pessoas que não desejam ser como aquelas que alcançam realizações" (*Op. Imperf.* III, 122), "por ajudar aquele a quem Ele ordena, para que ele também possa fazer o bem" (*Grat. et Lib. Arb.* 31), parecia de modo próprio uma desculpa complacente.

Em sua fuga dos visigodos em 410 e 411, Pelágio refugiou-se na África, onde tinha provavelmente a intenção de evitar um encontro com Agostinho. Receava ter que enfrentar um adversário superior e, como tantos outros moralistas, era de opinião que controvérsias dogmáticas eram totalmente improdutivas e simplesmente redundavam em discórdias. Da África viajou para Jerusalém, onde logo adquiriu boa reputação e bons amigos no Oriente, e onde ninguém se ofendia com os seus ensinamentos. Enquanto isso, na África, seu discípulo Celéstio, menos cuidadoso e também mais teologicamente superficial, havia por conta própria descrito as conseqüências dos ensinamentos de Pelágio sobre a liberdade. Mas quando, em 411, candidatou-se ao cargo de sacerdote em Cartago, foi solenemente rejeitado como herege e excomungado. Para muitas pessoas, a razão principal era que Celéstio não aceitava que o batismo infantil produzisse a "remissão dos pecados", e a África antidonatista estava naturalmente muito sensível à qualquer inovação introduzida nos ensinamentos sobre o batismo.

Para Agostinho, no entanto, essa condenação acarretou um significado mais amplo. Em sua opinião, qualquer um que afirmasse a "inocência" dos recém-nascidos, isto é, declarasse que o homem natural não redimido fosse são e totalmente livre para fazer tudo o que é bom, estaria negando o relacionamento básico no qual todos os homens se encontram "desde Adão", e considerando a salvação concedida aos homens por Cristo como supérflua. Isto estava em oposição à idéia da graça pela qual "os incrédulos tornam-se justos, e pela qual somos feitos absolutamente cristãos" (*Retr.* II, 52).

Agostinho resolveu enviar seu discípulo Orósio ao Oriente, levando uma carta de apresentação a Jerônimo, na qual pedia a condenação de Pelágio. Porém, seus esforços redundaram em um completo fracasso. Pelágio tentou enganá-los, afirmando particularmente que os ensinamentos em discussão não representavam "dogmas". Em razão de seu modo de pensar e de suas tradições, os gregos eram incapazes de perceber, nas questões a respeito da antropologia e da doutrina da graça que estavam sendo consideradas, nada mais que uma disputa obstinada a respeito de trivialidades e de lugares comuns. Pelágio foi perdoado. Porém essa decisão provocou uma enorme indignação na África. Através de ativa participação de Agostinho, um novo sínodo emitiu novos decretos que, inclusive, obrigavam Inocêncio I a condenar expressamente os novos heréticos. Quando seu sucessor, o grego Zosimo, tentou revogar essa decisão, os bispos negaram-lhe obediência, instigaram o governo imperial contra os pelagianos, e finalmente coagiram até o bispo de Roma a endossar a condenação e a torná-la amplamente divulgada no ano 418.

Somente quando a causa dos pelagianos estava totalmente perdida na política da igreja foi que surgiu em primeiro plano seu porta-voz mais importante, Juliano, bispo de Eclanum, na Apulia. Agostinho pensava que, sem ele, o palanque pelagiano teria permanecido eternamente sem um mestre construtor. Juliano foi o único oponente que Agostinho encontrou durante sua vida e que poderia praticamente igualar-se a ele. Às vezes tem-se a impressão de que Agostinho olhava para esse infatigável adversário com uma secreta e relutante simpatia.

"Um jovem arrogante", de boa família, e, como Agostinho, um dialético e estilista brilhante, porém, mais elegante. Descuidado e temerário em suas polêmicas, Juliano havia permanecido fundamentalmente como um homem do mundo, cheio de contentamento próprio e com o tipo de cristianismo que havia construído, isto é, racional e positivo. Como um manifesto inimigo da graça divina, Pelágio quase não era entendido por Agostinho e, de qualquer forma, havia sido retratado apenas unilateralmente. Entretanto, o retrato de Juliano era claro e totalmente inconfundível. Nele podia-se observar que era mais que um simples opositor teológico de Agostinho e que sua declinante natureza religiosa tentava, pela derradeira vez, defender uma causa para a qual não existiria lugar na igreja medieval pós-agostiniana.

Como teólogo, Juliano era um porta-voz das convicções dos ensinamentos clássicos, era um filósofo popular nas vestes de um cristão, o último defensor daquela estóica "dignidade do homem" que acreditava em Deus, mas que fundamentalmente não precisava de sua ajuda e que simplesmente se apoiava sobre a própria natureza humana, embora essa "natureza" fosse chamada "criação". As dificuldades encontradas por Agostinho ao examiná-lo nunca realmente preocuparam a Juliano, pois ele próprio as desconhecia. Dessa forma, toda a exposição teológica sobre os termos da graça, do pecado original e da suposta perversão do ser humano parecia-lhe perversa ou pelo menos totalmente supérflua. Tais argumentos são automaticamente repelidos por serem extremamente absurdos. Por que os descendentes de Adão teriam que sofrer por toda a eternidade pela culpa não tão trágica de Adão? E, de qualquer forma, como pode o pecado "ser hereditário" através da procriação? E que espécie de justificação existe para o castigo futuro do pecador com inevitável inclinação ao pecado? E, em que sentido seria justo castigar o pecador se a liberdade para fazer o bem já foi totalmente perdida?

Como todo pensador "iluminado" era fácil para Juliano proceder "logicamente" e expor as óbvias discrepâncias e contradições de seu adversário. E foi isso que fez, com entusiasmo e satisfação moral! A consistência de seu sistema tinha apenas um defeito, não correspondia à realidade. Na opinião de Juliano, porém, esse era exatamente o assunto em questão, isto é, se Agostinho havia realmente chegado à realidade do homem, ou se todos os seus ensinamentos sobre o pecado e a graça estavam apenas baseados em um grande "complexo". A partir de suas próprias pressuposições, simplesmente não conseguia entender como a concepção de Agostinho sobre a totalidade da vida podia reconhecer o estado de abandono dos pecadores no famoso incidente do roubo das pêras, uma "inocente" travessura infantil relatada na obra *"Confissões"*, ou mesmo no choro desamparado de uma criança.

Em um ponto essencial, Juliano conseguia separar-se até de seus amigos. Pelágio havia naturalmente visto algo pecaminoso e perigoso no sexo e no desejo sexual. Afinal de contas, ele era um monge! E como isso pode ser aceito se, por outro lado, a "natureza" do homem foi declarada como imutavelmente boa? A cobiça sexual, *concupiscência*, não pertence à natureza humana: porém, sem ela as gerações e a perpetuação da humanidade não poderiam ser concebidas. Juliano foi casado e se recusava a envolver a esfera sexual com o tabu do parcialmente proibido, do tentador e do blasfemo. O impulso sexual, como tal, não é um mal; é claro que precisa ser controlado e racionalmente dirigido, porém, é natural em si e, portanto, também é bom. E aquele que ensinasse o contrário deveria ser, em princípio, um maniqueu que nega a excelência da criação, destina o corpo ao demônio e, desse modo, é evidente que não pode naturalmente levar a sério a "liberdade" do homem. E nisso não existe um meio termo, ou se é um cristão, no sentido que Juliano lhe dá, ou um maniqueu herético.

Esta acusação, tão avançada e nova, era muito embaraçosa para Agostinho, pois não havia sido simplesmente inventada. Havia realmente uma conexão espiritual óbvia entre a teologia de Agostinho sobre a graça e seu antigo maniqueísmo. Os argumentos que Juliano apresentava contra ele eram os mesmos que haviam sido usados anteriormente pelo próprio Agostinho contra os maniqueus. Daí, portanto, a extraordinária dificuldade de sua posição, que constantemente o levava a novas e sutis distinções, considerando ainda que não tinha a intenção de desistir da concepção da criação e da liberdade. A liberdade era para Agostinho um elemento inextirpável da "natureza" humana. Entretanto, por causa da queda do homem, o estado da natureza humana havia se modificado de tal forma que agora, a despeito de sua "liberdade", não tinha mais condições de se libertar de sua servidão ao pecado. Em relação à sua terminologia, Agostinho entendia que havia, de alguma forma, atingido um impasse com essa sua concepção de liberdade comprometida. O problema era definir a graça de tal forma que a sua liberdade não fosse abandonada, e por outro lado, o livre-arbítrio fosse definido de tal modo que o efeito completamente embaraçoso da graça não fosse reduzido e nem limitado.

Visto como um todo, seu ensinamento sobre a *concupiscência* não lhe trouxe muito trabalho, a despeito de algumas dificuldades encontradas em seu detalhamento. Nesse assunto, permanecia sendo o ascético que sempre fora, e não havia dúvidas de que aquela concupiscência sexual tinha alguma coisa a ver com o pecado. Falava aqui por experiência própria, e tinha apenas que repetir as lembranças da história de sua própria conversão. O involuntário e incontrolável impulso sexual, ao lado do correspondente sentimento de vergonha, era suficiente para provar que, desde a queda do homem, a sua estrutura e a sua ordem psicológica passaram a sofrer um distúrbio. Agostinho desenvolveu a idéia grotesca de que, se não tivesse cometido o pecado, Adão teria tido a faculdade de procriar filhos no paraíso sem sentir qualquer desejo incontrolável, pelo movimentar de seu órgão em liberdade completa e sob controle, como acontece com os braços e as pernas.

Isso não quer dizer que a verdadeira predominância do impulso sexual tenha que receber uma explicação maniqueísta, isto é, admitindo uma essência pecaminosa. Para Agostinho, o pecado como tal representa uma força negativa, mesmo que esta se expresse como um poder manifesto da perversão e uma confusão da natureza e do arbítrio. Por outro lado, ainda permanece bastante difícil para ele explicar como poderia ser concebida a transmissão do pecado original a todos os filhos de Adão. Com certeza, todos eles já estavam "dentro" de Adão quando este comeu do fruto proibido e, portanto, igualmente participaram de seu pecado. Entretanto, a verdadeira residência do pecado é o espírito humano pelo qual Adão, com sua desobediência e orgulho, quis anular o comando de Deus. Agostinho não se aventurou a manter a geração da alma análoga à geração física, o que Juliano teria considerado como uma nova heresia. E foi justamente porque seus ensinamentos sobre o pecado original não se exauriram na conotação sexual que ficou tão difícil para Agostinho definir sua natureza. Sem dúvida, o pecado existia desde o início, pois está ligado ao homem, em sua opinião, "por contágio e não por decisão" (*Op. Imperf.* IV, 98). No entanto, ele não se origina apenas da natureza sexual, mas reside precisamente em seu ego espiritual, que o determina por inteiro.

O fato decisivo a ser reconhecido, e de grande importância para Agostinho, é que estamos desamparados quando entregues inteiramente a nós mesmos e que a graça de Deus faz todo o possível para nos salvar. Isso não quer dizer que o homem não tenha nenhum livre-arbítrio, mas somente que esse arbítrio está sempre propenso ao pecado e nunca terá a possibilidade de mudar essa propensão. Portanto, a graça de Deus não pode ser movimentada pela nossa vontade e sim exatamente o contrário: "A vontade humana não alcança a graça através da liberdade, mas sim a liberdade através da graça" (*Corr. et Grat.* 8, 17). Quando o arbítrio do homem, redimido por Cristo, encontra seu caminho de volta à fé, à esperança e ao amor, então torna-se verdadeiramente livre. Aqui emerge uma nova e mais profunda concepção de liberdade. Para Agostinho, a liberdade não é mais definida como uma capacidade de escolha voluntária, porém a condição de determinação para o bem e por Deus. Porque somente Ele pode ser bom e livre em seu sentido absoluto; pois Ele mesmo é livre. "A nossa liberdade consiste em estarmos sujeitos à verdade" (*Lib. Arb.* II, 13, 37); "ser um escravo" da justiça "é em si a verdadeira liberdade" (*Enchir.* 30). "Assim, somente somos verdadeiramente livres quando Deus nos toma em suas mãos modeladoras, isto é, quando Ele nos forma e nos cria – não como homens, pois isso Ele já fez, mas com o propósito de que possamos nos tornar homens bons e isso é o que a Sua graça faz" (*Enchir.* 31). Como conseqüência, existe algo como uma liberdade "produzida".

A perfeita liberdade e humanidade do homem são exatamente o que é produzido por Deus e permanecem livres para o homem que afirma, coopera e as adota em sua própria vontade. "Portanto queremos; mas é Deus quem trabalha em nós para que possamos querer. Assim agimos, mas Deus também trabalha a ação em nós" (*Don. Pers.* 13, 33). O problema de coordenar a graça e a liberdade

– um problema novo e nunca entendido por Juliano, e igualmente nunca considerado por toda a teologia grega – foi resolvido de tal forma por Agostinho que ele não mais ajusta a liberdade e a graça uma à outra, mas consegue vê-las como uma unidade, onde a graça é sempre o elemento dominante, e o arbítrio humano sempre o elemento subordinado, e ambos são controlados por Deus. Isso absolutamente não exclui, pelo contrário, inclui a noção de que quando o arbítrio é liberto realmente pratica boas ações e, portanto, pode receber "méritos". Mas não precisa agradecer por esses méritos. Eles vêm da graça de Deus que vive no homem, totalmente isenta de orgulho e "vanglória em suas obras"; deste modo torna o homem inteiramente humilde. "Quando Deus coroa os nossos méritos", Agostinho explica repetidamente, "Ele coroa somente as suas próprias dádivas" (*Conf.* IX, 34), pois somente a graça cria o mérito e, antes da graça, não existia qualquer mérito humano: "E que tens tu que não tenhas recebido? " (1 Co 4.7).

Mas se é assim, como se explica que essa liberdade dos redimidos não é concedida a todos, que muitos se perdem e mesmo aqueles cristãos que realmente acreditaram e viveram no amor de Cristo podem na seqüência cair e perecer? Existe uma única explicação para isso; é apenas um assunto exclusivo de Deus, que certamente em nenhuma circunstância deseja o que é mau, mas que pode, segundo sua própria vontade, conceder, recusar ou retrair a graça divina sem a qual nenhum homem é capaz de fazer aquilo que é bom. Essa é a derradeira prova de que Sua graça é somente graça e que a salvação "não depende do que quer, nem do que corre, mas de Deus, que se compadece" (Rm 9.16). "Pois, assim como o olho do corpo, mesmo quando perfeitamente sadio, é incapaz de ver sem a ajuda do brilho da luz, assim também o homem, mesmo quando plenamente justificado, é incapaz de levar uma vida santa, se não estiver divinamente assistido pela eterna luz da justiça" (*Nat. et. Grat.* 26, 29; *Oates* 1, 540). De acordo com o uso feito por Agostinho, a predestinação é o derradeiro testemunho da glória de Deus e da incondicional soberania de Sua graça. E por que Deus condenou aqueles que não foram eleitos? "Por que, exceto por que Ele quis? E quanto à razão por que Ele o quis, "Quem é você, ó homem, que questiona a Deus? (*Ep.* 186, 23; *FC*, 12, 207). Devemos humildemente nos acalmar e nos contentar com a resposta já dada por Paulo (Rm 9.20) – e, ao mesmo tempo, devemos saber que Deus permanece bom e justo em todas as coisas, mesmo quando não o compreendemos.

No entanto, Agostinho não podia concordar inteiramente com esse *ignoramus* que confessa e, especialmente para defender-se, muitas vezes tentou ultrapassá-lo, e de alguma forma tornar visível ou demonstrar como razoável a impossibilidade de compreender a ordem de Deus. A questão sobre a justiça de Deus e da culpa do homem seria encontrar uma resposta, pelo menos dentro deste contexto, que pudesse fazer com que não a predestinação do eleito – para isso existe a graça e nada mais – mas a rejeição do réprobo pudesse ser ainda considerada como "merecida". Para esse propósito, Agostinho mais uma vez se refere a Adão "em quem" todos pecaram antecipadamente, porque estava realmente "livre" para fazer o bem ou o mal; e somente "uma perversão digna de castigo veio a seguir e, a partir da liberdade original, produziu a necessidade do mal" (*Perf. Iust.* 4,9; *LPNF*, 5,161). E por ter voluntariamente decidido pela desobediência e revolta, ele e sua posteridade foram, portanto, justamente amaldiçoados por Deus. Na verdade, Deus é inexplicável em sua misericórdia, porém nunca injusto em sua condenação.

É claro que para os conceitos modernos, seria bastante insatisfatório ver como Agostinho tentou resolver as dificuldades de sua interpretação teológica sobre a existência lançando a culpa sobre Adão. A fantasia vã da "liberdade de escolha", que em relação ao homem presente ele havia corretamente negado a Juliano, agora aparece novamente para o homem em seu estado original. A fim de eliminar quaisquer objeções morais ou lógicas, o mito que interpreta simbolicamente a Adão foi racionalizado de uma forma que poderá acarretar ofensas ainda maiores. Se desejarmos acompanhar o curso do pensamento de Agostinho, parece que seria mais consistente deixar que o pecado de Adão tivesse sido também determinado através de uma decisão de Deus, e dessa forma – como diz a formulação teológica – ensinar a predestinação "supralapsária", ou seja, aquela que pode ter ocorrido antes do pecado. Mas será que uma conseqüência tão terrível ainda poderia ser tolerada por uma mente religiosa? Como podemos ver, de qualquer modo Agostinho não podia ou não iria concordar com isso.

Não se pode negar que, segundo a concepção de Agostinho, a predestinação executa um papel essencialmente diferente daquele encontrado nos textos da Bíblia aos quais se refere. Podemos estar certos de que para ele a predestinação também atende à gloria de Deus, como vimos anteriormente; porém, o caráter cheio de consolação e de exaltação encontrado em Paulo, está aqui sensivelmente diminuído. Somente com Agostinho a idéia da predestinação adquire a ameaçadora inevitabilidade que a transformou no "horror do pensamento da cristandade no decurso dos séculos" (Heinrich Barth).

Como isso pode ter acontecido? A resposta nos conduz à fraqueza fundamental da teologia de Agostinho, uma fraqueza que atinge seu ponto culminante na doutrina da graça. Assim como nos primórdios do cristianismo, a salvação do homem depende apenas da escolha de Deus, e encontra sua necessária correspondência na impenitência e condenação dos infiéis. Porém, de acordo com essa associação, tal condenação nunca se realizava dentro de uma incompreensão abstrata, mas sempre através de Jesus Cristo como encarnação da palavra de Deus. E no encontro com Cristo, não existe lugar para as dúvidas humanas, pois foi aberta uma via segura pela qual a fé pode e deve caminhar. "Porque o fim da lei é Cristo, para justiça de todo aquele que crê" (Rm 10.4) – ele terá o direito de considerar-se como um dos eleitos, e, a partir desse ponto de vista, as especulações da teologia perdem sua relevância e justificação. Agostinho, com certeza, também quer manter a posição central do Salvador e para isso oferece, com grande entusiasmo, o seu testemunho: "Este caminho nunca faltou à raça humana ... nunca ninguém foi liberto, nem está sendo liberto, nem jamais poderá ser liberto, exceto por meio deste caminho" (*Civ. D.* x, 32, 2; *FC*, 7, 184).

Para Agostinho, este Cristo e Sua graça não se encontram unidos exclusivamente na palavra apregoada. Cristo, como representante da verdade eterna de Deus, atinge um significado muito mais generalizado e quase atemporal, e seus atos se tornam ilimitados. Portanto, em grande parte, a teologia da graça acompanha sua própria lógica filosófica e teológica e se torna um independente princípio do pensamento, que não pode mais ser claramente aplicado ao espectro do particular e do individual. Na teologia de Agostinho, a questão da segurança pessoal de salvação permanece explicitamente sem resposta.

A partir deste ponto de vista não há duvida que seria teoricamente possível desligar a idéia da predestinação da comunidade concreta do meio de salvação, isto é, da igreja. Se a graça de Deus acompanha a incompreensibilidade de suas próprias leis, então a Igreja não pode ser constituída unicamente por eleitos. Nestas circunstâncias, quem poderia saber de antemão se realmente pertence a esse seleto grupo? Agostinho observou entristecido o efeito de seu ensinamento sobre a graça: ameaçava induzir os homens à uma falsa segurança e essa não era exatamente a sua intenção. Da mesma forma como sinceramente nutria este pensamento, a fim de suprimir qualquer orgulho espiritual, Agostinho nunca o aplicou contra o conceito da igreja como tal, ou contra a certeza da própria salvação eclesiástica. Ele desejava que a sua comunhão e os seus meios de alcançar a graça fossem seriamente considerados e recebidos com a mais confiante alegria. Não seria "agostiniano" chegar a uma oposta conclusão através de linhas céticas ou idealistas.

O único objetivo de seus ensinamentos sobre a graça era repreender o orgulho do homem que se torna prisioneiro de si mesmo e que se engana a si próprio. Qualquer piedade desenvolvida pelo pecador em beneficio próprio e, portanto, sem ter sido recebida em humildade da parte de Deus, torna-se pagã e demoníaca a seus olhos, embora ostente uma aparência cristã. Pois está rejeitando a Cristo e o Espírito Santo, precisamente no ponto onde mais se necessita deles: no mais íntimo de cada um, na vitória contra o egoísmo e na desilusão de seu próprio ser infiel. O ser redimido e, portanto, verdadeiramente humano, encontra sua essência e sua "liberdade" não mais em si mesmo, mas como se estas estivessem fora de sua pessoa. A fonte de sua vida reside em Deus, e a sua própria consciência e autoconfiança são substituídas pela confiança em Deus que desperta a fé, a esperança e o amor.

A "idéia do homem" que existia na antigüidade foi assim cortada pela raiz, da mesma forma que a religião mudou seu significado e sua concepção. Ela deixou de significar a perfeição do homem que celebra uma relação com os mais elevados poderes com o único propósito de assegurar ou de aperfeiçoar sua existência; ao contrário, significa que Deus, o Senhor de toda a realidade, também se tornou, com um novo sentido e de modo completo, o Senhor do homem. Deus está realmente presente para o homem somente quando também permeia o mais íntimo desse homem, isto é, o seu arbítrio, e quando se torna tudo para o homem em seu humilde amor.

Quanto mais Agostinho envelhecia, mais completa e ardentemente devotava sua vida à igreja e à congregação. Essa era a casa do auxílio fraterno e do amor revelado de Cristo. Ali o Espírito Santo operava, e a verdade de Deus era pregada e praticada em benefício de todo o mundo. Ali sentia-se como nos átrios da corte de seu Deus. Agostinho tinha a preocupação de que a santidade e o poder milagroso do cristianismo não permanecessem como um pensamento abstrato, mas se tornassem visíveis, atraentes e convincentes em sua aparência. Estava satisfeito com a circunstância de que agora, quando os martírios já eram um acontecimento do passado, a vida monástica estava produzindo novos santos. O emergente culto aos santos e às relíquias estava sendo ardentemente defendido e promovido por ele. Seus ensinamentos sobre a graça ofereciam suficientes justificativas teológicas para isto. Pensava que se é Deus quem concede toda a graça e todos os milagres aos seus fiéis, então toda a veneração oferecida a eles é conduzida de volta a Ele e não diminuem, ao contrário, aumentam a sua honra.

Mais característico ainda é o interesse de Agostinho por milagres concretos que aconteciam particularmente nos túmulos dos mártires. Através deles podia-se ver que as provas do Espírito e a autoridade, que haviam um dia caracterizado o primitivo cristianismo, não haviam sido retirados da igreja de seus dias e que o Espírito Santo ainda estava presente nessas obras. Nada havia restado da reserva indiferente com a qual antigamente o jovem filósofo cristão observava esses acontecimentos. Nessa época, Agostinho tinha a opinião de que os milagres haviam se tornado supérfluos, uma vez que "a igreja já havia sido estabelecida e difundida através do mundo". Deus os havia interrompido "com receio de que a mente procurasse ver apenas coisas visíveis e a raça humana ficasse indiferente por ter-se acostumado a coisas que quando eram novidade iluminavam sua fé" (*Vera Rel.* 25, 47; *LCC*, 6, 248).

Naquele momento ele estava em condições de relatar uma abundância de milagres supostamente acontecidos durante o período de sua vida e em sua própria cidade, especialmente na capela que continha as relíquias de Estevão. Cuidadosamente fazia uma relação autêntica de todos os milagres, que aproveitava para ler durante os serviços religiosos; e não conseguia compreender como o relato desses acontecimentos jamais dantes ouvidos podiam ser recebidos pela congregação de modo tão desprovido de entusiasmo, e ser tão rapidamente esquecidos. Agostinho tinha uma surpreendente ingenuidade e credulidade quase sentimental. Esse grande pensador especulativo mostrava apenas o vestígio de uma crítica relacionada a todas as questões históricas, e a esse respeito o seu grande amor pelos milagres não oferecia qualquer obstáculo, da forma como a Idade Média o fez.

Se lermos a biografia de Agostinho feita por Possídio, ele último aparece como modelo de pastor e de bispo piedoso, de homem que preparou o caminho para o movimento monástico na África, e que lutou, em todos os lados, como defensor fiel da verdade cristã contra os heréticos. No entanto, não se encontra, em todo o livro, sequer uma única menção de qualquer questão teológica como tal. É interessante saber que Agostinho podia ser visto e descrito dessa forma pelos que lhe estavam mais próximos; porém a descrição de sua pessoa oferece muito pouco – não só na nossa opinião, mas também na opinião do próprio Agostinho, que sabia muito bem o que realmente era. Não desejava ser considerado apenas um fiel curador da tradição ortodoxa, porém sentia-se cada vez mais um completo doutor da igreja que mostrava o caminho que devia ser seguido. Esta era a maior responsabilidade que tinha que carregar e enfrentar.

O extraordinário monumento desse seu propósito está na obra *Retractationes.* Nesta obra ele revisa seus escritos anteriores, o que há muito desejava fazer, e que começou a ditar três anos antes de sua morte. Porém, terminou apenas a revisão dos "livros" e não das cartas e dos sermões. Agostinho tinha consciência de que as suas obras recebiam atenção e eram lidas no mundo inteiro. No entanto, muito do que podia ser compilado através deles, embora não fosse propriamente falso, ainda estava um pouco distorcido e necessitando de correções. Mesmo em sua velhice, não se considerava infalível e sabia que "escreveu aumentando em conhecimento, que melhorou pelo escrever" (*Ep.* 143,2). Cuidava em proclamar publicamente que "nem eu mesmo pratiquei todas as coisas que escrevi" (*Don. Persev.* 21, 55) e, desde que não podia retirar todos os livros de circulação, nada lhe restava a não ser publicar suas "correções" sob a forma de um novo livro. De acordo com esse pensamento, o que havia escrito podia ser "lido com benefício e algumas coisas deveriam ser perdoadas, ou se as pessoas não as perdoassem, deveriam pelo menos evitar concordar obstinadamente com o que há de errado nelas" (*Retr. Prol.* 3).

Esses atos de autocrítica e – raramente em seu todo – de autodefesa, naturalmente representam uma interessante fonte para o estudo do "progresso" dos princípios e das convicções de Agostinho. Algumas correções dizem respeito apenas a pequenas e superficiais omissões, particularmente nas citações, que poderiam ser retificadas sem muito trabalho. As retratações se tornam mais profundas em relação a um certo número de afirmações, especialmente nos livros de sua juventude, onde Agostinho dá uma completa abrangência à sua retórica e emprega floreios bombásticos e pagãos que seria melhor ter evitado. Seu julgamento havia se tornado mais severo sobre mitologia pagã, literatura e educação, e agora Agostinho se esforçava por alcançar um puritanismo religioso que antes lhe havia sido alheio.

Ainda mais instrutiva é sua autocrítica sobre as verdadeiras questões dogmáticas presentes, principalmente em seus ensinamentos sobre a criação e a escatologia. O desprezo neoplatônico por tudo que é material, terreno e visível está em visível contradição, como Agostinho agora percebe claramente, com o pensamento histórico e concreto da Bíblia. Essa última deve ser mais rigorosa e literariamente considerada em seus pronunciamentos. Neste breve e moderado livro pode-se perceber a ausência de qualquer vaidade literária, tornando-se evidente que Agostinho não deu ênfase à sua própria pessoa. Agostinho não está preocupado com a sua fama após a morte; porém com a verdade da igreja, isto é, com a precisão dos ensinamentos defendidos e com sua proteção contra possíveis erros e mal-entendidos. E tudo realmente dependia disso. Quem não consegue perceber esse objetivo empenho dogmático do velho Agostinho não irá compreender a direção tomada pelo seu desenvolvimento.

O antigo diretor de ensino havia se tornado o doutor da igreja, preocupado com a organização de sua propriedade intelectual, com sua correta percepção e com o uso preciso do conhecimento que, entretanto, por si só não fazem de um homem um "sábio". Estava disposto a fazer a distinção entre o essencial e o não essencial. Quem ouvir a Cristo, o único e verdadeiro professor, e adicionar algo "dEle" à sua vida, evitará as tolices e a conversa supérflua contra as quais a Bíblia previne. Mesmo quando às vezes as coisas se tornam muito longas e extremamente circunstanciais, a apresentação do que é indispensável não deve ser considerada como uma simples conversa tola – "de modo algum!" (*Retr.* Prol. 2).

Já em Cassago, Agostinho havia projetado o plano de um trabalho enciclopédico que estaria relacionado com as sete tradicionais ramificações do "aprendizado", *as artes liberales*, da época medieval, acompanhando o estilo de Varro, porém dentro do espírito do cristianismo. Nessa ocasião, ele não foi além da descrição da gramática e do ritmo e se queixava de que o fato de ter aceitado o cargo eclesiástico tornava impossível qualquer outra realização. Mais tarde, entretanto, reassumiu esse trabalho de forma ainda mais detalhada e quando deu início às "*Retractationes*", seus novos ensinamentos cristãos sobre a educação foram completados e vieram a compor os quatro livros sobre a *Aprendizagem Cristã*, intitulados *"De Doctrina Christiana"*.

A igreja não havia, até então, possuído um trabalho dessa envergadura. Seu significado básico vai além do minucioso conteúdo que, embora esteja parcialmente sob a forma de um esboço inacabado, ainda assim é extremamente importante. O problema da educação e das escolas seculares havia ocupado a igreja ininterruptamente desde o fim do século II, e não podia ser evitado à medida que os cristãos exigiam uma educação superior. Entretanto, as escolas e toda a tradição escolar daquele ambiente eram pagãs e não podiam ser divorciadas da mitologia e da filosofia pagãs. De início, a cristianização externa do império ainda não havia feito nenhuma mudança nesse setor. Isso pode ser constatado nos conflitos em que Jerônimo havia se envolvido, assim como em seus esforços amadores de transformar Jerusalém em uma Atenas cristã, e o rei Davi em um Horácio ou Píndaro cristão.

Mas com Agostinho a situação havia mudado. Mais do que qualquer um de seus predecessores, sentia-se totalmente à vontade dentro da educação e culturas clássicas e não tinha necessidade de "suprimi-las" à força porque em seu interior já as havia superado. Portanto, aventurou-se a realizar um novo projeto educacional, totalmente determinado à luz de seu objetivo, que era o de escolher aquele que lhe parecesse mais útil entre todo o conhecimento até então existente, e de se satisfazer por ignorar o que não tivesse mais qualquer proveito. Como deveria existir apenas uma sabedoria e uma filosofia, essa seria a filosofia de Cristo que havia vencido e tomado o lugar de todas as filosofias pagãs, portanto, de agora em diante, havia apenas uma forma de aprender, o único "aprendizado cristão" para servir à sabedoria cristã. Esse "aprendizado" é o conhecimento da Bíblia e, acima de tudo, a arte de interpretar corretamente tudo o que ela diz, além da precisa proclamação da fé.

O trabalho de Agostinho foi primeiramente publicado como uma espécie de manual "para aquelas pessoas que se interessam pelas Sagradas Escrituras"; portanto, principalmente para os jovens clérigos e pregadores da igreja. Esse manual lhes mostra o conhecimento que devem obter a fim de estar à altura de sua tarefa espiritual. Ele indica ainda, minuciosamente e através das maneiras tradicionais, qual conhecimento da gramática, da retórica, e outros que lhes seriam necessários, inclusive o conhecimento da música que ainda permanece necessário se, em lugar dos autores clássicos, alguém desejar entender e proclamar somente as Escrituras.

A partir daí Agostinho desenvolve os princípios da interpretação (hermenêutica) e da pregação (homilética). Porém o nível de conhecimento que exige dos teólogos e demais homens da igreja não é uma simples erudição profissional. Em sua opinião, tudo depende do aprendizado cristão como tal, e fora dele não existe nada de essencial, como último recurso. Pois a Bíblia é o livro da verdade; ela é completa e suficiente para todos.

O novo elemento que adquire essa posição é a consistência metodológica através da qual a percepção da verdade bíblica torna-se simplesmente o centro e base do conhecimento e da vida espiritual. Nisso Agostinho representa o primeiro pensador "medieval", o que sob outros aspectos certamente nunca foi. Por outro lado, seu conhecimento incondicional da Bíblia e de seu significado para toda a vida da fé não foi em si extremamente original, e nisto ele está completamente de acordo com toda a igreja primitiva. A Bíblia é o livro de Deus, inspirado e ditado pelo seu Espírito, e, portanto, merece confiança ilimitada. Embora os bispos possam errar, não se deve "de maneira alguma duvidar ou contestar se alguma coisa é verdadeira ou falsa, desde que seja estabelecido e escrito na Bíblia" (*Bapt.*, 2; 3, 4).

A princípio esse julgamento é válido, mesmo em relação aos dados e às declarações suplementares contidos na Bíblia e que não estão limitados a asserções "significativas para a salvação". Entretanto, isso caracteristicamente não evita que Agostinho – como tantos outros que acreditam na Bíblia – as empregue na prática, caso seja necessário, e com uma certa liberdade. Completamente isento de qualquer preconceito, ele toma conhecimento dos erros dos tradutores e das falhas dos copistas e, em certos casos, até de posteriores adulterações. Enfatiza que Deus, ou os Seus profetas e apóstolos, tinham naturalmente que se adaptar ao entendimento de seus ouvintes e, no caso das passagens duvidosas, ele se referia àquelas mais claras, ou às Escrituras como um todo, que na verdade sempre servem ao verdadeiro amor a Deus e ao próximo, como é ensinado pela igreja.

As alegorias também desempenham naturalmente o seu papel, abrindo a possibilidade de levar a um significado mais elevado e múltiplo das Escrituras e, dessa forma, atingir um resultado mais aceitável em cada um dos casos. Agostinho cuidava também dos detalhes filológicos, arqueológicos e cronológicos – pois, precisamente para esse propósito, o exegeta necessita das diferentes "ciências". Mas Agostinho não foi um filólogo como Jerônimo e até mesmo desaprovava seus trabalhos sobre o texto original em hebraico. Ao contrário, procurava algo que fosse teologicamente essencial e decisivo e ao fazê-lo muitas vezes se deparava também com o conteúdo correto. "Ouçamos portanto o evangelho, exatamente como se estivéssemos ouvindo ao próprio Senhor, se estivesse fisicamente presente ... Pois a preciosa verdade que foi dita pela boca do Senhor foi escrita por amor a nós, e será continuamente repetida pelo bem de nossa posteridade, mesmo até o fim do mundo. O Senhor está no alto; porém o Senhor que é a verdade também está aqui" (*João, tr.* XXX, 1; *LPNF*, 7, 186). Dessa forma, o horizonte das Escrituras tornou-se mais amplo de dentro para fora, e é para aquele que pode ouvir a verdade e que deixa a indolente curiosidade de lado. A Bíblia é verdadeiramente o Livro dos livros, contém tudo e oferece respostas a todas as questões que são realmente importantes para nós.

A questão da educação foi centrada em torno disso, e a amplitude do conhecimento mais significativo foi adequadamente reduzida. Isso foi feito com total consciência do que essa redução poderia significar. Pode-se dizer que quanto a isso Agostinho também atendeu às necessidades de sua época. A antigüidade tardia foi o período dos manuais normativos e da educação padronizada: essas gerações não mais carregavam intelectualmente a supérflua riqueza de uma cultura que havia envelhecido. Finalmente, em um único livro, toda a sua sabedoria e conhecimento haviam sido colocados à disposição do homem e, a partir desse livro, podia-se compreender novamente porque um certo nível de educação tradicional ainda era necessário.

O cristianismo havia intensificado a impressão da esterilidade e do vazio "escolástico" existentes nas antigas instruções teóricas gramaticais, e Agostinho agora justificava e limitava uma simultânea retirada ascética. "Uma coisa é necessária" e pouco será necessário para fazer séria justiça a isto. As "artes e as ciências" não estão mais lá por sua própria razão; somente terão o direito de existir como disciplinas suplementares à Bíblia. Um "conhecimento pelo bem do conhecimento", que não tem consciência e não conjetura nada além do supremo objetivo do homem, não pode servir à verdade, porém ministra apenas à ambição e à vaidade dos eruditos. "A ciência incha, mas o amor edifica" (1 Co 8.1).

Não é por acaso que esta atitude de Agostinho nos faz lembrar o pensamento de um Platão já idoso; porém seu conceito sobre o amor leva-o ainda mais à frente desse último e retira aquele tom mal humorado de seus ensinamentos. Devemos lembrar, outrossim, das novas pregações da igreja, tão relevantes à vida e para as quais não existem contrapartidas no reino da educação secular, a fim de podermos entender que de forma alguma o ideal de educação agostiniano permaneceu sem frutos, pois continuou sua existência e moldou a vida. Com certeza, este não deixa de ser um ideal ascético, que carrega todos os riscos que um método tão rigidamente limitado pode envolver intelectualmente e em todas as ocasiões.

Agostinho, porém, não percebeu estes perigos. Em sua juventude, ele havia transposto com total liberdade todo o espectro da experiência intelectual para, somente ao final, encontrar "toda a profundidade das riquezas tanto da sabedoria como do conhecimento" em Cristo e em sua palavra. A partir deste ponto, começou com determinação. Desejava preservar apenas o que fosse essencial e evitar todos os desvios da atividade intelectual que poderiam transformá-la em um jogo. Todos os desvios são caminhos errados e o resultado de uma vida abundante é alcançado sem muita dificuldade quando tiver sido totalmente baseada em preceitos sólidos. Agostinho não queria saber se isso seria possível. Para ele a linha reta entre dois pontos é inquestionavelmente o "caminho mais curto", e fundamentava seus ensinamentos somente com base na teologia, mas essa base uma e outra vez revela o verdadeiro Agostinho.

O amor do homem não deve permanecer fixo nisso ou naquilo. Ele tem seu objetivo principal nas coisas eternas e imutáveis, isto é, no último refúgio de

Deus e apenas secundariamente naquilo que pode ser amado, através do amor a Deus. Por meio do mandamento: "Amarás o Senhor, teu Deus, de todo o teu coração, e de toda a tua alma, e de todo o teu pensamento" (Mt 22.37), Deus tomou toda nossa vida e "não deixou nenhuma parte dela que pudesse estar vazia, e que assim desse lugar ao desejo de gozar qualquer outra coisa. Qualquer outra coisa que tentar buscar a nossa atenção para ser amada, deverá ser conduzida àquele lugar para o qual corre toda a torrente do nosso amor". Isto se aplica também à afirmação de nosso ser e ao amor pelo nosso próximo; o amor a Deus "não está sujeito a nenhum gotejar que o possa conduzir para fora de si, e através de cujo desvio seu próprio volume possa diminuir" (*de Doct.* I, 21, 22; *FC*, 4, 42).

Deus permanece o único objeto da suprema devoção do homem. Todo amor às criaturas, que podemos "dedicar" de acordo com a Sua vontade está sujeito à esta restrição. E é através da restrição cristã da obediência incondicional e de uma alegre rendição ao único Criador e Senhor que somos libertos do domínio "deste mundo" e nos tornamos "livres" como Seus redimidos. Porém, como sempre acontece com Agostinho, esta afirmativa está associada à limitação do intelecto do homem, em outras palavras, ao orgulho platônico que verdadeiramente não reconhece a humilhação da existência mundana como objeto de seu cuidado e amor. O espírito do homem se origina de Deus e, por essa razão, Deus e sua verdade eterna são a única verdade digna de seu esforço, pesquisa e amor. O amor de Agostinho por Deus sempre exibe algo da pressão impetuosa de um amante apaixonado, que sente como uma traição ao seu amor qualquer pensamento que possa levá-lo para longe do objeto adorado, ou que não seja diretamente adotado e mantido pelo seu amor. Não possui nada daquela segurança inocente da criança que brinca sob a supervisão de sua mãe, e, portanto, está inteiramente tanto com o seu brinquedo quanto com a sua mãe. A característica ascética dessa piedade está mais solidamente expressa em Agostinho do que na Idade Média, que foi fortemente influenciada por ele, porque como já notamos, ele não tolera nem reconhece qualquer separação entre a teologia e a filosofia, a sabedoria de Deus e a sabedoria desse mundo. Dessa forma, as coisas mundanas e as ciências perdem sua relativa independência e autonomia intelectual. Todas as coisas representam apenas um caminho para a vida em Deus – e Deus é o significado real e imediato da vida; ninguém pode em parte alguma esquivar-se dEle ou de alguma forma ser mantido apenas em seus limites.

Seria um engano interpretar a teologia de Agostinho como sendo um "*complexio oppositorum*", isto é, uma combinação de elementos mutuamente opostos. É verdade que o cristão Agostinho era um platônico, porque o platônico havia se tornado um cristão. Porém, em seus pensamentos e em sua vida, sempre esteve preocupado apenas com a exclusividade e a integridade de sua fé, que provavelmente foram formuladas mais precisamente em seus ensinamentos sobre a graça, as quais nunca perdeu de vista nem negou.

Essa teologia do amor incondicional a Deus não pode ser adotada e aplicada, com seus múltiplos aspectos, a um novo ambiente histórico sem antes ser submetida a mudanças, durante as quais, tensões e dificuldades intelectuais irão provavelmente aparecer. Porém essa característica é partilhada por todos os sistemas intelectuais vivos que nunca existem ou têm sua verdade somente por si, mas que procuram tocar a realidade viva, e portanto nunca são completamente estanques. Através do que quis dizer, e que realmente disse e de forma totalmente inconfundível, Agostinho somente poderá ser compreendido nesse cenário histórico como uma personalidade histórica.

O fim da vida de Agostinho decorreu sob a invasão dos vândalos, cujos horrores o velho bispo sentiu e sofreu mais profunda e dolorosamente que a maioria de seus compatriotas, como afirma seu biógrafo: "Porque, na muita sabedoria, há muito enfado; e o que aumenta em ciência aumenta em trabalho" (Ec 1.18). E ainda permanece obscuro se foi capaz de perceber que esse seria o início do declínio do império ocidental. Até o último minuto procurou aconselhar e encorajar os funcionários e oficiais imperiais a executar com eficiência suas obrigações, e proibiu energicamente aos clérigos abandonarem as suas congregações. Somente depois que toda a população tivesse fugido, teriam permissão para segui-la. Ele mesmo tomou conta dos refugiados que se apinhavam dentro da sitiada Hipona. Mandou derreter os vasos de ouro de sua igreja para aliviar a miséria e continuou "incessante, vigorosa e corajosamente" a pregar a palavra de Deus.

No terceiro mês do cerco, Agostinho, já com 75 anos, contraiu uma doença fatal. Mandou que os salmos de penitência de Davi fossem pregados na parede em frente à sua cama. Considerava-se um penitente, chorava e orava. Dez dias antes do fim, pediu a seus amigos que deixassem de visitá-lo. Só deveriam entrar em seu quarto quando necessitasse, para receber remédios, alimentos ou a visita do médico. Agostinho desejava ficar sozinho e assim permaneceu até a hora de sua morte, quando todos se apressaram para reunir-se a ele em orações. Permaneceu inteiramente consciente – com todos os membros de seu corpo "intactos" – e até o fim manteve excelente visão e audição.

Não deixou testamento porque como pobre homem de Deus, diz Possídio, não tinha qualquer propriedade que pudesse ser legada. No entanto "sempre mandou que a biblioteca da igreja fosse cuidadosamente preservada, com todos os seus livros, para a posteridade" (*Possid.* 31; *FC,* 15, 123), pois, em sua maior parte, era constituída por seus próprios trabalhos. Na verdade, quando mais tarde a cidade foi conquistada e incendiada, seus amigos conseguiram salvar a biblioteca. Quem ler seus escritos, diz Possídio, perceberá que Aurélio Agostinho "viveu sábia e honestamente na fé, esperança e caridade da igreja cristã", e deles irá obter os correspondentes benefícios. "No entanto", ele completa, "penso que maior benefício será alcançado por aqueles que foram capazes de vê-lo e ouvi-lo quando estava presente na igreja, especialmente os que conheceram a sua vida entre os homens" (*Possid.* 31; *FC*, 15, 124). A fascinação pessoal exercida pela natureza de Agostinho não representa qualquer descoberta ou invenção da modernidade, pois parece que ele foi capaz de mantê-la, mesmo em sua extrema velhice.

CAPÍTULO 7

BOÉCIO

O século após a morte de Agostinho tornou-se rico em escritores teológicos, porém pobre em personalidades de destaque. Embora o incentivo intelectual proporcionado por Agostinho àquela época tenha produzido efeitos posteriores, o nível espiritual a que ele elevou cada questão teológica não pôde ser mantido. As condições políticas e econômicas exteriores não conduziram a uma decadência definitiva, mas favoreceram um posterior declínio. A migração germânica em massa pressionou a situação de modo forte e irresistível. No Oriente, quase todas as províncias do império antigo foram dominadas, pois a população acabou se rendendo após muitas tentativas fracassadas de resistência e reconquista. Apesar disso, não houve nenhuma restauração permanente nem tampouco qualquer pacificação. Durante essa época, a vida monástica se espalhou imensamente na cristandade. Principalmente na Gália, onde o pensamento tornou-se teologicamente produtivo. O radicalismo do ideal oriental uniu-se às tendências moralistas, racionais, e organizacionais do recente cristianismo ocidental. O conceito ascético acabou com a denotação compreensiva e evidente antes alcançada por Agostinho. A piedade passou a preocupar-se com a doutrina da graça, e, ao mesmo tempo, a atender às necessidades de esperança de salvação que deveriam ser mediadas com propósitos estritamente eclesiásticos.

As controvérsias semipelagianas eram a expressão das tensões ainda não solucionadas no caminho da teologia agostiniana. As dificuldades que se levantaram não podiam ser resolvidas dentro do limite em que as questões eram levantadas e, na verdade, nunca foram esclarecidas. A transformação da ordem social ocasionada pelos bárbaros e pelos germanos à medida que passaram a aderir à antiga cultura mediterrânea e à sua estrutura social, por um momento começou também a alcançar e a influenciar a igreja. No entanto, a mudança da situação ainda não havia sido concretizada como uma tarefa e uma nova oportunidade para a atividade. Na verdade, os líderes se adaptaram muito bem às novas circunstâncias, mas, no geral, ainda consideravam-se romanos, cidadãos e representantes do império, e de sua antiga ordem judicial e cultura. Enquanto o regime imperial ocidental deixava de existir (476), novos estados germânicos se espalhavam por todos os lados, e os homens apegavam-se à ficção da continuidade *orbis romanus*, ao mundo e à soberania romana.

Os adeptos da igreja continuaram a visualizar o Oriente, dominado por ortodoxos que deveriam proteger a igreja. Os vassalos germânicos e seus reis não eram cristãos, mas aderiram à confissão "ariana", e por esse motivo, não foram aceitos como verdadeiros imperadores. Até mesmo a literatura teológica do século V ainda mantinha o espírito e o caráter da "antiguidade". A decadência desse período não foi uniforme e geral. Sob as leis do rei ostrogodo Teodorico (493-526), a Itália ao menos pôde experimentar novamente um longo período de paz e de reavivamento na igreja e na vida cultural em geral. Mais precisamente, as forças militares e políticas eram comandadas exclusivamente pelo rei e seus seguidores germânicos. De qualquer forma, Teodorico permitia a existência tradicional da vida civil, e na verdade, agradava-lhe o fato de ser considerado o patrono das tradições clássicas. Utilizou-se de todos os recursos que possuía para reconciliar a sociedade antiga com as suas leis prudentes e beneficentes. O imperador o havia reconhecido. Os cônsules naquele ano foram designados como se fazia desde a antigüidade, pelo consentimento das duas cortes. A cidade de Roma, em particular, com o seu senado e suas práticas antigas, ministérios e jogos, vivenciou mais uma vez uma era dourada.

Boécio, o Pai da Igreja latina com quem encerramos este trabalho, sentia-se perfeitamente à vontade neste ambiente. Além de Agostinho, foi o único educador cristão a quem a igreja da Idade Média recorreu conscientemente em busca de instrução. Passou a ser reconhecido como o último dos romanos e o primeiro escolástico. Era de fato ambos. Como Romano, sentiu que tinha a missão de transmitir a verdadeira filosofia para todos os povos de língua latina, e o fez de acordo com o espírito "escolástico" de sua época. Embora fosse cristão e autor de obras teológicas, nunca permitiu que o intitulassem como "Patriarca da Igreja". Para tanto, afastou-se de toda atividade eclesiástica, no sentido mais estrito e não só externamente.

Boécio tinha suas raízes na antiga tradição humanitária, intelectual e religiosa, sendo fiel a elas, muito além de Agostinho, o cristão africano e "filósofo". Apesar de sua época e de seus modos, permaneceu de coração como um clássico, o último filósofo grego, e por saber disso, um aristocrata e cidadão romano. Todo o tumulto político e as mudanças não poderiam interromper a continuidade da vida pública na cidade de Roma. Logo após o imperador ter deixado a capital do império, os aristocratas veteranos tornaram-se mais fortes, onde a casta bizantina e a burocracia favoreceram esse desenvolvimento. Um pequeno círculo exclusivo de famílias ricas, possuidoras de grandes propriedades, privilegiadas e portadoras de nomes tradicionais, ainda tinha em suas mãos o controle dos negócios da época, e sustentaram a tradição de honra e a representação com orgulho solene através dos novos tempos. Esta sociedade nobre romana deixou de possuir um sério significado político. Entretanto, no conceito dos habitantes do império, ainda havia um "glamour" e uma dignidade histórica a respeito destes cônsules e senadores que pareciam ser incomparáveis e insubstituíveis.

Diante desta situação, os últimos romanos sentiam orgulho de suas posições e da tradição de seus nomes. Não apenas de boa vontade tomaram sobre si os fardos de suas posições; também cultivaram uma ótima educação, particularmente a grega, que de qualquer forma não tinha mais espaço no Oriente. Cuidaram das instituições educacionais e das bibliotecas. Somos devedores a eles por terem preservado para as épocas futuras os trabalhos dos autores clássicos. Algumas das últimas famílias do século V, ainda não adeptas da igreja, após longa resistência, tornaram-se todas cristãs, sem nenhuma exceção. A cristandade passou a ter, como já se esperava, a aceitação da tradição pagã. Contudo, o orgulho e sentimento de obrigação à antiga tradição não foram preservados.

Boécio, nascido no ano de 480, é tido como o maior representante da sociedade romana e do surgimento de uma cultura estrita e nobre. A *família Anicia,* da qual fazia parte, começou a se elevar na escala social com o surgimento da república, e mais tarde do império, chegando a obter uma extraordinária riqueza e influência. Vários cônsules e dois imperadores eram membros dela, e estavam relacionados com o nascimento e casamento de todas as famílias dominantes da cidade. Boécio nunca experimentou necessidades materiais ou lutou por reconhecimento e posição. Certa vez listou em meio às piores desvantagens, das que fazem da vida de um homem uma aflição, nascer em uma classe social inferior em primeiro lugar, e falta de riqueza em segundo lugar (*Consol.* II , 4, 13). Para a sua felicidade possuía ambas as riquezas! Seu pai, o ancião Boécio, havia sido cônsul e o administrador de muitos ministérios municipais. Se for identificado como um prefeito de Alexandria, provavelmente tenha até mesmo servido ao imperador do Oriente em um período anterior, mas essa informação não pode ser confirmada.

O jovem Boécio, Anício Manlio Severino Boécio Junior, ainda era uma criança quando o seu pai faleceu. Foi acolhido na casa de seu parente Quinto Aurélio Memmio Simaco – posteriormente seu sogro –, o bisneto de Simaco que em certa ocasião lutou em nome do senado em favor de subsídios ao culto pagão e acabou sendo rejeitado por Ambrósio. Simaco não era apenas o guardião do rico herdeiro, mas também tornou-se seu mentor e amigo, apresentando-o ao mundo da educação da mais alta qualidade, da literatura e da filosofia, em que Boécio sentiu-se à vontade. Como demonstração de gratidão a seu grande amigo, dedicou-lhe vários escritos, confessando muitas vezes que devia-lhe quase tudo.

Simaco deve ter sido uma importante personalidade. Escreveu sete livros (que se perderam) sobre a história romana. Tinha um completo conhecimento da língua grega, e era conhecido no Ocidente e no Oriente como um brilhante orador. Tornou-se prefeito da cidade, cônsul, e líder do senado. Também foi honrado por Teodorico, embora, talvez após a queda de Odacir, tivesse se manifestado contra a expulsão dos senadores indicados por ele. Ainda assim, manteve-se reservado em sua atitude com relação aos novos administradores germanos. Estava satisfeito com o reconhecimento de sua posição entre os seus colegas, e em se ocupar com os estudos filosóficos, entre outros. A esse respeito, também, Boécio tornou-se seu discípulo. Boécio deve ter se desenvolvido com incrível rapidez. Sabe-se que era um leitor infatigável, um tipo de menino-prodígio "a quem o trabalho já havia tornado um adulto, apesar de sua juventude" (*Ennod. Ep.* 7, 13). Atrasos e empecilhos não existiam em sua vida.

Como confidente de seu sogro, com quem concordou em todos os assuntos essenciais, em breve deleitou-se com a pesquisa independente, a qual, segundo ele mesmo dizia, era ao mesmo tempo "temperada com o agradável e doce sabor do amor" (*Hypoth. Syllog.* praef.). Seu casamento com Rusticiana, filha de Simaco, proporcionou-lhe ao menos dois filhos, e o deixou muito feliz. Até mesmo no fim de sua vida, tentou enxergar além dos desfrutes materiais e confessou que, pessoalmente, nunca tinha passado por experiências ruins em sua vida matrimonial e nem mesmo pelos corriqueiros aborrecimentos que a esposa e os filhos podem causar a um homem (*Consol.* III, 7,5). O curso de sua vida também se desenvolveu exatamente como qualquer homem desejaria. Logo passou a ter fama e a admiração de todos. Era admirado por ser um perfeito orador na língua grega e na latina. Não somente dominava perfeitamente os conhecimentos sobre os trabalhos de literatura, mas era completamente familiarizado com as disciplinas científicas práticas, "que muitos ordinariamente utilizavam sem o verdadeiro conhecimento".

Música, matemática e artes técnicas foram exploradas por ele e, como Cassiodoro nos assegura, "na primavera da própria ciência" (*Cassiod.* Var. I, 45) . O próprio Boécio exaltou a beleza da biblioteca de seu palácio, decorada com mosaicos e marfim (*Consol.* I, 5, 6), onde costumava trabalhar e filosofar em paz (*Consol.* I, 4,3). Ainda assim, não devemos considerá-lo um solitário excêntrico. Apossou-se com muita autoconfiança, como já era de se esperar, da carreira de aristocrata romano, e todas as portas se lhe abriram. Antes dos 30 anos de idade temos registros de que já havia sido honrado com os mais ilustres títulos, os quais, "geralmente eram até mesmo negados a anciãos" (*Consol.* II, 4,7). Foi senador e aristocrata, e sem sombras de dúvidas, ocupou outras posições importantes.

Certa vez foi convidado por Teodorico a ocupar um cargo de responsabilidade, o qual consistia em investigar certos pagamentos devido a inúmeras reclamações com respeito ao peso da cunhagem. Tempos depois, candidatou-se e obteve com sucesso uma posição que o encarregava de assegurar a remissão de impostos para a província de Campana, a qual havia sido muito prejudicada por uma péssima colheita. No ano de 507, o rei o encarregou, com imensa lisonja, de conseguir um relógio de sol e água, um presente que seria dado ao rei da Borgonha; e também, como um especialista em música, teria a missão de encontrar um cantor e tocador de cítara para Clóvis, o rei Franco. (As cartas eram escritas por Cassiodoro, primo de Boécio, que era naquela ocasião o braço direito de Teodorico na corte, em todos os assuntos administrativos).

No ano de 510, Boécio foi finalmente designado como único cônsul da mais alta honra, sem qualquer outro par, o que tradicionalmente só poderia ser de responsabilidade de um romano. (As despesas gastas nessa posição, com jogos, presentes e similares, foram estimadas mais tarde, na época de Justiniano, em mais de dois mil quilos de ouro). Todavia, não se mostrava muito interessado em desfrutar destes benefícios, procurando executá-los quase que incidentalmente. Na realidade, o que realmente o satisfazia era o trabalho intelectual, ou melhor dizendo, os estudos de todos os ramos da filosofia, os quais se constituíam em seu maior consolo e prazer na vida. (*Hypoth. Syllog.*, Migne, LXIV, 831 B). O planejamento metódico e a estabilidade com que perseguiu o seu objetivo, sem nunca ter permitido ser dissuadido ou confundido, causaram grande impressão e admiração, sendo parte de seu caráter erudito, e de sua natureza firme e calma. A consciência da importância dos estudos parecia-lhe uma necessidade imperativa, urgente e útil. Descobriu a desvantagem da educação latina comparada à educação grega oriental e concluiu que essa diferença representava uma crescente ameaça ao progresso.

O mundo latino ainda tinha muita escassez em relação ao verdadeiro ensino erudito de filosofia, o que aparentava ser a vantagem dos gregos. O seu trabalho literário foi a resposta para a solução desse problema. Como cônsul, sempre enfatizava que a tarefa de instruir as pessoas era muito apropriada ao seu elevado ministério, e que, desta forma, nunca desistiria desse objetivo, até onde o seu atual cargo lhe permitisse. O estadista romano daquela época tinha uma ocupação diferente da de antigamente. Mesmo que o homem daquele tempo sujeitasse e tivesse tornado todos os estados subservientes à cidade por meio da força militar, de modo que "não houvesse nada mais a fazer" além de desenvolver a vida moral da nação romana, para este propósito a sabedoria e conhecimentos gregos foram especialmente apropriados. Costumava fazer parte da natureza romana o hábito de adotar e imitar os traços nobres e dignos de outras populações (em *Categ. Arist.* II, pref.). Os provérbios tradicionais advindos das *civitas romanas*, patriarcas do mundo, não devem ser considerados com extrema seriedade. Boécio sabia muito bem o que era realmente apropriado para a magnificência de Roma no mundo contemporâneo, e quão insignificantes tinham se tornado os ministérios esvaecidos, cuja afirmação poderia ser confirmada pelos próprios cidadãos (*Consol.* III, 3,15).

Entretanto, Roma deveria se manter como a capital do mundo, ao menos intelectualmente. "Temos que encarar o fato de que nos desenvolvemos muito mais de forma eficiente, não na esfera em que nem mesmo podemos nos distinguir dos brutos, mas no que diz respeito à reflexão das virtudes celestiais através de ações nobres e discursos voltados à glória eterna" (em *Isag. Porphyr.* A. II, pref.). Esta é uma rara reinterpretação e sublimação da antiga virtude romana, a qual soa, de certa forma, como doutrinária. Ainda assim, Boécio agarrou-se à última chance que lhe restava para conseguir a antiga custódia da magnitude de Roma, e essa decisão não deixou de ter uma grandiosidade moral e um entendimento histórico grandioso e genuíno. Era suficientemente fácil sentir o desejo de vingança pelo mesmo. Ainda temos o registro de um epigrama malévolo (*Carm.* II ,132) com que mais tarde o Bispo Enódio de Pavia, um dos mais malvados bajuladores e caçadores de posição de seu século, tentou vingar-se de Boécio. A antiga glória militar, argumentou, foi esquecida nos dias de hoje; o orgulho romano já não existe mais. Boécio substituiu o fuso pela espada e viveu para beber e divertir-se. No entanto, essa difamação foi ignorada por Boécio, primeiramente por educação, e depois, por receber friamente as repetidas cartas suplicantes do poeta untuoso que aspirava ganhar uma casa em Milão. Devemos simplesmente desprezar este ocorrido, da mesma forma que Boécio o fez.

Quando comentou sobre a sabedoria grega, que faltava aos romanos, que deveriam aprendê-la e dela apropriar-se, estava pensando em uma palavra dos últimos tempos da forma neoplatônica da filosofia clássica; a educação sistematicamente organizada de um entendimento fácil sobre a verdade que compreendesse a Deus e ao mundo. Mesmo assim, tentou não causar tumulto. Primeiramente, fazia-se necessário fornecer uma introdução *propedêutica*. Esta consistia em disciplinas do *Quadrivium*, ao qual foi o primeiro a fornecer seu nome para o método quádruplo de educação nas ciências propedêuticas: como a aritmética, a música, a geometria e a astronomia. Somente desta maneira alguém seria capaz de especular "sobre os vários ramos da filosofia com imensa perfeição" (*Inst. Arithm.* I,1). Como conseqüência, cuidou primeiramente da aritmética. O livro foi dedicado a Simaco, e representa uma revisão abreviada em latim da *Introdução à Matemática*, composta pelo matemático grego Nicômaco de Gerasa no segundo século a.C. Segue-se então um manual de música, sendo na verdade preferencialmente uma instrução *propedêutica* para esses estudos, e uma introdução aos problemas de acústica e harmonia. A relação lógica da música com os números, e o efeito moral que deveriam ser esperados de tais percepções dentro de um introdutório *instrumentum philosophiae*, têm pouco em comum com as questões musicais no sentido moderno.

Este livro também dependeu, antes de tudo, de Nicômaco, mas também ressalta outros autores, honrando sobretudo o grande Ptolomeu, como a autoridade decisiva. Podemos traçar a influência do neoplatonismo alexandrino e de sua tradição no aprendizado. Os manuais de geometria e astronomia encontram-se perdidos (exceto alguns de geometria). A extravagante carta dedicatória à matemática contrasta muito com o estilo comedido e rigoroso mostrado por Boécio em seus últimos escritos, confundindo-o com um aprendiz. Sua importância como um professor do *Quadrivium* certamente não durou muito; no entanto, tornou-se um grande tradutor e intérprete da filosofia grega, particularmente dos escritos lógicos de Aristóteles.

A *Dialética* parece estar separada do contexto tradicional da gramática e da retórica, e ainda deve ser considerada como o princípio da verdadeira educação filosófica. Em um prefácio famoso de seu comentário sobre a teoria aristotélica de julgamento, Boécio expressou-se de forma respeitosa, enfatizando o seu plano abrangente de trabalho, do modo que o visualizava. Obviamente, segundo ele mesmo diz, até àquele momento não havia falta de homens excelentes que não se cansavam, apesar de tanto sacrifício, de transmitir mais intimamente ao mundo latino os temas com os quais se preocupavam. Mesmo assim, não se preserva uma organização satisfatória do material de estudo, nem tampouco expõe-se as disciplinas filosóficas gradualmente na seqüência necessária. Essa revelação foi aceita com extrema seriedade. Desejava fornecer um *Organon* de toda a filosofia na língua latina, onde as traduções e explanações pudessem se apoiar mutualmente. "Eu espero", disse ele, "traduzir todas as obras de Aristóteles que me forem acessíveis" – todas as obras foram então conscientemente traduzidas para o latim – "todo o material escrito por Aristóteles sobre a difícil arte da lógica, na esfera importante da experiência moral e na compreensão exata dos objetos naturais, será traduzido por mim na ordem correta. Além do mais, utilizarei uma linguagem de fácil compreensão por meio de explicações e interpretações. Também gostaria de traduzir todos os *Diálogos* de Platão, e igualmente explicá-los e oferecê-los em uma versão latina. Após o cumprimento destas tarefas, não deixarei de provar que as concepções aristotélicas e platônicas harmonizam-se em todos os sentidos e não se contradizem, como se supõem. Mostrarei também que estão de acordo entre si nos pontos filosoficamente decisivos. Esse é o meu propósito de vida, e continuarei me dedicando ao mesmo enquanto tiver forças e liberdade para trabalhar. Tenho consciência que será tão útil quanto estafante, e que precisarei do auxílio daqueles poderes que sempre estão alheios à inveja e ao ciúme" (em *Arist. de Interpret.* B II pref.).

Este pretendido sumário revela excepcionalmente em Boécio um caráter ainda pagão, que, no entanto, não deve ser visto como uma confissão secreta e anticristã. Aí está na verdade uma tarefa gigante. Um *suma* verdadeiramente escolástica da íntegra da filosofia, que pode apenas ser compreendida como única e que deve ser erigida sobre a base de textos clássicos dos dois maiores filósofos! O objetivo sistemático, uma harmonização completa dos sistemas de Aristóteles e Platão, não é original; estava de acordo com o programa sistemático da tradição neoplatônica. Nesse aspecto, Platão determinou o sistema ideológico e a estrutura; enquanto Aristóteles é considerado como um professor de lógica no sentido mais estrito. Todavia, Boécio tinha um gosto especial por essa área e atribuiu-lhe repetidamente a maior importância científica. Nesse ponto, contudo, o trabalho deveria ter sido feito de acordo com um plano designado uniformemente e apresentado de forma literária. Tendo em vista as dimensões de tal plano, pode-se questionar se o mesmo poderia ser realizado por apenas um indivíduo; se o pudesse, Boécio seria o homem certo para fazê-lo. Sua visão clara, energia e dedicação, levaram-no, certa vez, a demonstrar grandeza no cumprimento dessa tarefa. Ele era incansável. Sugere nessa passagem que aqueles que já tiveram a oportunidade de vivenciar a felicidade através do trabalho, não deveriam jamais se desviar desse caminho. "E aqueles que estiverem sentindo-se desanimados, provavelmente já perderam a coragem".

Com a mesma tranqüilidade dos maiores teólogos e dogmáticos de sua época, o filósofo também acreditava na realidade objetiva e no eterno significado da percepção sistemática da verdade. E, como se estruturaram através da revelação e tradição da Igreja, Boécio confiou igualmente na "autoridade invencível" dos antigos professores e mestres (*Syllog. Categ.* II pref.). Não se pode estabelecer com certeza até que ponto Boécio alcançou a realização de seu plano. Estão preservados, depois da eliminação de vários falsos escritos medievais atribuídos a ele, comentários sobre o ensino das categorias, e dois comentários sobre a Teoria de Julgamento de Aristóteles, *de Interpretatione*: um deles de modo resumido, composto de dois livros para iniciantes e um outro trabalho abrangente, de caráter instrutivo e erudito, composto por seis livros para leitores adiantados que desejassem compreender toda a complexidade dos problemas. Os comentários sobre as análises, tópicos e física aristotélicas foram perdidos. Por outro lado, a *Introdução* (*Isagoge*) a Porfírio, sobre a teoria do julgamento, indispensável na opinião de Boécio, está duplamente preservada em duas edições, com dois e cinco livros respectivamente.

No comentário mais antigo, a mais recente tradução de Mário Vitorino ainda é tomada como base; no segundo, com comentários mais detalhados, Boécio forneceu sua própria tradução mais literal. Havia, além disso, um comentário verbal sobre os *Tópicos* de Cícero (a doutrina de argumentos e provas para oradores) que somente foi parcialmente preservado, e servia apenas para interpretar os

Tópicos de Aristóteles. Finalmente, Boécio publicou cinco monografias independentes sobre problemas de lógica. Tinha principalmente orgulho de sua análise de julgamentos hipotéticos, um tratado em dois volumes (*de Syllogismo Hypothetico*), pois esse assunto não havia sido tratado por Aristóteles nem por qualquer um dos gregos ou latinos de forma adequada para a época. Por outro lado, a sua dependência dos modelos gregos é muito clara: Boécio freqüentemente oferecia, não muito mais que paráfrases latinas dos escritos de seus antepassados. No entanto, não se deve apenas julgá-lo como um mero plagiador ou compilador. O julgamento derrogatório sobre a sua independência e importância filosófica definitivamente mudou a seu favor em pesquisa recente, do mesmo modo que o julgamento sobre o escolasticismo medieval que depende dele.

Boécio tem recebido séria consideração na lógica moderna, em parte por causa de sua maneira de ser. De qualquer modo, a importância histórica que criou por meio de suas traduções, comentários, e de suas próprias pesquisas, é indiscutível. Fez mais do que qualquer outro para estabelecer a reverência medieval a Aristóteles, que tornou-se muito conhecido no Oriente latino devido às traduções de Boécio. Em suas disposições literárias, seus comentários tornaramse o modelo das explicações medievais sobre Aristóteles, e através da adoção de suas traduções, foi criada a terminologia filosófica de toda a Idade Média. Nesse ponto, é também "o pai de nossa terminologia lógica" (Ernest Hoffmann). O famoso *quinque voces* utilizado tão diligentemente pelo escolasticismo, baseou-se nele. Este é o *esquema* de definições: gêneros, espécies, unicidade, propriedade, e o adicionado termo acaso.

Um tema básico de toda a teologia medieval, "a controvérsia sobre as universalidades", com a preocupação de que os universos possuíam uma provável existência real, destacou-se em um comentário feito em uma passagem sobre Porfírio. Isso resultou, no final da análise, na combinação dos elementos do pensamento de Aristóteles e Platão, isto é, em um dogma neoplatônico que, através da mediação de Boécio, foi determinante para todo o aristotelismo no princípio da alta Idade Média. Qualquer um que comparar, hoje em dia, o aristotelismo de Boécio com o genuíno Aristóteles perceberá imediatamente uma notável diferença no estilo de pensamento dos dois. A forma interna e a disposição livre das quais Aristóteles se aproximou e desenvolveu tão efetivamente seus problemas difere muito do tipo de organização, disposição e sistematização, precisa e, geralmente, muito meticulosa, em execução no trabalho de Boécio. A filosofia se tornou acadêmica, "erudita". A característica é o valor que Boécio sempre acrescenta a uma terminologia fixa e precisa, conseqüentemente, o significado dado a uma palavra, uma vez estabelecida, nunca pode variar ou mostrar-se sob uma nova luz. Da mesma forma, considerava uma séria deficiência em um sistema caso existissem "vazios" em qualquer lugar. Exigia sempre integridade, era incansável ao fazer referências e ao explicar as coisas com exatidão. Constantemente discorria sobre a disposição apropriada do material no desenvolvimento metódico da pesquisa, e na forma correta da instrução. Mais precisamente, correspondia à tendência geral do fim do período romano, mas também sustentou uma relação interior com a preocupação específica de toda a sua iniciativa.

Boécio viu-se como um mestre escolástico do Ocidente. Desejava educar todos os indivíduos de seu país através de cursos com base científica. Para isto, era imperioso que tudo fosse apresentado de forma precisa e impecável, para que cada estudante dedicado pudesse encontrar imediatamente sua postura e ter certeza de seu caminho dentro do curso filosófico. Por esse motivo as traduções são tão confiáveis que os originais em grego poderiam ser dispensados futuramente. Boécio alertou enfaticamente aos seus leitores que não considerassem suas exposições elaboradas superficiais ou de importância secundária. "A partir do momento em que não recuei, apesar do imenso trabalho, ao escrever esta obra tão volumosa, os leitores deveriam, ao menos, fazer a leitura com prazer, ao invés de julgá-la precipitadamente (em *Aristot. De Interpret.* B. VI pref.). Preocupava-se com a substituição da educação retórica usual. Sabia que encontraria resistência e antecipou sua crítica pessoal. Porém todo o seu profissionalismo e dedicação à educação não deveriam ser esquecidos e desprezados. Boécio ainda usou a forma de diálogo para a primeira versão de seu comentário sobre Porfírio. A cena da conversa ocorrida na solidão de uma vila nas montanhas continuou por duas noites, e é descrita de uma maneira elegante.

Em seus últimos trabalhos, abdicou desse estilo tão agradável. Além disso, os prefácios elegantes em que algumas vezes dizia um pouco sobre suas intenções são bem resumidos, e seguidamente, como via de regra, fazia uma breve apresentação erudita com um breve "Agora vamos ao assunto principal", ou alguma outra frase com este sentido. Podemos observar que Boécio era um mestre em todos os pontos primorosos da retórica, embora não sejam essenciais a ele. Nem tampouco "as questões morais são mais importantes do que a habilidade retórica" (em *Cicer. Top.* I pref.). Também não almejava brincar com o público em geral através do mal uso da pesquisa lógica, com a finalidade de mostrar partes da retórica; mas, acima de tudo, para alcançar a lucidez. "Se isso der certo terei alcançado o meu propósito perfeitamente; mesmo que a forma de meu discurso talvez pareça ser muito áspera" (*Syllog. Categ.* I pref.). No caso de Boécio, essa não é apenas mais uma expressão retórica, como de costume. O estilo de seus tratados filosóficos certamente é escolhido com cuidado, a ponto de não ser sem forma. Ainda assim, ao mesmo tempo, é de uma sobriedade objetiva insuperável, que não deixa espaço para irrelevâncias estéticas. É ainda mais impressionante, pois Boécio, como veremos, era na realidade um retórico, e no fundo um poeta que quando queria sabia demonstrar muito bem as suas habilidades nessa área.

Com relação a isso, contudo, o neoplatônico não seguiu o exemplo dos diálogos platônicos, o que certamente não era nem mesmo para Platão a sua completa instrução. Muito menos a sua maneira tem algo em comum com o método literário de instrução usado por Cícero, cujas composições filosóficas, todavia, eram conhecidas e estimadas por Boécio, que, certa vez, como vimos, as comentou. Contudo, de acordo com o prefácio, foi apenas por amizade pelo retórico Patrício que o havia comissionado, e para quem também foi dedicado, que havia se responsabilizado por esse trabalho, primariamente, para o benefício da dialética.

Quanto à década seguinte ao seu consulado, quase não há informação sobre a vida de Boécio. A maior parte dos trabalhos revisados foi provavelmente escrita neste período. Em retrospecto, parecia a Boécio um período de felicidade, que o permitiu proceder quase sem ser incomodado no curso que havia iniciado. Teve a permissão de continuar com o trabalho principal como o havia idealizado, e deve ter sido de fato concluído. A política mudou a sua vida. Primeiramente, levou-o ao topo da fama e do sucesso, e em seguida lançou-o repentinamente à ruína inesperada, como ninguém poderia prever. De uma só vez, tornou-se óbvio quão artificiais e incertas eram as concepções políticas sobre as quais Teodorico havia construído todo o seu regime, e sobre as quais também repousou a paz afortunada que Roma e Itália haviam até então desfrutado.

Nesta ligação, as relações eclesiásticas ganharam agora certa importância. Já foi mencionado que a sociedade romana no século VI havia se tornado cristã, como todo o império. O arianismo na Itália foi exclusivamente a religião da casta de soberanos godos, e o próprio Teodorico não deu grande importância a tal destruição ocasional através da conversão ou da assimilação da diferença entre as confissões que estabeleceu-se através disto. Por outro lado, não se incomodou com o fato de que antes de seu reinado, a comunhão cristã entre o Leste e o Oeste havia sido interrompida, e que não pôde ser novamente restaurada antes de 35 anos. Em 484, a divergência doutrinária sobre a questão cristológica havia conduzido à brecha entre Roma e Constantinopla, em conseqüência da política imperial da igreja. A obstinada manutenção pelo bispo de Roma da condenação ao patriarca bizantino Acácio, que estava então como responsável, havia convertido o então chamado "cisma acaciano" existente entre as duas capitais em uma questão de prestígio. Até que essa disputa fosse resolvida, o bispo romano e toda a igreja da Itália não se interessavam em retornar ao domínio direto do imperador e aderiram com a maior lealdade aos novos soberanos godos.

Por outro lado, aqueles círculos que ainda se interessavam pela unidade do império, lamentavam esta dissensão de caráter fundamentalmente político. A maioria do senado, incluindo Boécio e Simaco, provavelmente fazia parte deles. No século IV, os anicianos tornaram-se cristãos antes de outras famílias aristocráticas romanas, e Boécio naturalmente desejava ser considerado um bom cristão. Isto não significa, contudo, que devia aprovar as ações do bispo de Roma em todos os sentidos. A intransigência da visão romana, que dificultou até mesmo os partidários secretos da doutrina ortodoxa no Ocidente a se manterem em comunhão com ela, talvez tenha propiciado a ocasião para Boécio escrever o seu primeiro tratado teológico, provavelmente em 512. Esta obra foi dedicada a João, um diácono, e numa obra completa discute as heresias cristológicas de Êutico e Nestório, ou seja, os dois pontos de vista extremos e igualmente errôneos a respeito da questão que era discutida naquela época: a saber, como o relacionamento da pessoa única de Cristo, com suas duas naturezas, a divina e a humana, deveria ser corretamente compreendido.

Boécio fez alusão superficial em sua dedicação introdutória às disputas atuais, é verdade, e evitou lidar com as controvérsias cruéis da política da igreja. Contentava-se em elucidar de forma racional os problemas lógicos que tinham surgido. Todavia, tudo indica que desejava fazer uma contribuição para a paz, ou, ao menos, trabalhar para a reconciliação teológica, o que conseqüentemente serviria para lhe ajudar com relação às suas intenções políticas, bem como à sua atitude intelectual geral. Na realidade, suas pesquisas cristológicas trouxeram a solução que mais tarde se adequaria à aceitação geral.

Alguns anos mais tarde, a paz oficial entre Roma e Constantinopla foi estabelecida (519). Antes de mais nada, para que Justiniano, sobrinho do imperador Justino, passasse a ter crédito. Obviamente, este não conseguiu compreender a grande importância política da união eclesiástica. As tensões teológicas não tinham sido completamente solucionadas. Nas chamadas "controvérsias teopacitas" os pontos de vista contrastantes ameaçavam aflorar, e apenas naquele momento vieram à tona; desta vez, não apenas de forma puramente cristológica, mas como uma questão sobre a possível capacidade de uma pessoa da Trindade vir a sofrer. Isto também causou em Boécio a necessidade de, a partir dali, voltar-se para os problemas da Trindade. Ele os expressou em três pequenos tratados, onde um deles foi dedicado a Simaco e os outros dois novamente a João. Sua moderação face a qualquer disputa pública e exclusiva concentração nas questões sistemáticas como tais, são até mesmo mais estritamente observadas aqui do que em outras pesquisas anteriores. O trabalho *Por que a Trindade é Composta por Apenas um Deus e Não Três?*, dedicado a Simaco, transmite essa reserva até o ponto de se expor questões em disputa com a terminologia quase original, de forma bastante sutil, aparentemente contraditória e intencionalmente complicada, desencorajando assim, imediatamente, qualquer leitor não-qualificado; esta era a sua intenção.

Este estilo hermético nos dá a impressão de que em seus escritos Boécio não pretendia interferir na discussão atual, nem trazer uma decisão. Devemos deixar em aberto a questão sobre se ele realmente estava interessado no efeito imediato de seus tratados, ou apenas em tentar estimular o desenvolvimento das possibilidades sistemáticas quase na forma de um jogo para o bem deles. Quanto ao ponto em questão, entretanto, tomou sob sua proteção os ameaçados "teopacitas", que também tinham apelado ao senado contra seus adversários da igreja romana. Viu-se deste modo novamente no campo daqueles que se interessavam pelo acordo e pela paz, o que também era a intenção do próprio imperador do Ocidente. Todo o círculo ao redor de Simaco manteve-se sempre próximo à corte do imperador, ou, como se diz no jargão político dos dias de hoje, mantinham um relacionamento "cordial". O perigo da nova situação não poderia se manter oculto a Teodorico. A paz restaurada da igreja removeu uma garantia essencial de seu próprio regime! Daquele momento em diante, os cristãos romanos mais uma vez viram no imperador o seu soberano ortodoxo. Os Godos então puderam ser novamente considerados como um exército hostil de ocupação, os hereges com cujo domínio ninguém se preocupava. Desta forma, tornou-se mais importante para Teodorico enfatizar suas boas relações com o imperador, e na realidade, este último encontrou suas realizações a ponto de conceder ao seu genro a posição de sucessor ao trono real, e de sua parte, parecia suportar a existência permanente da dinastia gótica.

Ao mesmo tempo, sua atividade diplomática aumentou nos círculos eclesiásticos e patrióticos do Oriente, resultando em uma nova honra a Boécio, provavelmente proposta pelo imperador, que representava algo mais do que o comum, sendo bem-vindo por toda a facção aristocrata pró-bizantina. No ano de 522, os dois filhos de Boécio, Flávio Simaco e Flávio Boécio foram juntamente designados como cônsules. Sendo ambos ainda muito jovens, a honra foi mais voltada ao pai. Logo a seguir, no entanto, o próprio Boécio foi designado como *magister officiorum* por Teodorico, ou seja, como o chefe supremo de toda a corte e dos ministérios governamentais. Através dessa posição de responsabilidade foi imediatamente levado à sua presença. Essa promoção, concedida a um romano, foi além do padrão de honrarias. Impôs significância política, e isso foi o mais extraordinário. Para Boécio, porém, este foi o primeiro passo rumo à catástrofe.

Boécio não teria sido um italiano caso não tivesse experimentado e aproveitado ao máximo a honra de possuir dois filhos cônsules. Mesmo durante o seu último aprisionamento, lembrava-se daquele incomparável "pico de felicidade". Nenhuma desgraça dos dias que se seguiram, ensinou-lhe a "filosofia", deveriam permitir ou mesmo obscurecer a luz daquele dia "em que viu os seus dois filhos serem levados de sua casa como cônsules, acompanhados pelos senadores, em meio ao regozijo da multidão; enquanto que ao se sentarem nas cadeiras públicas do Senado, uma oração era feita em louvor ao rei merecedor de glória justa e eloqüente. No momento em que se encontrava em assembléia pública, entre seus dois filhos, tivestes a satisfação de presenciar a triunfante manifestação deliberada da multidão reunida" (*Consol. II, 3,8; LCL, 185).*

Boécio identificou-se perfeitamente com aquela situação. Fazer parte do novo ministério era algo totalmente diferente. Com isso, abandonou seu antigo objetivo de vida e adentrou uma área arriscada. Até então tinha estado, em todos os sentidos, afastado da verdadeira vida política. Encontrava-se praticamente despreparado para enfrentar o novo desafio, e devido ao seu modo de ser, certamente não possuía talento para ser um cortesão. Qual seria o motivo, então, que o teria levado a esse passo fatal? Mais tarde, declarou energicamente que a ambição vulgar tinha representado apenas o papel mais remoto. A aceitação do ministério foi encarada por Boécio como um dever. Na verdade, tinha a opinião de que não lhe estava aberta a possibilidade de recusa de tal nomeação naquele momento. Na corte de Teodorico haviam forças influentes em ação, que não lhe permitiram estabelecer a política do acordo.

O sentimento em relação à população italiana havia aumentado consideravelmente, tornando-se mais hostil. Uma proibição geral do porte de armas foi imposta a todos os indivíduos não-godos. Houve também um atrito relacionado aos assuntos da igreja. Quando Teodorico, no entanto, decidiu naquele momento convidar um representante da tradição romana antiga e do ideal do império romano para ocupar um cargo de confiança, Boécio deveria ter se recusado, caso tivesse escolha? Na realidade, não teve escolha. Agiu como um verdadeiro romano no momento em que decidiu aceitar a responsabilidade política. Teve que se esquecer de seu nome e de sua tradição e abdicar da vida segura e próspera de um erudito reservado, que sentia-se satisfeito com uma boa reputação pública.

"Por que", questiona, "o governo sempre deveria ser deixado somente para os oportunistas e criminosos, que fazem uso impróprio de suas posições e prejudicam os seus concidadãos? Não teria Platão, ao contrário, lhes ensinado 'que os reinos seriam felizes se os estudiosos da sabedoria os governassem, ou então, que ao menos os escolhidos para governar se dedicassem ao estudo da sabedoria?'" (*Consol.* I, 4, 5; *LCL*, 143-145). Pode-se notar, por trás dessas declarações, de modo discreto, uma causa pessoal e o sofrimento sentidos em conseqüência da desastrosa decisão: "Eu imaginava poder usar em minha administração pública tudo o que aprendi de ti (filosofia) durante as nossas conferências pessoais" (*Consol.* I, 4, 7; *LCL*, 145); "Esperava ter a oportunidade de desempenhar proezas. Por que minha idade adulta deveria se tornar cinzenta ou se esvaecer?" (*Consol.* II, 7, 1). Visto desse prisma, o destino de Boécio alcançaria uma natureza verdadeiramente trágica. Foi precisamente o seu senso de responsabilidade que se uniu aos seus desejos mais secretos, sendo, desta forma, atraído pela ilusão de que teria as oportunidades de seu tempo, tanto como sua própria capacidade de prevalecer nele.

Não há dúvida de que Boécio primeiro ganhou a total confiança de Teodorico, satisfazendo-se também com seu apoio contra os conselheiros godos do rei. Em todo caso, em diversas situações, mas parcialmente no primeiro período, Boécio triunfou sobre a "cobiça" dos bárbaros, como assim os chamava. Conseguiu impedir a nomeação de Decorato, pois desconfiava da natureza daquele novo rico. (Após sua queda, Decorato foi imediatamente promovido a *quaestor palatii.*). Em geral, as dificuldades que Boécio tinha que enfrentar provavelmente originavam-se do início de sua carreira, principalmente do seu círculo de colegas que, de repente, teve que aceitar como chefe aquele proeminente romano que vinha de fora. Seu orgulho reservado e republicano, seu sentimento pessoal de superioridade e sua inclinação bastante inquietante ao julgar e decidir sobre todas as coisas do ponto de vista do princípio moral, com certeza não conquistaram os seus amigos na corte. Além do mais, havia a diferença de convicção política e de tradição.

Boécio estava, sem dúvida, decidido a servir ao rei com lealdade; mesmo assim, o reconhecimento do regime godo era a seus próprios olhos um ato de resignação, uma amarga necessidade em vista da decadência política geral. Nada mais restava além de submeter-se às reais circunstâncias, e fazer o melhor possível para o bem do império e sua cultura. Por outro lado, os outros oficiais e os conselheiros de Teodorico tinham uma atitude bem diferente. Haviam crescido em suas posições juntamente com ele, admirado seus sucessos e sua autoridade astuta e, possivelmente, devido à sua posição nacionalista italiana, tenha conseguido a preferência popular em detrimento do domínio bizantino. De todo modo, não havia simpatia com os ideais de restauração apoiados pela alta aristocracia romana; tudo o que se esperava era a adaptação aos novos soberanos.

Dessa forma, Cipriano, um dos principais adversários de Boécio, teve seus filhos treinados no uso godo de armas e fez com que aprendessem a língua gótica. Todo esse círculo deve ter se sentido provocado e negligenciado pela nova tendência que parecia estar sendo inaugurada após a designação de Boécio, e que conseqüentemente tolhia a sua atividade. No entanto, com certeza isso não teria sido suficiente para causar a sua queda, se uma reação geral não tivesse acontecido ao mesmo tempo. A política de reconciliação em relação ao imperador do Oriente já havia na verdade desmoronado no momento em que Boécio assumiu o ministério. Bizâncio estava evidentemente fazendo um jogo duplo, embora não demonstrasse abertamente nada contra Teodorico.

Os vândalos na África repentinamente ficaram do lado do imperador, e todos os godos naquele país foram assassinados ou expulsos. Os francos invadiram as proximidades da Borgonha e somente um remanescente daquele reinado pôde ser salvo no último minuto devido à intervenção de Teodorico. Inclusive a questão da sucessão havia se tornado novamente incerta devido à morte inesperada do herdeiro do trono. Além disso, havia a desfavorável mudança na situação eclesiástica na própria Itália. A possibilidade de uma reconquista católica bizantina começou a surgir. É fácil compreender que o velho Teodorico seguia os acontecimentos com ansiedade, e que a sua disposição tornou-se mal-humorada por ver os adversários trabalhando em todos os lugares.

"O rei", escreveu mais tarde um historiador, "apoiou os romanos que eram capazes de intenções demoníacas ... e acreditou em falsas testemunhas mais do que nos senadores" (*Anon. Vales* XIV, 87). Embora, de acordo com o que o grego Procópio nos assegura, não fosse em verdade um tirano, sendo por esta razão respeitado tanto por godos quanto por italianos como um governador legítimo; comprometeu-se com esta atitude, que foi "o primeiro e o último crime" de sua vida. Boécio, invejado por "pessoas mal-intencionadas", foi a vítima (*Bell. Goth.* I, 1, 34, 39).

Em agosto de 523, o bispo Hormisdas faleceu. Sob o seu comando, o cisma acaciano foi concluído. Porém, particularmente, sempre se manteve como um fiel partidário do regime godo. Dessa forma, deve ter sido extremamente desagradável para Teodorico o fato de o sucessor de Hormisdas ter sido João I, cuja eleição representava uma vitória clara para aquele grupo de inclinação grega, os quais perseguiam a igreja imperial. Era possivelmente o mesmo João para quem, quando ainda era um diácono, Boécio havia dedicado suas monografias teológicas. O correio romano encaminhado nessa ocasião para Constantinopla foi censurado, e uma carta do senador Albino causou uma suspeita, provavelmente por estar endereçada a todo o senado. Além de um relatório da eleição, a carta provavelmente continha ainda mais informações sobre a situação eclesiástica e política, e em tom de devoção tradicional e lealdade expressou de forma totalmente aberta um amplo acordo contendo todas as aspirações imperiais.

A carta deve ter parecido aos remetentes como inofensiva e correta. Para os oficiais do governo, no entanto, causou uma impressão de grande traição. A ambigüidade repousa na extravagante situação constitucional que, por um lado, permitiu ao império que permanecesse e fosse representado por um único imperador, mas que, por outro lado, havia também subordinado o senado romano, orgulhoso de sua suposta independência em relação ao rei godo. Os papéis confiscados foram submetidos a Boécio, que os examinou e então decidiu deixar todo o problema de lado. Conhecia os seus colegas no senado, e compartilhou ou ao menos compreendeu as suas atitudes; por outro lado, estava sem dúvida com medo de estimular o receio dos bárbaros se chamasse especialmente a sua atenção para essa correspondência que não lhes fora dirigida. Contudo, este procedimento era arrojado demais.

Feliz agora por ser capaz de esmagar o seu rival, Cipriano dirigiu-se ao rei, por sua própria conta, para descrever toda a ocorrência sob a luz mais perigosa, e a sua versão foi aceita. Albino foi imediatamente intimado a comparecer perante o consistório real. Boécio, que estava presente, poderia talvez ter interferido e evitado o pior. Mas parece que, ofendido em seu orgulho, ao contrário, fez uma tentativa infeliz para justificar seu comportamento até então, e para tratar do problema, mesmo nesse momento, como se fosse uma futilidade. Diz-se que ele explicitamente declarou que, se concluíssem que Albino era culpado, ele também o seria! Todo o senado permaneceria unido com ele nesse assunto. As acusações de Cipriano foram calúnias!

Com isso, o caso foi imediatamente levado aos extremos. O *referendarius*, que sentia-se como um oficial obediente, e não estava de forma alguma preparado para se deixar ser insultado como um informante, agora precisava assumir a ofensiva. Além disso, documentos considerados por Boécio como forjados, foram considerados como provas, pelas quais ele mesmo foi responsabilizado por atos ilegais em nome do senado, com intentos desleais. Então as decisões seguiram em uma sucessão veloz. Boécio foi processado, suspenso do ministério e em seguida sentenciado pela corte real ao exílio, à confiscação de sua fortuna e à morte. Uma última esperança em relação ao senado, que deveria endossar a sentença, foi frustrada. Sentindo-se ameaçados, os senadores aprovaram a sentença sem objeções, para o amargo pesar do então arruinado Boécio. Sentiu que esse fracasso provinha da infidelidade e da traição. Ninguém ousou contradizer o enfurecido rei.

Entretanto, a sentença, como de costume nesses casos, não foi cumprida naquele momento. Boécio foi internado em Pávia, de forma que uma mudança favorável nos acontecimentos ainda não poderia ser considerada impossível. Então algumas novas deteriorações da situação parecem ter acontecido. No outono, talvez em outubro do ano seguinte, Boécio foi executado, mais provavelmente em Pávia. Simaco também foi a julgamento, e da mesma forma que Albino e Boécio, foi condenado à morte. Finalmente, até o bispo João caiu em desgraça por não ter realizado alguns atos políticos da igreja em Constantinopla, para a satisfação de Teodorico, e morreu na prisão.

Assim, a queda de Boécio produziu uma seqüência de medidas drásticas que obscureceram os últimos anos da vida do notável rei godo. Os bons termos entre godos e romanos, sobre os quais a existência de seu governo estava fundamentada, foram quebrados. A subseqüente restituição da fortuna da família para os filhos de Boécio, levada a efeito pela rainha Amalaswintha, e a anistia para a sua viúva, que sob Totila havia demolido estátuas de Teodorico, não podia remover essa impressão. Com o ataque de Justiniano, logo após a morte de Teodorico (526), os trinta anos "de luta por Roma" começaram, onde não somente as leis dos godos, mas também a antiga tradição e a cultura do país desapareceram para sempre.

Dali por diante deixaram de existir: a aristocracia antiga, o senado romano, os cônsules, e a filosofia. Os períodos "de escuridão" estavam começando. Com tal experiência, o destino de Boécio automaticamente acende uma luz impressionante e triunfante. Boécio acreditava ser um mártir da mais alta cultura e da causa da justiça e da liberdade, e da atitude correta dos antigos romanos nas mãos dos bárbaros, e desta maneira foi descrito à posteridade. Esta visão é, em todo caso, mais correta do que a recente reinterpretação legendária de sua morte como tendo sido um martírio pelo catolicismo ortodoxo. A questão confessional não teve nenhuma importância durante seu julgamento. Sob rigoroso exame, seu caso, todavia, se mostra sob um prisma mais ou menos duvidoso, e de qualquer modo suscetível a mais de uma interpretação.

À parte de poucas e breves alusões, nossa visão da queda de Boécio vem exclusivamente dele próprio, e isso somente num estilo interpretativo e de idealização retórica, apropriado aos objetivos especiais de seu último trabalho. A defesa abrangente e factual endereçada ao rei mencionado foi perdida. O que temos é, naturalmente, um relato de extrema parcialidade. Apesar de todas as queixas e protestos que Boécio causou, e a despeito da posição semelhante adotada por Procópio, dificilmente podemos visualizar a sua condenação como um erro judicial. Naturalmente, foi um julgamento político, no qual a questão da culpa é sempre difícil de ser decidida; no entanto, os procedimentos empregados parecem ter sido corretos. Não temos nenhum conhecimento sobre qualquer tentativa evidente de corrupção. A avaliação desfavorável, juntamente com a história cruel de uma forma sádica de execução, deriva de um tempo passado, quando, na miséria das últimas lutas, a lei godo há muito tempo havia perdido toda a simpatia. As primeiras opiniões públicas parecem ter oscilado (*Consol.* I, 4, 44).

É interessante observar que, durante o julgamento, Boécio foi também acusado de ter se utilizado do "*sacrilégio*" (a conjuração de demônios e magia), com o propósito de obter o ministério de forma ilícita, fatos que ele próprio, obviamente, estava absolutamente certo em repudiar por não terem qualquer valor para um filósofo. A filosofia em si, segundo acreditava, foi caluniada e acusada em sua pessoa. Aparentemente os seus estudos acadêmicos tiveram um efeito sinistro e estranho para as pessoas de fora. Aos olhos da multidão, Boécio era até mesmo visto como uma espécie de "bruxo". Tudo isso, no entanto, não foi decisivo. O fato decisivo foi a suspeita de conspiração política na qual Boécio parecia estar envolvido com Albino e provavelmente com outros senadores. Boécio foi acusado de ter "almejado a liberdade de Roma", e de desejar proteger o senado por si mesmo. A maneira como reagiu a essas acusações duplas é muito característica. "Que tipo de esperança poderia ainda ter restado, depois de tudo? Se pelo menos tivesse sido possível, de alguma forma!" Portanto, nenhuma conspiração que tivesse o seu envolvimento teria sido descoberta (*Consol.* I, 4, 27).

Todavia, não deve ser responsabilizado por tamanha falta de visão política. Por outro lado, a acusação de que em seus atos teria mantido em mente o bem-estar do senado não pode, em sua opinião, ser aceita como uma acusação em hipótese alguma. Era de sua responsabilidade como um romano proteger o senado. E era, por causa de Boécio, uma instituição sagrada e muito superior a toda força governante do rei bárbaro. Não sabemos quais foram as reais reações e intenções ocultas contidas nessa condenação geral; dificilmente pode ser uma questão apenas de seu tratamento vago sobre o caso de Albino. Porém, tal atitude e espírito de um oficial de liderança, julgada como traição, é compreensível do ponto de vista godo. Talvez Teodorico quisesse dar um exemplo claro através das execuções de Albino e Boécio. Tal atitude foi de crueldade, possivelmente não totalmente justa, e, de qualquer forma, um erro político, mas a sentença não deveria ser considerada como um ato de capricho absoluto e barbaridade.

Boécio não era político, e, por essa razão, no momento decisivo foi incapaz de tomar nas mãos o perigoso jogo em que se viu encurralado e enfrentá-lo com sucesso até o final. Em sua opinião, certamente, não foi nem nunca pretendeu ser um traidor, quando se refugiou com indignação em sua consciência limpa. Porém não serviu ao seu rei com a fidelidade e a singularidade esperadas, às quais o rei estava acostumado a receber de seus vassalos. Fracassou por causa da contradição interior entre a posição de confiança assumida e os ideais que ao mesmo tempo gostaria de seguir; e, sendo assim, foi condenado à morte. Seu trágico destino lhe parecia como uma luz básica e diferente. Não teria, em todo caso, sucumbido à tentação no momento em que a glória da posição administrativa mostrou-se superior ao seu chamado filosófico? Render-se àquele desejo foi um ato de fraqueza. Certamente o tipo de fraqueza que "pode desviar apenas aqueles que tenham uma elevada natureza, no momento em que não estejam sendo guiados pelo último estágio de virtude e perfeição" (*Consol.* II , 7, 2). Esse "último passo" foi alcançado apenas em seu aprisionamento, e a partir daí estabeleceu para a posteridade, como um penitente, a imagem ideal de sua verdadeira personalidade e de sua fé filosófica. Fizeram dele um ser inesquecível e que permanecerá vivo para sempre.

Se pudéssemos imaginar Boécio deixando este mundo sem ter expressado essas últimas palavras, teria de fato ocupado um lugar seguro em todas as histórias de filosofia e doutrina. Humanamente falando, entretanto, seu nome não significaria mais do que o de qualquer comentarista do final da antiguidade ou de um compilador da escola neoplatônica. Seria para nós um especialista capacitado em Aristóteles, que se ocupou com certa lógica de problemas eruditos, e nada mais. Nunca teríamos tido conhecimento da liberdade de sentimento e expressão espiritual deste homem que era ao mesmo tempo capaz, e do fogo espiritual que realmente queimava em seu reservado íntimo. A única evidência existente provém de seu último trabalho, *Consolação da Filosofia*. Este é também um manuscrito filosófico e, ao mesmo tempo, um trabalho de arte e um livro de confissões que pode, de modo justo, reivindicar um lugar ao lado da obra *Confissões,* de Agostinho. Da mesma forma que este último, tem sido infinitamente imitado, mas nunca equiparado, pois o seu conteúdo espiritual e pessoal permanece único. Mesmo que o *Consolação da Filosofia* não se iguale às *Confissões* em termos de originalidade, sobrepõe-se a elas por sua refinada elegância de realização artística e na brilhante clareza de sua composição impecável.

Boécio concebeu este trabalho em um momento de dor, em que se encontrava como um homem condenado. Terminou de escrevê-lo em poucos meses. Não exatamente na prisão, como os intérpretes medievais e os ilustradores acreditavam, mas, de qualquer forma, não estando em um ambiente luxuoso ao qual estava acostumado, sem os seus livros e outros recursos, sem os amigos; pelo contrário, encontrava-se em completa solidão. Quando tudo isso é levado em consideração, a sua realização quase alcança um nível milagroso.

Boécio começou a trabalhar em seu *Consolatio* quando a sua sentença já havia sido decidida. Porém ainda não contava, aparentemente, com o pior; não sabia nada sobre o processo que o seu sogro já estava provavelmente enfrentando, e talvez Boécio ainda tivesse a esperança de ser perdoado. No entanto, em seu livro não há nada que diga respeito à existência destas suposições. Ao invés de insistir na suposição atormentadora, decididamente voltou as costas ao mundo que o havia traído. Na presença da verdade filosófica relata a sua situação, como se a mesma já tivesse evoluído, e fala sobre o que lhe resta; aquilo que não é perecível e que permanece para todo o sempre.

Os cinco livros do *Consolatio*, como o *Solilóquios* de Agostinho, são um grande monólogo, ou de preferência, o único trabalho em que a alma mantém um diálogo com a "razão"; desta forma, neste ponto, mantém-se unido à própria filosofia, a professora que o havia educado no início de sua juventude, e que era a única que havia se mantido fiel a ele. As amigáveis "reflexões" dos tempos passados podiam certamente compartilhar a sua dor, mas não ajudá-lo. Na introdução, Boécio descreve o seu sentimento de perplexidade e de solidão, ao avistar uma figura alta e estranha entrando repentinamente em seu quarto. Esta traz livros em uma de suas mãos e o cetro real na outra, usando uma estranha vestimenta de tecido caseiro. Boécio imediatamente a reconhece: "Ela é a Filosofia".

A antiguidade tinha uma predileção por tais personificações, e Boécio também se estende, de alguma forma, ao interpretar os detalhes alegóricos de sua aparência; mesmo assim, de modo geral, sua descrição retém algo imediatamente claro e de vivacidade fascinante. Com um olhar ardentemente irado, a deusa bane as "reflexões", aquelas "vulgares pervertidas de teatro", da cama daquele discípulo. Boécio está enfermo; não deve estar enfraquecido diante do doce veneno da excitação da melancolia. Por mais estrita que soe a sua expressão, a filosofia não é cruel e também se inclina como uma salvadora sobre o sofrimento de seu discípulo, tentando primeiramente apenas confortá-lo e fortalecê-lo, e logo a seguir encaminha-o lentamente de sua confusão interior de volta para os seus sentidos. Através de suas perguntas e respostas, faz com que as coisas boas e verdadeiras da vida despertem à sua lembrança, e finalmente dirige-o de volta dentro da esfera da liberdade perfeita e do entendimento, nos quais a sua alma encontra repouso. O diálogo é organizado de acordo com estes estágios do processo de reconhecimento. Formalmente, sustenta-se, sem dúvida, na tradição platônica, mas em algumas passagens aproxima-se do estilo da escrita filosófica incitativa, como a defesa do acusado assume a forma de um endereçamento à corte, e assim por diante. Boécio, evidentemente desejava trazer para a representação as mais variadas formas literárias, uma após a outra, e produzir com cada uma, pequenas obras de arte. Isto também é igualmente real tratando-se dos trinta e nove poemas que vivificam o discurso: há pelo menos onze métricas poéticas que não foram encontradas em qualquer outro texto.

No início, Boécio ainda procura justificar o desespero sobre o seu destino, e dessa maneira encontra uma oportunidade para se defender, e, de modo adequado, mostrar a vileza de seus oponentes. Mas a filosofia mostrou-lhe quão erroneamente agiu ao se enfurecer diante da mudança de sua sorte, que lhe havia anteriormente arruinado, e que nunca foi obrigada à fidelidade. Boécio é gradualmente levado por suas perguntas a ver a inutilidade e a vaidade de todos os bens exteriores, da riqueza e da luxúria, da glória e de todo sucesso. A verdadeira possessão consiste somente nos tesouros internos do espírito e da verdade, e da verdadeira ligação moral a estes valores. Um amante da filosofia não deve reclamar, pelo contrário, deve ter orgulho de poder sofrer por aquela a quem ama e por seu amor. Aqueles que encontram satisfação na tendência terrena através das meras ilusões de felicidade, são como bêbados que quando estão intoxicados se esquecem do caminho e são incapazes de encontrar seus verdadeiros lares. Existe uma única utilidade superior para a qual tudo se esforça mesmo sem conhecimento; uma força de verdade, beleza, bondade e perfeição, que é suficiente por si só e sozinha pode trazer satisfação. Esse é o grandioso ser que une e harmoniosamente mantém a diversidade do universo e é chamado "por um nome familiar a todos": Deus (*Consol.* III, 12, 8).

Ele, "o Pai de todas as coisas", pode ser invocado em orações de acordo com o exemplo de Platão (*Tim.* 27 c), se desejarmos encontrar a suprema felicidade e o bem (*Consol.* III, 9, 32, f.). A filosofia popular de procurar consolo na resignação é agora impulsionada para segundo plano. Boécio sente-se mais livre e volta a sua atenção para cima e para frente. Nesse momento, compartilha a conversa por conta própria, levando-a corretamente mais adiante, para o deleite de seu professor. Percebe a lei uniforme do mundo, na qual animais, plantas e até mesmo minerais e cristais, seguem mantendo a existência de seus seres, e das quais os homens também fundamentalmente sentem falta quando estão se esforçando pela felicidade. Essa lei da existência ordenada não tolera qualquer exceção. "Assim o mal não é nada, e, sendo assim, algo que não existe não tem como causar mal algum" (*Consol.* III, 12, 29). O mundo pertence a Deus, e visto a partir da perspectiva do Deus todo-poderoso tudo está necessariamente em seu lugar apropriado. O mundo criado é o melhor e mais perfeito de todos os mundos.

O que então se pode dizer sobre a miséria que sucedeu a Boécio? Como era a verdade inegável do pensamento agora captado para estar em harmonia com a experiência da realidade de injustiça e desordem no mundo? A resposta para essa questão é dada no quarto livro, com uma teodicéia detalhada, desenvolvida dentro do espírito platônico. Na realidade, os malvados não são felizes e sim infelizes. Devido ao que estão fazendo caem no vazio e, juntamente com suas existências boas, perdem sua real existência. O bom homem, no entanto, preserva-a e alcança uma felicidade mais rica e segura, e quanto maior for a determinação com a qual enxerga através da vaidade de todas as coisas que no início quiseram tentá-lo e afligi-lo, maior será a solidez que o unirá ao verdadeiro e supremo bem no qual estará a salvo. A indestrutível ordem de Deus assegura que todo homem no mundo traz sobre si mesmo a sua própria recompensa ou punição, como merece. Tudo depende de se ter os olhos firmemente fixos na realidade eterna e divina. Este é o propósito que a antiga história de Orfeu procura testemunhar:

> Porém torna este conto em realidade,
> Quem acredita que o dia seguinte
> Trará com rapidez pensamentos sombrios,
> Caso sua visão vencesse, voltaria
> Ao passado e lembraria do que Platão ensinou;
> Todo o valioso bem que desde então alcançaste,
> Perdes enquanto voltas o teu olhar ao inferno.
> (*Consol.* III, 12, 52, ff,; *LCL*, 297)

A partir desse ponto, o quinto livro leva ao último problema difícil. Como o princípio dominante da compensação moral é compatível com a onipotência de Deus? Sua "providência não aniquila a liberdade do homem, da qual toda a moralidade depende? Aqui também, a solução consiste no modo correto de se encarar as coisas. Deve estar claro para nós que Deus existe na eternidade, ou seja, não na dimensão do tempo terreno e transitório, onde a nossa atividade tem lugar. Esse que desvenda-nos o passado, o presente e o futuro, encontra-se diante de sua visão como se estivesse eternamente presente. Por essa razão as decisões de sua "providência" não são realmente prévias ao nosso livre-arbítrio, mas podem corresponder a elas precisamente a qualquer momento. Então, a atitude de o buscarmos não é de modo algum sem sentido, esforçando-nos completamente pelo bem. Esta é a soma total de todas as considerações que a "Filosofia" descreve ao final: "Nem mesmo nós colocamos em vão a nossa esperança em Deus ou oramos a Ele; se o fizéssemos tão bem quanto deveríamos, não desperdiçaríamos o nosso trabalho nem nos faltariam as realizações. Portanto, devemos fugir dos vícios, adotar as virtudes, controlar as nossas mentes com esperanças dignas, oferecer orações humildes ao nosso Príncipe supremo. Existe, caso não se dissimule, uma grande necessidade de cumprirmos aquilo que nos é imposto, visto que vivemos sob a visão de nosso Juiz, que contempla todas as coisas" (*Consol.*V, 6, 46 ff.; *LCL*, 411). Em seguida, Boécio, que não se evadiu das dificuldades, seguiu o seu caminho filosófico até o final com rigorosa consistência, concluindo o trabalho com um apelo direto, moral e religioso.

O *Consolatio* não é nada mais do que um trabalho ingênuo. Esta afirmação é verdadeira tanto em relação ao seu conteúdo quanto à sua forma. Boécio conscientemente o escreveu em sua própria defesa, como uma apologia, e a imagem retratada de sua personalidade é então conscientemente estilizada. Reconhecemos tal fato, por exemplo, pela maneira como declara com nobre orgulho, no final de sua reivindicação política, que deve renunciar a qualquer louvor próprio – pois assim violaria demasiadamente o "segredo" de uma mente correta (*Consol.* I, 4, 33). Então, no parágrafo seguinte, testifica explicitamente através da filosofia que tem sido demasiadamente modesto, e que não deu aos seus méritos objetivos o merecido louvor (*Consol.* I, 5, 7). Cada detalhe na estrutura do manuscrito e a organização de pensamento são também cuidadosamente considerados. O *Consolatio* é um livro para pessoas cultas; é igualmente intencional e consciente. O refinamento de seus métodos, a sua organização, a ênfase, as conexões, as citações gregas que são adicionadas, as recordações incontáveis e as repercussões da literatura mais antiga seriam até mesmo em nossos dias totalmente claros somente para o leitor mais culto. Fazem com que os livros de hoje sejam um campo ideal para o exercício da detecção lingüística e do sentimento em prol do estilo. É um livro típico da antiguidade, no qual a originalidade é quase sempre expressa somente como "uma originalidade da síntese dos elementos tradicionais" (Wolfgang Schmidt). Mesmo enquanto poucos estavam inclinados sob o jugo da gigantesca herança, e com seus produtos artificiais ressaltavam apenas o grotesco, o pedante, ou o ineficaz, Boécio permanecia interiormente como alguém que possui todo o tesouro da tradição, e com liberdade e naturalidade trabalhava as suas possibilidades intelectuais e literárias como um artista e um mestre.

Se estivermos habituados ao estudo dos comentários sábios, ficaremos inicialmente surpresos ao notar a força com que os elementos platônicos predominam no *Consolatio*: estão constantemente se expandindo, e, no final, dominam sozinhos. Não somente as idéias, entretanto, mas também o espírito e o temperamento do livro são amplamente platônicos, ou, mais precisamente, neoplatônicos. Na sensibilidade retórica e objetividade de seu sentimento religioso, Boécio supera Platão. Um novo toque apaixonado fornece ao conteúdo do diálogo um estilo quase dramático, devido ao desenvolvimento psíquico do questionador e ao desdobramento especulativo da verdade objetiva sob a direção conservadora da "filosofia", que repetidamente se alinha. Da mesma forma, as inserções poéticas e as rimas do diálogo não são de forma alguma embelezamentos artificiais. Ao refletir e clarear as emoções, antes de apresentar as idéias e depois resumi-las e transportá-las, as rimas são indispensáveis para o entendimento do movimento intelectual de todo o contexto. Boécio não era, de fato, "original" nem mesmo como poeta, mas estava acima de toda a custódia de um patrimônio. Quando ouvimos que no início produziu certa vez um "*carmen bucolicum*", um simples e, talvez, também alegórico poema pastoral de maneira então popular, não precisamos pessoalmente nos lamentar pela perda desses versos. Porém, os poemas do *Consolatio* são, sem dúvida, muito mais que experimentos habilidosos em diversos tipos de poesia, embora também o sejam. Boécio revela-se um verdadeiro poeta lírico que possui muitas idéias. De fato, com exceção do início de Sêneca e outros, talvez seja o típico representante deste tipo de poesia em sua mais recente forma latina, uma vez que corresponde completamente à sua natureza, podendo ser considerada como a verdadeira poesia. Esta é a verdadeira rima segundo Orfeu mencionou, e a grande oração contida no terceiro livro. Este fato é também verdadeiro em relação à elegia no primeiro livro, uma vez que Boécio enxerga ordem e beleza em todos os lugares da natureza, enquanto faltam harmonia e justiça no mundo solitário do homem:

> Ó Tu que te unes com amor
> Contemples, do Teu assento que está acima, todas as coisas materiais,
> No estado miserável da terra;
> A nós, homens, que não somos a menor obra que criastes,
> As rajadas fazem tremer;
> Tu, imperador cuidadoso, que estas ferozes tempestades acalmas,
> Para a terra concedas
> Aquelas leis através das quais diriges os céus em paz.
> (*Consol.* I, 5, 42 ff.; *LCL*, 159)

Qual foi o homem responsável pela composição destas orações? Em que sentido era um teólogo tão bom quanto um filósofo? Seria também um verdadeiro cristão? Esta é uma pergunta geralmente feita, mas que ainda não obteve uma resposta uniforme; devemos tirar as nossas próprias conclusões.

É certamente estranho que a mesma pessoa a quem a Idade Média venerou como um "Pai da Igreja" e um santo, em sua última obra, composta em presença da morte, receba a visita da "filosofia" como a sua consoladora, e em momento algum mencione a Cristo, que é o Salvador dos cristãos. Esta questão não pode ser deixada de lado como se fosse demasiadamente formal, e explicada simplesmente por meio de um sentimento tradicional relacionado ao estilo, através do qual desejava evitar falar de Cristo em um diálogo filosófico. Também estão ausentes do tema principal todas as referências sobre os inequívocos ensinamentos e concepções cristãs. Esta evidência é maior do que o *Consolatio,* sendo um livro de tom completamente religioso, tendo de fato um caráter devocional; e a "filosofia" de que aqui se fala, revela-se francamente como uma filosofia religiosa. Por esta razão ensina que deseja apenas lembrar Boécio da verdade que ele mesmo havia, durante todo o tempo, conhecido, acreditado, e representado. Até onde podemos julgar, não há, de fato, qualquer contradição no *Consolatio* em relação ao que escreveu em outros lugares. Este fato elimina qualquer possibilidade de reconhecermos uma surpreendente "*volte-face*", que Boécio deve ter experimentado durante seu último aprisionamento. Até mesmo esta visão também deve ter sido suportada de maneira estranha, por muito tempo, como anterior a uma subseqüente "conversão" ao cristianismo, ou a um abandono final de sua prévia convicção teológica em favor de uma contemporânea filosofia pagã consciente. Na verdade Boécio nunca hesitou em sua crença sobre o que acreditava ser a verdade.

Às vezes havia uma tendência comum de simplesmente declarar que Boécio era um pagão, por causa de seu *Consolatio*, e de considerar os seus tratados teológicos como falsificações medievais. Desde que são, entretanto, garantidos pelo testemunho explícito de Cassiodoro, tal solução superficial do problema está nesse momento fora de questão. Um paganismo formal é impossível, em particular porque no século VI um não-cristão jamais teria sido designado para os cargos mais altos do Estado. Por outro lado, as obras teológicas não rendem frutos na mesma medida que a sua fé pessoal, como deveríamos esperar. Já falamos sobre o seu início e seu estrito caráter dogmático. Boécio se restringe à exposição formal de certos problemas a respeito da cristologia e a da Trindade, e procede de acordo com as regras então aceitas e princípios de lógica, do mesmo modo "como é de costume na matemática e nas outras ciências" (*Opusc.* III *pref.*). Estes são incontestáveis para ele. Ele não procura, conforme as palavras de Anselmo, "acreditar para compreender" no sentido agostiniano; antes, procura penetrar na fé com o seu esclarecimento racional. Somente então é capaz de tornar o seu todo cientificamente crível, em um sentido responsável. Isto certamente não exclui o fato de que, desde o início, Boécio reconheça a "fé cristã" como válida, incluindo a condenação de todos os hereges, e que para isso também conheça e admire as obras de Agostinho – principalmente seu livro sobre a Trindade.

Através de sua própria análise deste tópico, expressa a esperança de que "as sementes das obras de Agostinho" devem ter produzido alguns frutos (*Opusc.* I pref.). A reserva que Boécio tentou manter, como temos visto, em direção a todas as disputas eclesiásticas, não deve ser interpretada como um ceticismo secreto. Contudo, como desejava conhecer apenas uma única filosofia, e em seu âmbito desprezava de modo correto todas as disputas das escolas filosóficas, provavelmente reconhecia o ensino da igreja como uma forma autêntica da verdade, que apenas carece de certa perfeição filosófica estrita. Dificilmente tomou nota de escritos bíblicos, e em nenhum caso os recomendou como prova de seus enunciados. Os seus trabalhos intelectuais têm início com os grandes filósofos, e aqui encontra a exaltação espiritual e a sua verdadeira religião. Quantos filósofos depois dele se comportaram exatamente da mesma forma, e apesar disso sentiram-se como bons cristãos! Boécio podia sentir-se ainda mais confiante pelo fato de suas opiniões não terem causado nenhuma ofensa, tendo encontrado a aceitação de seus tratados teológicos, mesmo em meio ao clero, por terem sido compreendidos. Até onde sabemos, o *Consolatio* não recebeu nenhuma crítica, sendo por séculos lido com satisfação por todos os cristãos.

Vemos aqui o quanto a filosofia neoplatônica e o cristianismo pós-agostiniano haviam se aproximado naquele momento, também no Ocidente. O cristianismo não era mais considerado anti-filosófico. Havia entre os dois uma extensa comunhão, de longo alcance, em termos de temperamento religioso e aparência; o que também alcançou a sua expressão máxima em Boécio. Todos os elementos óbvios do "paganismo" em relação à crença desapareceram no *Consolatio*. Os deuses clássicos aparecem, na maior parte das vezes, como personificações poéticas. O estrito monoteísmo está sob absoluto controle, e especialmente em Boécio, tem uma descrição decididamente teísta: Deus ouve a oração e como Pai governa o mundo. Não menos decisiva é a característica ascética de seu pensamento. Pessoalmente, Boécio não era ascético, mas a avaliação depreciativa das coisas boas terrenas em si, uma característica comum de toda a literatura antiga de consolação, assumiu um significado mais profundo na visão da religiosidade neoplatônica, trazendo a recordação de Agostinho. O espírito humano não deve prender-se às coisas exteriores. Este encontra-se em seu lugar adequado quando está na presença de Deus; isto é, na visão espiritual de Deus e em sua perfeição eterna.

A partir deste ponto de vista, mesmo as memórias presunçosas e as virtudes políticas de Roma perdem o seu esplendor. Levando-se em consideração aquilo que é supremo, até mesmo estes são vãos e vazios; a efusão de uma sede sem lógica pela glória. O retrocesso do ideal político de vida não é mais justificado em princípio, e supera até mesmo a *Civitas Dei* de Agostinho. O sofrimento, no entanto, ganha em significância moral e alcança um valor positivo: "Acredito que a fortuna, quando contrária, é mais proveitosa aos homens do que quando lhes é favorável" (*Consol.* II, 8, 3; *LCL*, 221). Entretanto, a questão é focada consideravelmente na área mais íntima do questionamento metafísico: o último livro do *Consolatio* lida inteiramente com a liberdade do homem ao se relacionar com a onipotência de Deus. Dificilmente Boécio é aqui dependente de Agostinho. De qualquer maneira, ainda concebe o problema da liberdade como sendo de ordem universal; não da experiência humana inerente em si, e até o momento permanece na linha da discussão filosófica tradicional. Na realidade, com relação a isso, ele apenas toca no grande tema teológico de seu século, isto é, a questão sobre a predestinação.

No entanto, a decisão, considerando o cristianismo de Boécio, não pode ser tomada com base em aspectos tão generalizados como a história das idéias – pelo menos não mais do que por uma mera demonstração de sua participação como membro da igreja, e sua obra dogmática e teológica. O próprio *Consolatio* nos direciona a fazer a pergunta sobre a sua fé, sob um prisma mais sério; certamente de acordo com o enredo, é um livro sobre a eterna salvação do homem, e mais ainda, sobre a sua libertação de um mundo que lhe é hostil e que visivelmente o destrói. Como os homens oprimidos retomam a sua liberdade mediante esse extremo perigo? A resposta pode apenas ser dada pela filosofia, isto é, pela consideração tranqüila e razoável do que prova por si só ser eternamente verdadeira e duradoura, além da confusão do momento, do mundo inteiro bem organizado, da liberdade do autoprincípio moral, e acima de ambos, da sustentação e da unidade de tudo, a onipotência e a bondade do único Deus.

Boécio começa sua consideração com o cosmos. Percebe como os seus pequenos sofrimentos terrenos são ridículos e insignificantes, e igualmente toda a glória dos monarcas e seus aparentes universos imperiais na vida real, quando comparados ao espaço estelar, assim como todas as proezas humanas quando comparadas à eternidade. Ainda assim, esta descoberta apenas torna um homem feliz e livre, pois a ordem eterna e a justiça existem e operam também no espírito humano. Apenas isso é necessário: que ele realmente as reconheça e decididamente siga as suas ordens. Então verá o verdadeiro Deus, o "verdadeiro sol", que penetra tudo com a sua luz (*Consol.* V, 2, 14). Sob esta luz, finalmente, observa toda a existência como sendo boa e tudo que é real como racional. Esta percepção faz com que um filósofo seja feliz, reconcilia-o com a sua sorte, e dá à sua própria moral um alicerce eterno na verdade e em Deus. Tal ensinamento sobre a salvação não é cristão; tem deixado de lado tudo o que ocasiona os pesares dos cristãos, as lutas e os sofrimentos históricos "de sua época", a força demoníaca do mal, e a impossibilidade de sempre os sujeitar por sua própria resistência.

Para Boécio, nenhuma destas coisas têm importância fundamental. Certamente as leva em consideração, mas somente a ponto de expô-las em seu vazio e dissolvê-las teoricamente pela sua avaliação filosófica; estão fora de cogitação. Por essa razão, faltam em Boécio todos os elementos que estabelecem a salvação para os cristãos. Ele não precisa de qualquer ajuda e revelação externos, nem de mudanças históricas e renovações no tempo, muito menos de alguma conversão real de seu ser. As obscuras paixões "físicas" que no início de seu diálogo confundiram sua mente e sua atitude moral, não são precisamente a real essência de sua personalidade, a qual nunca pode na verdade ser perdida – pode no máximo ser esquecida e desviar-se devido a alguma embriaguez. Mesmo assim, a filosofia o leva de volta a si mesmo. E assim, o homem novamente conquista a sua existência. Boécio acredita em si mesmo, em sua razão e em sua liberdade moral. Toda a significância do que em seus pensamentos corresponde à predestinação atinge a proteção dessa liberdade e a manutenção da ordem moral que justamente distribui recompensas e punições.

Em contraste, o ensinamento de Agostinho sobre a predestinação foi a conseqüência definitiva de sua doutrina da graça, e a expressão de uma dependência étnica "absoluta" do homem pecador em relação a Deus, que é ao mesmo tempo a sua felicidade. Agostinho tornou-se um cristão enquanto era um neoplatônico; Boécio, enquanto um neoplatônico e teólogo cristão, permaneceu fundamentalmente um pagão. É por esta razão que a fé filosófica é, aqui, auto-suficiente. É a meditação piedosa e a reverência poética do único princípio divino, ao invés de fé no sentido estrito, que espera tudo através da intervenção de Deus e constrói vida sobre a sua firme promessa. Boécio não precisava de palavras, nem do Espírito, nem de misericórdia, nem da igreja, nem de companheiros cristãos para ser quem era. Portanto, o fato de que em sua última confissão não tenha falado a respeito de Cristo, não foi acidental mas inteiramente apropriado à sua natureza.

Boécio ainda apreciava participar do culto local em Pávia. É simbólico, como sempre foi, a crença de que as relíquias de Boécio e de Agostinho encontram-se na mesma igreja, de San Pietro, em Cieldoro. Os dois últimos Pais da Igreja latina, organizados cada um da sua própria forma, trouxeram a uma conclusão intelectual uma época histórica da igreja ocidental, e de toda a história. Ainda assim, em suas conjunções, a antiga tensão ainda vive entre a aspiração pela virtude e pela humildade, pela razão e fé, pela filosofia e teologia, e entre o paganismo e a antigüidade cristã. A filosofia grega que, por meio de Agostinho, tornou-se a ponte para o entendimento do cristianismo como a mensagem do Evangelho em oposição a todo moralismo e racionalismo em sua igreja, em Boécio, ao contrário, conduziu a cristandade ao erro, em direção a uma forma mais elevada de humanismo pagão e de religião.

Pouco depois, a obra teológica de Boécio ficou pendente por séculos. Gregório Magno (604 d.C.) e Isidoro de Sevilha (636 d.C.) eram apenas nômades da época clássica, e viveram espiritualmente em um mundo diferente, não sendo mais educados da forma antiga, mas de acordo com a tendência medieval. Quando a vida intelectual renasceu no império carolíngio, sofreram um doloroso processo para compreender a "época dourada" dos Pais da Igreja como uma unidade interna. Na realidade, isto nunca havia acontecido e não teve a sua conclusão por meio de uma solução pronta, mas permaneceu como uma questão em aberto.

Tabela Cronológica

Acontecimentos no Império **Ano / evento**	**Acontecimentos ligados à Igreja** **Ano / evento**
197 *Apologia* de Tertuliano	
	202 Imperador Séptimo Severo proíbe a conversão ao cristianismo
	248-249 Cipriano torna-se bispo em Cartago
250-251 Perseguição aos cristãos sob o governo de Décio	258 Cipriano é martirizado
257-259 Perseguição aos cristãos sob o governo de Valeriano	
284-305 Governo de Diocleciano	
	317 Lactâncio é chamado a Tréve
324 Constantino torna-se o único governante do Império Romano	
325 Concílio de Nicéia	
353 Constâncio vence o Ocidente	
364-375 Valenciano I (Ocidente)	374 Ambrósio torna-se bispo de Milão em 7 de dezembro
375-383 Graciano (Oriente)	
	381 Concílio de Aquiléia
378 Vitória dos Godos em Adrianópolis	
379-395 Teodósio o Grande (passa a governar o Ocidente sozinho em 393)	

Acontecimentos no Império
Ano / evento

383-392 Valenciano II (Ocidente)

390 A punição de Teodósio

395 Agostinho torna-se o bispo de Hipona

410 Alarico conquista Roma

429 Os Vândalos na África

476 A deposição de Rômulo Augusto
493-526 Teodorico

484-519 O cisma acaciano

Acontecimentos ligados à Igreja
Ano / evento

382-385 Jerônimo em Roma

385-386 Disputa na Igreja em Milão
387 Agostinho é batizado em Milão

391 Agostinho é ordenado sacerdote
395 A divisão do império

397 A morte de Ambrósio em 4 de abril

419-420 A morte de Jerônimo

430 A morte de Agostinho em 28 de agosto

510 Boécio torna-se cônsul

524 A morte de Boécio

Lista de Abreviaturas

ACM *Escritores Cristãos Antigos*, ed. por J. Quasten, J. C. Plumpe, e W. J. Burghardt (Westminster, Md., Londres, 1946 ff.)

ANF *Os Pais Antinicenos*, edição de Edimburgo, rev. por A. C. Coxe (Búffalo, 1884-1886)

CC *Corpus Christianorum, Série Latina* (Turnholti, 1953 ff.)

CSEL *Corpus Scriptorum Ecclesiasticorum Latinorum*, ed. pela Academia Wiener de Wissenschaften (1866 ff.)

FC *Os Pais da Igreja*, ed. por L. Schopp, G. Walsh, e R. J. Deferrari (Nova Iorque, 1947 ff.)

LCC *Biblioteca dos Clássicos Cristãos*, ed. por J. Baillie, J. T. McNeill, e H. P. Van Dusen (Londres, Filadélfia, 1953 ff.)

LCL *Biblioteca Clássica Loeb* (Londres, Cambridge, Mass.)

LPNF *Uma Biblioteca Seleta dos Patriarcas Nicenos e Pós-Nicenos da Igreja Cristã*, primeira e segunda séries, ed. por P. Schaff e H. Wace (Oxford, Nova Iorque, 1886-1905)

ML *Patrologia Cursus Completus, Série Latina*, ed. por J. P. Migne (Paris, 1844 ff.) Oates *Escritos Básicos de Santo Agostinho*, com uma introdução e notas por W. J. Oates (Nova Iorque, 1948)

Bibliografia

Sempre que as traduções das citações dos Pais da Igreja foram extraídas das edições em inglês existentes, uma abreviatura do título foi adicionada à referência (cf. Lista de Abreviaturas apresentada na página anterior). De outro modo as traduções alemãs do professor von Campenhausen foram traduzidas para o inglês, com a referência da fonte original. Em muitos casos o segundo procedimento se mostrou preferível, pois a tradução das citações feita pelo autor pareceu transmitir o pensamento do específico Pai da Igreja mais claramente. A pedido do autor, o tradutor ampliou as bibliografias seguintes para o uso dos leitores da língua inglesa, e assume a responsabilidade por esta porção do livro, bem como pelo índice.

Introdução

Algumas referências gerais à literatura podem ser anexadas aqui, como em *Os Pais da Igreja Grega*.

Desde 1866 a Academia Wiener de Wissenschaften tem se dedicado a produzir uma edição crítica de todos os Pais da Igreja latina em seu *Corpus Scriptorum Ecclesiasticorum Latinorum* (*CSEL*). Até o momento, 75 volumes foram publicados. Desde 1953, o *Corpus Christianorum – Série Latina* (*CC*) da Abadia de São Pedro em Steenbrugge (Bélgica) posicionou-se ao seu lado, fazendo um progresso mais rápido. Além destes, a coleção completa de J. P. Migne, *Patrologia Cursus Completus, Série Latina* (*ML*) [Paris, 1844 ff.], estendendo-se à época de Inocêncio III, ainda deve ser utilizada. Ela agora está sendo completada com volumes críticos suplementares (*Supplementum*, 1958 ff.) por A. Hamman.

E. Dekkers e E. Gaar, *Clavis Patrum Latinorum* (Sacris Erudiri III, Steenbrugge, 1957 [2]), fornece uma relação de todo o material (com títulos, catálogo das melhores edições, e suplementos críticos adicionais). Uma grande seleção de traduções em inglês é encontrada em *Os Pais Antinicenos* (*ANF*) (edição de Edimburgo, rev. por A. C. Coxe, Búffalo, 1884-86); P. Schaff e H. Wace, *Uma Biblioteca Seleta dos Pais Nicenos e Pós-Nicenos da Igreja Cristã* (*LPNF*), primeira e segunda séries (Oxford, Nova Iorque, 1886-1905); J. Quasten, J. C. Plumpe, e W. J. Burghardt, *Escritores Cristãos Antigos* (*ACW*) (Westminster, Md., Londres, 1946 ff.); L. Schopp, G. Walsh, e R. J. Deferrari, *Os Pais da Igreja* (*FC*) (Nova Iorque, 1947 ff.); *Biblioteca dos Clássicos Cristãos* (*LCC*), ed. por J. Baillie, J. T. McNeill, e H. P. Van Dusen (Londres, Filadélfia, 1953 ff.); algumas traduções em *Biblioteca Clássica Loeb* (*LCL*) (Londres e Cambridge, Mass.).

A história mais substancial da literatura da igreja antiga é a de O. Bardenhewer, *Geschichte der altkirchlichen Literatur* (Freiburgo, 1913 [2] -1932), em cinco volumes. No *Handbuch der klassischen Altertumswissenschaft*, recentemente editado por W. Otto, a literatura cristã latina foi tratada por G. Krüger (III [3], Munique, 1922; IV, I-2, Munique, 1914-20). Uma informação concisa, mas excelente, é dada na apresentação resumida *Leben, Schriften und Lehre der Kirchenväter* (com referências adicionais à literatura) de B. Altaner, *Patrologie* (Freiburgo, 1960 [6]; tradução inglesa, *Patrologia*, por H. C. Graef, Edimburgo, Londres, Nova Iorque, 1960). Estão particularmente disponíveis em inglês: J. Quasten, *Patrologia I-III* (Westminster, Md., 1951, 1953, 1960); e E. J. Goodspeed, *Uma História da Antiga Literatura Cristã* (Chicago, 1942).

As seguintes histórias gerais da igreja antiga devem ser mencionadas: K. Müller, *Kirchengeschichte I*, 1 (Tübingen, 1941 [3], em associação com H. v. Campenhausen); H. Lietzmann, *Geschichte der alten Kirche I-IV* (Berlim, 1953 [2/3]; tradução inglesa, *Uma História da Igreja Antiga I-IV*, por B. L. Wolff, Londres, Nova Iorque, 1937-51, 1953 [2]); e os primeiros quatro volumes da obra conjunta *Histoire de l'Église* (Paris, 1934 ff.), editado por A. Fliche e V. Martin (Vol I: J. Lebreton e J. Zeiller, *A História da Igreja Primitiva*, tr. por E. C. Messenger, Londres, Nova Iorque, 1942-47); e sua continuação: J. R. Palanque, G. Bardy, e P. de Labriolle, *A Igreja no Império Cristão*, tr. por E. C. Messenger, Londres, Nova Iorque, 1949-52. Outra tradução do francês para o inglês: L. Duchesne, *Histoire ancienne de l'Église I-III* (Paris, 1906-11 [2-5]; tradução inglesa, *A História Antiga da Igreja Cristã I-III*, por C. Jenkins *et al.*, Londres, Nova Iorque, 1908-24). Em inglês: B. J. Kidd, *Uma História da Igreja até 461 d.C.* (Oxford, Nova Iorque, 1922); e *A Antiga História de Cambridge*, vols. 11 e 12, editado por S.A. Cook *et al.* (Cambridge, 1936-39). Uma curta, porém, muito boa introdução à história da Igreja antiga (com leituras selecionadas) será encontrada em R. H. Bainton, *Cristianismo Antigo* (Princeton, 1960).

Os mais importantes relatos da história da doutrina da Igreja antiga na língua alemã são: A. v. Harnack, *Lehrbuch der Dogmengeschichte I-III* (Tübigen, 1932 [5]; 1909-10 [4], tr. por N. Buchanan *et al.*, *História do Dogma*, 7 vols., Londres, 1894-99); R. Seeberg, *Lehrbuch der Dogmengeschichte I-II* (Darmstadt, 1953 [4]; tradução inglesa, *Livro-Texto da História das Doutrinas*, de C. E. Hay, Filadélfia, 1905). F. Loofs, *Leitfaden zum Studium der Dogmengeschichte I-II*, ed. por K. Aland (Halle, 1959 [6]); o *Handbuch der Dogmengeschichte,* católico romano, editado por M. Schmaus, P. Geiselmann e H. Rahner, tem figurado desde 1951 em ordem temática ao invés de cronológica. Traduzida do francês para o inglês: J. Tixeront, *Histoire de dogmes* (Paris, 1930 [11]; *História dos Dogmas*, tr. por H. L. B., 3 vol., St. Louis, 1923 ff.). As obras em inglês são: A. C. McGiffert, *Uma História do Pensamento Cristão* (2 vols., Nova Iorque, Londres, 1932-33); J. F. Bethune-Baker, *Uma Introdução à História Antiga da Doutrina Cristã* (Londres - Cambridge, Mass., 1933 [5]); D. L. Neve, *Uma História do Pensamento Cristão* (Filadélfia, 1946); e J. N. D. Kelly, *Doutrinas Cristãs Antigas* (Londres, Nova Iorque, 1958); também cf. Ch. N. Cochrane, *Cristianismo e Cultura Clássica* (Oxford, Nova Iorque, 1940).

Ao citar os escritos dos Pais freqüentemente fiz uso implícito de traduções mais antigas. Rogo aos meus predecessores não considerarem isto um plágio. Também em outras instâncias teria sido possível em inumeráveis passagens dar os nomes de autores mais antigos que segui consciente ou inconscientemente. Prefiro, contudo, me posicionar com Cervantes, que no prefácio de seu *Engenhoso Cavalheiro Dom Quixote de la Mancha* expressamente renuncia às citações paralelas, rodapés, e outras coisas nobres desse tipo "em parte porque não me considero inteligente e instruído o suficiente, e em parte porque eu seja muito preguiçoso para procurar em outros autores, o que eu possa perfeitamente bem dizer sem eles".

Capítulo 1 - Tertuliano

A edição crítica das obras de Tertuliano no *CSEL* ainda não está inteiramente completa; a mais recente e completa edição foi publicada em *CC* (Turnholti, 1954). Existem além disso as numerosas edições de livros individuais, entre as quais a edição de *De Anima* por J. H. Waszink, com seu comentário detalhado que deve ser especialmente mencionado (Amsterdam, 1947), bem como a edição latino-alemã de C. Becker do *Apologeticum* (Munique, 1961 [2]). Muitas de suas obras são encontradas em traduções do inglês em *FC*, *ACW*, *ANF*,

LCC, e em edições individuais. Além destes, os trechos e interpretações de A. Neander em seu *Einleitung* para os escritos de *Antignostikus* (*Geist des Tertullianus*, 1849 [2]; tr., *Antignostikus, o Espírito de Tertuliano*, por J. E. Ryland, Londres, 1851) ainda são úteis e vale a pena lê-los.

Uma biografia real de Tertuliano, tal como a que uma vez foi tentada, por exemplo, por E. Noeldechen (1890), dificilmente pode ser escrita. Nós o conhecemos, bem como a sua história unicamente por meio de suas obras, que não são suficientes para esta tarefa. Apresentações gerais mais recentes vieram de P. Monceaux (no primeiro volume de sua *Histoire littéraire de l'Afrique chrétienne*, Paris, 1901), A. d'Alès (*La Théologie de Tertullien*, Paris, 1905), R. E. Roberts (*A Teologia de Tertuliano*, Londres, 1924), e outros. Uma caracterização brilhante é dada por K. Holl, *Tertullian als Scriftsteller* (Berlin, 1897, *Gesammelte Aufsätze III* [Tübingen, 1928-1932], I ff.). Para o estilo literário de Tertuliano compare – além de várias análises especiais – E. Norden, *Die antike Kunstprosa II* (Leipzig, 1959 [3]), 606 ff., 943 f., bem como o estudo profundo de sua composição por H. Koch em Pauly, *Realencyclopädie V, A* (Stuttgart, 1934), 822 ff. Aspectos importantes são tratados, entre outros, por J. Lortz, *Tertullian als Apologet I-II* (Münster, 1927-28); A. Labhardt, *Tertullien et la philosophie* (*Mus. Helv.* 7 (1950), 159 ff.); J. Morgan, *A Importância de Tertuliano no Desenvolvimento do Dogma Cristão* (Londres, 1928); C. de L. Shortt, *A Influência da Filosofia na Mente de Tertuliano* (Londres, 1933); H. Karpp, *Schrift und Geist bei Tertullian* (Gütersloh, 1955); na questão penitencial, veja H. v. Campenhausen, *Kirchliches Amt und geistliche Vollmacht in den ersten drei Jahrhunderten* (Tübingen, 1953), 243 ff.

Capitulo 2 - Cipriano

A abundante e, até certo ponto, também complicada transmissão das cartas e escritos de Cipriano, torna uma edição crítica muito difícil. A edição de Hartel em CSEL (1868-71), desatualizada e desde o princípio deficitária, ainda hoje não foi inteiramente substituída. Não há falta de traduções nas línguas modernas, por exemplo em inglês em *ANF, ACW, FC, LCC*, e em *Estudos Patrísticos* da Universidade Católica da América.

Dentre todas as apresentações de Cipriano, devem ser mencionadas: E. W. Benson, *Cipriano, sua Vida, sua Época, sua Obra* (Londres, Nova Iorque, 1897); P. Monceaux, *Saint Cyprien, évêque de Carthage* (Paris, 1914 [2]); J. Ludwig, *Der hl. Märtyrerbischof Cyprian von Karthago* (München, 1951); especialmente os capítulos tratando de Cipriano em H. Achelis, *Das Christentum in den ersten drei Jahrhunderten II* (Leipzig, 1912) 387 ff., e H. Lietzmann, *Geschichte der alten Kirche II* (Berlin, 1953 [2]), 229 ff., 261 ff., (tr. *A Fundação da Igreja Universal* [*Uma*

História da Igreja Antiga, vol. II, Londres-Nova Iorque, 1938], 298 ff.). A melhor autoridade sobre os escritos de Cipriano, que ele expôs repetidamente em seus ensaios, foi H. Koch: especialmente em seu *Cyprianische Untersuchungen* (Bonn, 1926), e *Cathedra Petri: Neue Untersuchungen über die Anfänge der Primatslehre* (Giessen, 1930). Na concepção de Cipriano, da Igreja e de seu ministério, veja H. v. Campenhausen, *Kirchliches Amt und geistliche Vollmatch in den ersten drei Jahrunderten* (Tübingen, 1953), 292 ff.

Capítulo 3 - Lactâncio

Uma edição conjunta crítica das obras em prosa de Lactâncio foi, em sua época, produzida por S. Brandt em *CSEL* (1890-97). Algumas edições especiais de obras específicas são agora acrescentadas à ela, especialmente aquela por J. Moreau (com comentário), *De Mortibus Persecutorum* (Paris, 1954), a de H. Kraft e A. Wlosok, *De Ira Dei* (Darmstadt, 1957), e de M. C. FitzPatrick, *De Ave Phoenice* (Filadélfia, 1933, com uma tradução em inglês). O *Epitome* é traduzido por E. H. Blakeney (Londres, 1950), a *Morte dos Perseguidores*, de D. Dalrymple (Edimburgo, 1782), seleções dos *Institutos*, de T. W. Radius (Grand Rapids, Mich., 1951) e em *ANF*.

A biografia padrão foi escrita por R. Pichon, *Lactance* (Paris, 1901). Além disso, veja P. Monceaux, *Histoire littéraire de l'Afrique chrétienne III* (Paris, 1905), 287-371. Análises recentes úteis da biografia de Lactâncio serão encontradas, entre outras, em: S. Prete, *Der geschichtliche Hintergrund zu den Werken des Laktanz*, em *Gymnasium* 63 (1956), 365-382; J. Stevenson, *A Vida e a Atividade Literária de Lactâncio*, em *Studia Patristica I, Texte und Untersuchungen*, 63 (1957), 661-677; J. Moreau e H. Kraft nas introduções de suas edições, mencionadas acima; A. Wlosok, *Lactantius und die philosophische Gnosis* (Heidelberg, 1960).

Capítulo 4 - Ambrósio

A edição dos escritos de Ambrósio em *CSEL* está agora se aproximando de sua conclusão. Uma seleção de traduções em inglês está disponível em *FC*, *LPNF*, e nos *Estudos Patrísticos* da Universidade Católica da América. A melhor edição dos hinos latinos é encontrada em W. Bulst, *Hymni Latini Antiquissimi LXXV, Psalmi III* (Heidelberg, 1956).

A melhor biografia alemã, é a de Th. Förster, *Ambrosius, Bischof von Mailand* (Halle, 1884), que hoje está desatualizada. O relato mais completo foi escrito por F. Homes Dudden, *A Vida e a Época de Santo Ambrósio I-II* (Oxford, 1935); cf. também P. de Labriolle, *Saint Ambroise* (Paris, 1908 [2]; tr. em inglês, *A Vida e a*

Época de Santo Ambrósio, por H. Wilson, St. Louis-Londres, 1928). Por sua política eclesiástica, deve ser mencionada a obra de H. v. Campenhausen, *Ambrosius von Mailand als Kirchenpolitiker* (Berlin-Leipzig, 1929), e J. R. Palanque, *Saint Ambroise et l'Empire romain* (Paris, 1933); por suas opiniões dogmáticas L. Herrmann, *Ambrosius von Mailand als Trinitätstheologe* (*Zeitschrift für Kirchengeschichte*, 69 (1958), 198-218).

Capítulo 5 - Jerônimo

A parte mais fascinante da obra literária de Jerônimo, as cartas, são criticamente editadas por I. Hilberg em *CSEL*, 54-56 (1910-18) e mais recentemente por J. Labourt na *Collection des Universités de France* (Paris, 1949 ff., com tradução em francês). Visto que a edição *CSEL* está fazendo apenas um lento progresso, Jerônimo ainda é geralmente citado a partir de Migne (*ML*, 22-30). Uma seleção em inglês é fornecida por *FC*, *LPNF*, *LCL*, *LCC*, e edições individuais.

A biografia alemã de G. Grützmacher, *Hieronymus I-III* (Leipzig, 1901-08), está obsoleta desde o livro de F. Cavallera, *Saint Jérôme I-II* (Louvain-Paris, 1922). Esta obra permaneceu básica para todos os relatos posteriores. Para tópicos específicos, deve-se mencionar a obra de P. Monceaux, *Saint Jérôme – sa jeunesse* (Paris, 1932; tr. em inglês, *Santo Jerônimo, os Primeiros Anos*, por F. T. Sheed, Londres, 1933); W. Süss, *Der hl. Hieronymus und die Formen seiner Polemik* (*Giessener Beiträge zur deutschen Philologie*, 60 (1938), Hepding-Festschrift), 212-238; M. Villain, *Rufin d'Aquilée: La Querelle autour d'Origène* (*Recherches de Science religieuse*, 27 (1937), 5-37, 165-195); a coleção de ensaios por F. X. Murphy, *Um Monumento a S. Jerônimo* (Nova Iorque, 1952), com contribuições de G. Bardy, L. Hartmann, J. R. Palanque e outros; e os ensaios relevantes de A. Vaccari, *Scritti di Erudizione e di Filologia II* (Roma, 1958). Pelo relacionamento de Jerônimo com os gregos, veja P. Courcelle, *Les Lettres grecques en Occident* (Paris, 1948), 37-115; pela sua dependência dos escritores latinos clássicos, veja H. Hagendahl, *Patriarcas Latinos e os Clássicos* (Göteborg, 1958), 89-328.

Capítulo 6 - Agostinho

As obras de Agostinho foram completamente editadas pelos Mauristas (Paris, 1679-1700) e foram reimpressas repetidamente, como em Migne (*ML*, Paris, 1841 f.) e agora também em uma nova edição latino-francesa (Paris, 1949 ff.), em parte também já em *CC*. Até o momento CSEL editou pouco mais da metade dos escritos e já foi suplantada por muitas novas edições especiais de livros específicos. Estas são tão inumeráveis quanto as traduções. Em coleções maiores elas podem ser encontradas particularmente em *ACW*, *FC*, *LPNF*, *LCL*, *LCC*, e nos *Estudos Patrísticos*, da Universidade Católica da América.

Enquanto Possídio acreditava (cap. 18, veja p. 219, original inglês) que quase nenhum acadêmico poderia ler todas as obras de Agostinho, isto é, ainda mais verdadeiro em relação à literatura a respeito de Agostinho, que é ilimitada em todos os aspectos. É continuamente reunida no periódico *Augustiniana* (Louvain, 1951 ff.) e no *Revue des Études Augustiniennes* (Paris, 1955 ff.). Além disso, devemos mencionar aqui apenas os documentos e as teses do Congresso Agostiniano de Paris de 1954 (*Augustinus Magister I-III*, Congrès International Augustinien, Paris, 1954, 3 vols.) e o relatório sobre *Die Augustinliteratur seit dem Jubiläum von 1954*, de R. Lorenz em *Theologische Rundschau*, 25 (1959), 1-75. Uma bibliografia excelente e completa da literatura sobre Agostinho foi recentemente fornecida por C. Andresen em *Zum Augustin-Gespräch der Gegenwart* (*Wege der Forschung V*, Darmstadt, 1962). Eu mesmo não tenho sido capaz, todas as vezes, de indicar onde segui outros autores (e às vezes também as suas traduções). No que se segue, eu destaco – mais ou menos aleatoriamente – algumas obras como particularmente importantes ou facilmente acessíveis, e deixo completamente de lado as análises sistemático-teológicas.

Nenhuma biografia completa foi escrita desde as *Mémoires pour servir à l'histoire ecclésiastique XIII* de LeNain de Tillemont (Paris, 1702). A literatura sobre a conversão de Agostinho é particularmente abundante. Menciono: J. Nörregaard, *Augustins Bekehrung* (Tübingen, 1923); R. Guardini, *Die Bekehrung des hl. Aurelius Augustinus* (Freiburgo, 1959 [3]; tr. em inglês, *A Conversão de Agostinho*, por E. Briefs, Londres, Glasgow, Westminster, Md., 1960); P. Courcelle, *Recherches sur les Confessions de saint Augustin* (Paris, 1950); J. O'Meara, *O Jovem Agostinho* (Londres, 1954). F. van der Meer, *Augustine de Zielzorger* (Utrecht, 1947; tr. em inglês, *Agostinho o Bispo*, por B. Battershaw e G. R. Lamb, Londres-Nova Iorque, 1961), dá uma soberba descrição de Agostinho como bispo. A. v. Harnack em seu *Lehrbuch der Dogmengeschichte II, 2* (Tübigen, 1932 [5]), 59-236 (tr. em inglês, *História do Dogma*, por N. Buchanan *et al.* (Londres, 1894-99), vol. V, p. 3-13, 61-240) fornece uma interpretação de sua personalidade que ainda é legível e, apesar de suas modernizações, em muitos aspectos compatível. Há uma valiosa coleção de ensaios sobre seu pensamento e sua personalidade em *Um Monumento a Santo Agostinho* (Londres, 1930). Em seu excelente esboço, *S. Augustin et l'augustinisme* (Paris, 1955; tr. Inglês, *St. Agostinho e sua Influência através dos Tempos*, por P. Hepburne-Scott, Nova Iorque, 1957). H. I. Marrou também se refere à história do agostinianismo (embora a consideração da Reforma e do Protestantismo seja inadequada). O ensaio de K. Holl sobre *Augustins innere Entwicklung* (Berlin, Leipzig, 1922, reimpresso em *Gesammelte Aufsätze III*, Tübingen, 1928) apresenta um estudo magnífico de uma hostilidade profundamente arraigada a Agostinho. Com relação ao monasticismo de Agostinho veja A. Zumkeller, *Das Mönchtum des hl. Augustinus* (Wurzburgo, 1950); para seu ensinamento sobre a Trindade: E. Benz, *Marius Victorinus und die Entwicklung der abendländischen Willensmetaphysik* (Stuttgart, 1932); sobre o *Civitas Dei*, W. Kamlah, *Christentum und Geschichtlichkeit* (Stuttgart, 1951 [2]), F. G. Maier, *Augustin und das antike Rom* (Stuttgart, 1955), J. O'Meara, *Carta Régia do Cristianismo, a Importância da Cidade de Deus* (Nova Iorque, 1961); para seu ensinamento sobre a graça: H. Barth, *Die Freiheit der Entscheidung im Denken Augustins* (Basel, 1935), e J. Burnaby, *Amor Dei, Um Estudo da Religião de Santo Agostinho* (Londres, 1947 [2], 226 ff.); sobre a educação e a posição de Agostinho em sua época, veja a grande obra de H. I. Marrou, *Saint Augustin et la fin de la culture antique* (Paris, 1958 [3]) com seu apêndice "Retractatio" de 1949, e R. Lorenz, *Die Wissenschaftslehre Augustins* (*Zeitschrift für Kirchengeschichte*, 67 [1955-56], 29-60, 213-251).

Capítulo 7 - Boécio

Os escritos filosóficos eruditos de Boécio ainda devem ser utilizados substancialmente da reimpressão de uma antiga edição em Migne (*ML*, 64). O *Comentário sobre os Tópicos de Cícero* foi publicado por J. C. Orelli e I. G. Baier em *Ciceronis Opera V*, 1 (Zurich, 1933), aqueles escritos sobre o *Quadrivium* que foi preservado, foram publicados por G. Friedlein (Leipzig, 1867). Os *Comentários de Porfírio*, de S. Brandt em *CSEL*, 48 (1906). A *Opuscula* teológica é melhor encontrada em H. F. Stewart e E. K. Rand (Cambridge, 1936 [3]), junto com o texto *Consolatio*, cuja última edição foi excelentemente produzida por L. Bieler em *CC* (*Série Latina*, 94, 1957). O *Consolatio* tem sido repetidamente traduzido para o inglês; uma tradução do *Tractates* teológico (por H. F. Stewart e E. K. Rand) é encontrada em sua edição de 1936. A introdução de F. Klinger na tradução alemã de *Consolatio* (por K. Büchner, Leipzig, Dietrich'sche Verlagsbuchhandlung, sem data) merece ser lida. L. Cooper produziu *Uma Concordância de Boécio* (Cambridge, Mass., 1928).

A literatura sobre Boécio lida na maior parte com questões históricas, filológicas e filosóficas específicas. O melhor estudo de sua vida e obra, é o de M. Cappuyns, artigo *Boèce* no *Dictionnaire de l'Histoire et de Géographie Ecclésiastique IX* (Paris, 1937), 348-380. Para as relações biográficas e históricas, veja particularmente J. Sundwall, *Abhandlungen zur Geschichte des ausgehenden Römertums* (Helsingfors, 1919), e E. Stein, *Histoire du Bas-Empire II* (Paris, 1949), 107 ff.; também H. M. Barrett, *Boécio, Alguns Aspectos de sua Época e Obra* (Cambridge, 1940); para as questões literárias, P. Courcelle, *Les Lettres grecques en Occident* (Paris, 1948), 257-312; K. Dürr, *A Lógica Proposicional de Boécio* (Amsterdam, 1951); e para os escritos teológicos, V. Schurr, *Die Trinitätslehre des Boethius im Lichte der "skytischen Kontroversen"* (Paderborn, 1935). Para a classificação de Boécio dentro da história de idéias, veja também E. Hoffmann, *Pädagogischer Humanismus* (Zürich, Stuttgart, 1955), 117 ff.